U0444515

霁光人文丛书

赣语昌都片方言语音研究

卢继芳 著

商务印书馆
The Commercial Press

2018年·北京

图书在版编目(CIP)数据

赣语昌都片方言语音研究/卢继芳著.—北京：商务印书馆,2018
(霁光人文丛书)
ISBN 978-7-100-15738-4

Ⅰ.①赣… Ⅱ.①卢… Ⅲ.①赣语—方言研究 Ⅳ.①H175

中国版本图书馆CIP数据核字(2018)第007905号

权利保留,侵权必究。

赣语昌都片方言语音研究

卢继芳 著

商 务 印 书 馆 出 版
(北京王府井大街36号 邮政编码100710)
商 务 印 书 馆 发 行
山东鸿君杰文化发展有限公司印刷
ISBN 978-7-100-15738-4

2018年3月第1版　　　开本710×1000　1/16
2018年3月第1次印刷　　印张31　字数489千字
定价:98.00元

《霁光人文丛书》编辑委员会

主　任：黄细嘉
副主任：黄志繁
委　员：王德保　张芳霖　江马益　习细平

出版前言

2015年,国家提出高等教育的"双一流"战略。为了对接这一伟大的战略部署,南昌大学实施了"三个一"工程,即建设一批"一流学科"、"一流平台"和"一流团队"。南昌大学人文学科也有幸被列入"一流学科"建设行列,获得了一定的经费资助。出版高水平的学术论著是人文学科学术发展的重要内容。为了提升人文学院的学术水准,经过教授委员会讨论,学院选取了16本质量比较高的学术论著,命名为"霁光人文丛书",统一由商务印书馆出版发行。

谷霁光先生是我国著名的历史学家,他虽是湖南人,但却长期在江西工作,对江西的学术产生了深刻的影响,至今学术界提起江西史学研究,必提谷老。他亲手创办的历史系,也成为目前南昌大学人文学院的三个系之一。2017年5月,南昌大学人文学院在学校支持下,举办了"纪念谷霁光先生诞辰110周年暨传统中国军事、经济与社会"学术研讨会,目的在于继承谷老精神,弘扬人文学术。因此,我们把这套丛书命名为"霁光人文丛书",一方面是为了承续谷老所倡导的刻苦、专一和精深的优良学术传统,另一方面,也希望借助"霁光"这个名字,隐喻南昌大学人文学科的美好愿景。

丛书编委会
2017年8月1日

序　　一

继芳的《赣语昌都片方言语音研究》即将正式出版,嘱我为它写篇序。

20世纪80年代以来,在学术界全面繁荣的大好形势中,汉语方言学也得到了空前的发展,学术成果如雨后春笋般涌现,学术队伍异军突起,在我国语言学界可以说是一枝独秀。

与汉语其他方言研究相比,赣方言的研究还是相对滞后的。继芳的这一研究成果,给赣方言研究增添了浓墨重彩的一笔,垫上了厚厚实实的一块砖。

说到赣方言,以前的研究者大都是这样认为:与汉语其他大方言相比,赣方言最突出的特点是古全浊声母今读塞音塞擦音,不论平仄都读送气清音。事实证明,这样的认识是不够全面的。"中古全浊与次清声母今读格局类型基本上属合流型。赣语其他分片中古全浊与次清声母合流今读送气清音,昌都片有浊音、清音浊流、送气清音三种类型。"(卢继芳语,见本书第211页)所以,人们以前对赣方言的认识只适用昌都片以外的赣方言各片,而昌都片是不在其中的,因为它还有浊音或清音浊流的存在。

这样,我们就有必要对赣方言的这一特点进行重新的界定。应当说,古全浊声母今读在赣方言中的特点并不在于它的今读是清还是浊,也不在于它是送气还是不送气,而在于它不论平仄都与同部位的次清声母合流。正如我在《客赣方言比较研究》中所说的:"客赣方言的古全浊声母字不单单表现为送气清音而已(虽然绝大部分的客赣方言是这样),还在于它们的古全浊声母与次清声母的合流——这才是最为重要的。"(刘纶鑫主编:《客赣方言比较研究》,中国社会科学出版社1999年,第269页。)

由此可知,赣方言昌都片古全浊声母今读中浊音成分的存在,这是昌都片方言突出的特点之一。《赣语昌都片方言语音研究》以充足的材料和深入的论证向学界展示了昌都片方言的这一语音特点。

另外,客、赣方言的声调也是很有特点的。在客、赣方言中,影响声调分化的因素主要有三：1.声母的清浊；2.声母的送气与否；3.古韵类的差别。其中,声母的送气与否又分古声母的送气与否和今声母的送气与否。继芳指出："'送气分调'现象是昌都片区别于其他赣语的典型性特征。"(卢继芳语,见本书第214页)所以,赣语昌都片的突出语音特点之二是声母的送气与不送气影响调类分化。

说到这里,不可避免地要说一说客家话,并谈一谈赣语和客家话的关系。

首先,赣语与客家话在地域上是连成一片的。赣语分布在以赣中、赣北为中心的区域(包括湘东、鄂东南、徽南、闽西北部分地区)。客家话分布在以赣南、粤东、闽西为中心的区域。这两种方言的分界线东起福建的宁化、江西的广昌,向西经宁都、兴国、泰和、万安、遂川一线,延及湖南的桂东、汝城。当然,还有没与上述地区连成一片的由明末清初的移民带去的分布在赣西北、湘东以及四川、广西的客家话。

其次,赣语和客家话在语音上有很多共同点。最突出的是：1.古全浊声母今逢塞音塞擦音不论平仄一般都与次清声母合流,多读送气清音。2.古梗摄字在赣语与客家话中大都有文读和白读两套韵母系统,白读音韵母以[a]为主要元音。3.客家话几乎都存在浊上归阴平的问题,即古全浊上声字部分今读阴平调,特别是部分古次浊声字归阴平调。但是赣语中也很普遍地存在这一现象,特别是临川片、吉安片,连鄱阳湖地区的赣语也偶见。4.古牙喉音母开口二等字今读[k][kʰ][h]声母而不读[tɕ][tɕʰ][ɕ]。这四条语音特点,特别是第一条是人们常用来区分汉语各大方言区的语音特点,使人们更感觉到这两种方言的密切联系。

再次,赣语和客家话在词汇、语法上的共同之处更多,这里不能一一列举。

客家话和赣语是合为一个大方言,还是分为两个大方言？这是学术界争论已久的问题。20世纪30年代以前,章太炎、黎锦熙的汉语方言分区,都还没有把"赣方言"与"客家方言"单列出来。30年代,赵元任和李方桂提出了"客赣方言"一区,显然是主张客赣合一的。罗常培首次讨论了客、赣方言之间的关系,认为它们是同系异派的方言。1948年,史语所的《语言区域图》第一次把客家方言和赣方言分立两区,丁声树、李荣二位也是主张客赣分立的。近五十年来,现代汉语方言的教科书一般都把客家话和赣语各作为一个方言区。前些年编制的《中国语言地图集》仍然是客、赣分立。李荣先生在《汉语方言的分区——〈中国语言地图集〉图 [A2] 与图 [B8] 的说明稿》中强调:"客家话和赣语毕竟有明显的区别,应该划分为两个不同的方言区。"台湾何大安、张光宇等学者也力主客、赣分立,罗美珍女士 1998 年在《谈谈客、赣分立方言区的问题》一文中支持了这一观点。

当然,这一问题的争论并没有结束。例如詹伯慧先生 1981 年在香港大学做讲演时,明确表示赞成客、赣合为一区(见香港《语文杂志》第八期)。但是,他在同年出版的《现代汉语方言》和 1991 年出版的《汉语方言和方言调查》中,都将客家话和赣语分立。只不过他在《汉语方言和方言调查》中又说:"近几年来颇有一些方言学者赞成客赣还是合为一区好。从发展的趋势看,今后也许会逐步倾向于把客家方言和赣方言合并为一个大方言区。"这分明显示出他的犹豫。他在《谈谈汉语方言的调查研究——在日本亚非语言文化研究所的讲话》(见《语言与方言论集》)中说:"在这个问题上,个人的思想一直是犹豫的。一方面觉得客赣同多异少,合而为一不无道理;另一方面却又担心'客赣方言'难以概括南昌一带'正统'赣语,在两可的情况下,过去自己还是暂从客、赣分立之说……可是,近一年来思之再三,觉得客、赣分立还是不妥,重新翻阅有关赣、客的资料,特别是重读罗常培教授《从客家迁徙的踪迹论客赣方言的关系》一文,面对客、赣之间在语言上和历史背景上的千丝万缕的联系,终于改变了'从分'的看法,认为还是从大处着眼,把客、赣合为一个大区更妥。"1998 年,王福堂先生在《方言》第一期上发表题为《关于客家话和赣方言的分合问题》的论文,指出"客家话和赣方言不存在真正能成为方言分区的依据的语音差异",支持客赣合一之说。

除了客、赣都具备的"古全浊声母清化平仄皆送气"这一共同的特点之外,人们很难再找到任何一条既能涵盖所有的客家话或所有的赣语而又能彼此互相排斥的语音特点。经过近几年来的研究,一些主张将客、赣分立为两大方言区的研究者认为,客、赣之间的语音差异主要体现在两点:一是客家话有一部分古次浊上声字归阴平,这是它的区别性特征(桥本万太郎,1976);一是古咸摄字在赣话中能找出区分一二等的痕迹,而客家话没有这种区别(何大安,1988)。对于这两个问题,笔者在《江西南丰方言的语音特点及其与客赣方言的关系》文和《客赣方言比较研究》书中都进行了专门的讨论,这里再做必要的说明。

先说说浊上归阴平的问题。经过调查,一方面,浊上归阴平在客家话中并不是铁板一块,各地归阴平的全浊、次浊上声字在数目上有很大的差异,特别是有些赣南中部的本地客家话中极少有这种现象。另一方面,我们在调查中发现,相当一些地区的赣方言不仅有一部分全浊上声字归阴平,次浊上声字归阴平的现象也并不罕见。尤其值得一提的是,赣语中部分读为阴平的古全浊上声字,如"簟、是、舐、荡_{清洗}、伴、拌_{搅拌}"和次浊上声字如"耳、女、李、老、米、眼、远、网、五、伍"在客家方言中是不读为阴平的。据此,我们可以证明赣语中的全浊、次浊归上声不是客家方言影响的结果,也就是说,古全浊、次浊字部分归阴平是这些地方的客家话和赣语所共有的固有的特点。这样,用古浊上字是不是归阴平这一特点来鉴别是不是客家话就成为不可能。

关于古咸摄一二等区分的界限问题。一方面,我们的确能在各地赣方言中找到咸摄一二等区分的界限,而以梅州为中心的客家话以及明末清初由梅州一带迁到各地的客籍话却往往找不出这种界限来。但是,赣南的本地客家话和闽西客家话,即所谓老客家话咸摄一二等字的界限却能在牙喉声母字中清楚地显示出来,其情况与赣语基本一致。因此,咸摄一二等混同只是梅州客家话以及由梅州一带迁往各地的移民所操的客家话的特点。这一点只能作为区分客家话内部差异的标准,用它来作为区分客、赣的根据不能成立。

有的学者认为,客家人自北而南,长途的迁徙和艰苦的创业形成了客家人强烈的群体意识,即在客家人之间在感情和语言上有一种异乎寻常的认同感,以及对非客家人和客家语言的排斥意识。而客家人的这种认同和群体意识在很大程度上又是依赖着客家人的重要标志之一——客家话来维持的(张光宇,1998)。这话很有道理,但又值得分析。首先,今长江以南各方言区(特别是客、赣、闽、粤)的居民都来自北方,都有一个南迁的经历(见上文)。其次,就客家方言区而言,其居民的客家意识也有很大的不同,必须加区别。

明末清初,以广东嘉应州为中心的闽、粤、赣三角地带掀起的大规模移民运动席卷了整个江南,甚至波及四川和陕南。但是,这些移民不论走到那里,无不受到本地人甚至其他移民的轻视、仇视,生活极其艰苦。清人熊为霖有《过桃树岭》诗,描写了赣西北义宁州一带棚民的生活:"青布裹头肩荷锄,沤麻才了又沤兰。棚家血汗经霜露,茅屋三间月一岩。"萍乡有《棚民谣》云:"……杂艺耕作凭老妻,青帕裹头双脚赤。日午斫山至山瘠,坐儿平地止儿啼,折得榛蓬为儿擎。"在极为艰苦的条件下,这些移民只有加强内部团结,勤劳奋斗,并加强与迁出地的亲人的联系,才能维持自己的生存,以图发展。大凡这些移民所到之处,土客矛盾都十分尖锐。对此,我们在上文已经做了一些介绍。在广东中、西部,这些移民极受歧视。他们"始垦山耕种,佃力为生。土民役使严重,仇怨日积"。素有抗争精神的客家人为了求得生存,便群起而反抗,"此地客户半充斥,怒视土著双眼红",土客之间械斗不断。在这种酷烈的斗争面前,客家人的群体意识自然越来越强烈,而作为客家人的重要标志之一的客家话,当然也就特别地受到珍视。客家人的著名谚语"宁卖祖宗岭,呒卖祖宗声",也就很容易理解了。

但是,不管"客家人"这个概念如何界定,我们在研究汉语方言的时候,"客家方言"就不仅仅指明末清初从嘉应州一带迁出去的客家人所操的方言,也不仅仅指客家移民迁出地——今梅州一带的方言,还包括闽西七县和赣南十八个县市的方言(那些地方也有不少移民迁出,特别是闽西)。尽管那里的方言与广东梅州客家话有所不同,但我们不能把它排除在客家话之外。在那些地方的居民不管是客家研究学者们称之为"客家人"也好,称之为"老客家"也好。由于他们迁入的时间较早,又没有再迁徙的经历,所以从来就没有任何客家意识。相反,他们在明末清初从广东迁来的移民面前俨然以"本地人""土著"自居。所以,用是否有客家人的群体意识来界定、判别客家方言也是很不全面的。

由此看来,客、赣方言分合不止是个见仁见智的问题,它牵涉对汉语方言的整体认识,以及对客家话与赣语的深入了解。

继芳这本书的特点之一是材料丰富,基础扎实。她为了写这本书,调查了153个方言点,这是何等浩大的工作量!当时,连续几个月的时间,她毅然抛下幼儿,足历赣北乡村,深入田间地头,进行田野调查。那时,她的孩子才五六岁。那种精神,需要多么的执着与坚强。当然,这一成果,自然也离不开她的爱人吴志强先生和孩子的支持。

1999年以前,我在南昌大学新闻系从事汉语教学,继芳是我在新闻系的学生。我调回中文系以后,继芳报考我的研究生,开始从事汉语方言学的学习与研究;后来,又到湖南师范大学师从罗昕如教授攻读博士学位。从领衔教育部青年课题、完成博士论文到这本专著的出版,我欣喜地看到她在不断地攀登,不停地进步。也祝愿她百尺竿头,永不止步,将来取得更可喜的成绩。

  是为序。

序 二

继芳的《赣语昌都片方言语音研究》一书是在博士论文的基础上修改而成的。她于2016年5月份顺利通过博士论文答辩,该论文的修改稿现在已纳入商务印书馆的出版计划,真为她高兴!

继芳具有很好的方言研究基础,这与她的勤奋好学分不开。她硕士阶段师从南昌大学著名的方言研究专家刘纶鑫教授,兼通方言学与音韵学,毕业后留校任教。进入博士阶段之前,她就已出版《都昌阳峰方言研究》一书。进入湖南师范大学攻读博士学位期间,她勤奋好学,除认真学习博士阶段专业课程、勤奋写作发表专业论文之外,还多次利用寒暑假时间参加各种学习和培训,如参加第十一届全国语言学暑期高级讲习班(2013,北京)、田野调查语言学高级研修班(2014,珠海)、汉语方言田野调查研究生暑期学校(2016,广州),并多次外出参加学术会议,广拜师长,广交学友,广泛学习,掌握了扎实的专业知识和方言研究的理论与方法,包括语音实验操作等技术手段,发表了一系列方言研究论文。

继芳特别能吃苦。她的博士论文《赣语昌都片语音研究》,计划对赣方言昌都片11县市共153个方言点进行调查研究,工程可称之为浩大,我真担心调查点太多、工作量太大,她会吃不消,而且她还有五六岁的孩子需要照顾,单位的工作需要兼顾(她是在职攻读博士学位)。但是她以超人的毅力克服了所有困难,历时4年时间,利用所有假期和课余时间,走遍了赣西北11个县市的所有乡镇,获得了153个方言点丰富的第一手材料,运用各种科学的研究方法撰写出了一篇40万字左右的高质量博士学位论文,其中艰辛不言而喻。继芳能吃苦耐劳与她对方言学的热爱与执着、对学术境界的憧憬分不开,这可以她在本书后记中的一段话为证:"五年来,为了尽可能地详细了解赣语昌都片方言语音特点,我利用几乎所有的假期及空闲走遍了赣西北的山山水水。站在巍峨的幕阜山下,立于烟波浩渺的鄱阳湖畔,丰富多彩的方言特点和民俗文化,时时让我感动;每一次的新发现,让我体会到无比精神愉悦及文化传承的价值感。"能为自己发现的方言特点所感动,能从艰苦的田野调查工作中体味到愉悦感与价值感,足见她对方言学的热爱,已达到学术研究的较高境界了。

辛勤的耕耘换来了可喜的收获,继芳的博士论文在盲审和答辩中都获得了很高的评价。下面是一份盲审评阅书的评语(修改建议略):

>　　博士学位论文《赣语昌都片语音研究》对昌都片赣语语音进行了系统深入的调查研究,从广度和深度上都把研究推进了一步,是赣语语音研究新取得的一项重要成果。
>　　论文通过全面、密集的田野调查为赣语昌都片研究新增了153个方言点的第一手新语料,揭示出许多以往未刊的方言事实。论文综合运用历史比较法、层次分析法、地理语言学、实验语音学、历史文献法等多种科学方法,这其中有两大创新的特色,一是运用实验语音学方法描写和探讨昌都片赣语语音现象,二是运用地图在地理语言学视角下考察及探讨昌都片赣语语音古今演变的特点。论文根据包括自己调查得到的153个方言点的总共182个方言点的材料,系统精细地反映了赣语昌都片各县方言语音的地域差异,对一些过去讨论过的问题进行了更加全面、深入的探讨。
>　　总之,论文在材料的揭示上、在方法的运用上、在研究的深度上都多有创新。论文工作量饱满,内容丰富,体例严整,概念清晰,分析严谨。赣语昌都片以往缺乏全面系统的语音研究,本文填补了这一空白,是一篇具有较高学术水平的博士学位论文。

非常感激论文评阅专家能仔细审读这篇音标符号多、篇幅长的论文,做出中肯的评价并提出宝贵的修改建议,评阅意见能很好地鼓励和指导青年学子成长。

有了评审专家的评议,我这里就不对书稿再加评议了。

这部著作是继芳学术道路上的一个重要成果。这部著作的问世既是对她此前学术研究的一个阶段性总结,也意味着她学术研究的新开端。摆在她面前的

（包括我们）是开采不尽的方言富矿,有待发现的是无数的精彩,望继芳在未来的学术道路上创获更多,收获更大。

罗昕如

2016年10月

目 录

第一章 绪论……1

第一节 赣语昌都片历史人文背景及方言研究回顾……1
一、赣语昌都片区域历史人文背景……1
二、赣语昌都片方言研究回顾……8

第二节 研究内容、意义、方法与理论……14
一、研究内容……14
二、研究意义……16
三、研究方法与理论……17

第三节 方言材料及标写说明……23
一、方言材料说明……23
二、本书撰写、语音标注及符号使用说明……33

第二章 赣语昌都片各县方言语音特点及内部差异……34

第一节 武宁县方言语音特点及内部差异……34
一、武宁县方言语音系统（以宋溪镇山口村方言为代表）……34
二、武宁县方言语音特点（以宋溪镇山口村方言为代表）……36
三、武宁县方言语音内部差异……41

第二节 修水县方言语音特点及内部差异……51
一、修水县方言语音系统（以东港乡岭下村方言为代表）……51
二、修水县方言语音特点（以东港乡岭下村方言为代表）……53
三、修水县方言语音内部差异……58

第三节　都昌县方言语音特点及内部差异……………………77
　　一、都昌县方言语音系统（以阳峰乡伏牛卢家村方言为代表）……77
　　二、都昌县方言语音特点（以阳峰乡伏牛卢家村方言为代表）……79
　　三、都昌县方言语音内部差异……………………………84

第四节　湖口县方言语音特点及内部差异……………………96
　　一、湖口县方言语音系统（以马影乡走马村方言为代表）……96
　　二、湖口县方言语音特点（以马影乡走马村方言为代表）……98
　　三、湖口县方言语音内部差异……………………………103

第五节　星子县方言语音特点及内部差异……………………111
　　一、星子县方言语音系统（以南康镇迎春桥社区方言为代表）……111
　　二、星子县方言语音特点（以南康镇迎春桥社区方言为代表）……113
　　三、星子县方言语音内部差异……………………………118

第六节　德安县方言语音特点及内部差异……………………125
　　一、德安县方言语音系统（以林泉乡林泉村方言为代表）……125
　　二、德安县方言语音特点（以林泉乡林泉村方言为代表）……127
　　三、德安县方言语音内部差异……………………………132

第七节　永修县方言语音特点及内部差异……………………141
　　一、永修县方言语音系统（以艾城镇艾城村方言为代表）……141
　　二、永修县方言语音特点（以艾城镇艾城村方言为代表）……143
　　三、永修县方言语音内部差异……………………………148

第八节　安义县方言语音特点及内部差异……………………161
　　一、安义县方言语音系统（以龙津镇凤山村方言为代表）……161
　　二、安义县方言语音特点（以龙津镇凤山村方言为代表）……164
　　三、安义县方言语音内部差异……………………………169

第九节　新建县方言语音特点及内部差异……………………174
　　一、新建县方言语音系统（以联圩镇大圩村方言为代表）……174
　　二、新建县方言语音特点（以联圩镇大圩村方言为代表）……178
　　三、新建县方言语音内部差异……………………………182

第十节　南昌县方言语音特点及内部差异……………………194

一、南昌县方言语音系统（以富山乡霞光唐村方言为代表）……194
　　二、南昌县方言语音特点（以富山乡霞光唐村方言为代表）……196
　　三、南昌县方言语音内部差异……200
　第十一节　赣语昌都片语音特点及内部分片……210
　　一、赣语昌都片语音基本特点……211
　　二、赣语昌都片语音内部差异……220
　　三、赣语昌都片语音区别特征及内部分片……229

第三章　赣语昌都片声母研究……236
　第一节　赣语昌都片中古全浊声母今读特点……236
　　一、中古全浊声母今读类型……237
　　二、中古全浊声母今读的声学特点……240
　第二节　赣语昌都片泥来母今读特点……251
　　一、泥来母今读类型……252
　　二、泥来母今读演变特点……254
　第三节　赣语昌都片来母逢细音今读特点……257
　　一、来母逢细音今读类型……257
　　二、来母逢细音今读塞音现象探讨……259
　第四节　赣语昌都片透定母今读特点……272
　　一、透定母今读类型……272
　　二、透定母今读边音现象探讨……274
　第五节　赣语昌都片精知庄章组今读特点……285
　　一、精知庄章组今读格局类型……285
　　二、精知庄章组今读格局的历史层次……288
　　三、知₃章组今读塞音现象探讨……289
　第六节　赣语昌都片见组今读特点……295
　　一、见组今读类型……295
　　二、见组今读演变特点……296
　第七节　赣语昌都片曾梗通摄见系及非组今读清鼻音现象……307

一、清鼻音现象地理分布……307
　　二、清鼻音现象成因……310

第四章　赣语昌都片韵母研究……315

第一节　赣语昌都片遇摄韵母今读特点……315
　　一、遇摄韵母今读格局类型……315
　　二、遇摄韵母音值的历史层次……319

第二节　赣语昌都片蟹摄开口一二等韵母今读特点……330
　　一、蟹摄开口一二等韵母今读类型……330
　　二、蟹摄开口一二等韵母今读特点及历史层次……333

第三节　赣语昌都片止摄开口精知庄章组字韵母今读特点……343
　　一、止摄开口精知庄章组字韵母今读类型……343
　　二、止摄开口精知庄章组字韵母今读历史层次……346

第四节　赣语昌都片流摄韵母今读特点……353
　　一、流摄开口一等韵母今读特点……353
　　二、流摄开口三等韵母今读特点……356

第五节　赣语昌都片一等字今读韵母带[i]介音现象……363
　　一、中古一等字今读韵母带[i]介音现象的分布……363
　　二、中古一等字今读韵母带[i]介音现象探讨……367

第六节　赣语昌都片中古阳声韵韵尾今读特点……372
　　一、中古阳声韵韵尾今读类型……373
　　二、中古阳声韵韵尾今读演变特点……375

第七节　赣语昌都片中古入声韵尾今读特点……381
　　一、中古入声韵尾今读类型……381
　　二、中古入声韵尾演变特点……384
　　三、中古入声韵尾今读的历史层次……388

第五章　赣语昌都片声调研究……392

第一节　赣语昌都片中古平声字今读特点……392

一、清平字今读特点……………………………………………392
　　二、浊平字今读特点……………………………………………396
　第二节　赣语昌都片中古上声字今读特点……………………………400
　　一、上声字演变类型……………………………………………400
　　二、上声字特殊演变现象探讨…………………………………402
　第三节　赣语昌都片中古去声字今读特点……………………………409
　　一、去声字今读演变类型………………………………………410
　　二、去声字今读演变特点………………………………………414
　第四节　赣语昌都片中古入声字今读特点……………………………418
　　一、入声字今读演变类型………………………………………419
　　二、入声字今读演变特点………………………………………423

结语………………………………………………………………………434
　一、本书主要研究成果……………………………………………434
　二、本书主要创新点………………………………………………440
　三、本书的不足之处和有待于进一步研究的问题………………444

参考文献…………………………………………………………………446

附录………………………………………………………………………455
　附录1　昌都片赣语古今声调对照表……………………………455
　附录2　调查合作人情况表………………………………………464

后记………………………………………………………………………470

第一章 绪 论

第一节 赣语昌都片历史人文背景及方言研究回顾

一、赣语昌都片区域历史人文背景

　　赣北是赣文化的发源地。江西瑞昌铜岭铜矿遗址及新干大洋洲商代墓的发现说明了，早在三千多年前的商代，赣北并非世人所推测的蛮荒之地，而有着灿烂的青铜文化；1976年新干县出土的5件铜"列鼎"更说明，赣江流域西周时期就同周朝存在联系，深受西周中原文化的影响。[1] 远古时期赣北人说话有什么特点，谁也不知晓。结合文献材料来看，春秋时期江西北部地理位置处"吴头楚尾"。《史记·楚世家》载："（楚昭王）十二年，吴复伐楚，取番。楚恐，去郢，北徙都鄀"[2]；《左传》鲁哀公二十年载："吴公子庆忌骤谏吴子，曰：'不改必亡。'弗听。出居于艾。"[3] 文献中所提及的"番"是鄱阳湖东侧的鄱阳县及周边地区，"艾"是鄱阳湖西侧的修水县及周边地区，正因如此，江西自古被称为"吴头楚尾"。汉代人扬雄在《輶轩使者绝代语释别国方言》提到的"南楚"，应当包括江西，至少是赣北部地区。

---

[1] 许怀林：《江西史稿》，江西高校出版社1993年，第5—17页。
[2] 司马迁：《史记》，中华书局1982年，第1716页。
[3] 杨伯峻：《春秋左传注》，中华书局1990年，第1715页。

赣语昌都片所辖区域（南昌市、南昌县、新建县①、永修县、德安县、星子县②、都昌县、湖口县、安义县、武宁县、修水县）共有面积20973.86平方千米，人口总数924.9842万。③这里自古以来就是江西经济中心区。据许怀林《江西史稿》，我国行政区划最早始于汉代。西汉初年，江西境内设豫章郡，郡治南昌县，下有十八县，其中九个县处于赣北：南昌（今南昌市）、彭泽（今湖口县城东）、鄱阳（今都昌东部至鄱阳）、历陵（今德安县东）、柴桑（今九江市西南，包括星子县）、艾县（今修水县西包括武宁）、海昏（今永修县）、鄡阳（今都昌县西）、余汗（今余干县东北）。1964年修水县古市汉墓、1973年南昌市东郊汉墓及1976年新建县大塘战国遗址铁农具、1983年湖口县文桥乡象山东汉墓陶器的发掘与出土④，均能说明自春秋战国至秦汉，赣北尤其是赣西北农耕技术达到当时先进水平。

鄱阳湖水域的形成使得今赣语昌都片所辖区域成为南北通塞的门户之地。鄱阳湖起源于彭蠡泽。《禹贡》记，彭蠡泽位置在今湖北黄梅、广济以东，安徽望江、宿松以西。汉代以后，长江江道南侧的河漫到彭泽县之西，即今湖口县内。三国后，今赣西北进入地震活跃期，松门山以南的鄡阳平原地势下降，湖水扩展到星子县境；南北朝时湖水扩展到都昌松门山附近。到隋朝，湖泊水面越过松门山形成南部水体，到达鄱阳县城附近，因有鄱阳山，故名鄱阳湖；古鄡阳县遗址在今都昌周溪镇，其城头山如半岛伸入湖中，是水浸废弃的佐证；永嘉二年（307年）废历陵，元嘉二年（424年）废海昏⑤，都可能同水漫有关。隋代京杭大运河开通，唐代张九龄受命开辟大庾岭驿路，自此京杭大运河—长江—鄱阳湖—赣江航道畅通。

丰饶的农耕区及南北通达的交通条件使得赣北鄱阳湖平原地带成为古今北民南迁、西民东进的必经之地，或是定居之地。如唐朝中期，中原战乱严重，江西是移民的主要迁入区，今赣语昌都片所辖区域属洪州、江州，据《元和郡县图志》卷二十八载，从玄宗开元年间到宪宗元和年间，江西八州共计由379个乡增至

---

① 2015年8月，撤销新建县，设立南昌市新建区，以原新建县的行政区域为新建区的行政区域。
② 2016年5月，撤销星子县，设立县级庐山市。庐山市由江西省直辖，九江市代管。
③ 据江西省各县行政区划网公布数据（截至2015年12月）统计。
④ 许怀林：《江西史稿》，第39—41页。
⑤ 许怀林：《江西史稿》，第84页。

510个乡,其中洪州由94个乡增至110个乡。[①] 另据《旧唐志·地理志》《元和郡县图志》可知,开元、天宝、元和年间,洪州户数分别是55405、55530、91129,人口增幅达64%[②],而江州户数分别是21865、29025、17945。据族谱及墓碑铭等材料统计,安史之乱时期迁入南方的133名移民中,25人分布在江西,集中分布于江西境内洪、江、饶、信、吉五州。[③] 安史之乱让洪州呈现"既完且富,行者如归"局面,南昌甚至做了4个月的南唐都城,也可见一斑。从唐中期以后,江西的人口数量持续增多,直至南宋后期。从唐元和年间至宋嘉定年间前后四百年间,江西户数量均约占全国总数的10%,最高时达17.89%。至元二十七年,江西户口数约占全国户口数的20%,人口数约占全国人口数的1/4,其中最重要的原因就是北人南迁。[④]

我在田野调查时,曾阅及一些北民南迁定居赣西北的记录:

1. 修水县溪口镇周氏宗谱(2011):……唐末由金华迁至湖北蕲春、黄石,未几,迁至宜春高安,宋景德庆历年间迁至临川,南宋绍兴二年迁至分宁反坳(今白土),明洪武由白土迁到溪口……

2. 德安县丰林镇丰林村洪家宗谱(1990):……南康之际居于盱眙者,迁其宗于徽之黄荆墩,既又迁于饶之洪源(今乐平),洪源之于岩前相去盖密迩。监公讳玉卒,始葬于岩前,监公为洪源,湖围岩前(德安丰林)之远祖也,以今较之相去才十代耳……

对于赣语昌都片区域文化影响深远的还有元末明初朱元璋与陈友谅鄱阳湖大战。战争让湖区社会经济文化遭受破坏,丰沛的农耕资源吸引了大量移民迁入本区域,据曹树基(1997:368)从瑞昌、德安两县的地名志抽取1272个自然村考察,400个村庄建于明初及明初以前,其中有320个村庄建于洪武或永乐年间。我在德安县实地调查时,也阅及相关族谱及墓碑铭:

1. 德安县塘山乡钟家宗谱:……京公十一世孙王成由吉安永丰徙居吉水阆田,玉成公之孙毓贤公十四世孙明辅公在明永乐二年由阆田迁居德安永泰源口

[①] 许怀林:《江西史稿》,第122页。
[②] 冻国栋:《中国人口史》(第二卷),复旦大学出版社2005年,第256页。
[③] 吴松弟:《中国移民史》(第三卷),福建人民出版社1997年,第291页。
[④] 许怀林:《江西史稿》,第303—420页。

（邹桥）为德安始祖，后三世孙文泰公由永泰源口迁居塘山保宕里老屋场居之。文字公迁往塘山堡塘背钟村居之……

2. 德安县塘山乡郑湖老屋袁家宗谱：……子奈公自吉安府永丰县瓦屑坝十四都双源堡于永乐二年奉召垦居德安县塘山之郑大湖……

3. 德安县高塘乡万氏宗谱：……迄宋进士官尚书文渊公之裔，分支靖安，由靖安而德安，斯又高塘一派之所宗也。按高塘始祖俊贤公本靖安县庠公，明洪武庚辰年卜居于斯，以诗礼传家……历今十数世……

4. 德安高塘乡王氏宗谱：……明末吉安迁高塘垦荒……

5. 德安县吴山乡河铺村大屋龙徐氏弘柯公墓碑：……元末明初，朱陈大战，该支脉为避战乱，从徽州婺源迁到此处……

由于中国古代社会交通主要依赖水陆，赣西北航道交通枢纽功能至明清时期犹未减退，如明代江南名镇的吴城镇（今属永修县）地处鄱阳湖主航道西侧，是当时物资进出总码头，全盛时期有常住人口七万余，船舶码头八座，每天停泊的船只多达千艘。①明代徽商黄汴编纂的《天下水陆路程》详细描写江西境内主要水陆交通路线，可知赣西北属南北东西四方通衢。

据《天下水陆路程》卷一，北京至江西广东二省水路：

顺成门………桐城县→潜山县→小池驿→宿松县→黄梅县然后渡长江→九江府浔阳驿→德安县→建昌县→渡章江至江西布政司南昌府南浦驿（南昌市西南）→市汉驿（南昌市南市汉）→剑江驿（丰城县城北）→樟树镇→临江府（清江县）潇滩驿（江西清江县西南）→金川驿（新干县西北界埠）进入庐陵县→螺川驿（吉安市城内）→淘金驿（今泰和县内）→浩溪驿（泰和县内）→五云驿（万安县内）→皂口驿（万安县东南良口）→攸镇驿（今赣县北攸镇）→赣州府水西驿（今赣州市西）→九牛驿（南康县东北）→南野驿（南康县内）→小溪驿（大余县东北）→南安府横浦驿（大余县内）→中站（红梅关）→南雄府凌江驿（广东南雄府）………

据《天下水陆路程》卷二，南京至江西广东二省水路：

南京下关龙江驿大胜驿（江苏南京西南）→………→安庆府（安徽怀宁

---

① 许怀林：《江西史稿》，第594页。

县)同安驿(安徽安庆市西南)→雷港驿(安徽望江东雷港)→龙城驿(江西彭泽县城内)→彭蠡驿(江西湖口县城内)→南康府匡庐驿(江西星子县城内)→百二十里吴城驿(江西永修县东北吴城)→樵舍驿(江西新建县北樵舍)→江西布政司南昌府南浦驿(南昌市)→本驿至广东布政司。

据《天下水陆路程》卷七,湖口县由袁州府至衡州府水路:

湖口县。大孤山。女儿港。共六十里。青山。庐山。共六十里。南康府。至文公白鹿书院四十里。南十里左蠡。六十里渚矶。六十里吴城。六十里昌邑。六十里凤凰洲。十里江西城。三十里高家渡。三十里市汊。五十里曲江。十里丰城城。三十里熊家港。三十里樟树。三十里临江府。三十里滩头。三十里黄土。三十里罗家坊。三十里中郭市。三十里新喻县。十里杨村。六十里版壁铺。十里水口。十里绣塘。十里钟山洪。十里分宜县。十里金堂铺。十里昌山铺。昌田洞深十里,秉烛可游。十里滨江。石乳洞深五里,亦可游。十里深新新铺。十里杨冈。十里石牌。十里桑岩。十里黄石。十里下浦。十五里袁州府→……芦溪。陆路→五十里萍乡县,上小船,二十里湘东→……

综上所述,赣语昌都片百姓的生活自古以来就不是处在封闭状态下的,其文化无时不受到外来文化的影响。刘纶鑫(1999:16)认为,从移民学角度来说,历代迁入江西的移民是蔓延式的,而不是占据式的,移民语言从来就没有占据并取代过江西本地的语言和文化,反倒是移民原有的语言逐渐被江西原有的语言所同化。结合当地历史人文背景,本书认为,今天的昌都片赣语应是赣地本地语言同多种外来文化融合发展的结果,目前各县存在语言差异与共性特点正是不同历史时期亲疏关系的体现。

昌都片赣语语音上存在着明显的南北差异。北部星子县、都昌县、湖口县有较多的相似性,南部南昌市、南昌县、新建县、安义县更为趋同;德安县、永修县在地理上则是南北连接的过渡地带,在语言上自然也表现为复杂性及丰富变异现象;北部武宁县、修水县赣语既有北部共性特点,也有不少与南部共通的语言现象,这正是其自然地理与不同历史时期行政地理的体现。根据许怀林《江西史稿》[①]及各县县志资料,可知各县沿革情况(/表示更名):

[①] 许怀林:《江西史稿》,第112—561页。

表1-1　昌都片各县市自唐至清的行政沿革表

时代 行政区	唐	宋	元	明清
都昌县	江州都昌县 （大历元年属饶州）	南康军都昌县	南康路都昌县	南康府都昌县
星子县	江州浔阳县/德化县	南康军星子县	南康路星子县	南康府星子县
永修县	洪州建昌县	南康军建昌县	南康路建昌州	南康府建昌县
安义县	洪州建昌县	南康军建昌县	南康路建昌州	南康府建昌县/安义县
湖口县	江州彭泽湖口镇	江州彭泽县（907—923年） 江州湖口县（950年）	江州路湖口县	九江府湖口县
德安县	江州湓城县/楚城县/浔阳县/蒲塘场	江州德化县	江州路德化县	九江府德化县
武宁县	洪州建昌县/武宁县/豫宁县/分宁县	洪州武宁县	隆兴路宁州	南昌府武宁县
修水县	洪州建昌县/武宁县/豫宁县/分宁县	洪州分宁县	隆兴路宁州	南昌府宁州/义宁州
新建县	洪州南昌/豫章	洪州新建	隆兴路南昌	南昌府南昌
南昌县	洪州南昌/豫章	洪州南昌	隆兴路南昌	南昌府南昌
南昌市	洪州南昌/豫章	洪州南昌	隆兴路南昌	南昌府南昌

　　学界普遍认同唐宋时期是汉语方言格局奠定时期。昌都片南部南昌市、南昌县、新建县三地中古全浊声母今读送气清音，泥母洪音与来母相混，次清去与清上有合流趋向等语音共性特点同三县自唐以来共处的地方行政区划有密切关系。宋代为加强对长江至鄱阳湖航道的管制，于太平兴国七年（982年）建星子县，设南康军，统一管理江州的星子县、都昌县，洪州的建昌县；明清时南康军更名为南康路、南康府。900多年的行政共处历史为星子县、都昌县方言趋同性奠定了基础。修水县、武宁县在地理上同南昌县、新建县一带相距较远，但在中古曾梗字今读前鼻尾韵母、遇摄精组拼[ɿ]韵母，知章组声母读塞音等特点上充分显示着唐以来洪州、南昌府政权对北端这两个所辖县的强大辐射力。"共饮一湖水"的自然地理导致各县语言文化有着不同程度亲密关系。都昌西部方言透定

赣语昌都片区域示意图

母读边音非常彻底,这在隔湖相望的星子县沿湖乡镇也有零星分布,不远处的永修吴城也有个别字呈现出相同的音变。另外,中古全浊声母今读听感上的浊音感、溪群母读零声母,蟹摄开口一二等对立等方言现象上,呈现出沿鄱阳湖滨推移分布的态势。

赣北是江西赣文化的摇篮,这里的方言同赣地别处有较大的区别。北部赣语研究已有相当的成果,但仍存在着许多悬而未解的问题。为了更加深入地揭示赣语特点,探讨赣语发展史,我们需要在这片土地展开扎实的材料发掘及研究工作,这也是写作本书的初衷。

二、赣语昌都片方言研究回顾

(一)昌都片区域方言概况

昌都片境内方言主要有赣语、江淮官话、客家话、中原官话、徽语、吴语、西南官话,其中赣语是主体方言。

据《湖口县志》(1992:640),江淮官话主要分布于湖口县城沿江一带。湖口沿江船民多为19世纪中叶或中华人民共和国成立初从湖北黄冈迁来,少部分来自九江姑塘,持江淮官话;永修、德安也有一些湖北移民持江淮官话。

客家话为闽粤籍移民持有,主要分布在赣西北修水、武宁两县,在当地被称为"怀远话"。据万芳珍(1995:53—67)研究,客家人在修水县主要分布于东南部的何市、黄沙港、黄沙、汤桥、黄沙港林场、漫江,此外在新湾、杭口、上杭、竹坪、程坊、溪口、马坳、渣津、白岭等地零星分布;武宁县境内集中分布于新宁镇、西部浬溪、东南严阳三点所组成的一个大三角地带。

中原官话为河南移民持有,主要分布于都昌县、德安县境内。《都昌县志》(1993:483)载,都昌东部大港乡的大田、碾子湾一带集居着持中原官话的河南移民;《德安县志》(1993:726)载,中原官话在德安县境内主要分布于木环垄、永丰桥、何家畈、清塘畈、芦塘畈、山湾、固守、何家铺、新田畈、磨溪头。

赣北浙江移民持徽语、吴语,主要集居在永修县、德安县、修水县。浙江在1969年修建新安江水库,昌都片境内安置了不少淳安县移民。《德安县志》

(1993：726)载,浙江移民主要集居在德安磨溪、金湖、米粮铺、爱民、车桥、山湾、聂桥等地;《永修县志》(1993：571)载,永修云山、滩溪、白槎、江益等地也安置了不少浙江移民。《修水县志》(1991：57)载,1975—1977年,浙江义乌因水库建设,一批浙江移民迁入修水庙岭、黄坳林场、黄沙、汤桥、黄港、塘排等地。

西南官话为近年来新三峡移民持有,永修县是三峡移民重点安置县。2003年以来,永修白槎镇塘上村、双丰村、郭坂村,八角岭垦殖场茶林,江上乡蕉村,马口乡城山村、山丰村,滩溪镇东山村安置了三峡移民,他们集中居住,持西南官话。①

（二）赣语"昌都片"名称溯源

赣语是江西的主体方言,主要分布于赣江中下游、抚河流域及鄱阳湖地区。李方桂于1937年提出"赣客家"说,罗常培于1940年提出"客赣方言"说,这两位先生均认同赣客方言不分;1948年,中央研究院历史研究所《中国分省新图》(第五版)首次将"赣语"独立命名;1955年,丁声树、李荣提出汉语八大方言区理论,赣方言为独立方言,自此学界一般认同赣语是不同于客家方言的独立方言。

赣语据内部差异可分为九片,昌都片为其中之一。赣语昌都片辖南昌市、南昌县、安义县、武宁县、修水县、新建县、星子县、湖口县、都昌县、德安县、永修县、瑞昌县西南部。"昌都片"名称引用自《赣语的分区(稿)》一文(谢留文,2006：266),此前该区域方言归属有不同命名：

《江西方言的分区(稿)》(颜森,1986：21)称"昌靖片",包括南昌市、南昌、新建、永修、安义、德安、都昌、湖口、星子、奉新、高安、靖安、修水、武宁。

《中国语言地图集》(颜森、鲍厚星,1987：264)称"昌靖片",包括南昌市、南昌、安义、新建、永修、修水、武宁、星子、都昌、德安、湖口、高安、奉新、靖安、铜鼓(以上处江西境内)、平江(湖南境内)。

《赣方言概要》(陈昌仪,1991：18)称"南昌片",包括南昌市、南昌县、新建县、永修县、安义县、奉新县、靖安县、德安县、星子县、都昌县、武宁县、修水县。

《客赣方言调查报告》(李如龙、张双庆,1992：2)称"赣北区",调查分布点

---

① http://www.jxnews.com.cn/oldnews/n1031/ca714029.htm?COLLCC=4013069666,2004-08-14/2014-05-15。

选取平江、修水、安义、都昌、阳新、宿松。

《南昌话音档》(魏钢强、陈昌仪,1998:43)称"南昌都昌片",包括修水、武宁、永修、德安、星子、都昌、湖口、南昌市、南昌、新建、安义、奉新、靖安以及湖南的平江。

《客赣方言比较研究》(刘纶鑫,1999:21)称"南昌片",包括南昌市、南昌县、新建县、安义县、德安县、湖口县、星子县、修水县、武宁县、都昌县、永修县、瑞昌县西南。

《江西境内赣方言区述评及再分区》(孙宜志,2001:114)称"北区都昌片",包括南昌县、南昌市、修水县、武宁县、湖口县、都昌县、永修县、德安县。

《江西省方言志》(陈昌仪,2005:40)称"南昌片",包括南昌市、南昌县、安义县、新建县、永修县、德安县、都昌县、星子县、湖口县、武宁县、修水县。

《江西省的汉语方言》(谢留文,2008:266)称"昌都片",包括南昌市、南昌县、德安县、星子县、都昌县、湖口县、新建县、永修县、安义县、武宁县、修水县。

纵观赣北这十一县市方言归属的历史,可知谢留文《赣语的分区(稿)》(2006)和《江西省的汉语方言》(2008)文中的"昌都片"名称是在结合以往研究成果的基础上提出的,本书采纳此名称。

(三)赣语昌都片语音研究综述

20世纪20年代至40年代,国民政府中央研究院历史语言研究所组织了大规模方言调查,李方桂、杨时逢于1935年春对江西方言进行了调查;这个时期出版了一些方言点著作,如罗常培《临川音系》(1940)。20世纪50年代,全国开展汉语方言普查工作,余心乐等进行了赣方言调查,调查成果历经"文革",大多散佚。《方言》杂志于1979年创刊,标志着汉语方言研究步入繁荣发展;熊正辉的系列南昌方言研究成果在《方言》上发表,为赣方言研究掀开了新篇章。从1979至今,赣方言各方面研究硕果累累。赣语昌都片成果大致可分为三类:

1. 县志方言材料

地方县志大多有单点为代表的方言描述,如《星子县志》(1990)选取南康镇话为代表,《湖口县志》(1992)选取双钟镇老派方言为代表,《修水县志》(1991)以义宁镇话为代表,《德安县志》(1991)以县城话为代表,《永修县志》

（1987）以三角乡话为代表，《都昌县志》（1993）以都昌镇话方言为代表；县志方言材料重点描写了县城话或某个乡镇方言点的语音系统，没有对内部语音差异展开论述。

2. 单点方言研究论文论著

（1）期刊论文类

① 单点方言音系描写

昌都片单点方言音系描写成果不多，如《南昌音系》（杨时逢，1969）、《新建方言音系》（陈昌仪，1991）、《湖口方言音系及语法变调》（陈凌，2007）、《南昌县（塘南）方言语音系统》（肖放亮，2010）等。这些论文都对昌都片某个方言点的语音系统做详细描写。

② 单点方言语音特点研究

声调研究成果主要有《南昌方言的声调及其演变》（熊正辉，1979）、《永修话的声调兼论鄱阳湖地区赣方言声调的演变》（陈昌仪，1983）、《安义话的入声》（高福生，1987）、《从中古次浊入声字的演变看客赣方言的演变》（孙宜志，2002）、《湖口方言入声字辨认法》（陈凌，2008）；音系及语音特点研究成果主要有《南昌方言的文白读》（熊正辉，1982）、《南昌方言里语助词的读音》（熊正辉，1982）、《都昌（土塘）方言的两个特点》（陈昌仪，1983）、《江西永修（三角）方言的语音特点》（孙宜志，2006）、《南昌话里的 n 和 f》（高福生，1983）、《都昌方音中娘母字的来源及其分布规律》（段玉泉，2002）、《江西省武宁话知系三等韵今读》（陈凌、汪平，2009）；同音字汇研究成果主要有《南昌方言同音字汇》（熊正辉，1989）、《安义话同音字汇》（高福生，1988）。以上成果均是就某个方言点的声、韵、调特色做的专题研究。

③ 单点方言语音比较研究

历史比较、方言比较及普方对比研究是揭示方言特点的重要方法，这方面的成果主要有：《南昌方言与北京语音对应关系的探索》（熊正辉，1958）、《南昌方言里曾摄三等读如一等的字》（熊正辉，1982）、《江西吴城方言与南昌方言的语音差别》（肖萍，2007）、《都昌方言与普通话比较研究》（卢继芳，2006）、《都昌方言语音的内部差异》（卢继芳，2010）、《赣语都昌方言古透定母今读地理差异及历史层次》（卢继芳，2012）等。这些论文均是从历时、共时比较角度对昌都片某个方言点语音做的比较研究。

④单点方言历史文献及语音史研究

方言历史文献研究对于探讨方言发展史有着重要作用。同邻近吴湘语相比,赣语历史文献研究成果相对薄弱,但近年来有了新进展,如《19世纪中叶南昌话韵母与声调系统的特点》(李军,2008)、《两百年前南昌话精庄知章组的读音及其演变》(李军,2009)、《清代末期南昌话的声母系统特点》(李军,2010)等。这些论文均结合清代南昌地区所刊识字材料对南昌方言语音发展特点及发展史,做了有价值的探讨。

⑤方言与文化研究

语言是文化的载体,赣语语音特点及发展同当地历史文化有着密不可分的联系,《都昌方言与邻县方言的关系及其成因》(卢继芳,2012)、《从古透定母方音看鄱阳湖文化的多元性》(卢继芳,2012)等论文均结合地理及历史文化对昌都片方言特点及发展进行深入探讨。

(2)著作类

昌都片方言研究成果中有一些对具体方言点研究的著作,如《南昌方言研究》(张燕娣,2007),《都昌阳峰方言研究》(卢继芳,2007)对南昌方言与都昌阳峰方言做了全面描写与研究;《江西吴城方言语音研究》(肖萍,2008)对永修吴城方言语音做深入研究与探讨;《赣语都昌方言初探》(冯桂华、曹保平,2012)侧重都昌方言词汇与语法研究。

(3)学位论文类

《赣语昌靖片的几个音韵问题》(蔡宝瑞,1998)、《都昌方言语音研究》(卢继芳,2003)、《南昌方言阳声韵尾与入声韵尾演变研究》(何琳珊,2007)、《探讨南昌方言的独特性》(万雅立,2011)、《湖口方言语音研究》(陈凌,2005)、《广州、梅县、南昌方言元音实验研究》(刘聪颖,2011)、《语言接触视野下的向塘(新村)方言语音研究》(万云文,2011),这些硕博士学位论文对昌都片语音某些现象及南昌方言语音做较深入的探讨与研究。

3. 涉及昌都片方言点的专题及综合性研究成果

(1)期刊论文类

在以往成果中,有些赣语研究的成果中也涉及昌都片某些方言点材料及现象分析,如《江西方言声调的调类》(杨时逢,1973)、《赣方言的来母三四等》(何一凡,1983)、《江西方言的分区(稿)》(颜森,1986)、《江西方言的声调》(颜森,1988)、《江西方言调查拾零》(刘纶鑫,1988)、《湘鄂赣三界[l]方言的韵尾》(董为光,1987)、《湘鄂赣三界方言的送气声母》(董为光,1989)、《湘赣语里中古知庄章三组声母的读音》(蒋希文,1992)、《赣语止摄开口韵知章组字今读的历史层次》(陈昌仪,1997)、《赣语中带[-n]尾的"女"字》(魏钢强,1997)、《关于客家话和赣方言的分合问题》(王福堂,1998)、《赣语古上声全浊声母字今读阴平平调现象》(谢留文,1998)、《客家话与赣语及闽语的比较》(邓晓华,1998)、《赣方言声调的演变类型》(辛世彪,1999)、《客赣方言的声调系统综述》(刘纶鑫,2000)、《古入声在赣、客方言中的演变》(蒋平、谢留文,2004)、《江西境内赣方言区述评及再分区》(孙宜志、陈昌仪、徐阳春,2001)、《江西赣方言语音的特点》(孙宜志,2001)、《江西赣方言古全浊声母今读新论》(孙宜志,2008)、《江西赣方言见溪群母的今读研究》(孙宜志,2009)、《江西赣方言来母细音今读舌尖塞音现象的考察》(孙宜志,2003)、《江西赣方言中古精庄知章组声母的今读研究》(孙宜志,2002)、《论湘鄂赣边界地区赣语中的浊音走廊》(陈立中,2004)、《汉语方言声调送气分化现象初探》(陈立中,2005)、《论赣语中知组三等读如端组的层次》(庄初升,2007)、《客赣方言舌齿音声母按等分立的格局》(刘泽民,2005)、《客赣粤平诸方言溪母读擦音的历史层次》(刘泽民,2010)、《从音韵现象看赣语、湘语的关系》(李冬香,2007)、《自发新生的内爆音——来自赣语、闽语、哈尼语、吴语的第一手材料》(朱晓农,2009)、《赣语中的次清浊化与气流分调》(王莉宁,2010)、《赣语中的合流型浊音》(夏俐萍,2010)、《汉语方言边音韵尾的两个来源》(石绍浪,2010)等。在对昌都片方言同类现象进行探讨时,这些论文对本书研究很有启发。

(2)著作类

赣语的大型研究著作对昌都片赣语语音现象也有论述,如《赣方言概要》(陈昌仪,1991)、《江西省方言志》(陈昌仪,2005)、《客赣方言调查报告》(李如龙、张双庆,1992)、《客赣方言比较研究》(刘纶鑫,1999)、《规律与方向——变迁的音韵结构》(何大安,2004)、《客赣方言历史层次研究》(刘泽民,2005)、《江西赣方言语音研究》（孙宜志，2007）、《赣语声母的历史层次研究》（万波，2009）、《江西赣方言历史文献与历史方音研究》（李军，2015），等等。这些著作对昌都片赣语研究有很强的指导性及较高的参考价值。

从上述研究成果来看，南昌方言研究成果居多，新建、都昌、永修、安义、湖口方言只有少量成果，修水、武宁、德安、星子方言研究很缺乏；从研究内容来看，以单点音系及语音特点描述为主，方言内部差异的发掘不足，也缺乏从语音的演变规律、方言接触角度等角度探讨昌都片赣语发展特点。

方法上，也以传统描写及比较为主，实验语音学方法及地理语言学方法等最新方法运用急需开拓。刘纶鑫《客赣方言研究的回顾与展望》(2003：10)一文中曾指出："总的说来，赣方言研究目前在系统性、综合性、广度和深度上尚嫌不够，多为零星分散的描写，缺乏宏观的材料排比和事实规律的提炼。"这些话饱含前辈学者对赣语研究的期待，对目前赣语研究仍很有启发。

第二节 研究内容、意义、方法与理论

一、研究内容

本书对昌都片各县方言进行全面深入的语音调查，精细地反映昌都片各县方言语音地域差异；对各地典型语音特点采用实验语音学、语言类型学等现代手段和方法记录描写，结合历史文献与中古音系比较，分析音类的历史层次；根据语言地理学理论，绘制昌都片方言语音特点地理分布图，并结合移民、人文历史解释分布特征及成因。具体内容包括：

（一）赣语昌都片语音内部差异的深入挖掘

在赣语昌都片11县市共153个方言点实地调查的基础上，描写10县市方言语音的语音系统、共性特点及内部差异，综合历时音韵条件及共时平面差异对

各县方言语音进行内部划分,然后进一步对赣语昌都片语音特点进行归纳,对内部差异进行划分。

(二)赣语昌都片声韵调专题探讨

赣语以往研究已勾勒出赣语语音的基本特点,但一些典型语音现象(中古全浊声母今读送气清音、知三章组读塞音、全浊上归阴平等)仍需深入的研究。本书结合赣语已刊材料(29个方言点)及笔者调查方言材料(153个方言点),选取昌都片赣语特殊语音现象进行专题讨论,希望通过大量共时材料对比,细致地考察昌都片赣语语音的历时演变规律,并对一些探讨过的问题做进一步的补充,提出自己的思考与创新性观点。

1. 声母专题研究

赣语声母今读特点在许多已刊成果中有论述,本书选取昌都片赣语内部差异较大的声母问题进行讨论,涉及全浊声母、泥来声母、来母逢细音、透定声母、精知庄章组声母、见组声母今读特点及演变,曾梗通摄见组及非组今读清鼻音现象。

2. 韵母专题研究

本书不求面面俱到,而是选取昌都片赣语差异点进行深入研究,包括遇摄韵母、蟹摄开口一二等韵母、止摄开口精知庄章组韵母、流摄韵母、鼻音韵尾、入声韵尾今读特点及演变,一等字韵读带[i]介音现象;本书结合重点考察的125个点方言材料梳理音类类型,将共时差异与历史文献相结合,分析各音类类型分布特点及演变规律、历史层次。

3. 声调专题研究

本书将根据中古平上去入今读调类分合情况,探讨中古声调今读特点及演变规律;送气分调是昌都片赣语的典型特点,本书将重点探讨送气分调现象在各古调类字今读的表现,赣语昌都片区域送气分调现象具体分布情况;古调类按一定条件分化是汉语方言声调演变的普遍规律,昌都片赣语各县方言存在哪些区域性演变特点,与其他赣语片区相比,昌都片又有哪些创新之处?这些问题将在本书中做进一步深入探讨。

二、研究意义

结合前文所述,昌都片方言研究成果多为单点方言研究,赣语研究重要著作《客赣方言调查报告》(李如龙、张双庆,1992)、《客赣方言比较研究》(刘纶鑫,1999)、《赣方言概要》(陈昌仪,1991)、《江西省方言志》(陈昌仪,2005)、《江西赣方言语音研究》(孙宜志,2007)、《赣语声母的历史层次研究》(万波,2009)等也多从客赣比较或赣语全局宏观角度来论述问题,赣语昌都片方言仍缺乏全面系统深入的研究成果。昌都片方言全面深入的调查研究是进一步探索赣语自身特点及发展不可缺少的环节。本书研究意义有:

(一)内部差异的调查有助于全面深入了解各地复杂语音面貌

以往的研究对各县方音地域差异描述较少,如《星子县志》(1990)只提到上下乡之分,没有具体描述差异;《湖口县志》(1992)提到内部分上中下方话,未做详细描述;《修水县志》(1991)提到修水内部分上边声、修水声、奉乡声、泰乡声,未对具体的差异进行概述。

(二)内部差异挖掘与研究有助于赣语自身特点深入探讨

客家方言和赣方言是现代汉语的两大方言。两方言究竟是合为一个大方言还是分为两个大方言?这是学术界争论已久的问题,问题的症结就在于"古全浊声母不论平仄今读送气清音"语音特点无法把赣语与客家话区分,这也从另一角度说明赣语研究仍不够深入;就赣语而言,"古全浊声母不论平仄今读送气清音"也不能概括昌都片中星子、都昌、湖口、修水、德安、永修、武宁及瑞昌西南方言的浊音现象。所以,对昌都片方言内部进行系统地研究很有必要,这必将为进一步探讨赣语方言特点提供有力的材料依据及观点参考。

(三)语音比较及历史层次研究有助于赣语形成及历史演变等问题探讨

原始方言的构拟是历史比较语言学理论在方言研究中的应用,也是当前汉语方言研究工作之一。构拟地区方言的原始方言,最根本的依据是同属某个地区方言的若干地点方言的语音系统,所以建立地点方言之间的语音对应规律是构拟工作的基础。语言在不同地域的发展是不平衡的,语言的地域差异可以了解语言的历史演变的过程,所以,深入研究昌都片方言语音内部差异及演变规律,将有助于赣语史研究。

（四）本书研究为建设地理语言学理论增添样本

方言与地理因素密切相关,方言的各种语言特征及其分布总是离不开地理条件的。昌都片在江西省内与抚广片、鹰弋片、宜浏片地理相接,北部、西部又与湖北、湖南交界,有着丰富的地理语言学研究资源。以前的研究虽然也注重方言特征的地理分布,但缺乏从地理语言学角度对方言语音特征及差异形成的研究。本书首次从语言地理学的视角,全面考察某些音类在地理分布上所呈现出来的现状和演变特点,并结合移民史、方言接触现象,深入解释昌都片方言内部共性与差异地理分布特点及成因。

三、研究方法与理论

从内容及目的出发,本书主要涉及及运用的方法有：历史比较法、历史层次分析法、地理语言学方法、实验语言学方法、历史文献法、分区理论与方法。

（一）历史比较法

19世纪,历史比较语言学的成就是利用方言及亲属语言差异比较从而构建了印欧系语言发展史,同是也创立了运用方言差异比较,尤其是亲属关系语言差异构拟原始语言形式的历史比较法。20世纪初期,历史比较法被广泛运用于汉语方言研究之中,如罗常培《临川音系》、赵元任《吴语研究》等都是善用历史比较研究法的例证。本书对昌都片赣语语音做深入研究,必然要参照中古《广韵》音系,运用历史比较法来描述各县赣语语音今读特点,并归纳出语音演变的规律。

通过语音的对应规律去探索语音的发展规律是历史比较语言学研究语言史的基本途径(徐通锵,2001：113)。下文以山摄合口三等见组字韵母为例,看昌都片赣语韵母早期形式及音变构拟。

表 1-2　赣语昌都片方言山合₃见组例字表

地点例字	捲见 山合₃	权群 山合₃	劝溪 山合₃	元疑 山合₃
修水义宁镇罗家埚	ˬkuɛn	ˬguɛn	guɛnᵒ²	ˬŋuɛn
都昌土塘镇（陈）	ˬtɕien	ˬdzien	dzien²	ˬȵien
湖口武山镇武山村	ˬtɕiɔn	ˬdziɔn	dziɔnᵒ²	ˬȵiɔn
星子华林镇繁荣村	ˬkuɛn	ˬguiɛn	guɛnᵒ²	ˬuiɛn
德安林泉乡林泉村	ˬkuiɛn	ˬkʰuiɛn	kʰuiɛnᵒ²	ˬuiɛn
永修江益镇（刘）	ˬkuɛn	ˬgʰuɛn	gʰuɛnᵒ²	ˬȵiɛn
安义乔乐乡社坑村	ˬtɕien	ˬtɕʰien	tɕʰienᵒ	ˬȵien
新建乐化镇江桥村	ˬkuɛn	ˬkʰuɛn	kʰuɛnᵒ	ˬȵien
南昌向塘镇（万）	ˬtɕiɔn	ˬtɕʰiɔn	tɕʰiɔnᵒ	ˬȵiɔn

中古见组声母一般拟音为 [k]、[kʰ]、[g]、[ŋ]，表 1-2 中 [kuiɛn]/[kiɛn] 读法应是接近中古读音的形式，昌都片方言内部差异应是早期赣语不同地域不平衡发展的结果，[tɕien]/[tɕiɔn] 应是 [kuiɛn]/[kiɛn] 进一步演变发展的结果。从音理上看，语音是发音器官协同动作的结果，[kuɛn] 音节发音过程，过渡音 [i] 易丢失。调查时笔者发现，发音人念"权"字时会出现 [kuɛn]/[kuiɛn] 随意变读，[kuiɛn] > [kiɛn] 音变是客观存在的，如修水义宁镇罗家埚、星子华林镇繁荣村、永修江益镇（刘）、新建乐化镇江桥村方言均有此现象。辅音 [k]、元音 [u] 都具有后、高发音特点，发音便利、和谐原则易导致 [u] 丢失，[kuiɛn] 音节丢失 [u] 之后，[k] 与 [i] 相拼易发生声母腭化现象，同时元音 [i] 前、高发音特点也会导致韵母主元音发生，即产生 [iɛn] > [ien]/[iɔn] 音变。据表 1-2 可知，[tɕien]、[tɕiɔn] 读法在都昌土塘镇（陈昌仪，1991）、安义乔乐乡社坑村、南昌向塘镇（万云文，2011）方言中也是事实。据赣语昌都片各地方言山合三见组韵母差异的比较与分析，本书推断，[uiɛn] 是昌都片赣语山合三见组字韵母中古形式，今读韵母曾经历 [kuiɛn]>[kiɛn]/[kiɛn]>[tɕien]/[tɕiɔn] 音变过程。

（二）历史层次分析法

历史比较语言学将世界语言关系理解为家族式谱系关系,即共同的原始语会发生一分二、二分四等分化,从而形成今天世界上的各种语言,由此可知历史比较语言学天性弱点是不考虑语言间的接触关系。考古学和人类学成果不断印证赣北语言文化有着悠久历史和多源融合的发展特点,也说明赣语并不是按历史比较语言学所设想的那样,在毫无外界干扰下生长。外来语言的影响及方言接触是本书在探讨昌都片赣语特点时必须考虑的方面,故本书需引入层次分析理论和方法。有关层次的理解,学界有不同观点。

王洪君(2009：205)指出,层次表现为历史同一性的语素或词有本地和外来两种语音形式,从而形成与祖语的两套语音对应。

陈忠敏(2007：136)认为,层次是不同语言(方言)系统的叠置,是语言接触的产物。语音层次反映的是方言音类系统的变异,相同条件下具有重复出现特点,而训读、误读、避讳、形态音变、滞后音变都不属语音层次问题。[①]

王福堂(2007：7)认为,语音层次表现为同一古音来源的字在方言共时语音系统中有不同语音形式的若干音类。语音层次叠置有两类,一类是异方言借入的音类与本方言原有的音类所构成的叠置,一类是因本方言演变而构成的叠置。[②]

潘悟云(2010：13)指出,层次的概念包含时间、空间的两个因素,就语音来讲,有来自不同空间的"异源叠置"所形成的音韵特征构成的层次,落实到某地点方言,包括新派和老派方言、汉语方言中"文白异读"、本地固有音及外来借音。

本书认同丁邦新、徐通锵、王洪君、陈忠敏等先生对层次的诠释,在探讨问题时,先按音类进行类型归纳,之后结合汉语史及文献辨认层次,本地固有的音类采用"本地音层""白读音"说法,对于不同年龄层时采用新老派说法,外来音类称"外来音层""文读音"说法。对于本地固有的语音现象按音变规律探讨演变

[①] 丁邦新:《历史层次与方言研究》,上海教育出版社2007年,第136页。
[②] 丁邦新:《历史层次与方言研究》,第7页。

特点,本书将会涉及徐通锵提到的汉语方言三类音变理论①:

1. 连续式音变

也称条件式音变,指本地固有音类的音值在某一音韵条件下变化,具有连续性、渐进的特点。这种音变会引起音系结构格局的调整,有些学者称为"自然音变"。如上文所提到的昌都片赣语山合三见系韵母音值的演变:[kuiɛn] > [kuɛn]/[tɕiɛn]。

2. 离散式音变

也称扩散式音变,即语素读音零星、参差的变化,参与音变的音类采取逐个推移的方式实现音变过程,即以词汇扩散的方式呈现。离散式音变中,如果个别落后分子走得太慢,或遇到另强音变力量的干扰则可能出现中断,这就会出现音变的例外。如果着眼于离散音变的全过程,演变的方向是明确的,存在规律的。如武宁县赣语中知₂章组字声母与带 [i] 介音韵母相拼时,绝大部分字今读 [tɕ] 组声母,但也存在个别字声母读 [tʃ] 声母。

3. 叠置式音变

表现为文白异读共时叠置,相互接触。这种音变在音变方式上不同于连续式音变及离散式音变。叠置式音变的单位是词中的音类,文读新形式进入时对词汇有很强的选择性。音变往往有文弱白强—文白相持—文强白弱发展过程,而且本地方言可能发生不止一次的文白交替,从而形成多层叠置,即多个不同历史时期文读形式与白读的对应。文白异读现象反映了方言间的相互影响,并在输入方言中以叠置方式共存,如修水县方言中"去"字,发音人第一遍念 [guiº],在"我去九江"语句中念 [dziɛº],本地人认为 [guiº] 是普通话,[dziɛº] 是本地音,[guiº] 与 [dziɛº] 的对立显然是文白异读现象。对于修水本地固有读音 [dziɛº] 来说,[guiº] 读音是官话音根据最大相似性及最小改动性的原则发展演变的结果。本书不但要揭示文白异读的现象,更要观察研究文白读音竞争过程。

(三)地理语言学方法

地理语言学是 19 世纪中叶为了纠正过分重视语言历史材料而轻视活的方

---

① 徐通锵:《历史语言学》,商务印书馆 2001 年,第 290、339、363 页。

言事实的学术偏见而建立起来的。地理语言学研究语言特点在于地理上的分布,并绘成地图以显示这种分布。什么是汉语方言地理学研究方法?目前还没有统一的定义。项梦冰、曹晖《汉语方言地理学》(2005:26)提到,汉语方言地理学可以从两个角度来考虑:1.以方言地图为其最终表现形式;2.以方言地图为基础所进行的各项综合研究。据此,方言研究中附有描写性地图的成果也应归属汉语方言地理学范畴。赣语研究不少研究成果有方言地图绘制的实践,如刘纶鑫《客赣方言比较研究》(1999)有36幅地图,陈昌仪《江西方言志》(2005)有67幅地图,等等。

充分利用地理共时差异说明历时语音演变规律是揭示赣语发展特点及演变规律的有效方法。本书采取微观布点法,根据昌都片赣语某些语音特点绘制描写性地图,结合图来分析特点分布情况,研究语音历时演变规律。以透定母今读为例,昌都片赣语有三种类型,南昌、新建、安义、武宁、永修、德安方言读 [tʰ],湖口、星子方言读 [d],都昌方言透定母读 [l]。都昌方言透定母读法有地理差异,东部及中部方言透定母读 [d] 或 [l],西部方言透定母读 [l],结合地图来看,透定合流读 [l] 最彻底的西部应是这种音变的发源地,这股音变力量非常强大,并逐步扩散到中部到东部,横亘中部的阳储山阻碍了透定音变现象的东进,即阳储山以西方言透定母今读均为 [l],以东则是一等读 [d],四等读 [l]。结合当地人文历史因素来看,都昌透定母今读地理分布情况同都昌县县治所的历史变迁有很大关系。

(四)实验语言学方法

21世纪以来,随着电脑的普及与录音设备技术的进步,实验语言学研究方法在汉语方言研究中得到广泛运用,如吴语、湘语研究在这方面有许多成果。赣语研究的深入也需要运用实验语言学研究方法,如古全浊声母今读研究。以往调查发现,武宁、修水、永修、都昌、星子、德安方言都存在中古浊音今读浊音现象。从已刊成果来看,学界对赣语浊音的分类有很多争议,如万波认为修水、都昌方言浊音是送气浊音,而孙宜志认为修水、都昌方言浊音为不送气浊音,这样的问题只有运用实验语音学方法方能解决;再如昌都片赣语送气分调现象,以往材料都是口耳听辨的结果,如果能结合声学数据分析,送气分调现象的特点及演变规律研究会更加科学。

(五)历史文献法

赣语以往研究多采取共时平面描写与历史音韵比较相结合方法,若要进一步深入分析演变规律及历史层次,则离不开历史文献考证的方法。充分利用当地历史文献,将有助于梳理方言现象的历史层次,甚至能对某些音类的历史层次做出时间上的判定。近年来,江西古代文献研究成果渐多,如《北宋江西诗人用韵研究》(杜爱英,1998)、《从龚廷贤医籍歌括用韵看明代赣方言的若干特点》(李军,2006)、《江西赣方言历史文献与历史方音研究》(李军,2015)、《〈韵会定正〉所反映的元末明初江西方音》(邓强,2010)、《黄庭坚诗文用韵考》(林亦,1991)等。本书在第三章至第五章专题探讨时,将借助以上已刊历史文献材料及相关研究成果,探讨声韵调音变过程及历史层次,对某些音变现象发生的时间界限做出判定。

(六)分区理论与方法

本书第二章描写各县方言语音特点及差异,归纳昌都片语音特点,并在此基础上对各县方言语音及昌都片赣语进行内部划分,故必然要运用到方言分区理论及方法。方言学界普遍认同语音标准是方言分区主要依据,如李荣先生曾提出:"在方言分界上,语音分布现象特别重要,因为一张图可以代表许多字,一个词就只能代表它本身,所以词汇在方言分界上重要性不大。"[①]王福堂(1999:46)指出,语音应该是区分汉语方言的主要标准。本书着力于方言语音研究,故内部划分时采纳语音标准。

区分方言的语音条件往往处在不同的历史层次,对于区分起着不同作用。丁邦新(1998:168,171—178)曾提到,早期历史性的条件分大方言,晚期历史性的条件分次方言,用现在平面性的条件区别小方言。昌都片赣语是赣语大方言下的方言分片,各县方言有着密切的亲属关系,各县方言内部的口音之别更是同一方言晚期语音发展不平衡的结果。晚期条件分次方言,次方言往往是大方

[①] 孙宜志、陈昌仪、徐阳春:《江西境内赣方言区述评及再分区》,《南昌大学学报》(人社版),2001年第2期。

言后来分化的结果,所以内部差异往往体现为平面性的语音差异。划分语音条件可因不同方言而定,本书差异划分原则采取对内一致和对外排他的相结合,语音条件体现为历史条件与平面共时差异的相结合。

第三节 方言材料及标写说明

一、方言材料说明

(一)本书涉及的方言点

本书所涉及的方言点有182个,其中153个方言点为笔者调查所得,29个方言点材料参考以往学者的研究成果。

1. 武宁县

武宁县12个乡镇共15个方言点,其中笔者调查13个方言点,引用2个方言点已刊材料。具体方言点为:宋溪镇天平村、宋溪镇山口村小东山、泉口镇丰田村下江、鲁溪镇大桥村、杨洲乡杨洲村、杨洲乡森峰村、罗坪乡长水村、石门楼镇白桥村、罗溪乡坪源村坪源铺里、船滩镇船滩村新丰街、县城(陈昌仪,2005)、新宁镇石坪村、清江乡清江村、东林乡东林村、礼溪镇(钟明立,2004)。

2. 修水县

修水县26个乡镇共39个方言点,其中笔者调查38个方言点,引用1个方言点已刊材料。具体方言点为:义宁镇(刘纶鑫,1999)、义宁镇罗家堝、宁州镇、庙岭乡戴家村、庙岭乡小山口村、太阳升镇坳头村、太阳升镇农科所、黄坳乡塘排村、黄港镇安全村、何市镇大里村、上奉镇石街村、竹坪乡竹坪村、征村乡熏衣村、杭口镇厚家源村、马坳镇石溪村、山口镇来苏村、新湾乡小流村、新湾乡新湾村、溪口镇上庄围丘村、溪口镇南田村、溪口镇田仑村、溪口镇义坑村、港口镇界下村、港口镇大源村、港口镇集镇居委会、布甲乡横山村、布甲乡洪石村、渣津镇长潭村、东港乡岭下村、白岭镇邓家咀、白岭镇白岭村、全丰镇南源村、黄龙乡黄龙村金家园新村、黄龙乡沙墩村、大桥镇沙湾村、大桥镇界下村、余墩乡上源村、余墩乡余墩村、复原乡雅洋村。

3. 瑞昌县

瑞昌县1个方言点，引用南义镇（刘纶鑫，1999）方言材料。

4. 都昌县

都昌县15个乡镇共21个方言点，其中笔者调查20个方言点，引用1个方言点已刊材料。具体方言点为：大港镇小埠村、中馆镇银宝村、万户镇长岭村、南峰镇暖湖村、北炎乡东凤大队曹炎村、土塘镇（陈昌仪，1991）、化民乡信和村柏树张家、化民乡南源村佩坂村、化民乡官洞村上官村、化民乡莲蓬村口头张家、化民乡殿下村陶珠山江家、阳峰乡黄梅沈家、阳峰乡伏牛卢家、和合乡田阪村、周溪镇古塘村、春桥乡云山村委会余良山村、春桥乡春桥村彭壁、徐埠镇山峰村、左里镇周茂村、狮山乡老屋于家湾村、都昌镇柳树堰卢家院。

5. 湖口县

湖口县8个乡镇共10个方言点，其中笔者调查9个方言点，引用1个方言点已刊材料。具体方言点为：双钟镇（刘纶鑫，1999）、双钟镇月亮村、流泗乡红星村、舜德乡南湾村沈素上、舜德乡兰新村、马影镇走马刘三房村、文桥乡饶塘村陈凤姓村、城山镇大塘村细石家、武山镇武山村细沈祜、流芳乡青年村曹府台。

6. 星子县

星子县9个乡镇共10个方言点，其中笔者调查9个方言点，引用1个方言点已刊材料。具体方言点为：南康镇迎春桥小区、白鹿镇玉京村、华林镇繁荣村大屋金、温泉镇桃花源余家、蓼花镇胜利村东平山、苏家槛乡土牛村、横塘镇联盟村墈上查家、蓼南乡新华村何家堡、蛟塘镇芦花塘细桥于村、蛟塘镇（陈昌仪，2005）。

7. 德安县

德安县10个乡镇共29个方言点，其中笔者调查28个方言点，引用1个方言点已刊材料。具体方言点为：蒲亭镇（刘纶鑫，1999）、蒲亭镇北门社区、林泉乡林泉村摆下刘村、丰林镇丰林村戴家、丰林镇丰林村金家、丰林镇紫荆村咀上袁家、丰林镇紫荆村戴家、丰林镇依塘村河下叶家、丰林镇依塘村依塘畈、丰林镇乌石村木梓林胡家、丰林镇乌石村乌石门、丰林镇黄桶村黄桶铺、丰林镇黄桶村新屋詹家、丰林镇黄桶村上屋熊家、丰林镇大畈村新屋邓家、丰林镇大畈村孙万铭家、丰林镇桥头村潘师畈王家、丰林镇桥头村桥上孙家、丰林镇畈上王村良种场、丰林镇畈上王村埠下袁家、丰林镇畈上王村畈上王家、车桥镇白水村上屋夏家、车桥镇长庆村小白水、塘山乡新塘村、高塘乡罗桥村畈上王家、河东乡后田村石门汪家、蒲亭镇附城村、吴山乡河铺村东坑杨家、磨溪乡尖山村王家畈。

8. 永修县

永修县13个乡镇共14个方言点,其中笔者调查10个方言点,引用4个方言点已刊材料。具体方言点为:三溪桥镇河桥村、江上乡耕源村、梅棠镇杨岭村、立新乡桥头村、虬津镇张公渡村、艾城镇艾城村、九合乡长滩村、滩溪镇滩溪村、马口镇新丰村、马口镇山丰村、涂埠镇(陈昌仪,1983)、江益镇(刘纶鑫,1999)、三角乡(孙宜志,2006)、吴城镇(肖萍,2008)。

9. 安义县

安义县7个乡镇共9个方言点,其中笔者调查7个方言点,引用2个方言点已刊材料。具体方言点为:龙津镇凤山村、新民乡新民村、万埠镇下庄村、长埠镇长埠村、石鼻镇果田村、黄洲镇黄洲村、乔乐乡社坑村、县城(陈昌仪,2005)、县城城关(高福生,1988)。

10. 新建县

新建县16个乡镇共23个方言点,其中笔者调查12个方言点,引用11个方言点已刊材料。具体方言点为:金桥乡东和村、联圩镇大圩村、流湖乡对门牌头、昌邑乡良坪村坪上、石埠镇乌城村程家、松湖镇松湖村、石岗镇石岗村、厚田乡西门村、西山镇西山村、生米镇东城村、乐化镇江桥村、樵舍镇峰桥村、松湖镇(陈昌仪,1991)、石岗镇(陈昌仪,1991)、厚田乡(陈昌仪,1991)、西山镇(陈昌仪,1991)、生米镇(陈昌仪,1991)、望城镇(陈昌仪,1991)、乐化镇(陈昌仪,1991)、樵舍镇(陈昌仪,1991)、大塘坪乡(陈昌仪,1991)、象山镇(陈昌仪,1991)、新建县长堎镇(陈昌仪,2005)。

11. 南昌县

南昌县9个乡镇共11个方言点,其中笔者调查8个方言点,引用3个方言点已刊材料。具体方言点为:塔城乡(刘纶鑫,1999)、富山乡霞山唐村、南新乡楼前村、三江镇徐罗村、广福镇北头村熊李村、幽兰镇厚田村涂家、幽兰镇南山村旧居李家、泾口乡辕门村、塔城乡东游村、向塘镇(万云文,2011)、塘南镇(肖放亮,2010)。

12. 南昌市

南昌市1个点,引用南昌市(陈昌仪,2005)已刊材料。

(二)方言点调查及方言材料使用情况说明

1. 调查点情况说明

(1)透定母专项调查

本书从中国社会科学院语言研究所《方言调查字表》选择221个透定母常用字,对16个方言点进行了专项调查。这16个方言点是:都昌县化民乡南源村佩坂村、都昌县化民乡官洞村上官村、都昌县化民乡莲蓬村口头张家、都昌县化民乡殿下村陶珠山江家、德安县丰林镇乌石村木梓林胡家、德安县丰林镇乌石村乌石门、德安县丰林镇黄桶村黄桶铺、德安县丰林镇黄桶村新屋詹家、德安县丰林镇黄桶村上屋熊家、德安县丰林镇大畈村新屋邓家、德安县丰林镇大畈村孙万铭家、德安县丰林镇桥头村潘师畈王家、德安县丰林镇桥头村桥上孙家、德安县丰林镇畈上王村良种场、德安县丰林镇畈上王村埠下袁家、德安县丰林镇畈上王村畈上王家。

(2)语音系统专项调查

本书从中国社会科学院语言研究所《方言调查字表》选择声调151个字、声母115个字、韵母110个字、透定字221个字,对5个方言点做语音系统调查。这5个方言点是:德安县丰林镇丰林村金家、德安县丰林镇紫荆村咀上袁家、德安县丰林镇紫荆村戴家、德安县丰林镇依塘村河下叶家、德安县丰林镇依塘村依塘畈。

(3)系统单字音调查

本书从中国社会科学院语言研究所《方言调查字表》选字,对133个方言点进行系统地语音调查,具体调查项目为:语音系统376个代表字(声调151个字、声母115个字、韵母110个字)、1360个常用单字、声母专项调查(包括知三章组字422个、知组二等字30个、泥母字32个字、来母字122个字、溪群母字205个字)、韵母专项调查(包括遇摄精知庄章组字86个、蟹开一二等字114个、止摄精知庄章组字149个)。为了解连读变调情况,还对个别方言点进行了750个两字组调查。

2.实验语音学研究语料录音说明

本书还对各县代表点方言进行语音系统 68 个例字及声调格局 253 个例字录音采集。具体操作方法是：语音系统 68 个例字做成 68 张幻灯片,调查时放一张幻灯片发音人念一个单字,一个字念 3 遍,中间停顿 6 秒；声调格局 253 个例字按平上去入四声排列,每个声调再按全清、次清、全浊、次浊排列,录音前做成 253 张幻灯片,调查时放一张幻灯片发音人念一个单字,一个字念 1 遍。录音采用 Praat、Adobe Audition 软件,采样率为 44100Hz,信噪比绝对值大于 60dB。

3.引用材料说明

本书 29 个赣语点参考以往学者的研究成果,论述时在方言点后用括号注明材料作者或主编姓氏。具体情况是：

武宁县县城：陈昌仪《江西省方言志》,方言出版社 2005 年。

武宁县礼溪镇：钟明立《江西武宁礼溪话音系》,《方言》,2004 年第 4 期。

修水县义宁镇：刘纶鑫《客赣方言比较研究》,中国社会科学出版社 1999 年。

都昌县土塘镇：陈昌仪《赣方言概要》,江西教育出版社 1991 年。

湖口县双钟镇：刘纶鑫《客赣方言比较研究》,中国社会科学出版社 1999 年。

星子县蛟塘镇：陈昌仪《江西省方言志》,方言出版社 2005 年。

德安县蒲亭镇：刘纶鑫《客赣方言比较研究》,中国社会科学出版社 1999 年。

瑞昌县南义镇：刘纶鑫《客赣方言比较研究》,中国社会科学出版社 1999 年。

永修县江益镇：刘纶鑫《客赣方言比较研究》,中国社会科学出版社 1999 年。

永修县涂埠镇：陈昌仪《永修话声调的演变》,《江西大学学报》,1983 年第 2 期。

永修县三角乡：孙宜志《江西永修（三角）方言的语音特点》,《浙江万里学院学报》,2006 年第 6 期。

永修县吴城镇：肖萍《江西吴城方言语音研究》,齐鲁书社 2008 年。

新建县松湖镇：陈昌仪《新建方言音系》,《抚州师专学报》,1991 年第 1 期。

新建县石岗镇：陈昌仪《新建方言音系》,《抚州师专学报》,1991 年第 1 期。

新建县厚田乡：陈昌仪《新建方言音系》,《抚州师专学报》,1991 年第 1 期。

新建县西山镇：陈昌仪《新建方言音系》,《抚州师专学报》,1991 年第 1 期。

新建县生米镇：陈昌仪《新建方言音系》,《抚州师专学报》,1991 年第 1 期。

新建县望城镇：陈昌仪《新建方言音系》,《抚州师专学报》,1991 年第 1 期。

新建县乐化镇：陈昌仪《新建方言音系》，《抚州师专学报》，1991年第1期。

新建县樵舍镇：陈昌仪《新建方言音系》，《抚州师专学报》，1991年第1期。

新建县大塘坪乡：陈昌仪《新建方言音系》，《抚州师专学报》，1991年第1期。

新建县象山镇：陈昌仪《新建方言音系》，《抚州师专学报》，1991年第1期。

新建县长埁镇：陈昌仪《江西省方言志》，方言出版社2005年。

安义县县城：陈昌仪《江西省方言志》，方言出版社2005年。

安义县城城关：高福生《安义方言同音字汇》，《方言》，1988年第2期。

南昌县塔城乡：刘纶鑫《客赣方言比较研究》，中国社会科学出版社1999年。

南昌县向塘镇：万云文《语言接触视野下的向塘（新村）方言语音研究》，江西师范大学硕士学位论文，2011年。

南昌县塘南：肖放亮《南昌县塘南方言语音系统》，《江西科技师范学院学报》，2010年第2期。

南昌市：陈昌仪《江西省方言志》，方言出版社2005年。

4. 作图方言点说明

根据语音音类现象进行筛选，选取所有方言材料中的125个点作图，其中111点为笔者调查获得，14个点引已刊材料。为方便作图，这些方言点在地图中以编码方式出现。分布情况见下文图。

图中方言点编码如下（方言点前数字为图中标号）：

1. 武宁县宋溪镇山口村小东山；2. 武宁县泉口镇丰田村下江村；3. 武宁县鲁溪镇大桥村；4. 武宁县杨洲乡森峰村；5. 武宁县罗坪乡长水村；6. 武宁县石门楼镇白桥村；7. 武宁县罗溪乡坪源村坪源铺里；8. 武宁县船滩镇船滩村新丰街；9. 武宁县县城（陈昌仪，2005）；10. 武宁县新宁镇石坪村；11. 武宁县清江乡清江村；12. 武宁县东林乡东林村；13. 武宁县礼溪镇（钟明立，2004）；14. 修水县义宁镇罗家埚；15. 修水县宁州镇宁州；16. 修水县庙岭乡小山口村；17. 修水县太阳升镇坳头村；18. 修水县黄坳乡塘排村；19. 修水县黄港镇安全村；20. 修水县何市镇大里村；21. 修水县上奉镇石街村；22. 修水县竹坪乡竹坪村；23. 修水县征村乡熏衣村；24. 修水县杭口镇厚家源村；25. 修水县马坳镇石溪村；26. 修水县山口镇来苏村；27. 修水县新湾乡新湾村；28. 修水县溪口镇田仑村；29. 修水县港口镇集镇居委会；30. 修水县布甲乡洪石村；

31.修水县渣津镇长潭村;32.修水县白岭镇白岭村;33.修水县全丰镇南源村;34.修水县黄龙乡沙煅村;35.修水县大桥镇沙湾村;36.修水县余煅乡余煅村;37.修水县复原乡雅洋村;38.瑞昌县南义镇(刘纶鑫,1999);39.都昌县大港镇小埠村;40.都昌县中馆镇银宝大队;41.都昌县万户镇长岭村;42.都昌县南峰镇暖湖;43.都昌县北炎乡东凤大队曹炎村;44.都昌县土塘镇(陈昌仪,1991);45.都昌县化民乡信和村;46.都昌县阳峰乡伏牛卢家;47.都昌县和合乡田坂村;48.都昌县周溪镇古塘村;49.都昌县春桥乡春桥村彭壁村;50.都昌县徐埠镇山峰村委会袁鏪村;51.都昌县左里镇周茂村;52.都昌县狮山乡老屋于家湾村;53.都昌县都昌镇柳树堰卢家;54.湖口县双钟镇月亮村;55.湖口县舜德乡南湾沈素上村;56.湖口县舜德乡兰新村;57.湖口县马影镇走马刘三房村;58.湖口县文桥乡均桥李家舍;59.湖口县城山镇大塘村细石家;60.湖口县武山镇武山村细沈祜;61.湖口县流芳乡青年村曹府台;62.湖口县流泗镇红星村;63.星子县南康镇迎春桥社区;64.星子县白鹿镇玉京村码头镇;65.星子县华林镇繁荣村大屋金;66.星子县温泉镇桃花源余家;67.星子县蓼花镇胜利村东平山;68.星子县苏家档乡土牛村;69.星子县横塘镇联盟村塝上查家;70.星子县蓼南乡新华村何家堡;71.星子县蛟塘镇(陈昌仪,2005);72.德安县蒲亭镇(刘纶鑫,1999);73.德安县林泉乡林泉村摆下刘村;74.德安县丰林镇丰林村戴家;75.德安县车桥镇白水村上屋夏家;76.德安县塘山乡新塘村;77.德安县高塘乡罗桥村畈上王家;78.德安县河东乡后田村石门汪家;79.德安县蒲亭镇附城村;80.德安县吴山乡河铺村东坑杨家;81.德安县磨溪乡尖山村王家畈;82.永修县江益镇(刘纶鑫,1999);83.永修县三角乡(孙宜志,2006);84.永修县涂埠镇(陈昌仪,1983);85.永修县吴城镇(肖萍,2008);86.永修县三溪桥镇河桥村;87.永修县江上乡耕源村;88.永修县梅棠镇杨岭村;89.永修县立新乡桥头村;90.永修县虬津镇张公渡村;91.永修县艾城镇艾城村艾城街;92.永修县九合乡长滩村;93.永修县滩溪镇滩溪村;94.永修县马口镇新丰村;95.永修县马口镇山丰村;96.安义县龙津镇凤山村;97.安义县新民乡新民村;98.安义县万埠镇下庄村;99.安义县长埠镇长埠村;100.安义县石鼻镇果田村;101.安义县黄洲镇黄洲村;102.安义县乔乐乡社坑村;103.新建县长埭镇(陈昌仪,2005);104.新建县金桥乡东和村;

赣语昌都片布点示意图

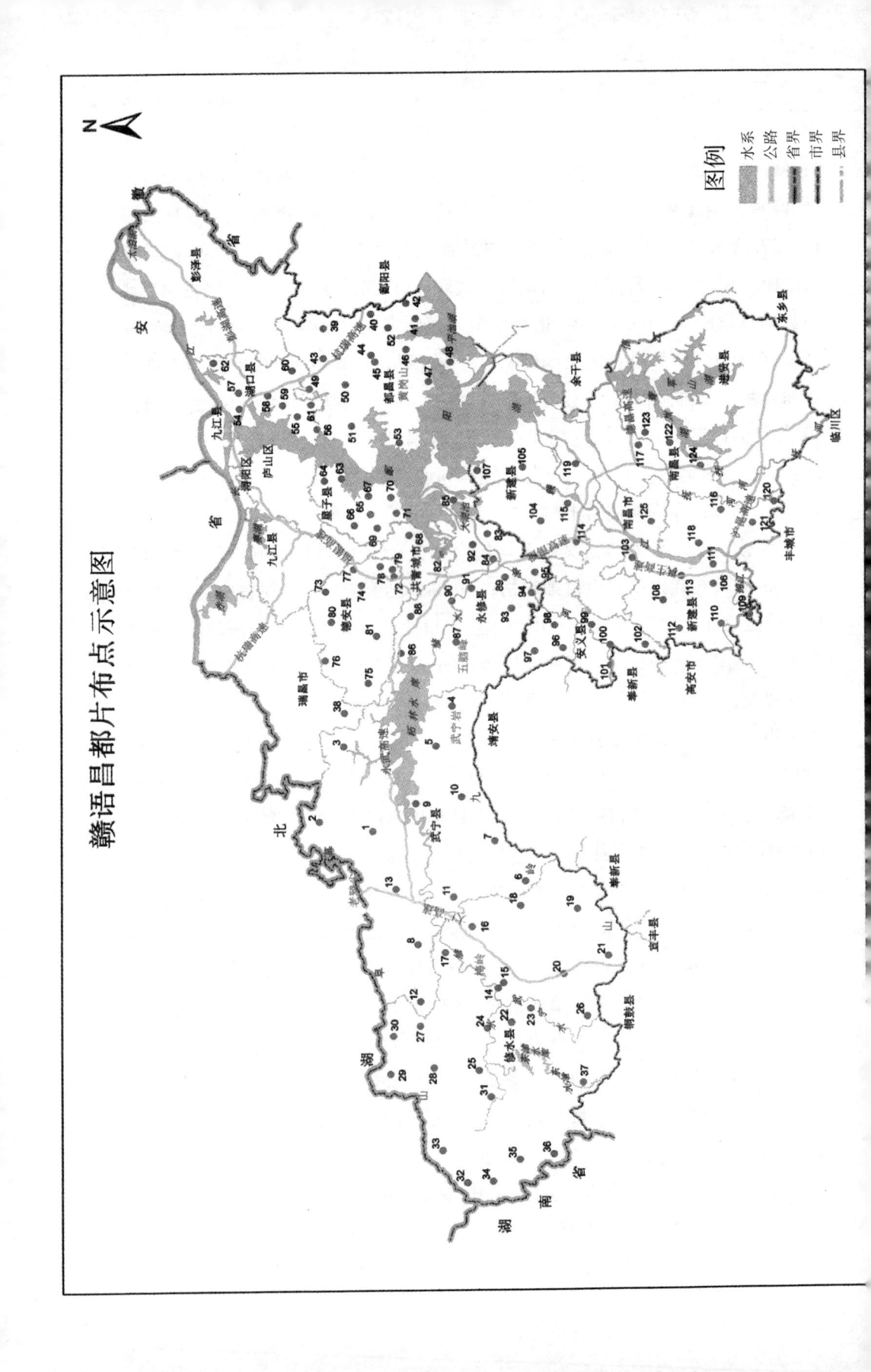

105.新建县联圩镇大圩村；106.新建县流湖乡对门牌头；107.新建县昌邑乡良坪村坪上；108.新建县石埠镇乌城村程家新基；109.新建县松湖镇松湖村丁李中心村；110.新建县石岗镇石岗村；111.新建县厚田乡西门上头村；112.新建县西山镇西山猴溪陈村；113.新建县生米镇东城南岸村；114.新建县乐化镇江桥村；115.新建县樵舍镇峰桥村；116.南昌县向塘镇新村（万云文，2011）；117.南昌县塘南镇（肖放亮，2010）；118.南昌县富山乡霞山唐村；119.南昌县南新乡楼前二房自然村；120.南昌县三江镇徐罗吴黄村；121.南昌县广福镇北头熊李村；122.南昌县幽兰镇南山旧居村李家；123.南昌县泾口乡辕门村；124.南昌县塔城乡东游村；125.南昌市（陈昌仪，2005）

（三）调查合作人情况说明

方言材料来自笔者多年来的积累，从调查材料得来的时间来看，调查工作最早可追溯到2002年，终于2014年12月，历时12年；调查方式都是实地田野调查；调查人尽量选取世代居住本地的50岁以上的男性发音人，共有161位调查合作人，调查合作人具体情况列表附于文后（见附录2），此处归纳说明：

1. 男女比例

为了保证语音系统的纯正，尽量选择男性发音人，161位发音合作人中男性150人，女性11人。

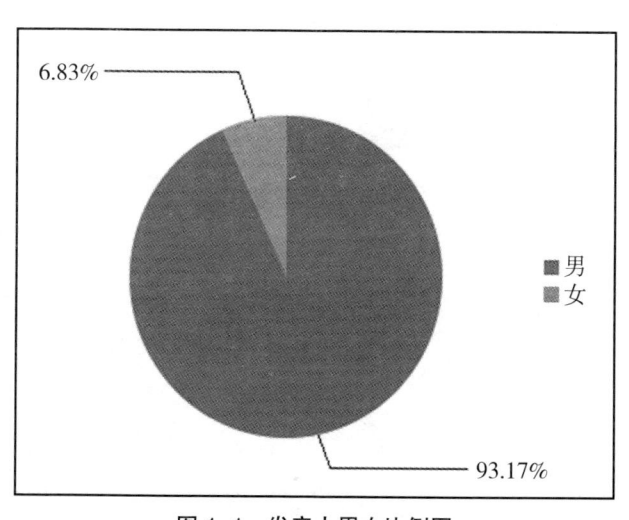

图1-1 发音人男女比例图

2. 年龄情况

调查时尽量选择50岁以上的发音人，161位发音合作人中30岁以下的2人，30岁至39岁的5人，40岁至49岁的16人，50岁至59岁的55人，60岁至69岁的63人，70岁至79岁的19人，80岁以上的只有1人。

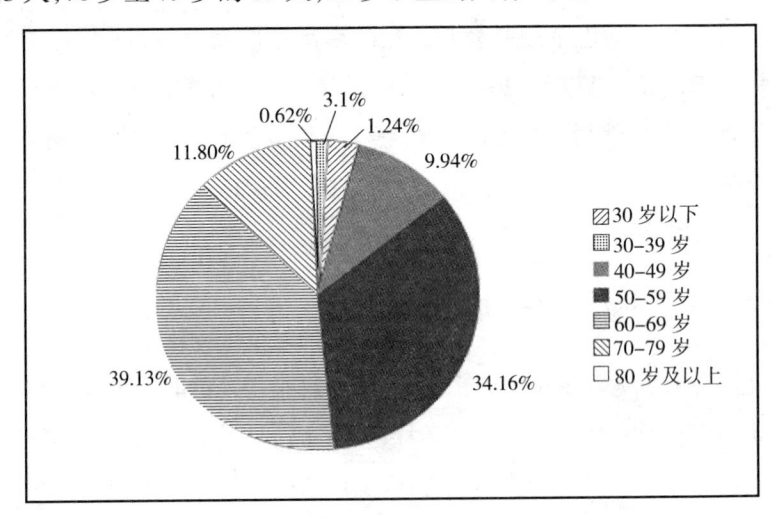

图1-2 发音人年龄比例图

3. 文化程度

161位调查合作人中，小学文化29人，初中文化80人，高中文化38人，中专文化9人，大学文化5人。

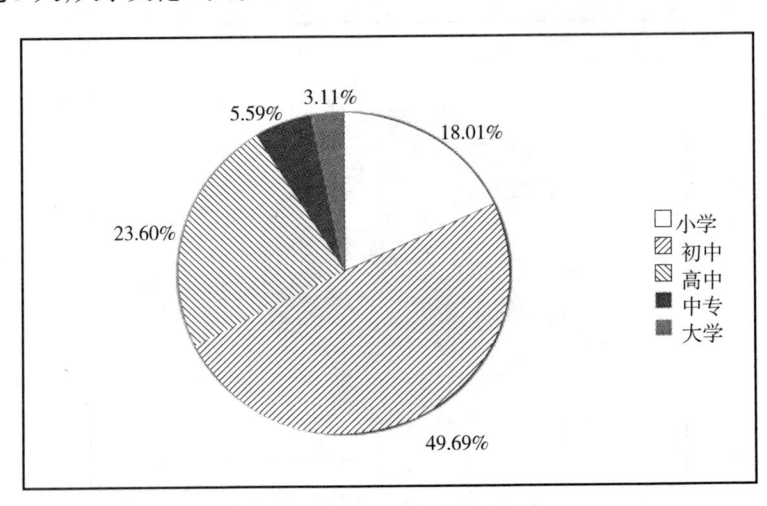

图1-3 发音人文化程度比例图

二、本书撰写、语音标注及符号使用说明

（一）昌都片区域各县及各县乡镇行政归属近年来有一些变动,本书引用的方言点乡镇名称及行政归属采用来源材料说法,笔者调查的方言点采用调查时的名称及行政归属,必要时加以说明。

（二）在描述方言点层级时,采用"片—小片—口音—方言点"四级分层,如"昌都片—都昌小片—周溪口音—周溪镇古塘村方言点";在专题研究中,描述语音特点分布地点时,若成片分布采用口音说法,若零星分布采用具体方言点举例。

（三）引用已刊材料,论述时在方言点后用括号注明材料作者、主编姓名及年份,如安义县城城关引自高福生《安义方言同音字汇》(《方言》,1988 年第 2 期),在文中文字论述时标写为"安义县城(高福生,1988)";出于排版原因,在表格中标写为"安义县城(高)"。

（四）音标标写说明

1. 国际音标拼写在括号"[ ]"内,表格内的音标不标括号"[ ]"。

2. 符号">"或"→"表示音变方向。

3. 赣语中古全浊与次清声母今读合流,存在"清音浊流"类型,即听感上有"浊感",语图上没有浊横杠,声母记音为清声母后加符号 [ɦ],如婆 [pɦ]。

4. 声调标写说明：

文中声调均采用传统调类标调法,即阴平˧□、阳平˨□、阴上ˈ□、阳上ˌ□、阴去□˳、阳去□ˀ、阴入□˳、阳入□˳。若有韵摄分调与送气分调则进一步用数字下标辅助标明：

①入声韵摄分调,标为□₁、□₂、□₃、□₄。

②次浊平与浊平今读分调,全浊平标为 ₛ₁□,次浊平标为 ₛ₂□。

③入声今读送气分调,来自全清入的阴入调标为□₁,来自次清入的阴入调标为□₂,来自全浊入的阳入标为□₂₁,来自次浊入的阳入标为□₂₂。

5. 文中例字表引用他人材料时,原著作若没有记录此字音,本书表格中用〇表示。

第二章 赣语昌都片各县方言语音特点及内部差异

本章详细描述武宁县、修水县、都昌县、湖口县、星子县、德安县、永修县、安义县、新建县、南昌县10个县赣语语音特点及内部差异。各县方言语音系统及基本特点以一个具体乡镇方言点为代表，然后根据调查材料，结合历史条件与共时平面差异，对各县语音进行内部口音划分。

第一节 武宁县方言语音特点及内部差异

一、武宁县方言语音系统（以宋溪镇山口村方言为代表）

（一）声母(19个)

表2-1 武宁县方言声母表

p 巴表步爬白	pʰ 普破派篇拍	m 麻埋谋忙目	f 火腐妇范福
t 剁刀淡典读	tʰ 兔太天透铁		l 哪如脑连嫩
ts 茶走张针茄	tsʰ 初抽昌抄劝		s 社苏晒屎索
tɕ 徐转周九脚	tɕʰ 处丘翠区鹊	ȵ 鱼内牛娘弱	ɕ 水随寿胸削

k 家改沟共各	kʰ 课裤考抗扩	ŋ 矮袄藕安额	h 后风海黑霍	
ø 有武用二屋				

说明：声母 [h] 主要来源于晓匣母开口字及通摄非组字今读,当同韵母 [a]、[ɔ]、[iɔ]、[au]、[ɔŋ]、[əŋ] 相拼时,声母发音明显靠后,实际音值为 [h],如下 [ha˧]、河 [˨hɔ]、害 [hɔi˧]、厚 [hau˧]、含 [˨hɔŋ]、风 [˨həŋ]；当同韵母 [ai]、[an] 时,声母又没有那么后,如"海、鞋、咸"可记为 [˥xai]、[˨xai]、[˨xan],[h]、[x] 分布呈互补关系,声母 [x] 为声母 [h] 的变体,这种情况在本章所描述其他各县方言语音系统中同样存在,本书均归纳为 /h/ 音位。

（二）韵母（53 个）

表 2-2　武宁县方言韵母表

ɿ 资世师时字	i 例礼灰椅累	u 布租初儒数	y 徐书税水吕
a 哪茶遮稗洒	ia 茄靴姐社射	ua 瓜寡跨蛙剐	
ɛ 儿二耳尔而	iɛ 渠他去		
ɔ 多我波错破		uɔ 锅果过禾裹	
ai 带太派帅坏		uai 块怪歪枴乖	
ɔi 胎在开爱害			
		ui 魁跪桂贵闺	
au 袍考敲厚猴	iau 蕉朝豆口瘦		
	iu 丢刘酒九抽		
an 胆站难展陕		uan 关湾弯顽惯	
ɔn 南含盘肝眼		uɔn 官罐宽款碗	yɔn 转砖软拳船
ən 本村分问嫩	in 沉真蒸珍庆	uən 温困绷稳昆	yn 春菌军群云
	iɛn 善灯钳连天		
aŋ 彭坑硬撑	iaŋ 精零病青	uaŋ 梗横	
ɔŋ 帮床方撞胖	iɔŋ 粮张樟江将	uɔŋ 光广狂匡王	
əŋ 棚东冬丰共	iəŋ 穷龙胸用兄		
	it 立急笔习湿	ut 入不骨窟	yt 出橘屈掘术

续表

at 腊插法发捺		uat 挖刮袜	
ɛt 钵合核克塞	iɛt 接贴结设德	uɛt 括朾物获	yɛt 雪绝血月缺
ɔt 喝割脱刷阔			
ak 百拍客麦格	iak 壁吃笛锡		
ɔk 薄落各郭桌	iɔk 略削着脚药		
uk 木哭福鹿速	iuk 六竹肉绿足		
ŋ̍ 五翁			

（下加＿划线表示白读，下加﹍划线表示文读）

说明：1. [a]、[ia]、[aŋ] 元音 [a] 的音值有区别的，今合并音位为 /a/；2. 流摄韵母 [iu] 与 [ts] 相拼时，中间没有过渡 [ə] 元音，[i] 元音短而快，[u] 元音占主要时长。

（三）声调（7 个）

表 2-3　武宁县方言声调表

阴平	324	波家猪天清丰	阳平	32	河铜柴钱粮人
上声	41	古口草脑暖淡			
阴去	45	对够句变菜放	阳去	22	厚赵大病路用
阴入	54	答急竹七铁叶	阳入	33	学读白食落辣

说明：入声调调值下加＿划线表示短促调；阳入调舒声化，塞尾消失，无短促感。

二、武宁县方言语音特点（以宋溪镇山口村方言为代表）

（一）中古声母今读特点

1. 中古全浊声母今读不送气清音，如步 [pu²]、冯 [ɦən²]、道 [tau²]、茶 [tsa²]、才 [tsɔi²]、锄 [tsu²]、权 [tɕyən²]、徐 [tɕy²]；奉、邪、船、禅、匣母部分字今读清擦音，如序 [ɕy²]、飞 [fi²]、食 [ɕi²]、是 [sʅ²]、胡 [fu²]。

2. 帮滂并明母今读 [p]、[pʰ]、[m]，如摆 [ˈpai]、片 [pʰiɛnº]、薄 [bɔk̚]、买 [ˈmai]；非敷奉母（通摄合口三等字除外）今读 [f]，如飞 [ˌfi]、符 [ˌfu]、范 [fanˀ]、饭 [fanˀ]、分 [fənˀ]、方 [ˌfɔŋ]，通摄合口三等今读 [h]，如风 [ˌhəŋ]；微母今读零声母，如文 [ˌuən]，个别中古微母字仍保存重唇读法，如蚊 [ˌmən]。

3. 端透定母今读 [t]、[tʰ]；泥母、来母逢洪音今读 [l]，难＝兰 [ˌlan]，逢细音不混，如内 [niˀ]、连 [ˌliɛn]。

4. 精知章组遇合三、蟹合三、止合三、山合三、臻合三今读 [tɕ]、[tɕʰ]、[ɕ]，如须 [ˌɕy]、猪 [ˌtɕy]、煮 [ˈtɕy]、脆 [tɕʰyº]、税 [ɕyº]、嘴 [ˈtɕy]、追 [ˌtɕy]、水 [ˈɕy]、全 [ˌtɕiɔn]、转 [ˈtɕyɔn]、砖 [ˌtɕyɔn]、遵 [ˌtɕyn]、准 [ˈtɕyn]，其他韵摄条件下读 [ts]、[tsʰ]、[s]，如租 [ˌtsu]、才 [ˌtsɔi]、紫 [ˈtsɿ]、知 [ˌtsɿ]、诗 [ˌsɿ]、焦 [ˌtsiau]、超 [ˌtsʰiau]、照 [tsiauº]、酒 [ˈtsiu]、丑 [ˈtsʰiu]、手 [ˈsiu]、站 [tsanˀ]、线 [siɛnº]、哲 [tsiɛt̚]、战 [tsanº]；庄组今读 [ts]、[tsʰ]、[s]，如初 [ˌtsʰu]、帅 [sai]、瘦 [siauº]、争 [ˌtsiɛn]、测 [tsʰiɛt̚]。

5. 见溪群母一二等及止合三等、蟹合四等今读 [k]、[kʰ]、[h]，三四等其他字今读 [tɕ]、[tɕʰ]、[ɕ]，如开 [ˌkʰɔi]、举 [ˈtɕy]、肯 [ˈkʰiɛn]、狗 [ˈkiau]、九 [ˈtɕiu]。疑母逢洪音今读 [ŋ]，逢细音今读 [ȵ]，如艾 [ŋai˛]、牛 [ˌȵiu]。

6. 晓组开口一二等及通合一今读 [h]，如海 [ˈhai]、鞋 [ˌhai]、盒 [het̚]、黑 [hɛk̚]、红 [ˌhəŋ]；晓组合口一二等及止合三、蟹合四今读 [f]，如胡 [ˌfu]、灰 [ˌfi]、挥 [ˌfi]、惠 [fiˀ]；晓组三四等及效开二等今读 [ɕ]，如香 [ˌɕiɔŋ]、协 [ɕiɛt̚]、校 [ɕiauˀ]；例外字有萤 [ˌin]、横 [ˌuaŋ]。

7. 影母假开二、蟹开一二、效开一二、流开一、咸开一、山开一二、臻开一、宕开一今读 [ŋ]，如鸦 [ˌŋa]、爱 [ŋɔiº]、袄 [ˈŋai]、呕 [ˈŋau]、暗 [ŋɔnº]、晏 [ŋanº]、恶 [ŋɔk̚]，其他韵摄条件下今读零声母，如椅 [ˈi]、腰 [ˌiau]、握 [uɔk̚]、影 [ˈin]；喻母今读零声母，如移 [i˛]、有 [ˈiu]、叶 [iet̚]。

（二）中古韵母今读特点

1. 果摄开口一等韵母今读 [ɔ]，个别字韵母今读 [ai]，如我 [ˈŋɔ]、大 [tʰaiˀ]，合口见系个别字韵母今读 [uɔ]，如禾 [ˌuɔ]、窝 [ˌuɔ]；果摄三等韵母今读 [ia]，如茄 [ˌtɕʰia]、靴 [ˌɕia]。

2. 假摄开口二等韵母今读 [a]，假摄开口三等精组、知组、日母韵母今读 [ia]，

37

章组韵母今读 [a],假摄合口二等见组、影母韵母今读 [ua],庄组与晓组韵母今读 [a];如嫁 [ka°]、谢 [sia°]、蛇 [ɕia]、瓜 [kua]、花 [fa]。

3. 遇摄一等及三等非组、庄组、日母韵母今读 [u],如租 [tsu]、初 [tsʰu]、如 [lu]、数 [su°]、补 [ᶜpu]、户 [fu°];遇摄三等精组、知章组、见系韵母今读 [y],如猪 [tɕy]、书 [ɕy]、住 [tɕy°]、朱 [tɕy]、句 [tɕy°];个别鱼韵字韵母读 [iɛ],锯 [kɛ°]、去 [tɕʰiɛ]。

4. 蟹摄一二等韵母今读有别,蟹摄开口一等韵母今读 [ɔi]、[ai],二等韵母今读 [ai],如来 [lɔi]、灾 [tsɔi]、海 [ᶜhɔi]、拜 [pai°]、鞋 [hai];蟹摄开口三四等帮组、端组、泥组、精组、见系韵母今读 [i],知章组韵母今读 [ɿ],如米 [ᶜmi]、溪 [tɕʰi]、世 [sɿ°];蟹摄合口一等及合口三等非组、合口四等晓组韵母今读 [i],如杯 [pi]、雷 [li]、回 [fi]、妹 [mi°]、对 [ti°]、灰 [fi]、肺 [fi°]、惠 [fi°];蟹摄合口二等见系韵母今读 [uai]、[ua]、[a],如拐 [ᶜkuai]、怀 [fai]、话 [fa°];蟹摄合口三等精知章组韵母今读 [y],如脆 [tɕʰy°]、税 [ɕy°],合口四等见组韵母今读 [ui],如桂 [kui°]。

5. 止摄开口三等帮组、泥来、日母、见系及合口三等非组、来母韵母今读 [i],如皮 [ᶜpʰi]、飞 [fi];止摄开口三等精组、庄组、知章组韵母今读 [ɿ],如刺 [tsʰɿ°]、师 [sɿ]、知 [tsɿ]、诗 [sɿ];止摄合口三等见系韵母今读 [ui],精组、知章组韵母今读 [y],庄组韵母今读 [ai],如葵 [kʰui]、贵 [kui°]、醉 [tɕy°]、嘴 [ᶜtɕy]、睡 [ɕy°]、帅 [sai°]。

6. 效摄开口一二等韵母今读 [au],如毛 [mau]、考 [ᶜkʰau]、孝 [hau°];效摄开口三四等、流摄开口一等与流摄开口三等非组、庄组韵母合流为 [iau],如赵 [tsiau°]、烧 [ɕiau]、表 [ᶜpiau]、小 [ᶜsiau]、晓 [ᶜɕiau]、豆 [tiau°]、口 [ᶜkʰiau]、浮 [fiau]、邹 [tsiau];流摄开口三等泥组、精庄知章组及见系韵母今读 [iu],如抽 [tsʰiu]、周 [tɕiu]、流 [liu]、秋 [tsʰiu]、球 [tɕiu]。流摄开口三等非组个别字韵母今读 [u],如妇 [fu°]。

7. 咸摄开口一等覃合韵韵母(端泥精组入声字除外)今读 [ɔn]、[ɔt],如贪 [tɔn]、感 [ᶜkɔn]、含 [hɔn]、甘 [kɔn]、答 [tɔt]、合 [hɔt];咸摄开口一等覃合韵端泥精组入声字,开口一等谈盍韵端泥精组,开口二等,合口三等韵母合流今读 [an]、[at],如胆 [ᶜtan]、减 [ᶜkan]、嵌 [kʰan]、范 [fan°]、插 [tsʰat]、鸭 [ŋat]、法 [fat];咸摄开口三四等韵母今读 [iɛn]、[iɛt],如尖 [tsiɛn]、闪 [ᶜɕiɛn]、染 [ᶜniɛn]、盐 [iɛn]、剑

[tɕien˚]、店 [tien˚]、接 [tsiɛt̚]、折 [tsiɛt̚]；咸摄读阳入调的入声字韵母无塞尾，如腊 [la̠]、业 [ȵiɛ̠]、碟 [tʰiɛ̠]。

8. 深摄开口三等庄组韵母今读 [iɛn]、[iɛt]，其他组系韵母今读 [in]、[it]，如品 [˚pʰin]、林 [₋lin]、心 [₋sin]、沉 [₋tɕin]、森 [₋siɛn]、针 [₋tsin]、金 [₋tɕin]、立 [lit̚]、十 [ɕi̠]、急 [tɕit̚]。

9. 山摄开口一等端组、泥组、精组，开口二等，合口三等非组韵母今读 [an]、[at]，如滩 [₋tʰan]、伞 [˚san]、眼 [˚ȵan]、瞎 [hat̚]、八 [pat̚]、饭 [fan˚]、发 [fat̚]；山摄开口一等见系与山摄合口一二等（见系除外）韵母今读 [ɔn]、[ɔt]，如案 [ŋɔn˚]、拴 [₋sɔn]、盘 [₋pɔn]、暖 [˚lɔn]、抹 [mɔt̚]、脱 [tʰɔt̚]、割 [kɔt̚]；山摄开口三四等韵母今读 [iɛn]、[iɛt]，如钱 [₋tsiɛn]、扇 [siɛn˚]、建 [tɕiɛn˚]、千 [₋tsʰiɛn]、节 [tsiɛt̚]；山摄合口一等见系韵母今读 [uɔn]、[uɔt]，如管 [˚kuɔn]、阔 [kʰuɔt̚]；山摄合口二等见系韵母今读 [uan]、[uat]，如关 [₋kuan]；山摄合口三等（非组除外）韵母今读 [yɔn]、[iɔn]、[yɛt]，如全 [₋tɕyɔn]、船 [₋ɕyɔn]、劝 [tɕʰiɔn˚]、圈 [˚tɕyɔn]、拳 [₋tɕyɔn]、远 [˚iɔn]、雪 [ɕyɛt̚]；山摄读阳入调的入声字塞音韵尾消失，韵母今读相应的阴声韵，如月 [ȵiɛ̠]、穴 [ɕyɛ̠]、列 [liɛ̠]、舌 [ɕiɛ̠]、辣 [la̠]、活 [uɔ̠]。

10. 臻摄开口一等韵母今读 [iɛn]、[it]，开口三等韵母今读 [in]、[it]、[iɛt]，如很 [˚hiɛn]、民 [₋min]、真 [₋tsin]、巾 [₋tɕin]、笔 [pit̚]、质 [tsit̚]、一 [it̚]；臻摄合口一等见系韵母今读 [uən]、[uɛt]，其他组系韵母今读 [ən]、[ɿt]，如本 [˚pən]、村 [₋tsʰən]；臻摄合口三等精组、日母、见系韵母今读 [yn]、[yt]，非组、知章组韵母今读 [ən]、[uən]、[uɛt]、[ɛt]，如滚 [˚kuən]、骨 [kuɛt̚]、出 [tsʰyt̚]。

11. 宕摄开口一等，开口三等庄组，合口一等晓组，合口三等非组、晓组与江摄韵母合流为 [ɔŋ]、[ɔk]，如帮 [₋pɔŋ]、钢 [₋kɔŋ]、各 [kɔk̚]、霍 [hɔk̚]、郭 [kɔk̚]、方 [₋fɔŋ]、双 [₋sɔŋ]、岳 [ŋɔk̚]；宕摄开口三等泥组、精组、知章组、日母、见系韵母今读 [iɔŋ]、[iɔk]，如枪 [₋tsʰiɔŋ]、张 [₋tsiɔŋ]、强 [₋tɕiɔŋ]、爵 [tsiɔk̚]、弱 [ȵiɔk̚]；宕摄合口三等见组、影组韵母今读 [uɔŋ]、[uɔk]，如光 [₋kuɔŋ]、王 [₋uɔŋ]；宕摄读阳入调的入声字韵母没有塞尾，如莫 [mɔ̠]。

12. 曾摄开口一等韵母今读 [iɛn]、[iɛt]，如灯 [₋tiɛn]、肯 [˚kiɛn]、德 [tiɛk̚]；开口三等韵母今读 [in]、[it]，如冰 [₋pin]、蒸 [₋tɕin]、织 [tɕit̚]、极 [tɕit̚]；合口一三等韵母今读 [əŋ]、[uɛt]，如弘 [₋həŋ]、国 [kuɛt̚]。

13. 梗摄开口二等文读 [iɛn]、[ɛk]、[iɛk]，白读 [aŋ]、[ak]，晓组个别字韵母今读 [in]，如生 [˪siɛn]、责 [tsɛk˧]、册 [tɕʰiɛt˧]、百 [pak˧]、撑 [˪tsʰaŋ]、行 [˪ɕin]；梗摄开口三等文读 [in]、[it]，白读 [iaŋ]、[iak]、[ak]，如明 [˪miaŋ]、只 [tsak˧]、积 [tsiak˧]、庆 [tɕʰinº]、积 [tsit˧]；梗摄合口二等庚陌韵母今读 [uoŋ]、[uaŋ]，如矿 [kʰuoŋº]、横 [˪uaŋ]；梗摄开口一二等个别字、合口二等耕麦韵及合口三等同通摄韵母合流，今读 [əŋ]、[iəŋ]，如棚 [˪pʰəŋ]、朋 [˪pəŋ]、兄 [˪ɕiəŋ]、荣 [˪iəŋ]。

14. 通摄韵母今读 [əŋ]、[uk]，如东 [˪təŋ]、公 [˪kəŋ]、冯 [˪həŋ]、木 [muk˧]、哭 [kʰuk˧]、毒 [tuk˧]、福 [fuk˧]；三等泥组、精组、日母、见组个别字韵母今读 [iəŋ]、[iuk]，如龙 [˪liəŋ]、穷 [˪tɕiəŋ]、六 [liuk˧]；通摄读阳入调的入声字韵母无塞尾，归入相应的舒声韵，如局 [tɕiu˧]。

（三）中古声调今读特点

武宁县宋溪镇山口村方言古清平今读阴平,古次浊平今读阳平；清上、次浊上今读上声,全浊上归阳去；清去今读阴去,浊去今读阳去；古入声今读入声,清浊分调,清入与次浊入、部分全浊入合流为阴入,全浊入部分字仍保留阳入调,阴入高,阳入低,阳入调没有短促感。

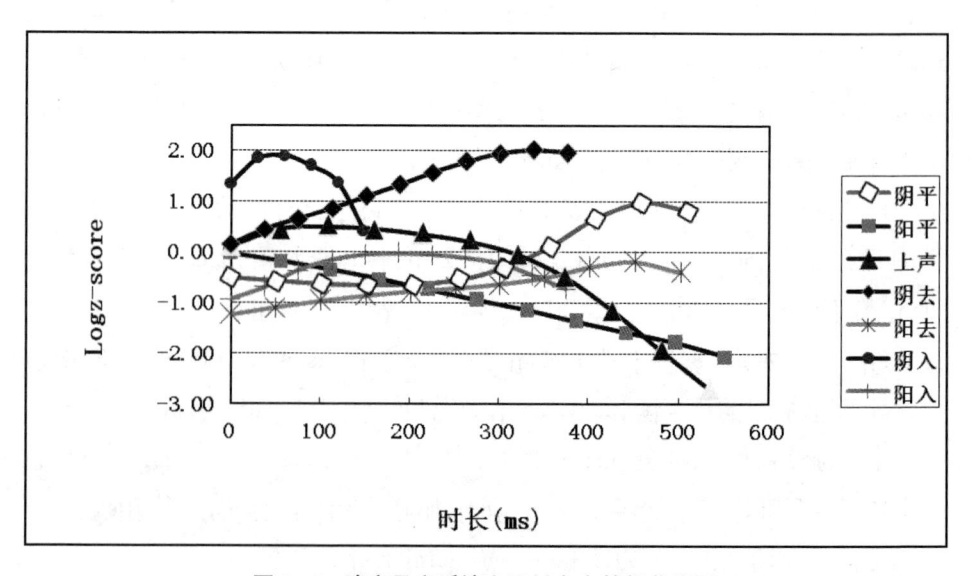

图 2-1 武宁县宋溪镇山口村方言基频曲线图

自武宁县宋溪镇山口村赣语语音系统抽取例字录音,对录音文件进行标注后,承载音高的音节部分时长均值分别是阴平508.91778毫秒,阳平551.7584467毫秒,上声533.9420254毫秒,阴去375.7132267毫秒,阳去501.6974378毫秒,阴入295.3088115毫秒,阳入374.6606355毫秒,阳入调时长接近舒声调,保留入声调,听感上无短促感。

三、武宁县方言语音内部差异

武宁县位于江西省西北部,东面与德安县、永修县相邻,南面与靖安县接壤,东北与瑞昌市相邻,西部与湖北省通山县、阳新县接壤,总面积3507平方千米,总人口37.6万人。根据2009年行政区划,全县有19个乡镇,分别是新宁镇、泉口镇、鲁溪镇、船滩镇、澧溪镇、罗坪镇、石门楼镇、宋溪镇、大洞乡、横路乡、官莲乡、巾口乡、东林乡、上汤乡、甫田乡、清江乡、石渡乡、杨洲乡、罗溪乡。[①]笔者实地调查了宋溪镇天平村、宋溪镇山口村小东山、泉口镇丰田村下江、鲁溪镇大桥村、杨洲乡杨洲村、杨洲乡森峰村、罗坪乡长水村、石门楼镇白桥村、罗溪乡坪源村坪源铺里、船滩镇船滩村新丰街、新宁镇(原严阳乡)石坪村、清江乡清江村、东林乡东林村13个方言点。下文结合已刊材料县城(陈昌仪,2005)、礼溪镇(钟明立,2004),看武宁县赣语语音内部差异。

(一)声母今读差异

1.中古全浊声母今读

武宁县东部泉口镇丰田村、鲁溪镇大桥村、杨洲乡森峰村、罗坪乡长水村及中部县城(陈昌仪,2005)、新宁镇石坪村、宋溪镇山口村方言中古全浊声母今读不送气清音;西部、南部一些乡镇如礼溪镇(钟明立,2004)、东林乡东林村、船滩镇船滩村新丰街、清江乡清江村及罗溪乡坪源村坪源铺里、石门楼镇白桥村方言中古全浊声母读送气清音。

---

① [DB/OL]http://www.xzqh.org/html/list/1437.html,2010-01-26/2015-12-8。

表 2-4　武宁县方言中古全浊声母今读例字表

地点＼例字	步並 遇合一模	道定 效开一豪	茶澄 假开二麻	才从 蟹开一咍
宋溪镇山口村	pu²	tau²	₅tsa	₅tsɔi
泉口镇丰田村	pu²	tau²	₅tsa	₅tsɛ
鲁溪镇大桥村	pu²	tau²	₅tsa	₅tsɛ
杨洲乡森峰村	pu²	tau²	₅tsa	₅tsei
罗坪镇长水村	pu²	tau²	₅tsa	₅tsɔi
石门楼白桥村	pʰu²	tʰɒu²	₅tsʰa	₅tsʰɔi
罗溪乡坪源村	pʰu²	tʰɒu²	₅tsʰa	₅tsʰɔi
船滩镇船滩村	pʰu²	tʰau²	₅tsʰa	₅tsʰɔi
县城（陈）	pu²	tau²	₅tsa	₅tsoi
新宁镇石坪村	pu²	tau²	₅tsa	₅tsɔi
清江乡清江村	pʰu²	tʰau²	₅tsʰa	₅tsʰɔi
东林乡东林村	pʰu²	tʰau²	₅tsʰa	₅tsʰɔi
礼溪镇（钟）	pʰu²	tʰau²	₅tsʰa	₅tsʰɔi

2. 泥来母逢洪音今读

泥来母逢洪音今读有三种情况：（1）泉口镇丰田村下江村、鲁溪镇大桥村、石门楼镇白桥村、东林乡东林村方言泥逢洪音今读 [n]，与来母 [l] 不混；（2）宋溪镇山口村小东山、杨洲乡森峰村、罗溪乡坪源村坪源铺里、船滩镇船滩村新丰街、县城（陈昌仪，2005）、新宁镇石坪村、清江乡清江村、礼溪镇（钟明立，2004）方言泥来母逢洪音相混今读 [l]；（3）罗坪乡长水村方言泥来母逢洪音今读 [n]。

表 2-5　武宁县方言中古泥来母逢洪音今读例字表

地点＼例字	糯泥 果合一戈	暖泥 山合一桓末	路来 遇合一模	兰来 山开一寒
泉口镇丰田村	nɔ²	ᶜnuɔ̃n	lu²	₅lãn
鲁溪镇大桥村	nɔ²	ᶜnɔ̃n	lu²	₅lãn
石门楼白桥村	nɔ²	ᶜnɔn	lu²	₅lan
东林乡东林村	nɔ²	ᶜnɔn	lu²	₅lan
宋溪镇山口村	lɔ²	ᶜlɔn	lu²	₅lan
杨洲乡森峰村	lɔ²	ᶜlɔn	lu²	₅lan
罗坪镇长水村	nɔ²	ᶜnɔn	nu²	₅nan
罗溪乡坪源村	lɔ²	ᶜlɔn	lu²	₅lan

续表

地点 \ 例字	糯泥 果合一戈	暖泥 山合一桓末	路来 遇合一模	兰来 山开一寒
船滩镇船滩村	lo³	ᶜlɔn	lu³	₅lan
县城（陈）	lo³	ᶜlɔn	lu³	₅lan
新宁镇石坪村	lo³	ᶜlɔn	lu³	₅lan
清江乡清江村	lo³	ᶜlɔn	lu³	₅lan
礼溪镇（钟）	lo³	ᶜlɔn	lu³	₅lan

3. 知₃章组今读

武宁县各乡镇方言知₃章组今读存在五种情况：(1)东林乡东林村方言知₃章组今读[t]、[tʰ]、[s]；(2)罗坪镇长水村、罗溪乡坪源村、县城（陈昌仪，2005）、新宁镇石坪村、清江乡清江村、礼溪镇（钟明立，2004）方言知₃章组今读[tɕ]、[tɕʰ]、[ɕ]；(3)石门楼白桥村方言知₃章组今读[ts]、[tsʰ]、[s]；(4)船滩镇船滩村、宋溪镇山口村小东山方言知₃章组遇合三、蟹合三、止合三、臻合三等部分字今读[tɕ]、[tɕʰ]、[ɕ]，其他韵摄条件下今读[ts]、[tsʰ]、[s]；(5)泉口镇丰田村、鲁溪镇大桥村、杨洲乡森峰村方言知₃章组今读[tɕ]、[tɕʰ]、[ɕ]，遇合三、止合三、流开三、深开三、山开三、臻开三、宕开三、通合三等部分字还出现了[tʂ]/[tʃ]、[tʂʰ]/[tʃʰ]、[ʂ]/[ʃ]的读法。

表2-6　武宁县方言知₃章组今读例字表

地点 \ 例字	账知 宕开三阳	超彻 效开三宵	煮章 遇合三鱼	昌昌 宕开三阳	船船 山合三仙
东林乡东林村	toŋᶜ¹	ᶜtʰau	ᶜtu	ᶜtʰoŋ	₅son
罗坪镇长水村	tɕioŋᶜ	ᶜtɕʰiɛu	ᶜtɕy	ᶜtɕʰioŋ	₅ɕion
罗溪乡坪源村	tɕioŋᶜ	ᶜtɕʰiɛu	ᶜtɕy	ᶜtɕʰioŋ	₅ɕiɛn
县城（陈）	tɕioŋᶜ	ᶜtɕʰiau	ᶜtɕy	ᶜtɕʰioŋ	₅ɕyon
新宁镇石坪村	tɕioŋᶜ	ᶜtɕʰiɛu	ᶜtɕy	ᶜtɕʰioŋ	₅ɕyon
清江乡清江村	tɕioŋᶜ¹	ᶜtɕʰiau	ᶜtɕi	ᶜtɕʰioŋ	₅ɕion
礼溪镇（钟）	tɕioŋᶜ	ᶜtɕʰiau	ᶜtɕy	ᶜtɕʰioŋ	₅ɕyon
石门楼白桥村	tsioŋᶜ	ᶜtsʰiɛu	ᶜtsi	ᶜtsʰioŋ	₅sen
船滩镇船滩村	tsoŋᶜ	ᶜtɕʰiau	ᶜtsu	ᶜtsʰoŋ	₅son
宋溪镇山口村	tsioŋᶜ	ᶜtsʰiau	ᶜtɕy	ᶜtsʰioŋ	₅ɕyon
泉口镇丰田村	tʂɔŋᶜ¹	ᶜtɕʰiau	ᶜtɕy	ᶜtʂʰoŋ	₅ɕyẽn
鲁溪镇大桥村	tʃoŋᶜ¹	ᶜtɕʰiau	ᶜtɕy	ᶜtʃʰioŋ	₅ʃuõn
杨洲乡森峰村	tʂɔŋᶜ	ᶜtɕʰiɛu	ᶜtɕy	ᶜtɕʰioŋ	₅ɕyon

4. 见溪群母今读

礼溪镇（钟明立，2004）、罗溪乡坪塬村方言一二三四等今读 [k]、[kʰ]；石门楼镇白桥村、清江乡清江村、东林乡东林村方言一二等及止摄合口三等、蟹合四、宕合三、通合三等今读 [k]、[kʰ]，其他三四等字今读 [tɕ]、[tɕʰ]；其他乡镇情况均是一二等及止摄合口三等、蟹合四等今读 [k]、[kʰ]，其他三四等字及效开二等见组字今读 [tɕ]、[tɕʰ]。

表 2-7 武宁县方言见溪群母今读例字表

例字 地点	狗见 流开一侯	巧溪 效开二肴	桂见 蟹合四齐	穷群 通合三东	鸡见 蟹开四齐
礼溪镇（钟）	ˆkiau	ˆkʰiau	kuiˀ	ˬkʰiŋ	ˬki
罗溪乡坪塬村	ˆkiau	ˆkʰiau	kuiˀ	ˬkʰiəŋ	ˬki
清江乡清江村	ˆkiau	ˆkʰiau	kuiˀ	ˬtɕʰiəŋ	ˬtɕi
东林乡东林村	ˆkei	ˆkʰau	kuiˀ	ˬtɕʰiəŋ	ˬtɕi
石门楼白桥村	ˆkiau	ˆkʰau	kuiˀ	ˬtɕʰiəŋ	ˬtɕi
宋溪镇山口村	ˆkiau	ˆtɕʰiau	kuiˀ	ˬtɕiəŋ	ˬtɕi
泉口镇丰田村	ˆkiau	ˆtɕʰiau	kuiˀ	ˬtɕyɔn	ˬtɕi
鲁溪镇大桥村	ˆkɛ	ˆtɕʰiau		ˬtɕiəŋ	ˬtɕi
杨洲乡森峰村	ˆkeu	ˆtɕʰieu	kuiˀ	ˬtɕiuŋ	ˬtɕi
罗坪镇长水村	ˆkeu	ˆtɕʰieu	kuiˀ	ˬtɕiuŋ	ˬtɕi
船滩镇船滩村	ˆkei	ˆtɕʰiau	kuiˀ	ˬtɕʰiəŋ	ˬtɕi
县城（陈）	ˆkiau	ˆtɕʰiau	kuiˀ	ˬtɕiəŋ	ˬtɕi
新宁镇石坪村	ˆkieu	ˆtɕʰieu	kuiˀ	ˬtɕiəŋ	ˬtɕi

（二）韵母今读差异

1. 今读四呼差异

县城（陈昌仪，2005）、新宁镇石坪村、宋溪镇山口村、泉口镇丰田村、鲁溪镇大桥村、杨洲乡森峰村、罗坪镇长水村、礼溪镇（钟明立，2004）方言音系四呼格局保存较好，石门楼白桥村、罗溪乡坪塬村、船滩镇船滩村、清江乡清江村、东林乡东林村方言语音系统没有撮口 [y] 韵母。

表 2-8 武宁县方言今读四呼例字表

地点＼例字	保帮 效开一豪	关见 山合二删	焦精 效开三宵	条定 效开四萧	书书 遇合三鱼
宋溪镇山口村	ˬpau	ˬkuan	ˬtsiau	˯tiau	ˬɕy
泉口镇丰田村	ˬpau	ˬkuan	ˬtɕiau	˯tiau	ˬɕy
鲁溪镇大桥村	ˬpau	ˬkuan	ˬtɕiau	˯tiau	ˬɕy
杨洲乡森峰村	ˬpau	ˬkuan	ˬtɕiɛu	˯tiɛu	ˬɕy
罗坪镇长水村	ˬpau	ˬkuan	ˬtɕiɛu	˯tiɛu	ˬɕy
礼溪镇（钟）	ˬpau	ˬkuan	ˬtɕiau	˯tiau	ˬɕy
县城（陈）	ˬpau	ˬkuan	ˬtɕiau	˯tiau	ˬɕy
新宁镇石坪村	ˬpau	ˬkuan	ˬtɕiɛu	˯tiɛu	ˬɕy
石门楼白桥村	ˬpɒu	ˬkuan	ˬtsiɛu	˯tʰiɛu	ˬsi
罗溪乡坪源村	ˬpɒu	ˬkuan	ˬtɕiɛu	˯tʰiɛu	ˬɕi
船滩镇船滩村	ˬpau	ˬkuan	ˬtɕiau	˯tʰiau	ˬsu
清江乡清江村	ˬpau	ˬkuan	ˬtsiau	˯tʰiau	ˬɕi
东林乡东林村	ˬpau	ˬkuan	ˬtsiau	˯tʰiau	ˬsu

2. 遇摄韵母今读

遇摄一等及三等非组、庄组、日母字韵母今读 [u]，三等其他组系字韵母今读有地理差异，有四种情况：（1）县城（陈昌仪，2005）、新宁镇石坪村、宋溪镇山口村小东山、泉口镇丰田村下江村、鲁溪镇大桥村、杨洲乡森峰村、罗坪乡长水村、礼溪镇（钟明立，2004）方言合口三等（非庄组及日母除外）韵母今读 [y]；（2）清江乡清江村方言韵母今读 [i]；（3）石门楼镇白桥村、罗溪乡坪源村坪源铺里方言合口三等见组、影喻字韵母今读 [ui]，其他组系字韵母今读 [i]；（4）东林乡东林村、船滩镇船滩村新丰街方言三等知章组韵母今读 [u]，见组、影喻字韵母今读 [ui]，其他组系韵母今读 [i]。

表2-9　武宁县方言遇摄韵母今读例字表

例字 地点	猪知 遇合三	女泥 遇合三	须心 遇合三	主章 遇合三	举见 遇合三	句见 遇合三	雨云 遇合三
宋溪镇山口村	ˍtɕy	ˍny	ˍɕy	ˀtɕy	ˀtɕy	tɕyᵊ	ˀy
泉口镇丰田村	ˍtɕy	ˍny	ˍɕy	ˀtɕy	ˀtɕy	tɕyᵊ	ˀy
鲁溪镇大桥村	ˍtɕy	ˍni	ˍɕy	ˀtɕy	ˀtɕy	tɕyᵊ	ˀy
杨洲乡森峰村	ˍtɕy	ˍny	ˍɕy	ˀtɕy	ˀtɕy	tɕyᵊ	ˀy
罗坪镇长水村	ˍtɕy	ˍny	ˍɕy	ˀtɕy	ˀtɕy	tɕyᵊ	ˀy
县城（陈）	ˍtɕy	ˍny	ˍɕy	ˀtɕy	ˀtɕy	tɕyᵊ	ˀy
新宁镇石坪村	ˍtɕy	ˍny	ˍɕy	ˀtɕy	ˀtɕy	tɕyᵊ	ˀy
礼溪镇（钟）	ˍtɕy	ˍny	ˍɕy	ˀtɕy	ˀtɕy	tɕyᵊ	ˀy
清江乡清江村	ˍtɕi	ˍni	ˍɕi	ˀtɕi	ˀki	kiᵊ¹	ˀi
石门楼白桥村	ˍtsi	ˍni	ˍsi	ˀtsi	ˀkui	kuiᵊ	ˀui
罗溪乡坪塬村	ˍtɕi	ˍni	ˍɕi	ˀtɕi	ˀkui	kuiᵊ	ˀui
船滩镇船滩村	ˍtʂu	ˍni	ˍɕi	ˀtsu	ˀtɕi	kuiᵊ	ˀui
东林乡东林村	ˍtu	ˍni	ˍsi	ˀtu	ˀkui	kuiᵊ¹	ˀui

3.蟹摄开口一二等韵母今读

蟹摄一二等韵母今读分立,有五种情况:(1)鲁溪镇大桥村方言开口一等韵母今读[ɛ],开口二等韵母今读[ɛ]、[ai];(2)泉口镇丰田村下江村方言开口一等韵母今读[ɛ]、[ai],开口二等韵母今读[ai];(3)杨洲乡森峰村方言开口一等韵母今读[ɛi],开口二等韵母读[ai];(4)清江乡清江村方言开口一等韵母今读[ɔi]、[ai],开口二等韵母今读[ai];(5)其他乡镇方言开口一等韵母今读[ɔi]/[oi],开口二等韵母今读[ai]。

表2-10　武宁县方言蟹摄开口一二等韵母今读例字表

例字 地点	胎透 蟹开一	来来 蟹开一	菜清 蟹开一	开溪 蟹开一	派滂 蟹开二	柴崇 蟹开二	芥见 蟹开二	街见 蟹开二
鲁溪镇大桥村	ˍtʰɛ	ˍlɛ	tsʰɛ²	ˍkʰɛ	pʰaiᵊ²	ˍtsai	kɛᵊ¹	ˍkɛ
泉口镇丰田村	ˍtʰɛ	ˍlai	tsʰɛ²	ˍkʰɛ	pʰaiᵊ²	ˍtsai	kaiᵊ	ˍkai
宋溪镇山口村	ˍtʰɔi	ˍlɔi	tsʰɔi²	ˍkʰɔi	pʰaiᵊ	ˍtsai	kaiᵊ	ˍkai
杨洲乡森峰村	ˍtʰɛi	ˍlɛi	tsʰɛi²	ˍkʰɛi	pʰaiᵊ²	ˍtsai	kaiᵊ	ˍkai

46

续表

例字 地点	胎透 蟹开一	来来 蟹开一	菜清 蟹开一	开溪 蟹开一	派滂 蟹开二	柴崇 蟹开二	芥见 蟹开二	街见 蟹开二
清江乡清江村	₅tʰɔi	₅lai	tsʰɔiᵒ²	₅kʰɔi	pʰaiᵒ²	₅tsʰai	kaiᵒ¹	₅kai
罗坪镇长水村	₅tʰɔi	₅lɔi	tsʰɔiᵒ	₅kʰɔi	pʰaiᵒ	₅tsai	kaiᵒ	₅kai
石门楼白桥村	₅tʰɔi	₅lɔi	tsʰɔiᵒ	₅kʰɔi	pʰaiᵒ	₅tsʰai	kaiᵒ	₅kai
罗溪乡坪塬村	₅tʰɔi	₅lɔi	tsʰɔiᵒ	₅kʰɔi	pʰaiᵒ	₅tsʰai	kaiᵒ	₅kai
船滩镇船滩村	₅tʰɔi	₅lɔi	tsʰɔiᵒ	₅kʰɔi	pʰaiᵒ	₅tsʰai	kaiᵒ	₅kai
县城（陈）	₅tʰoi	₅loi	tsʰoiᵒ	₅kʰoi	pʰaiᵒ	₅tsai	kaiᵒ	₅kai
新宁镇石坪村	₅tʰɔi	₅lɔi	tsʰɔiᵒ	₅kʰɔi	pʰaiᵒ	₅tsai	kaiᵒ	₅kai
东林乡东林村	₅tʰɔi	₅lɔi	tsʰɔiᵒ²	₅kʰɔi	pʰaiᵒ	₅tsʰai	kaiᵒ	₅kai
礼溪镇（钟）	₅tʰɔi	₅lɔi	tsʰɔiᵒ	₅kʰɔi	pʰaiᵒ	₅tsʰai	kaiᵒ	₅kai

4. 流摄开口三等韵母今读

各乡镇方言流摄开口三等"妇富副复负"韵母读 [u]，精组、泥来母、见系字韵母今读 [iu]/[iəu]。流摄开口三等非组其他字、庄组、日组、知章组字韵母今读存在地理差异，具体有两种情况：（1）韵母今读相同，宋溪镇山口村、泉口镇丰田村、清江乡清江村、县城（陈昌仪，2005）、礼溪镇（钟明立，2004）、石门楼白桥村韵母方言今读 [iau]，杨洲乡森峰村、罗坪镇长水村方言今读 [ɐu]，新宁镇石坪村方言今读 [iɐu]，船滩镇船滩村方言韵母今读 [ei]；（2）非组、庄组、日组韵母相同，知章组韵母相同，鲁溪镇大桥村方言非庄日组韵母今读 [ɐ]，知章组韵母今读 [iu]，罗溪乡坪塬村、东林乡东林村方言非庄日组韵母今读 [iau]/[ei]，知章组韵母今读 [u]。

表 2-11 武宁县方言流摄三等韵母今读例字表

例字 地点	浮奉 流开三	瘦生 流开三	收书 流开三	抽彻 流开三	刘来 流开三	秋清 流开三	九见 流开三
宋溪镇山口村	₅fiau	siauᵒ	₅siu	₅tsʰiu	₅liu	₅tsʰiu	₅tɕiu
泉口镇丰田村	₅fiau	ɕiauᵒ	₅ɕiu	₅tɕʰiu	₅liu	₅tɕʰiu	₅tɕiu
清江乡清江村	₅fiau	siauᵒ¹	₅ɕiu	₅tɕʰiu	₅liu	₅tɕʰiu	₅kiu
县城（陈）	₅fiau	siauᵒ	₅ɕiu	₅tɕʰiu	₅liu	₅tɕʰiu	₅tɕiu
礼溪镇（钟）	₅fiau	siauᵒ	₅ɕiəu	₅tɕʰiəu	₅liəu	₅tɕʰiəu	₅tɕiəu
石门楼白桥村	₅fiau	siauᵒ	₅siu	₅tsʰiu	₅liu	₅tsʰiu	₅tsiu

续表

例字 地点	浮奉 流开三	瘦生 流开三	收书 流开三	抽彻 流开三	刘来 流开三	秋清 流开三	九见 流开三
杨洲乡森峰村	₋feu	seuᵒ	₋ɕiu	₋tɕʰiu	₋tiu	₋tɕʰiu	ᶜtɕiu
罗坪镇长水村	₋feu	seuᵒ	₋ɕiu	₋tɕʰiu	₋liu	₋tɕʰiu	ᶜtɕiu
新宁镇石坪村	₋fiɛu	ɕiɛuᵒ	₋ɕiu	₋tɕʰiu	₋liu	₋tɕʰiu	ᶜtɕiu
船滩镇船滩村	₋fei	seiᵒ	₋ɕiu	₋tɕʰiu	₋liu	₋tɕʰiu	ᶜtɕiu
鲁溪镇大桥村	₋fɹ̩	sæᵒ	₋ʃɨu	₋tʃʰɨu	₋liu	₋tɕʰiu	ᶜtɕiu
罗溪乡坪塬村	₋fiau	ɕiauᵒ	₋su	₋tʂʰu	₋liu	₋tɕʰiu	ᶜtɕiu
东林乡东林村	₋fei	seiᵒ	₋su	₋tʰu	₋liu	₋tɕʰiu	ᶜtɕiu

5.咸深山臻曾梗通摄韵母今读

泉口丰田村、鲁溪大桥村方言韵母主元音有鼻化现象，江宕摄韵母韵尾读后鼻尾，咸深山臻曾梗通摄韵母韵尾读前鼻尾；其他乡镇方言咸深山臻摄及曾梗摄文读韵母韵尾读前鼻尾 [n]，宕江通摄及曾梗摄白读韵母韵尾读后鼻尾 [ŋ]，韵母主元音没有鼻化现象。

表2-12 武宁县方言咸深山臻曾梗通摄韵母今读例字表

例字 地点	胆端 咸开一	心心 深开三	酸心 山合一	根见 臻开一	唐定 宕开一	讲见 江开二	蒸章 曾开三	精精 梗开三	用以 通合三
泉口镇丰田村	ᶜtãn	₋sĩn	₋sɔ̃n	₋kẽn	₋tɔ̃ŋ	ᶜkɔ̃ŋ	₋tɕin	₋tɕin	yɔ̃nᵌ
鲁溪镇大桥村	ᶜtãn	₋sĩn	₋sɔ̃n	₋kẽn	₋tɔ̃ŋ	ᶜkɔ̃ŋ	₋tɕin	₋tɕin	iɔ̃nᵌ
宋溪镇山口村	ᶜtan	₋sin	₋son	₋ken	₋toŋ	ᶜkoŋ	₋tsin	₋tsin	iəŋᵌ
杨洲乡森峰村	ᶜtan	₋sin	₋son	₋kien	₋toŋ	ᶜkoŋ	₋tɕin	₋tɕin	iuŋᵒ
罗坪镇长水村	ᶜtan	₋ɕin	₋son	₋ken	₋toŋ	ᶜkoŋ	₋tɕin	₋tɕin	iuŋᵌ
石门楼白桥村	ᶜtan	₋ɕin	₋son	₋kien	₋tʰoŋ	ᶜkoŋ	₋tsin	₋tsin	iəŋᵌ
罗溪乡坪塬村	ᶜtan	₋ɕin	₋son	₋kien	₋tʰoŋ	ᶜkoŋ	₋tɕin	₋tɕin	iəŋᵌ
船滩镇船滩村	ᶜtan	₋ɕin	₋son	₋ken	₋toŋ	ᶜkon	₋tsən	₋tsin	iəŋᵌ
县城（陈）	ᶜtan	₋ɕin	₋son	₋kien	₋toŋ	ᶜkon	₋tɕin	₋tɕin	iəŋᵌ
新宁镇石坪村	ᶜtan	₋ɕin	₋son	₋ken	₋toŋ	ᶜkoŋ	₋tɕin	₋tɕin	iəŋᵌ
清江乡清江村	ᶜtan	₋sin	₋son	₋kien	₋tʰoŋ	ᶜkoŋ	₋tsin	₋tsiaŋ	iəŋᵌ
东林乡东林村	ᶜtan	₋sin	₋son	₋ken	₋tʰoŋ	ᶜkoŋ	₋tən	₋tsin	iəŋᵌ
礼溪镇（钟）	ᶜtan	₋ɕin	₋son	₋kien	₋tʰoŋ	ᶜkoŋ	₋tɕin	₋tɕin	iŋᵌ

6. 入声字韵尾保留情况

各乡镇方言保留阴入调、阳入调,入声韵尾发展不平衡。鲁溪镇大桥村、宋溪镇山口村、石门楼白桥村、罗溪乡坪源村、船滩镇船滩村、船滩镇船滩村、清江乡清江村、东林乡东林村、礼溪镇(钟明立,2004)方言保留[t]、[k]尾;杨洲乡森峰村方言保留[t]、[k]尾,个别浊入字舒声化读阳去调;罗坪镇长水村方言保留[t]、[k]尾,阳入调字没有入声韵尾,个别浊入字舒声化读阳去调;县城(陈昌仪,2005)方言阴阳入字塞尾弱化为[ʔ]尾;新宁镇石坪村方言阴入调字韵尾弱化为[ʔ]尾,阳入调字没有入声韵尾;泉口镇丰田村方言有阴阳入调,阴阳入调字均无入声韵尾。

表 2-13 武宁县方言入声韵尾例字表

地点＼例字	合端 咸开一	急见 深开三	割见 山开一	七清 臻开三	药以 宕开三	食船 曾开三	尺昌 梗开三	竹知 通合三
鲁溪镇大桥村	hɛt₂	tɕit₂	kɛt₂	tɕʰit₂	iok₂	ɕit₂	tsʰat₂	tʃuk₂
宋溪镇山口村	hɔt₂	tɕit₂	kɔt₂	tsʰit₂	iɔk₂	ɕit₂	tsʰat₂	tsiuk₂
石门楼白桥村	hɔt₂	tɕit₂	kɔt₂	tsʰit₂	iɔk₂	sit₂	tsʰiak₂	tsiuk₂
罗溪乡坪源村	hɔt₂	tɕit₂	kɔt₂	tɕʰit₂	iɔk₂	ɕit₂	tɕʰiak₂	tɕiuk₂
船滩镇船滩村	hɔt₂	tɕit₂	kɔt₂	tɕʰit₂	iok₂	sɛt₂	tsʰak₂	tʂuk₂
清江乡清江村	hɔt₂	kit₂	kɔt₂	tɕʰit₂	iɔk₂	ɕit₂	tɕʰiak₂	tɕiuk₂
东林乡东林村	hɔt₂	tɕit₂	kɔt₂	tɕʰit₂	iɔk₂	sɛk₂	tʰak₂	tuk₂
礼溪镇(钟)	hœt₂	tɕit₂	kœt₂	tɕʰit₂	iɔk₂	ɕit₂	tɕʰiak₂	tɕiuk₂
杨洲乡森峰村	hɔ²	tɕit₂	kɔt₂	tɕʰit₂	iɔk₂	ɕi²	tɕʰiat₂	tɕiuk₂
罗坪镇长水村	hɛt₂	tɕit₂	kɔt₂	tɕʰit₂	iɔ²	ɕi₂	tɕʰiak₂	tɕiuk₂
新宁镇(陈)	hœʔ₂	tɕiʔ₂	kœʔ₂	tɕʰiʔ₂	ioʔ₂	ɕiʔ₂	tɕʰiaʔ₂	tɕiuʔ₂
新宁镇石坪村	hæʔ₂	tɕiʔ₂	kæʔ₂	tɕʰiʔ₂	iɔ₂	ɕi₂	tɕʰiaʔ₂	tɕiuʔ₂
泉口镇丰田村	hɛ₂	tɕi₂	kɔ₂	tɕʰi₂	iɔ₂	ɕi₂	tsʰa₂	tɕiu₂

(三)声调今读差异

武宁县赣语的中古四声今读除平声古今演变较一致外,上去入今读演变存

49

在地域差异。

1. 上声今读

赣语的主要特点是清上、次浊上合为上声,全浊上归去,武宁县赣语保留更早的层次,具体归为五种情况:(1)宋溪镇山口村、泉口镇丰田村、新宁镇石坪村、杨洲镇森峰村方言清上、次浊上及部分全浊上合流为上声,全浊上部分字归浊去;(2)罗坪镇长水村、罗溪乡坪源村、船滩镇船滩村、清江乡清江村、东林乡东林村方言清上今读阴上调,次浊上与部分全浊上字读阳上调,全浊上部分字归阳去;(3)鲁溪镇大桥村方言清上、次浊上合流为阴上调,全浊上部分字读阳上调,全浊上部分字归阳去;(4)石门楼镇白桥村方言清上及次浊上部分字今读阴上调,次浊上部分字与全浊上部分字合流为阳上调,全浊上部分字归阳去;(5)县城(陈昌仪,2005)、礼溪镇(钟明立,2004)方言清上、次浊上归上声,全浊上归阳去。不同情况联系起来,可以看到中古上声今读演变的轨迹,本书第五章第二节将对这一点专门论述。

2. 去声今读

去声依清浊分阴去、阳去是共性特点,次清与全清是否分调有差异,泉口镇丰田村、鲁溪镇大桥村、清江乡清江村、东林乡东林村方言次清去与全清去分立为两个阴去调,杨洲镇森峰村方言次清去与全浊去合流。

3. 入声今读

中古入声今读清浊分调,阴入高,阳入低,但地域分布不平衡,13个方言点中,杨洲镇森峰村、罗坪镇长水村方言浊入部分字舒声化,归入阳去调,其他方言点都有阴入调与阳入调。

(四)口音划分

武宁县19个乡镇,从全县各地方言语音来看,内部差异比较大。结合本地人语感及实地调查,本书将武宁县分为五种口音:新宁口音、泉口口音、杨洲口音、石门楼口音、东林口音。各口音语言特征表见下表所示(区域特征描写:+为有此特征,—为无此特征):

表 2-14 武宁县方言各口音语音特征表

语音特征 \ 口音	新宁口音	泉口口音	杨洲口音	石门楼口音	东林口音
全浊声母今读送气清音	—	—	—	+	+
知三章组有塞音读法	—	—	—	—	+
见组拼细音不腭化	—	—	—	+	—
咸深山臻摄韵有鼻化色彩	—	+	—	—	—
次浊上与清上分调	—	—	—	+	+
次清去与全清去今读分调	—	+	+	—	+

各口音所辖乡镇具体情况为：泉口口音包括泉口、鲁溪、大洞、官莲、横路；杨洲口音包括杨洲、罗坪、巾口；石门楼口音包括石门楼、罗溪、石渡南部、清江南部；东林口音包括清江、礼溪、石渡、莆田、船滩、东林、上汤；新宁口音包括新宁、宋溪、石渡东部、莆田东南。

第二节 修水县方言语音特点及内部差异

一、修水县方言语音系统（以东港乡岭下村方言为代表）

（一）声母（20个）

表 2-15 修水县方言声母表

p 簸摆表饼百	b 破排盼盘薄	m 毛门满面目	f 夫水许弘服
t 都猪周纸竹	d 土住仇林触	n 哪拿耐南蓝	l 罗鲁老绒鹿
ts 增走赞站撮	dz 茶字草层策		s 蛇书晒寿石
tɕ 嘴追寄颈足	dʑ 秋钱件筐局	ȵ 泥尿染念肉	ɕ 岁邪小吸嫌
k 古沟管跟割	g 裤哭跪权缺	ŋ 矮鹅藕暗岳	h 可海考孩客
ø 武儒有药握			

51

（二）韵母（65个）

表 2-16　修水县方言韵母表

ɿ 祖初紫师族	i 徐溪雷皮易	u 杜猪吹周熟
a 哪渣花稗石	ia 邪麝笛	ua 瓜跨寡蛙挖
ə 儿儒尔二耳		
ɛ 锯渠他特植	iɛ 去	
ɔ 拖菠祸镯昨	iɔ 药	uɔ 禾窝课
ai 带太才拜坏		uai 块怪歪枴
ei 袋在开海豆		ui 余桂跪位味
au 毛考敲赵厚	iau 票桥鸟尿小	
	iu 流秋酒九有	
an 淡站范难慢		uan 关顽湾晚万
ən 本春粪针珍		uən 温昆滚困稳
ɛn 闪森战船根		uɛn 圈拳软劝愿
	iɛn 尖欠煎田悬	uiɛn 圆院缘远冤
ɔn 南参暗汗肝		uɔn 官管罐碗腕
	in 品音民近旬	uin 君军云群裙
aŋ 冷坑硬撑饼	iaŋ 零病青晴颈	uaŋ 梗横
əŋ 朋灯弘生争	iŋ 兴蝇杏兪荣	
oŋ 蒸横东冬丰	ioŋ 穷龙雄胸用	
ɔŋ 康张黄房胖	iɔŋ 两让香筐腔	uɔŋ 光汪王亡匡
ɿʔ 湿十质实术	iʔ 立急七笔吸	uiʔ 橘屈掘
aʔ 踏蜡插达发		uaʔ 滑猾刮袜
ɛʔ 折涩哲舌说	iɛʔ 接跌热节绝	uɛʔ 月决缺
		uiɛʔ 越悦阅
əʔ 不佛突忽质		uəʔ 骨杌物
ɔʔ 杂喝夺活刷		
	iʔ 逼力息积戚	uʔ 朴

52

续表

aʔ 只麦尺赤脊	iaʔ 壁吃笛锡迹	
εʔ 北色格责获		ueʔ 国
ɔʔ 落作着郭桌	iɔʔ 约爵削若虐	uɔʔ 握扩
uʔ 福谷竹毒烛	iuʔ 六肉绿曲菊	
ŋ̍ 五翁		

（下加＿划线表示白读，加＝划线表示文读）

说明：入声韵尾 /ʔ/，包括 [l] 变体。声化韵 /ŋ̍/ 还包括清流鼻音 [ŋ̊] 变体。

（三）声调（11 个）

表 2-17　修水县方言声调表

阴平　33　多粗东通亲		阳平　21　锄糖禾罗麻
上声　31　左本土老领		
阴去₁　35　布计变担进	阴去₂　314　汉破怕透炭	阳去　44　坐豆骂白石
入声₁　45　笔节聂日月　入声₂　24　七切铁塔缺　入声₃　43　百谷色菊木 入声₄　243　壳客哭曲力　入声₅　22　腊辣叶佇食		

说明：入声调调值下加＿划线表示短促；入声₁来自咸深山臻摄全清入字、部分次浊入字；入声₂来自咸深山臻摄次清入字；入声₃来自宕江曾梗通摄全清入与部分次浊入字；入声₄来自宕江曾梗通摄次清入与部分次浊入字；入声₅来自全浊入字及个别次浊入字；部分全浊入与次浊入字归入阳去调。

二、修水县方言语音特点（以东港乡岭下村方言为代表）

（一）中古声母今读特点

1. 中古全浊声母与次清今读不送气浊音，如步 [buʔ]、铺 [₋bu]、道 [dauʔ]、毯 [˚dan]、茶 [₋dza]、才 [₋dzai]、锄 [₋dzɿ]、初 [₋dzɿ]、权 [₋guɛn]、块 [guaiʔ²]、徐 [₋dzɿ]；奉母、邪母、船母、禅母、匣母多读清擦音，如冯 [₋fəŋ]、食 [sɛʔ]、是 [sɛʔ]、胡 [₋fu]。

2. 帮组今读 [p]、[b]、[m]，如杯 [˗pi]、妹 [miˀ]、皮 [˯bi]、盼 [banˀ]；非敷奉母今读 [f]，如斧 [ˀfu]、扶 [˯fu]、富 [fuˀ]、帆 [˯fan]、翻 [˗fan]、坟 [˯fən]、冯 [˯fəŋ]、峰 [˗fəŋ]；微母读零声母，个别微母字仍保存重唇读法，如雾 [uˀ]、万 [uanˀ]、蚊 [˯mən]。

3. 端透定母今读 [t]、[d]，如土 [ˀdu]、代 [daiˀ]、地 [diˀ]、毯 [ˀdan]、甜 [˯diɛn]、天 [˗diɛn]。

4. 泥来母不混，泥母逢洪音今读 [n]，逢细音今读 [ȵ]，如哪 [ˀna]、拿 [˯na]、耐 [naiˀ]、年 [˯ȵiɛn]、娘 [ȵiɔŋ]；来母逢洪音今读 [l]，逢细音今读 [d]，如罗 [˯lɔ]、来 [˯lei]、郎 [˯lɔŋ]、犁 [˯di]、雷 [di]、良 [˯diɔŋ]。

5. 精组逢洪音与知₂组、庄组合流为 [ts]、[dz]、[s]，如紫 [ˀtsɿ]、租 [˗tsɿ]、菜 [dzaiˀ]、曹 [˯dzau]、抓 [˗tsa]、锄 [dz̩]、数 [sɿˀ]、窗 [˗dzɔŋ]；精组遇合三，蟹开三四及蟹合一、蟹合三、止合三、效开三、流开三、咸开三、深开三、山开三四及合三、臻合开三等，宕开三，梗开三四，通合三逢细音今读 [tɕ]、[dʑ]、[ɕ]，如焦 [˗tɕiau]、秋 [˗dʑiu]、钱 [˯dʑiɛn]、旬 [˯ɕin]、粟 [ɕiuʔ₅]。

6. 知₋章组今读 [t]、[d]、[s]，如猪 [˗tu]、樟 [ˀtɔŋ]、吹 [˗du]、虫 [˯dəŋ]、烧 [˗sau]、支 [tɛˀ]、治 [dɛˀ]、湿 [sɿt,1]。

7. 见母一二等及遇合三、止合三、蟹合四、山合三、宕合三、通合三今读 [k]，其他三四等今读一般为 [tɕ]，如家 [˗ka]、举 [ˀkui]、宫 [˗kəŋ]、九 [ˀtɕiu]、见 [tɕiɛnˀ]。

溪母果开一、假开二、蟹开一二、效开一、流开一、咸开一二、山开一、臻开一、宕开一、江开二、曾开一、梗开二、通合一字声母今读 [h]，如可 [ˀhɔ]、开 [˗hei]、靠 [hauˀ]、口 [ˀhei]；其他一二等字（江效摄二等除外）及蟹合四、止合三、山合四、臻合三字声母今读 [g]，如课 [gɔˀ]、苦 [ˀgu]、亏 [˗gui]；其他三四等及江效摄二等字声母今读 [dʑ]，如去 [dʑiɛˀ]、溪 [˗tɕi]、起 [ˀdʑi]、丘 [˯dʑiu]。

群母果开三及合三、遇合三、止合三、山合三、臻合三、宕合三字声母今读 [g]，如茄 [˯guɛ]、跪 [ˀgui]，其他三等字声母今读 [dʑ]，如奇 [˯dʑi]、近 [dʑinˀ]、桥 [˯dʑiau]、穷 [˯dʑiɔŋ]。

疑母一二等及遇合三、止合三、山合三等拼洪音今读 [ŋ]，如藕 [ˀŋei]、岩 [˯ŋai]、咬 [ˀŋau]、雁 [ŋanˀ]，其他三四等字拼细音今读 [ȵ]，如酽 [ȵiɛnˀ]、牛 [˯ȵiu]、砚 [ȵiɛnˀ]。

8. 晓组开口一二等字声母今读 [h]，如下 [haˀ]、孝 [hauˀ]；合口一二等及遇合三、蟹合四、止合三字声母今读 [f]，如花 [˗fa]、惠 [fiˀ]；其他三四等字声母今读

[ɕ],如系 [ɕi²]、喜 [⁻ɕi]；例外字有梗合二"横 [₋uaŋ]"。

9. 影母假开二，蟹开一二，效开一二，流开一，咸开一二，山开一二，臻开一，宕开一等字声母读 [ŋ]；其他影母字与喻母字今读零声母 [ø]，如鸦 [₋ŋa]、爱 [ŋai²]、腰 [₋iau]、姨 [₋i]。

（二）中古韵母今读特点

1. 果摄一等（见系除外）韵母今读 [ɔ]，合口一等见溪群、匣母部分字、影母字韵母今读 [uɔ]，如我 [⁻ŋɔ]、禾 [₋uɔ]、窝 [₋uɔ]，个别开口字韵母今读 [ai]，大 [dai²]；三等韵母今读 [uɔ]，如茄 [₋guɛ]、靴 [₋guɛ]。

2. 假摄合口二等见组、影母字韵母今读 [ua]，其他二等字及三等章组字韵母今读 [a]，如麻 [₋ma]、茶 [₋dza]、嫁 [kaɔ¹]、蛇 [₋sa]、化 [fa]；其他开口三等字韵母今读 [ia]，如谢 [ɕia²]、寡 [⁻kua]。

3. 遇摄一等（精组除外）、三等非知章日组韵母今读 [u]，一等精组及三等庄组韵母今读 [ɿ]，三等精泥晓组韵母今读 [i]，见组及影喻母韵母今读 [ui]，如租 [₋tsɿ]、初 [₋tsʰɿ]、数 [sɿɔ¹]、补 [⁻pu]、户 [fu²]、猪 [₋tu]、书 [₋su]、住 [du²]、朱 [₋tu]、句 [kuiɔ¹]；日母及见组个别字韵母白读 [ɛ]、[iɛ]、[ə]，如锯 [kɛɔ¹]、去 [dʑiɛɔ²]、如 [₋ə]。

4. 蟹摄开口一等韵母今读 [ei]、[ai]，二等韵母今读 [ai]，如来 [₋lei]、灾 [₋tsai]、海 [⁻hei]、拜 [paiɔ¹]、鞋 [₋hai]；蟹摄开口三四等知章组字韵母今读 [ɛ]，开口三四等其他组系字及合口一等、合口三四等（见组除外）韵母今读 [i]，如米 [⁻mi]、溪 [₋tɕi]、世 [sɛɔ¹]、杯 [₋pi]、雷 [₋di]、回 [₋fi]、妹 [mi²]、对 [tiɔ¹]、外 [ŋai²]、灰 [₋fi]、脆 [dziɔ²]、肺 [fiɔ²]、惠 [fi²]；蟹摄合口二等见系字韵母今读 [uai]、[ua]、[a]，合口三四等见组字韵母今读 [ui]，如拐 [⁻kuai]、怀 [₋fai]、话 [fa²]、桂 [kuiɔ¹]。

5. 止摄开口（精知庄章组除外）与合口（见系除外）韵母今读 [i]，如皮 [₋bi]、醉 [tɕiɔ¹]、水 [⁻fi]、飞 [₋fi]、嘴 [₋tɕi]、睡 [fi²]；开口精庄组字韵母今读 [ɿ]、知章组字韵母今读 [ɛ]，如刺 [dzɿ²]、师 [₋sɿ]、知 [₋tɛ]、诗 [₋sɛ]；止摄合口见系字韵母今读 [ui]，如贵 [kuiɔ¹]；合口知章组个别字韵母白读 [u]，吹 [₋du]，庄组个别字韵母今读 [ai]，帅 [saiɔ¹]。

6. 效摄一二等以及三等知章组字韵母今读 [au]，效摄三等其他组系字及四等字韵母今读 [iau]，如毛 [₋mau]、考 [⁻hau]、孝 [hauɔ²]、赵 [dauɔ²]、烧 [₋sau]、表 [⁻piau]、

小 [ɕiau]、骄 [ₑtɕiau]、晓 [ɕiau]。

7. 流摄一等及三等非组、庄组字韵母今读 [ei]，三等知章组字韵母今读 [u]，其他组系字韵母今读 [iu]，如豆 [dei²]、口 [ʰhei]、后 [hei²]、浮 [ₑfei]、妇 [fu²]、邹 [ₑtsei]、抽 [ₑdu]、周 [ₑtu]、流 [ₑdiu]、秋 [ₑdʑiu]、球 [ₑdʑiu]。

8. 咸摄开口一等（谈盍韵端泥精组除外）韵母今读 [ɔn]、[ɔt]，如贪 [ₑdɔn]、感 [ʰkɔn]、含 [ₑhɔn]、甘 [ₑkɔn]、答 [tɔt₁]、合 [hɔt₂]，开口一等谈盍韵端泥精组、开口二等、合口三等字韵母今读 [an]、[at]，如胆 [ʰtan]、减 [ʰkan]、范 [fan²]、腊 [lat₂]、插 [dzat₁]、鸭 [ŋat₁]、法 [fat₁]；咸摄开口三等知章组字韵母今读 [ɛn]、[ɛt]，三等其他组系字及四等韵母今读 [iɛn]、[iɛt]，如闪 [ʰsɛn]、折 [tɛt₁]、尖 [ₑtɕiɛn]、染 [ʰȵiɛn]、盐 [ₑiɛn]、剑 [tɕiɛnᵒ¹]、店 [tiɛnᵒ¹]、接 [tɕiɛt₁]、业 [ȵiɛt₁]、碟 [diɛt₂]。

9. 深摄庄组字韵母今读 [ən]、[ɳt]，知章组字韵母今读 [ən]、[ɛt]、[ɳt]，其他组系字韵母今读 [in]、[it]，如品 [ʰbin]、林 [ₑdin]、心 [ₑɕin]、沉 [ₑdən]、森 [ₑsɛn]、针 [ₑtən]、金 [ₑtɕin]、立 [dit₁]、十 [sɳt₂]、急 [tɕit₁]。

10. 山摄开口一等（见系除外）、开口二等、合口三等非敷奉母字韵母今读 [an]、[at]，如滩 [ₑdan]、伞 [ʰsan]、眼 [ʰŋan]、辣 [lat₂]、瞎 [hat₂]、八 [pat₁]、饭 [fan²]、发 [fat₁]；山摄开口一等见系字及合口一二等（见系除外）韵母今读 [ɔn]、[ɔt]，如案 [ŋɔnᵒ¹]、盘 [ₑbɔn]、暖 [ʰnɔn]、拴 [ₑsɔn]、割 [kɔt₁]、抹 [mɔt₁]、脱 [dɔt₂]；山摄开口三等知章组及日母字韵母今读 [ɛn]、[ɛt]，三等其他组系及四等字韵母今读 [iɛn]、[iɛt]。如扇 [sɛnᵒ¹]、舌 [sɛt₁]、钱 [ₑdʑiɛn]、建 [tɕiɛnᵒ¹]、千 [ₑdʑiɛn]、列 [diɛt₁]、节 [tɕiɛt₁]。

山摄合口一等见系字韵母今读 [uɔn]、[uɔt]，二等见系字韵母今读 [uan]、[uat]，如管 [ʰkuɔn]、阔 [guɔt₂]、关 [ₑkuan]；合口三等微母字韵母今读 [uan]、[uat]，如万 [uan²]、袜 [uat₁]；合口三等精组、来母字韵母今读 [iɛn]、[iɛt]、知章组字韵母今读 [ɛn]、[ɛt]，见组及日母字韵母今读 [uɛn]、[uɛt]，影喻母字韵母今读 [uiɛn]、[uiɛt]，如全 [ₑdʑiɛn]、船 [ₑsɛn]、劝 [guɛnᵒ²]、圈 [ₑguɛn]、拳 [ₑguɛn]、远 [ʰuiɛn]、雪 [ɕiɛt₁]、月 [uɛt₂]、越 [uiɛt₁]、穴 [fiɛt₂]。

11. 臻摄开口一等韵母今读 [ɛn]，如很 [ʰhɛn]；臻摄开口三等（知庄章组除外）、合口三等精晓组字韵母今读 [in]、[it]，如民 [ₑmin]、巾 [ₑtɕin]、笔 [pit₁]、一 [it₁]；臻摄开口三等知庄章组、合口一等（见系除外）及合口三等非组（微母除外）、知章组字韵母今读 [ən]、[ɳt]、[ɛt]、[ət]，如真 [ₑtən]、本 [ʰpən]、村 [ₑdzən]、出 [dɛt₂]、

质 [tət]；臻摄合口一等见系字韵母今读 [uən]、[uət]，合口三等微母字韵母今读 [uən]、[uət]，见组、影喻母字韵母今读 [uin]、[uit]，如滚 [ˬkuən]、骨 [kuət₁]、物 [uət₁]。

12. 宕摄开口一等、三等知庄章日组、合口三等非晓组同江摄合流，韵母今读 [ɔŋ]、[ɔʔ]，如帮 [ˬpɔŋ]、钢 [ˬkɔŋ]、张 [ˬtɔŋ]、方 [ˬfɔŋ]、双 [ˬsɔŋ]、莫 [mɔʔ₅₃]、各 [kɔʔ₅₃]、爵 [tɕiɔʔ₅₃]、弱 [niɔʔ₅₃]、郭 [kɔʔ₅₃]、岳 [ŋɔʔ₅₃]；宕摄开口三等（知庄章日组除外）韵母今读 [iɔŋ]、[iɔʔ]，如枪 [ˬdziɔŋ]、强 [ˬdziɔŋ]；合口三等见组、影组字韵母今读 [uɔŋ]、[uɔʔ]，如光 [ˬkuɔŋ]、王 [ˬuɔŋ]；宕摄全浊入字读舒声，如昨 [dzɔˀ]、药 [iɔˀ]、雹 [bɔˀ]、镯 [dzɔˀ]、学 [hɔˀ]。

13. 曾摄开口一等、合口一三等韵母今读 [ɛŋ]、[ɛʔ]，如灯 [ˬtɛŋ]、肯 [ˬhɛŋ]、德 [tɛʔ₅₃]；曾摄开口三等知庄章组字韵母今读 [əŋ]、[iʔ]，其他组系韵母今读 [iŋ]、[iʔ]，如蒸 [ˬtəŋ]、极 [dziʔ]、织 [tɛʔ₅₃]；曾摄合口三等"国 [uɛʔ₅₃]"，开口三等个别字读前鼻尾，如冰 [ˬpin]，个别浊入字韵母读舒声韵母，如特 [dɛˀ]、贼 [dzɛˀ]、直 [dɛˀ]、式 [sʅˀ]。

14. 梗摄开口二等晓组、影喻母字韵母今读 [iŋ]、[aʔ]、[ɛʔ]，其他组系字韵母文读 [ɛŋ]、[ɛʔ]，白读 [aŋ]、[aʔ]，如猛 [ˬmɛŋ]、孟 [mɛŋˀ]、生ₓ [ˬsɛŋ]/ 生ᴮ [ˬsaŋ]、争ₓ [ˬtsɛŋ]/ 争ᴮ [ˬtsaŋ]；三等知章组字韵母文读 [əŋ]、[ɛʔ]，白读 [aŋ]、[aʔ]，其他组系韵母文读 [iŋ]、[iʔ]，白读 [iaŋ]、[iaʔ]、[aʔ]，如井ₓ [ˬtɕiŋ]/ 井ᴮ [ˬtɕiaŋ]、正ₓ [ˬtəŋ]/ 正ᴮ [ˬtaŋ]。合口二等字矿读 [guɔŋˀ]、横读 [ˬuaŋ]。个别浊入字韵母读舒声韵母，如白 [bɛˀ]、席 [ɕiˀ]、石 [saˀ]、笛 [diaˀ]。

15. 通摄一等及三等韵母今读 [əŋ]、[uʔ]，三等泥组、精组、日母、见组个别字韵母今读 [iəŋ]、[iuʔ]，如东 [ˬtəŋ]、公 [ˬkəŋ]、冯 [ˬfəŋ]、龙 [ˬdiəŋ]、穷 [ˬdziəŋ]、木 [muʔ₅₃]、哭 [kuʔ₅₃]、福 [fuʔ₁]；个别浊入字读入舒声，毒 [duˀ]、六 [diuˀ]、局 [dziuˀ]。

（三）中古声调今读特点

修水东港乡岭下村方言有 11 个调类。古全清平与次清平今读阴平，浊平今读阳平；清上及次浊上今读上声，全浊上归阳去；全清去与次清去分立为两个阴去调，全浊上、全浊去、次浊去合流为阳去。

东港乡岭下村方言古入声今读演变复杂，存在清浊分调与韵摄分调，入声₁来自咸深山臻摄全清入、部分次清入、部分次浊入，韵尾为 [t]、[l]，如"笔节抹杌聂日热月"；入声₂来自咸深山臻摄次清入字，韵尾为 [t]、[l]，如"七切铁缺塔出"；

57

入声₃来自宕江曾梗通摄清入与部分次浊入字,韵尾为[ʔ],如"百谷竹色织菊落木";入声₄来自宕江曾梗通摄次清入与部分浊入字,韵尾为[ʔ],如"力绿壳哭客曲吓";入声₅来自浊入字,韵尾为[ʔ],如"腊辣叶狭集碟侄舌十食",调值接近阳去调,但比阳去调短促。宕江曾梗通摄部分浊入字(麦六肉药学镯白毒局石熟实笛)完全舒声化,读阳去调。

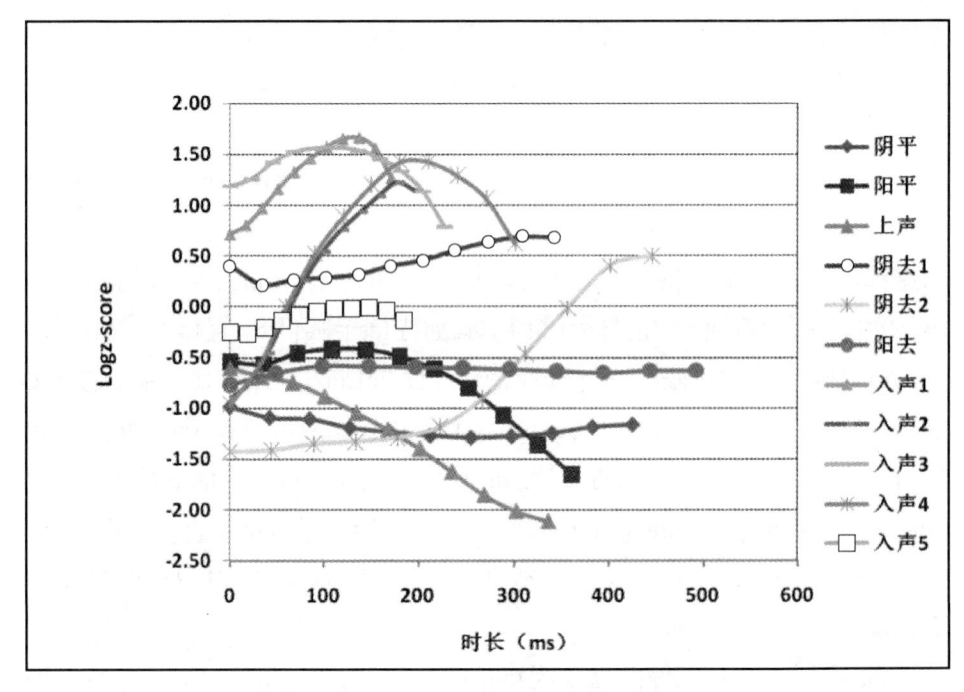

图2-2　修水县东港乡岭下村方言基频曲线图

三、修水县方言语音内部差异

修水县位于江西省西北部,面积4504平方千米,总人口76.7万人。修水县地处三省(湘、鄂、赣)九县(修水、靖安、奉新、宜丰、铜鼓、平江、通城、崇阳、通山)的交界处。据修水县2009年行政区划[①],全县辖19个镇、17个乡:义宁镇、白岭镇、全丰镇、古市镇、大桥镇、渣津镇、马坳镇、杭口镇、港口镇、溪口镇、西港

---

① [DB/OL]http://www.xzqh.org/html/show/jx/10623.html,2010-01-26/2015-12-8。

镇、山口镇、黄沙镇、黄港镇、何市镇、上奉镇、四都镇、太阳升镇、宁州镇、路口乡、黄龙乡、上衫乡、余段乡、水源乡、石坳乡、东港乡、上杭乡、新湾乡、布甲乡、漫江乡、复原乡、竹坪乡、征村乡、庙岭乡、黄坳乡、大椿乡。笔者对义宁镇罗家埚、宁州镇、庙岭乡戴家村、庙岭乡小山口村、太阳升镇坳头村、太阳升镇农科所、黄坳乡塘排村、黄港镇安全村、何市镇大里村、上奉镇石街村、竹坪乡竹坪村、征村乡熏衣村、杭口镇厚家源村、马坳镇石溪村、山口镇来苏村、新湾乡小流村、新湾乡新湾村、溪口镇上庄围丘村、溪口镇南田村、溪口镇田仑村、溪口镇义坑村、港口镇界下村、港口镇大源村、港口镇集镇居委会、布甲乡横山村、布甲乡洪石村、渣津镇长潭村、东港乡岭下村、白岭镇邓家咀、白岭镇白岭村、全丰镇南源村、黄龙乡黄龙村金家园新村、黄龙乡沙塅村、大桥镇沙湾村、大桥镇界下村、余塅乡上源村、余塅乡余塅村、复原乡雅洋村方言点进行了实地调查。下文结合修水义宁镇（刘纶鑫，1999）已刊材料，论述修水赣语内部差异。

（一）声母今读差异

1. 中古全浊声母今读

布甲乡洪石村、庙岭乡小山口、太阳升镇坳头村、黄港镇安全村方言古全浊声母今读送气清音，征村乡熏衣村、何市镇大里村、上奉镇石街村方言全浊声母今读有"清音浊流"的特点，其他方言点全浊声音母读不送气浊音。

表2-18 修水县方言中古全浊声母今读例字表

地点 \ 例字	道_定 效开一	虫_澄 通合三	才_从 蟹开一	锄_崇 遇合三	权_群 山合三	徐_邪 遇合三
布甲乡洪石村	tʰau²	₅tʰəŋ	₅tsʰã	₅tsʰɿ	₅kʰuɛn	₅si
庙岭乡小山口	tʰau²	₅tʰəŋ	₅tsʰoi	₅tsʰu	₅tɕʰiɔn	₅tsʰi
太阳升镇坳头村	tʰau²	₅tʰəŋ	₅tsʰoi	₅tsʰu	₅tɕʰiɔn	₅tɕʰi
黄港镇安全村	tʰau²	₅tʰəŋ	₅tsʰai	₅tsʰɿ	₅kʰuɛn	₅tsʰi
征村乡熏衣村	tʰau²	₅tʰəŋ	₅tsʱei	₅tsʱɿ	₅kʱuɛn	₅tɕʱi
何市镇大里村	tʰau²	₅tʱəŋ	₅tsʱei	₅tsʱɿ	₅kʱuɛn	₅tɕʱi
上奉镇石街村	tʰau²	₅tʱəŋ	₅tsʱai	₅tsʱɿ	₅kʱuɛn	₅tsʱi

续表

地点＼例字	道 定 效开一	虫 澄 通合三	才 从 蟹开一	锄 崇 遇合三	权 群 山合三	徐 邪 遇合三
新湾乡新湾村	dau²	₅dəŋ	₅dzei	₅dʐʅ	₅guɛn	₅dʑi
义宁镇罗家埚	dau²	₅dəŋ	₅dzei	₅dʐʅ	₅guɛn	₅ɕi
宁州镇	dau²	₅dəŋ	₅dzei	₅dʐʅ	₅guɛn	₅ɕi
黄坳乡塘排村	dau²	₅dəŋ	₅dzei	₅dʐʅ	₅guɛn	₅dʑi
竹坪乡竹坪村	dau²	₅dəŋ	₅dzei	₅dʐʅ	₅guɛn	₅dʑi
杭口镇厚家源	dau²	₅dəŋ	₅dzei	₅dʐʅ	₅guɛn	₅dʑi
马坳镇石溪村	dau²	₅dəŋ	₅dzai	₅dʐʅ	₅guɛn	₅dʑi
山口镇来苏村	dau²	₅dəŋ	₅dzei	₅dʐʅ	₅guɛn	₅dʑi
溪口镇田仓村	dau²	₅dəŋ	₅dzei	₅dʐʅ	₅guɛn	₅dʑi
港口镇集镇	dau²	₅dəŋ	₅dzei	₅dʐʅ	₅guɛn	₅dʑi
渣津镇长潭村	dau²	₅dəŋ	₅dzai	₅dʐʅ	₅guɛn	₅dʑi
白岭镇白岭村	dau²	₅dəŋ	₅dzai	₅dʐʅ	₅guẽ	₅dʑi
全丰镇南源村	dau²	₅dõŋ	₅dzai	₅dʐʅ	₅guẽ	₅dʑi
黄龙乡沙塅村	dau²	₅dəŋ	₅dzai	₅dʐʅ	₅guɛn	₅dʑi
大桥镇沙湾村	dau²	₅dəŋ	₅dzai	₅dʐʅ	₅guɛn	₅dʑi
余塅乡余塅村	dau²	₅dəŋ	₅dzai	₅dʐʅ	₅guɛn	₅dʑi
复原乡雅洋村	dau²	₅dəŋ	₅dzai	₅dʐʅ	₅guɛn	₅dʑi

2. 来母逢细音今读

来母逢细音今读有三种情况:(1)马坳镇石溪村、杭口镇厚家源村方言来母逢细音读[ȵ]、[l]、[d];(2)竹坪乡竹坪村、征村乡熏衣村、山口镇来苏村、新湾乡新湾村、溪口镇田仓村、港口镇集镇、布甲乡洪石村、渣津镇长潭村、白岭镇白岭村、全丰镇南源村、黄龙乡沙塅村、大桥镇沙湾村、余塅乡余塅村方言来母逢细音部分字读塞音[d/tʰ],部分字读边音[l],有些字听上去像边音,又像塞音,记作声母[lᵈ];(3)其他乡镇方言来母逢细音今读边音[l]。

表2-19 修水县方言来母逢细音今读例字表

地点＼例字	梨 止开三	刘 流开三	林 深开三	岭 梗开三	犁 蟹开四	隶 蟹开四	料 效开四	莲 山开四
义宁镇罗家㘵	₌li	₌liu	₌lin	ˢliaŋ	₌li	liˀ	lieuˀ	₌liɛn
宁州镇	₌li	₌liu	₌lin	ˢliaŋ	₌li	liˀ	lieuˀ	₌liɛn
庙岭乡小山口	₌li	₌liu	₌lin	ˢliaŋ	₌li	liˀ	liauˀ	₌liɛn
太阳升镇坳头	₌li	₌liu	₌lin	ˢliaŋ	₌li	liˀ	liauˀ	₌liɛn
黄坳乡塘排村	₌li	₌liu	₌lin	ˢliaŋ	₌li	liˀ	liauˀ	₌liɛn
黄港镇安全村	₌li	₌liu	₌lin	ˢliaŋ	₌li	tʰiˀ	liauˀ	₌liɛn
何市镇大理村	₌li	₌liu	₌lin	ˢliaŋ	₌li	liˀ	liauˀ	₌liɛn
上奉镇石街村	₌li	₌liu	₌lin	ˢliaŋ	₌li	liˀ	liauˀ	₌liɛn
复原乡雅洋村	₌li	₌liu	₌lin	ˢliaŋ	₌li	liˀ	lieuˀ	₌liɛn
竹坪乡竹坪村	₌di	₌lᵈiu	₌lᵈin	ˢdiaŋ	₌di	diˀ	liauˀ	₌lᵈiɛn
征村乡熏衣村	₌li	₌liu	₌lin	ˢliaŋ	₌li	liˀ	tʰieuˀ	₌liɛn
山口镇来苏村	₌lᵈi	₌liu	₌lᵈin	ˢliaŋ	₌lᵈi	lᵈiˀ	lᵈiauˀ	₌liɛn
新湾乡新湾村	₌li	₌liu	₌lin	ˢliaŋ	₌li	diˀ	liauˀ	₌liɛn
溪口镇田仓村	₌di	₌diu	₌lᵈin	ˢlᵈiaŋ	₌lᵈi	lᵈiˀ	lᵈiauˀ	₌lᵈiɛn
港口镇集镇	₌li	₌liu	₌lin	ˢliaŋ	₌li	liˀ	diauˀ	₌liɛn
布甲乡洪石村	₌li	₌liu	₌lin	ˢliaŋ	₌li	tʰiˀ	tʰieuˀ	₌liɛn
渣津镇长潭村	₌di	₌lᵈiu	₌lᵈin	ˢdiaŋ	₌di	diˀ	lᵈiauˀ	₌lᵈiɛn
白岭镇白岭村	₌di	₌lᵈiu	₌lᵈĩn	ˢlᵈiaŋ	₌di	diˀ	lᵈiɛuˀ	₌lᵈiɛn
全丰镇南源村	₌di	₌lᵈiu	₌lᵈĩn	ˢlᵈiãŋ	₌di	diˀ	lᵈiɛuˀ	₌lᵈiɛ̃n
黄龙乡沙塅村	₌di	₌diu	₌lᵈiŋ	ˢlᵈiaŋ	₌di	diˀ	lᵈiɛuˀ	₌lᵈiɛn
大桥镇沙湾村	₌di	₌diu	₌din	ˢdiaŋ	₌di	diˀ	diɛuˀ	₌lᵈiɛn
余塅乡余塅村	₌di	₌lᵈiu	₌din	ˢlᵈiaŋ	₌di	diˀ	diɛuˀ	₌lᵈiɛn
杭口镇厚家源	₌ɲi	₌liu	₌lin	ˢliaŋ	₌ɲi	diˀ	diauˀ	₌liɛn
马坳镇石溪村	₌ɲi	₌liu	₌lin	ˢliaŋ	₌ɲi	diˀ	diauˀ	₌liɛn

61

3. 泥来母逢洪音今读

（1）不混，泥母读 [n]，来母今读 [l]，分布于义宁镇罗家坳、庙岭乡小山口、太阳升镇坳头村、黄坳乡塘排村、黄港镇安全村、何市镇大理村、上奉镇石街村、征村乡熏衣村、山口镇来苏村、新湾乡新湾村、港口镇集镇、布甲乡洪石村方言。（2）相混，泥来母洪音都读 [n]，分布于竹坪乡竹坪村、渣津镇长潭村、白岭镇白岭村、全丰镇南源村、黄龙乡沙塅村、大桥镇沙湾村、余塅乡余塅村、复原乡雅洋村方言。（3）半混，又有两种情况：①杭口镇厚家源、马坳镇石溪村、溪口镇田仓村方言泥来母洪音读 [n]，泥母又有部分字读 [l]；②宁州镇方言泥母读 [n]，来母今读 [l]，泥母又有部分字读 [l]。

表 2-20 修水县方言泥来母逢洪音今读例字表

例字＼地点	糯_泥 果合一	拿_泥 假开二	脑_泥 效开一	南_泥 咸开一	暖_泥 山合一	路_来 遇合一	兰_来 山开一
义宁镇罗家坳	nɔ²	₅na	ʿnau	₅nɔn	ʿnɔn	lu²	₅lan
庙岭乡小山口	nɔ²	₅na	ʿnau	₅nɔn	ʿnɔn	lu²	₅lan
太阳升镇坳头村	nɔ²	₅na	ʿnau	₅nɔn	ʿnɔn	lu²	₅lan
黄坳乡塘排村	nɔ²	₅na	ʿnau	₅nɔn	ʿnɔn	lu²	₅lan
黄港镇安全村	nɔ²	₅na	ʿnau	₅nɔn	ʿnɔn	lu²	₅lan
何市镇大理村	nɔ²	₅na	ʿnau	₅nɔn	ʿnɔn	lu²	₅lan
上奉镇石街村	nɔ²	₅na	ʿnau	₅nɔn	ʿnɔn	lu²	₅lan
征村乡熏衣村	nɔ²	₅na	ʿnau	₅nɔn	ʿnɔn	lu²	₅lan
山口镇来苏村	nɔ²	₅na	ʿnau	₅nɔn	ʿnɔn	lu²	₅lan
新湾乡新湾村	nɔ²	₅na	ʿnau	₅nɔn	ʿnɔn	lu²	₅lan
港口镇集镇	nɔ²	₅na	ʿnau	₅nɔn	ʿnɔn	lu²	₅lan
布甲乡洪石村	nɔ²	₅na	ʿnau	₅nɔn	ʿnɔn	lu²	₅lãn
竹坪乡竹坪村	nɔ²	₅na	ʿnau	₅nɔn	ʿnɔn	nu²	₅nan
渣津镇长潭村	nɔ²	₅na	ʿnau	₅nɔn	ʿnɔn	nu²	₅nan
白岭镇白岭村	nɔ²	naʔ₅₁	ʿnau	₅nɔ̃	ʿnɔ̃	nu²	₅nãn
全丰镇南源村	nɔ²	₅na	ʿnau	₅nɔ̃	ʿnɔ̃	nu²	₅nãn

62

续表

例字\地点	糯泥 果合一	拿泥 假开二	脑泥 效开一	南泥 咸开一	暖泥 山合一	路来 遇合一	兰来 山开一
黄龙乡沙嘴村	nɔ²	₅na	ᶜnau	ᶜnɔn	ᶜnɔ̃n	nu²	₅nãn
大桥镇沙湾村	nɔ²	₅na	ᶜnau	ᶜnɔn	ᶜnɔn	nu²	₅nan
余嘴乡余嘴村	nɔ²	₅na	ᶜnau	ᶜnɔn	ᶜnɔn	nu²	₅nan
复原乡雅洋村	nɔ²	₅na	ᶜnau	ᶜnɔn	ᶜnɔn	nu²	₅nan
杭口镇厚家源	nɔ²	₅la	ᶜnau	ᶜnɔn	ᶜnɔn	nu²	₅nan
马坳镇石溪村	nɔ²	₅la	ᶜnau	ᶜnɔn	ᶜnɔn	nu²	₅nan
溪口镇田仑村	nɔ²	₅na	ᶜlau	₅lɔn	ᶜnɔn	nu²	₅nan
宁州镇	lɔ²	₅na	ᶜnau	ᶜnɔn	ᶜnɔn	lu²	₅lan

4. 知₃章组今读

知₃章组今读有三种情况:(1)今读[tʂ]、[tʂʰ]、[ʂ],方言点有布甲乡洪石村;(2)今读[t]、[d/tʰ]、[s],方言点有黄坳乡塘排村、马坳镇石溪村、溪口镇田仑村、港口镇集镇居委会、渣津镇长潭村、白岭镇白岭村、全丰镇南源村、黄龙乡沙嘴村、大桥镇沙湾村、余嘴乡余嘴村;(3)今读既有[t]、[d/tʰ]、[s],又有[tʂ/ts]、[dz/tʂʰ/dz/tsʰ]、[ʂ/s],方言点有义宁镇罗家㘵、宁州镇宁州村、庙岭乡小山口村、太阳升镇坳头村、黄港镇安全村、何市镇大里村、上奉镇石街村、竹坪乡竹坪村、征村乡薰衣村、杭口镇厚家源村、山口镇来苏村、新湾乡新湾村、复原乡雅洋村。

表2-21 修水县方言知₃章组今读例字表

例字\地点	猪知 遇合三	知知 止开三	抽彻 流开三	虫澄 通合三	煮章 遇合三	穿昌 山合三	神船 臻开三	诗书 止开三	仇禅 流开三
布甲乡洪石村	ᶜtʂu	ᶜtʂʅ	ᶜtʂʰəu	₅tʂʰəŋ	ᶜtʂu	ᶜtʂʰɛn	₅sen	ᶜʂʅ	₅tʂʰu
黄坳乡塘排村	ᶜtu	ᶜtɛ	₅du	₅dəŋ	ᶜtu	ᶜdɛn	₅sen	ᶜsʅ	₅su
马坳镇石溪村	ᶜtu	ᶜtɛ	₅du	₅dəŋ	ᶜtu	ᶜdɛn	₅sen	ᶜsɛ	₅du
溪口镇田仑村	ᶜtu	ᶜtɛ	₅du	₅dəŋ	ᶜtu	ᶜdɛn	₅sen	ᶜsɛ	₅du
港口镇集镇	ᶜtu	ᶜtɛ	₅du	₅dəŋ	ᶜtu	ᶜdɛn	₅sen	ᶜsen	₅du
渣津镇长潭村	ᶜtu	ᶜtɛ	₅du	₅dəŋ	ᶜtu	ᶜdɛn	₅sen	ᶜsɛ	₅du

续表

例字 地点	猪知 遇合三	知知 止开三	抽彻 流开三	虫澄 通合三	煮章 遇合三	穿昌 山合三	神船 臻开三	诗书 止开三	仇禅 流开三
白岭镇白岭村	₋tu	₋tɛ	₋dou	₋dẽŋ	ˀtu	₋dẽn	₋sẽn	₋sɛ	₋dou
全丰镇南源村	₋təu	₋tɛ	₋dəu	₋dɔ̃ŋ	ˀtəu	₋dẽp	₋sẽn	₋sɛ	₋dəu
黄龙乡沙塅村	₋tu	₋tɛ	₋du	₋dəŋ	ˀtu	₋dẽn	₋sẽn	₋sɛ	₋du
大桥镇沙湾村	₋tu	₋tɛ	₋du	₋dəŋ	ˀtu	₋dɐn	₋sen	₋sɛ	₋du
余塅乡余塅村	₋tu	₋tɛ	₋du	₋dəŋ	ˀtu	₋dɐn	₋sen	₋sɛ	₋du
义宁镇罗家㘵	₋tu	₋tʂʅ	₋du	₋dəŋ	ˀtu	₋dɔn	₋sen	₋ʂʅ	₋du
宁州镇	₋tu	₋tʂʅ	₋du	₋dəŋ	ˀtu	₋dɔn	₋sen	₋ʂʅ	₋du
庙岭乡小山口	₋tu	₋tʂʅ	₋tʰu	₋tʰəŋ	ˀtu	₋tʰɔn	₋sen	₋ʂʅ	₋tʰu
太阳升镇坳头村	₋tu	₋tʂʅ	₋tʰu	₋tʰəŋ	ˀtu	₋tʰɔn	₋sen	₋ʂʅ	₋tʰu
黄港镇安全村	₋tu	₋tʂʅ	₋tʰu	₋tʰəŋ	ˀtu	₋tʰɛn	₋sen	₋ʂʅ	₋tʰu
何市镇大理村	₋tu	₋tʂʅ	₋tʱu	₋tʱəŋ	ˀtu	₋tʱɛn	₋sen	₋ʂʅ	₋tʱu
上奉镇石街村	₋tu	₋tʂʅ/tɛ	₋tʱu	₋tʱəŋ	ˀtu	₋tʱɛn	₋sen	₋ʂʅ	₋tʱu
竹坪乡竹坪村	₋tu	₋tʂʅ	₋du	₋dəŋ	ˀtu	₋den	₋sen	₋ʂʅ	₋du
征村乡熏衣村	₋tu	₋tʂʅ	₋tʱu	₋tʱəŋ	ˀtu	₋tʱɛn	₋sen	₋ʂʅ	₋tʱu
杭口镇厚家源	₋tu	₋tʂʅ	₋du	₋dəŋ	ˀtu	₋den	₋sen	₋ʂʅ	₋du
山口镇来苏村	₋tu	₋tʂʅ	₋du	₋dəŋ	ˀtu	₋dzɛn	₋sen	₋ʂʅ	₋du
新湾乡新湾村	₋tu	₋tʂʅ	₋du	₋dəŋ	ˀtu	₋den	₋sen	₋ʂʅ	₋du
复原乡雅洋村	₋tu	₋tʂʅ	₋du	₋dəŋ	ˀtu	₋den	₋sen	₋ʂʅ	₋du

5. 溪母今读

庙岭乡小山口村、太阳升镇坳头村方言溪母无读[h]声母现象，其他方言点溪母果开一、假开二、蟹开一二、效开一、流开一、咸开一二、山开一、宕开一、曾开一、梗开二、梗开三、通合一等字有读[h]声母现象。

表 2-22 修水县方言溪母今读例字表

地点 \ 例字	开溪 蟹开一	苦溪 遇合一	巧溪 效开二	丘溪 流开三	劝溪 山合三
庙岭乡小山口	₋kʰoi	ꞌkʰu	₋kʰau	₋tɕiu	tɕʰiɔn⁼
太阳升镇坳头村	₋kʰoi	ꞌkʰu	₋tɕʰiau	₋tɕiu	tɕʰiɔn⁼
义宁镇罗家埚	₋hei	ꞌgu	₋dʑiau	₋dʑiu	guen⁼
宁州镇	₋hei	ꞌgu	₋dʑiau	₋dʑiu	guen⁼
黄坳乡塘排村	₋hei	ꞌgu	₋dʑiau	₋dʑiu	guen⁼
黄港镇安全村	₋hei	ꞌkʰu	₋tɕʰiau	₋tɕʰiu	kʰuɛn⁼
何市镇大理村	₋hei	ꞌkʱu	₋tɕʱiau	₋tɕʱiu	kʱuɛn⁼
上奉镇石街村	₋hai	ꞌkʱu	₋tɕʱiau	₋tɕʱiu	kʱuɛn⁼
竹坪乡竹坪村	₋hei	ꞌgu	₋dʑiau	₋dʑiu	guɛn⁼
征村乡熏衣村	₋hei	ꞌgu	₋tɕʱiau	₋tɕʱiu	kʱuɛn⁼
杭口镇厚家源	₋hei	ꞌgu	₋dʑiau	₋dʑiu	guɛn⁼
马坳镇石溪村	₋hei	ꞌgu	₋dʑiau	₋dʑiu	guɛn⁼
山口镇来苏村	₋hei	ꞌgu	₋dʑiau	₋dʑiu	guɛn⁼
新湾乡新湾村	₋hei	ꞌgu	₋dʑiau	₋dʑiu	guɛn⁼
溪口镇田仑村	₋hei	ꞌgu	₋dʑiau	₋dʑiu	guɛn⁼
港口镇集镇	₋hei	ꞌgu	₋dʑiau	₋dʑiu	guɛn⁼
布甲乡洪石村	₋hei	ꞌgu	₋dʑiau	₋dʑiu	guɛn⁼
渣津镇长潭村	₋hei	ꞌgu	₋dʑiau	₋dʑiu	guɛn⁼
白岭镇白岭村	₋hai	ꞌgu	₋dʑiɛu	₋dʑiu	guɛn⁼
全丰镇南源村	₋hai	ꞌgu	₋dʑiɛu	₋dʑiu	guẽn⁼
黄龙乡沙堠村	₋hai	ꞌgu	₋dʑiɛu	₋dʑiu	guẽn⁼
大桥镇沙湾村	₋hai	ꞌgu	₋dʑiɛu	₋dʑiu	guɛn⁼
余堠乡余堠村	₋hai	ꞌgu	₋dʑiɛu	₋dʑiu	guɛn⁼
复原乡雅洋村	₋hai	ꞌgu	₋dʑiɛu	₋dʑiu	guɛn⁼

5. 通摄溪母字今读清鼻音现象

除了庙岭乡小山口村、太阳升镇坳头村方言外,其他方言点通摄溪母字"孔空控恐"读清鼻音。

表 2-23 修水县方言通摄溪母字今读清鼻音现象例字表

地点 \ 例字	空_溪 通合一	孔_溪 通合一	控_溪 通合一	恐_溪 通合三
庙岭乡小山口	ˌkʰəŋ	ˈkʰəŋ	kʰəŋ²	ˈkʰəŋ
太阳升镇坳头村	ˌkʰəŋ	ˈkʰəŋ	kʰəŋ²	ˈkʰəŋ
义宁镇罗家埚	ˌŋ̊ŋ	ˈŋ̊ŋ	ŋ̊ŋ²	ˈŋ̊ŋ
宁州镇	ˌŋ̊ŋ	ˈŋ̊ŋ	ŋ̊ŋ²	ˈŋ̊ŋ
黄坳乡塘排村	ˌŋ̊ŋ	ˈŋ̊ŋ	ŋ̊ŋ²	ˈŋ̊ŋ
黄港镇安全村	ˌŋ̊ŋ	ˈŋ̊ŋ	ŋ̊ŋ²	ˈŋ̊ŋ
何市镇大理村	ˌŋ̊ŋ	ˈŋ̊ŋ	ŋ̊ŋ²	ˈŋ̊ŋ
上奉镇石街村	ˌŋ̊ŋ	ˈŋ̊ŋ	ŋ̊ŋ²	ˈŋ̊ŋ
竹坪乡竹坪村	ˌŋ̊ŋ	ˈŋ̊ŋ	ŋ̊ŋ²	ˈŋ̊ŋ
征村乡熏衣村	ˌŋ̊ŋ	ˈŋ̊ŋ	ŋ̊ŋ²	ˈŋ̊ŋ
杭口镇厚家源	ˌŋ̊ŋ	ˈŋ̊ŋ	ŋ̊ŋ²	ˈŋ̊ŋ
马坳镇石溪村	ˌŋ̊ŋ	ˈŋ̊ŋ	ŋ̊ŋ²	ˈŋ̊ŋ
山口镇来苏村	ˌŋ̊ŋ	ˈŋ̊ŋ	ŋ̊ŋ²	ˈŋ̊ŋ
新湾乡新湾村	ˌŋ̊ŋ	ˈŋ̊ŋ	ŋ̊ŋ²	ˈŋ̊ŋ
溪口镇田仓村	ˌŋ̊ŋ	ˈŋ̊ŋ	ŋ̊ŋ²	ˈŋ̊ŋ
港口镇集镇	ˌŋ̊ŋ	ˈŋ̊ŋ	ŋ̊ŋ²	ˈŋ̊ŋ
布甲乡洪石村	ˌŋ̊ŋ	ˈŋ̊ŋ	ŋ̊ŋ²	ˈŋ̊ŋ
渣津镇长潭村	ˌŋ̊ŋ	ˈŋ̊ŋ	ŋ̊ŋ²	ˈŋ̊ŋ
白岭镇白岭村	ˌŋ̊ŋ	ˈŋ̊ŋ	ŋ̊ŋ²	ˈŋ̊ŋ
全丰镇南源村	ˌŋ̊ŋ	ˈŋ̊ŋ	ŋ̊ŋ²	ˈŋ̊ŋ
黄龙乡沙墩村	ˌŋ̊ŋ	ˈŋ̊ŋ	ŋ̊ŋ²	ˈŋ̊ŋ
大桥镇沙湾村	ˌŋ̊ŋ	ˈŋ̊ŋ	ŋ̊ŋ²	ˈŋ̊ŋ
余墩乡余墩村	ˌŋ̊ŋ	ˈŋ̊ŋ	ŋ̊ŋ²	ˈŋ̊ŋ
复原乡雅洋村	ˌŋ̊ŋ	ˈŋ̊ŋ	ŋ̊ŋ°	ˈŋ̊ŋ

第二章　赣语昌都片各县方言语音特点及内部差异

（二）韵母今读差异

1. 遇摄精知庄章组韵母今读

遇摄一等精组与三等知庄章组韵母今读有地理差异,有三种情况:(1)一等精组及三等知庄章组韵母今读 [u],方言点有庙岭乡小山口、太阳升镇坳头村;(2)一等精组及三等庄组韵母今读 [ɿ],三等知章组韵母今读 [u],方言点有义宁镇罗家坞、宁州镇、黄坳乡塘排村、黄港镇安全村、何市镇大理村、上奉镇石街村、竹坪乡竹坪村、征村乡熏衣村、杭口镇厚家源、马坳镇石溪村、山口镇来苏村、新湾乡新湾村、溪口镇田仑村、港口镇集镇、布甲乡洪石村、渣津镇长潭村、白岭镇白岭村、余塅乡余塅村、复原乡雅洋村;(3)一等精组及三等庄组韵母今读 [ɿ],三等知章组韵母今读 [ɘu]/[u],方言点有黄龙乡沙塅村、全丰镇南源村、大桥镇沙湾村。

表 2-24　修水县方言遇摄精庄知章组字韵母今读例字表

地点＼例字	粗 清 遇合一模	初 初 遇合三鱼	猪 知 遇合三鱼	书 书 遇合三鱼	主 章 遇合三虞
庙岭乡小山口	˗tsʰu	˗tsʰu	˗tu	˗su	ˈtu
太阳升镇坳头村	˗tsʰu	˗tsʰu	˗tu	˗su	ˈtu
义宁镇罗家坞	˗dzɿ	˗dzɿ	˗tu	˗su	ˈtu
宁州镇	˗dzɿ	˗dzɿ	˗tu	˗su	ˈtu
黄坳乡塘排村	˗dzɿ	˗dzɿ	˗tu	˗su	ˈtu
黄港镇安全村	˗tsʰɿ	˗tsʰɿ	˗tu	˗su	ˈtu
何市镇大理村	˗tsʰɿ	˗tsʰɿ	˗tu	˗su	ˈtu
上奉镇石街村	˗tsʰɿ	˗tsʰɿ	˗tu	˗su	ˈtu
竹坪乡竹坪村	˗dzɿ	˗dzɿ	˗tu	˗su	ˈtu
征村乡熏衣村	˗tsʰɿ	˗tsʰɿ	˗tu	˗su	ˈtu
杭口镇厚家源	˗dzɿ	˗dzɿ	˗tu	˗su	ˈtu
马坳镇石溪村	˗dzɿ	˗dzɿ	˗tu	˗su	ˈtu
山口镇来苏村	˗dzɿ	˗dzɿ	˗tu	˗su	ˈtu
新湾乡新湾村	˗dzɿ	˗dzɿ	˗tu	˗su	ˈtu
溪口镇田仑村	˗dzɿ	˗dzɿ	˗tu	˗su	ˈtu

续表

地点＼例字	粗清 遇合一模	初初 遇合三鱼	猪知 遇合三鱼	书书 遇合三鱼	主章 遇合三虞
港口镇集镇	₋dzɿ	₋dzɿ	₋tu	₋su	⁻tu
布甲乡洪石村	₋tsʰɿ	₋tsʰɿ	₋tʂu	₋ʂu	⁻tu
渣津镇长潭村	₋dzɿ	₋dzɿ	₋tu	₋su	⁻tu
白岭镇白岭村	₋dzɿ	₋dzɿ	₋tu	₋su	⁻tu
余塅乡余塅村	₋dzɿ	₋dzɿ	₋tu	₋su	⁻tu
复原乡雅洋村	₋dzɿ	₋dzɿ	₋tu	₋su	⁻tu
黄龙乡沙塅村	₋dzɿ	₋dzɿ	₋tu	₋səu	⁻təu
全丰镇南源村	₋dzɿ	₋dzɿ	₋təu	₋səu	⁻təu
大桥镇沙湾村	₋dzɿ	₋dzɿ	₋tu	₋səu	⁻tu

2. 蟹摄开口一二等韵母今读

有两种情况：（1）一二等韵母今读 [ai]，如白岭镇白岭村、全丰镇南源村、黄龙乡沙塅村、大桥镇沙湾村、余塅乡余塅村、复原乡雅洋村、上奉镇石街村方言；（2）一等韵母今读 [ei]、[oi]，二等韵母今读 [ai]、[ã]，其他方言点均属此情况。

表 2-25 修水县方言蟹开一二等韵母今读例字表

地点＼例字	胎透 蟹开一咍	来来 蟹开一咍	开溪 蟹开一咍	害匣 蟹开一泰	埋明 蟹开二皆	派滂 蟹开二佳	柴崇 蟹开二佳
白岭镇白岭村	₋dai	₌lai	₋hai	hai²	₌mai	baiᵒ²	₌dzai
全丰镇南源村	₋dai	₌lai	₋hai	hai²	₌mai	baiᵒ²	₌dzai
黄龙乡沙塅村	₋dai	₌lai	₋hai	hai²	₌mai	baiᵒ²	₌dzai
大桥镇沙湾村	₋dai	₌lai	₋hai	hai²	₌mai	baiᵒ²	₌dzai
余塅乡余塅村	₋dai	₌lai	₋hai	hai²	₌mai	baiᵒ²	₌dzai
复原乡雅洋村	₋dai	₌lai	₋hai	hai²	₌mai	baiᵒ	₌dzai
上奉镇石街村	₋tʰai	₌lai	₋hai	hai²	₌mai	pʰaiᵒ	₌tsʰai
义宁镇罗家㘵	₋dei	₌lei	₋hei	hei²	₌mai	baiᵒ	₌dzai
宁州镇	₋dei	₌lei	₋hei	hei²	₌mai	baiᵒ	₌dzai

续表

地点＼例字	胎透 蟹开一咍	来来 蟹开一咍	开溪 蟹开一咍	害匣 蟹开一泰	埋明 蟹开二皆	派滂 蟹开二佳	柴崇 蟹开二佳
黄坳乡塘排村	dei˰	lei˳	hei˰	hei²	mai˳	baiᵒ	dzai˳
黄港镇安全村	tʰei˰	lei˳	kʰei˰	hei²	mai˳	pʰaiᵒ²	tsʰai˳
何市镇大理村	tʰei˰	lei˳	hei˰	hei²	mai˳	pʰaiᵒ	tsʰai˳
竹坪乡竹坪村	dei˰	lei˳	hei˰	hei²	mai˳	baiᵒ²	dzai˳
征村乡熏衣村	tʰei˰	lei˳	hei˰	hei²	mai˳	pʰaiᵒ	tsʰai˳
杭口镇厚家源	dei˰	lei˳	hei˰	hei²	mai˳	baiᵒ	dzai˳
马坳镇石溪村	dei˰	lei˳	hei˰	hei²	mai˳	baiᵒ	dzai˳
山口镇来苏村	dei˰	lei˳	hei˰	hei²	mai˳	baiᵒ	dzai˳
新湾乡新湾村	dei˰	lei˳	hei˰	hei²	mai˳	baiᵒ²	dzai˳
渣津镇长潭村	dei˰	lei˳	hei˰	hei²	mai˳	baiᵒ	dzai˳
溪口镇田仑村	dei˰	lei˳	hei˰	hei²	mai˳	baiᵒ	dzai˳
港口镇集镇	dei˰	lei˳	hei˰	hei²	mai˳	baiᵒ	dzai˳
庙岭乡小山口	tʰoi˰	loi˳	kʰoi˰	hoi²	mai˳	pʰaiᵒ	tsʰai˳
太阳升镇坳头村	tʰoi˰	loi˳	kʰoi˰	hoi²	mai˳	pʰaiᵒ²	tsʰai˳
布甲乡洪石村	tʰei˰	lei˳	hei˰	hei²	mã˳	pʰãᵒ²	tsʰã˳

3. 止摄精知庄章组韵母今读

有三种情况:(1)精知庄章组韵母今读[ɿ],方言点有庙岭乡小山口村、太阳升镇坳头村、上奉镇石街村;(2)精庄组韵母今读[ɿ],知章组韵母今读[ɿ],如义宁镇义宁镇罗家坜、宁州镇宁州、黄港镇安全村、何市镇大里村、竹坪乡竹坪村、征村乡熏衣村、杭口镇厚家源村、山口镇来苏村、新湾乡新湾村、布甲乡洪石村、复原乡雅洋村方言;(3)精庄组韵母今读[ɿ],知章组韵母为[ɛ],如黄坳乡塘排村、马坳镇石溪村、溪口镇田仑村、港口镇集镇居委会、渣津镇长潭村、白岭镇白岭村、全丰镇南源村、黄龙乡沙塅村、大桥镇沙湾村、余塅乡余塅村方言。

表 2-26 修水县方言止摄精庄知章组韵母今读例字表

例字 地点	紫精 止开三支	死心 止开三脂	字从 止开三之	师生 止开三脂	事崇 止开三之	知知 止开三支	屎书 止开三脂
庙岭乡小山口	ʿtsɿ	ʿsɿ	tsʰɿ²	ʿsɿ	sɿ²	₌tsɿ	ʿsɿ
太阳升镇坳头村	ʿtsɿ	ʿsɿ	tsʰɿ²	ʿsɿ	sɿ²	₌tsɿ	ʿsɿ
上奉镇石街村	ʿtsɿ	ʿsɿ	tsɦɿ²	ʿsɿ	sɿ²	₌tsɿ	ʿsɿ
义宁镇罗家埚	ʿtsɿ	ʿsɿ	dzɿ²	ʿsɿ	sɿ²	₌tʂɿ	ʿʂɿ
宁州镇	ʿtsɿ	ʿsɿ	dzɿ²	ʿsɿ	sɿ²	₌tʂɿ	ʿʂɿ
黄港镇安全村	ʿtsɿ	ʿsɿ	tsʰɿ²	ʿsɿ	sɿ²	₌tsɿ	ʿsɿ
何市镇大理村	ʿtsɿ	ʿsɿ	tsɦɿ²	ʿsɿ	sɿ²	₌tsɿ	ʿsɿ
竹坪乡竹坪村	ʿtsɿ	ʿsɿ	dzɿ²	ʿsɿ	sɿ²	₌tʂɿ	ʿʂɿ
山口镇来苏村	ʿtsɿ	ʿsɿ	dzɿ²	ʿsɿ	sɿ²	₌tʂɿ	ʿʂɿ
复原乡雅洋村	ʿtsɿ	ʿsɿ	dzɿ²	ʿsɿ	sɿ²	₌tʂɿ	ʿʂɿ
布甲乡洪石村	ʿtsɿ	ʿsɿ	tsʰɿ²	ʿsɿ	sɿ²	₌tʂɿ	ʿʂɿ
新湾乡新湾村	ʿtsɿ	ʿsɿ	dzɿ²	ʿsɿ	sɿ²	₌tʂɿ	ʿʂɿ
征村乡熏衣村	ʿtsɿ	ʿsɿ	tsɦɿ²	ʿsɿ	sɿ²	₌tʂɿ	ʿʂɿ
杭口镇厚家源	ʿtsɿ	ʿsɿ	dzɿ²	ʿsɿ	sɿ²	₌tʂɿ	ʿʂɿ
马坳镇石溪村	ʿtsɿ	ʿsɿ	dzɿ²	ʿsɿ	sɿ²	₌tɛ	ʿsɛ
溪口镇田仑村	ʿtsɿ	ʿsɿ	dzɿ²	ʿsɿ	sɿ²	₌tɛ	ʿsɛ
港口镇集镇	ʿtsɿ	ʿsɿ	dzɿ²	ʿsɿ	sɿ²	₌tɛ	ʿsɛ
渣津镇长潭村	ʿtsɿ	ʿsɿ	dzɿ²	ʿsɿ	sɿ²	₌tɛ	ʿsɛ
白岭镇白岭村	ʿtsɿ	ʿsɿ	dzɿ²	ʿsɿ	sɿ²	₌tɛ	ʿsɛ
全丰镇南源村	ʿtsɿ	ʿsɿ	dzɿ²	ʿsɿ	sɿ²	₌tɛ	ʿsɛ
黄龙乡沙煅村	ʿtsɿ	ʿsɿ	dzɿ²	ʿsɿ	sɿ²	₌tɛ	ʿsɛ
大桥镇沙湾村	ʿtsɿ	ʿsɿ	dzɿ²	ʿsɿ	sɿ²	₌tɛ	ʿsɛ
余煅乡余煅村	ʿtsɿ	ʿsɿ	dzɿ²	ʿsɿ	sɿ²	₌tɛ	ʿsɛ
黄坳乡塘排村	ʿtsɿ	ʿsɿ	dzɿ²	ʿsɿ	sɿ²	₌tɛ	ʿsɛ

4.效流摄韵母今读

有三种情况:(1)效开三等知章组与流开一等、三等非组、庄组字韵母合流,今读[ɛu],方言点有复原乡雅洋村。(2)效开三等知章组与流摄三等庄组韵母合流今读[ɛu],流开一等、三等非组韵母今读[iɛu]、[iau],方言点有白岭镇白岭村、全丰镇南源村、黄龙乡沙墈村、大桥镇沙湾村、余墈乡余墈村、上奉镇石街村;(3)效流摄不混,效开三等知章组韵母今读[au],流摄一等及三等庄组、日母字韵母今读[ei],其他方言点均属此类情况。

表2-27 修水县方言效流摄韵母今读例字表

地点\例字	赵澄 效开三	招章 效开三	狗见 流开一	瘦生 流开三	浮奉 流开三
复原乡雅洋村	dɛu²	₋tɛu	⁻kɛu	sɛuᵓ	₋fɛu
上奉镇石街村	dɛu²	₋tɛu	⁻kiɛu	sɛuᵓ	₋fɛu
白岭镇白岭村	dɛu²	₋tɛu	⁻kiɛu	sɛuᵓ¹	₋fiɛu
全丰镇南源村	dɛu²	₋tɛu	⁻kiɛu	sɛuᵓ	₋fiɛu
黄龙乡沙墈村	dɛu²	₋tɛu	⁻tɕiɛu	sɛuᵓ¹	₋fiɛu
大桥镇沙湾村	dɛu²	₋tɛu	⁻kiɛu	sɛuᵓ¹	₋fiɛu
余墈乡余墈村	dɛu²	₋tɛu	⁻kiau	sɛuᵓ¹	₋fiɛu
义宁镇罗家埚	dau²	₋tau	⁻kei	seiᵓ¹	₋fei
宁州镇	dau²	₋tau	⁻kei	seiᵓ¹	₋fei
庙岭乡小山口	dau²	₋tau	⁻kei	seiᵓ¹	₋fei
太阳升镇坳头村	dau²	₋tau	⁻kei	seiᵓ¹	₋fei
黄坳乡塘排村	dau²	₋tau	⁻kei	seiᵓ¹	₋fei
黄港镇安全村	dau²	₋tau	⁻kei	seiᵓ¹	₋fei
何市镇大理村	dau²	₋tau	⁻kei	seiᵓ¹	₋fei
竹坪乡竹坪村	dau²	₋tau	⁻kei	seiᵓ¹	₋fei
征村乡熏衣村	dau²	₋tau	⁻kei	seiᵓ¹	₋fei
杭口镇厚家源	dau²	₋tau	⁻kei	seiᵓ	₋fei

续表

例字 地点	赵澄 效开三	招章 效开三	狗见 流开一	瘦生 流开三	浮奉 流开三
马坳镇石溪村	dau²	｢tau	｢kei	seiᵓ	₅fei
山口镇来苏村	dau²	｢tau	｢kei	seiᵓ	₅fei
新湾乡新湾村	dau²	｢tau	｢kei	seiᵓ¹	₅fei
溪口镇田仓村	dau²	｢tau	｢kei	seiᵓ¹	₅fei
港口镇集镇	dau²	｢tau	｢kei	seiᵓ¹	₅fei
布甲乡洪石村	dau²	｢tṣau	｢kei	seiᵓ¹	₅fei
渣津镇长潭村	dau²	｢tau	｢kei	seiᵓ¹	₅fei

5. 流摄开口一等见系韵母带 [i] 介音现象

上奉镇石街村、白岭镇白岭村、全丰镇南源村、黄龙乡沙墩村、大桥镇沙湾村、余墩乡余墩村方言见系韵母存在带 [i] 介音现象，其他方言无此现象。

表 2-28　修水县方言流开一等见系韵母今读例字表

例字 地点	走清 流开一侯	狗见 流开一侯	藕疑 流开一侯	厚匣 流开一侯	呕影 流开一侯
上奉镇石街村	｢tsɛu	｢kiɛu	｢ŋɛu	ʰɛu	｢ŋɛu
白岭镇白岭村	｢tsɛu	｢kiɛu	｢ŋiɛu	hɛu²	｢ŋiɛu
全丰镇南源村	｢tsɛu	｢kiɛu	｢ŋiɛu	hɛu²	｢ŋiɛu
黄龙乡沙墩村	｢tsɛu	｢tɕiɛu	｢ȵiɛu	hɛu²	｢ȵiɛu
大桥镇沙湾村	｢tsɛu	｢kiɛu	｢ŋiɛu	hɛu²	｢ŋiɛu
余墩乡余墩村	｢tsɛu	｢kiau	｢ŋiau	hɛu²	｢ŋiɛu
义宁镇罗家埚	｢tsei	｢kei	｢ŋei	hei²	｢ŋei
宁州镇	｢tsei	｢kei	｢ŋei	hei²	｢ŋei
庙岭乡小山口	｢tsei	｢kei	｢ŋei	ʰhei	｢ŋei
太阳升镇坳头村	｢tsei	｢kei	｢ŋei	ʰhei	｢ŋei

续表

例字 地点	走清 流开一侯	狗见 流开一侯	藕疑 流开一侯	厚匣 流开一侯	呕影 流开一侯
黄坳乡塘排村	ˬtsei	ˬkei	ˬŋei	hei³	ˬŋei
黄港镇安全村	ˬtsei	ˬkei	ˬŋei	hei³	ˬŋei
何市镇大理村	ˬtsei	ˬkei	ˬŋei	hei³	ˬŋei
竹坪乡竹坪村	ˬtsei	ˬkei	ˬŋei	hei³	ˬŋei
征村乡熏衣村	ˬtsei	ˬkei	ˬŋei	hei³	ˬŋei
杭口镇厚家源	ˬtsei	ˬkei	ˬŋei	hei³	ˬŋei
马坳镇石溪村	ˬtsei	ˬkei	ˬŋei	hei³	ˬŋei
山口镇来苏村	ˬtsei	ˬkei	ˬŋei	hei³	ˬŋei
新湾乡新湾村	ˬtsei	ˬkei	ˬŋei	hei³	ˬŋei
溪口镇田仑村	ˬtsei	ˬkei	ˬŋei	hei³	ˬŋei
港口镇集镇	ˬtsei	ˬkei	ˬŋei	hei³	ˬŋei
布甲乡洪石村	ˬtsei	ˬkei	ˬŋei	hei³	ˬŋei
渣津镇长潭村	ˬtsei	ˬkei	ˬŋei	hei³	ˬŋei
复原乡雅洋村	ˬtsɛu	ˬkɛu	ˬŋɛu	hɛu³	ˬŋɛu

6. 中古阳声韵韵尾今读

义宁镇罗家塅、宁州镇宁州、何市镇大里村、竹坪乡竹坪村、征村乡熏衣村、渣津镇长潭村、东港乡岭下村、黄龙乡沙墈村、余墈乡余墈村方言咸深山臻摄韵尾为 [n],曾宕江梗通摄韵尾为 [ŋ];其他方言点咸深山臻摄韵尾为 [n],曾梗摄文读收 [n] 尾,宕江通摄及曾梗摄白读收 [ŋ] 尾。

表 2-29 修水县方言中古阳声韵韵尾今读例字表

例字 地点	胆端 咸开一覃	心心 深开三侵	酸心 山合一桓	根见 臻开一痕	唐定 宕开一唐	讲见 江开二江	蒸章 曾开三蒸	精精 梗开三清	用以 通合三钟
义宁镇罗家塅	ˬtan	ˬɕin	ˬsɔn	ˬken	ˬdɔŋ	ˬkɔŋ	ˬten	ˬtɕin	iəŋ³
宁州镇	ˬtan	ˬɕin	ˬsɔn	ˬken	ˬdɔŋ	ˬkɔŋ	ˬten	ˬtɕin	iəŋ³

续表

例字 地点	胆_端 咸开一覃	心_心 深开三侵	酸_心 山合一桓	根_见 臻开一痕	唐_定 宕开一唐	讲_见 江开二江	蒸_章 曾开三蒸	精_精 梗开三清	用_以 通合三钟
何市镇大理村	ˬtan	ˬɕin	ˬson	ˬken	ˬtʰɔŋ	ˈkɔŋ	ˬtən	ˬtɕin	iəŋ²
竹坪乡竹坪村	ˬtan	ˬɕin	ˬson	ˬken	ˬdɔŋ	ˈkɔŋ	ˬten	ˬtɕin	iəŋ²
征村乡熏衣村	ˬtan	ˬɕin	ˬson	ˬken	ˬtʰɔŋ	ˈkɔŋ	ˬten	ˬtɕin	iəŋ²
渣津镇长潭村	ˬtan	ˬɕin	ˬson	ˬken	ˬdɔŋ	ˈkɔŋ	ˬten	ˬtɕin	iəŋ²
黄龙乡沙墩村	ˬtan	ˬɕin	ˬsõn	ˬtɕien	ˬdɔŋ	ˈkɔŋ	ˬtẽŋ	ˬtɕĩn	iəŋ²
余墩乡余墩村	ˬtan	ˬɕin	ˬson	ˬken	ˬdɔŋ	ˈkɔŋ	ˬten	ˬtɕin	iəŋ²
庙岭乡小山口	ˬtan	ˬɕin	ˬson	ˬken	ˬtʰɔŋ	ˈkɔŋ	ˬten	ˬtɕin	iəŋ²
太阳升镇坳头村	ˬtan	ˬsin	ˬson	ˬken	ˬtʰɔŋ	ˈkɔŋ	ˬten	ˬtɕin	iəŋ²
黄坳乡塘排村	ˬtan	ˬsin	ˬson	ˬken	ˬdɔŋ	ˈkɔŋ	ˬten	ˬtsin	iəŋ²
黄港镇安全村	ˬtan	ˬɕin	ˬson	ˬken	ˬtʰɔŋ	ˈkɔŋ	ˬten	ˬtsin	iəŋ²
上奉镇石街村	ˬtan	ˬɕin	ˬson	ˬken	ˬtʰɔŋ	ˈkɔŋ	ˬten	ˬtɕin	iəŋ²
杭口镇厚家源	ˬtan	ˬsin	ˬson	ˬken	ˬdɔŋ	ˈkɔŋ	ˬtən	ˬtsin	iəŋ²
马坳镇石溪村	ˬtan	ˬɕin	ˬson	ˬken	ˬdɔŋ	ˈkɔŋ	ˬtən	ˬtɕin	iəŋ²
山口镇来苏村	ˬtan	ˬɕin	ˬson	ˬken	ˬdɔŋ	ˈkɔŋ	ˬten	ˬtɕin	iəŋ²
新湾乡新湾村	ˬtan	ˬɕin	ˬson	ˬken	ˬdɔŋ	ˈkɔŋ	ˬten	ˬtɕin	iəŋ²
溪口镇田仑村	ˬtan	ˬɕin	ˬson	ˬken	ˬdɔŋ	ˈkɔŋ	ˬten	ˬtɕin	iəŋ²
港口镇集镇	ˬtan	ˬɕin	ˬson	ˬken	ˬdɔŋ	ˈkɔŋ	ˬten	ˬtɕin	iəŋ²
布甲乡洪石村	ˬtãn	ˬɕĩn	ˬson	ˬken	ˬdɔŋ	ˈkɔŋ	ˬten	ˬtɕin	iəŋ²
白岭镇白岭村	ˬtan	ˬɕĩn	ˬsõn	ˬkẽn	ˬdɔŋ	ˈkɔŋ	ˬtẽn	ˬtɕĩn	iəŋ²
全丰镇南源村	ˬtãn	ˬɕĩn	ˬsõn	ˬkẽn	ˬdõŋ	ˈkõŋ	ˬtẽn	ˬtɕĩn	iõŋ²
大桥镇沙湾村	ˬtan	ˬɕin	ˬson	ˬken	ˬdɔŋ	ˈkɔŋ	ˬten	ˬtɕin	iəŋ²
复原乡雅洋村	ˬtan	ˬɕin	ˬson	ˬken	ˬdɔŋ	ˈkɔŋ	ˬten	ˬtɕin	iəŋ²

7.韵母主元音鼻化现象

修水西北白岭镇白岭村及邓家咀、全丰镇南源村及半坑村小山界,北部布甲乡洪石村及横山村、港口镇界下村及大源村、新湾乡小流村、溪口围丘村方言中古阳声韵韵母主元音鼻化。北部乡镇方言韵母主元音鼻化现象分布于咸深山臻宕江曾梗通摄,西北部乡镇方言韵母主元音鼻化现象出现在深摄、山摄开口三等的章组字、山摄开口一等及合口字、臻摄、曾摄、梗摄一二等,江摄、梗摄三四等白读个别字及通摄。

(三)声调今读差异

修水方言今读调类有6个至11个,差异体现在浊上归向、清浊分调、送气现象、韵摄分调。

1.浊上归向

庙岭乡小山口村、庙岭乡戴家村、太阳升镇三都村、太阳升镇坳头村方言古清上为阴上调,次浊上与全浊上合流今读阳上调。其他乡镇方言均是全浊上归去。

2.送气分调

清去、清入均有分调的方言点是修水义宁镇(刘纶鑫,1999)、宁州镇、布甲乡洪石村、港口镇集镇、新湾乡新湾村、渣津镇长潭村、东港乡岭下村、白岭镇白岭村、全丰镇南源村、黄龙乡黄龙村、黄龙乡沙墩村、大桥镇沙湾村、余墩乡余墩村;清去送气分调的方言点是义宁镇罗家埚、庙岭乡小山口、太阳升坳头村、竹坪乡竹坪村、黄港镇安全村、溪口镇田仑村;全清入与次清入分调的方言点是黄坳乡塘排村、马坳镇石溪村。

次清入与全清入分调后有两种发展情况:义宁镇(刘纶鑫,1999)、宁州镇、新湾乡新湾村、港口镇集镇、布甲乡洪石村、白岭镇白岭村、全丰镇南源村、黄龙乡黄龙村、黄龙乡沙墩村、余墩乡余墩村方言点次清入与全浊入合流,黄坳乡塘排村、马坳镇石溪村、新湾乡新湾村、渣津镇长潭村、东港乡岭下村、大桥镇沙湾村方言全清入与次清入分别为阴入$_1$、阴入$_2$调。

3.韵摄分调

修水东港乡岭下村方言点入声存在韵摄分调现象。

（四）口音划分

《修水县志》(1991：564)将修水赣语分为四种口音，即"上边声""修水声""奉乡声""泰乡声"。"奉乡""泰乡"取名于唐代行政区划八乡之名(唐德宗贞元十六年分武宁县西高、崇、奉、武、仁、西、安、泰八乡)设分宁县(修水古县名)。据本地人理解，"上边声"主要是指西部白岭、全丰等地口音，"修水声"主要是指义宁镇话，"奉乡音"是指南部黄港、黄沙、上奉一带的口音，"泰乡音"则指三都、庙岭一带口音；这四种口音划分基本上是符合方言事实的。结合近期调查，本书将修水方言分为五种口音：修水口音、布甲口音、白岭口音、黄港口音、庙岭口音。五种口音语音区别性特征归纳如下（+为有此特征，—为无此特征）：

表 2-30　修水县方言各口音语音特征表

特征＼地点	白岭口音	布甲口音	修水口音	庙岭口音	黄港口音
中古全浊声母今读浊音	+	—	+	—	—
泥来洪音不混	—	+	—	+	+
知三章组今读完全塞音型	+	—	—	—	—
溪母今读喉擦音现象	+	+	+	—	+
通摄溪母字清鼻音现象	+	+	+	—	+
遇摄一等及三等非知庄章组合流	—	—	—	+	—
蟹开一二等完全合流	+	—	—	—	—
止摄精知庄章组韵读合流	—	—	—	+	—
效开三等知章组与流开一等合流	+	—	—	—	—
流开一等见系韵母带 [i] 介音现象	+	—	—	—	—
曾宕江梗通摄读后鼻尾	—	—	+	—	—
鼻化韵母现象	+	+	—	—	—
浊上归去	+	+	+	—	+

修水口音包括义宁镇、宁州镇、黄坳乡、征村乡、竹坪乡、山口镇、马坳镇、杭口镇、上杭乡、溪口镇东部及南部、港口镇的东部及南部、渣津镇、石坳乡、东港乡、新湾乡西部及南部、复原乡、大桥镇东部及南部、黄龙乡、余塅乡、水源乡、何

76

市镇、上奉镇、漫江乡方言；庙岭口音包括庙岭镇、四都镇、太阳升镇；黄港口音包括黄沙镇、黄港镇方言；布甲口音包括港口镇北部及西部、布甲乡、溪口镇西部及北部、新湾乡东部及北部方言；白岭口音包括白岭镇、全丰镇、路口乡、古市镇、大桥镇西部及北部乡村方言。此外，余塅乡上源村及小坪村、黄龙乡、水源乡、上衫乡同湖南平江接壤处村民多为湖南平江移民，其持方言实际上就是平江方言。1991年版《修水县志》将黄港、黄沙、何市、上奉一带都归为"奉乡音"，近期调查发现何市镇、上奉镇方言在古全浊声母今读及语音系统同修水县城方言基本一致，故从语音分片上将其归为修水口音。

第三节　都昌县方言语音特点及内部差异

一、都昌县方言语音系统（以阳峰乡伏牛卢家村方言为代表）

（一）声母（21个）

表2-31　都昌县方言声母表

p 巴班边兵壁	b 普跑盘平匹	m 磨埋命面麦	ɸ 灰妇胡符福
t 赌斗端灯督		n 挪孬脑嫩捺	l 吕兔来藤力
ts 醉灾嘴酱绩	dz 茶粗柴刺戚		s 苏筛瘦星肃
tʂ 猪蔗招张哲	dʐ 车齿穿橙直		ʂ 书水深裳食
tɕ 鸡举金九橘		ȵ 女牛尿让虐	ɕ 牺杏乡孝穴
k 古归刚庚格	g 开靠扣看克	ŋ 我矮藕硬恶	h 贺海很巷学
ø 雨衣文犬骑			

声母说明：1. [ts]、[dz]、[s] 的发音部位比北京音 [ts]、[tsʰ]、[s] 要前些；2. [tʂ]、[dʐ]、[ʂ] 发音比北京音靠前些，舌尖也较平缓些；3. [dz]、[dʐ] 拼舌尖元音 [ɿ]、[ʅ]

时,实际音值接近[z̩]、[ɛ]。

（二）韵母（74个）

表2-32 都昌县方言韵母表

ɿ 世税制施诗	ʅ 紫师子治事	i 雨弟杯梨累	u 租书水所富
	a 巴牙抓车洒	ia 茄姐霞惹夜	ua 瓜花瓦话蛙
	ɛ 锯舐害袋	iɛ 去鱼他	uɛ □（"流"义）
	ə 二耳尔儿		
	ɔ 拖鹅波蓑课	iɔ 哟（哎哟）	uɔ 锅窝课火禾
	ai 街埋奶盖矮		uai 歪块怪快坏
	ei 开菜来胎海		ui 灰归桂跪胃
	au 猫高泡孝草	iau 效孝	
	ɛu 偷走谋邹瘦	iɛu 巧小桥料浇	uɛu 浮否
	ou 抽肘绸宙丑	iu 流秋有九丢	
	an 淡山散慢眼		uan 关惯幻范饭
	ɛn 占森善跟膽	iɛn 尖店棉牵铅	
	ən 针村准问神	in 寻亲旬心人	uən 婚粪困稳棍
	ɔn 贪甘南端穿	nɔi 全软冤玄远	uɔn 宽碗管换欢
	aŋ 螃坑生冷声	iaŋ 病剩井腥拎	uaŋ 横梗
	ɛŋ 灯肯生争耕		uɛŋ □（崴脚）
	əŋ 称乘成正胜	iŋ 冰杏兴镜顶	
	ɔŋ 唐樟仓胖窗	iɔŋ 娘枪香匡腔	uɔŋ 房光黄狂矿
		iuŋ 兄荣嗅龙胸	uŋ 朋猛东宗中
ɿl 质十湿出食	ʅl 卒（象棋子）	il 七橘律屈力	
	al 杀腊鸭达察	ial 侠峡	ual 挖刮发袜罚
	ɛl 涉涩舌折哲	iɛl 接热别节接	
	əl 人不突		uəl 骨杌忽物佛

78

续表

	ɔl 喝刷割鸽脱	iɔl 雪绝穴越月	uɔl 阔括活捋
	ak 百拆格石麦	iak 脊笛吃壁锡	uak □(被荆棘刮)
	ɛk 北塞色脉革	iɛk 克刻额	uɛk 国或惑获
	ɔk 博落郭剥学	iɔk 削药嚼虐鹊	uɔk 握缚霍扩郭
		iuk 肉六绿菊曲	uk 目屋服粥竹
m̩ 姆妈妈	n̩ 你	ŋ̍ 五吴	

（下加 ⁀ 划线表示白读，下加 ＿ 划线表示文读）

说明：1.[ou] 与 [ɐu] 相对立，[ɐu] 音色近北京音 [ou]，但舌位明显靠前，[ou] 比北京音 [ou] 舌位更后，合口程度更明显；2.[ɛn] 与 [ən]，[ɛŋ] 与 [əŋ] 音色区别明显，如"跟 [ˌkɛn]" "针 [ˌtʂən]" "灯 [ˌtɛŋ]" "蒸 [ˌtʂəŋ]"。

（三）声调（9 个）

表 2-33　都昌县方言声调表

阴平　33　高猪安天三	阳平₁　214　穷陈床才寒	阳平₂　344　鹅娘人龙云
上声　352　古口好网有		
阴去₁　324　盖对爱世送		阳去　31　唱菜近大树
阴入₁　4̲5̲　急搭发烈竹	阴入₂　2̲1̲　七哭学瞎黑	阳入　3̲3̲　六月捋舌石

说明：入声调调值下加 ＿ 划线表示短促调。

二、都昌县方言语音特点（以阳峰乡伏牛卢家村方言为代表）

（一）中古声母今读特点

1. 中古全浊声母与次清声母合流今读不送气浊音，如婆 [˲bo]、破 [bo˒]、拖 [˪lo]、大 [lai˨]、粗 [ˌdzu]、坐 [dzɔ˨]、袖 [dziu˨]、撒 [dɛlˌ]、茶 [˲dza]、铲 [ˈdzan]、馋

[₂dzan]、臭 [dzou²]、仇 [₂dzou]、口 [ˀgeu]、寻 [₂dzin]；邪奉船禅匣母今读多为清擦音，如船 [₁ʂɔn]、鞋 [₂hai]、壶 [₁ɸu]。

2. 帮组今读 [p]、[b]、[m]，如表 [ˀpiau]、潘 [ˌbɔn]、薄 [bɔk₂]、眉 [₁mi]、磨 [₁mɔ]。非敷奉母今读 [ɸ]，微母除臻合三、宕合三少数字仍读重唇外均读零声母，如扶 [ɸu]、灰 [ˌɸi]、肥 [ˌɸui]、蚊 [₁mən]、饭 [ɸuan²]、网 [ˀmɔŋ]、忘 [uɔŋ]。

3. 端母今读 [t]，透定母今读 [l]，如刀 [ˌtau]、桃 [₁lau]、邓 [lɛŋ²]、甜 [₁liɛn]、体 [ˀli]。

4. 泥来母不混。泥母洪音今读 [n]，细音今读 [ɲ]，来母读 [l]，如南 [₂nɔn]、兰 [₂lan]、暖 [ˀnɔn]、年 [₂ɲiɛn]、娘 [ɲiɔŋ]、六 [liuk₂]、猎 [liɛ₂]、礼 [ˀli]、梨 [₂li]。

5. 精知₂庄组合流今读 [ts]、[dz]、[s]，如租 [ˌtsu]、初 [ˌdzu]、锄 [₁dzu]、徐 [₁dzi]、猜 [ˌdzei]、鳃 [ˌsai]、刺 [dzᵢ²]、寺 [dzᵢ²]、沙 [ˌsa]、字 [dzᵢ²]、斋 [ˌtsai]、初 [ˌdzu]、事 [sᵢ²]、草 [ˀdzau]、站 [tsan²]、茶 [₂dza]、朝 [₁dzɛu]、抽 [ˌdzou]、善 [ʂɛn²]、神 [₂ʂən]、裳 [ˌʂɔŋ]、蒸 [ˌtʂəŋ]、焦 [ˌtsiɛu]、酒 [ˀtɕiu]、精 [ˌtsiŋ]、西 [ˌsi]、煎 [ˌtsiɛn]、齐 [₁dzi]、小 [ˀsiɛu]、秋 [ˌdziu]、接 [tsiɛl₂]。

6. 知₃章组字今读 [tʂ]、[dʐ]、[ʂ]，如猪 [ˌtʂu]、水 [ˀʂu]、齿 [ˀdʐɿ]、烧 [₁ʂɛu]、船 [₂ʂɔn]、扇 [ʂɛn²]、周 [ˌtʂou]、绳 [₂ʂəŋ]、真 [ˌtʂən]、沉 [₁dʐən]、赵 [dʐɛu²]、陈 [₁dʐən]。

7. 日母止开三今读零声母，如耳 [ˀə]；咸开三、山开三、山合三、臻开三、宕开三、通合三日母今读 [ɲ]，如热 [ɲiɛl₂]、染 [ˀɲiɛn]、软 [ˀɲiɛn]、认 [ɲin²]、让 [ɲiɔŋ²]、肉 [ɲiuk₂]、绒 [₂ɲiuŋ]；其他韵摄条件下读边音 [l]，如惹 [ˀla]、儒 [₂lu]、蕊 [ˀli]、柔 [₂lɛu]、扰 [ˀlɛu]、任 [lən²]、闰 [lən²]、扔 [lɛŋ]。

8. 见母一二等及蟹合四、止合三今读 [k]，其他三四等今读 [tɕ]，如哥 [ˌkɔ]、闺 [ˌkui]、桂 [kui²]、斤 [ˌtɕin]、肩 [ˌtɕiɛn]；溪母一等读 [g]，溪群母三四等零声母，如苦 [ˀu]、茄 [₂ia]、件 [iɛn²]、款 [ˀuɔn]、钳 [₁iɛn]、轻 [ˌiaŋ]、狂 [₁uɔn]、共 [uɔŋ²]；疑母一二等读 [ŋ]，三四等读 [ɲ]，遇合口一个别字、止合口三、山合二、臻合一等读 [ø]，如我 [ˀŋɔ]、瓦 [ˀŋa]、鱼 [₂ɲi]、牛 [₂ɲiu]、梧 [₂u]、桅 [₂ui]、危 [₂ui]、岸 [ŋɔn²]、顽 [₂uan]、杌 [uəl₂]。跪 [kui²]。

9. 晓匣母开口一二等今读 [h]，如河 [₁hɔ]、海 [ˀhei]、瞎 [hal₂]、河 [₁hɔ]、夏 [ha²]，开口三四等及效开二、梗开二等今读 [ɕ]，校 [ɕiɛu²]、休 [ˌɕiu]、协 [ɕiɛ²]、玄 [₂ɕiɔn]、虚 [ˌɕi]、牺 [ˌɕi]、孝 [ɕiau²]、晓 [ˀɕiɛu]、效 [ɕiau²]、杏 [ɕiŋ²]；晓匣母合口字

与非组合流读[ɸ],如扶[₅ɸu]、胡[₅₂ɸu]、火[˚ɸu]、华[₅₂ɸua]、花[₅ɸua]、惠[ɸuiˀ]、毁[˚ɸui];晓母合口三等,匣母合口一二等有部分字读零声母,如瓠[uˀ]、换[uɔŋˀ]、活[uəl₅]、歪[₅uai]、况[uɔŋˀ]、禾[₅₂u]、话[uaˀ]、滑[ualˀ]、魂[₅₂uən]、丸[₅uɔn]、横[₅₂uaŋ]。

10. 影母开口一二等今读[ŋ],开口三四等及合口今读零声母,如爱[ŋaiˀ¹]、矮[˚ŋai]、暗[ŋɔnˀ]、安[₅ŋɔn]、鸭[ŋalˀ]、乌[₅u]、威[₅ui];喻母读零声母,如晕[inˀ]、芋[iˀ]、雨[˚i]、样[iɔŋˀ],个别字读声母[n̠],如用[n̠iuŋˀ]、铅[₅₂n̠iɛn]。

(二)中古韵母今读特点

1. 果摄一等(见系除外)韵母今读[ɔ],见系字韵母今读[uɔ],如多[₅tɔ]、河[₅hɔ]、坐[dzɔˀ]、过[kuɔˀ]、祸[ɸuɔˀ];三等韵母今读[ia],如茄[₅₂ia]、靴[₅ɕia]。个别字例外,如大[laiˀ]、哪[˚la]。

2. 假摄开口二等、三等庄章组、合口二等庄组韵母今读[a],如茶[₅dza]、车[₅dza]、傻[˚sa];开口三等精组、知组、喻母字韵母今读[ia],如姐[˚tɕia]、夜[iaˀ];合口二等见系字韵母今读[ua],如瓜[₅kua]。

3. 遇摄一等及三等非组、知庄章组、日母字韵母今读[u],三等其他字韵母今读[i],如补[˚pu]、土[˚lu]、卢[₅₂lu]、租[₅tsu]、枯[₅u]、虎[˚ɸu]、猪[₅tʂu]、书[₅ʂu]、薯[₅₂ʂu]、徐[₅₁dzi]、举[˚tɕi]、鱼[₅₂n̠i];鱼韵见组个别字韵母白读[ɛ]、[iɛ],如锯[kɛˀ]、去[iɛˀ]。

4. 蟹摄开口一等韵母今读[ei]、[ai],二等韵母今读[ai],如带[taiˀ]、来[₅₂lei]、开[₅gei]、排[₅₁bai]、街[₅kai];开口三四等(知章组除外)、合口一等(见系除外)、合口三等精组字韵母今读[i],如杯[₅pi]、对[tiˀ]、罪[dziˀ]、岁[siˀ]、挤[˚tsi];开合口三四等知章组字韵母今读[ʅ],如制[tʂʅˀ]、税[ʂʅˀ];合口一等见系及合口三等(精章组除外)字韵母今读[ui],如桂[kuiˀ];合口一等个别字(块外)与合口二等字韵母今读[uai],如怪[kuaiˀ]、歪[₅uai]。

5. 止摄开口(精知庄章组除外)及合口精组、来母、日母字韵母今读[i],如皮[₅₁bi]、梨[₅₂li]、累[liˀ];止摄开口精组、庄组字韵母今读[ʅ],止摄开合口知章组字韵母今读[ʅ],如紫[˚tsʅ]、师[₅ʂʅ]、指[˚tʂʅ]、纸[˚tʂʅ]、知[₅tʂʅ]、志[tʂʅˀ]、追[₅tʂʅ];合口三等庄组字韵母今读[ai],非组、见系字韵母今读[ui],如衰[₅sai]、龟[₅kui]、飞

[ɸui]，知章组个别字韵母白读 [u]，如吹 [dʐu]。

6. 效摄一二等韵母今读 [au]，效摄三四等（知章组除外）韵母今读 [iɛu]，如毛 [˰mau]、劳 [˰lau]、考 [ˊgau]、包 [˰pau]、交 [˰kau] 表 [ˊpiɛu]、小 [siɛu]、腰 [˰iɛu]、尿 [niɛu³]；效摄三等知章组与流摄一等、三等非庄日组字韵母合流，今读 [ɛu]，如赵 [dʐɛu³]、少 [ˊʂɛu]、走 [ˊtsɛu]、狗 [ˊkɛu]；流摄三等知章组字韵母今读 [ou]，其他字韵母今读 [iu]；如抽 [˰dʐou]、周 [˰tʂou]、流 [˰liu]、修 [˰siu]、瘦 [sɛu³]、九 [ˊtɕiu]、丢 [˰tiu]，三等非组"富妇负副"韵母读 [u]。

7. 咸山摄韵母合流。咸山摄开口一等（见系除外）、开口二等韵母今读 [an]、[al]，如站 [tsan³]、减 [ˊkan]、鸭 [ŋal₁]、狭 [ha₂]、山 [˰san]、八 [pal₁]、答 [tal₁]、炭 [dan³]、达 [dal₂]；咸山摄开口一二等见系字及山摄合口一等（见系除外）、合口二等庄组、合口三等知章组字韵母今读 [ɔn]、[ɔl]，如贪 [˰tɔn]、胆 [ˊtan]、含 [˰hɔn]、专 [˰tʂɔn]、鸽 [kɔl₁]、肝 [˰kɔn]、割 [kɔl₁] 短 [ˊtɔn]、钵 [pɔl₁]、拴 [˰sɔn]、刷 [sɔl₁]；咸山摄开口三等知章组字韵母今读 [ɛn]、[ɛl]，其他三等字与四等韵母今读 [iɛn]、[iɛl]，如闪 [ˊʂɛn]、战 [tsɛn³]、舌 [ʂɛl₂]、尖 [˰tsiɛn]、接 [tsiɛl₁]、店 [tiɛn³]、协 [ɕiɛl₂]、面 [miɛn³]、列 [liɛ₂]、天 [˰liɛn]、铁 [liɛl₁]；咸摄合口三等、山摄合口二等见系、山摄合口三等非组字韵母读 [uan]、[ual]，如范 [ɸuan³]、法 [ɸual₁]、关 [˰kuan]、刮 [kual₁]、饭 [ɸuan³]、罚 [ɸual₂]；山摄合口一等见系字韵母今读 [uɔn]、[uɔl]，如管 [ˊkuɔn]、阔 [uɔl₂]；山摄合口三等其他字与四等韵母今读 [iɔn]、[iɔl]，如全 [˰dziɔn]、拳 [˰niɔn]、元 [˰₂niɔn]、月 [niɔl₂]、雪 [siɔl₁]、越 [iɔl₁]。

8. 深臻摄韵母合流，深臻摄开口三等（知庄章除外），臻摄合口三等精组、见系字韵母今读 [in]、[il]，如林 [˰lin]、金 [˰tɕin]、立 [li₁]、民 [˰min]、亲 [˰dzin]、旬 [˰sin]、笔 [pil₁]、近 [in³]、橘 [tɕi₁]、军 [˰tɕin]；深摄庄组字及臻摄开口一等韵母今读 [ɛn]、[ɛl]，如森 [˰sɛn]；深摄知章组、臻摄开口三等知庄章组、臻摄合口一等（见系除外）及合口三等来母、知章组、日母字韵母今读 [ən]、[ʅ]、[əl]，如深 [˰ʂən]、肾 [ʂən³]、失 [ʂʅ₁]、实 [ʂʅ₂]、十 [ʂʅ₂]、人 [lə₂]、本 [ˊpən]、村 [˰tsən]、不 [pəl₁]、轮 [˰₂lən]、春 [˰dʐən]、出 [dʐʅ₂]；臻摄合口一等见系及合口三等非组字韵母今读 [uən]、[uəl]，如骨 [kuəl₁]、分 [˰ɸuən]、物 [uəl]₁。

9. 宕江摄韵母合流，宕摄开口一等、开口三等知庄章组、日母字及江摄（除个别见组字）韵母今读 [ɔŋ]、[ɔk]，如汤 [˰lɔŋ]、仓 [˰dzɔn]、落 [lɔk₂]、恶 [ŋɔ₁]、胖 [bɔn³]、

双 [̠soŋ]、江 [̠koŋ]、项 [hoŋ²]、剥 [pok̠₁]、捉 [tso̠₁]、学 [hok̠₂]；宕摄开口三等其他字、合口三等见组个别字及江摄见组个别字韵母今读 [ioŋ]、[iok]，如娘 [̠₂nioŋ]、张 [̠tʂoŋ]、章 [̠tʂoŋ]、香 [̠ɕioŋ]、削 [siok̠₁]、勺 [ʂok̠₂]、药 [iok̠₁] 腔 [̠ɕioŋ]、筐 [̠ɕioŋ]；宕摄合口一、三等非组及见系字韵母今读 [uoŋ]、[uok]，如光 [̠kuoŋ]、黄 [̠₂uoŋ]、方 [̠ɸuoŋ]、郭 [kuok̠₁]、狂 [̠₂uoŋ]。

10. 曾梗摄开口一等、梗摄开口二等（除晓匣母）文读韵母今读 [ɛŋ]、[ɛk]，如灯 [̠tɛŋ]、曾 [̠tsɛŋ]、肯 [̠ᶜgɛŋ]、北 [pɛk̠₁]、塞 [sɛk̠₁]、克 [gɛ̠₂]、色 [sɛk̠₁]、孟 [mɛŋ²]、庚 [̠kɛŋ]、客 [gɛk̠₂]、择 [dzɛk̠₂]、生ₓ [̠sɛŋ]、争ₓ [̠tsɛŋ]；曾摄开口三等（除知庄章组）、梗摄开口二等晓匣母字文读、梗开三等（除知章）字文读韵母今读 [iŋ]、[ik]，如冰 [̠piŋ]、力 [lik̠₁]、极 [ik̠₂]、碧 [pik̠₁]、情 [̠₁dziŋ]、幸 [ɕiŋ²]、昔 [sik̠₁]、绩 [tsik̠₁]、平ₓ [̠₁biŋ]、灵 [̠₁liŋ]；曾摄开口三等知庄章组、梗开三知章组文读韵母今读 [əŋ]、[ŋk]，如蒸 [̠tʂəŋ]；梗摄开口二等及开口三等知章组字白读韵母为 [aŋ]、[ak]，三四白读韵母为 [iaŋ]、[uaŋ]、[iak]，如横 [̠₂uaŋ]、彭 [̠₁baŋ]、生白 [̠saŋ]、百 [pak̠₁]、争 [̠tsaŋ]、平 [̠₁biaŋ]、晴 [̠₁dziaŋ]、迹 [tsiak̠₁]、郑 [dzaŋ²]、石 [ʂak̠₂]、钉 [̠tiaŋ]、笛 [liak̠₂]；曾摄合口一等、梗合口二等入声韵母读 [uɛk]，如国 [kuɛk̠₁]、获 [ɸuɛk̠₂]，曾梗摄合口三等入声韵母读 [ik]，如域 [ik̠₁]、疫 [ik̠₁]，曾梗摄合口个别字韵母读入通摄，如弘 [̠₂ɸuŋ]、宏 [̠₂ɸuŋ]、兄 [̠ɕiuŋ]、永 [ᶜiuŋ]。

11. 通摄一三等韵母今读 [uŋ]、[uk]，如东 [̠tuŋ]、孔 [̠ᶜguŋ]、族 [dzuk̠₂]、谷 [kuk̠₁]、冬 [̠tuŋ]、毒 [luk̠₂]、丰 [̠ɸuŋ]、虫 [̠₁dzuŋ]、龙 [̠₂luŋ]、宫 [̠kuŋ]、福 [ɸuk̠₁]、烛 [tʂuk̠₁]；合口三等泥组、见系部分字韵母今读 [iuŋ]、[iuk]，如穷 [̠₁iuŋ]、用 [iuŋ²]、六 [liuk̠₂]、肉 [ɲiuk̠₂]。

（三）中古声调今读特点

都昌阳峰乡伏牛卢家村方言有9个调类；古清平今读阴平，古全浊平与次浊平分调为阳平₁、阳平₂；清上与次浊上合流今读上声，全浊上归去；清去送气分调，全清去为阴去，次清去与浊去合流为阳去；入声分阴阳，全清入与部分次浊入今读阴入₁，全清入今读喉塞音声母 [h] 的字、次清入与部分全浊入今读阴入₂，浊入今读阳入。

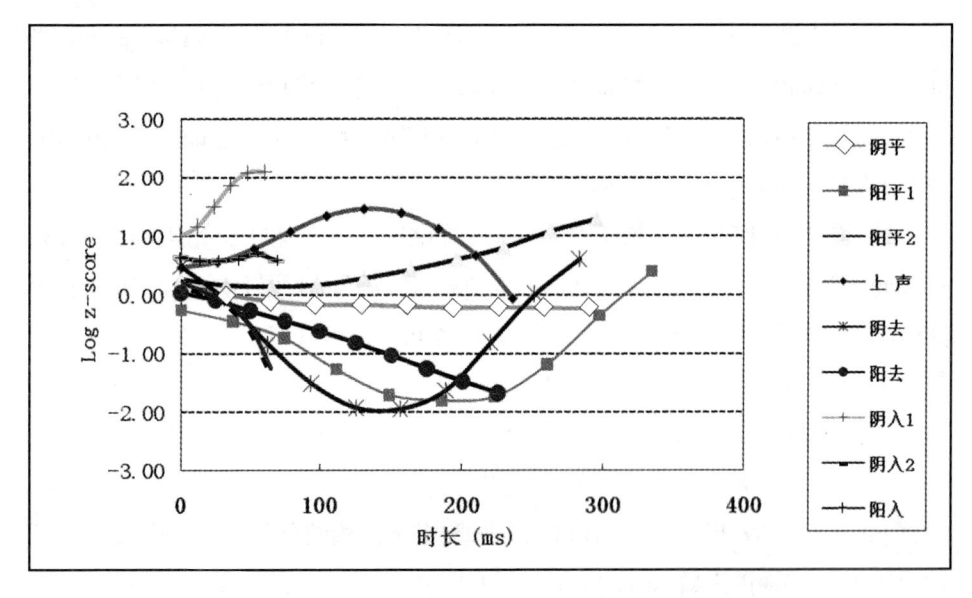

图 2-3　都昌县阳峰乡伏牛卢家村方言基频曲线图

三、都昌县方言语音内部差异

都昌县位于鄱阳湖北岸，总面积 1988 平方千米，总人口 73.9 万人。全县有 24 个乡镇：都昌镇、北山乡、大树乡、汪墩乡、大沙镇、和合乡、阳峰乡、三汊港镇、西源乡、周溪镇、土塘镇、蔡岭镇、中馆镇、万户镇、南峰镇、大港镇、徐埠镇、左里镇、芗溪乡、狮山乡、鸣山乡、春桥乡、苏山乡、多宝乡。[1] 我们对大港镇小埠村、中馆镇银宝大队、万户镇长岭村、南峰镇暖湖、狮山乡于家湾、北炎乡曹炎村、化民乡信和村、阳峰乡伏牛卢家、和合乡田坂村、周溪乡古塘村、春桥乡春桥村、徐埠镇山峰村、左里镇周茂村、都昌镇柳树堰卢家方言进行了语音调查。下文根据实地调查及已刊材料土塘镇（陈昌仪，1991），看都昌方言语音内部差异。

---

[1]　[DB/OL]http://www.tcmap.com.cn/jiangxi/duchangxian.html，2015-12-8。

第二章 赣语昌都片各县方言语音特点及内部差异

（一）声母今读差异

1. 透定母今读

有两种情况：（1）大港镇小埠村、中馆镇银宝大队、万户镇长岭村、南峰镇暖湖、化民乡信和村、狮山乡老屋于家湾村方言透定母一等今读 [d]，透定母四等及一等部分字今读 [l]；（2）春桥乡春桥村彭壁村、北炎东凤大队曹炎村、阳峰乡伏牛卢家、和合乡田坂村、周溪镇古塘村、徐埠镇山峰村委会袁鏂村、左里镇周茂村、都昌镇柳树堰卢家方言透定母今读 [l]。

表 2-34 都昌县方言透定母今读例字表

例字 地点	胎 透 蟹开一	土 透 遇合一	梯 透 蟹开四	天 透 山开四	桃 定 效开一	弟 定 蟹开四	笛 定 梗开四
大港镇小埠村	ˍdai	ˉdu	ˍli	ˍliɛn	ˍdau	li²	lia²
中馆镇银宝大队	ˍdai	ˉdu	ˍli	ˍliɛn	ˍdau	li²	li²
万户镇长岭村	ˍdai	ˉdu	ˍli	ˍliɛn	ˍdau	li²	liak₂₁
南峰镇暖湖	ˍdɔi	ˉdu	ˍli	ˍdiɛn	ˍdau	li²	lik₂₁
化民乡信和村	ˍdai	ˉdu	ˍli	ˍliɛn	ˍdau	li²	liak₂₁
狮山乡于家湾	ˍdai	ˉdu	ˍli	ˍliɛn	ˍdau	li²	liak₂₁
北炎乡曹炎村	ˍlai	ˉlu	ˍli	ˍliɛn	ˍlau	li²	liak₂₁
土塘镇（陈）	ˍdai	ˉdu	ˍdi	ˍdiɛn	ˍdau	di²	dik₂
阳峰乡伏牛卢家	ˍlɛi	ˉlu	ˍli	ˍliɛn	ˍlau	li²	liak₂
和合乡田坂村	ˍlai	ˉlu	ˍli	ˍliɛn	ˍlau	li²	liak₂₁
周溪乡古塘村	ˍlɛi	ˉlu	ˍli	ˍliɛn	ˍlau	li²	liak₂₁
春桥乡春桥村	ˍlai	ˉlu	ˍli	ˍliɛn	ˍlau	li²	liak₂₁
徐埠镇山峰村	ˍlai	ˉlu	ˍli	ˍliɛn	ˍlau	ˍli	liak₂₁
左里镇周茂村	ˍlai	ˉlu	ˍli	ˍliɛn	ˍlau	ˍli	liak₂₁
都昌镇柳树堰卢家	ˍlai	ˉlu	ˍli	ˍliɛn	ˍlau	ˍli	liak₂₁

2. 知₃章组今读差异

中馆镇银宝大队、南峰镇暖湖、万户镇长岭村、狮山乡于家湾方言遇合三、止合三、山合三、臻合三知₃章组今读 [tɕ]、[dʑ]、[ɕ]，大港镇小埠村方言遇合三、止合三知₃章组今读 [tɕ]、[dʐ]、[ɕ]；其他点方言知₃章组今读 [tʂ]、[dʐ]、[ʂ]。

邻近鄱阳的方言点遇合三鱼虞、止合三支脂、咸开三盐叶、山合三仙薛、臻合三谆术知₃章今读 [tɕ]、[tɕʰ]、[ɕ]，其他韵摄知三章今读 [ts]、[tsʰ]、[s]，都昌东部同鄱阳县接壤，知章₃今读情况与鄱阳方言特点相同。

表 2-35　都昌县方言知₃章组今读例字表

地点＼例字	猪 知 遇合三	树 禅 遇合三	知 知 止开三	水 书 止合三	超 彻 效开三	砖 章 山合三	船 船 山合三	神 船 臻开三	春 昌 臻合三
大港镇小埠村	₋tɕy	ʂu²	₋tʂʅ	₋su	₋dʐɛu	₋tʂen	₋sen	₋ʂən	₋dʐən
中馆镇银宝大队	₋tɕy	ɕy²	₋tʂʅ	₋ɕy	₋dʑau	₋tɕyen	₋ɕyen	₋ʂən	₋dʑyn
万户镇长岭村	₋tɕy	ɕy²	₋tʂʅ	₋ɕy	₋dʑɛu	₋tɕyen	₋ɕyen	₋ʂən	₋dʑyn
南峰镇暖湖	₋tɕy	ɕy²	₋tʂʅ	₋ɕy	₋dʑau	₋tɕyən	₋ɕyən	₋ʂən	₋dʑyn
狮山乡于家湾	₋tɕy	ʂu²	₋tʂʅ	₋su	₋dʑɛu	₋tʂuen	₋sɛ̃	₋ʂən	₋dʑuən
北炎乡曹炎村	₋tʂu	ʂu²	₋tʂʅ	₋su	₋dʑau	₋tʂɔn	₋ₐsɔn	₋ₐsən	₋dʑən
土塘镇（陈）	₋tʂu	ʂu²	₋tʂʅ	₋su	₋dʑɛu	₋tʂen	₋sen	₋sən	₋dʑən
化民乡信和村	₋tʂu	ʂu²	₋tʂʅ	₋su	₋dʑɛu	₋tʂɔn	₋sɔn	₋sən	₋dʑən
阳峰乡伏牛卢家	₋tʂu	ʂu²	₋tʂʅ	₋su	₋dʑɛu	₋tʂɔn	₋ₐsɔn	₋ₐsən	₋dʑən
和合乡田坂村	₋tʂu	ʂu²	₋tʂʅ	₋su	₋dʑɛu	₋tʂɔn	₋ₐsɔn	₋ₐsən	₋dʑən
周溪乡古塘村	₋tʂu	ʂu²	₋tʂʅ	₋su	₋dʑɛu	₋tʂɔn	₋ₐsɔn	₋ₐsən	₋dʑən
春桥乡春桥村	₋tʂu	ʂu²	₋tʂʅ	₋su	₋dʑau	₋tʂɔn	₋sɔn	₋sən	₋dʑən
徐埠镇山峰村	₋tʂu	ʂu²	₋tʂʅ	₋su	₋dʑau	₋tʂɔn	₋sɔn	₋sən	₋dʑən
左里镇周茂村	₋tʂu	ʂu²	₋tʂʅ	₋su	₋dʑau	₋tʂɔn	₋ₐsɔn	₋ₐsən	₋dʑən
都昌镇柳树堰卢家	₋tʂu	ʂu²	₋tʂʅ	₋su	₋dʑau	₋tʂɔn	₋ₐsɔn	₋ₐsən	₋dʑən

3. 溪群母今读

万户镇长岭村、中馆镇银宝大队、南峰镇暖湖、狮山乡老屋于家湾村、土塘镇（陈昌仪，1991）、大港镇小埠村方言溪群母今读没有读零声母现象；大港镇小埠村方言溪群母山合三四、臻合四个别字溪群母字今读 [tʂ]、[dʐ]；其他乡镇方言一二等及止摄合口三等、蟹合四等溪群母今读 [g]、[ø]，三四等今读 [dz]、[ø]。

表 2-36　都昌县方言溪群母今读例字表

地点＼例字	苦溪 遇合一	巧溪 效开二	丘溪 流开三	劝溪 山合三	茄群 果开三	权群 山合三	穷群 通合三
万户镇长岭村	ˉgu	ˉdzieu	ˍdziu	dzyenˎ	ˍdzua	ˍdzyɛn	ˍdziuŋ
中馆镇银宝大队	ˉgu	ˉdziau	ˍdziu	dzyenˎ	ˍdzua	ˍdzyɛn	ˍdziŋ
南峰镇暖湖	ˉgu	ˉdziau	ˍdziu	dzyənˎ	ˍdzua	ˍdzyən	ˍdziuŋ
狮山乡于家湾	ˉgu	ˉdziɛu	ˍdziu	dzyenˎ	ˍdzia	ˍdzɛn	ˍiuŋ
大港镇小埠村	ˉgu	ˉdziɛu	ˍdziu	dzɛnˎ	ˍdzia	ˍdzɛn	ˍdziuŋ
北炎乡曹炎村	ˉgu	ˉiau	ˍiu	iɔnˎ	ˍia	ˍiɔn	ˍiuŋ
土塘镇（陈）	ˉgu	ˉdziɐu	ˍneiʑu	dzienˎ	ˍia	ˍniɛn	ˍiuŋ
化民乡信和村	ˉgu	ˉiɛu	ˍiʑu	iɛnˎ	ˍia	ˍdziɔn	ˍdziuŋ
阳峰乡伏牛卢家	ˉu	ˉiɛu	ˍiu	iɔnˎ	ˍia	ˍiɔn	ˍiuŋ
和合乡田坂村	ˉu	ˉiau	ˍiu	iɔnˎ	ˍia	ˍiɔn	ˍiuŋ
周溪乡古塘村	ˉu	ˉiɛu	ˍiu	iɛnˎ	ˍia	ˍniɪn	ˍiuŋ
春桥乡春桥村	ˉgu	ˉiau	ˍdziu	dziɔnˎ	ˍia	ˍdziɔn	ˍdziuŋ
徐埠镇山峰村	ˉu	ˉiau	ˍiu	iɔnˎ	ˍia	ˍiɔn	ˍiuŋ
左里镇周茂村	ˉu	ˉiau	ˍiu	iɔnˎ	ˍia	ˍiɔn	ˍiuŋ
都昌镇柳树堰卢家	ˉu	ˉiɛu	ˍiu	iɔnˎ	ˍdzia	ˍiɔn	ˍiuŋ

4. 清鼻音现象

大港镇小埠村、中馆镇银宝大队、南峰镇暖湖方言曾摄合口一等匣母字"弘"、梗摄合口二等晓匣母字"宏轰"、通摄合口一等晓母字"烘哄"，匣母字"红洪鸿虹汞哄"，影母字"翁"，通合三非组字"风枫疯丰冯凤封峰蜂峰逢缝奉"有读清鼻音现象，其他乡镇方言无清鼻音现象。

表 2-37　都昌县方言清鼻音现象例字表

例字＼地点	空溪 通合一	红匣 通合一	翁影 通合一	风非 通合三	丰敷 通合三	凤奉 通合三	封群 通合三
大港镇小埠村	₋guŋ	₅ŋ̍uŋ	₋ŋ̍uŋ	₋ŋ̍uŋ	₋ŋ̍uŋ	ŋ̍uŋ²	₋ŋ̍uŋ
中馆镇银宝大队	₋gəŋ	₅ŋ̍	₋guŋ	₋ŋ̍	₋ŋ̍	ŋ̍²	₋ŋ̍
南峰镇暖湖	₋guŋ	₅ŋ̍	₋uŋ	₋ɸuŋ	₋ɸuŋ	ɸuŋ²	₋ɸuŋ
万户镇长岭村	₋guŋ	₅ɸuŋ	₋guŋ	₋ɸuŋ	₋ɸuŋ	ɸuŋ²	₋ɸuŋ
狮山乡于家湾	₋guŋ	₅ɸuŋ	₋uŋ	₋ɸuŋ	₋ɸuŋ	ɸuŋ²	₋ɸuŋ
北炎乡曹炎村	₋uŋ	₅₂ɸuŋ	₋ɸuŋ	₋ɸuŋ	₋ɸuŋ	ɸuŋ²	₋ɸuŋ
土塘镇（陈）	₋guŋ	₅ɸuŋ	₋uŋ	₋ɸuŋ	₋ɸuŋ	ɸuŋ²	₋ɸuŋ
化民乡信和村	₋guŋ	₅ɸuŋ	₋kuŋ	₋ɸuŋ	₋ɸuŋ	ɸuŋ²	₋ɸuŋ
阳峰乡伏牛卢家	₋guŋ	₅₂ɸuŋ	₋ɸuŋ	₋ɸuŋ	₋ɸuŋ	ɸuŋ²	₋ɸuŋ
和合乡田坂村	₋uŋ	₅₂ɸuŋ	₋ɸuŋ	₋ɸuŋ	₋ɸuŋ	ɸuŋ²	₋ɸuŋ
周溪乡古塘村	₋guŋ	₅₂ɸuŋ	₋ɸuŋ	₋ɸuŋ	₋ɸuŋ	ɸuŋ²	₋ɸuŋ
春桥乡春桥村	₋guŋ	₅ɸuŋ	₋guŋ	₋ɸuŋ	₋ɸuŋ	ɸuŋ²	₋ɸuŋ
徐埠镇山峰村	₋uŋ	₅uŋ	₋ɸuŋ	₋ɸuŋ	₋ɸuŋ	ɸuŋ²	₋ɸuŋ
左里镇周茂村	₋guŋ	₅₂ɸuŋ	₋ɸuŋ	₋ɸuŋ	₋ɸuŋ	ɸuŋ²	₋ɸuŋ
镇柳树堰卢家	₋guŋ	₅₂ɸuŋ	₋uŋ	₋ɸuŋ	₋ɸuŋ	ɸuŋ²	₋ɸuŋ

（二）韵母今读差异

1. 撮口呼韵母

中馆镇银宝大队、万户镇长岭村、南峰镇暖湖方言遇合三、止合三、山合三四、臻合三知章组、见系字韵母今读有撮口 [y] 韵母，其他乡镇方言语音系统中没有撮口 [y] 韵母。

表 2-38　都昌县方言撮口呼韵母例字表

例字＼地点	猪知 遇合三	树禅 遇合三	水书 止合三	砖章 山合三	血晓 山合四	春昌 臻合三	军见 臻合三
大港镇小埠村	₋tɕy	ʂu²	₅ʂu	₋tʂɛn	ʂɛʔ₅	₋dʐən	₋tʂən
中馆镇银宝大队	₋tɕy	ɕy²	₅ɕy	₋tɕyen	ɕyɛʔ₅	₋dʑyn	₋tɕyn
万户镇长岭村	₋tɕy	ɕy²	₅ɕy	₋tɕyen	ɕyɛl₅	₋dʑyn	₋tɕyn

续表

地点＼例字	猪知 遇合三	树禅 遇合三	水书 止合三	砖章 山合三	血晓 山合四	春昌 臻合三	军见 臻合三
南峰镇暖湖	₋tɕy	ɕy²	ˊɕy	₋tɕyən	ɕyəl₋₁	₋dʐyn	₋tɕyn
狮山乡于家湾	₋tɕy	ʂu²	ˊsu	₋tsuen	ɕiɛl₋₁	₋dzuən	₋tɕin
北炎乡曹炎村	₋tʂu	ʂu²	ˊʂu	₋tʂɔn	ɕiɔl₋₁	₋dʐən	₋tɕin
土塘镇（陈）	₋tʂu	ʂu²	ˊʂu	₋tʂen	ɕiet₋₁	₋dʐən	₋tɕin
化民乡信和村	₋tʂu	ʂu²	ˊʂu	₋tʂɔn	siɔl₋₁	₋dʐən	₋tɕin
阳峰乡伏牛卢家	₋tʂu	ʂu²	ˊʂu	₋tʂɔn	ɕiɔl₋₁	₋dʐən	₋tɕin
和合乡田坂村	₋tʂu	ʂu²	ˊʂu	₋tʂən	ɕiɔt₋₁	₋dʐən	₋tɕin
周溪乡古塘村	₋tʂu	ʂu²	ˊʂu	₋tʂɔn	ɕiɔt₋₁	₋dʐən	₋tɕin
春桥乡春桥村	₋tʂu	ʂu²	ˊʂu	₋tʂɔn	ɕiɔl₋₁	₋dʐən	₋tɕin
徐埠镇山峰村	₋tʂu	ʂu²	ˊʂu	₋tʂɔn	ɕiɔt₋₁	₋dʐən	₋tɕin
左里镇周茂村	₋tʂu	ʂu²	ˊʂu	₋tʂɔn	ɕiɔl₋₁	₋dʐən	₋tɕin
都昌镇柳树堰卢家	₋tʂu	ʂu²	ˊʂu	₋tʂɔn	ɕiɔl₋₁	₋dʐən	₋tɕin

2. 遇摄韵母今读

遇摄合口三等知章组、见系韵母有差异。中馆镇银宝大队、万户镇长岭村、南峰镇暖湖、狮山乡老屋于家湾村方言遇摄合口三等知章组、见系韵母今读 [y]，其他点方言遇摄合口三等知章组韵母今读 [u]，见系韵母今读 [i]。

表 2-39　都昌县方言遇摄韵母今读例字表

地点＼例字	猪知 遇合三鱼	主章 遇合三虞	举见 遇合三鱼	雨云 遇合三虞
大港镇小埠村	₋tɕy	ˊtʂu	ˊtɕi	ˊy
中馆镇银宝大队	₋tɕy	ˊtɕy	ˊtɕy	ˊy
万户镇长岭村	₋tɕy	ˊtɕy	ˊtɕy	ˊy
南峰镇暖湖	₋tɕy	ˊtɕy	ˊtɕy	ˊy
狮山乡于家湾	₋tɕy	ˊtɕy	ˊtɕy	ˊi
北炎乡曹炎村	₋tʂu	ˊtʂu	ˊtɕi	ˊi
土塘镇（陈）	₋tʂu	ˊtʂu	ˊtɕi	ˊi
化民乡信和村	₋tʂu	ˊtʂu	ˊtɕi	ˊi

续表

例字 地点	猪知 遇合三鱼	主章 遇合三虞	举见 遇合三鱼	雨云 遇合三虞
阳峰乡伏牛卢家	₌tʂu	₌tʂu	₌tɕi	₌i
和合乡田坂村	₌tʂu	₌tʂu	₌tɕi	₌i
周溪乡古塘村	₌tʂu	₌tʂu	₌tɕi	₌i
春桥乡春桥村	₌tʂu	₌tʂu	₌tɕi	₌i
徐埠镇山峰村	₌tʂu	₌tʂu	₌tɕi	₌i
左里镇周茂村	₌tʂu	₌tʂu	₌tɕi	₌i
镇柳树堰卢家	₌tʂu	₌tʂu	₌tɕi	₌i

3. 蟹摄开口一二等韵母今读

南峰镇暖湖、阳峰乡伏牛卢家、周溪镇古塘村方言蟹摄开一二等韵母对立，其他方言点蟹摄开一二等韵母合流。

表2-40 都昌县方言蟹开一、二等韵母今读例字表

例字 地点	胎透 蟹开一咍	来来 蟹开一咍	菜清 蟹开一咍	开溪 蟹开一咍	害匣 蟹开一泰	埋明 蟹开二皆	柴崇 蟹开二佳	芥见 蟹开一咍
南峰镇暖湖	₌dɔi	₌lai	dzai²	₌gɔi	hɔi²	₅mai	₅dzai	kai°
阳峰乡伏牛卢家	₌lei	₅lɛi	dzei²	₌gei	hei²	₅₂mai	₅₁dzai	kei°
周溪乡古塘村	₌lɛi	₅lɛi	dzei²	₌gei	hei²	₅₂mai	₅₁dzai	kai°
大港镇小埠村	₌dai	₅lai	dzai²	₌gai	hai²	₅mai	₅dzai	kai°
中馆镇银宝大队	₌dai	₅lai	dzai²	₌gai	hai²	₅mai	₅dzai	kai°
万户镇长岭村	₌dai	₅lai	dzai²	₌gai	hai²	₅mai	₅dzai	kai°
狮山乡于家湾	₌dai	₅lai	dzai²	₌gai	hai²	₅mai	₅dzai	kai°
北炎乡曹炎村	₌lai	₅₂lai	dzai²	₌gai	hai²	₅₂mai	₅₁dzai	kai°
土塘镇（陈）	₌dai	₅lai	dzai²	₌gai	xai²	₅mai	₅dzai	kai°
化民乡信和村	₌dai	₅lai	dzai²	₌gai	hai²	₅mai	₅dzai	kai°
和合乡田坂村	₌lai	₅₂lei	dzai²	₌gai	hai²	₅₂mai	₅₁dzai	kai°
春桥乡春桥村	₌lai	₅lai	dzai²	₌gai	hai²	₅mai	₅dzai	kai°
徐埠镇山峰村	₌lai	₅lai	dzai²	₌gai	₌hai	₅mai	₅dzai	kai°
左里镇周茂村	₌dai	₅lai	dzai²	₌gai	₌hai	₅₂mai	₅₁dzai	kai°
都昌镇柳树堰卢家	₌lai	₅₂lai	dzai²	₌gai	₌hai	₅mai	₅₁dzai	kai°

4. 效流摄韵母今读

中馆镇银宝大队、北炎乡曹炎村方言效流摄韵母今读不同；左里镇周茂村方言效摄一二等及三等知章组字、流摄一等韵母合流；南峰镇暖湖方言效摄三等知章组与流摄三等庄组字韵母合流；都昌镇柳树堰卢家方言效摄一二等及三等知章组、流摄一等及三等非庄组字韵母合流；其他点方言效摄三等知章组与流摄一等及三等非庄组字韵母合流。

表 2-41　都昌县方言效流摄韵母今读例字表

地点＼例字	保帮 效开一	饱帮 效开二	招章 效开三	狗见 流开一	瘦生 流开三	抽彻 流开三
中馆镇银宝大队	ˬpau	ˬpau	ˬtʂau	ˬkɛu	sɛuˬ	dzʅˬ
北炎乡曹炎村	ˬpau	ˬpau	ˬtʂau	ˬkɛu	sɛuˬ	dzouˬ
左里镇周茂村	ˬpau	ˬpau	ˬtʂau	ˬkau	sɛuˬ	dzouˬ
都昌镇柳树堰卢家	ˬpau	ˬpau	ˬtʂau	ˬkau	sauˬ	dzʅˬ
南峰镇暖湖	ˬpau	ˬpau	ˬtʂau	ˬkɛu	sauˬ	dzɿˬ
大港镇小埠村	ˬpau	ˬpau	ˬtʂeu	ˬkɛu	sɛuˬ	dzʅˬ
万户镇长岭村	ˬpau	ˬpau	ˬtʂeu	ˬkɛu	sɛuˬ	dzouˬ
狮山乡于家湾	ˬpau	ˬpau	ˬtʂeu	ˬkɛu	sɛuˬ	dzouˬ
土塘镇（陈）	ˬpau	ˬpau	ˬtʂeu	ˬkeu	seuˬ	dzouˬ
化民乡信和村	ˬpau	ˬpau	ˬtʂeu	ˬkɛu	sɛuˬ	dzouˬ
阳峰乡伏牛卢家	ˬpau	ˬpau	ˬtʂeu	ˬkɛu	sɛuˬ	dzʅˬ
和合乡田坂村	ˬpau	ˬpau	ˬtʂeu	ˬkɛu	sɛuˬ	dzouˬ
周溪乡古塘村	ˬpau	ˬpau	ˬtʂeu	ˬkɛu	sɛuˬ	dzouˬ
春桥乡春桥村	ˬpau	ˬpau	ˬtʂeu	ˬkɛu	sɛuˬ	dzʅˬ
徐埠镇山峰村	ˬpau	ˬpau	ˬtʂau	ˬkɛu	sɛuˬ	dzouˬ

5. 山摄合口韵母今读

（1）合口一等：北炎乡曹炎村、大港镇小埠村方言、春桥乡春桥村方言山摄合口一等帮组字韵母今读 [ən]、[tɿ/l]，北炎乡曹炎村、大港镇小埠村方言见系字韵母今读 [uən]、[uet/l]，春桥乡春桥村方言帮见系字韵母今读 [uan]、[ual]、[uɔl]，其他点方言帮组字韵母今读 [ɔn]、[ɔt/l]，见系字韵母今读 [uɔn]、[uɔt/l]。

表 2-42　都昌县方言山摄合口韵母今读例字表（表一）

地点 \ 例字	盘 并 山合一	钵 帮 山合一	官 见 山合一	活 匣 山合一
北炎乡曹炎村	₅bən	pɛt₃₁	˛kuɛn	uɐt₂₂
大港镇小埠村	₅bən	peˀ₃	˛kuɛn	uɛˀ
春桥乡春桥村	₅bən	pɛl₃	˛kuan	ual₃
中馆镇银宝大队	₅bon	poʔ₃₁	˛kuɔn	uɛˀ
万户镇长岭村	₅bon	pɔl₃₁	˛kuɔn	uɛl₂₂
南峰镇暖湖	₅bon	pɔl₃	˛kuɔn	uɛk₂₂
狮山乡于家湾	₅bon	pɔl₃	˛kuɔn	uɛl₂₂
土塘镇（陈）	₅bon	pot₃₁	˛kuon	○
化民乡信和村	₅bon	pɔl₃	˛kuɔn	uɔl₃
阳峰乡伏牛卢家	₅bon	pɔl₃	˛kuɔn	uɔl₃
和合乡田坂村	₅bon	pɔt₃	˛kuɔn	uɔt₃₁
周溪乡古塘村	₅bon	pɔt₃	˛kuɔn	uɔt₃₁
徐埠镇山峰村	₅bon	pɔt₃	˛kuɔn	uɔt₃₁
左里镇周茂村	₅bon	pɔl₃	˛kuɔn	uɔl₃₁
都昌镇柳树堰卢家	₅bon	pɔl₃	˛kuɔn	uɔl₃₁

（2）合口三等：中馆镇银宝大队、万户镇长岭村、南峰镇暖湖、狮山乡于家湾、大港镇小埠村、周溪乡古塘村、土塘镇（陈昌仪，1991）方言泥组、精组字韵母今读 [iɛn]、[iɛ]、[iɛt/l]；中馆镇银宝大队、万户镇长岭村、南峰镇暖湖、狮山乡于家湾方言知章组、日母、见组字韵母今读 [yɛn/yən]、[yɛ/yə]，影喻母字韵母今读 [uɛn]、[uɛl]；大港镇小埠村方言知章组、日母、见组字韵母今读 [ɛn]、[ɛ]，影喻字韵母今读 [iɛn]、[iɛ]；周溪乡古塘村、土塘镇（陈昌仪，1991）知章组、日母字韵母今读 [ɔn]、[ɔt/l]，见系字韵母今读 [iɛn]、[iɛt]。其他点方言非组字韵母今读 [uan]、[uat/l]，泥组、精组、日母、见系字韵母今读 [iɔn]、[iɔt/l]，知章组字韵母今读 [ɔn]、[ɔt/l]。

表 2-43 都昌县方言山摄合口韵母今读例字表（表二）

地点 \ 例字	全精 山合三	砖章 山合三	拳群 山合三	远云 山合三
中馆镇银宝大队	₅dzyɛn	₌tɕyɛn	₅dzyɛn	ᶜuɛn
万户镇长岭村	₅dzyɛn	₌tɕyɛn	₅dzyɛn	ᶜuɛn
南峰镇暖湖	₅dzyɛn	₌tɕyən	₅dzyən	ᶜuən
大港镇小埠村	₅dzyɛn	₌tʂɛn	₅dʐɛn	ᶜiɛn
狮山乡于家湾	₅dzyɛn	₌tʂuɛn	₅dʐɛn	ᶜiɛn
土塘镇（陈）	₅dzyɛn	₌tʂɛn	₅dzyɛn	ᶜiɛn
周溪乡古塘村	₅₁dzyaɪ	₌tʂɔn	₅₁iɛɪ	ᶜiɛɪ
北炎乡曹炎村	₅₁dzyɔn	₌tʂɔn	₅₁iɔn	ᶜiɔn
化民乡信和村	₅dzyɛn	₌tʂɔn	₅dzyɔn	ᶜiɔn
阳峰乡伏牛卢家	₅₁dzyɔn	₌tʂɔn	₅₁iɔn	ᶜiɔn
和合乡田坂村	₅₁dzyɔn	₌tʂɔn	₅₁iɔn	ᶜiɔn
春桥乡春桥村	₅dzyɔn	₌tʂɔn	₅dzyɔn	ᶜiɔn
徐埠镇山峰村	₅dzyɔn	₌tʂɔn	₅₁iɔn	ᶜiɔn
左里镇周茂村	₅dzyɔn	₌tʂɔn	₅₁iɔn	ᶜiɔn
都昌镇柳树堰卢家	₅dzyɔn	₌tʂɔn	₅₁iɔn	ᶜiɔn

6. 中古阳声韵韵尾今读

大港镇小埠村、中馆镇银宝大队、南峰镇暖湖方言咸深山臻曾摄及梗摄文读韵尾为 [n]，宕江通摄及梗摄白读韵尾为 [ŋ]；其他点方言咸深山臻摄韵尾为 [n]，曾宕江梗通摄韵尾为 [ŋ]。

表 2-44 都昌县方言中古阳声韵韵尾今读例字表

地点 \ 例字	灯端 曾开一	冰帮 曾开三	蒸章 曾开三	兵帮 梗开三	贞知 梗开三	明明 梗开三	顶端 梗开四	经见 梗开四
大港镇小埠村	₌tɛŋ	₌pin	₌tʂən	₌pin	₌tʂən	₅min	ᶜliaŋ	₌tɕin
中馆镇银宝大队	₌tɛn	₌pən	₌tʂən	₌pin	₌tʂən	₅min	ᶜtin	₌tɕin
南峰镇暖湖	₌tən	₌pin	₌tʂən	₌pin	₌tʂən	₅min	ᶜtin	₌tɕin
万户镇长岭村	₌tŋ	₌piŋ	₌tʂŋ	₌piŋ	₌tʂən	₅miŋ	ᶜtiŋ	₌tɕiŋ
狮山乡于家湾	₌tɛn	₌pin	₌tʂən	₌pin	₌tʂən	₅min	ᶜtin	₌tɕin
北炎乡曹炎村	₌taŋ	₌piŋ	₌tʂŋ	₌piŋ	₌tʂən	₅₁miŋ	ᶜtiŋ	₌tɕiŋ

续表

例字 地点	灯端 曾开一	冰帮 曾开三	蒸章 曾开三	兵帮 梗开三	贞知 梗开三	明明 梗开三	顶端 梗开四	经见 梗开四
土塘镇（陈）	₌təŋ	₌piŋ	₌tʂəŋ	₌piŋ	₌tʂən	₌miŋ	ᶜtiŋ	₌tɕiŋ
化民乡信和村	₌təŋ	₌piŋ	₌tʂəŋ	₌piŋ	₌tʂəŋ	₌miŋ	ᶜtiŋ	₌tɕiŋ
阳峰乡伏牛卢家	₌təŋ	₌piŋ	₌tʂəŋ	₌piŋ	₌tʂəŋ	₌miŋ	ᶜtiŋ	₌tɕiŋ
和合乡田坂村	₌təŋ	₌piŋ	₌tʂəŋ	₌piŋ	₌tʂəŋ	₌₂miŋ	ᶜtiŋ	₌tɕiŋ
周溪乡古塘村	₌təŋ	₌piŋ	₌tʂəŋ	₌piŋ	₌tʂəŋ	₌₂miŋ	ᶜtiŋ	₌tɕiŋ
春桥乡春桥村	₌təŋ	₌piŋ	₌tʂəŋ	₌piŋ	₌tʂəŋ	₌miŋ	ᶜtiŋ	₌tɕiŋ
徐埠镇山峰村	₌təŋ	₌piŋ	₌tʂəŋ	₌piŋ	₌tʂəŋ	₌miŋ	ᶜtiŋ	₌tɕiŋ
左里镇周茂村	₌təŋ	₌piŋ	₌tʂəŋ	₌piŋ	₌tʂəŋ	₌₂miŋ	ᶜtiŋ	₌tɕiŋ
都昌镇柳树堰卢家	₌təŋ	₌piŋ	₌tʂəŋ	₌piŋ	₌tʂəŋ	₌₂miŋ	ᶜtiŋ	₌tɕiŋ

7. 通摄韵母今读

中馆镇银宝大队通摄韵母今读 [əŋ]、[iəŋ]，其他点方言通摄韵母今读 [uŋ]、[iuŋ]。

表 2-45　都昌县方言通摄韵母今读例字表

例字 地点	东端 通合一	虫澄 通合三	穷群 通合三	钟章 通合三	胸晓 通合三	用以 通合三	经见 梗开四
中馆镇银宝队	ᶜtəŋ	₌dzəŋ	₌dziəŋ	₌tʂəŋ	₌ɕiəŋ	iuŋ²	₌tɕin
大港镇小埠村	ᶜtuŋ	₌dzuŋ	₌dziuŋ	₌tʂuŋ	₌ɕiuŋ	iuŋ²	₌tɕiŋ
南峰镇暖湖	ᶜtuŋ	₌dzuŋ	₌dziuŋ	₌tʂuŋ	₌ɕiuŋ	iuŋ²	₌tɕiŋ
万户镇长岭村	ᶜtuŋ	₌dzuŋ	₌dziuŋ	₌tʂuŋ	₌ɕiuŋ	iuŋ²	₌tɕiŋ
狮山乡于家湾	ᶜtuŋ	₌dzuŋ	₌dziuŋ	₌tʂuŋ	₌ɕiuŋ	iuŋ²	₌tɕiŋ
北炎乡曹炎村	ᶜtuŋ	₌₂dzuŋ	₌₂iuŋ	₌tʂuŋ	₌ɕiuŋ	iuŋ²	₌tɕiŋ
土塘镇（陈）	ᶜtuŋ	₌dzuŋ	₌dziuŋ	₌tʂuŋ	₌ɕiuŋ	iuŋ²	₌tɕiŋ
化民乡信和村	ᶜtuŋ	₌dzuŋ	₌dziuŋ	₌tʂuŋ	₌ɕiuŋ	iuŋ²	₌tɕiŋ
阳峰乡伏牛卢家	ᶜtuŋ	₌₂dzuŋ	₌₂iuŋ	₌tʂuŋ	₌ɕiuŋ	iuŋ²	₌tɕiŋ
和合乡田坂村	ᶜtuŋ	₌₂dzuŋ	₌₂iuŋ	₌tʂuŋ	₌ɕiuŋ	iuŋ²	₌tɕiŋ
周溪乡古塘村	ᶜtuŋ	₌dzuŋ	₌₂iuŋ	₌tʂuŋ	₌ɕiuŋ	iuŋ²	₌tɕiŋ
春桥乡春桥村	ᶜtuŋ	₌dzuŋ	₌dziuŋ	₌tʂuŋ	₌ɕiuŋ	iuŋ²	₌tɕiŋ
徐埠镇山峰村	ᶜtuŋ	₌dzuŋ	₌₂iuŋ	₌tʂuŋ	₌ɕiuŋ	iuŋ²	₌tɕiŋ
左里镇周茂村	ᶜtuŋ	₌dzuŋ	₌₂iuŋ	₌tʂuŋ	₌ɕiuŋ	iuŋ²	₌tɕiŋ
都昌镇柳树堰卢家	ᶜtuŋ	₌₂dzuŋ	₌₂iuŋ	₌tʂuŋ	₌ɕiuŋ	iuŋ²	₌tɕiŋ

（三）声调今读差异

都昌方言有6个至9个调类，主要差异体现在送气分调、全浊上与全浊入归阴平、入声舒化情况。

1. 送气分调

东部的中馆镇银宝队、南峰镇暖湖、万户镇长岭村、狮山乡于家湾方言全清去与次清去不分调，全清入与次清入分调，此外其他点方言都是全清去与次清去分调，全清入与全清入分调。次清入与全清入分调后，阳峰乡伏牛卢家、春桥乡春桥村方言次清入字与部分浊入字今读合流，其他点方言次清入独立为阴入$_2$调。

2. 全浊平与次浊平分调

北炎乡曹炎村、阳峰乡伏牛卢家、和合乡田坂村、周溪乡古塘村、左里镇周茂村、都昌镇柳树堰卢家方言全浊平与次浊平分调，其他点方言不分调。

3. 全浊上、全浊去部分归阴平。

徐埠镇山峰村、左里镇周茂村、都昌镇柳树堰卢家方言存在中古全浊上、全浊去部分归阴平的现象，其他点方言无此现象。

4. 中古入声舒化现象

入声舒化现象出现在东北部方言。大港镇小埠村只有次清入保存入声调，全清入与部分浊入字今读同全清去字调，其他浊入字则归向阳去；中馆镇银宝大队全清入为入声$_1$，次清入为入声$_2$，部分浊入字读同全清入字，部分浊入字归向阳去。

（四）口音划分

都昌县共有24个乡镇，东西方言差异大，本书根据实地调查结果及当地人语感将全县方言分为五种口音：都昌镇口音、徐埠口音、阳峰口音、大港口音、南苎万口音，各口音语音特征见下表所示（+表有此语音特征，—表无此语音特征）。

表 2-46　都昌县方言各口音语音特征表

区别特征＼分片	都昌镇口音	徐埠口音	阳峰口音	大港口音	南芗万口音
透定母读塞音	—	—	—	＋	＋
知三章组读舌面	—	—	—	＋	＋
溪群母今读零声母现象	＋	＋	＋	—	—
撮口呼	—	—	—	＋	＋
遇合三知庄章韵母同	＋	＋	＋	＋	—
蟹开一二等对立	—	—	＋	—	—
效摄、流摄韵母完全不混	—	＋	—	—	＋
全浊上、全浊去归阴平	＋	＋	—	—	—
中古入声字读舒声调	—	—	—	＋	—
全清去与次清去分调	＋	＋	＋	＋	—

各口音所辖区域：都昌镇口音包括都昌镇、北山乡、汪墩乡、大树乡、左里镇、多宝乡；徐埠口音包括徐埠镇、春桥、苏山乡、蔡岭镇、春桥乡；阳峰口音包括周溪镇、和合乡、大沙镇、三汊港镇、阳峰乡、西源乡、土塘镇；大港口音包括鸣山乡、大港镇；南芗万口音包括狮山乡、中馆镇、南峰镇、芗溪乡、万户镇。

第四节　湖口县方言语音特点及内部差异

一、湖口县方言语音系统（以马影乡走马村方言为代表）

（一）声母（23 个）

表 2-47　湖口县方言声母表

p 补班半饼壁	b 配跑盘平匹	m 埋买名面木	ɸ 回富胡符福	
t 都刀短灯督	d 田透赵豆脱	n 努耐脑能捼		l 吕来懒惹绿
ts 装栽剪斩则	dz 差操彩翠贼		s 数死师双塞	

96

				续表
tʂ 知朝枕掌哲	dʐ 扯齿趁橙直		ʂ 树社水上十	
tɕ 猪寄金九激	dʑ 柱传钳旧杰	ȵ 鱼牛尿染虐	ɕ 牺水乡孝歇	
k 够归羹刚鸽	g 苦块亏孔哭	ŋ 饿矮安硬岳	h 何靠恨红学	
ø 野衣亡活屋				

说明：/ø/ 包括 [f] 变体，如通合三非组"风丰"。

（二）韵母（49个）

表 2-48　湖口县方言韵母表

ɿ 姊师制字事	ʅ 制纸迟失织	i 徐礼杯累力	u 租过助妇福	y 猪区水追出
	a 哪拿车洒八	ia 姐惹夜笛栗	ua 瓜蛙发划刮	ya 茄靴
	ɛ 直末哲墨十	iɛ 去鱼爹雪杰	uɛ 缚国或惑	yɛ 血穴缺悦越
	ə 二耳儿尔钵		uə 佛物骨朳活	
	ɔ 多我波桌落	iɔ 约脚药削确	uɔ 窝果火禾郭	
	ai 来台灾埋奶		uai 歪怪快怀坏	
			ui 灰回桂跪龟	
	au 保高罩赵少	iau 巧表跳晓小		
	ɛu 偷走狗谋瘦		uɛu 浮否	
	ou 昼丑帚手受	iu 流秋有六足		
	an 谭站散慢眼		uan 关惯宽范饭	
	ɛn 沾森善展扇	iɛn 染点件怜全		yɛn 转专船拳元
	ən 针盘珍门蒸		uən 困婚文稳棍	yn 春顺菌军云
	ɔn 贪团甘肝拴			
		in 近兴京经丁	uin 永	
	aŋ 彭坑<u>生争声</u>	iaŋ 病镜井零影	uaŋ 横梗	
	ɔŋ 唐张胖蚌<u>虹</u>	iɔŋ 粮枪强秧腔	uɔŋ 访光慌旺矿	
		iuŋ 兄荣穷龙用	uŋ 朋猛董宋钟	
m̩ 姆_{姆妈}	n̩ <u>你</u>	ŋ̍ 五		

（下加 _ 划线表示白读，加 ‾ 划线表示文读）

(三)声调(6个)

表 2-49 湖口县方言声调表

阴平 51 专猪边粗三	阳平 12 陈床鹅人龙
上声 354 纸体好暖有	
阴去₁ 45 盖爱世急鹿	阴去₂ 212 抗唱菜汉七	阳去 24 近是树用舌

二、湖口县方言语音特点(以马影乡走马村方言为代表)

(一)中古声母今读特点

1. 中古全浊声母与次清声母今读为不送气浊音,如步 [bu²]、破 [bɔ²]、道 [dau²]、土 [ˬdu]、吵 [ˬdzau]、茶 [˳dza]、才 [˳dzai]、菜 [dzai²]、疮 [˳dzɔŋ]、床 [˳dzɔŋ]、初 [˳dzu]、锄 [˳dzu]、齿 [ˬdzˋ]、劝 [dzyɛn²]、拳 [˳dzyɛn]、徐 [˳dzi];奉邪船禅匣母今读多为清擦音,如神 [˳sən]、是 [ˬsˋ]、胡 [˳hu]、冯 [˳fuŋ]。

2. 帮组今读 [p]、[b]、[m],非敷奉母在通合三今读 [f],其他韵摄读 [ɸ],如飞 [ˬɸui]、符 [˳ɸui]、范 [ɸuan²]、饭 [ɸuan²]、分 [ˬɸuən]、方 [ˬɸuɔŋ]、风 [ˬfuŋ];微母今读零声母,个别中古微母字仍保存重唇读法,如蚊 [˳mən]

3. 端透定母今读 [t]、[d/l];透定母蟹开四、合一,效开四,咸开四,山开四,梗开四今读 [l],如 堵 [ˬtu]、土 [ˬdu]、度 [du²]、体 [ˬli]、推 [ˬli]、挑 [ˬliau]、碟 [lie²]、天 [ˬliɛn]、厅 [ˬlin]。

4. 泥、来母不混,泥母拼洪音今读 [n],拼细音今读 [ɲ],来母今读 [l],如难 [˳nan]、兰 [˳lan]、年 [˳ɲiɛn]、莲 [˳liɛn]。

5. 精知₂庄组合流,今读 [ts]、[dz]、[s],如紫 [ˬtsˋ]、绩 [tsiɔ¹]、蛆 [ˬdzi]、才 [˳dzai]、全 [˳dziɛn]、须 [ˬsi]、词 [ˬdzˋ]、抓 [ˬtsa]、初 [ˬdzu]、愁 [˳dzɛu]、帅 [saiɔ¹]。

6. 知₃章组遇合三、蟹合三、止合三、山合三、臻合三拼撮口韵母发生腭化,今读 [tɕ]、[dʑ]、[ɕ],其他字今读 [tʂ]、[dʐ]、[ʂ],如知 [ˬtʂˋ]、超 [˳dʐau]、赵 [dʐau²]、周 [ˬtʂou]、闪 [ˬʂɛn]、舌 [ʂɛ³]、扇 [ʂɛnɔ¹]、肾 [ʂən²]、猪 [ˬtɕy]、传 [˳dʑyɛn]、吹 [ˬdʑy]、税 [ɕyɔ¹]、

船 [ɕyɛn]、纯 [ɕyn]。

7. 见溪群疑母一二等及止摄合口三等、蟹合四等今读 [k]、[g/h]、[ŋ]，三四等读 [tɕ]、[dz]、[ɕ]、[n̠]，如改 [ˈkai]、开 [hai]、块 [guaiᵒ²]、藕 [ˈŋɛu]、亏 [gui]、寄 [tɕiᵒ¹]、骑 [dzi]、牛 [n̠iu]、共 [guŋ]，读 [h] 声母的字有"搭开凯慨揩楷考烤靠犒口叩扣寇堪龛坎勘磕掐嵌看刊垦恳康糠慷抗炕园客壳肯刻"。

8. 晓组今读 [ɸ]、[h]、[ɕ]、[ø]，晓组开口一二等及通合一今读 [h]，晓组合口一二等及蟹合四，止合三等今读 [ɸ]，其他三四等字今读 [ɕ]，如河 [hɔ]、下 [ha²]、好 [ˈhau]、霞 [ɕia]、虚 [ɕy]、休 [ɕiu]、灰 [ɸui]、花 [ɸua]、换 [ɸuan²]，个别匣母字有读零声母现象，如完 [uan]、活 [uɛ²]、黄 [uɔŋ]。

9. 影母开口一二等今读 [ŋ]，其他影母字及喻母读零声母，如鸦 [ŋa]、爱 [ŋai²]、蛙 [ua]、衣 [i]、腰 [iɛu]、摇 [iɛu]、油 [iu]。

（二）中古韵母今读特点

1. 果摄一等韵母今读 [ɔ]，开合口三等字韵母今读 [ya]，合口一等字韵母今读 [ɔ]、[uɔ]，如我 [ˈŋɔ]、茄 [dzya]、靴 [ɕya]、波 [pɔ]、课 [gɔᵒ²]、禾 [uɔ]；个别合口一等字韵母今读 [u]，如火 [ˈɸu]、过 [kuᵒ¹]、朵 [ˈtu]，例外字：大 [dai²]。

2. 假摄开口二等字韵母今读 [a]，开口三等精组、知组、日母字韵母今读 [ia]，章组字韵母今读 [a]；合口二等见组影母字韵母今读 [ua]，庄组与晓组字韵母今读 [a]，如嫁 [kaᵒ¹]、谢 [dziaᵒ]、蛇 [ṣa]、瓜 [kua]、花 [ɸua]。

3. 遇摄一等及三等非组、庄组、日母字韵母今读 [u]，三等精组、泥组字韵母今读 [i]、三等知章组、见系字韵母今读 [y]，个别鱼韵字韵母今读 [i]，如租 [tsu]、初 [dzu]、数 [suᵒ¹]、补 [ˈpu]、户 [ɸu²]、猪 [tɕy]、书 [ɕy]、如 [lu]、住 [dzy²]、朱 [tɕy]、锯 [tɕyᵒ¹]、去 [dziᵒ²]、句 [tɕyᵒ¹]。

4. 蟹摄开口一二等字韵母今读 [ai]，个别字韵母今读 [a] 韵；开口三四等（知章组除外）及合口一等（见系除外）韵母今读 [i]，知章组读 [ɿ]。蟹摄合口一等见系及合口三四等字韵母今读 [i]/[ui]，合口二等见系韵母今读 [uai]、[ua]；如胎 [dai]、开 [hai]、芥 [kaiᵒ¹]、柴 [dzai]、稗 [ba²]、世 [ʂɿᵒ¹]、洗 [ˈsi]、配 [bi²]、罪 [dzi²]、灰 [ɸui]、怪 [kuaiᵒ¹]、画 [ɸua²]、岁 [siᵒ²]、桂 [kuiᵒ¹]。

5. 止摄开口帮组、泥组、见系字及合口精组、来母字韵母今读 [i]，精庄组字

韵母今读 [ʅ]，知章组字韵母今读 [ŋ]。如皮 [ˍbi]、刺 [tsʅ²]、师 [sʅ¹]、知 [ˍtʂʅ]、诗 [ˍʂʅ]；合口非组、见系字韵母今读 [ui]，庄组字韵母今读 [ai]，知章组字韵母今读 [y]，如 [ˍlu]、贵 [kui²¹]、醉 [tsi²¹]、飞 [ˍɸui]、嘴 [ˤtsi]、睡 [ɕy²]、帅 [sai²¹]。

6. 效摄一二等及三等知章组字韵母今读 [au]，见系个别字韵母今读 [iau]；效摄三等除知章组及四等字韵母今读 [iau]，如毛 [ˍmau]、考 [ˤhau]、孝 [ɕiau²¹]、赵 [dzau²]、烧 [ˍʂau]，表 [ˤpiau]、小 [ˤsiau]、晓 [ˤɕiau]。

7. 流摄一等及三等非组、庄组字韵母今读 [ɛu]，三等泥组、精庄知章组及见系字韵母今读 [iu]，如豆 [deu²]、口 [ˤheu]、后 [ɦɛu²]、浮 [ˍɸuɛu]、邹 [ˍtsɛu]、抽 [ˍdʐou]、周 [ˍtʂou]、流 [ˍliu]、秋 [ˍdziu]、球 [ˍdʑiu]，此外非组"富妇负副"韵母读 [u]。

8. 咸摄开口一等端组、泥组、精组及咸开二等舒声字韵母今读 [an]，入声字韵母今读 [a]，开口一等见系舒声字韵母今读 [ɔn]，入声字韵母今读 [ɔ]；开口三等泥组、精组、日母、见系及四等舒声字韵母今读 [iɛn]，入声字韵母今读 [iɛ]，知章组舒声字韵母今读 [ɛn]，入声字韵母今读 [ɛ]；合口三等舒声字韵母今读 [uan]，入声字韵母今读 [ua]。如贪 [ˍdɔn]、感 [ˤkɔn]、含 [ˍhɔn]、胆 [ˤtan]、甘 [ˍkɔn]、减 [ˤkan]、嵌 [ˍhan]、尖 [ˍtsiɛn]、闪 [ˤʂɛn]、染 [ˤniɛn]、盐 [ˍiɛn]、剑 [tɕiɛn²¹]、店 [tiɛn²¹]、范 [ɸuan²]、答 [taɔ¹]、腊 [laɔ¹]、合 [hɔ²]、插 [dzaɔ²]、鸭 [ŋaɔ¹]、接 [tsiɛ¹]、折 [tʂɛ¹]、业 [niɛt¹]、碟 [liɛ²¹]、法 [ɸuaɔ¹]。

9. 深摄知章组舒声字韵母今读 [ən]，入声字韵母今读 [ɜ]、[ŋ]，庄组舒声字韵母今读 [ɛn]，入声字韵母今读 [ɛ]，其他组系舒声字韵母今读 [in]，入声字韵母今读 [i]，如品 [ˤbin]、林 [ˍlin]、心 [ˍsin]、沉 [ˍdzən]、森 [ˍsɛn]、针 [ˍtʂən]、金 [ˍtɕin]、立 [li²¹]、十 [ʂɛ²]、湿 [ʂʅ¹]、急 [tɕi¹]。

10. 山摄开口一等端组、泥组、精组及开口二等字舒声字韵母今读 [an]，入声字韵母今读 [at]，开口一等见系舒声字韵母今读 [ɔn]，入声字韵母今读 [ɔt]，开口三等泥组、精组、日母、见系及四等舒声字韵母今读 [iɛn]，入声字韵母今读 [iɛ]，知章组舒声字韵母今读 [ɛn]，入声字韵母今读 [ɜ]。如滩 [ˍdan]、伞 [ˤsan]、案 [ŋɔn²¹]、眼 [ˤŋan]、钱 [ˍdziɛn]、扇 [ʂɛn²¹]、建 [tɕiɛn²¹]、千 [ˍdziɛn]、辣 [laɔ¹]、割 [kɔɔ¹]、瞎 [haɔ²]、八 [paɔ¹]、列 [liɛɔ²]、舌 [ʂɛ²]、节 [tsiɛɔ¹]。

山摄合口一等帮组字舒声字韵母今读 [ən]，入声字韵母今读 [ɜ]，端组、泥组、精组舒声字韵字母今读 [ɔn]，入声字韵母今读 [ɔ]，见系舒声字韵母今读 [uan]，入声字韵母今读 [ua]、[uɛ]；二等庄组舒声字韵母今读 [ɔn]，入声字韵母今读 [ɔ]，见系韵母今读[uan]、[ua];合口三等非组舒声字韵母今读[uan],入声字韵母今读[ua],来母及精组舒声字韵母今读[iɛn],入声字韵母今读[iɛ],知庄章组、日母及见系舒声字韵母今读[yɛn],入声字韵母今读[yɛ];如盘[˯bən]、暖[˥nɔn]、管[˥kuan]、拴[˯sɔn]、关[˯kuan]、抹[mɛɔ³]、脱[dɔ²]、阔[guaɔ²]、活[ɸuɔ³]、饭[ɸuan³]、全[˯dziɔn]、船[˯ɕyɛn]、劝[dʑyɛnɔ²]、圈[˯dʑyɛn]、拳[˯dʑyɛn]、远[˥yɛn]、雪[siɛɔ¹]、发[ɸuaɔ¹]、月[ȵyɛɔ¹]、穴[ɕyɛ²]。

11. 臻摄开口一等字韵母今读[ən];臻开三等知庄章组字及日母字文读韵母今读[ən],入声字韵母今读[ɿ]、[ʅ],臻开三等帮组、泥组、精组、见系及日母字白读韵母今读[in],入声字韵母今读[i];臻合一等帮组、端组、泥组及精组舒声字韵母今读[ən],入声字韵母今读[ə],见系字舒声字韵母今读[uən],入声字韵母今读[uə]、[ɜ];臻合三非组舒声字韵母今读[uən],入声字韵母今读[uə],泥组及日母字韵母今读[ən],精组、庄组舒声字韵母今读[in],入声字韵母今读[i],知章组及见系舒声字韵母今读[yn],入声字韵母今读[y],如很[˥hən]、民[˯min]、真[˯tʂən]、巾[˯tɕin]、笔[piɔ¹]、质[tʂɿɔ¹]、一[iɔ¹]、本[˥pən]、村[˯dzən]、滚[˥kuən]、骨[kuəɔ¹]、出[dʐyɔ²]、物[uəɔ¹]。

12. 宕摄一等、江摄舒声字韵母今读[ɔŋ],入声字韵母今读[ɔ];宕摄开口三等泥组、精组、见系舒声字韵母今读[iɔŋ],入声字韵母今读[iɔ],庄组、知章组、日母舒声字韵母今读[ɔŋ],入声字韵母今读[ɔ];宕摄合口一等及三等舒声字韵母今读[uɔŋ],入声字韵母今读[uɔ],如帮[˯pɔŋ]、钢[˯kɔŋ]、枪[˯dziɔŋ]、张[˯tʂɔŋ]、强[˯dziɔŋ]、光[˯kuɔŋ]、方[˯ɸuɔŋ]、王[˯uɔŋ]、双[˯sɔŋ]、莫[mɔɔ¹]、各[kɔɔ¹]、爵[dziɔɔ²]、弱[ȵiɔɔ¹]、郭[kuɔɔ¹]、霍[huɔɔ¹]、岳[ŋɔɔ¹]。

13. 曾摄开口一等舒声字韵母今读[ən],入声字韵母今读[ɜ];曾摄开口三等知章组及日母舒声字韵母今读[ən],入声字韵母今读[ɿ]、[ʅ],其他组系舒声字韵母今读[in],入声字韵母今读[i];合一合三舒声字韵母今读[ən],入声字韵母今读[uə],如灯[˯tən]、肯[˥hən]、冰[˯pin]、蒸[˯tʂən]、德[tɜɔ¹]、织[tʂʅɔ¹]、极[dziɔ²]、国[kuɜɔ¹]。

14. 梗摄开口二等晓匣舒声字韵母今读[in],其他组系舒声字韵母今读[ən],入声字韵母今读[ɜ],个别字存在白读,舒声字韵母今读[aŋ],入声字韵母今读[a],如彭[˯baŋ]、孟[mən³]、生文[˯sən]/生白[˯saŋ]、庚[˯kən]、百[pɛɔ¹]、择[dzɜ²]、客[hɜɔ²]、争文[˯tsən]/白[˯tsaŋ]、幸[ɕin³];梗开三知章组舒声字韵母今读[ən],入声字韵母今读[a]、[ʅ],个别字舒声存在白读,韵母读[aŋ],开口三等其他组系字及开口四等

舒声字韵母文读 [in]，入声字韵母文读 [i]，舒声字韵母白读 [iaŋ]，入声字韵母白读 [ia]，如平₂[˛bin]/ 平₂[˛biaŋ]、碧 [piɔ¹]、情 [˛dzin]、晴 [˛dziaŋ]、昔 [siɔ¹]、迹 [tsiaɔ¹]、郑 [dzən²]、石 [ʂa²]、钉 [˛tiaŋ]、灵 [˛din]、绩 [tsiɔ¹]、笛 [dia²]；合口二等舒声韵母今读 [uɔŋ]、[uaŋ]，入声字韵母今读 [ua]，如矿 [˙uɔŋ]、横 [˛uaŋ]、获 [ɸua²]；合口三四等舒声字韵母今读 [iuŋ]、[in]，入声字韵母今读 [y]，如兄 [˛ɕiuŋ]、永 [˙in]、疫 [yɔ¹]。

15. 通摄合口一等及合口三等舒声字韵母今读 [uŋ]，入声字韵母今读 [u]，三等个别舒声字韵母今读 [iuŋ]，入声字韵母今读 [iu]，如东 [˛tuŋ]、公 [˛kuŋ]、冯 [˛fuŋ]、龙 [˛luŋ]、穷 [˛dʑiuŋ]、木 [muɔ¹]、哭 [guɔ²]、毒 [du²]、福 [ɸuɔ¹]、六 [liu²]、局 [dzy²]。

（三）中古声调今读特点

湖口马影走马村方言有 6 个调类。古全清平与次清平合流读阴平，浊平读阳平；清上与次浊上今读上声，全浊上归去；清去按声母送气与否分两类，全清去读阴去₁，次清去及全清今读喉擦音声母的字今读阴去₂；今无入声调，中古全清入字读同全清去字调，次清入字读同次清去字调，次浊入部分字读同全清去字调，部分次浊入字与全浊入今读阳去调。

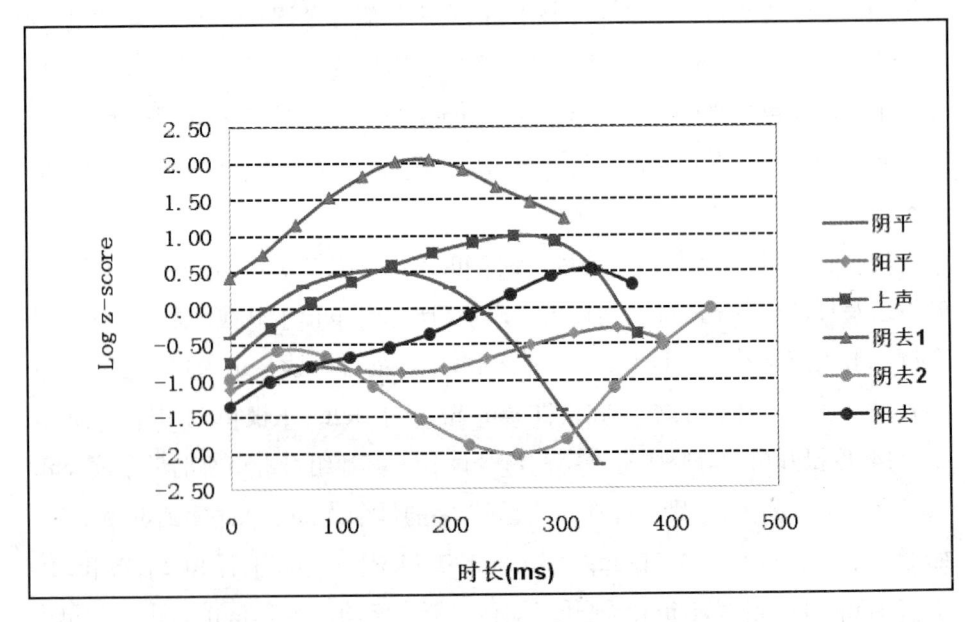

图 2-4　湖口县马影走马村方言基频曲线图

三、湖口县方言语音内部差异

湖口县全境面积 669 平方千米，人口 26.9 万人，辖 5 个镇、7 个乡，分别是双钟镇、流泗镇、马影镇、武山镇、城山镇、大垅乡、凰村乡、张青乡、文桥乡、傅垅乡、舜德乡、流芳乡。① 本书根据实地调查及湖口双钟镇（刘纶鑫，1999）已刊材料，看境内方言语音内部差异。

（一）声母今读差异

1. 透定母今读

流泗镇红星村、城山镇大塘村细石家方言今读塞音 [d]，舜德乡兰新村、流泗镇棠山村见峰湾方言今读边音 [l]，双钟镇月亮村、舜德乡南湾村沈素上村、马影镇走马刘三房村、文桥乡饶塘村陈凤姓村、武山镇武山村细沈祐、流芳乡青年村曹府台方言蟹开四及合一、效开四、咸开四、山开四、梗开四透定母与细音相拼，读边音 [l]，其他字声母读 [d]，个别字声母听上去像 [l] 又像 [d]，记音为 [lᵈ]。

表2-50　湖口县方言透定母今读例字表

地点＼例字	胎透蟹开一	土透遇合一	梯透蟹开四	天透山开四	桃定效开一	徒定遇合一	弟定蟹开四	笛定梗开四
流泗乡红星村	₋dai	ᶜdu	₋di	₋dien	₋dau	₋du	di²	dia²
城山大塘细石家	₋dai	ᶜdu	₋di	₋dien	₋dau	₋du	di²	diaʔ₂
双钟镇月亮村	₋dai	ᶜdu	₋li	₋lᵈien	₋dau	₋du	li²	dia²
马影走马刘三房	₋dai	ᶜdu	₋li	₋lien	₋dau	₋du	li²	lia²
文桥饶塘陈凤姓	₋dai	ᶜdu	₋li	₋lᵈien	₋dau	₋du	li²	lia²
武山镇武山村	₋dai	ᶜdu	₋di	₋lien	₋dau	₋du	ldi²	lia²
舜德乡南湾村	₋dai	ᶜdu	₋li	₋lᵈien	₋dau	₋du	li²	diaʔ₂
舜德乡兰新村	₋lai	ᶜlu	₋li	₋lien	₋lau	₋lu	li²	liaʔ₂
流芳乡青年村	₋dai	ᶜlu	₋li	₋lien	₋dau	₋lu	li²	liaʔ₂

---

① [DB/OL]http://www.xzqh.org/html/show.php?contentid=10526,2010-01-26/2015-12-9。

2. 来母逢细音今读

流泗镇棠山村见峰湾、马影镇走马刘三房村、武山镇武山村细沈祜方言来母逢细音今读边音[l]，双钟镇月亮村、流泗镇红星村方言来母逢细音基本上读塞音[d]，其他乡镇方言处在过渡阶段，部分字读边音[l]，部分字读塞音[d]，有些字甚至听上去像边音又像塞音，记[l^d]。

表2-51　湖口县方言来母逢细音今读例字表

例字 地点	梨 止开三	刘 流开三	林 深开三	岭 梗开三	犁 蟹开四	隶 蟹开四	料 效开四	莲 山开四	灵 梗开四
马影走马刘三房	₅li	₅liu	₅lin	⁼lin	₅li	li²	liau²	₅lien	₅lin
武山镇武山村	₅li	₅liu	₅lin	⁼lian	₅li	li²	liau²	₅lien	₅lin
流泗乡红星村	₅di	₅diu	₅din	⁼din	₅di	di²	diau²	₅dien	₅din
双钟镇月亮村	₅di	₅diu	₅din	⁼dian	₅di	di²	dia²	₅dien	l^din
文桥饶塘陈凤姓	₅li	₅liu	₅lin	⁼lian	₅li	li²	liau²	₅lien	₅lin
城山大塘细石家	₅₂di	₅lieu	₅lin	⁼din	₅₂li	li²	liau²	₅lien	₅₂lin
舜德乡南湾村	₅li	₅liu	₅lin	⁼lian	₅li	li²	liau²	₅lien	₅lin
舜德乡兰新村	₅di	₅diu	₅lian	₅di	di²	liau²	₅lien	₅lin	
流芳乡青年村	₅li	₅liu	₅lin	⁼lian	₅li	li²	liau²	₅lien	₅lin

3. 知₃章组今读

舜德乡兰新村、流芳乡青年村曹府台方言今读[tʂ]、[dʐ]、[ʂ]；其他乡镇方言遇合三、蟹合三、止合三、山合三、臻合三今读[tɕ]、[dʑ]、[ɕ]，其他字今读[tʂ]、[dʐ]、[ʂ]。

表2-52　湖口县方言知₃章组今读例字表

例字 地点	猪知 遇合三	耻彻 止开三	柱澄 遇合三	砖章 山合三	穿昌 山合三	船船 山合三	水书 止合三	树禅 遇合三
舜德乡兰新村	₋tʂu	⁼dʐʅ	dʐu²	₋tʂɔn	₋dʐɔn	₅ʂɔn	⁼ʂu	ʂu²
流芳乡青年村	₋tʂu	⁼dʐʅ	dʐu²	₋tʂɔn	₋dʐɔn	₅ʂɔn	⁼ʂu	ʂu²
流泗乡红星村	₋tɕy	⁼dʑʅ	du²	₋tɕyen	₋dʑyen	₅ɕyen	⁼ɕy	ɕy²
双钟镇月亮村	₋tɕy	⁼dʑʅ	dʑy²	₋tɕyen	₋dʑyen	₅ɕyen	⁼ɕy	ɕy²
马影走马刘三房	₋tɕy	⁼dʑʅ	dʑy²	₋tɕyen	₋dʑyen	₅ɕyen	⁼ɕy	ɕy²
文桥饶塘陈凤姓	₋tɕy	⁼dʑʅ	dʑy²	₋tɕyen	₋dʑyen	₅ɕyen	⁼ɕy	ɕy²
城山大塘细石家	₋tɕy	⁼dʑʅ	dʑy²	₋tʂɔn	₋dʐɔn	₅₂ʂɔn	⁼ɕy	ɕy²
武山镇武山村	₋tɕy	⁼dʑʅ	dʑy²	₋tɕyɔn	₋dʑyɔn	₅ɕyɔn	⁼ɕy	ɕy²
舜德乡南湾村	₋tɕy	⁼dʑʅ	dʑy²	₋tɕyen	₋dʑyɔn	₅ʂɔn	⁼ɕy	ɕy²

4.溪群母今读

共性特点是溪群母一二等及止摄合口三等、蟹合四等今读 [g]，三四等今读 [dʑ]；流泗镇红星村、双钟镇月亮村、马影镇走马刘三房村、武山镇武山村细沈祜方言点溪母个别字今读有 [h] 声母现象；舜德乡南湾村沈素上村方言溪群个别字今读有零声母现象；文桥乡饶塘村陈凤姓村、城山镇大塘村细石家方言溪群个别字有读 [h] 声母及零声母现象。

表 2-53　湖口县方言溪群母今读例字表

例字 地点	开溪 蟹开一	苦溪 遇合一	巧溪 效开二	丘溪 流开三	劝溪 山合三	茄群 果开三	权群 山合三	穷群 通合三
流泗乡红星村	₌hai	⁼gu	⁼dʑiau	₌dʑiu	dʑyen⁼²	₌dʑya	₌dʑyen	₌dʑiuŋ
双钟镇月亮村	₌hai	⁼gu	⁼dʑiau	₌dʑiu	dʑyen⁼²	₌dʑya	₌dʑyen	₌dʑiuŋ
马影走马刘三房	₌hai	⁼gu	⁼dʑiau	₌dʑiu	dʑyen⁼²	₌dʑya	₌dʑyen	₌dʑiuŋ
武山镇武山村	₌hai	⁼gu	⁼dʑiau	₌dʑiu	dʑioŋ⁼²	₌dʑia	₌dʑioŋ	₌dʑiuŋ
舜德乡南湾村	₌gai	⁼gu	⁼dʑiau	₌dʑiu	yen⁼²	₌dʑia	₌dʑyen	₌dʑiuŋ
文桥饶塘陈凤姓	₌hai	⁼u	⁼dʑiau	₌dʑiu	dʑyen⁼²	₌dʑia	₌dʑyen	₌dʑiuŋ
城山大塘细石家	₌hai	⁼gu	⁼iau	₌dʑiu	ioŋ⁼²	dʑia¹³	ioŋ¹³	iuŋ¹³
舜德乡兰新村	₌gai	⁼gu	⁼gau	₌dʑiu	dʑien⁼²	₌dʑia	₌dʑioŋ	₌dʑiuŋ
流芳乡青年村	₌gai	⁼gu	⁼gau	₌dʑiu	dʑioŋ⁼²	₌dʑia	₌dʑioŋ	₌dʑiuŋ

（二）韵母今读差异

1.撮口韵母 [y]

舜德乡兰新村、流芳乡青年村曹府台方言语音系统中没有撮口呼，其他乡镇方言遇合三知章组及见系，蟹合一端组、泥组、精组，蟹合三精组、知章组，止合三知章组，山合三知章组及见系，山合四见系，臻合三精组、知章组及见系字韵母今读撮口呼。

表 2-54 湖口县方言撮口韵例字表

例字 地点	猪知 遇合三	树禅 遇合三	水书 止合三	砖章 山合三	穿昌 山合三	顺船 臻合三	军见 臻合三
流泗乡红星村	₋tɕy	ɕy²	ˬɕy	₋tɕyɤn	₋dʑyɤn	ɕyn²	₋tɕyn
双钟镇月亮村	₋tɕy	ɕy²	ˬɕy	₋tɕyɤn	₋dʑyɤn	ɕyn²	₋tɕyn
马影走马刘三房	₋tɕy	ɕy²	ˬɕy	₋tɕyɤn	₋dʑyɤn	ɕyn²	₋tɕyn
文桥饶塘陈凤姓	₋tɕy	ɕy²	ˬɕy	₋tɕyɤn	₋dʑyɤn	ɕyn²	₋tɕyn
城山大塘细石家	₋tɕy	ɕy²	ˬɕy	₋tʂɔn	₋dʑɔn	ɕyn²	₋tɕyn
武山镇武山村	₋tɕy	ɕy²	ˬɕy	₋tɕyɔn	₋dʑyɔn	ɕyn²	₋tɕyn
舜德乡南湾村	₋tɕy	ɕy²	ˬɕy	₋tɕyɔn	₋dʑɔn	ɕyn²	₋tɕyn
舜德乡兰新村	₋tʂu	ʂu²	ˬʂu	₋tʂɔn	₋dʑɔn	ʂən²	₋tɕin
流芳乡青年村	₋tʂu	ʂu²	ˬʂu	₋tʂɔn	₋dʑɔn	ʂən²	₋tɕin

2. 遇摄三等韵母今读

遇摄三等泥组、精组、知庄章组、见系字韵母今读有差异。舜德乡兰新村、流芳乡青年村曹府台方言知庄章组、日母字韵母今读 [u],泥组、精组、见系字韵母合流 [i];流泗镇棠山村见峰湾、流泗镇红星村、文桥乡饶塘村陈凤姓村、武山镇武山村细沈祜、城山镇大塘村细石家方言庄组字韵母今读 [u],泥组、精组、知章组、见系字韵母今读 [y];双钟镇月亮村、舜德乡南湾村沈素上村、马影镇走马刘三房村庄组字韵母今读 [u],知章组、见系字韵母今读 [y],精组、泥组字韵母今读 [i]。

表 2-55 湖口县方言遇摄韵母今读例字表

例字 地点	初初 遇合三鱼	猪知 遇合三鱼	主章 遇合三虞	女泥 遇合三鱼	徐邪 遇合三鱼	句见 遇合三虞	雨云 遇合三虞
舜德乡兰新村	₋dzu	₋tʂu	ˬtʂu	ˬni	ˬsi	tɕi⁼¹	ˬi
流芳乡青年村	₋dzu	₋tʂu	ˬtʂu	ˬni	ˬdzi	tɕi⁼¹	ˬi
流泗乡红星村	₋dzu	₋tɕy	ˬtɕy	ˬny	ˬdzi	tɕy⁼¹	ˬy
文桥饶塘陈凤姓	₋dzu	₋tɕy	ˬtɕy	ˬny	ˬdzy	tɕy⁼¹	ˬy
城山大塘细石家	₋dzu	₋tɕy	ˬtɕy	ˬny	ˬdzy	tɕy⁼¹	ˬy
武山镇武山村	₋dzu	₋tɕy	ˬtɕy	ˬny	ˬdzy	tɕy⁼¹	ˬy
双钟镇月亮村	₋dzu	₋tɕy	ˬtɕy	ˬny	ˬsi	tɕy⁼¹	ˬy
舜德乡南湾村	₋dzu	₋tɕy	ˬtɕy	ˬny	ˬsi	tɕy⁼¹	ˬy
马影走马刘三房	₋dzu	₋tɕy	ˬtɕy	ˬni	ˬdzi	tɕy⁼¹	ˬy

3. 止摄开口精庄知章组字韵母今读

精庄字韵母读 [ɿ],知章组字韵读 [ʅ],武山镇武山村细沈祜方言书母个别字韵母今读 [i]。

表 2-56 湖口县方言止摄开口精庄知章组韵母今读例字表

例字 地点	紫精 止开三支	师生 止开三脂	事崇 止开三之	知知 止开三支	舐船 止开三支	屎书 止开三脂
武山镇武山村	ˉtsɿ	ˉsɿ	sɿ²	ˉtʂʅ	ʂɛ²	ˉɕi
流泗乡红星村	ˉtsɿ	ˉsɿ	sɿ²	ˉtʂʅ	laʔ¹	ˉʂʅ
双钟镇月亮村	ˉtsɿ	ˉsɿ	sɿ²	ˉtʂʅ	ʂɛ²	ˉʂʅ
马影走马刘三房	ˉtsɿ	ˉsɿ	sɿ²	ˉtʂʅ	ʂɛ²	ˉʂʅ
文桥饶塘陈凤姓	ˉtsɿ	ˉsɿ	sɿ²	ˉtʂʅ	ʂɛ²	ˉʂʅ
城山大塘细石家	ˉtsɿ	ˉsɿ	sɿ²	ˉtʂʅ	ʂɛ²	ˉʂʅ
舜德乡南湾村	ˉtsɿ	ˉsɿ	sɿ²	ˉtʂʅ	ʂɛ²	ˉʂʅ
舜德乡兰新村	ˉtsɿ	ˉsɿ	sɿ²	ˉtʂʅ	ʂɛ²	ˉʂʅ
流芳乡青年村	ˉtsɿ	ˉsɿ	sɿ²	ˉtʂʅ	ʂʅ²	ˉʂʅ

4. 流摄三等韵母今读

精组、泥来、见系字韵母今读 [iu],知章组字韵母今读 [ou],非组、庄组字韵母今读 [ɛu]。双钟镇月亮村方言知章组字韵母今读 [ɛu],城山镇大塘村细石家方言泥来字韵母今读 [iɛu],知章组字韵母今读 [ɛu]。

表 2-57 湖口县方言流摄三等韵母今读例字表

例字 地点	收书 流开三尤	抽彻 流开三尤	刘来 流开三尤
双钟镇月亮村	ˉʂɛu	ˉdʐɛu	ˍdiu
城山大塘细石家	ˉʂɛu	ˉdʐɛu	ˍ₂liɛu
流泗乡红星村	ˉʂou	ˉdʐou	ˍliu
马影走马刘三房	ˉʂou	ˉdʐou	ˍliu
文桥饶塘陈凤姓	ˉʂou	ˉdʐou	ˍliu
武山镇武山村	ˉʂou	ˉdʐou	ˍliu
舜德乡南湾村	ˉʂou	ˉdʐou	ˍliu
舜德乡兰新村	ˉʂou	ˉdʐou	ˍdiu
流芳乡青年村	ˉʂou	ˉdʐou	ˍliu

5. 中古阳声韵韵尾今读

咸深山臻摄韵尾为 [n]，曾梗摄字文读韵尾为 [n]，曾梗摄字白读韵尾为 [ŋ]，宕江通摄韵尾为 [ŋ]。流芳乡青年村曹府台方言曾梗摄字不论文白读法，韵尾均为 [ŋ]；舜德乡兰新村方言曾摄开口三等知章组及梗摄开口三等知章组字文读韵尾 [n]，曾梗摄其他情况下韵尾均为 [ŋ]。

表 2-58　湖口县方言中古阳声韵韵尾今读例字表

地点 \ 例字	唐_定 宕开一唐	讲_见 江开二江	蒸_章 曾开三蒸	精_精 梗开三清	用_以 通合三钟
舜德乡兰新村	₅dɔŋ	ˤkɔŋ	₅tʂən	₅tɕiŋ	iuŋ²
流芳乡青年村	₅dɔŋ	ˤkɔŋ	₅tʂəŋ	₅tɕiŋ	iuŋ²
流泗乡红星村	₅dɔŋ	ˤkɔŋ	₅tʂən	₅tɕin	iuŋ²
双钟镇月亮村	₅dɔŋ	ˤkɔŋ	₅tʂən	₅tɕin	iuŋ²
马影走马刘三房	₅dɔŋ	ˤkɔŋ	₅tʂən	₅tɕin	iuŋ²
文桥饶塘陈凤姓	₅dɔŋ	ˤkɔŋ	₅tʂən	₅tɕin	iuŋ²
城山大塘细石家	₅dɔŋ	ˤkɔŋ	₅tʂən	₅tɕin	iuŋ²
武山镇武山村	₅dɔŋ	ˤkɔŋ	₅tʂən	₅tɕin	iuŋ²
舜德乡南湾村	₅dɔŋ	ˤkɔŋ	₅tʂən	₅tɕin	iuŋ²
舜德乡兰新村	₅dɔŋ	ˤkɔŋ	₅tʂən	₅tɕin	iuŋ²
流芳乡青年村	₅dɔŋ	ˤkɔŋ	₅tʂəŋ	₅tɕiŋ	iuŋ²

6. 中古入声韵尾今读

双钟镇月亮村、马影镇走马刘三房村、文桥乡饶塘村陈凤姓村、武山镇武山村细沈祜、流泗镇红星村方言没有入声调。舜德乡南湾村沈素上村、舜德乡兰新村、城山镇大塘村细石家方言咸深山臻摄、曾梗摄字文读韵尾为 [l]，宕江通摄、曾梗摄字白读韵尾为 [ʔ]，流芳乡青年村曹府台方言咸深山臻摄韵尾为 [l]，宕江曾梗通摄韵尾为 [ʔ]。

表 2-59　湖口县方言中古入尾今读例字表

地点＼例字	合端 咸开一合	急见 深开三缉	割见 山开一曷	七清 臻开三质	药以 宕开三药	食船 曾开三职	尺昌 梗开三昔	竹知 通合三屋
舜德乡南湾村	hɔl₂	tɕil₋₁	kɔʔ₋₁	dzil₋₂	iɔʔ₋₁	ʂl̩₂	dzal₋₂	tuʔ₋₁
舜德乡兰新村	hɔl₂	tɕil₋₁	kɔʔ₋₁	dzil₋₂	iɔʔ₋₁	ʂl̩₂	dzal₋₂	tuʔ₋₁
城山大塘细石家	hɔl₂	tɕil₋₁	kɔʔ₋₁	dzil₋₂	iɔʔ₋₁	ʂɛʔ₂	dzal₋₂	tuʔ₋₁
流芳乡青年村	hɔl₂	tɕil₋₁	kɔʔ₋₁	dzil₋₂	iɔʔ₋₁	ʂl̩₂	dzal₋₂	tuʔ₋₁
流泗乡红星村	hɔ³	tɕiɔ¹	kɔɔ¹	dziɔ²	iɔɔ¹	ʂɛ³	dzaɔ²	tuɔ¹
双钟镇月亮村	hɔ³	tɕiɔ¹	kɔɔ¹	dziɔ²	iɔɔ¹	ʂɛ³	dzaɔ²	tuɔ¹
马影走马刘三房	hɔ³	tɕiɔ¹	kɔɔ¹	dziɔ²	iɔɔ¹	ʂɛ³	dzaɔ²	tuɔ¹
文桥饶塘陈凤姓	hɔl₂	tɕiɔ¹	kɔɔ¹	dziɔ²	iɔɔ¹	ʂɛ³	dzaɔ²	tuɔ¹
武山镇武山村	hɔl₂	tɕiɔ¹	kɔɔ¹	dziɔ²	iɔɔ¹	ʂɛ³	dzaɔ²	tuɔ¹

（三）声调今读差异

湖口方言有 6 个至 9 个调类。6 个调类的方言点是双钟镇月亮村、马影镇走马刘三房村、文桥乡饶塘村陈凤姓村、武山镇武山村细沈祜、流泗镇红星村；7 个调类的方言点是流泗镇棠山村见峰湾；9 个调类的方言点是舜德乡南湾村沈素上村、舜德乡兰新村、城山镇大塘村细石家、流芳乡青年村曹府台。调类今读差异的主要原因是入声演变情况不同。

陈凌《湖口方言语音研究》（2005：4—9）以文桥方言为代表，描写湖口声调 6 个，阴平、阳平、上声、上阴去、下阴去、阳去，入派三声，清入以送气与否分别归入上阴去和下阴去，全浊归入阳去；湖口方言入声不够短促，大多数入声字的入声韵尾不是区别特征，只是在有所比较时才显示出差异，从音系简洁角度考虑，不将入声纳入湖口方言音系。

只要存在最小区别的对立就存在音位差异，本书认为湖口赣语部分乡镇方言是存在入声调的。流芳乡与都昌苏山乡接壤，流芳方言同都昌方言相近，语音系统中仍存在入声，全清入有入声的短促感，全清入与全清去没有合流。笔者将"福—付、壁—背、急—寄、质—志、一—意、谷—过、发—贩"进行对比，发音人把全清去字读成超高假声调，全清去字调与全清入字调不同；次清入与次清去调值与调型上很接近,我们对"拍怕、哭裤、七去"做对比,次清去时长更长一些,次清入字有[l]尾;全浊入与全浊去调接近,但不完全相同,笔者对"服—附、读—度、石—射、白—耙、食—事(是)、夺—舵"做对比,全浊入字在时长明显比全浊去字短。全境方言入声韵尾最明显的是流芳乡方言。城山乡大塘村方言全清入归阴入,次清入同次清去合流,浊入字调值与阳去字调值接近,但听感上浊入字明显更短促些。

此外,存在一些例外现象:

(1)流泗镇红星村方言全浊上、全浊去、全浊入有一些字(第稻汉叛佩白)读同次清去字调。

(2)有些乡镇方言全清入字调读同次清入字调,具体例字情况是:流芳乡方言有"喝瞎揭幕爵雀塞黑吓"、舜德乡南湾村方言有"喝瞎爵雀黑迫吓"、舜德乡兰新村方言有"喝劫瞎揭雀爵霍塞黑侧吓"、江桥乡坝桥村方言有"喝瞎黑迫吓"、文桥乡饶塘陈凤姓村方言有"喝瞎揭雀黑迫吓"、武山镇武山村方言有"喝瞎揭爵雀黑迫吓束"、马影走马刘三房村方言有"喝瞎揭爵雀黑迫吓束"、双钟镇月亮村方言有"喝瞎揭膝爵雀黑侧迫吓束"、流泗镇红星村方言有"喝瞎揭膝爵雀黑侧迫吓束"。

(3)全清去字今读同次清字调阴去$_2$调,具体例字情况是:城山乡大塘村、江桥乡坝桥村、文桥乡饶塘陈凤姓村方言"汉"、双钟镇月亮村方言"背汉"、流泗镇红星村方言"汉"。

(四)口音划分

有关湖口方言内部差异的研究不多,《湖口县志》(1992:640)提到"湖口方言内部的主要差别大致呈南北向分布,依次称上、中、下方话"。陈凌《湖口方言语音研究》(2005:5)提到内部差异分四片:双钟片、流泗片、文桥片、流芳片,并指出双钟话受江淮官话影响,流泗片受彭泽话影响,流芳片受都昌话影响,文桥片位于县中部少受其他方言影响,最宜作为湖口方言代表。根据实地调查,结合已刊材料,本书将湖口方言分为三种口音:流泗口音、双钟口音、流芳口音(+为有此语音特征,—为无此语音特征)。

表 2-60　湖口县方言中古入尾今读例字表

特征＼分片	流泗口音	双钟口音	流芳口音
知₂章组字腭化现象	＋	＋	－
溪群母今读 h 现象	－	＋	－
遇合三知章组、见系读撮口	＋	＋	－
曾梗摄文读后鼻韵尾	－	－	＋
入声调	＋	－	＋

流泗口音处流泗镇的东北部、大垄的东部与彭泽相接壤的一些村落,表现为湖口方言向彭泽方言的自然过渡,与双钟口音有一些差异;双钟口音是湖口方言代表,除县城之外还应延伸到流泗镇中南部,包括凰村、马影、张青、大垄的中西部、文桥、武山中西部、城山、舜德北部、傅垅乡;流芳口音是湖口方言向都昌方言过渡地带,许多语音现象同北部双钟口音差异明显,包括流芳、舜德、武山南部;中部文桥镇、城山镇、舜德镇则是南部片与北部片过渡的地带,越往南越靠近流芳口音,越往北则接近双钟口音。

第五节　星子县方言语音特点及内部差异

一、星子县方言语音系统（以南康镇迎春桥社区方言为代表）

（一）声母（23个）

表 2-61　星子县声母表

p 悲班半兵壁	pʰ 普跑盘病匹	m 磨买命面目	ɸ 灰富胡符福	
t 肚斗短灯督	tʰ 兔透赵藤托	n 奴耐脑能捺		l 吕来老茘力
ts 左灾嘴斩绩	tsʰ 茶粗彩翠插		s 苏死沙瘦肃	

续表

tʂ 猪知招张哲	tʂʰ 者齿传橙织		ʂ 社舌水上食	
tɕ 鸡寄金九激	tɕʰ 骑巧钳旧杰	ȵ 鱼牛尿染虐	ɕ 牺休乡孝歇	
k 姑归庚刚革	kʰ 苦跪靠共克	ŋ 我矮暗硬恶	h 贺孩恨红学	
ø 雨衣文活药				

说明：[ɸ]还包括变体音[f]，[f]出现在与[i]相拼的少数字中，如"靴飞灰虚费"。

（二）韵母（48个）

表2-62　星子县方言声母表

ɿ 做紫师司事	ʅ 制知质出织	i 弟杯寄累七	u 初扶所出服	
	a 茶牙霞塔石	ia 茄姐爹惹迹	uia 茄	ua 瓦花蛙画挖
	ɛ 锯渠_他实舌十	iɛ 去鱼聂雪铁	uiɛ 缺月血穴决	uɛ 国越佛日
	ɹ 二耳儿尔而			
	ɔ 我波勺落确	iɔ 药削掠脚六	uɔ 窝果火禾扩	
	ai 开灾迈奶隘		uai 坏块怪槐乖	
			ui 雨归肺屈橘	
	au 保高跑孝曹	iau 交表乔尿晓		
	ɐu 偷走沟谋瘦		uɐu 浮否	
	ou 抽丑周收寿	iu 流秋有菊绿		
	an 胆站烂慢间		uan 关惯湾帆环	
	ɛn 陕渗展砖传	iɛn 验添剪年全	uiɛn 铅圆拳劝远	
	ən 针珍春问正	iən 能		
	ɔn 南甘岸盘拴	iɔn 全软圈圆远	uɔn 官款豌观换	
		in 心旬秦兴京	uin 菌匀军群云	
	aŋ 彭坑生冷声	iaŋ 饼镜晴零岭	uaŋ 横梗	
	ɒŋ 帮杭壮棒蚌	iɒŋ 两匠强乡腔	uɒŋ 房慌黄筐矿	
	əŋ 灯省洞宋众	iəŋ 荣穷熊龙用		
		iŋ 杏丁经营英		
m̩ 姆_{姆妈}	n̩ 你			

（下加__划线表示白读，下加__划线表示文读）

112

（三）声调（7个）

表 2-63　星子县方言声调表

阴平　33　尊初伤天三		阳平　324　穷陈寒鹅人
上声　354　古口好网有		
阴去₁　35　盖世送放怕	阴去₂　214　搞唱菜黑七	阳去　21　近大用六食
入声　23　急桌发烈绿		

二、星子县方言语音特点（以南康镇迎春桥社区方言为代表）

（一）中古声母今读特点

1. 中古全浊声母与次清声母合流，今读带"清音浊流"特点，如婆 [pʱɔ]、破 [pʱɔ²]、土 [tʰu]、杜 [tʱu²]、才 [tsʱai]、菜 [tsʱai²]、耻 [tʂʱɿ]、痔 [tʂʱɿ²]、吵 [tsʱau]、巢 [tsʱau]、疮 [tsʱɔŋ]、床 [tsʱɔŋ]、穷 [tɕʱiuŋ]；奉邪船禅匣母今多读清擦音，如肥 [ɸui]、示 [ʂɿ²]、邵 [ʂau²]、神 [ʂən]、号 [hau²]。

2. 帮组今读 [p]、[pʱ]、[m]，如表 [ᶜpiau]、潘 [pʱɔn]、薄 [pʱɔʔ]、眉 [mi]。非敷奉母今多读清唇擦音 [ɸ]，个别字读 [f]，微母除个别字保留重唇读法外均读零声母，如扶 [ɸu]、灰 [fi]、肥 [ɸui]、蚊 [mən]、饭 [ɸuan²]、网 [ᶜmoŋ]、忘 [uoŋ²]。

3. 端透定母今读 [t]、[tʰ]，个别字（条体笛）有读边音 [l] 现象，如刀 [tau]、桃 [tʱu]、邓 [tʱəŋ²]、甜 [tʱiɛn]、体 [ᶜli]。

4. 泥母逢洪音今读 [n]，来母逢洪音今读 [l]，如南 [nɔn]、兰 [lan]、暖 [ᶜnɔn]；泥母细音今读 [ȵ]；来母逢细音字今读 [tʰ]，来母蟹开四、效开三四、流开三、梗开四个别字今读边音 [l]，如年 [ȵiɛn]、娘 [ȵioŋ]、六 [tʰioʔ]、猎 [tʰiɛʔ]、礼 [ᶜli]、梨 [li]。

5. 精知₂庄组今读 [ts]、[tsʰ]、[s]，如租 [tsu]、猜 [tsʱai]、刺 [tsɿ²]、斋 [tsai]、初 [tsʱu]、事 [sɿ²]、站 [tsanᵒ]、茶 [tsʱa]、齐 [tsʱi]、小 [ᶜsiɛu]、秋 [tsʱiu]、接 [tsiɛʔ]。

6. 知₃章组字今多读 [tʂ]、[tʂʰ]、[s]，如猪 [₋tʂu]、齿 [˚tʂʰɿ]、水 [˚ʂu]、烧 [₋ʂau]、扇 [ʂenᵓ˪]、船 [₋sen]、周 [₋tʂou]、真 [₋tʂən]、绳 [₋ʂən]、沉 [₋tʰən]、赵 [tʰauᵓ]、陈 [₋tʰən]；知₃章组少数字有读 [t]、[tʰ] 现象，如遇合三"苎柱住处"，效开三"潮赵"，深开三"沉"，山开三澄"缠"，山合三"椽传"，臻开三"趁陈尘阵侄"，臻合三"椿春蠢出"，宕开三"昌厂焯"，曾开三"澄直值承丞殖植"，梗开三"呈程郑成城诚"，通合三"虫重"，其中"重虫住"塞音与塞擦音变读现象。

7. 日母字假开三、止开三今多读零声母，如耳 [˚ɚ]、惹 [˚ia]，咸开三、山合三、臻开三、通合三日母字今读 [ɲ]，如染 [˚ɲien]、软 [˚ɲien]、认 [ɲinᵓ]、肉 [luᵓ]；其他日母字今读边音 [l]，如 [₋lu]、任 [lənᵓ]、热 [lɛᵓ]、闰 [lenᵓ]、让 [lɔŋᵓ]、绒 [₋luŋ]。

8. 见组一二等、止合三等、蟹合四等字今读 [k]、[kʰ]、[ŋ]，如哥、苦、岸 [ŋɔnᵓ]、跪、闺、桂 [kuiᵓ˪]；见组三四等逢细音今读 [tɕ]、[tɕʰ]、[ɲ]，如斤 [₋tɕin]、肩 [₋tɕien]、件 [tɕʰienᵓ]、钳 [₋tɕʰien]、轻 [₋tɕʰiaŋ]、牛 [₋ɲiu]；例外现象是果开三"茄 [₋guia]"，遇合三"锯 [kɛᵓ˪]"，宕合三"狂 [₋guɔŋ]"，通合三"共 [gəŋᵓ]"，山合一"款 [˚uɔn]"。

9. 晓匣母开口一二等多读 [h]，开口三四等多读 [ɕ]，河 [₋hɔ]、海 [˚hai]、校 [ɕiauᵓ]、休 [₋ɕiu]、协 [ɕieᵓ]；晓匣母合口字今读与非组相混，今读 [ɸ]，如扶 [₋ɸu]、火 [˚ɸu]、花 [₋ɸua]、个别字读 [f]，如飞 [₋fi]、玄 [₋fien]，个别字匣母字读零声母，如瓠 [uᵓ]、换 [uɔnᵓ]、活 [uɔᵓ]。

10. 影母开口一二等今读 [ŋ]，开口三四等及合口字今读零声母，如爱 [ŋaiᵓ˪]、矮 [˚ŋai]、安 [₋ŋɔn]、乌 [₋u]、威 [₋ui]；喻母字读零声母，如芋 [iᵓ]、雨 [˚i]，例外字有"铅 [₋ɲien]"。

(二) 中古韵母今读特点

1. 果摄开口一等字韵母今读 [ɔ]，合口一等见系字韵母今读 [uɔ]，三等韵母今读 [ia]，如多 [₋tɔ]、河 [₋hɔ]、坐 [tsʰɔᵓ]、过 [kuɔᵓ˪]、祸 [ɸuɔᵓ]、茄 [₋guia]、靴 [₋fia]。个别字例外字：火 [˚ɸu]、大 [tʰaiᵓ]、哪 [˚na]。

2. 假摄开口二等、三等庄章组字、合口二等庄组字韵母今读 [a]，开口三等精组、知组、喻母字韵母今读 [ia]，见系字韵母今读 [ua]，如茶 [₋tsʰa]、车 [₋tsʰa]、姐 [˚tɕia]、夜 [iaᵓ]、瓜 [₋kua]、傻 [˚sa]。

3. 遇摄合口一等及合口三等非组、知庄章组、日母字韵母读 [u]，合口三等精组、泥组字韵母读[i]，合口三等见系字韵母读[ui]，如补[ˢpu]、土[ˢtʰu]、卢[₋lu]、租[₋tsu]、枯[₋ku]、虎[ˢɸu]、猪[₋tʂu]、书[₋ʂu]、薯[₋ʂu]、徐[₋tsʰi]、举[ˢkui]；一等精组个别字韵母读[ɿ]，如"做"[tsɿᵓ¹]，见组个别字韵母今读[iɛ]，如锯[kɛᵓ¹]、去[tɕʰiɛᵓ¹]、鱼[₋ȵiɛ]。

4. 蟹摄开口一二等字韵母今读[ai]，如带[taiᵓ¹]、来[₋lai]、开[₋kʰai]、排[₋pʰai]、街[₋kai]，个别例外字有洒[ˢsa]、稗[pʰaˀ]；蟹摄开口三四等(知章组除外)及合口一等(见系除外)字韵母今读[i]，如挤[ˢtɕi]、杯[₋pi]、对[tiᵓ]、罪[tsʰiˀ]，蟹摄开口三四等知章组字、合口三等章组字韵母今读[ɿ]，如制[tʂɿᵓ¹]、税[ʂɿᵓ¹]，蟹摄合口一等见系及合口三等(知章除外)字韵母今读[ui]，合口一等个别字(块外)读同合口二等字韵母[uai]，如岁[suiᵓ¹]、桂[kuiᵓ¹]、怪[kuaiᵓ¹]、歪[₋uai]。

5. 止摄开口(精知庄章组除外)及合口三等来母、精组字、日母字韵母今读[i]，止摄开口精组、庄组字韵母读[ɿ]，止摄开口知章组字韵母读[ɿ]，如皮[₋pʰi]、梨[₋li]、紫[ˢtsɿ]、师[₋sɿ]、指[ˢtʂɿ]、纸[ˢtʂɿ]、知[₋tʂɿ]、志[tʂɿᵓ¹]；止摄合口三等庄组字韵母今读[ai]，合口三等知章组字韵母文读[ɿ]，白读[u]，合口三等非组、见系字韵母读[ui]，如累[liˀ]、衰[₋sai]、吹[₋tʰu]、追[₋tʂɿ]、龟[₋kui]、飞[₋ɸui]。

6. 效摄一二等字韵母读[au]，三等除知章组字韵母今读[au]，其他三等字及四等字韵母今读[iau]，如毛[₋mau]、劳[₋lau]、考[ˢkʰau]、包[₋pau]、交[₋kau]、赵[tʰauᵓ]、少[ˢʂau]、表[ˢpiau]、小[siau]、腰[₋iau]、尿[ȵiauˀ]。

7. 流摄一等及三等非组、庄组、日母字韵母读[ɛu]；三等知章组字韵母读[ou]，其他三等字韵母今读[iu]，如走[ˢtsɛu]、狗[ˢkɛu]、抽[tʂʰou]、周[₋tʂou]、流[₋liu]、修[₋siu]、瘦[sɛuᵓ¹]、九[ˢtɕiu]、丢[₋tiu]；非组字"富妇负副"韵母今读[u]。

8. 咸摄一等端组、泥组、精组字舒声韵母今读[an]，个别字韵母读[ɔn]，入声字韵母今读[a]，一等见系舒声字韵母今读[ɔn]，入声字韵母今读[ɔ]，如贪[₋tʰɔn]、胆[ˢtan]、含[₋hɔn]、答[taˀ]、鸽[kɔˀ]；二等舒声字韵母今读[an]、知庄组入声字韵母今读[a]，见系入声字韵母今读[ia]，如站[tsanᵓ¹]、减[ˢkan]、鸭[ŋaˀ]、狭[ɕiaˀ]；三等知章组舒声字韵母今读[ɛn]，入声字韵母今读[ɛ]，其他三等字与四等字合流，舒声字韵母今读[iɛn]，入声字韵母今读[iɛ]，如闪[ˢsɛn]、尖[₋tsiɛn]、接[tsiɛˀ]、店[tiɛnᵓ¹]、协[ɕiɛˀ]；咸摄合口三等舒声字韵母今读[uan]，入声字韵母今读[ua]，如范[ɸuanˀ]、法[ɸuaˀ]。

9. 深摄庄组舒声字韵母今读 [ɛn]、入声字韵母今读 [ɛ]，知章组字舒声字韵母今读 [ən]，入声字韵母今读 [ʅ]、[ɛ]，其他舒声字韵母今读 [in]、入声字韵母今读 [i]，如林 [˂lin]、深 [˂sən]、森 [˂sɛn]、金 [˂tɕin]、立 [tʰi˼]、十 [sɛ˽]、入 [ɛ˽]。

10. 山摄开口一等（见系除外）及二等舒声字韵母今读 [an]，入声字韵母今读 [a]，如炭 [tʰanº˼]、山 [˂san]、八 [pa˽]；山摄开口一等见系字、合口一等（见系除外）、合口二等庄组舒声字韵母今读 [ɔn]，入声字韵母今读 [ɔ]，如肝 [˂kɔn]、达 [tʰa˽]、割 [kɔ˽]、短 [˂tɔn]、钵 [pɔ˽]、拴 [˂sɔn]、刷 [sɔ˽]；山摄开合口三等知章组及日母舒声字韵母今读 [ɛn]，入声字韵母今读 [ɛ]，如专 [˂tʂɛn]；山摄开口三等其他组系字与开口四等字、山摄合口三等泥组、精组、日母，舒声字韵母今读 [iɛn]，入声字韵母今读 [iɛ]，如战 [tsɛnº˼]、面 [miɛn˽]、列 [tʰiɛ˽]、舌 [sɛ˽]、天 [˂tʰiɛn]、铁 [tʰiɛº˼]；全 [˂tɕʰiɛn]、雪 [siɛ˽]。

山摄合口一等见系舒声字韵母今读 [uɔn]，入声字韵母今读 [uɔ]，如管 [˂kuɔn]、阔 [kʰuɔº˼]；合口二等见系、合口三等非组舒声字韵母今读 [uan]，入声字韵母今读 [ua]，如关 [˂kuan]、刮 [kua˽]、饭 [ɸuan˽]、罚 [ɸua˽]；山摄合口三等见系与四等合流，舒声字韵母今读 [uiɛn]，入声字韵母读 [uiɛ]、[uɛ]，如拳 [˂kʰuiɛn]、元 [˂uiɛn]、月 [uiɛ˽]、越 [uɛ˽]。

11. 臻摄开口一等字韵母今读 [ɛn]，如根 [˂kɛn]、很 [˂hɛn]；臻摄开口三等（知庄章组除外）、合口三等精组舒声字韵母今读 [in]，入声字韵母今读 [i]，如民 [˂min]、亲 [˂tsʰin]、笔 [pi˽]、近 [tɕʰin˽]、旬 [˂sin]；臻摄开口三等知庄章组、合口一等（见系除外）、合口三等（见系除外）舒声字韵母今读 [ən]，入声字韵母今读 [ʅ]、[ɛ]，如肾 [sən˽]、失 [sʅ˽]、本 [˂pən]、村 [˂tsʰən]、不 [pɛ˽]、轮 [˂lən]、春 [˂tsʰən]、出 [tsʰʅº˼]、实 [sɛ˽]；臻摄合口一等见系及合口三等非组舒声字韵母今读 [uən]，入声字韵母今读 [u]、[uɛ]，如分 [˂ɸuən]、骨 [ku˽]、物 [uɛ˽]；臻摄合口三等见系舒声字韵母今读 [uin]，入声字韵母今读 [ui]，如橘 [kui˽]、军 [˂kuin]。

12. 宕摄开口一等、宕摄开口三等知庄章日组、江摄字舒声字韵母合流，今读 [ɔŋ]、入声字韵母今读 [ɔ]，如汤 [˂tɔŋ]、仓 [˂tsʰɔŋ]、落 [lɔ˽]、恶 [ŋɔ˽]、胖 [pʰɔŋº˼]、双 [˂sɔŋ]、江 [˂kɔŋ]、项 [hɔŋ˽]、剥 [pɔ˽]、捉 [tsɔ˽]、学 [hɔ˽]；宕摄开口三等（知庄章日组除外）、江摄见组个别舒声字韵母今读 [iɔŋ]、入声字韵母今读 [iɔ]，如娘 [˂niɔŋ]、张 [˂tsɔŋ]、章 [˂tsɔŋ]、香 [˂ɕiɔŋ]、削 [siɔ˽]、勺 [sɔ˽]、药 [iɔ˽]、腔 [˂tɕʰiɔŋ]；宕摄合口一、

三等非组及见系舒声字韵母今读 [uɔŋ]，入声字韵母今读 [ɔ]、[uo]，如光 [₋kuɔŋ]、黄 [₋ɸuɔŋ]、方 [₋ɸuɔŋ]、郭 [kuɔ₋]、霍 [hɔ₋]。

13. 曾摄开口一等、开口三等知庄章组、合口一等舒声字韵母今读 [əŋ]，入声字韵母读 [ɛ]、[uɛ]，如灯 [₋təŋ]、曾 [₋tsəŋ]、肯 [˙kʰəŋ]、北 [pɛ₋]、塞 [sɛ₋]、克 [kʰɛ²]、色 [sɛ₋]、弘 [₋ɦəŋ]、国 [kuɛ₋]；曾摄开口三等帮组、泥组、见系舒声字韵母今读 [iŋ]，入声字韵母今读 [i]，如冰 [₋piŋ]、蒸 [₋tsəŋ]、力 [tʰi₋]、极 [tɕʰi²]。

14. 梗摄开口二等、开口三知章组舒声字韵母今读 [əŋ]，开口二等晓匣母舒声字韵母今读 [iŋ]，入声字韵母今读 [ɛ]/[ʅ]，个别字存在白读音，舒声字韵母读 [aŋ]，入声字韵母今读 [a]，如彭 [₋pʰaŋ]、孟 [məŋ²]、生₍文₎[₋səŋ]/ 生₍白₎[₋saŋ]、庚 [₋kəŋ]、百 [pɛ₋]、择 [tsʰɛ₋]、客 [kʰɛ²]、争₍文₎[₋tsəŋ]/ 争₍白₎[₋tsaŋ]、幸 [ɕiŋ²]；梗摄开口三等（知章组除外）及开口四等舒声字韵母文读 [in]，入声字韵母文读 [i]，舒声字韵母白读 [iaŋ]，入声字韵母白读 [ia]，如平₍文₎[₋pʰiŋ]/ 平₍白₎[₋pʰiaŋ]、碧 [pi₋]、情 [₋tsʰiŋ]、晴 [₋tsʰiaŋ]、昔 [si₋]、迹 [tsia₋]、郑 [tʰaŋ²]、石 [ʂa²]、钉 [₋tiaŋ]、灵 [₋tʰiŋ]、绩 [tsi₋]、笛 [lia²]；梗摄合口二等舒声字韵母今读 [uɔŋ]、[uəŋ]，入声字韵母今读 [ua]，如矿 [˙uɔŋ]、横 [₋ɸuəŋ]、获 [ɸua²]；梗摄合口三四等舒声字韵母今读 [iəŋ]、[iŋ]，入声字韵母今读 [ui]，如兄 [₋ɕiəŋ]、永 [˙uiŋ]、疫 [ui₋]。

15. 通摄合口一等及合口三等非组、知庄章组、日母舒声字韵母今读 [əŋ]，入声字韵母今读 [u]，如东 [₋təŋ]、孔 [˙kʰəŋ]、族 [tsʰu²]、谷 [ku₋]、冬 [₋təŋ]、毒 [tʰu²]、丰 [₋ɦəŋ]、虫 [₋tʰəŋ]、龙 [₋ləŋ]、宫 [₋kəŋ]、福 [ɸu₋]、肉 [lu₋]、烛 [tʂu₋]；合口三等其他舒声字韵母今读 [iəŋ]，入声字韵母今读 [iu]，如穷 [₋tɕʰiəŋ]、用 [iəŋ²]。例外字"六"读 [tʰiɔ²]。

（三）中古声调今读特点

星子县南康镇迎春桥社区方言有 7 个调类。古全清平与次清平今读阴平调，全浊平与次浊平今读阳平调；古清上与次浊上今读上声，全浊上归去；古全清去与次清去分调，古全清去、部分次清去字（怕破课兔醋裤去退刺趣去处）今读阴去₁，全清去中今读喉擦音 [h] 声母的字与次清去字今读阴去₂，全浊上与浊去今读阳去。全清入字与少数浊入字今读入声调，其他字舒声化，次清入派入阴去₂调，浊入字派入阳去调。

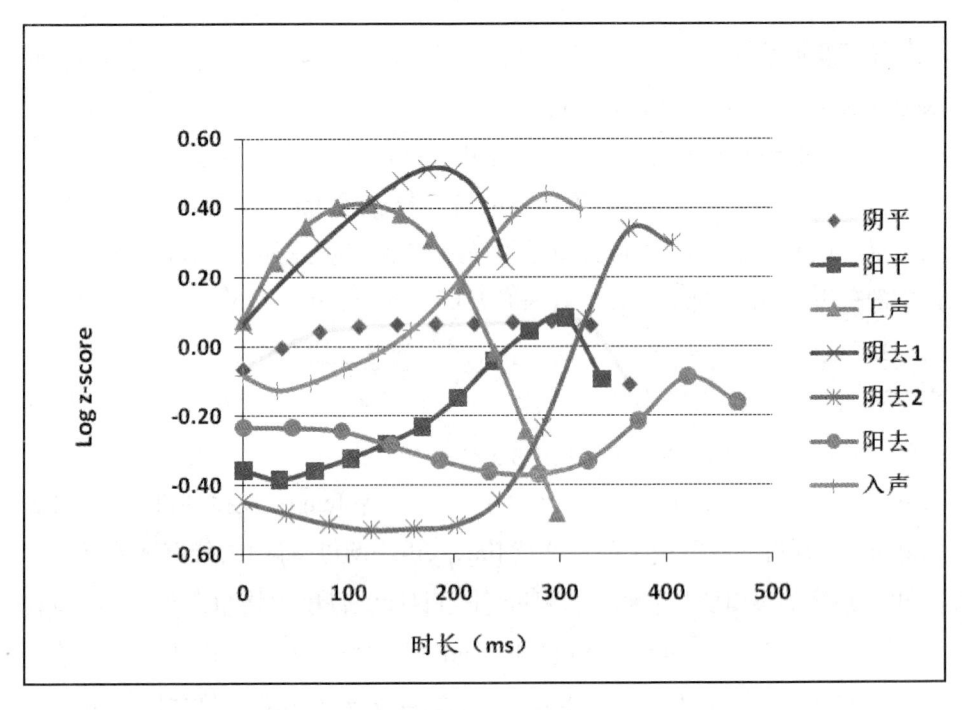

图 2-5　星子县南康镇迎春桥社区方言基频曲线图

三、星子县方言语音内部差异

星子县全县面积 719 平方千米,有 7 个镇、3 个乡：南康镇、白鹿镇、温泉镇、蓼花镇、华林镇、蛟塘镇、横塘镇、蓼南乡、苏家当乡、泽泉乡。笔者实地调查南康镇迎春桥社区、白鹿镇玉京村码头镇、华林镇繁荣村大屋金、温泉镇桃花源余家、蓼花镇胜利村东平山、苏家档乡土牛村、横塘镇联盟村㘭上查家、蓼南乡新华村何家堡方言。①结合已刊蛟塘镇（陈昌仪,2005）方言材料,看星子县赣语的内部差异。

（一）声母今读差异

1. 中古全浊声母今读

南康镇与白鹿镇方言全浊声母与次清合流,今读有"清音浊流"特点,其他

---

① [DB/OL] http://www.xzqh.org/html/show/jx/10160.htm,2010–01–26/2015–12–9。

118

方言全浊声母与次清合流为不送气浊音。

表2-64　星子县方言中古全浊声母今读例字表

例字 地点	步並 遇合一	道定 效开一	茶澄 假开二	才从 蟹开一	锄崇 遇合三	旗群 止开三	食船 曾开三	社禅 假开三
南康镇迎春桥	pʰu²	tʰau²	₅tsʰa	₅tsʰai	₅tsʰu	₅tsʰi	şe²	şa²
白鹿镇玉京村	pʰu²	tʰau²	₅tsʰa	₅tsʰai	₅tsʰu	₅tsʰi	şe²	şa²
华林镇繁荣村	bu²	dau²	₅dza	₅dzai	₅dzu	₅dzi	şe²	şa²
温泉镇桃花源	bu²	dau²	₅dza	₅dzai	₅dzu	₅dzi	şe²	şa²
蓼花镇胜利村	bu²	dau²	₅dza	₅dzai	₅dz	₅dz	şe²	şa²
苏家垱土牛村	bu²	dau²	₅dza	₅dzai	₅dz	₅dz	şe²	şa²
横塘镇联盟村	bu²	dau²	₅dza	₅dzai	₅dz	₅dzi	şe²	şa²
蓼南乡新华村	bu²	dau²	₅₁dza	₅₁dzai	₅₁dz	₅₁dzi	şe²	şa²
蛟塘镇(陈)	bu²	dau²	₅dza	₅dzai	₅dz	₅dzi	ʃe²	ʃa²

2. 来母逢细音今读

蛟塘镇(陈昌仪,2005)、白鹿镇玉京村方言来母逢细音今读塞音[d/tʰ];温泉镇桃花源余家、横塘镇联盟村墈上查家方言今读[l];南康镇迎春桥社区、华林镇繁荣村大屋金、蓼花镇胜利村东平山、苏家垱乡土牛村、蓼南乡新华村何家堡方言处于塞音与边音的过渡状态,即部分韵摄字读塞音[d/tʰ],部分韵摄字读边音[l],有些字在听感上既像边音又像塞音,记音为[lᵈ]。

表2-65　星子县方言来母细音今读例字表

例字 地点	梨 止开三	刘 流开三	林 深开三	岭 梗开三	犁 蟹开四	料 效开四	莲 山开四	灵 梗开四
蛟塘镇(陈)	₅di	₅diu	₅din	○	₅di	dieu²	₅dien	○
白鹿镇玉京村	₅tʰi	₅tʰiu	₅tʰin	ᶜtʰiŋ	₅tʰi	tʰiau²	₅tʰien	₅tʰiŋ
横塘镇联盟村	₅li	₅liu	₅lin	ᶜliaŋ	₅li	lieu²	₅lien	₅liŋ
温泉镇桃花源	₅li	₅liu	₅lin	ᶜliaŋ	₅li	lieu²	₅lien	₅liŋ
南康镇迎春桥	₅li	₅lᵈiu	₅lᵈin	ᶜliŋ	₅lᵈi	liau²	₅lᵈien	₅lᵈiŋ
华林镇繁荣村	₅li	₅lᵈiu	₅din	ᶜliaŋ	₅lᵈi	lᵈieu²	₅lᵈien	₅diŋ
蓼花镇胜利村	₅di	₅diu	₅din	ᶜdiaŋ	₅di	dieu²	₅lᵈien	₅liŋ
苏家垱土牛村	₅di	₅diu	₅din	ᶜdiaŋ	₅di	dieu²	₅lᵈien	₅liŋ
蓼南乡新华村	₅₂li	₅₂liu	₅₂lᵈin	ᶜliaŋ	₅₂li	lieu²	₅₂lien	₅₂liŋ

3. 中古知₃章组字今读

知₃章组字今读 [tʂ]、[dz]/[tʂʰ]、[ʂ]，白鹿镇玉京村、南康镇迎春桥方言个别知₃章组字有读塞音 [tʰ] 的现象。白鹿镇玉京村方言知₃章组字有读塞音的字有"厨住柱橙直程虫重臣车吹川昌唱称秤成城诚"；南康镇迎春桥方言知₃章组字读塞音的字有"潮除直焯殖植侄椿苎潮赵传沉缠橡陈尘侄阵澄橙程呈郑虫重处春蠢出昌厂称秤充铳冲触承丞成城诚"。

表 2-66 星子县方言知₃章组字今读例字表

例字 地点	柱澄 遇合三	赵澄 效开三	虫澄 通合三	砖章 山合三	车昌 假开三
南康镇迎春桥	tʰu²	tʰau²	₅tʰəŋ	₅tsɛn	₅tʂʰa
白鹿镇玉京村	tʰu²	tʰau²	₅tʰəŋ	₅tsɛn	₅tʂʰa
华林镇繁荣村	dzu²	dzɛu²	₅dzəŋ	₅tsɛn	₅dza
温泉镇桃花源	dzu²	dzɛu²	₅dzəŋ	₅tsɛn	₅dza
蓼花镇胜利村	du²	dzɛu²	₅dzəŋ	₅tsɛn	₅dza
苏家垱土牛村	dzu²	dzɛu²	₅dzəŋ	₅tsɛn	₅dza
横塘镇联盟村	dzu²	dzɛu²	₅dzəŋ	₅tsɛn	₅dza
蓼南乡新华村	dzu²	dzɛu²	₅dzəŋ¹³	₅tsɛn	₅dza
蛟塘镇（陈）	dʒu²	dʒɛu²	₅dʒəŋ	₅tʃɛn	₅dʒa

4. 溪群母字今读

华林镇繁荣村大屋金、蓼花镇胜利村东平山、苏家垱乡土牛村、蓼南乡新华村何家堡方言溪群母存在读零声母的现象。

表 2-67 星子县方言溪群母字今读例字表

例字 地点	苦溪 遇合一	巧溪 效开二	丘溪 流开三	茄群 果开三	权群 山合三	穷群 通合三
华林镇繁荣村	ᶜgu	ᶜdziɛu	₅dziu	₅guia	₅uiɛn	₅dziəŋ
蓼花镇胜利村	ᶜu	ᶜdziɛu	₅dziu	₅guia	₅guiɛn	₅dziəŋ
苏家垱土牛村	ᶜgu	ᶜdziɛu	₅dziu	₅uia	₅guiɛn	₅dziəŋ
蓼南乡新华村	ᶜgu	ᶜdziɛu	₅iu	₅¹³uia	₅uiɛn	₅dziəŋ

续表

例字 地点	苦溪 遇合一	巧溪 效开二	丘溪 流开三	茄群 果开三	权群 山合三	穷群 通合三
白鹿镇玉京村	ˊkʰu	ˊtɕʰiau	ˊtɕʰiu	ˌkʰuia	ˌkʰuiɛn	ˌtɕʰiəŋ
南康镇迎春桥	ˊkʰu	ˊtɕʰiau	ˊtɕʰiu	ˌkʰuia	ˌkʰuiɛn	ˌtɕʰiəŋ
温泉镇桃花源	ˊgu	ˊdʑiɛu	ˌdʑiu	ˌguia	ˌguiɛn	ˌdʑiəŋ
横塘镇联盟村	ˊgu	ˊdʑiɛu	ˌdʑiu	ˌguia	ˌguiɛn	ˌdʑiəŋ
蛟塘镇（陈）	ˊgu	ˊdʑiɛu	ˌdʑiu	ˌguia	ˌguiɛn	ˌdʑiŋ

5. 透定母今读

白鹿镇玉京村码头镇、蛟塘镇（陈昌仪，2005）方言透定母今读塞音 [d/tʰ]；其他乡镇方言透定母有读 [l] 声母现象，个别字听感上既像边音又像塞音，记音为 [lᵈ]。

表 2-68　星子县方言透定母今读例字表

例字 地点	胎透 蟹开一	梯透 蟹开四	天透 山开四	桃定 效开一	徒定 遇合一	弟定 蟹开四	笛定 梗开四
白鹿镇玉京村	ˌtʰai	ˌtʰi	ˌtʰiɛn	ˌtʰau	ˌtʰu	tʰi²	tʰi²
南康镇迎春桥	ˌtʰai	ˌtʰi	ˌtʰiɛn	ˌtʰau	ˌtʰu	tʰi²	lia²
华林镇繁荣村	ˌdai	ˌlᵈi	ˌlᵈiɛn	ˌdau	ˌdu	lᵈi²	di²
温泉镇桃花源	ˌdai	ˌli	ˌliɛn	ˌdau	ˌdu	li²	lia²
蓼花镇胜利村	ˌdai	ˌdi	ˌdiɛn	ˌdau	ˌdu	di²	ˌlia
苏家档土牛村	ˌdai	ˌdi	ˌliɛn	ˌdau	ˌdu	di²	lia²
横塘镇联盟村	ˌdai	ˌli	ˌliɛn	ˌdau	ˌdu	lᵈi²	lia²
蛟塘镇（陈）	ˌdai	○	ˌdiɛn	ˌdau	○	di²	diaᶜ
蓼南乡新华村	ˌdai	ˌlᵈi	ˌlᵈiɛn	ˌdau	ˌdu	li²	lia²

（二）韵母今读差异

1. 遇摄韵母今读

除温泉镇桃花源余家方言外，遇摄精知庄组个别字（做梳锄）韵母今读 [ɿ]。

121

表 2-69　星子县方言遇摄韵母今读例字表

地点＼例字	粗清 遇合一模	做精 遇合一模	锄崇 遇合三鱼	梳生 遇合三鱼	徐邪 遇合三鱼	雨云 遇合三虞
南康镇迎春桥	₋tsʰu	tsɿᵓ¹	₋tsʰu	₋su	₋tsʰi	ᶜui
白鹿镇玉京村	₋tsʰu	tsɿᵓ¹	₋tsʰu	₋su	₋tsʰi	ᶜui
华林镇繁荣村	₋dzu	tsɿᵓ¹	₋dzɿ	₋sɿ	₋dzi	ᶜui
温泉镇桃花源	₋dzu	tsɿᵓ¹	₋dzu	₋su	₋dzi	ᶜui
蓼花镇胜利村	₋dzu	tsɿᵓ¹	₋dzɿ	₋sɿ	₋dzi	ᶜui
苏家档土牛村	₋dzu	tsɿᵓ¹	₋dzɿ	₋sɿ	₋dzi	ᶜui
横塘镇联盟村	₋dzu	tsɿᵓ¹	₋dzɿ	₋sɿ	₋dzi	ᶜui
蓼南乡新华村	₋dzu	tsɿᵓ¹	₋₁dzɿ	₋₁sɿ	₋₁dzi	ᶜui
蛟塘镇（陈）	₋dzu	tsɿᵓ	₋dzu	₋sɿ	₋dzi	ᵝui

2. 山摄合口三等见系韵母今读

山合₃见系韵母共性特点是舒声韵母今读 [uiɛn]，入声字韵母今读 [uiɛ]，各乡镇方言个别字舒声字韵母今读 [uɛn]、[iɛn]，入声字韵母今读 [uɛ]，例字情况不一。

表 2-70　星子县方言山合三见系韵母今读例字表

地点＼例字	圈溪 山合三	拳群 山合三	劝溪 山合三	铅以 山合三	远云 山合三	越云 山合三
华林镇繁荣村	₋guen	₋guen	guenᵓ²	₋ȵiɛn	ᶜuiɛn	uiɛʔ₋
蓼花镇胜利村	₋guen	₋guen	guenᵓ²	₋ȵiɛn	ᶜuiɛn	uiɛ₋
苏家档土牛村	₋guiɛn	₋guiɛn	uiɛnᵓ²	₋ȵiɛn	ᶜuiɛn	uiɛʔ₋₁
横塘镇联盟村	₋guiɛn	₋guiɛn	uiɛnᵓ²	₋ȵiɛn	ᶜuiɛn	uiɛʔ₋₁
白鹿镇玉京村	₋kʰuiɛn	₋kʰuiɛn	kʰuiɛnᵓ²	₋ȵiɛn	ᶜuiɛn	uɛ₋
南康镇迎春桥	₋kʰuiɛn	₋kʰuiɛn	kʰuiɛnᵓ²	₋ȵiɛn	ᶜuiɛn	uɛ₋
温泉镇桃花源	₋guiɛn	₋guiɛn	guiɛnᵓ²	₋ȵiɛn	ᶜuiɛn	uɛ₋
蛟塘镇（陈）	○	₋guiɛn	○	○	ᵝuiɛn	○
蓼南乡新华村	₋uiɛn	₋₁uiɛn	guiɛnᵓ²	₋ȵiɛn	ᶜuiɛn	uiɛ₋

3. 中古阳声韵韵尾今读

咸深山臻摄韵母韵尾为 [n]，曾宕江梗通摄韵母韵尾为 [ŋ]，温泉镇桃花源余家方言曾梗摄字白读音韵母韵尾为 [ŋ]。

表 2-71 星子县方言中古阳声韵韵尾今读例字表

地点\例字	胆_端 咸开一覃	心_心 深开三侵	酸_心 山合一桓	根_见 臻开一痕	唐_定 宕开一唐	蒸_章 曾开三蒸	精_精 梗开三清	用_以 通合三钟
温泉镇桃花源	ˀtan	ˌsin	ˌsɔn	ˌken	ˌdɔŋ	ˌtʂən	ˌtsin	iəŋˀ
南康镇迎春桥	ˀtan	ˌsin	ˌsɔn	ˌken	ˌtʰɔŋ	ˌtʂəŋ	ˌtsiŋ	iəŋˀ
白鹿镇玉京村	ˀtan	ˌsin	ˌsɔn	ˌken	ˌtʰɔŋ	ˌtʂəŋ	ˌtsiŋ	iəŋˀ
华林镇繁荣村	ˀtan	ˌsin	ˌsɔn	ˌkɛŋ	ˌdɔŋ	ˌtʂəŋ	ˌtsiŋ	iəŋˀ
蓼花镇胜利村	ˀtan	ˌsin	ˌsɔn	ˌken	ˌdɔŋ	ˌtʂəŋ	ˌtsiaŋ	iəŋˀ
苏家档土牛村	ˀtan	ˌsin	ˌsɔn	ˌken	ˌdɔŋ	ˌtʂəŋ	ˌtsiŋ	iəŋˀ
横塘镇联盟村	ˀtan	ˌsin	ˌsɔn	ˌkɤn	ˌdɔŋ	ˌtʂəŋ	ˌtsiŋ	iəŋˀ
蓼南乡新华村	ˀtan	ˌsin	ˌsɔn	ˌkɤn	ˌdɔp	ˌtʂəŋ	ˌtsiŋ	iəŋˀ
蛟塘镇（陈）	ˀtan	ˌsin	ˌsɔn	ˌkɤn	ˌdɔŋ	ˌtʃəŋ	ˌtsiŋ	iəŋˀ

（三）声调今读差异

星子县方言有 7 个至 8 个调类。主要差异有：

（1）浊平今读

蓼南乡方言全浊平与次浊平分调，其他乡镇方言全浊平与次浊平合流今读一个阳平调。

（2）清去今读

全清去与次清去是分调的。南康镇、白鹿镇方言有个别次清去字今读同全清去字调，南康镇迎春桥社区方言"怕破课兔醋裤去退刺趣去处"、白鹿镇玉京村码头镇方言"怕破兔裤刺课醋去退"今读同全清去字调。

（3）入声调今读

一般性特点是全清入今读入声调，次清入字读同次清去字调，浊入部分字读同全清入,浊入字部分字归阳平,全浊入字部分归阳去。华林镇繁荣村、温泉镇桃花源、蓼花镇胜利村、蛟塘镇(陈昌仪,2005)、蓼南乡新华村方言属此情况。苏家档土牛村、横塘镇联盟村方言次清入今读入声调。南康镇迎春桥、白鹿镇玉京村方言浊入字没有归阳平现象。当地人对全浊入字归阳平还是阳去很敏感,南康发音人举例说"笛子"一词在南康镇方言中说 [lia² tɛ],别的乡镇则说 [₅lia tɛ]。温泉镇桃花源发音人举例说明自己的方言有不同别处的地方,如"石鱼"中"石"字,温泉镇桃花源人说 [ʂa²],别的乡镇则说 [₅ʂa],"落雨"一词中的"落"在温泉镇桃花源是说 [luɔ²],别处是说 [₅luɔ]。

(四) 口音划分

星子县本地人根据鄱阳湖由南向北注入长江的方向,把南部方言称为上乡音,北部方言称为下乡音。星子县方言语音差异主要是声母与声调差异,县城以北地区与县城以下地区有较大区别,本书把星子县赣语分为三种口音:南康口音、华林口音、横塘口音(+ 为有此语音特征,— 为无此语音特征)。

表 2-72　星子县方言各口音语音特征表

	南康口音	华林口音	横塘口音
中古全浊声母读不送气浊音	—	+	+
来母细音读塞音	+	+/—	+/—
溪群母今读零声母现象	—	+	+
中古知三章组字塞音现象	+	—	—
次清去字今读同全清去字调现象	+	—	—
次清入今读独立入声调	—	—	+
全浊入有归阳平现象	—	+	+

南康口音包括南康、白鹿;华林口音包括华林、蓼花、蓼南、蛟塘;横塘口音包括苏家档、横塘、泽泉。

第六节　德安县方言语音特点及内部差异

一、德安县方言语音系统（以林泉乡林泉村方言为代表）

（一）声母（23个）

表 2-73　德安县方言声母表

p 摆饱半饼北	pʰ 步婆瓢平拍	m 米猫明棉麦	f 斧水花红福
t 低带岛等督	tʰ 兔抬甜邓读	n 耐能农暖捼	l 卢烂连力落
ts 租嘴酒增斩	tsʰ 蛆粗秋枪戚		s 苏瘦箫双虱
tʂ 猪照证张哲	tʂʰ 住赵传郑侄		ʂ 诗升上声舌
tɕ 寄叫金精积	tɕʰ 去骑钳青鹊	ȵ 元银娘日肉	ɕ 喜心星现畜
k 姑句庚刚格	kʰ 可具开共客	ŋ 牙矮恩硬恶	h 河海很巷学
ø 雨乌闻网药			

说明：遇合三、通合三、梗开三韵摄中，[tʂ] 实际音值近 [tʃ] 组，合并为音位 / tʂ /。

（二）韵母（55个）

表 2-74　德安县方言韵母表

ɿ 做子师刺事	ʅ 制智纸是迟	i 取米推岁粒	u 布苦除书周	
	a 查马社花盒	ia 茄借爹惹夜	ua 寡瓜花瓦蛙	
	ɛ 锯舐渠他二十	iɛ 去鱼蚁	uɛ 活滑猾机	yiɛ 拳权圆铅远
	ɔ 左糯课坐火		uɔ 过禾窝过锅	
	ai 大菜排芥矮		uai 歪怪快怀坏	
			ui 雨桂跪贵味	
	au 毛闹炒交咬	iau 交孝效校		

续表

	εu 赵偷走谋瘦	iεu 表小骄鸟叫	
		iu 刘秋九休局	
	an 潭斩摊山饭		uan 关惯湾
	εn 闪森善砖灯	iεn 签嫌钱铅电	
	ən 枕珍村准婚		uən 困滚稳棍文
	ɔn 贪敢看盘拴	iɔn 全软圈圆远	uɔn 宽碗官冠欢
		in 心斤荀陵庆	uin 军云群菌永
	aŋ 彭坑生冷声	iaŋ 病镜井零影	uaŋ 横梗
	ɔŋ 忙床胖蚌黄	iɔŋ 粮枪强乡腔	uɔŋ 光王矿旺望
	əŋ 朋孟东冬中	iəŋ 兄荣穷凶用	
	ɿʔ 湿	iʔ 姜立吸日七	uiʔ 橘屈
		iuʔ 绿肉畜曲菊	uʔ 哭鹿毒木笃
	aʔ 答插鸭尺只	iaʔ 吃壁锡笛迹	
	εʔ 折执热脱出	iεʔ 叶接列铁月	uiεʔ 越缺血日粤
	ɔʔ 割托落昨夺	iɔʔ 药钥跃脚	
m̩ 姆_{姆妈}	n̩ 你	ŋ̍ 五	

（下加＿划线表示白读，下加＿划线表示文读）

（三）声调（8个）

表 2-75　德安县方言声调表

阴平	22 尊天婚伤飞		阳平	31 才平鹅娘云	
上声	24 古口好网有				
阴去₁	315 盖对爱世送	阴去₂	214 抗唱菜怕汉	阳去	12 近是大树用
阴入	25 急七笔一俗				阳入	33 六麦读白舌

说明：入声调值下加＿划线表示短促调；个别全浊入字今读阴入调时，声母为不送气清音，读阳入调时，声音母为送气清音，如"夺蝶绝"。

二、德安县方言语音特点（以林泉乡林泉村方言为代表）

（一）中古声母今读特点

1. 中古全浊声母与次清声母今读送气清音，如婆 [₋pʰo]、破 [pʰɔ²]、土 [ˈtʰu]、杜 [tʰu²]、才 [₋tsʰai]、菜 [tsʰai²]、耻 [ˈtʂʰl̩]、痔 [tʂʰl̩²]、吵 [ˈtsʰau]、巢 [₋tsʰau]、疮 [₋tsʰɔŋ]、床 [₋tsʰɔŋ]、穷 [₋tɕʰiəŋ]，奉邪船禅匣母今多读清擦音，如肥 [₋fi]、示 [ʂl̩²]、邵 [ʂeu²]、神 [₋ʂən]、号 [hau²]。

2. 帮组今读 [p]、[pʰ]、[m]，如表 [ˈpieu]、潘 [₋pʰɔn]、薄 [pʰɔ₌]、眉 [₋mi]。非敷奉今多读 [f]，微母除个别字保留重唇读法外均读零声母，如扶 [₋fu]、灰 [₋fi]、肥 [₋fui]、蚊 [₋mən]、饭 [fuan²]、网 [ˈuɔŋ]、忘 [uɔŋ²]。

3. 端透定母今读 [t]、[tʰ]，个别字（条体笛）有读边音 [l] 现象，如刀 [₋tau]、桃 [₋tʰu]、邓 [tʰɛn²]、甜 [₋tʰiɛn]、体 [ˈli]。

4. 泥母洪音今读 [n]，泥母细音读 [ȵ]，来母今读 [l]，如南 [₋nɔn]、兰 [₋lan]、暖 [ˈnɔn]、年 [₋ȵiɛn]、娘 [₋ȵiɔŋ]、六 [liu²]、猎 [liɛʔ]、礼 [ˈli]、梨 [₋li]。

5. 精组拼洪音与知₋庄组合流，今读 [ts]、[tsʰ]、[s]，如租 [₋tsu]、猜 [₋tsʰai]、刺 [tsʰl̩²]、斋 [₋tsai]、初 [₋tsʰu]、事 [sl̩²]、站 [tsanʔ]、茶 [₋tsʰa]；精组拼细音腭化，今读 [tɕ]、[tɕʰ]、[ɕ]，如姐 [ˈtɕia]、蕉 [₋tɕieu]、心 [₋ɕin]、青 [₋tɕʰiaŋ]。

6. 知₋章组字今读 [tʂ]、[tʂʰ]、[ʂ]，如猪 [₋tʂu]、齿 [ˈtʂʰl̩]、烧 [₋ʂeu]、扇 [ʂɛnʔ]、船 [₋tʂʰen]、周 [₋tʂu]、真 [₋tʂən]、绳 [₋ʂən]、沉 [₋tʂʰən]、赵 [tʂʰeu²]、陈 [₋tʂʰən]；水 [ˈfi]、瑞 [fi²]瑞昌（地名），个别字读塞音 [tʰ]，如止合三"吹"读 [₋tʰu]。

7. 日母假开三、止开三、通合三今读零声母，如耳 [ˈɛ]、惹 [ˈia]、绒 [₋iəŋ]；日母效开三、流开三、咸开三、山开三、山合三、臻开三、宕开三、通合三今读 [ȵ]，饶 [₋ȵieu]、染 [ˈȵiɛn]、软 [ˈȵiɛn]、认 [ȵin²]、热白 [ȵiɛ]、让 [ȵiɔŋ²]、肉 [ȵiuʔ]；其他日母字今读 [l]，如 [₋lu]、任 [lən²]、热文 [lɛʔ]、闰 [lən²]、扔 [lən]。

8. 见组一二等及止合三等、蟹合四、山合三、臻合三、宕合三及通合三今读 [k]、[kʰ]、[ŋ]；其他三四等字今读 [tɕ]、[tɕʰ]、[ȵ]，如哥 [₋kɔ]、苦 [ˈkʰu]、岸 [ŋɔnʔ]、跪 [kʰui²]、围 [₋kui]、桂 [kuiʔ]、拳 [₋kʰuiɛn]、劝 [kʰuiɛnʔ]、狂 [₋kʰuɔŋ]、共 [kʰəŋ²]、牛 [₋ȵiu]、

斤 [ˌtɕin]、肩 [ˌtɕien]、件 [tɕʰienˀ]、钳 [ˌtɕʰien]、轻 [ˌtɕʰiaŋ]。

9. 晓匣母开口一二等今读 [h]，开口三四等今读 [ɕ]，如河 [ˌhɔ]、海 [ˇhai]、休 [ˌɕiu]、协 [ˌɕiɛ]，个别二等字今读 [ɕ]，如孝 [ɕiauˀ]、校 [ɕiauˀ]；晓匣母合口与非组相混，今读 [f]，如扶 [ˌfu]、火 [ˇfu]、换 [fɔnˀ]、花 [ˌfua]、穴 [fuiɛˀ]，个别字读零声母，如歪 [ˌuai]、活 [uɛˀ]、滑 [uɛˀ]，例外字：瓢 [ˌkʰu]。

10. 影母开口一二等今读 [ŋ]，开口三四等及合口今读零声母，如爱 [ŋaiˀ]、矮 [ˇŋai]、安 [ˌŋɔn]、乌 [ˌu]、威 [ˌui]。喻母今读零声母，如芋 [uiˀ]、雨 [ˇui]，例外字：铅 [ˌȵiɛn]。

（二）中古韵母今读特点

1. 果摄一等字（合口见系除外）韵母今读 [ɔ]，合口见系字韵母今读 [uɔ]，三等韵母今读 [ia]，如多 [ˌtɔ]、河 [ˌhɔ]、坐 [tsʰɔˀ]、过 [kuɔˀ]、祸 [fɔˀ]、茄 [ˌtɕia]、靴 [ˌfia]，个别字例外字：大 [tʰaiˀ]、哪 [ˌna]。

2. 假摄开口二等及三等庄章组、合口二等庄组、晓组字韵母今读 [a]，三等其他字韵母今读 [ia]，合口二等见组及影母字韵母今读 [ua]，如茶 [ˌtsʰa]、车 [ˌtsʰa]、姐 [ˇtɕia]、夜 [iaˀ]、瓜 [ˌkua]、傻 [ˇsa]。

3. 遇摄合口一等及合口三等非组、知庄章组、日母字韵母今读 [u]，合口三等精组、泥组、晓母字韵母今读 [i]，合口三等见组字韵母今读 [ui]，如补 [ˇpu]、土 [ˇtʰu]、卢 [ˌlu]、租 [ˌtsu]、枯 [ˌku]、虎 [ˇfu]、猪 [ˌtʂu]、书 [ˌʂu]、薯 [ˌʂu]、徐 [ˌtsʰi]、举 [ˇkui]；鱼韵见组个别字韵母读 [iɛ]，如锯 [kɛˀ]、去 [tɕʰiɛˀ]、鱼 [ˌȵiɛ]。

4. 蟹摄开口一二等及合口二等匣母个别字韵母今读 [ai]，如带 [taiˀ]、来 [ˌlai]、开 [ˌkʰai]、排 [ˌpʰai]、街 [ˌkai]、怀 [ˌfai]，例外字：洒 [ˇsa]、稗 [pʰaˀ]、话 [faˀ]；开口三四等（知章组除外）、合口一等（见影组除外）韵母今读 [i]，如杯 [ˌpi]、对 [tiˀ]、罪 [tsʰiˀ]；开口三四等知章组、合口三等章组字韵母今读 [ʅ]，如制 [tʂʅˀ]、税 [ʂʅˀ]；蟹摄合口一等见组、影母，合口三等，合口四等见组韵母今读 [ui]，如岁 [suiˀ]、桂 [kuiˀ]，蟹摄合口一等个别字（块外）读同合口二等韵母 [uai]，如怪 [kuaiˀ]、歪 [ˌuai]。

5. 止摄开口（精知庄章组除外）与合口三等（庄见影组除外）韵母今读 [i]，如皮 [ˌpʰi]、梨 [ˌli]、累 [liˀ]、飞 [ˌfi]、追 [ˌtsi]；止摄开口精庄组字韵母今读 [ɿ]，知章组韵母今读 [ʅ]，紫 [ˇtsɿ]、师 [ˌsɿ]、指 [ˇtʂʅ]、纸 [ˇtʂʅ]、知 [ˌtʂʅ]、志 [tʂʅˀ]；合口三等庄

组字韵母今读 [ai], 见组、影喻字韵母今读 [ui], 如衰 [ˌsai]、龟 [ˌkui]。

6. 效摄一二等字韵母读 [au], 如毛 [ˌmau]、劳 [ˌlau]、考 [ˈkʰau]、包 [ˌpau]、交 [ˌkau]; 效摄三等(除知章组)及四等韵母今读 [iɛu], 如表 [ˈpiɛu]、小 [siɛu]、腰 [ˌiɛu]、尿 [n̠iɛu²]; 效摄三等知章组、流摄一等、流摄三等非组、庄组、日母字合流, 韵母今读 [ɛu], 如赵 [tʰɛu²]、少 [ˈʂɛu]、走 [ˈtsɛu]、狗 [ˈkɛu]、瘦 [sɛuᵓˡ]; 流摄三等非组"富妇负副"及知章组字韵母今读 [u], 其他三等字韵母今读 [iu], 如抽 [ˌtʂʰu]、周 [ˌtʂu]、流 [ˌliu]、修 [ˌsiu]、九 [ˈtɕiu]、丢 [ˌtiu]。

7. 咸摄开口一等(见系除外)及二等、合口三等舒声字韵母今读 [an], 入声字韵母今读 [aʔ/a], 如胆 [ˈtan]、含 [ˌhan]、答 [taʔ₅]、鸽 [kaʔ₅]、站 [tsanᵓˡ]、减 [ˈkan]、鸭 [ŋaʔ₅]、狭 [ha₅]、范 [fan²]、法 [faʔ₅]; 开口一等见系舒声字韵母今读 [ɔn]; 开口三等(知章组除外)与四等字合流, 舒声字韵母今读 [iɛn], 入声字韵母今读 [iɛʔ/iɛ], 如尖 [ˌtsiɛn]、接 [tsiɛʔ₅]、店 [tiɛnᵓˡ]、协 [ɕiɛ₅], 开口三等知章组舒声字韵母今读 [ɛn], 入声字韵母今读 [ɛʔ/ɛ], 如闪 [ˈʂɛn]。

8. 深摄庄组、日母舒声字韵母今读 [ɛn]、入声字韵母今读 [ɛʔ], 如森 [ˌsɛn]、入 [lɛʔ₅]; 知章组舒声字韵母今读 [ən], 入声字韵母今读 [ʅʔ]、[ɛʔ/ɛ], 如深 [ˌʂən]、十 [ʂɛ₅]; 其他舒声字韵母今读 [in]、入声字韵母今读 [iʔ/ i], 如林 [ˌlin]、金 [ˌtɕin]、立 [liʔ₅]。

9. 山摄开口一等(见系除外)及二等字、合口二等见系个别字、合口三等非组字舒声字韵母今读 [an], 入声字韵母今读 [aʔ/a], 如炭 [tʰanᵓ²]、达 [tʰa₅]、山 [ˌsan]、八 [paʔ₅]、饭 [fan²]、罚 [fa₅]; 山摄开口一等见系、合口一等(见系除外)、合口二等庄组舒声字韵母今读 [ɔn], 入声字韵母今读 [ɛʔ]、[ɔʔ], 如肝 [ˌkɔn]、割 [kɔʔ₅]、短 [ˈtɔn]、拴 [ˌsɔn]、刷 [sɔʔ₅]、钵 [pɔʔ₅]; 山合一等见系韵母今读 [uɔn], 入声字韵母今读 [uɛ], 如管 [ˈkuɔn]、活 [uɛ₅]; 山合口二等见系舒声字韵母今读 [uan]、[an], 入声字韵母今读 [uaʔ], 如关 [ˌkuan]、刮 [kuaʔ₅]; 山摄开合口三等知章组及日母舒声字韵母今读 [ɛn], 入声字韵母今读 [ɛʔ/ɛ], 如战 [tsɛnᵓˡ]、舌 [ʂɛ₅]、专 [ˌtʂɛn]; 山摄开口三等其他字及开口四等、合口三等泥精日组合流, 舒声字韵母今读 [iɛn], 入声字韵母今读 [iɛʔ/iɛ], 如面 [miɛn²]、列 [liɛʔ₅]、天 [ˌtʰiɛn]、铁 [ˈtʰiɛʔ₅]; 山摄合口三等见系与四等合流, 舒声字韵母今读 [uiɛn]、[iɛn], 入声字韵母读 [uiɛʔ/uiɛ]、[iɛʔ/iɛ], 如全 [ˌtɕʰiɛn]、拳 [ˌkʰuiɛn]、元 [uiɛn₅]、月 [n̠iɛ₅]、雪 [siɛʔ₅]、越 [uiɛʔ₅]。

10. 臻摄开口一等字韵母今读 [ɛn], 如根 [ˌkɛn]、很 [ˈhɛn]; 开口三等知庄章组

字舒声字韵母今读 [ən]，入声字韵读 [ɛʔ/ɛ]，其他组系字舒声字韵母今读 [in]，入声字韵母今读 [iʔ/i]，如民 [₋min]、亲 [₋tsʰin]、肾 [ʂən²]、笔 [piˬ]、近 [tɕʰin²]、七 [tsʰiʔ₋]、实 [ʂɛˬ]；合口一等字帮组、端组、泥组、精组舒声字韵母今读 [ən]，见系舒声字韵母今读 [uən]，帮组、端组、泥组、精组入声字韵母今读 [ɛʔ/ɛ]，见系入声字韵母今读 [uɛʔ/ uɛ]，如本 [˹pən]、村 [₋tsʰən]、不 [pɛʔ₋]、骨 [kuɛʔ₋]；合口三等非组舒声字韵母今读 [ən]、[uən]，入声字韵母今读 [uɛʔ/ uɛ]，来母、知章组及日母舒声字韵母今读 [ən]，入声字韵母今读 [iʔ/i]、[ɛʔ/ ɛ]，精组、庄组舒声字母今韵 [ən]、[in]，入声字韵母今读 [iʔ/i]，见系舒声字韵母今读 [uin]，入声字韵母今读 [uiʔ/ui]，如轮 [₋lən]、春 [₋tsʰən]、旬 [₋sin]、出 [tsʰɛʔ₋]、橘 [kuiʔ₋]、分 [₋fən]、军 [₋kuin]、物 [uɛʔˬ]。

11. 宕摄开口一等及三等知庄章日组、江摄舒声字韵母今读 [ɔŋ]，入声字韵母今读 [ɔʔ/ɔ]，如汤 [₋tɔŋ]、仓 [₋tsʰɔŋ]、落 [lɔʔˬ]、恶 [₋ŋɔʔ]、胖 [pʰɔŋ²]、双 [₋sɔŋ]、江 [₋kɔŋ]、项 [hɔŋ²]、剥 [pɔʔ₋]、捉 [tsɔʔ₋]、学 [hɔˬ]；宕摄开口三等其他舒声字、江摄个别字韵母今读 [iɔŋ]，入声字韵母今读 [iɔʔ/ iɔ]，如娘 [₋ȵiɔŋ]、张 [₋tʂɔŋ]、章 [₋tʂɔŋ]、香 [₋ɕiɔŋ]、削 [siɔʔ₋]、勺 [ʂɔˬ]、药 [iɔʔˬ]、腔 [₋tɕʰiɔŋ]；宕摄合口一、三等非组及见系舒声字韵读 [uɔŋ]、[ɔŋ]，入声字韵读 [ɔʔ/ ɔ]、[uɔʔ/ uɔ]，如光 [₋kuɔŋ]、黄 [₋fɔŋ]、方 [₋fɔŋ]、郭 [kuɔʔ₋]、霍 [hɔʔ₋]。

12. 曾摄开口一等舒声字韵母今读 [ɛn]，入声字韵母今读 [ɛʔ/ɛ]，如灯 [₋tɛn]、曾 [₋tsɛn]、肯 [˹kʰɛn]、北 [pɛʔ₋]、塞 [sɛˬ]、克 [kʰɛʔ₋]；开口三等知庄章组舒声字韵母今读 [ən]，入声字韵母读 [ɛʔ/ɛ]，如蒸 [₋tʂən]、织 [tʂɛʔ₋]、色 [sɛʔ₋]，开口三等帮组、泥组、见系舒声字韵母今读 [in]，入声字韵母今读 [iʔ/ i]，如冰 [₋pin]、力 [liʔˬ]、极 [tɕʰiˬ]。合口一等舒声字韵母今读 [əŋ]，入声字韵母今读 [uɛʔ/ uɛ]，如弘 [₋fəŋ]、国 [kuɛʔ₋]，合口三等字"域" 读 [uiʔˬ]。

13. 梗摄开口二等字帮组、来母、知庄章组、见组舒声字韵母文读 [ɛn]，白读 [aŋ]，入声字韵母文读 [ɛʔ/ɛ]，白读 [aʔ/ a]，晓匣舒声字韵母读 [in]，入声字韵母读文读 [ɛʔ/ɛ]，白读 [aʔ/a]，如彭 [₋pʰaŋ]、孟 [mɛn²]、生₍文₎ [₋sɛn]/ 生₍白₎ [₋saŋ]、庚 [₋kɛn]、百 [paʔ₋]、择 [tsʰɛʔˬ]、客 [kʰɛʔ₋]、争₍文₎ [₋tsɛn]/ 争₍白₎ [₋tsaŋ]、幸 [ɕin²]；梗开三知章组字舒声字韵母文读 [ən]，白读 [aŋ]，入声字韵母白读 [aʔ/a]，开口三等其他组系及开四等字舒声韵母文读 [in]，白读 [iaŋ]，入声字韵母文读 [iʔ/i]，入声字韵母白读 [iaʔ/ia]，如平₍文₎ [₋pʰin]/ 平₍白₎ [₋pʰiaŋ]、碧 [piʔ₋]、情 [₋tɕʰin]、晴 [₋tɕʰiaŋ]、昔 [ɕiʔ₋]、迹 [tɕiaʔ₋]、郑 [tsʰən²]、

130

石 [ʂa˨]、钉 [˨tian]、灵 [˨lin]、绩 [tɕiʔ˨]、笛 [tʰi˨]；合口二等舒声字韵母今读 [uɔŋ]、[uan]，入声字韵母今读 [uaʔ]，如矿 [˧kuɔŋ]、横 [˨uaŋ]、获 [ɸua˨]；合口三四等舒声字韵母今读 [iən]、[in]，入声字韵母今读 [uiʔ]，如兄 [˨ɕiən]、永 [˧uin]、疫 [uiʔ˨]。

14. 通摄合口一等、合口三等等舒声字韵母读 [əŋ]，入声字韵母读 [uʔ/u]，如东 [˨təŋ]、孔 [˧kʰəŋ]、族 [tsʰu˨]、谷 [kuʔ˨]、冬 [˨təŋ]、毒 [tʰu˨]、丰 [˨fəŋ]、虫 [˨tʂʰəŋ]、龙 [˨ləŋ]、宫 [˨kəŋ]、叔 [ʂu˨]、烛 [tʂuʔ˨]、福 [fuʔ˨]；合口三等精组、泥组、晓组、及见系个别舒声字韵母今读 [iən]，入声字韵母今读 [iuʔ]，如穷 [tɕʰiən]、用 [iən˧]、六 [liu˨]、肉 [niuʔ˨]、局 [tɕʰiu˨]。

（三）中古声调今读特点

德安县林泉乡林泉村摆下刘村方言有 8 个调类；古全清平与次清平今读阴平调，全浊平与次浊平今读阳平调；古清上与次浊上今读上声，全浊归去；古全清去与次清去分调，古全清去今读阴去₁，全清去中今读喉擦音 [h] 声母的字与次清去字今读阴去₂，全浊上与浊去今读阳去；古入声字中只有清入字与部分浊入字今读合流为阴入调，有塞尾，浊入今读阳入调，没有塞尾。

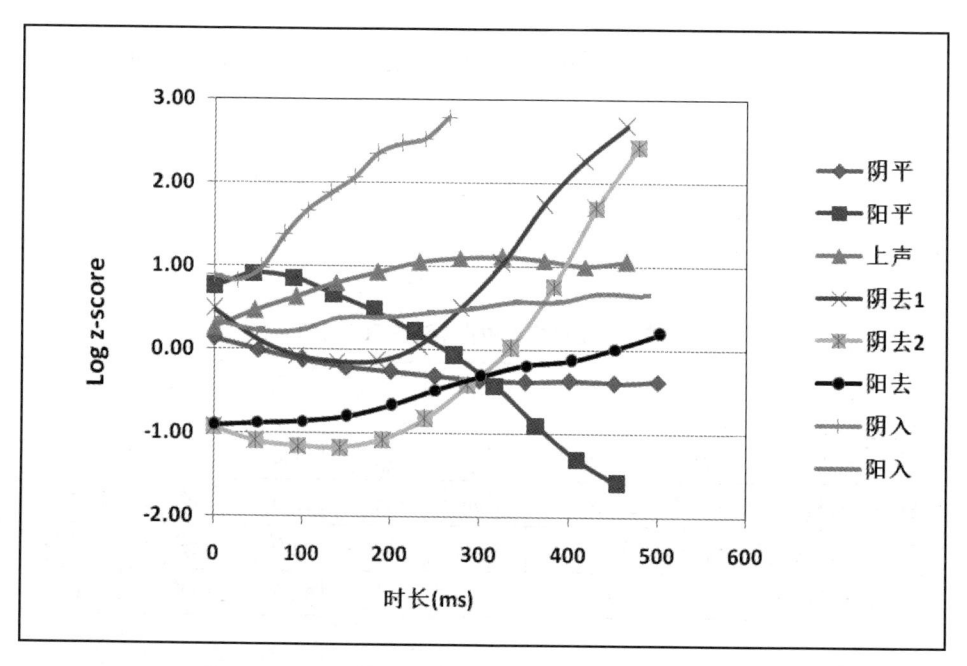

图 2-6 德安县林泉乡林泉村摆下刘村方言基频曲线图

三、德安县方言语音内部差异

德安县东接星子县,南邻永修县,西接武宁县,北邻瑞昌市、九江县。德安县东西长42.6千米,南北宽40.8千米,总面积863平方千米。德安县辖蒲亭镇、宝塔乡、河东乡、丰林镇、高塘乡、林泉乡、聂桥镇、吴山镇、磨溪乡、爱民乡、邹桥乡、塘山乡、车桥镇等9乡4镇①,笔者对蒲亭镇、河东乡、丰林镇、高塘乡、林泉乡、聂桥镇、吴山镇、磨溪乡、塘山乡、车桥镇进行实地调查。本书根据调查结果及已刊蒲亭镇(刘纶鑫,1999)材料,看德安方言语音内部差异。

(一)声母今读差异

1.中古全浊声母今读

《德安县志》(1991:678)记载,德安县城保留一套浊送气塞音与塞擦音,东乡南乡相当一部分地方与星子县毗邻,声母中也保留了整套的全浊塞音、塞擦音。刘纶鑫《客赣方言比较研究》(1999:44)记载,德安县城蒲亭镇方言中古全浊声母带清音浊流特点。近期调查没有发现今读浊音现象,蒲亭镇北门社区、林泉乡林泉村摆下刘村、吴山乡河铺村东坑杨家、车桥镇白水村上屋夏家、塘山乡新塘村方言中古全浊声母今读送气清音,丰林镇丰林村戴家、高塘乡罗桥村畈上王家、河东乡后田村石门汪家、蒲亭镇附城村、磨溪乡尖山村王家畈方言中古全浊声母今读有"清音浊流"特点。

表2-76 德安县方言中古全浊声母今读例字表

地点＼例字	步並 遇合一	道定 效开一	虫澄 通合三	齐从 蟹开四	锄崇 遇合三	旗群 止开三	寺邪 止开三
丰林镇丰林村戴家	pʰu²	tʰau²	₋tʂʰəŋ	₋tɕʰi	₋tʂʰu	₋tɕʰi	tsʰɿ²
高塘乡罗桥村	pʰu²	tʰau²	₋tʂʰəŋ	₋tɕʰi	₋tʂʰu	₋tɕʰi	tsʰɿ²
河东乡后田村	pʰu²	tʰau²	₋tʂʰŋ	₋tɕʰi	₋tʂʰu	₋tɕʰi	tsʰɿ²
蒲亭镇附城村	pʰu²	tʰau²	₋tʂʰəŋ	₋tɕʰi	₋tʂʰu	₋tɕʰi	tsʰɿ²

---

① [DB/OL] http://www.tcmap.com.cn/jiangxi/deanxian.html,2015-12-8。

续表

例字 地点	步並 遇合一	道定 效开一	虫澄 通合三	齐从 蟹开四	锄崇 遇合三	旗群 止开三	寺邪 止开三
磨溪乡尖山村	pʰu²	tʰau²	₅tʂʰuŋ	₅tɕʰi	₅tsʰɿ	₅tɕʰi	tsʰɿ²
蒲亭镇北门社区	pʰu²	tʰau²	₅tsʰəŋ	₅tɕʰi	₅tsʰu	₅tɕʰi	tsʰɿ²
林泉乡林泉村	pʰu²	tʰau²	₅tsʰəŋ	₅tɕʰi	₅tsʰu	₅tɕʰi	tsʰɿ²
车桥镇白水村	pʰu²	tʰau²	₅tsʰəŋ	₅tɕʰi	₅tsʰu	₅tɕʰi	tsʰɿ²
塘山乡新塘村	pʰu²	tʰau²	₅tsʰəŋ	₅tɕʰi	₅tsʰu	₅tɕʰi	tsʰɿ²
吴山乡河铺村	pʰu²	tʰau²	₅tsʰuŋ	₅tsʰei	₅tsʰɿ	₅tɕʰi	tsʰɿ²

2. 来母逢细音今读

高塘乡罗桥村畈上王家、蒲亭镇附城村方言来母部分字逢细音今读[lᵈ]，其他方言今读边音[l]。

表2-77 德安县方言来母逢细音今读例字表

例字 地点	梨 止开三	林 深开三	犁 蟹开四	隶 蟹开四	莲 山开四	灵 梗开四
蒲亭镇北门社区	₅₂li	₅₂lin	₅₂li	li²	₅₂lien	₅₂lin
蒲亭镇附城村	₅₂li	₅₂lᵈin	₅₂li	li²	₅₂lᵈien	₅₂lin
河东乡后田村	₅₂li	₅₂lin	₅₂li	li²	₅₂lien	₅₂lin
林泉乡林泉村	₅li	₅lin	₅li	li²	₅lien	₅lin
高塘乡罗桥村	₅lᵈi	₅lin	₅lᵈi	li²	₅lien	₅lin
丰林镇丰林村戴家	₅li	₅lin	₅li	li²	₅lien	₅lin
吴山乡河铺村	₅li	₅lin	₅li	li²	₅lien	₅lin
磨溪乡尖山村	₅li	₅lin	₅li	li²	₅lien	₅lin
车桥镇白水村	₅li	₅lin	₅li	li²	₅lien	₅lin
塘山乡新塘村	₅li	₅lin	₅li	li²	₅lien	₅lin

3. 透定母今读

蒲亭镇附城村、高塘乡罗桥村畈上王家、丰林镇方言有透定母今读[l]/[lᵈ]现象，其他乡镇方言透定母今读[tʰ]/[tʰ]。

表 2-78　德安县方言透定母今读例字表

例字 地点	胎透 蟹开一	土透 遇合一	梯透 蟹开四	天透 山开四	桃定 效开一	弟定 蟹开四	笛定 梗开四
蒲亭镇附城村	₌tʰai	ᶜtʰu	ᶜliˀ	tʰiɛnˀ	₌tʰau	liˀ	lᵈiˀ₂
高塘乡罗桥村	₌tʰai	ᶜtʰu	ᶜliˀ	lᵈiɛnˀ	₌tʰau	lᵈiˀ	lᵈiˀ₂
丰林镇黄桶村	laiˀ	ᶜlu	ᶜliˀ	liɛnˀ	₌lau	liˀ	liˀ₂
蒲亭镇北门	₌tʰai	ᶜtʰi	ᶜtʰi	tʰiɛnˀ	₌tʰau	tʰiˀ	tiʔ₁
河东乡后田村	₌tʰai	ᶜtʰu	ᶜliˀ	tʰiɛnˀ	₌tʰau	tʰiˀ	tʰiˀ₂
林泉乡林泉村	₌tʰai	ᶜtʰu	ᶜtʰi	tʰiɛnˀ	₌tʰau	tʰiˀ	tʰiˀ₂
吴山乡河铺村	₌tʰai	ᶜtʰu	ᶜtʰi	tʰiɛnˀ	₌tʰau	tʰiˀ	tʰiˀ₂
磨溪乡尖山村	₌tʰai	ᶜtʰu	ᶜtʰi	tʰiɛnˀ	₌tʰau	tʰiˀ	tʰiˀ₂
车桥镇白水村	₌tʰai	ᶜtʰu	ᶜtʰi	tʰiɛnˀ	₌tʰau	tʰiˀ	tʰiˀ₂
塘山乡新塘村	₌tʰai	ᶜtʰu	ᶜtʰi	tʰiɛnˀ	₌tʰau	tʰiˀ	tʰiˀ₂

4. 知₌章组今读

蒲亭镇北门社区、蒲亭镇附城村方言知₌章组今读 [ts]、[tsʰ/tsʰ]、[s]，吴山乡河铺村东坑杨家、林泉乡林泉村摆下刘村、丰林镇丰林村戴家、车桥镇白水村上屋夏家、塘山乡新塘村、高塘乡罗桥村畈上王家、河东乡后田村石门汪家、磨溪乡尖山村王家畈方言知₌章组今读 [tʂ]、[tʂʰ/tʂʰ]、[ʂ]，磨溪乡尖山村王家畈方言止摄个别字（池纸治诗痣耻），流摄个别字（周臭）今读塞音 [t]、[tʰ]。

表 2-79　德安县方言知₌章组今读例字表

例字 地点	猪知 遇合三	抽彻 流开三	池澄 止开三	纸章 止开三	车昌 假开三	船船 山合三
蒲亭镇附城村	₌tsu	₌tsʰu	₌₁tsʰɿ	ᶜtsɿ	₌tsʰa	₌₂sen
蒲亭镇北门社区	₌tsu	₌tsʰu	₌₁tsʰɿ	ᶜtsɿ	₌tsʰa	₌₂sen
林泉乡林泉村	₌tʂu	₌tʂʰu	₌₁tʂʰʅ	ᶜtʂʅ	₌tʂʰa	₌₂ʂen
丰林镇丰林村戴家	₌tʂu	tʂʰouˀ	₌tʂʰʅ	ᶜtʂʅ	₌tʂʰaˀ	₌ʂen
车桥镇白水村	₌tʂʮ	₌tʂʰu	₌tʂʰʅ	ᶜtʂʅ	₌tʂʰa	tʂʰʮen
塘山乡新塘村	₌tʂʮ	₌tʂʰou	₌tʂʰʅ	ᶜtʂʅ	₌tʂʰa	tʂʰʮen
高塘乡罗桥村	₌tʂʰu	₌tʂʰu	₌tʂʰʅ	ᶜtʂʅ	₌tʂʰaˀ	₌₁ʂen
河东乡后田村	₌tʂu	₌tʂʰou	₌₁tʂʰʅ	ᶜtʂʅ	₌tʂʰaˀ	₌₁ʂen
吴山乡河铺村	₌tʂu	₌tʂʰu	₌tʂʰʅ	ᶜtʂʅ	₌tʂʰa	₌tʂʰen
磨溪乡尖山村	₌tʂʉ	₌tʂʰu	₌tʰi	ᶜti	₌tʂʰa	₌tʂʰʉen

5. 见溪群母今读差异

共性特点是见溪群母一二等、止摄合口三等、蟹合四、山合三、宕合三及通合三个别字读 [k]、[kʰ/kʰ]，三四等读 [tɕ]、[tɕʰ/tɕʰ]。吴山乡河铺村东坑杨家、磨溪乡尖山村王家畈、车桥镇白水村上屋夏家、塘山乡新塘村方言遇合三、山合三、臻合三见溪群母今读 [tʂ]、[tʂʰ/tʂʰ]。

表 2-80　德安县方言见溪群母今读例字表

地点＼例字	开溪 蟹开一	巧溪 效开二	丘溪 流开三	劝溪 山合三	茄群 果开三	权群 山合三	穷群 通合三
蒲亭镇北门社区	₋kʰai	ᶜtɕʰiɛu	₋tɕʰiu	kʰɐenᵒ²	₋tɕʰia	₋kʰɐen	₋tɕʰiəŋ
蒲亭镇附城村	₋kʰai	ᶜtɕʰiɛu	₋tɕʰiu	kʰɐenᵒ²	₋tɕʰia	₋kʰɐen	₋tɕʰiəŋ
河东乡后田村	₋kʰai	ᶜtɕʰiau	₋tɕʰiu	kʰuiɛnᵒ²	₋tɕʰia	₋kʰuiɛn	₋tɕʰiəŋ
林泉乡林泉村	₋kʰai	ᶜtɕʰiɛu	₋tɕʰiu	kʰuiɛnᵒ²	₋tɕʰia	₋kʰuiɛn	₋tɕʰiəŋ
高塘乡罗桥村	₋kʰai	ᶜtɕʰiau	₋tɕʰiu	kʰɐenᵒ	₋tɕʰia	₋kʰɐen	₋tɕʰiəŋ
丰林镇丰林村戴家	kʰaiᵒ	ᶜtɕʰiɛu	tɕʰiuᵒ	kʰuiɛnᵒ²	₋tɕʰia	₋kʰuiɛn	₋tɕʰiəŋ
吴山乡河铺村	₋kʰai	ᶜtɕʰiɛu	₋tɕʰiu	tʂʰɛnᵒ	₋tʂʰɛn	₋tɕʰiəŋ
磨溪乡尖山村	₋kʰai	ᶜtɕʰiɛu	₋tɕʰiu	tʂʰɐenᵒ²	₋tɕʰia	₋tʂʰɐen	₋tɕʰiəŋ
车桥镇白水村	₋kʰai	ᶜtɕʰiɛu	₋tɕʰiu	tʂʰɥɛnᵒ²	₋tɕʰia	₋tʂʰɥɛn	₋tɕʰiəŋ
塘山乡新塘村	₋kʰai	ᶜtɕʰiau	₋tɕʰiu	tʂʰɥɛnᵒ²	₋tɕʰia	₋tʂʰɥɛn	₋tɕʰiuŋ

（二）韵母今读差异

1. 撮口韵

蒲亭镇附城村、磨溪乡尖山村、车桥镇白水村、塘山乡新塘村方言语音系统中存在撮口韵，其他乡镇方言语音系统中没有撮口韵。

磨溪乡尖山村方言撮口韵分布于遇合三知章组、见组、晓组，蟹合三书母，止合三知章组，山合四，深开三知章组、山开三知章组、山合三知章组、见组，臻开三知章组、臻合三知章组、见系，曾开三知章组，梗开三知章组字都有撮口韵 [ɥ] 现象；车桥镇白水村、塘山乡新塘村方言撮口韵分布于遇合三知章组、见组、晓组，蟹合三书母，止合三知章组，山合三知章组、见组，山合四，臻合三知章组、见系字；蒲亭镇附城村方言撮口韵分布于遇合三见组、影喻，山合四见系，臻合三见组与影喻母字。

表 2-81　德安县方言撮口韵例字表（表一）

地点＼例字	猪 知 遇合三	句 见 遇合三	税 书 蟹合三	水 书 止合三	针 章 深开三	展 知 山开三	砖 章 山合三	拳 群 山合三
蒲亭镇附城村	₋tsu	kuiᵓ¹	fiᵓ	ᶜfi	₋tsən	ᶜtsen	₋tsen	₅₁kʰuien
磨溪乡尖山村	₋tsʉ	tsʉᵓ¹	sʉᵓ¹	ᶜsʉ	₋tsʉən	ᶜtsʉen	₋tsʉen	₋tsʱʉen
车桥镇白水村	₋tʂʅ	tʂʅᵓ¹	ʂʅᵓ¹	ᶜʂʅ	₋tʂən	ᶜtʂɛn	₋tʂyɛn	₋tʂʱyɛn
塘山乡新塘村	₋tʂʅ	tʂʅᵓ¹	ʂʅᵓ¹	ᶜʂʅ	₋tʂən	ᶜtʂyɛn	₋tʂyɛn	₋tʂʱyɛn
蒲亭镇北门社区	₋tsu	kuiᵓ¹	fiᵓ¹	ᶜfi	₋tsən	ᶜtsen	₋tsen	₅₁kʱuien
林泉乡林泉村	₋tsu	kuiᵓ¹	fiᵓ¹	ᶜfi	₋tʂən	ᶜtsen	₋tsen	₋kʱuien
高塘乡罗桥村	₋tsu	kuiᵓ¹	fiᵓ¹	ᶜfi	₋tʂən	ᶜtʂen	₋tʂen	₋kʱuen
河东乡后田村	₋tsu	kuiᵓ¹	fiᵓ¹	ᶜfi	₋tʂən	ᶜtʂen	₋tʂen	₋kʱuien
丰林镇丰林村戴家	₋tsu	kuiᵓ¹	fiᵓ¹	ᶜfi	₋tʂən	ᶜtʂen	₋tʂen	₋tʂʱen
吴山乡河铺村	₋tsu	kuiᵓ	fiᵓ	ᶜfi	₋tʂən	ᶜtʂen	₋tʂen	₋tʂʱen

表 2-82　德安县方言撮口韵例字表（表二）

地点＼例字	陈 澄 臻开三	真 昌 臻开三	春 昌 臻合三	云 云 臻合三	蒸 章 曾开三	贞 知 梗开三	程 澄 梗开三	城 禅 梗开三
蒲亭镇附城村	₅₁tsʱən	₋tsən	₋tsʱən	₅₂uin	₋tsən	ᶜtsən	₅₁tsʱaŋ	₅₁tsʱoŋ
磨溪乡尖山村	₋tʂʱʉen	₋tʂʉen	₋tʂʱʉen	₋ʉen	₋tʂʉen	ᶜtʂʉen	₋tʂʱʉen	₋tʂʱʉen
车桥镇白水村	₋tʂʱən	₋tʂən	₋tʂʱyn	₋yn	₋tʂən	ᶜtʂən	₋tʂʱaŋ	₋tʂʱən
塘山乡新塘村	₋tʂʱən	₋tʂən	₋tʂʱyn	₋yn	₋tʂən	ᶜtʂõn	₋tʂʱaŋ	₋tʂʱən
蒲亭镇北门社区	₅₁tsʱən	₋tsən	₋tsʱən	₅₂uin	₋tsən	ᶜtsən	₅₁tsʱaŋ	₅₁tsʱən
林泉乡林泉村	₋tʂʱən	₋tʂən	₋tʂʱən	₋uin	₋tʂən	ᶜtʂən	₋tʂʱən	₋tʂʱən
高塘乡罗桥村	₋tʂʱən	₋tʂən	₋tʂən	₋uin	₋tʂən	ᶜtʂən	₋tʂʱən	₋tʂʱən
河东乡后田村	₋tʂʱən	₋tʂən	₋tʂən	₋uin	₋tʂən	ᶜtʂəŋ	₋tʂʱən	₋tʂʱən
丰林镇丰林村戴家	₋tʂʱən	₋tʂən	tʂʱənᵓ	₋uin	₋tʂən	ᶜtʂən	₋tʂʱən	₋tʂʱən
吴山乡河铺村	₋tʂʱən	₋tʂən	₋tʂʱən	₋un	₋tʂən	ᶜtʂən	₋tʂʱən	₋tʂʱən

2. 遇摄韵母今读

遇摄字韵母今读有五种类型：（1）德安蒲亭镇北门社区、蒲亭镇附城村、河东乡后田村石门汪家、高塘乡罗桥村畈上王家、林泉乡林泉村摆下刘村、丰林镇丰林村戴家方言三等知庄章组韵母今读 [u]，泥精晓组韵母今读 [i]，见组、影喻母

字韵母今读 [ʮ]/[ui]；（2）车桥镇白水村上屋夏家方言三等非庄日组字韵母今读 [u]，其他字韵母今读 [ʯ]；（3）塘山乡新塘村方言三等非庄组字韵母今读 [u]，知章日组及见系字韵母今读 [ʯ]，三等精泥组韵母今读 [i]；（4）磨溪乡尖山村王家畈方言三等非日组字韵母今读 [u]，庄组字韵母今读 [ʮ]，知章见组字韵母今读 [ʉ]，精泥组字韵母今读 [i]，影喻母字韵母今读 [ui]；（5）吴山乡河铺村东坑杨家方言三等非知章日组字韵母今读 [u]，庄组字韵母今读 [ʮ]，泥精组、见系字韵母今读 [i]。

表 2-83 德安县方言遇摄韵母今读例字表

地点＼例字	初 初 遇合三	柱 澄 遇合三	书 书 遇合三	父 奉 遇合三	女 泥 遇合三	徐 邪 遇合三	句 见 遇合三	雨 云 遇合三
蒲亭镇北门社区	₌tsʰu	tsʰu²	₌su	ɸu²	₌n̠i	₌tɕʰi	kuiɔl	₌ʉ
蒲亭镇附城村	₌tsʰu	tsʰu²	₌su	fu²	₌n̠iɛ	₌tsʰi	kʉiɔl	₌ʉi
河东乡后田村	₌tsʰu	tsʰu²	₌su	fu²	₌n̠i	₌tsʰi	kuiɔl	₌ui
县林泉乡林泉村	₌tsʰu	tsʰu²	₌su	fu²	₌n̠i	₌tsʰi	kuiɔl	₌ui
高塘乡罗桥村	₌tsʰu	tsʰu²	₌su	fu²	₌n̠i	₌tsʰi	kuiɔl	₌ui
丰林镇丰林村戴家	tsʰu²	tsʰu²	₌su	fu²	₌n̠i	₌tsʰi	kuiɔl	₌ui
车桥镇白水村	₌tsʰu	tsʰu²ʮ	₌sʮ	ɸu²	₌n̠ʮ	₌tsʰʮ	tsʮɔl	₌ʮ
塘山乡新塘村	₌tsʰu	tsʰu²ʮ	₌sʮ	ɸu²	₌n̠ʮ	₌si	tsʮɔl	₌ʮ
吴山乡河铺村	₌tsʰu	tsʰu²	₌su	fu²	₌n̠i	₌tsʰi	kuiɔl	₌ui
磨溪乡尖山村	₌tsʰʮ	tsʰʉ²	₌sʉ	fu²	₌n̠ʉ	₌si	tsʉɔl	₌ui

3. 止摄精庄知章组字韵母今读

德安蒲亭镇北门社区、蒲亭镇附城村方言精庄知章组字韵母今读 [ʮ]；其他方言精庄组字韵母今读 [ʮ]，知章组字韵母今读 [ʯ]，磨溪乡尖山村王家畈方言知章组个别字韵母今读 [i]。

表 2-84 德安县方言止摄精庄知章组韵母今读例字表

地点＼例字	紫 精 止开三支	字 从 止开三之	事 崇 止开三之	耻 彻 止开三之	纸 章 止开三支	屎 书 止开三脂
蒲亭镇北门社区	₌tsʮ	tsʰʮ²	sʮ²	₌tsʰʮ	₌tsʮ	₌sʮ
蒲亭镇附城村	₌tsʮ	tsʰʮ²	sʮ²	₌tsʰʮ	₌tsʮ	₌sʮ
磨溪乡尖山村	₌tsʮ	tsʰʮ²	sʮ²	₌tsʰi	₌ti	₌si

续表

地点 \ 例字	紫精 止开三支	字从 止开三之	事崇 止开三之	耻彻 止开三之	纸章 止开三支	屎书 止开三脂
河东乡后田村	ctsɿ	tsʱɿ²	sɿ²	ctʂʰʅ	ctʂʅ	cʂʅ
林泉乡林泉村	ctsɿ	tsʱɿ²	sɿ²	ctʂʰʅ	ctʂʅ	cʂʅ
高塘乡罗桥村	ctsɿ	tsʱɿ²	sɿ²	ctʂʰʅ	ctʂʅ	cʂʅ
丰林镇丰林村	ctsɿ	tsʱɿ²	sɿ²	ctʂʰʅ	ctʂʅ	cʂʅ
吴山乡河铺村	ctsɿ	tsʱɿ²	sɿ²	ctsʰɿ	ctsɿ	csɿ
车桥镇白水村	ctsɿ	tsʱɿ²	sɿ²	ctʂʰʅ	ctʂʅ	cʂʅ
塘山乡新塘村	ctsɿ	tsʱɿ²	sɿ²	ctʂʰʅ	ctʂʅ	cʂʅ

4. 流摄三等知章组字韵母今读

林泉乡林泉村摆下刘村、高塘乡罗桥村畈上王家、吴山乡河铺村东坑杨家、磨溪乡尖山村王家畈、车桥镇白水村上屋夏家方言知章组字韵母今读 [u]，其他乡镇方言知章组字韵母今读 [ou]。

表 2-85 德安县方言流摄三等知章组韵母今读例字表

地点 \ 例字	收书 流开三	抽彻 流开三	周章 流开三	丑昌 流开三
林泉乡林泉村	cʂu	ctʂʰu	ctʂu	ctʂʰu
高塘乡罗桥村	cʂu	ctʂʱu	ctʂu	ctʂʱu
吴山乡河铺村	cʂu	ctʂʱu	ctʂu	ctʂʱu
磨溪乡尖山村	cʂu	ctʂʱu	ctu	ctʂʱu
车桥镇白水村	cʂu	ctʂʱu	ctʂu	ctʂʱu
蒲亭镇北门社区	csou	ctsʰou	ctsou	ctsʰou
蒲亭镇附城村	csou	ctsʱou	ctsou	ctsʱou
河东乡后田村	cʂou	ctʂʱou	ctʂou	ctʂʱou
丰林镇丰林村戴家	cʂou	ctʂʱou	ctʂou	ctʂʱou
塘山乡新塘村	cʂou	ctʂʰou	ctʂou	ctʂʰou

5. 中古阳声韵韵母今读

德安县境内与瑞昌相交界处方言咸深山臻宕江曾梗通摄字今读韵母有鼻化现象，其他乡镇方言无此现象。

138

表 2-86 德安县方言鼻化韵母例字表

例字 地点	胆端 咸开一	蛋定 山开一	线心 山开三	军见 臻合三	帮帮 宕开一	增精 曾开一	病并 梗开三
瑞昌横港镇峏荣村	ˬtã	tã²	siɛ̃ˀ	ˬtɕyn	ˬpɔ̃ŋ	ˬtsɔ̃	piã²
塘山乡新塘村	ˬtã	tʰã²	siɛ̃ˀ	ˬtʂun	ˬpɔ̃ŋ	ˬtsɔ̃n	piã²
车桥镇长庆村	ˬtæ̃n	tʰæ̃²	siɛ̃ˀ¹	ˬtʂyɛn	ˬpɔ̃ŋ	ˬtsɛ̃	pʰiæ̃²
吴山乡大岭村	ˬtã	tʰan²	siɛnˀ	ˬtɕyn	ˬpɔŋ	ˬtsɔn	piaŋ²

表 2-86 中，塘山乡新塘村、车桥镇长庆村小白水、吴山乡大岭村处瑞昌县与德安县交界处；瑞昌县境内横港镇峏荣村（与德安塘山乡新塘村接壤）方言归属江淮官话，横港镇峏荣村方言蟹摄及咸深山臻宕江曾梗通摄字今读韵母有鼻化现象，咸开二等、山开一等、臻开一等、曾开一等、梗开二等字今读韵母鼻尾消失，读鼻化元音韵母；据此可知德安与瑞昌相交界处方言韵母鼻化音现象同瑞昌方言有密切关系。

6. 通摄韵母今读

磨溪乡尖山村、塘山乡新塘村方言通摄舒声字韵母今读 [uŋ]、[iuŋ]、[əŋ]、[iəŋ]，其他乡镇方言今读 [əŋ]、[iəŋ]。

表 2-87 德安县方言通摄韵母今读例字表

例字 地点	东端 通合一	宗精 通合一	中知 通合三	宫见 通合三	龙来 通合三	胸晓 通合三
磨溪乡尖山村	ˬtəŋ	ˬtsuŋ	ˬtʂuŋ	ˬkəŋ	ˬləŋ	ˬɕiuŋ
塘山乡新塘村	ˬtuŋ	ˬtsuŋ	ˬtʂuŋ	ˬkəŋ	ˬluŋ	ˬɕiəŋ
车桥镇白水村	ˬtəŋ	ˬtsəŋ	ˬtʂəŋ	ˬkəŋ	ˬləŋ	ˬɕiəŋ
蒲亭镇附城村	ˬtəŋ	ˬtsəŋ	ˬtsəŋ	ˬkəŋ	ˬləŋ	ˬɕiəŋ

（三）声调今读差异

德安方言有 7 个至 10 个调类，除吴山乡河铺村方言没有送气分调现象外，其他乡镇言均存在送气分调现象，具体差异有：

1. 中古清平今读

蒲亭镇（刘纶鑫，1999）、丰林镇方言存在全清平与次清平分调现象。蒲亭镇（刘纶鑫，1999）方言全清平与次清平分别为两个阴平调。丰林镇方言全清平与次清平分调后进一步发生调类合并，丰林镇丰林村戴家方言次清平与全清平分调后，次清平与部分全浊上、部分全浊去、部分次浊去合流，即胎＝贷＝袋、披＝被、天＝电、滔＝盗、偷＝豆、疮＝状、丘＝旧、厅＝定、贪＝淡、摊＝蛋；丰林镇依塘村依塘畈方言次清平与部分全浊上、部分全浊去合流；丰林镇紫荆村咀上袁家及紫荆村戴家方言全清平与部分全浊上、部分全浊去及全部的次浊去合流。丰林镇乌石村乌石门方言全清平与部分全浊上、部分全浊去、全部次浊去合流，次清平与全浊去合流。

2. 中古浊平今读

河东乡后田村、蒲亭镇附城村方言全浊平与次浊平分调，其他乡镇方言全浊平与次浊平合流为阳平调。

3. 中古去声今读

除了吴山乡河铺村方言外，各乡镇方言普遍存在全清去与次清去分调现象，塘山乡新塘村方言次清去分调后进一步同浊去合流为阳去调，其他方言都是全清去为阴去$_1$，次清去为阴去$_2$。

4. 中古入声今读

普遍存在清浊分调，清入字今读阴入调，浊入字今为阳入调。丰林镇丰林村戴家、高塘乡罗桥村、蒲亭镇附城村方言全清入与次清入分立为两个阴入调。

（四）口音划分

《德安县志》（1991：678）方言部分提到，德安方言按地理位置分为县城、东乡（林泉乡代表）、南乡（以金湖乡[①]为代表）、西乡（磨溪乡为代表）、上西乡（邹桥、白水、塘山）五个片区。

根据实地调查结果及本地人语感，本书将德安县方言分成五种口音：蒲亭口音、车桥口音、丰林口音、磨溪口音、林泉口音（＋为有此语音特征，—为无此语音特征）。

[①] 2010年9月，经国务院批准同意，民政部批复江西省设立共青城市，德安县茶山街道办事处、甘露镇、金湖乡划归共青城管辖。

表2-88 德安县方言各口音语音特征表

区别特征＼分片	蒲亭口音	林泉口音	丰林口音	车桥口音	磨溪口音
中古浊音今读清音浊流	＋	＋	＋	－	＋
透定母今读边音现象	－	－	＋	－	－
止摄知章组有塞音现象	－	－	－	－	＋
合口三等字有撮口韵	－	－	－	＋	＋
止摄精知庄章组韵母合流	＋	－	－	－	－
遇摄一等精组及三等庄组韵母读[ŋ]	－	－	－	－	＋
浊上、浊去与清平今读调类合流现象	－	－	＋	－	－

蒲亭口音包括县城及周边；车桥口音包括车桥、塘山、吴山北部；丰林口音包括林泉西部、高塘西部、丰林、聂桥中东部、吴山中南部；磨溪口音包括磨溪乡、聂桥西部；林泉口音包括林泉中部、高塘中部、河东乡。

第七节　永修县方言语音特点及内部差异

一、永修县方言语音系统（以艾城镇艾城村方言为代表）

（一）声母（19个）

表2-89　永修县方言声母表

p 布饱班兵碧	pʰ 步跑盘平匹	m 磨买命面目	f 灰富环符福
t 端岛占灯竹	tʰ 兔透赵藤触		l 奴脑老能力
ts 租者嘴真织	tsʰ 茶粗陈齿侄		s 书死沙瘦食
tɕ 鸡九金煎积	tɕʰ 骑巧晴旧吃	ȵ 鱼牛尿铅砚	ɕ 牺休小想锡
k 姑关庚缸谷	kʰ 苦葵靠共阔	ŋ 饿矮暗硬恶	h 孩款看项学
ø 雨意文滑越			

（二）韵母（60个）

表 2-90　永修县方言韵母表

ɿ 紫租书制事	i 雨弟税杯梨	u 补苦猪父富
a 霞傻抓车洒	ia 靴茄姐邪夜	ua 瓜化寡话蛙
ɛ 锯儒二耳渠<u>他</u>	iɛ 去鱼	
ɔ 多河破火卧		uɔ 锅窝课过禾
ai 开菜盖柴坏		uai 外块拐快怪
		ui 桂龟位味胃
au 毛高泡孝草		
ɛu 赵偷抽邹浮	iɛu 巧小桥料浇	
ou 周收手寿臭	iu 流秋有九丢	
an 淡山范炭奸		uan 关惯湾弯
ɛn 陕森扇根灯	iɛn 检甜线片软	uɛn 圈拳圆劝远
ən 沉陈村唇升		uən 文问困昆棍
	in 林信旬兴精	uin 军群云晕永
ɔn 贪敢肝盘拴		uɔn 官款碗管换
aŋ 彭冷生硬橙	iaŋ 明井颈星钉	uaŋ 横梗
ɔŋ 汤张黄方双	iɔŋ 粮匠秧养腔	uɔŋ 光广匡王矿
uŋ 东葱孔红冬	iuŋ 兄荣熊龙胸	uŋ 风冯中宫从
ɿʔ 卒(象棋棋子)十湿质出	it 集笔律屈力	uit 橘
at 杂腊法达发		uat 滑猾挖袜
ɛt 折哲舌说不	iet 接雪别节血	uet 缺越骨杌或
ɔt 答刷割鸽脱		uɔt 阔括活捋
aʔ 百只格尺麦	iaʔ 脊笛吃壁锡	
ɛʔ 墨克色责客		uɛʔ 国获
ɔʔ 莫各缚桌学	iɔʔ 嚼削药脚鹊	uɔʔ 郭扩
	iuʔ 肉六绿菊玉	uʔ 木哭毒粥触
m̩ 姆(姆妈)	n̩ 你	ŋ̍ 五吴

（下加__划线表示白读，下加__划线表示文读）

（三）声调（11个）

表 2-91　永修县方言声调表

阴平 45 尊初伤天三	阳平$_1$ 23 穷陈唐平寒	阳平$_2$ 21 人龙文麻云
上声 212 古口好网有		
阴去$_1$ 33 布盖世送靠	阴去$_2$ 122 搞唱菜汉破	阳去 112 近大用度面
入声$_1$ 44 答甲聂折力	入声$_2$ 14 插出擦铁缺	入声$_3$ 22 狭辣麦白食	入声$_4$ 454 桌北各木恶

说明：入声调值下加划线__表示短促调；入声$_1$来自全清入字及部分次浊入字、个别次清去字，入声塞尾为[t]；入声$_2$来自咸深山臻摄次清入字，入声塞尾为[t]；入声$_3$来自全浊入字，入声塞尾为[t]；入声$_4$来自宕江曾梗通摄清声母字及次浊字，所拼韵母韵腹为[ɛ]、[a]、[ɔ]、[u]，入声塞尾为[ʔ]；入声$_1$、入声$_2$、入声$_3$都有短促感，入声$_4$短促感不强。

二、永修县方言语音特点（以艾城镇艾城村方言为代表）

（一）中古声母今读特点

1. 中古全浊声母今读有"清音浊流"特点，如婆 [₋pʰo²]、破 [pʰo²ʔ₋₃]、土 [ʰu²]、杜 [tʰu²]、才 [₋₂tsʰai]、菜 [tsʰai²²]、耻 [ˇtsʰɿ]、痔 [tsʰɿ²]、吵 [ˇtsʰau]、巢 [₋₂tsʰau]、疮 [₋tsʰoŋ]、床 [₋₂tsʰoŋ]、穷 [₋₂tɕʰiuŋ]；奉邪船禅匣母今多读清擦音，如肥 [₋₂fi]、示 [sɿ²]、邵 [sɐu²]、神 [₋₂ʂən]、号 [hau²]。

2. 帮组今读 [p]、[pʰ]、[m]，如表 [ˇpieu]、潘 [₋pʰon]、薄 [pʰoʔ₋₃]、眉 [₋₂mi]。非敷奉母今读 [f]，微母读零声母，个别字保留重唇读法，如扶 [₋fu]、灰 [₋fi]、肥 [₋₂fi]、蚊 [₋₂mən]、饭 [fan²]、网 [ˇmoŋ]、忘 [uoŋ²]。

3. 端透定母今读 [t]、[tʰ]，如刀 [₋tau]、桃 [₋₂tʰau]、邓 [tʰɛn²]、甜 [₋₂tʰien]、体 [ˇtʰi]。个别字今读边音，笛 [liaʔ₋₃]

4. 泥来母逢洪音相混，今读 [l]，如南 [₋₂lon]、兰 [₋₂lan]、暖 [ˇnon]；泥母逢细音读 [n]，来母细音字今读 [l]，如年 [₋₂nien]、娘 [₋₂nioŋ]、六 [liuʔ₋₄]、猎 [lieʔ₋₁]、礼 [ˇli]、梨 [₋₂li]。

5. 精组假开三、遇合三、蟹开三四、蟹合一二、止合三、效开三四、流开三、咸开三、深开三、山开三四、山合三、臻开合三、宕开三、曾开三、梗开三及通合三等字拼细音今读 [tɕ]、[tɕʰ]、[ɕ]，如齐 [₅₁tɕʰi]、小 [ˋɕieu]、秋 [₋tɕʰiu]、接 [tɕiet₋]；精组拼洪音与知₌庄组字合流，今读 [ts]、[tsʰ]、[s]，如租 [₋tsŋ]、猜 [₋tsʰai]、刺 [tsʰŋ²]、斋 [₋tsai]、初 [₅₁tsʰŋ]、事 [sŋ²]、站 [tsanɔ¹]、茶 [₅₁tsʰa]。

6. 知₌章组止合三等字今读 [tɕ]、[tɕʰ]、[ɕ]，如嘴 [ˋtɕi]；假开三（车）、遇合三、咸开三（占）、山开三（禅）、山合三（专砖川穿）、宕开三、梗开三（正只尺赤）、通合三等字今读 [t]、[tʰ]、[s]，如车 [₋tʰa]、占 [₋tɛn]、砖 [₋tɔn]、张 [₋tɔŋ]、只 [taʔ₋₄]、虫 [₅₁tʰuŋ]；其他字今读 [ts]、[tsʰ]、[s]。

7. 日母山合三、臻开三、通合三等字今读 [ɲ]，软 [ˋɲien]、认 [ɲin²] 肉 [ɲiuʔ₋₄]，其他字今读 [l]，如 [₅₂lɛ]、耳 [ˋlɛ]、任 [lən²]、热 [let₋]、闰 [lən²]、染 [ˋlɛn]、让 [lɔŋ²]、绒 [₅₂luŋ]。

8. 见组一二等及止摄合口三等、蟹合四等字读 [k]、[kʰ/h]、[ŋ]，其他三四等字今读 [tɕ]、[tɕʰ]、[ɲ]，如可 [ˋhɔ]、哥 [₋kɔ]、苦 [ˋkʰu]、跪 [kʰui²]、闺 [kui⁻¹]、桂 [kui¹]、岸 [ŋɔn²]、斤 [₋tɕin]、肩 [₋tɕien]、件 [tɕʰien²]、钳 [₅₁tɕʰien]、轻 [₋tɕʰiaŋ]、牛 [₅₂ɲiu]；溪母字今读 [h] 声母的字有"可开凯揩楷考烤靠犒敲抠彄口扣寇坎嵌看刊款垦恳康糠搞抗炕肯坑"。

9. 晓匣母开口一二等字今读 [h]，开口三四等字今读 [ɕ]，如河 [₋hɔ]、海 [ˋhai]、校 [hau²]、休 [₋ɕiu]、协 [ɕiet₋]、玄 [₅₂ɕien]；晓匣母合口字今读与非组字相混读 [f]，如扶 [₅fu]、火 [ˋfu]、花 [₋fa]、飞 [₋fi]、换 [fɔn²]、活 [fɔt₋]，个别字今读 [ɸ]，如虎 [ˋɸu]、户 [ɸu²]；个别匣母字今读 [kʰ]，如瓠 [kʰu²]。

10. 影母开口一二等今读 [ŋ]，开口三四等及合口字今读零声母，如爱 [ŋai⁻¹]、矮 [ˋŋai]、安 [₋ŋɔn]、乌 [₋u]、威 [₋ui]；喻母今读零声母，如芋 [ui²]、雨 [ˋui]，例外字有铅 [₅₂ɲien]。

（二）中古韵母今读特点

1. 果摄开口一等及合口一等（见系除外）字韵母今读 [ɔ]，合口一等见系字韵母今读 [uɔ]，开口三等韵母今读 [ia]，合口三等韵母今读 [ia]，如多 [₋tɔ]、河 [₅₁hɔ]、坐 [tsʰɔ²]、过 [kuɔ⁻¹]、祸 [ɸuɔ²]、茄 [₅₁guia]、靴 [₋fia]。例外字有：大 [tʰai²]。

2. 假摄开口二等、开口三等庄章日组、合口二等庄组字韵母今读 [a]，开口三等其他字韵母今读 [ia]，合口二等见系字韵母今读 [ua]，如茶 [₅₁tsʱa]、车 [₅tsʱa]、惹 [˚la]、姐 [˚tɕia]、夜 [ia²]、瓜 [₅kua]、傻 [˚sa]。

3. 遇摄合口一等（精组除外）及合口三等非组、知章组、日母字文读韵母今读 [u]，日母字白读韵母今读 [ɜ]；一等精组、三等庄组及书禅母字韵母今读 [ɿ]，合口三等精泥晓组字韵母今读 [i]，合口三等其他字韵母今读 [ui]，如补 [˚pu]、土 [˚tʰu]、卢 [₅₂lu]、租 [˚tsu]、枯 [₅ku]、虎 [˚ɸu]、猪 [₅tu]、书 [₅sɿ]、薯 [₅₁sɿ]、徐 [₅₁tɕʰi]、举 [˚kui]；见组个别字韵母今读 [ɛ]、[iɛ]，如锯 [kɛ⁰¹]、去 [tɕʰiɛ⁰²]、鱼 [₅₂ȵiɛ]。

4. 蟹摄开口一二等韵母今读 [ai]，如带 [tai⁰¹]、来 [₅₂lai]、开 [₅kʱai]、排 [₅₁pʱai]、街 [₅kai]，例外字有洒 [˚sa]、稗 [pʱa²]；开口三四等知章组字韵母今读 [ɿ]，如制 [tsɿ⁰¹]；蟹摄开口三四等（知章组除外）、蟹摄合口一等（见组除外）、合口三等（见系除外）韵母今读 [i]，如挤 [˚tɕi]、杯 [₅pi]、对 [ti⁰]、灰 [₅fi]、回 [₅₂fi]、罪 [tɕʰi²]、税 [fi⁰¹]、岁 [ɕi⁰¹]，合口一等见组及合口三等见组、影喻母字韵母今读 [ui]，个别字（块外）同合口二等韵母，今读 [uai]，如桂 [kui⁰¹]、怪 [kuai⁰¹]、歪 [₅uai]。

5. 止摄开口三等（精庄知章组除外）、合口三等（非庄组、见系除外）韵母今读 [i]，精知庄章组字韵母今读 [ɿ]，如皮 [₅₁pʱi]、梨 [₅₂li]、紫 [˚tsɿ]、师 [₅sɿ]、指 [˚tsɿ]、纸 [˚tsɿ]、知 [₅tsɿ]、志 [tsɿ⁰¹]、累 [li²]、追 [₅tɕi]、飞 [₅fi]；合口三等庄组字韵母今读 [ai]，合口三等微母、见系字韵母读 [ui]，如、衰 [₅sai]、龟 [₅kui]。合口三等知章组个别字有白读音，韵母为 [u]，吹 [₅tʰu]。

6. 效摄一二等韵母今读 [au]，三等知章组字韵母读 [ɛu]，三等（知章组除外）及四等韵母今读 [iɛu]，如毛 [₅₂mau]、劳 [₅₂lau]、考 [˚kʱau]、包 [₅pau]、交 [₅kau]、赵 [tʰɛu²]、少 [˚sɛu]、表 [˚piɛu]、小 [siɛu]、腰 [₅iɛu]、尿 [ȵiɛu²]；效摄开口三等（除知章组）、流摄一等、流摄三等（精章组及见系除外）韵母今读 [ɛu]；流摄三等章组字韵母今读 [əu]，精组及见系字韵母今读 [iu]，如走 [˚tsɛu]、狗 [˚kɛu]、抽 [₅tsʱɛu]、周 [₅tsəu]、流 [₅₂liu]、修 [₅ɕiu]、瘦 [sɛu⁰¹]、九 [˚tɕiu]、丢 [₅tiu]。流摄非组"富妇负副"韵母读 [u]。

7. 咸摄开口一等（见系除外）、开口二等、合口三等舒声字韵母今读 [an]，入声字韵母今读 [ɔt]、[at] 如胆 [˚tan]、站 [tsan⁰¹]、减 [˚kan]、鸭 [ŋat₇]、夹 [kat₇]、范 [fan²]、法 [fat₇]；开口一等见系舒声字韵母今读 [ɔn]，入声字韵母今读 [ɔt]，如含 [₅₁hɔn]、答 [tɔt₇]、鸽 [kɔt₇]；开口三等知章组舒声字韵母今读 [ɛn]，入声字韵母今读 [ɛt]，其他三等字与四等舒声字韵母今读 [ien]，入声字韵母今读 [iet]，如闪 [ˢsen]、尖 [₌tsien]、接 [tsiet₋₁]、店 [tienᵒ¹]、协 [ɕiet₋₃]。

8. 深摄庄组舒声字韵母今读 [en]、入声字韵母今读 [et]，知章组舒声字韵母今读 [ən]，入声字韵母今读 [ət]、[ɻt]，其他组系舒声字韵母今读 [in]、入声字韵母今读 [it]，如林 [₌₂lin]、深 [₌sən]、森 [₌sen]、金 [₌tɕin]、立 [lit₋₁]、十 [sɻt₋₃]。

9. 山摄开口一等（见系除外）及开口二等、合口三等非组舒声字韵母今读 [an]，入声字韵母今读 [at]，如炭 [tʰanᵒ¹]、山 [₌san]、八 [pat₋₁]、达 [tʰat₋₃]、饭 [fan²]、罚 [fat₋₃]；开口一等见系、合口一等（见系除外）、合口二等庄组、合口三等知章组舒声字韵母今读 [ɔn]，入声字韵母今读 [ɔt]，如肝 [₌kɔn]、短 [ˢtɔn]、钵 [pɔt₋₁]、割 [kɔt₋₁]、拴 [₌sɔn]、刷 [sɔt₋₁]、专 [₌tɔn]；开口三等知章日组舒声字韵母今读 [en]，入声字韵母今读 [et]，开口三等其他字及开口四等、合口三等泥精日组舒声字韵母今读 [ien]，入声字韵母今读 [iet]，如战 [tsenᵒ¹]、面 [mien²]、列 [liet₋₁]、舌 [set₋₃]、天 [₌tʰien]、铁 [tʰiet₋₂]；合口一等见系舒声字韵母今读 [uɔn]，入声字韵母今读 [uɔt]，如管 [ˢkuɔn]、阔 [kʰuɔt₋₁]；合口二等见系舒声字韵母今读 [uan]，入声字韵母今读 [uat]，如关 [₌kuan]、刮 [kuat₋₁]；合口三等见系与四等舒声字韵母今读 [uen]，入声字韵母今读 [iet]、[uet]，如全 [₌₁tɕien]、拳 [₌₁kʰuen]、元 [₌₂nien]、月 [ŋiet₋₁]、雪 [ɕiet₋₁]、越 [uet₋₁]。

10. 臻摄开口一等韵母今读 [en]，如根 [₌ken]、很 [ˢhen]；臻摄开口三等知庄章组，合口一等（见系除外），合口三等非敷奉母、来母、知章日组舒声字韵母今读 [ən]，入声字韵母今读 [ət]、[ɻt]、[ut]、轮 [₌₂lən]、春 [₌tsʰən]、分 [₌fən]、肾 [sən²]、失 [sɻt₋₃]、实 [sɻt₋₃]、出 [tsʰɻt₋₂]；臻摄开口三等（知章组除外）、合口三等精组舒声字韵母今读 [in]，入声字韵母今读 [it]，如民 [₌₂min]、亲 [₌tsʰin]、笔 [pit₋₁]、近 [tɕʰin²]；臻摄合口一等见系、合口三等微母舒声字韵母今读 [uən]，入声字韵母今读 [uet]，如本 [ˢpən]、村 [₌tsʰən]、不 [pet₋₁]、骨 [kuet₋₁]；臻摄合口三等见系舒声字韵母今读 [uin]，入声字韵母今读 [uit]、[it]，如旬 [₌₂ɕin]、橘 [kuit₋₁]、军 [₌kuin]、物 [uət₋₁]。

11. 宕摄开口一等、开口三等知庄章日组、合口一晓匣母及合口三等非敷奉舒声字韵母今读 [ɔŋ]、入声字韵母今读 [ɔʔ]，如汤 [₌tʰɔŋ]、仓 [₌tsʰɔŋ]、落 [lɔʔ₋₄]、恶 [ŋɔʔ₋₄]、张 [₌tʂɔŋ]、章 [₌tʂɔŋ]、勺 [ʂɔt₋3]、胖 [pʰɔŋᵒ²]、双 [₌sɔŋ]、江 [₌tɕiɔŋ]、项 [hɔŋ²]、剥 [pɔʔ₋₄]、捉 [tsɔʔ₋₄]、学 [hɔt₋₃]；开口三等其他字、江摄见组个别舒声字韵母今读 [iɔŋ]，入声字韵母今读 [iɔʔ]，如娘 [₌₂niɔŋ]、香 [ɕiɔŋ³]、削

[ɕiɔʔ₋₄]、药 [iɔʔ₋₄]、腔 [˻tɕʰiɔŋ]；合口三等微母及见系舒声字韵母读 [uɔŋ]，入声字韵母读 [uɔʔ]，如光 [˻kuɔŋ]、黄 [˯₂fɔŋ]、筐 [˻kʰuɔŋ]、方 [˻fɔŋ]、狂 [˯₂kʰuɔŋ]、郭 [kuɔʔ₋₄]、霍 [fɔʔ₋₄]。

12. 曾摄开口一等及三等庄组字舒声字韵母今读 [eŋ]，入声字韵母今读 [εʔ]、[it]，如灯 [˻teŋ]、曾 [˻tseŋ]、肯 [ʰheŋ]、北 [peʔ₋₄]、贼 [tsʰɛt₋₃]、克 [kʰεʔ₋₄]、色 [sεʔ₋₄]；开口三等帮组、泥组、见系舒声字韵母今读 [in]，入声字韵母今读 [it] 如冰 [˻pin]、力 [lit₋₁]、极 [tɕʰit₋₃]；开口三等知章组、合口一等舒声字韵母今读 [ən]，入声字韵母今读 [ʰt]、[εʔ]，如蒸 [˻tsən]、弘 [˯₂fən]；合口一等舒声字韵母读 [ən]，入声字韵母读 [uɛt/ʔ]，如国 [kuεʔ₋₄]、或 [fuɛt₋₃]。

13. 梗摄开口二等（晓匣母除外）字韵母今读 [eŋ]、[εʔ]，部分字存在白读音，韵母今读 [aŋ]、[aʔ]，晓匣母舒声字韵母今读 [in]，如彭 [˯₁pʰaŋ]、孟 [meŋ²]、生₂[˻seŋ]/生₈[˻saŋ]、庚 [˻keŋ]、百 [paʔ₋₄]、择 [tsʰεʔ₋₄]、客 [kʰεʔ₋₄]、争₂[˻tseŋ]/争₈[˻tsaŋ]、幸 [ɕin²]；梗摄开口三等知章组字韵母今读 [ən]，个别字存在白读音，韵母读 [aŋ]、[aʔ]，开口三等其他字及开口四等字文读韵母今读 [in]、[it]，白读音韵母为 [iaŋ]、[iaʔ]，如平₂[˯₁pʰin]/平₈[˯₁pʰiaŋ]、碧 [pit₋₁]、情 [˯₁tsʰin]、晴 [˯₁tsʰiaŋ]、昔 [ɕit₋₁]、迹 [tsiaʔ₋₄]、郑 [tsʰən²]、石 [saʔ₋₃]、钉 [˻tiaŋ]、零 [˯₂liaŋ]、绩 [tɕit₋₁]、笛 [liaʔ₋₃]；合口二等韵母今读 [uɔŋ]、[uaŋ]、[uɛt]，如矿 [kʰuɔŋ]、横 [˯₂uaŋ]、获 [ɸuɛt₋₃]；合口三四等韵母今读 [iuŋ]、[uin]、[uit]，如兄 [˻ɕiuŋ]、永 [ʰuin]、疫 [uit₋₁]。

14. 通摄合口一等、合口三等钟烛韵非泥知章见组舒声字韵母读 [əŋ]，入声字韵母今读 [uʔ/t]，如东 [˻təŋ]、孔 [ʰkʰəŋ]、族 [tʰut₋₃]、谷 [kuʔ₋₄]、冬 [˻təŋ]、毒 [tʰut₋₃]、封 [˻fəŋ]、钟 [˻təŋ]、烛 [tuʔ₋₃]；合口三等东屋韵非组、知庄章组、日母舒声字韵母今读 [uŋ]，入声字韵母今读 [uʔ]，如丰 [˻fuŋ]、福 [fuʔ₋₄]、虫 [˯₁tʰuŋ]、宫 [˻kuŋ]、从 [˯₁dzuŋ]；合口三等东屋韵泥组、见系字与合口三等钟烛韵精组、晓组、影喻舒声字韵母今读 [iuŋ]，入声字韵母今读 [iuʔ]，如穷 [˯₁tɕʰiuŋ]、六 [liuʔ₋₄]、肉 [niuʔ₋₄]、龙 [˯₂liuŋ]、用 [iuŋ²]。

（三）中古声调今读特点

永修县艾城镇艾城村方言有 11 个调类，古全清平与次清平今读阴平调，全浊平与次浊平今读分调，全浊平今读阳平₁，次浊平今读阳平₂；古清上与次浊上今读上声，全浊上归去；古全清去与次清去分调，古全清去、个别次清去字（怕兔醋太泰蔡剃套靠透扣炭欠劝券）今读阴去₁，全清去中今读喉擦音[h]声母的字与次清去字今读阴去₂，全浊上与浊去今读阳去；有四个入声调，入声₁来自全清入字及部分次浊入字、个别次清去字，入声₂来自咸深山臻摄次清入字，入声₃来自全浊入字，入声₄来自宕江曾梗通摄清声母字及次浊字。

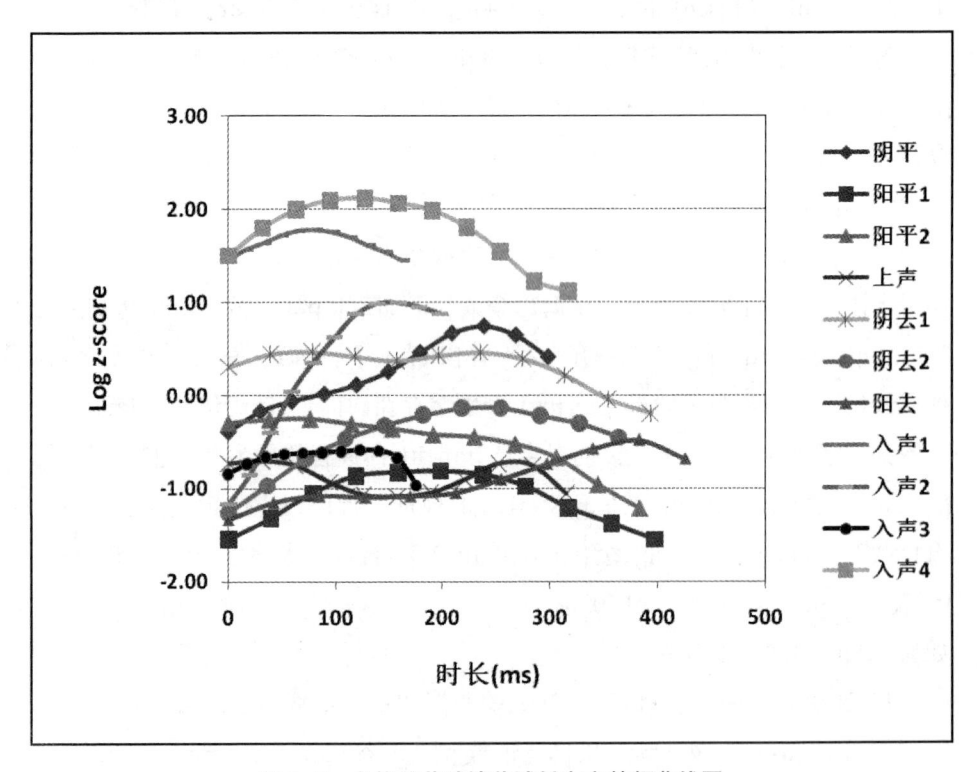

图 2-7 永修县艾城镇艾城村方言基频曲线图

三、永修县方言语音内部差异

永修县位于鄱阳湖西岸，东北同都昌县隔湖相望，南部同南昌县、安义县、新建县接壤，西部同靖安县、武宁县毗邻，北部同星子县及德安县接壤。永修境内共2035平方千米，全县共有12个镇、4个乡：涂埠镇、吴城镇、柘林镇、虬津镇、艾城镇、滩溪镇、白槎镇、梅棠镇、燕坊镇、马口镇、三溪桥镇、三角乡、九合乡、立新乡、江上乡（2010年9月后，江西省设立共青城市，永修县江益镇和燕坊镇坪塘村、燕坊村在行政区划上归共青城管辖）。① 永修县地处长江—鄱阳湖—赣江的主航道之滨、南北通衢，历来是个移民大县，外来移民往往定居于西部、北部多山地之处，持赣语的本地人主要集居于东南部。本地人语感认为，三角乡、马口镇、吴城镇基本上能代表永修赣语的差异。笔者对永修三溪桥河桥村、永修江上乡耕源村、永修梅棠镇杨岭村、永修立新乡桥头村、永修虬津镇张公渡村、永修艾城镇艾城村、永修九合乡长滩村、永修滩溪镇滩溪村、永修马口镇新丰村、永修马口镇山丰村进行实地调查。下文结合调查的结果和已刊方言材料：永修江益镇（刘纶鑫，1999）、永修三角乡（孙宜志，2006）、永修涂埠镇（陈昌仪，1983）、永修吴城镇（肖萍，2008），看永修方言语音的内部差异。

（一）声母今读差异

1. 古全浊声母今读

据已刊材料可知，永修县江益乡与三角乡方言中古全浊声母今读"送气浊音"，涂埠镇与吴城镇中古全浊声母今读"送气清音"，实地调查后，进一步发现三溪桥镇河桥村、江上乡耕源村、梅棠镇杨岭村、立新乡桥头村、虬津镇张公渡村方言中古全浊声母与次清合流为送气清音，艾城镇艾城村、九合乡长滩村、滩溪镇滩溪村、马口镇新丰村、马口镇山丰村方言中古全浊声母与次清合流，今读有"清音浊流"特点。

表 2-92　永修县方言全浊声母今读例字表

地点＼例字	步并 遇合一	道定 效开一	茶澄 假开二	才从 蟹开一	锄崇 遇合三	权群 山合三	寺邪 止开三
江益镇（刘）	bʰu²	dʰau²	₅dzʰa	₅dzʰai	₅dzʅ	₅gʰuɛn	dzʅ²
三角乡（孙）	bʰu²	dʰau²	₅₁dzʰa	₅₁dzʰai	₅₁dzʅ	₅₁gʰuen	dzʅ²
永修涂埠镇（陈）	pʰu²	tʰau²	₅₁tsʰa	₅₁tsʰai	₅₁tsʰu	₅₁kʰuɛn	₅tsʰʅ
吴城镇（肖）	₅pʰu	₅tʰau	₅₁tsʰa	₅₁tsʰei	₅₁tsʰu	₅₁kʰyen	₅tsʰʅ
三溪桥河桥村	pʰu²	tʰau²	₅tsʰa	₅tsʰai	₅tsʅ	₅kʰuɛn	tsʰʅ²
江上乡耕源村	pʰu²	tʰau²	₅tsʰa	₅tsʰai	₅tsʅ	₅kʰuɛn	tsʰʅ²
梅棠镇杨岭村	pʰu²	tʰau²	₅₁tsʰa	₅₁tsʰai	₅₁tsʅ	₅₁kʰuɛn	tsʰʅ²

---

① http://www.xzqh.org/html/show/jx/10442.html,2010-10-16/2015-12-9。

续表

例字 地点	步並 遇合一	道定 效开一	茶澄 假开二	才从 蟹开一	锄崇 遇合三	权群 山合三	寺邪 止开三
立新乡桥头村	pʰu²	tʰau²	₅tsʰa	₅tsʰai	₅tsʰu	₅kʰuɛn	tsʰ1²
虬津镇张公渡村	pʰu²	tʰau²	₅tsʰa	₅tsʰai	₅tsʰu	₅kʰuɛn	tsʰ1²
艾城镇艾城村	pʱu²	tʱau²	₅₂tsʱa	₅₁tsʱai	₅₁tsʱ1	₅kʰuɛn	tsʱ1²
九合乡长滩村	pʱu²	tʱau²	₅₂tsʱa	₅₁tsʱai	₅₁tsʱ1	₅kʰuɛn	tsʱ1²
滩溪镇滩溪村	pʱu²	tʱau²	₅₂tsʱa	₅₁tsʱai	₅₁tsʱ1	₅kʰuɛn	tsʱ1²
马口镇新丰村	pʱu²	tʱau²	₅₂tsʱa	₅₁tsʱai	₅₁tsʱu	₅kʰuɛn	tsʱ1²
马口镇山丰村	pʱu²	tʱau²	₅₂tsʱa	₅₁tsʱai	₅₁tsʱ1	₅kʰuɛn	tsʱ1²

2. 来母逢细音今读

江益乡（刘纶鑫，1999）、涂埠镇（陈昌仪，1983）、江上乡耕源村、梅棠镇杨岭村、虬津镇张公渡村方言来母逢细音今读边音 [l]，吴城镇（肖萍，2008）、三角乡（孙宜志，2006）、三溪桥镇河桥村、立新乡桥头村、艾城镇艾城村、九合乡长滩村、滩溪镇滩溪村、马口镇新丰村、马口镇山丰村方言来母逢细音多数字今读 [l]，少数字读塞音 [dʱ]/[tʱ]，个别字听上去既像 [l] 又像 [d]，记音作 [lᵈ]。

表2-93 永修县方言来母逢细音今读例字表

例字 地点	梨 止开三	累 止合三	粒 深开三	岭 梗开三	犁 蟹开四	隶 蟹开四	料 效开四	莲 山开四
江益乡（刘）	₅li	li²	liʔ₂	ᶜliaŋ	₅li	li²	lieu²	₅lien
涂埠镇（陈）	₅₂li	li²	lit₂	ᶜliaŋ	₅₂li	li²	₅lieu	₅₂lien
梅棠镇杨岭村	₅₂li	li²	lit₂	ᶜliaŋ	₅₂li	li²	lieu²	₅₂lien
江上乡耕源村	₅li	li²	liʔ₁	ᶜliaŋ	₅li	li²	lieu²	₅lien
虬津镇张公渡	₅li	li²	lit₂	ᶜliaŋ	₅li	li²	lieu²	₅lien
三角乡（孙）	₅₂li	li²	dʱiʔ₂	ᶜliaŋ	₅₂li	li²	lieu²	₅₂dʱien
吴城镇（肖）	₅₂li	₅li	lit₂	ᶜliaŋ	₅₂li	tʱi²	₅lieu	₅₂lien
三溪桥河桥村	tʱi	lᵈi²	lit₂	ᶜliaŋ	₅₂li	li²	lieu²	₅lien
立新乡桥头村	₅li	tʱi²	tʱit₂	ᶜliaŋ	₅li	li²	lieu²	₅dien
艾城镇艾城村	₅₂li	li²	tʱit₃	ᶜliaŋ	₅₂li	li²	tieu²	₅₂lien
九合乡长滩村	₅₂li	tʱi²	tʱit₂	ᶜliaŋ	₅₂li	li²	lieu²	₅₂lien
滩溪镇滩溪村	₅li	tʱi²	tʱit₂	ᶜliaŋ	₅li	li²	lieu²	₅₂lien
马口镇新丰村	₅₂li	tʱi²	tʱit₁	ᶜtʱin	₅₂li	li²	lieu²	₅₂lien
马口镇山丰村	₅₂li	tʱi²	tʱit₃	ᶜliaŋ	₅₂tʱi	li²	lieu²	₅₂lien

3. 泥母逢洪音今读

三溪桥镇河桥村、虬津镇张公渡村、滩溪镇滩溪村、马口镇新丰村、吴城镇方言泥母逢洪音部分字读 [l]，部分字读 [n]，其他方言泥母逢洪音今读边音 [l]。

表 2-94　永修县方言泥母逢洪音今读例字表

例字 地点	糯泥 果合一	拿泥 假开二	脑泥 效开一	南泥 咸开一	暖泥 山合一	路来 遇合一	兰来 山开一
虬津镇张公渡	lɔ²	naʔ₋₁	ˬlau	ˬnon	ˬlɔn	lu²	₅lan
三溪桥河桥村	lɔ²	₅na	ˬlau	ˬnon	ˬnon	lu²	₅lan
滩溪镇滩溪村	lɔ²	laʔ₋₃	ˬnau	ˬnon	ˬnon	lu²	₅nan
马口镇新丰村	lɔ²	lau	ˬlau	₅₂lon	ˬnon	lu²	₅lan
吴城镇（肖）	ˬlo	₅₂na	ˬlau	₅₂lan	ˬlon	₅lu	₅lan
江益乡（刘）	lɔ²	₅la	ˬlau	₅₂lon	ˬlon	lu²	₅lan
三角乡（孙）	lɔ²	₅la	ˬlau	₅₂lon	ˬlon	lu²	₅lan
涂埠镇（陈）	lo²	₅₂la	ˬlau	₅₂lan	ˬlon	lu²	₅lan
江上乡耕源村	lɔ²	₅la	ˬlau	₅₂lɔn	ˬlɔn	lu²	₅lan
梅棠镇杨岭村	lɔ²	lat₋₃	ˬlau	₅₂lɔn	ˬlɔn	lu²	₅lan
立新乡桥头村	lɔ²	lat₋₁	ˬlau	₅₂lɔn	ˬlɔn	lu²	₅lan
艾城镇艾城村	lɔ²	laʔ₋₁	ˬlau	₅₂lɔn	ˬlɔn	lu²	₅lan
九合乡长滩村	lɔ²	laʔ₋₁	ˬlau	₅₂lɔn	ˬlɔn	lu²	₅lan
马口镇山丰村	lɔ²	laʔ₋₁	ˬlau	₅₂lɔn	ˬlɔn	lu²	₅lan

4. 知₃章组今读

江益乡（刘纶鑫，1999）方言知₃章组今读 [tʂ]、[dʐʰ]、[ʂ]。吴城镇（肖萍，2008）方言蟹开三、止摄、流开三、深开三、臻开三、合三、曾开三、梗开三今读 [tɕ]、[tɕʰ]、[ɕ]，其他字今读 [ts]、[tsʰ]、[s]。滩溪镇滩溪村、马口镇新丰村方言蟹开三、止开三、臻开三（秩侄）、臻合三（蠢出术唇）、曾开三（乘丞承食植）、梗开三（成城诚）今读 [tʂ]、[tʂʰ]、[ʂ]，止合三、遇合三（暑鼠黍）、流开三（手首守）、咸开三（涉）、臻合三（顺）、宕开三（响）今读 [tɕ]、[tɕʰ]、[ɕ]，其他字今读 [t]、[tʰ]、[s]。九合乡长滩村、涂埠镇（陈昌仪，1983）方言假开三、遇合三、效开三、山合三、宕开三、咸开三、山开三、梗开三部分字，通合三部分字今读 [t]、[tʰ/tʰ]、[s]，止摄开口今读

[tʂ]、[tʂʰ]、[ʂ]，其他字今读 [ts]、[tsʰ/tsʰ]、[s]。三溪桥镇河桥村、立新乡桥头村、虬津镇张公渡村、艾城镇艾城村方言遇合三、效开三、山开三舒声、山合三、宕开三、通合三部分字今读 [t]、[tʰ/tʰ]、[s]，止合三读 [tɕ]、[tɕ/tɕʰ]、[ɕ]，其他字今读 [ts]、[tsʰ/tsʰ]、[s]。

马口镇山丰村、梅棠镇杨岭村、江上乡耕源村、三角乡（孙宜志，2006）方言则更是复杂，四类音值混合。马口镇山丰村方言止开三（栀是翅豉尸屎始）、止合三、效开三、深开三（湿）、臻开三（神实身室失）、臻合三（出术纯）、曾开三（织职乘）、梗开三（圣）、通合三（畜）读 [tɕ]、[tɕʰ]、[ɕ]，蟹开三、止开三读 [tʂ]、[tʂʰ]、[ʂ]；深开三（执）、山开三（撤）、臻开三（侄质）、曾开三（橙症称）、梗开三（郑）读 [ts]、[tsʰ/tsʰ]、[s]，其他字今读 [t]、[tʰ]、[s]。

梅棠镇杨岭村方言假摄（船母书母禅母）、遇合三（禅）、蟹开三（书母禅母）、止摄（船母书母禅母）、效开三（书母禅母）、流开三（书母禅母）、咸开三（书母禅母）、深开三（书母禅母）、山开三（书母禅母）、臻合三（书母禅母）、宕开三（书母禅母）、曾开梗开通合三等（书母禅母）今读 [ts]、[tsʰ]、[s]；止合三（昌禅追垂）[tɕ]、[tɕʰ]、[ɕ]；遇合三（猪处）、山合三（转）、曾开三（瞪）读 [t]、[tʰ]，其他字今读 [tʂ]、[tʂʰ]、[ʂ]。

表 2-95 永修县方言知₂章组今读例字表

例字 地点	知知 止开三	耻彻 止开三	超彻 效开三	赵澄 效开三	煮章 遇合三	丑昌 流开三	船船 山合三	树禅 遇合三
江益镇（刘）	₋₁tʂɿ	ˆdʐʱɿ	₋₂dʐʱɛu	dʐʱɛu²	ˆtʂu	ˆdʐʱəu	₋ʂen	ʂu²
三角乡（孙）	₋₁tʃɿ	ˆdʒɿ	₋₂dʱɛu	dʱɛu²	ˆtu	ˆdʐʱɛu	₋₂son	sɿ²
涂埠镇（陈）	₋₁tʂɿ	ˆtsʰɿ	₋₂tsʰɛu	tsʰɛu²	ˆtu	ˆtɕʰiu	₋₂sɛn	₋su
吴城镇（肖）	₋tsɿ/tɕi	ˆtsʰɿ/tɕʰi	₋tsʰɛu	₋tsʰɛu	ˆtsu	ˆtɕʰiu	₋₂tsʰon	₋su
三溪桥河桥村	₋tsɿ	ˆtsʰɛ/tsʰɿ	₋tsʰɛu	₋tsʰɛu	ˆtsu	ˆtsʰou	₋son	su²
江上乡耕源村	₋tsɿ	ˆtsʰɿ	₋tʰɛu	tʰɛu²	ˆtu	ˆtsʰou	₋son	su²
梅棠镇杨岭村	₋tsɿ	ˆtsʰɿ	₋tsʰɛu	tsʰɛu²	ˆtsu	ˆtsʰou	₋₁tsʰon	su²
立新乡桥头村	₋tsɿ	ˆtsʰɿ	₋tʰɛu	tʰɛu²	ˆtu	ˆtsʰou	₋son	sɿ²
虬津镇张公渡	₋tsɿ	ˆtsʰɿ	₋tsʰɛu	tsʰɛu²	ˆtu	ˆtsʰou	₋son	su²
艾城镇艾城村	₋tsɿ	ˆtsʰɿ	₋tʰɦɛu	tʰɦɛu²	ˆtu	ˆtsʰɦɛu	₋₂son	sɿ²
九合乡长滩村	₋tsɿ	ˆtsʰɿ	₋tʰɦɛu	tʰɦɛu²	ˆtu	ˆtsʰɦou	₋₂sɛn	ʂu²
滩溪镇滩溪村	₋tsɿ	ˆtsʰɿ	₋tʰɦɛu	tʰɦɛu²	ˆtu	ˆtʰu	₋son	sɿ²

续表

例字 地点	知知 止开三	耻彻 止开三	超彻 效开三	赵澄 效开三	煮章 遇合三	丑昌 流开三	船船 山合三	树禅 遇合三
马口镇新丰村	₌tsʅ	ˆtsʰʅ	₌tʰɛu	tʰɛu²	ˆtu	ˆtʰiu	₌₂sɔn	sʅ²
马口镇山丰村	₌tsʅ	ˆtsʰʅ	₌tʰɛu	tʰɛu²	ˆtu	ˆtʰiu	₌₂sɔn	sʅ²

5.清鼻音现象

滩溪镇滩溪村、马口镇新丰村、马口镇山丰村方言通摄非组、见系字今读有清鼻音现象，其他方言没有此现象。

表 2-96　永修县方言清鼻音现象例字表

例字 地点	空溪 通合一	红匣 通合一	风非 通合三	丰敷 通合三	冯奉 通合三	凤奉 通合三	封群 通合三
江益镇（刘）	₌₂gʰəŋ	₂fəŋ	₌fəŋ	₌fəŋ	₂fəŋ	fəŋ²	₌fəŋ
三角乡（孙）	₌hoŋ	₂ɸoŋ	₌ɸoŋ	₌ɸoŋ	₂ɸoŋ	ɸoŋ²	₌ɸoŋ
涂埠镇（陈）	₌kʰoŋ	₂fəŋ	₌fəŋ	₌fəŋ	₂fəŋ	fəŋ²	₌fəŋ
吴城镇（肖）	₌kʰuŋ	₂fuŋ	₌fuŋ	₌fuŋ	₂fuŋ	fuŋ²	₌fuŋ
三溪桥河桥村	₌həŋ	₂fəŋ	₌fəŋ	₌fəŋ	₂fəŋ	fəŋ²	₌fəŋ
江上乡耕源村	₌huŋ	₂huŋ	₌fuŋ	₌fuŋ	₂fuŋ	fuŋ²	₌fuŋ
梅棠镇杨岭村	₌kʰəŋ	₂fəŋ	₌fəŋ	₌fəŋ	₂fəŋ	fəŋ²	₌fəŋ
立新乡桥头村	₌huŋ	₂huŋ	₌huŋ	₌huŋ	₂huŋ	huŋ²	₌huŋ
虬津镇张公渡	₌huŋ	₂ɸuŋ	₌ɸuŋ	₌ɸuŋ	₂ɸuŋ	ɸuŋ²	₌ɸuŋ
艾城镇艾城村	₌kʰəŋ	₂fəŋ	₌fuŋ	₌fuŋ	₂fuŋ	fuŋ²	₌fəŋ
九合乡长滩村	₌kʰəŋ	₂fəŋ	₌fəŋ	₌fəŋ	₂fəŋ	fəŋ²	₌fəŋ
滩溪镇滩溪村	₌ŋ̊ŋ	₂ŋ̊ŋ	₌ŋ̊ŋ	₌ŋ̊ŋ	₂ŋ̊ŋ	ŋ̊ŋ²	₌ŋ̊ŋ
马口镇新丰村	₌kʰuŋ	₂huŋ	₌ŋ̊ŋ	₌ŋ̊ŋ	₂ŋ̊ŋ	ŋ̊ŋ²	₌ŋ̊ŋ
马口镇山丰村	₌kʰuŋ	₂ŋ̊ŋ	₌ŋ̊ŋ	₌ŋ̊ŋ	₂ŋ̊ŋ	ŋ̊ŋ²	₌ŋ̊ŋ

（二）韵母今读差异

1.撮口韵

吴城镇方言语音系统中有撮口韵，具体分布于遇摄鱼虞韵见系字，蟹合一见组字、蟹合三四见系字，止合三见系字、山合三四等见系字、臻合三见系字、通合三见系入声字；其他方言语音系统中没有撮口韵。

表 2-97　永修县方言撮口韵今读例字表

地点＼例字	雨云 遇合三	句见 遇合三	桂见 蟹合四	位云 止合三	贵见 止合三	拳群 山合三	军见 臻合三	绿来 通合三
吴城镇（肖）	₅yi	kyiᵓ	kyiᵓ	₅yiᵓ	kyiᵓ	₅₁kʰyen	₅kyin	lyuʔ₃
江益镇（刘）	₅vi	kuiᵓ¹	kuiᵓ¹	viᵓ	kuiᵓ¹	₅gʰuen	₅kuin	liuʔ₃₂
三角乡（孙）	₅ui	○	kuiᵓ	○	kuiᵓ	₅gʰuen	₅kuin	liuʔ₃₂
涂埠镇（陈）	₅vui	○	○	vuiᵓ	○	₅₁kʰuɛn	₅kun	○
三溪桥河桥村	₅vi	kuiᵓ	kuiᵓ	uiᵓ	kuiᵓ	₅kʰuɛn	₅kuin	liuʔ₃₁
江上乡耕源村	₅ui	kuiᵓ	kuiᵓ	uiᵓ	kuiᵓ	₅kʰuɛn	₅kuin	liuʔ₃₁
梅棠镇杨岭村	₅ui	kuiᵓ	kuiᵓ	uiᵓ	kuiᵓ	₅kʰuɛn	₅kuin	liuk₅
立新乡桥头村	₅ui	kuiᵓ	kuiᵓ	uiᵓ	kuiᵓ	₅kʰuɛn	₅tɕin	liuʔ₃₂
虬津镇张公渡村	₅ui	kuiᵓ	kuiᵓ	uiᵓ	kuiᵓ	₅kʰuɛn	₅kuin	liuʔ₃₁
艾城镇艾城村	₅vi	kuiᵓ	kuiᵓ	uiᵓ	kuiᵓ	₅kʰuɛn	₅kuin	liuʔ₃₄
九合乡长滩村	₅ui	kuiᵓ	kuiᵓ	uiᵓ	kuiᵓ	₅₁kʰuɛn	₅tɕin	liuʔ₃₁
滩溪镇滩溪村	₅ui	kuiᵓ	kuiᵓ	uiᵓ	kuiᵓ	₅kʰuɛn	₅kuin	liuʔ₃₁
马口镇新丰村	₅ui	kuiᵓ	kuiᵓ	uiᵓ	kuiᵓ	₅₁kʰuɛn	₅kuən	liuʔ₃₁
马口镇山丰村	₅fi	kuiᵓ	kuiᵓ	uiᵓ	kuiᵓ	₅₁kʰuɛn	₅kuən	liuʔ₃₁

2. 遇摄韵母今读

江益镇（刘纶鑫，1999）、三角乡（孙宜志，2006）、三溪桥镇河桥村、江上乡耕源村、梅棠镇杨岭村、立新乡桥头村、艾城镇艾城村、九合乡长滩村、滩溪镇滩溪村、马口镇山丰村方言遇摄三等庄组字韵母今读 [ɿ]，知章组字韵母今读 [u]，见系字韵母今读 [ui]。涂埠镇（陈昌仪，1983）、吴城镇（肖萍，2008）、虬津镇张公渡村、马口镇新丰村方言知庄章组字韵母今读 [u]，见系字韵母今读 [ui]/[yi]。

表 2-98　永修县方言遇摄韵母今读例字表

地点＼例字	初初 遇合三鱼	猪知 遇合三鱼	主章 遇合三虞	句见 遇合三虞	雨云 遇合三虞
涂埠镇（陈）	₂tsʰu	₁tu	₅tu	kuiᵓ¹	₅ui
吴城镇（肖）	₅tsʰu	₅tsu	₅tsuᵓ	kyiᵓ	₅yi

续表

例字 地点	初初 遇合三鱼	猪知 遇合三鱼	主章 遇合三虞	句见 遇合三虞	雨云 遇合三虞
虬津镇张公渡村	$_c$tsʰu	$_c$tu	^{c}tu	kuiᵓ¹	^{c}ui
马口镇新丰村	$_c$tsʰu	$_c$tu	^{c}tu	kuiᵓ¹	^{c}ui
江益镇（刘）	$_c$dzʱɿ	$_{c1}$tʂu	^{c}tʂu	kuiᵓ	^{c}vi
三角乡（孙）	$_{c2}$dzʱɿ	$_{c1}$tu	^{c}tu	kuiᵓ	^{c}vi
三溪桥河桥村	$_c$tsʰɿ	$_c$tu	^{c}tu	kuiᵓ	
江上乡耕源村	$_c$tsʰɿ	$_c$tu	^{c}tu	kuiᵓ	
梅棠镇杨岭村	$_c$tsʰɿ	$_c$tu	^{c}tʂu	kuiᵓ	
立新乡桥头村	$_c$tsʰɿ	$_c$tu	^{c}tu	kuiᵓ	^{c}ui
艾城镇艾城村	$_c$tsʱɿ	$_c$tu	^{c}tu	kuiᵓ	
九合乡长滩村	$_c$tsʱɿ	$_c$tu	^{c}tu	kuiᵓ	^{c}ui
滩溪镇滩溪村	$_c$tsʱɿ				
马口镇山丰村	$_c$tsʱɿ	$_c$tu	^{c}tu	kuiᵓ¹	^{c}ui

3. 蟹摄开口一二等韵母今读

吴城镇方言蟹开一二等韵母今读对立，其他乡镇方言一二等韵母合流。

表 2-99　永修县方言蟹开一二等韵母今读例字表

例字 地点	胎透 蟹开一咍	菜清 蟹开一咍	开溪 蟹开一咍	害匣 蟹开一泰	埋明 蟹开二皆	芥见 蟹开一咍
吴城镇（肖）	$_c$tʰei	^{c}tsʰei	$_c$xei	$_c$xei	$_{c2}$mai	kaiᵓ
江益镇（刘）	$_{c2}$dʱai	dzʱaiᵓ²	$_c$gʱai	gʱaiᵓ	$_c$mai	kaiᵓ¹
三角乡（孙）	$_{c2}$dʱai	dzʱaiᵓ²	$_c$hai	haiᵓ	$_c$mai	kaiᵓ¹
涂埠镇（陈）	$_{c2}$tʰai	tsʰaiᵓ²	$_c$kʰai	haiᵓ	$_c$mai	kaiᵓ¹
三溪桥河桥村	$_c$tʰai	tsʰaiᵓ²	$_c$hai	haiᵓ	$_c$mai	kaiᵓ¹
江上乡耕源村	$_c$tʰai	tsʰaiᵓ²	$_c$kʰai	haiᵓ	$_c$mai	kaiᵓ¹
梅棠镇杨岭村	$_c$tʰai	tsʰaiᵓ²	$_c$hai	haiᵓ	$_c$mai	kaiᵓ¹
立新乡桥头村	$_c$tʰai	tsʰaiᵓ²	$_c$hai	haiᵓ	$_c$mai	kaiᵓ¹
虬津镇张公渡村	$_c$tʰai	tsʰaiᵓ¹	$_c$hai	haiᵓ	$_c$mai	kaiᵓ¹
艾城镇艾城村	$_c$tʰai	tsʱaiᵓ¹	$_c$kʱ/hai	haiᵓ	$_{c2}$mai	kaiᵓ¹
九合乡长滩村	$_c$tʱai	tsʱaiᵓ¹	$_c$hai	haiᵓ	$_{c2}$mai	kaiᵓ¹
滩溪镇滩溪村	$_c$tʱai	tsʱaiᵓ²	$_c$hai	haiᵓ	$_{c2}$mai	kaiᵓ¹

续表

例字 地点	胎透 蟹开一咍	菜清 蟹开一咍	开溪 蟹开一咍	害匣 蟹开一泰	埋明 蟹开二皆	芥见 蟹开一咍
马口镇新丰村	₋tʰai	tsʰai⁰²	₋kʰai	hai²	₋₂mai	kai⁰¹
马口镇山丰村	₋tʰai	tsʰai⁰²	₋kʰai	hai²	₋₂mai	kai⁰¹

4. 止摄开口韵母今读差异

立新乡桥头村、虬津镇张公渡村、艾城镇艾城村、马口镇新丰村方言精庄知章组字韵母今读[ɿ]；江益镇(刘纶鑫,1999)、三角乡(孙宜志,2006)、涂埠镇(陈昌仪,1983)、九合乡长滩村、滩溪镇滩溪村精庄组字韵母今读[ɿ],知章组字韵母今读[ʅ]；三溪桥镇河桥村、江上乡耕源村方言精庄组字韵母今读[ɿ],知章组字韵母今读[ɿ],个别章组字韵母今读[ɛ]；马口镇山丰村方言精庄母字韵母今读[ɿ],知章组字韵母今读[ɿ],个别书禅母字韵母今读[i]；梅棠镇杨岭村方言精庄组及昌船书禅母字韵母今读[ɿ],知组及章母字韵母今读[ʅ]；吴城镇(肖萍,2008)方言精庄知章组字韵母今读[ɿ],知章组字白读韵母为[i]。

表2-100　永修县方言止摄韵母今读例字表

例字 地点	紫精 止开三支	死心 止开三脂	师生 止开三脂	事崇 止开三之	知知 止开三支	屎书 止开三脂
立新乡桥头村	₋tsɿ	₋sɿ	₋sɿ	sɿ²	₋tsɿ	₋sɿ
虬津镇张公渡	₋tsɿ	₋sɿ	₋sɿ	sɿ²	₋tsɿ	₋sɿ
艾城镇艾城村	₋tsɿ	₋sɿ	₋sɿ	sɿ²	₋tsɿ	₋sɿ
马口镇新丰村	₋tsɿ	₋sɿ	₋sɿ	sɿ²	₋tsɿ	₋sɿ
江益镇(刘)	₋tsɿ	₋sɿ	₋sɿ	sɿ²	₋₁tʂʅ	₋ʂʅ
三角乡(孙)	₋tsɿ	₋sɿ	₋sɿ	sɿ²	₋₁tʃʅ	₋ʃʅ
涂埠镇(陈)	₋tsɿ	₋sɿ	₋₁sɿ	₋₁sɿ	₋₁tʂʅ	₋ʂʅ
九合乡长滩村	₋tsɿ	₋sɿ	₋sɿ	sɿ²	₋tsʅ	₋sʅ
滩溪镇滩溪村	₋tsɿ	₋sɿ	₋sɿ	sɿ²	₋tsʅ	₋sʅ
三溪桥河桥村	₋tsɿ	₋sɿ	₋sɿ	sɿ²	₋tsɿ	₋sɛ
江上乡耕源村	₋tsɿ	₋sɿ	₋sɿ	sɿ²	₋tsɿ	₋sɛ
马口镇山丰村	₋tsɿ	₋sɿ	₋sɿ	sɿ²	₋tsɿ	₋ɕi
梅棠镇杨岭村	₋tsɿ	₋sɿ	₋sɿ	sɿ²	₋tsʅ	₋sʅ
吴城镇(肖)	₋tsɿ	₋sɿ	₋sɿ	sɿ²	₋tsɿ/tɕi	₋ɕi

5. 流摄三等韵母今读

涂埠镇（陈昌仪,1983）方言流摄三等非知庄章组字韵母今读 [əu]；江益镇（刘纶鑫,1999）、三角乡（孙宜志,2006）方言非庄组字韵母今读 [ɛu]/[eu],知章组字韵母今读 [əu]；虬津镇张公渡村、江上乡耕源村、梅棠镇杨岭村、立新乡桥头村、九合乡长滩村方言非庄组字韵母今读 [ɛu],知章组字韵母字今读 [ou]；吴城镇（肖萍,2008）、马口镇山丰村方言非庄组韵母今读 [ɛu]/[eu],知章组字韵母今读 [iu]；三溪桥河桥村方言非组字韵母今读 [eu],知庄章组字韵母今读 [u]；艾城镇艾城村方言非知庄组字韵母今读 [ɛu],章组字韵母今读 [əu]；滩溪镇滩溪村方言非庄组字韵母今读 [ɛu],知组字韵母今读 [u],章组字韵母今读 [iu]；马口镇新丰村方言非组字韵母今读 [uɛu],庄组字韵母今读 [ɛu],知组字韵母今读 [ou],章组字韵母今读 [iu]。

表 2-101　永修县方言流摄三等韵母今读例字表

地点＼例字	浮奉 流开三尤	瘦生 流开三尤	抽彻 流开三尤	收书 流开三尤
涂埠镇（陈）	₂feu	səuᵓ	₂tsʰəu	₁səu
江益镇（刘）	₅fɛu	sɛuᵓ¹	₂dzʰəu	₁ʂəu
三角乡（孙）	₅feu	sɛuᵓ¹	₂dʰəu	₁ʂəu
虬津镇张公渡村	₅feu	sɛuᵓ¹	₂tʂʰou	₁sou
江上乡耕源村	₅feu	sɛuᵓ¹	₂tʂʰou	₁sou
梅棠镇杨岭村	₂feu	sɛuᵓ¹	₂tʂʰou	₁sou
立新乡桥头村	₅feu	sɛuᵓ	₂tʂʰou	₁sou
九合乡长滩村	₂feu	sɛuᵓ¹	₂tʂɦou	₁sou
吴城镇（肖）	₂feu	seuᵓ	₂tɕʰiu	₁ɕiu
马口镇山丰村	₂feu	sɛuᵓ¹	₂tɕɦiu	₁ɕiu
三溪桥河桥村	₅feu	suᵓ¹	₂tʂʰu	₁su
艾城镇艾城村	₂feu	sɛuᵓ¹	₂tʂɦəu	₁səu
滩溪镇滩溪村	₅fɛu	sɛuᵓ¹	₂tɦu	₁ɕiu
马口镇新丰村	₂ɸuɛu	sɛuᵓ¹	₂tʂɦou	₁ɕiu

6．一等字韵母带 [i] 介音现象

吴城镇方言流摄一等个别字韵母今读有 [i] 介音现象，其他方言无此现象。

表 2-102　永修县方言流摄一等例字表

地点＼例字	狗见 流开一侯	藕疑 流开一侯	厚匣 流开一侯	呕影 流开一侯
吴城镇（肖）	ˉkieu	ˉŋeu	ˍxeu	ˉŋeu
江益镇（刘）	ˉkɛu	ˉŋeu	heu²	ˉŋeu
三角乡（孙）	ˉkeu	ˉŋeu	heu²	ˉŋeu
涂埠镇（陈）	ˉkɛu	ˉŋEu	hEu²	ˉŋEu
三溪桥河桥村	ˉkeu	ˉŋeu	ˍhɛu	ˉŋeu
江上乡耕源村	ˉkɛu	ˉŋeu	ˍhɛu	ˉŋeu
梅棠镇杨岭村	ˉkɛu	ˉŋeu	ˍhɛu	ˉŋeu
立新乡桥头村	ˉkeu	ˉŋeu	ˍhɛu	ˉŋeu
虬津镇张公渡村	ˉkeu	ˉŋeu	ˍhɛu	ˉŋeu
艾城镇艾城村	ˉkeu	ˉŋeu	ˍhɛu	ˉŋeu
九合乡长滩村	ˉkeu	ˉŋeu	ˍhɛu	ˉŋeu
滩溪镇滩溪村	ˉkeu	ˉŋeu	ˍhɛu	ˉŋeu
马口镇新丰村	ˉkeu	ˉŋeu	ˍhɛu	ˉŋeu
马口镇山丰村	ˉkeu	ˉŋeu	ˍhɛu	ˉŋeu

7. 山摄合口三等韵母今读

三角乡（孙宜志，2006）、艾城镇艾城村、江上乡耕源村、虬津镇张公渡村、三溪桥河桥村、梅棠镇杨岭村、立新乡桥头村、滩溪镇滩溪村、马口镇新丰村、马口镇山丰村方言知章组字韵母今读 [ɔn]/[on]，见系字韵母今读 [uɛn]。九合乡长滩村、江益镇（刘纶鑫，1999）方言知章组字韵母今读 [ɛn]，见系字韵母今读 [uɛn]。吴城镇方言知章组字韵母今读 [on]，见系字韵母今读 [yɛn]。

表 2-103　永修县方言合口三等韵母今读例字表

地点＼例字	船船 山合三	权群 山合三	劝见 山合三	远云 山合三
江益镇（刘）	ˍsɛn	ˍgʰuɛn	gʰuɛn²	ˉvɛn
九合乡长滩村	ˍsɛn	ˍkʰuɛn	kʰuɛn²	ˉvɛn
吴城镇（肖）	ˍson	ˍkʰyɛn	kʰyɛn²	ˉyɛn
三角乡（孙）	ˍsɔn	ˍguɛn	guɛn²	ˉuɛn

续表

地点\例字	船船 山合三	权群 山合三	劝见 山合三	远云 山合三
涂埠镇（陈）	○	₅kʰuɛn	kʰuɛn⁰²	ᶜuɛn
三溪桥河桥村	₅sɔn	₅kʰuɛn	kʰuɛn⁰²	ᶜuɛn
江上乡耕源村	₅sɔn	₅kʰuɛn	kʰuɛn⁰²	ᶜuɛn
梅棠镇杨岭村	tsʰɔn₅	₅kʰuɛn	kʰuɛn⁰²	ᶜuɛn
立新乡桥头村	₅sɔn	₅kʰuɛn	kʰuɛn³	ᶜuɛn
虬津镇张公渡村	₅sɔn	₅kʰuɛn	kʰuɛn⁰²	ᶜuɛn
艾城镇艾城村	₅sɔn	₅kʰuɛn	kʰuɛn⁰¹	ᶜuɛn
滩溪镇滩溪村	₅sɔn	₅kʱuɛn	kʱuɛn⁰²	ᶜvɛn
马口镇新丰村	₅₂sɔn	₅kʱuɛn¹⁵	kʱuɛn⁰²	ᶜuɛn
马口镇山丰村	₅₂sɔn	₅kʱuɛn	kʱuɛn⁰²	ᶜuɛn

8. 曾梗摄开口三等韵母今读

曾梗摄开口三等知章组字今读韵母（文读音）有差异，马口镇新丰村、马口镇山丰村、吴城镇方言韵母今读 [in]、[ən]，其他方言韵母今读 [ən]/[en]。

表 2-104　永修县方言曾梗摄开口三等韵母今读例字表

地点\例字	蒸章 曾开三	乘昌 曾开三	程澄 梗开三	诚禅 梗开三	声书 梗开三
吴城镇（肖）	₌tɕin	₅₂ɕin	₅tsʰən	₅tsʰən	ᶜsən
江益镇（刘）	₌₁tʂen	₅ʂen	₅dʐʱen	₅dʐʱen	₅₁ʂen
三角乡（孙）	₌tsən	₅₂sən	○	₅dzʱən¹⁵	₅₁sən
涂埠镇（陈）	₌₁tsən	₅₂sən	○	○	○
三溪桥河桥村	₌tsən	₅sən	₅tsʰən	₅tsʰən	ᶜsən
江上乡耕源村	₌tən	₅sən	₅tsʰən	₅tsʰən	ᶜsən
梅棠镇杨岭村	₌tʂən	₅tsʰən	₅tsʰən	₅tsʰən	ᶜsən
立新乡桥头村	₌tsən	₅sən	₅tsʰən	₅tsʰən	ᶜsən
虬津镇张公渡村	₌tsən	₅sən	₅tsʰən	₅tsʰən	ᶜsən
艾城镇艾城村	₌tsən	₅sən	tsʱən³	₅tsʱən	ᶜsən
九合乡长滩村	₌tsen	₅₂sen	₅tsʱen	₅tsʱen	ᶜsen
滩溪镇滩溪村	₌tən	₅sən	₅tʱən	₅tʱən	ᶜsən
马口镇新丰村	₌tsən	₅₂ɕin	₅tʱən¹⁵	₅tʱən¹⁵	ᶜsən
马口镇山丰村	₌tən	₅₂ɕin	₅tsʱən	₅tʱən	ᶜsən

159

（三）声调今读差异

永修方言有7个至11个调类，主要差异有送气分调、浊上浊去归阴平、入声韵摄分调。

1. 送气分调

马口镇山丰村、立新乡桥头村方言没有送气分调，其他乡镇方言均有送气分调现象。

2. 浊上浊去归阴平

吴城镇方言有全浊上及全浊去部分字归阴平现象，其他方言全浊上与浊去合流为阳去。

3. 入声韵摄分调

江上乡耕源村、立新乡桥头村、艾城镇艾城村、马口镇山丰村中古入声今读调类分化与韵摄相关。

江上乡耕源村今读入声调有2个，入声$_1$来自咸深山臻摄，入声$_2$来自宕曾梗通摄。

立新乡桥头村3个入声调，入声$_1$来自咸深山臻摄的清入（t尾）与部分次浊入；入声$_2$来自全浊入及个别次浊入（没有塞尾）；入声$_3$来自宕江曾梗通摄清入（ʔ尾）与部分次浊入。

艾城镇艾城村有4个入声调，入声$_1$来自咸深山臻摄的全清入（t尾）与部分次浊入；入声$_2$来自咸深山臻摄的次清入（t尾）；入声$_3$来自全浊入与部分次浊入（t尾）；入声$_4$是一个假声调，来自宕江曾梗通摄的清入与部分次浊入（ʔ尾）。

马口镇山丰村方言有3个入声调，入声$_1$来自咸深山臻摄的清入（t尾）与部分次浊入，入声$_2$来自宕江曾梗通摄清入（ʔ尾）与部分次浊入，入声$_3$来自全浊入与部分次浊入。

（四）口音划分

根据永修县方言的内部差异，本书将永修方言分为四种口音：吴城口音、马口口音、涂埠口音、三溪桥口音。此外，县四境同他县交界处为方言过渡区，如永修的东北吴城镇的松门、松峰及吉山是鄱阳湖中的岛屿，因与都昌接近故语言近似都昌方言；马口、滩溪同安义接壤处，方言表现为向安义方言的过渡（+为有此语音特征,—为无此语音特征)。

表2-105　永修县方言各口音语音特征表

	涂埠口音	马口口音	吴城口音	三溪桥口音
泥母逢洪音今读边音	＋	－	＋	－
知三章组有塞音读法	＋	＋	－	＋
通摄非组、见系今读清流鼻音现象	－	＋	－	－
今有撮口韵	－	－	＋	－
蟹开一二等对立	－	－	＋	－
止开口精庄知章组合流	－	＋	－	＋
全浊上、全浊去部分归阴平	－	－	＋	－

吴城口音包括东北部吴城镇及周边地区；马口口音包括潦河以南马口、滩溪、立新；涂埠口音包括虬津以下修河下游沿岸艾城、涂埠、三角、九合；三溪桥口音包括虬津以上的西部及北部的江益、梅棠、江上、三溪桥。

第八节　安义县方言语音特点及内部差异

一、安义县方言语音系统(以龙津镇凤山村方言为代表)

（一）声母(19个)

表2-106　安义县方言声母表

p 布保班帮百	pʰ 婆票潘彭拍	m 埋米蚊网木	ɸ 胡扶范芳服	
t 多胆砖张粥	tʰ 兔袋池穿连			l 罗惹梨暖六
ts 渣姊早壮摘	tsʰ 茶粗草层策		s 苏社扇船刷	
tɕ 姐记金姜脊	tɕʰ 去罪琴轻曲	ȵ 鱼泥牛认月	ɕ 邪须水胸血	
k 哥规敢缸格	kʰ 课跪拳孔哭	ŋ 我爱眼硬岳	h 河海旱杭学	
ø 禾吴二丸武				

(二) 韵母(67个)

表 2-107　安义县方言声母表

ɿ 做世试	i 取米梯美椅	u 补煮火丑妇
a 哪马茶蛇下	ia 姐家爷爹夜	ua 瓜花蛙画话
ɛ 租初锯纸死	iɛ 去渠_他鱼	
ə 儿二耳而		
ɔ 多河波课坐		uɔ 锅过窝禾果
ai 来开排派鞋		uai 块外怪坏快
		ui 芋灰桂跪贵
au 保交赵走瘦	iau 表鸟桥沟晓	
	iu 刘酒周牛油	
am 毯减岩陷咸		uam 凡帆范犯
ɔm 贪感南蚕甘		
əm 占陕森渗任	iɛm 镰盐甜嫌剑	
əm 针枕沈深	im 林心金音寻	
an 弹伞山蛮雁		uan 关环湾饭万
ɔn 般算拴段肝		uɔn 官碗宽管换
ən 珍真村春问	in 民信斤旬军	uən 困婚稳文粪
ɛn 展善砖传很	iɛn 编建天软根	uɛn 劝券拳权丸
aŋ 彭撑硬耕棚	iaŋ 命镜饼零兄	uaŋ 梗横
ɔŋ 帮钢张上双	iɔŋ 娘想香秧蒋	uɔŋ 光方黄王放
ɛŋ 争灯层邓藤	iŋ 灵经形荣平	
əŋ 东绳蒸成程	iəŋ 穷熊龙胸用	
ɿʔ 执侄实术卒	it 立习笔	ut 骨窟
at 搭腊狭达八		uat 法滑挖刮罚
ɛt 涉涩哲热核	iɛt 猎碟薛箧雪	uɛt 缺机物
ɔt 答盒割钵刷		uɔt 活阔佛

续表

ɿʔ 织式直	iʔ 力息极席滴	uʔ 木读哭福
aʔ 百白客麦	iaʔ 脊迹锡吃笛	
ɔʔ 落恶着勺捉	ɕiʔ 削药脚	
εʔ 北黑贼色格责	uεʔ 国或获	iuʔ 六菊足曲
m̩ 姆姆妈	n̩ 你	ŋ̍ 五凤

（下加 ⎵ 划线表示白读，下加 ⎽ 划线表示文读）

说明：

1. 通摄合口一等"红洪鸿"及合口三等"风丰冯凤峰锋封"声母为舌根鼻音声化韵，发音时带有强烈送气成分，实际音值为 [ŋ̊ŋ]（清鼻音），本书处理为 [ŋ̍] 的音位变体。

2. /ɐ/ 音位包含四个音位变体 [ɛ]、[ə]、[ɤ]、[ɯ]，单元音韵母时为 [ə]（知纸支），复韵母中读 [ɛ]，当读高升调的阴去₁调时为 [ɯ]（志至世势），处于鼻尾及塞尾前韵腹位置时则是 [ɤ]（根灯北）。

3. [iu] 音色同普通话不同，[i] 至 [u] 的过渡音很弱，在听感上 [u] 占韵母的主要时长，并且唇形很圆。

4. 入声塞尾情况：[t] 尾来源咸深山臻摄，有些个别字 [t] 尾明显（答接），有些字实弱化为 [ʔ] 尾（割刮）；[ʔ]、[k] 来源于宕江曾梗通摄，有些字 [k] 明显（目六），但大多数字读 [ʔ]，所以合并为 /ʔ/ 音位。

（三）声调（9个）

表2-108 安义县方言声调表

阴平 24 高猪安天三		阳平 42 穷陈寒神娘
上声 214 古口好网染		
阴去₁ 34 盖对汉世送	阴去₂ 324 抗唱菜怕课	阳去 22 近是大树用
入声₁ 45 急七搭发烈	入声₂ 55 北桌竹织药	入声₃ 12 六月抒舌石

说明：入声调值加下划线表示入声有短促感，按韵摄分调，入声₁来自咸深山臻摄清入及部分次浊入，入声₂来自宕江曾梗通摄清入及部分次浊入，入声₃来自古全浊入及部分次浊入。

163

二、安义县方言语音特点（以龙津镇凤山村方言为代表）

（一）中古声母今读特点

1. 古全浊塞音及塞擦音与次清声母合流，今读送气清音，如爬 [˗pʰa]、大 [tʰaiˀ]、在 [tsʰaiˀ]、罪 [tɕʰiˀ]、赵 [tʰauˀ]、床 [˗tsʰɔŋ]、穷 [˗tɕʰiɛn]。

2. 帮组今读 [p]、[pʰ]、[m]，如布 [puɔ¹]、派 [pʰaiˀ²]、皮 [˗pʰi]、妹 [miˀ]。

3. 端透定母今读 [t]、[tʰ]，个别字有读边音 [l] 现象，如刀 [˗tau]、桃 [˗tʰau]、偷 [˗tʰau]、电 [liɛnˀ]。

4. 精组逢洪音与知₂庄组合流，今读 [ts]、[tsʰ]、[s]，如祖 [˗tsɛ]、彩 [˗tsʰai]、字 [tsʰɛˀ]、债 [tsaiɔ¹]、初 [˗tsʰɛ]、事 [sɛˀ]、罩 [tsauɔ¹]、茶 [˗tsʰa]；精组逢细音今读 [tɕ]、[tɕʰ]、[ɕ]，如姐 [˗tɕia]、岁 [ɕiɔ¹]、锹 [˗tɕʰiau]、姓 [ɕiaŋɔ¹]、俗 [ɕiuk˗]。

5. 泥来母洪混细分。泥来母逢洪音今读 [l]，如糯 [lɔˀ]、来 [˗lai]、梨 [˗li]；泥母逢细音今读 [ȵ]，来母逢细音今读 [tʰ]，如年 [˗ȵiɛn]、莲 [˗tʰiɛn]、料 [tʰiauˀ]、隶 [tʰiˀ]、猎 [tʰiɛt˗]。

6. 知₂章组字今读 [t]、[tʰ]、[s]，个别书禅母字逢细音今读 [ɕ]，如猪 [˗tu]、住 [tʰuˀ]、纸 [˗tɛ]、扯 [˗tʰa]、屎 [˗sɛ]、船 [˗sɛn]、寿 [suˀ]、水 [˗ɕi]；个别船书禅母字今读 [tʰ]，如仇 [˗tʰu]、成 [˗tʰəŋ]。

7. 日母遇合三、止开三、效开三今读零声母，如儒 [˗ɛ]、二 [əˀ]、饶 [˗iau]；日母咸开三、山合三、臻开三今读 [ȵ]，染 [˗ȵiɛm]、软 [˗ȵiɛn]、认 [ȵinˀ]，其他日母字今读 [l]，如惹 [˗la]、任 [lɛmˀ]、热 [lɛt˗]、闰 [lənˀ]、让 [lɔŋˀ]、绒 [˗ləŋ]。

8. 见组一二等及蟹合四、止合三今读 [k]、[kʰ]、[ŋ]，如哥 [˗kɔ]、苦 [˗kʰu]、跪 [˗kʰui]、拳 [˗kʰuɛn]、岸 [ŋɔnˀ]；其他三四等字今读 [tɕ]、[tɕʰ]、[ɕ]、[ȵ]，如斤 [˗tɕin]、肩 [˗tɕiɛn]、件 [tɕʰiɛnˀ]、钳 [˗tɕʰiɛn]、轻 [˗tɕʰiaŋ]、牛 [˗ȵiu]。

9. 非组合口与晓匣母合流今读 [ɸ]，晓匣开口一二等今读 [h]，开口三四等今读 [ɕ]，如扶 [˗ɸu]、飞 [˗ɸui]、火 [˗ɸu]、花 [˗ɸua]、河 [˗hɔ]、海 [˗hai]、休 [˗ɕiu]、穴 [ɕiɛt˗]；个别微母字今仍读重唇，如蚊 [˗mən]、网 [˗mɔn]。

10. 影母开口一二等今读 [ŋ]，开口三四等及合口字今读零声母，如爱 [ŋaiɔ¹]、

袄 [ˬŋau]、安 [ˬŋɔn]、腰 [ˬiau]、碗 [ˬuɔn]；喻母今读零声母，如芋 [ui²]、雨 [ˬui]。

（二）中古韵母今读特点

1. 果摄韵母今读 [ɔ]、[uɔ]，晓匣母个别字韵母读 [u]，如多 [ˬtɔ]、河 [ˬhɔ]、坐 [tsʰɔ²]、过 [kuɔ²¹]、祸 [ɸu²]。

2. 假摄开口二等及三等章组字韵母读 [a]，三等其他字韵母今读 [ia]，合口二等见系字韵母今读 [ua]，如茶 [ˬtsʰa]、车 [ˬtʰa]、姐 [ˬtɕia]、夜 [ia²]、瓜 [ˬkua]。

3. 遇摄合口一等（精组除外）与合口三等（庄精组与见系除外）韵母今读 [u]，合口一等精组与合口三等庄组字韵母今读 [ɛ]，合口三等精组字韵母今读 [i]，见系字韵母今读 [ui]，补 [ˬpu]、土 [ˬtʰu]、卢 [ˬlu]、租 [ˬtsɛ]、枯 [ˬku]、虎 [ˬɸu]、徐 [ˬtɕʰi]、猪 [ˬtu]、锄 [ˬtsʰɛ]、举 [ˬkui]、芋 [ui²]；鱼韵见组个别字韵母今读 [iɛ]，如去 [tɕʰiɛ²¹]、他白读[ˬtɕiɛ]、鱼 [ˬȵiɛ]。

4. 蟹摄开口一二等韵母今读 [ai]，如来 [ˬlai]、开 [ˬkʰai]、排 [ˬpʰai]、街 [ˬkai]；开口三四等（知章组除外）、合口一等（见系除外）、合口三等精知章组字韵母今读 [i]，如洗 [ˬɕi]、岁 [ɕi²¹]、雷 [ˬli]；开口三四知章组字韵母读 [ɛ]，如世 [sɛ²¹]；合口一等见系、合口三等非组、见系字韵母今读 [ui]，合口二等读 [uai]，如灰 [ˬɸui]、怪 [kuai²¹]、桂 [kui²¹]。

5. 止摄开口三等（精知庄章组除外）、合口三等（非组见系除外）韵母今读 [i]，如皮 [ˬpʰi]、梨 [ˬli]、池 [ˬtʰi]、骑 [ˬtɕʰi]、棋 [ˬtɕʰi]、衣 [ˬi]、累 [ˬli]、水 [ˬɕi]；开口三等精知庄章组字韵母今读 [ɛ]，如师 [ˬsɛ]、屎 [ˬsɛ]，个别字（试侍）韵母读舌尖元音 [ɿ]，试 [sɿ²¹]；合口三等非组及见系字韵母读 [ui]，如跪 [ˬkʰui]、位 [ui²]、味 [ui²]、魏 [ui²]。

6. 效摄一二等、效摄三等的知章组、流摄一等（见系个别字除外）、流摄三等庄组字今读 [au]，如毛 [ˬmau]、劳 [ˬlau]、考 [ˬkʰau]、包 [ˬpau]、赵 [tʰau²]、少 [ˬsau]、走 [ˬtsau]；效摄二等见系个别字及三四、流摄一等见系个别字（沟、狗、藕）韵母今读 [iau]，如交 [ˬtɕiau]、表 [ˬpiau]、小 [ˬɕiau]、腰 [ˬiau]、尿 [ȵiau²]；流摄三等非组知章组字韵母读 [u]，其他字韵母今读 [iu]，如妇 [ɸu²]、抽 [ˬtʰu]、周 [ˬtu]、流 [ˬliu]、修 [ˬɕiu]、九 [ˬtɕiu]、丢 [ˬtiu]。

7. 咸摄开口一二等韵母有别，开口一等韵母今读 [ɔm]、[ɔt]/[at]，开口二等韵母今读 [am]、[at]，开口三等知章组字韵母今读 [ɛm]、[ɛt]，开口三等其他字及四等韵母今读 [iɛm]、[iɛt]，合口三等韵母今读 [uam]、[uat]，如南 [ˬlɔm]、甘 [ˬkɔm]、

答 [tɔt˺₁]、腊 [lat˺₁]、减 [ˬkam]、甲 [kat˺₁]、尖 [ˬtɕiɛm]、占 [ˬtɛm]、接 [ˬtɕiɛt˺₁]、涉 [sɛt˺₂]、店 [tiɛmˀ¹]、碟 [tʰiɛt˺₂]、范 [ɸuam²]、法 [ɸuat˺₁]。

8. 深摄知章组字韵母今读 [əm]、[ŋt]，庄组字韵母今读 [ɛm]、[ɛt]，其他字韵母今读 [im]、[it]，如林 [ˬlim]、深 [ˬsəm]、森 [ˬsɛm]、金 [ˬtɕim]、立 [lit˺₁]、十 [sŋt˺₂]、入 [lɛt˺₁]。

9. 山摄开口一等（见系除外）及开口二等韵母今读 [an]、[at]，如炭 [tʰanˀ²]、擦 [tsʰat˺₁]、闲 [ˬhan]、八 [pat˺₁]；山摄开口一等见系、合口一二等（见系除外）韵母今读 [ɔn]、[ɔt]，如肝 [ˬkɔn]、盘 [ˬpʰɔn]、脱 [tʰɔt˺₁]；开口三等知庄章日组、合口三等知章组字韵母今读 [ɛn]、[ɛt]，如扇 [sɛnˀ¹]、砖 [ˬtɛn]、舌 [sɛt˺₂]、开口三等其他字及开口四等今读 [iɛn]、[iɛt]，如煎 [ˬtɕiɛn]、天 [ˬtʰiɛn]、铁 [tʰiɛt˺₁]、全 [ˬtɕʰiɛn]、圆 [ˬiɛn]；山摄合口一等见系字韵母今读 [uɔn]、[uɔt]，合口二等见系字韵母今读 [uan]、[uat]，如官 [ˬkuɔn]、活 [uɔt˺]、关 [ˬkuan]、刮 [kuat˺₁]；山合三（非知章组除外）及四等韵母今读 [iɛn]/[uɛn]、[iɛt]，山合三非组字韵母今读 [uan]、[uat]，如饭 [ɸuan²]、发 [ɸuat˺₁]、拳 [ˬkʰuɛn]。

10. 臻摄开口一等韵母今读 [iɛn]、[ɛn]，如根 [ˬkiɛn]、恨 [hɛn²]；臻摄开口三等知庄章组、合口一等（见系除外）、合口三等帮端泥组字韵母今读 [ən]、[ŋt]，如珍 [ˬtən]、奔 [ˬpən]、村 [ˬtsʰən]、质 [tŋt˺₂]、唇 [ˬsən]；臻摄开口三等其他字、合口三等精组及见系字韵母今读 [in]、[it]，如民 [ˬmin]、引 [ˀin]、斤 [ˬtɕin]、旬 [ˬsin]、匀 [ˬin]、群 [ˬtɕʰin]；臻摄合口一等见系、合口三等非组字韵母今读 [uən]、[ut]、[ɛt]、[uɛt]，如稳 [ˀuən]、粪 [ɸuənˀ¹]。

11. 宕江摄合流。宕摄开口一等、宕开三等知庄章日组、江摄韵母今读 [ɔŋ]、[ɔʔ]，如胖 [pʰɔŋˀ²]、双 [ˬsɔŋ]、江 [ˬkɔŋ]、项 [hɔŋ²]、剥 [pɔʔ˺₂]、捉 [tsɔʔ˺₂]、学 [hɔʔ˺₂]、帮 [ˬpɔŋ]、郎 [ˬlɔŋ]、康 [ˬkʰɔŋ]、张 [ˬtɔŋ]、章 [ˬtɔŋ]、勺 [sɔʔ˺₂]；宕摄开口三等其他字韵母今读 [iɔŋ]、[iɔʔ]，如娘 [ˬniɔŋ]、香 [ˬɕiɔŋ]、削 [ɕiɔʔ˺₁]；宕摄合口一、三等非组、见系韵母今读 [uɔŋ]、[ɔʔ]，如光 [ˬkuɔŋ]、黄 [ˬuɔŋ]、方 [ˬɸuɔŋ]、王 [ˬuɔŋ]、郭 [kɔʔ˺₂]。

12. 曾摄开口一等韵母今读 [ɛŋ]、[ɛʔ]，如灯 [ˬtɛŋ]、层 [ˬtsʰɛŋ]、北 [pɛʔ˺₂]、黑 [hɛʔ˺₂]；开口三等（知庄章日组除外）、合口三等韵母今读 [iŋ]、[iʔ]，如冰 [ˬpiŋ]、力 [liʔ˺₁]、域 [iʔ˺₂]；开口三等知庄章日组字韵母今读 [əŋ]、[ɛʔ]、[ŋʔ]，如绳 [ˬsəŋ]、食 [sɛʔ]。曾摄合口一等韵母今读 [ŋ]、[uɛŋ]，曾合三等入声韵母今读 [iʔ]，如弘 [ˬŋ]、国 [kuɛʔ˺₂]。

13. 梗摄韵母今读存在文白异读现象，文读音主要元音为 [i]、[ɛ]，白读音主要元音为 [a]。梗摄开口二等晓影组字韵母今读 [iŋ]、[aʔ]，其他组系韵母今读 [aŋ]/

[ɛŋ]、[aʔ]/[ɛʔ],个别帮组字读 [ɔŋ],如孟 [mɛŋ²]、蚌 [pʰɔŋ²]、生 [˪sɛn]、坑 [˪kʰaŋ]、杏 [ɕiŋ²]、麦 [mɛʔ₂]、革 [kɛʔ₂];梗摄开口三等知章组字韵母今读 [əŋ]、[aʔ]/[ɪʔ],其他组系及开口四等韵母今读 [iŋ]/[iaŋ]、[iaʔ]/[iʔ],如平 [˪pʰiaŋ]、庆 [tɕʰiŋ²]、井 [˥tɕiaŋ]、成 [˪tʰəŋ]、惜 [ɕiʔ₂]、石 [saʔ₂]、壁 [piaʔ₂]、钉 [˪tiaŋ]、经 [˪tɕiŋ];梗摄合口二等今读 [uɔŋ]/[ɛŋ]/[uaŋ]、[uaʔ],梗摄合口三四等今读 [iŋ]/[iaŋ]、[iaʔ]/[iʔ],如横 [˪uaŋ]、获 [ɸuɛʔ₂]、荣 [˪iŋ]、疫 [iʔ₂]。

14. 通摄合口一等及合口三等韵母今读 [əŋ]、[uʔ],如东 [˪təŋ]、中 [˪təŋ]、谷 [kuʔ₂]、松 [˪səŋ]、福 [ɸuʔ₂]、祝 [tuʔ₂];合口三等见系个别字韵母今读 [iəŋ]、[iuʔ],如穷 [˪tɕʰiəŋ]、菊 [tɕiuʔ₂]、足 [tsiuʔ₂]、胸 [˪ɕiəŋ]、曲 [tɕʰiuʔ₂]、用 [iəŋ²]。合口三等非组字今读声化韵 [ŋ̍],如风 [˪ŋ̍]、封 [˪ŋ̍]。

(三) 中古声调今读特点

安义县龙津镇凤山村方言有 9 个调类,古平声按清浊分阴平与阳平;清上与次浊上今读上声,全浊上归阳去;全清去今读阴去₁,次清去今读阴去₂,浊去今读阳去调;入声有 3 个调,入声₁来自咸深山臻摄清入及部分次浊入字,入声₂来自宕江曾梗通摄清入及部分次浊入字,入声₃来自古全浊入及部分次浊入字。

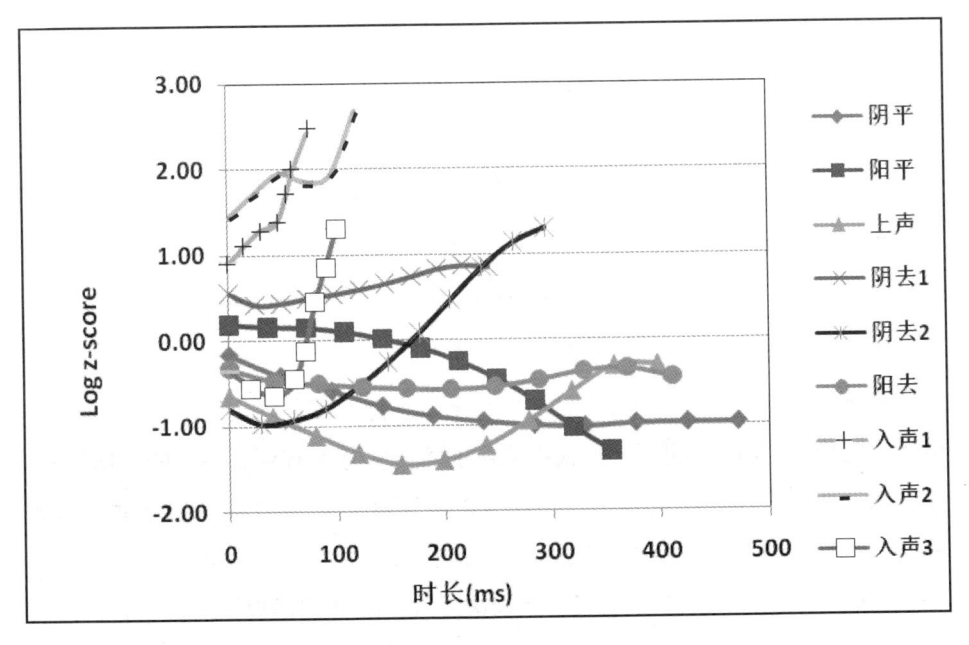

图 2-8 安义县龙津镇凤山村方言基频曲线图

1. 送气分调

龙津镇凤山村送气分调出现在古清去调，抽取一些常用字进行了听辨，结果显示坝≠怕、布≠铺、做≠醋、故≠裤、带≠太、再≠菜、拜≠派、背≠配、对≠退、寄≠汽、倒≠套、告≠靠、斗≠透、够≠扣、旦≠炭、变≠骗、半≠拌、冻≠痛。

笔者采用了 Praat 语音软件对全清字"簸坝布计盖报够变镇酱柄冻担半进"及次清字"破怕兔剃菜靠透片困痛炭判"进行了录音，每个字进行标注，每个字均提取 11 个点的基频值，并做归一化处理。声学数据同听音结果是一致的，即古次清去与全清去分调。

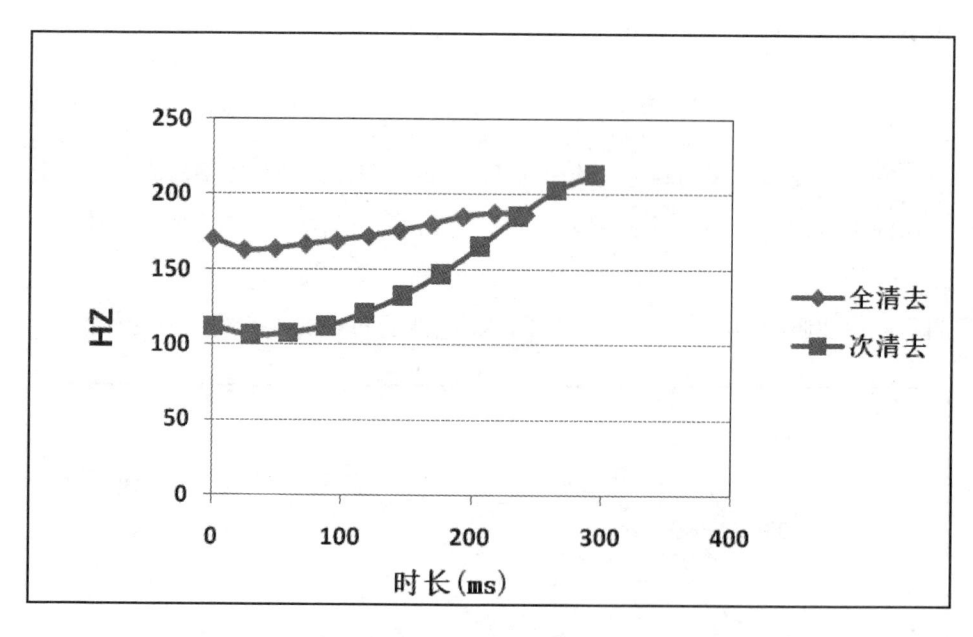

图 2-9　龙津镇凤山村方言古清去声今读基频曲线图

2. 韵摄分调

高福生（1988：123—125）把安义龙津镇方言入声今读记为阴入、阳入两个调类，并且在论文中说明阴入调根据塞尾的不同实际上有两个不同的调值，一类是来源于古咸深山臻摄的清声母字和少数次浊声母字，一类是来源于古宕江曾梗通五摄的清声母字和少数次浊声母字，但文章合并为一个调位。

选取了三组入声字（A. 急笔一湿割接钵八；B. 竹积得捉媳北德桌百；C. 读绝勺石熟舌十食实笛）利用 Praat 软件录音，之后再提取声学数据。根据方言事

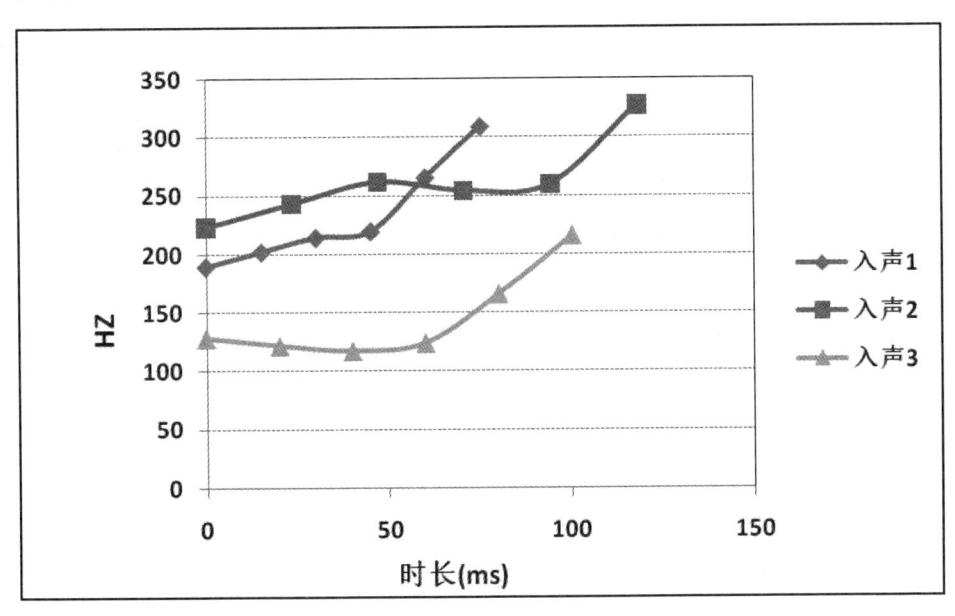

实,本书将入声调今读定为入声₁、入声₂、入声₃三类。

图 2-10 龙津镇凤山村方言入声今读基频曲线图

3.浊入字今读阴入调现象

一些次浊入字与全浊入字在词汇中读阳入调,单字调却读阴入调,如月 [ȵiet₅]—月光 [ȵiet₂ kuoŋ]、麦 [mɛk₅]—麦嗰 [mak₂tɛ]。

三、安义县方言语音内部差异

安义县位于南昌市西部,北部与永修县接壤,西部与靖安县相邻,西南部与奉新县相连,南端与高安接壤,东南与新建毗邻,全境面积约为 656 平方千米,总人口约 25.4 万人。全县辖 7 镇 3 乡 1 场,分别为龙津镇、鼎湖镇、万埠镇、长埠镇、黄洲镇、石鼻镇、东阳镇,新民乡、长均乡、乔乐乡及万埠垦殖场。[①]笔者对龙津镇凤山村、新民乡新民村、万埠镇下庄村、长埠镇长埠村、石鼻镇果田村、黄洲镇黄洲村、乔东乡社坑村进行实地调查,下文结合调查情况来看安义县方言的内部差异。

---

① [DB/OL]http://www.xzqh.org/html/list/1420.html,2009-7-14/2015-12-9。

（一）声母今读差异

1. 泥母逢洪音今读

万埠镇下庄村方言泥母逢洪音今读 [n]，其他乡镇方言读边音 [l]。

表2-109　安义县方言泥母逢洪音今读例字表

例字 地点	哪泥 果开一	糯泥 果合一	拿泥 假开二	脑泥 效开一	南泥 咸开一	暖泥 山合一	路来 遇合一	兰来 山开一
万埠镇下庄村	ˀna	nɔ²	nat₅	ˀnau	₅nɔm	ˀnɔn	nu²	₅nan
龙津镇凤山村	ˀla	lɔ²	₅la	ˀlau	₅lɔm	ˀlɔn	lu²	₅lan
新民乡新民村	ˀla	lɔ²	lat₅₁	ˀlau	₅lɔn	ˀlɔn	lu²	₅lan
长埠镇长埠村	ˀla	lɔ²	lat₅₁	ˀlau	₅lɔn	ˀlɔn	lu²	₅lan
石鼻镇果田村	ˀla	lɔ²	lat₅	ˀlau	₅lɔm	ˀlɔn	lu²	₅lan
黄洲镇黄洲村	ˀla	lɔ²	₅la	ˀlau	₅lɔn	ˀlɔn	lu²	₅lan
乔东乡社坑村	ˀla	lɔ²	₅la	ˀlau	₅lɔn	ˀlɔn	lu²	₅lan

2. 来母逢细音今读

各乡镇方言来母逢细音今读 [l]、[tʰ]。从辖字来看，龙津镇凤山村、石鼻镇果田村、黄洲镇黄洲村、乔乐乡社坑村方言来母逢细音今多读 [l]，新民乡新民村、万埠镇下庄村、长埠镇长埠村方言今多读 [tʰ]。

表2-110　安义县方言来母逢细音今读例字表

例字 地点	梨 止开三	刘 流开三	林 深开三	岭 梗开三	犁 蟹开四	隶 蟹开四	料 效开四	莲 山开四	灵 梗开四
龙津镇凤山村	₅li	₅liu	₅lim	ˀliaŋ	₅li	tʰiʔ₅	tʰieu²	₅tʰien	₅liŋ
石鼻镇果田村	₅li	₅liu	₅lim	ˀliaŋ	₅li	li²	tʰiau²	₅tʰien	₅liŋ
黄洲镇黄洲村	₅li	₅liu	₅lim	ˀliaŋ	₅li	tʰit₅	liau²	₅lien	₅liŋ
乔东乡社坑村	₅li	₅liu	₅lim	ˀliaŋ	₅li	li²	liau²	₅lien	₅liŋ
新民乡新民村	₅li	₅tʰiu	₅tʰin	ˀtʰiaŋ	₅li	tʰiʔ₅	tʰiau²	₅tʰien	₅tin
万埠镇下庄村	₅li	₅tʰiu	₅tʰin	ˀtʰiaŋ	₅li	tʰi²	tʰiau²	₅tʰien	₅tʰiŋ
长埠镇长埠村	₅li	₅tʰiu	₅tʰim	ˀtʰian	₅li	tʰi²	tʰiau²	₅tʰien	₅tʰin

3.中古精知₂庄组今读

共性特点是精庄知₂组拼洪音合流，今读[ts]、[tsʰ]、[s]；精组拼细音今读[tɕ]、[tɕʰ]、[ɕ]。黄洲镇黄洲村方言"清从庄初崇彻₂澄₂"有塞音[t/tʰ]现象。

表2-111　安义县方言中古精知₂庄组韵母今读例字表

例字 地点	坐从 果合一	粗清 遇合一	炒初 效开二	床崇 宕开三	赚澄 咸开二
黄洲镇黄洲村	tʰɔ²	₋tʰu	ˊtʰau	₋tʰɔŋ	tʰɔn²
龙津镇凤山村	tsʰɔ²	₋tsʰɛ	ˊtsʰau	₋tsʰɔŋ	tsʰɔn²
新民乡新民村	tsʰɔ²	₋tsʰɯ	ˊtsʰau	₋tsʰɔŋ	tsʰɔn²
万埠镇下庄村	tsʰɔ²	₋tsʰu	ˊtsʰau	₋tsʰɔŋ	tsʰɔn²
长埠镇长埠村	tsʰɔ²	₋tsʰɿ	ˊtsʰau	₋tsʰɔŋ	tsʰɔn²
石鼻镇果田村	tsʰɔ²	₋tsʰu	ˊtsʰau	₋tsʰɔŋ	tsʰɔn²
乔东乡社坑村	tsʰɔ²	₋tsʰu	ˊtsʰau	₋tsʰɔŋ	tsʰɔn²

（二）韵母今读差异

1.遇摄韵母今读

遇摄三等知庄章及见组、影喻母字韵母今读有差异。龙津镇凤山村、新民乡新民村、长埠镇长埠村方言庄组字韵母今读[ɛ/ɿ]，知章组字韵母今读[u]，见组、影喻母字韵母今读[ui]/[i]；万埠镇下庄村、石鼻镇果田村、黄洲镇黄洲村、乔乐乡社坑村方言知庄章组字韵母今读[u]，见组、影喻母字韵母今读[ui]/[i]。

表2-112　安义县方言遇摄韵母今读例字表

例字 地点	初初 遇合三	猪知 遇合三	柱澄 遇合三	书书 遇合三	主章 遇合三	句见 遇合三	雨云 遇合三
龙津镇凤山村	₋tsʰɛ	₋tu	tʰu²	₋su	ˊtu	kuiɔ¹	ˊui
新民乡新民村	₋tsʰɛ	₋tu	tʰu²	₋su	ˊtu	kuiɔ	ˊui
长埠镇长埠村	₋tsʰɿ	₋tu	tʰu²	₋su	ˊtu	tɕiɔ¹	ˊui
万埠镇下庄村	₋tsʰu	₋tu	tʰu²	₋su	ˊtu	kuiɔ	ˊui
石鼻镇果田村	₋tsʰu	₋tu	tʰu²	₋su	ˊtu	tɕiɔ	ˊui
黄洲镇黄洲村	₋tʰu	₋tu	tʰu²	₋su	ˊtu	tɕiɔ	ˊui
乔东乡社坑村	₋tsʰu	₋tu	tʰu²	₋su	ˊtu	tɕiɔ	ˊi

2. 止摄开口三等韵母今读差异

龙津镇凤山村方言止摄开口精知庄章组字韵母今读 [ɛ]；新民乡新民村、长埠镇长埠村方言精知庄章组字韵母今读 [ɛ]/[ŋ]；万埠镇下庄村精庄组字韵母今读 [u]，知章组字韵母今读 [ɛ]；石鼻镇果田村、黄洲镇黄洲村、乔乐乡社坑村精庄组字韵母今读 [u]/[ŋ]，知章组字韵母今读 [ɛ]/[ŋ]。

表 2-113 安义县方言止摄精知庄章组韵母今读例字表

例字 地点	紫精 止开三支	死心 止开三脂	师生 止开三脂	事崇 止开三之	知知 止开三支	屎书 止开三脂
龙津镇凤山村	ᶜtsɛ	ᶜsɛ	₅sɛ	sɛ²	₌tɛ	ᶜsɛ
新民乡新民村	ᶜtsɛ	ᶜsɛ	₅sɛ	sɛ²	₌tɛ	ᶜsŋ
长埠镇长埠村	ᶜtsɛ	ᶜsɛ	₅sŋ	sŋ²	₌tɛ	ᶜsɛ
万埠镇下庄村	ᶜtsu	ᶜsu	₅su	su²	₌tɛ	ᶜsɛ
黄洲镇黄洲村	ᶜtsu	ᶜsu	₅sŋ	su²	₌tɛ	ᶜsɛ
乔东乡社坑村	ᶜtsŋ	ᶜsu	₅sŋ	su²	₌tsɛ	ᶜsɛ
石鼻镇果田村	ᶜtsŋ	ᶜsu	₅sŋ	sŋ²	₌tsŋ	ᶜsɛ

3. 山摄合口三等章组字韵母今读

乔乐乡社坑村方言章组字韵母今读 [ɔn]，其他乡镇方言章组字韵母今读 [en]。

表 2-114 安义县方言山合三章组韵母今读例字表

例字 地点	砖章 山合三	穿昌 山合三	船船 山合三
龙津镇凤山村	₌ten	₌tʰen	₅sen
新民乡新民村	₌ten	₌tʰen	₅sen
万埠镇下庄村	₌ten	₌tʰen	₅sen
长埠镇长埠村	₌ten	₌tʰen	₅sen
石鼻镇果田村	₌ten	₌tʰen	₅sen
黄洲镇黄洲村	₌ten	₌tʰen	₅sen
乔东乡社坑村	₌tɔn	₌tʰɔn	₅sɔn

4. 中古阳声韵韵尾今读

龙津镇凤山村、长埠镇长埠村、石鼻镇果田村、黄洲镇黄洲村方言咸深摄韵尾为 [m]，山臻摄韵尾为 [n]，宕江曾梗通摄韵尾为 [ŋ]；新民乡新民村方言咸深山臻摄韵尾为 [n]，宕江曾梗通摄韵尾为 [ŋ]；万埠镇下庄村、乔乐乡社坑村咸深山臻及曾梗摄字文读韵尾为[n],宕江通摄及曾梗摄字白读韵尾[ŋ]。

表2-115 安义县方言中古鼻尾今读例字表

例字 地点	胆端 咸开一覃	心心 深开三侵	酸心 山合一桓	根见 臻开一痕	唐定 宕开一唐	讲见 江开二江	蒸章 曾开三蒸	精精 梗开三清	用以 通合三钟
龙津镇凤山村	ᶜtam	₋ɕim	₋sɔn	₋kien	₅tʰɔŋ	ᶜkɔŋ	₋tən	₋tɕiaŋ	iəŋᶾ
长埠镇长埠村	ᶜtam	₋ɕim	₋sɔn	₋kien	₅tʰɔŋ	ᶜkɔŋ	₋tən	₋tɕiŋ	iəŋᶾ
石鼻镇果田村	ᶜtam	₋ɕim	₋sɔn	₋tɕien	₅tʰɔŋ	ᶜkɔŋ	₋tən	₋tɕiaŋ	iəŋᶾ
黄洲镇黄洲村	ᶜtam	₋ɕim	₋sɔn	₋tɕien	₅tʰɔŋ	ᶜkɔŋ	₋tən	₋tɕiaŋ	iəŋᶾ
新民乡新民村	ᶜtan	₋ɕin	₋sɔn	₋kien	₅tʰɔŋ	ᶜkɔŋ	₋tən	₋tɕiaŋ	iəŋᶾ
万埠镇下庄村	ᶜtan	₋ɕin	₋sɔn	₋tɕien	₅tʰɔŋ	ᶜkɔŋ	₋tən	₋tɕiaŋ	iəŋᶾ
乔乐乡社坑村	ᶜtan	₋ɕin	₋sɔn	₋kien	₅tʰɔŋ	ᶜkɔŋ	₋tən	₋tɕiaŋ	iəŋᶾ

（三）声调今读差异

（1）清去

万埠镇下庄村、黄洲镇黄洲村、乔乐乡社坑村方言次清去与全清去今读合流为阴去调；龙津镇凤山村、长埠镇长埠村方言次清去与全清去今读为两个阴去调；新民乡新民村、石鼻镇果田村方言次清去今读同上声合流。

（2）入声

安义龙津镇凤山村、新民乡新民村、黄洲镇黄洲村方言存在韵摄分调，其他方言无此现象。韵摄分调现象也存在差异：

①安义龙津镇凤山村、新民乡新民村方言入声甲来源于咸山臻深摄的清声母字及部分次浊声母字；入声乙来自于宕江曾梗通摄的清声母字及部分次浊声母字；入声丙来自于所有韵摄的全浊声母字及部分次浊声母字。

②安义黄洲镇黄洲村方言入声甲来自咸山臻深摄全清声母字及所有韵摄的次清声母字、大部分次浊声母字；入声乙来自宕江曾梗通全清声母字；入声丙为所有韵摄的全浊声母字及部分次浊声母字。

（四）口音划分

根据近期调查及本地人语感，本书将安义方言分为四种口音：龙津口音、万埠口音、龙津口音、黄洲口音、乔乐口音（+为有此语音特征，—为无此语音特征）。

表 2-116　安义县方言各口音语音特征表

区别特征分片	龙津口音	万埠口音	黄洲口音	乔乐口音
泥母逢洪音读 l	+	—	+	+
精知二庄声读合流，与知三章有别	+	+	+	+
遇摄模韵精组韵读有别	+	—	—	—
止摄精庄与知章组韵读有别	—	+	+	+
山合三知章今读 ɛn	+	+	+	+
咸深摄韵尾读 m	+	—	—	—
曾摄一等及三等韵尾 ŋ	+	+	+	+
全清去与次清去分调	+	—	—	—
入声韵摄分调	+	—	+	—

龙津口音包括龙津镇、鼎湖乡、长埠乡、东阳乡、新民乡及石鼻镇部分村，万埠口音包括万埠镇、万埠垦殖场、长均乡、青湖乡，黄洲口音包括黄洲镇及石鼻镇部分村，乔乐口音包括乔乐乡及石鼻镇部分村。

第九节　新建县方言语音特点及内部差异

一、新建县方言语音系统（以联圩镇大圩村方言为代表）

（一）声母（20个）

表 2-117　新建县方言声母表

p 布保班帮百	pʰ 婆票潘彭拍	m 苗埋米网木	ɸ 胡扶范芳服	
t 多桃胆东答	tʰ 兔袋淡痛读	n 糯奴奶你蓝		l 罗惹梨暖六
ts 渣姊早壮摘	tsʰ 茶粗草层策		s 苏社扇船刷	

tɕ 姐金镇针脊	tɕʰ 去罪琴沉吹	nʑ 鱼泥立认月	ɕ 邪须收胸血
k 哥规敢缸格	kʰ 课跪考孔哭	ŋ 我爱眼硬岳	h 河海旱杭学
ø 禾吴二丸武			

声母说明：中古全浊声母与次清声母今读从音位上描述为送气清音，许多古全浊与次清字今读声母从声学上来看是属弱送气现象，个别字送气不明显，听感有浊感（见下面"婆、破、初、锄"的语图）。

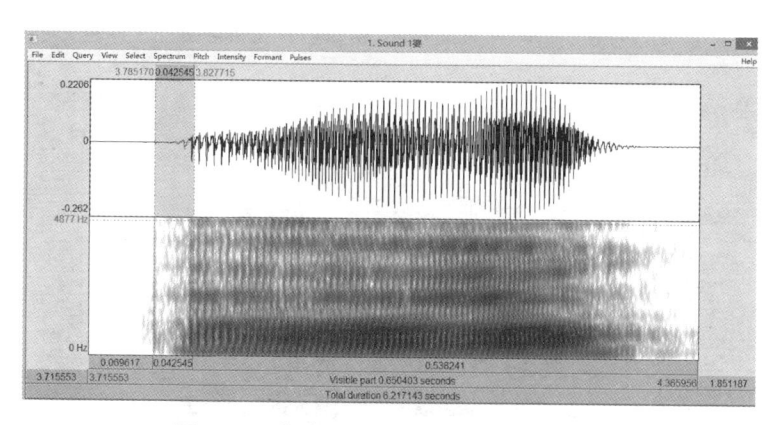

图 2-11　新建县方言"婆 [₋₁pʰɔ]"宽带语图

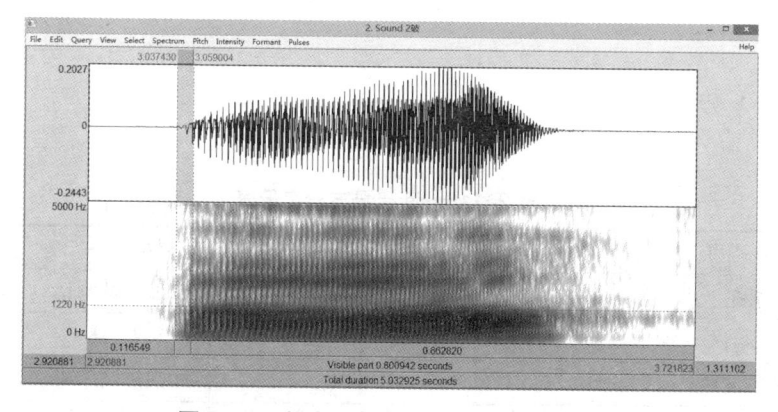

图 2-12　新建县方言"破 [˘pʰɔ]"宽带语图

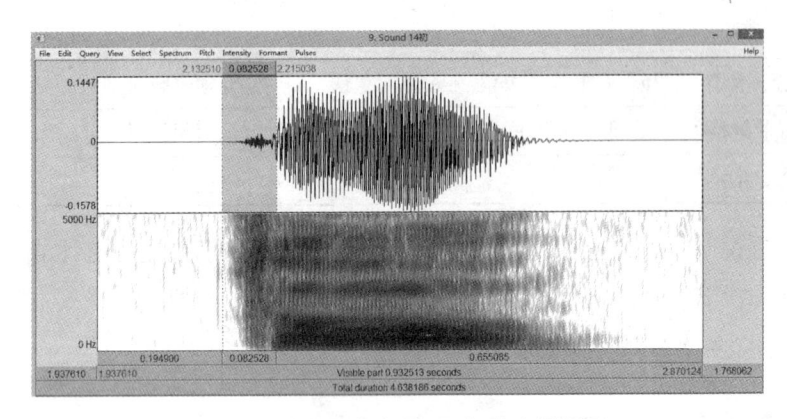

图 2-13　新建县方言"初 [₍ₒtsʰu]"宽带语图

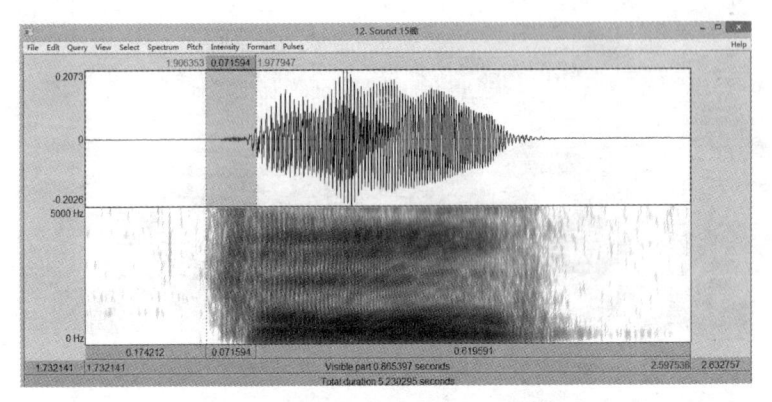

图 2-14　新建县方言"锄 [₍₁tsʰu]"宽带语图

（二）韵母（60个）

表 2-118　新建县方言声母表

ɿ 制紫师诗事	i 取米梯美椅	u 补租煮主妇
a 哪马茶蛇下	ia 姐家爷爹夜	ua 瓜花蛙画话
ɛ 锯囗（藏起来）	iɛ 去渠他鱼	
ɔ 多河课坐耳		uɔ 锅过窝禾果
ai 太灾排派鞋		uai 块外怪坏快
ei 来开害豺柴		ui 芋灰桂跪贵
au 保交考包孝		

续表

εu 超少豆瘦谋	ieu 表小桥跳浇	
	iu 刘酒周牛油	
an 毯减陷眼炭		uan 凡帆范翻湾
ɔn 贪感蚕肝寒		uɔn 管宽欢碗换
ɛn 占陕森展扇	iɛn 镰盐甜嫌拳	
ən 盆春村春问	in 林枕神顺京	uən 困婚稳文粪
aŋ 冷撑硬生坑	iaŋ 病镜饼零兄	uaŋ 梗横
ɔŋ 帮钢张上双	iɔŋ 娘想香秧蒋	uɔŋ 光方黄王放
əŋ 争灯层邓藤	iŋ 脾钉青形平	
uŋ 猛棚弘东捧	iuŋ 永熊龙胸用	
ɿt 执侄实十织	it 立习笔侄卒	ut 窟出
at 搭腊狭达八		uat 法滑挖刮罚
ɛt 涉涩哲热核	iet 猎碟薛篾血	uet 缺扎物骨
ɔt 盒割钵刷脱		uɔt 活阔佛
	ik 逼力息逆碧	
ak 百白客麦石	iak 脊迹锡吃笛	
ɔk 落恶着勺捉	iɔk 削药脚	uɔk 获郭扩缚
ɛk 择格额革责	uɛk 国或惑	
	iuk 绿六菊足曲	uk 木读哭福竹
m̩ 姆妈妈	n̩ 你	ŋ̍ 五

（下加 ˍ 划线表示白读，下加 ˍ 划线表示文读）

（三）声调（8个）

表2-119　新建县方言声调表

阴平 32 高猪安天三	阳平₁ 13 穷陈床才寒	阳平₂ 453 鹅娘人龙云
上声 214 古口好网菜		
阴去 34 盖对爱世送		阳去 22 近是大树用
阴入 35 急七搭发烈		阳入 11 六月抒舌石

（入声调值加下划线表示短促调）

177

二、新建县方言语音特点（以联圩镇大圩村方言为代表）

（一）中古声母今读特点

1. 古全浊声母与次清声母今读送气清音，如婆 [₋₁pʰo]、度 [tʰu²]、在 [tsʰei²]、罪 [₋tɕʰi²]、赵 [tʰɛu²]、床 [₋₁tsʰɔŋ]、穷 [₋₁tɕʰiuŋ]。

2. 帮组今读 [p]、[pʰ]、[m]，如表 [ˌpieu]、派 [ˌpʰai]、薄 [pʰɔk₋]、妹 [mi²]；非敷奉母今读清唇擦音 [ɸ]，微母今读零声母，如斧 [ˌɸu]、肥 [₋₂ɸui]、尾 [ˌmi]、翻 [₋ɸuan]、袜 [uat₋]，微母个别仍保留重唇读法，如网 [ˌmɔŋ]。

3. 端透定母今读 [t]、[tʰ]，如刹 [tɔ°]、桃 [₋₂tʰau]、藤 [₋₁tʰau]、天 [₋tʰiɛn]。个别字今读 [l] 声母，笛 [liak₋]、碟 [liet₋]。

4. 精组逢洪音与知₋庄组合流为 [ts]、[tsʰ]、[s]，如祖 [ˌtsu]、彩 [ˌtsʰai]、字 [tsʰɿ²]、债 [tsai°]、初 [ˌtsʰu]、事 [sɿ°]、罩 [tsau°]、茶 [₋₁tsʰa]；精组拼细音今读 [tɕ]、[tɕʰ]、[ɕ]，如姐 [ˌtɕia]、岁 [ɕi°]、锹 [ˌtɕʰiau]、姓 [ɕiaŋ°]、俗 [ɕiuk₋]。

5. 泥母逢洪音大部分字今读 [l]，如脑 [ˌlau]、暖 [ˌlɔn]，个别字读 [n]，如糯 [nɔ²]、奴 [₋₂nu]、奶 [ˌnai]、你 [ˌn]、南 [₋₂nan]、男 [₋₂nan]、纳 [nat₋]、能 [₋₂nɛn]；泥母逢细音今读 [ȵ]，如年 [₋ȵiɛn]、娘 [₋ȵiɔŋ]。来母大部分字读 [l]，如胭 [₋₂lo]、路 [lu²]、老 [ˌlau]、腊 [lat₋]、梨 [₋li]、料 [lieu²]、恋 [liɛn²]，部分字今读 [ȵ]、[n]，如犁 [₋₂ȵi]、雷 [₋₂ȵi]、累 [ȵi²]、蓝 [₋₂nan]、殓 [ȵiɛn²]、淋 [₋₂ȵin]、邻 [₋₂ȵin]、立 [ȵit₋]、笠 [ȵit₋]、郎 [₋nɔŋ]、零 [₋₂ȵiaŋ]、隆 [₋nuŋ]，个别字今读 [tʰ]，利 [tʰi²]、粒 [tʰət₋]。

6. 知₋章组止合三、流开三、深开三拼细音读 [tɕ]、[tɕʰ]、[ɕ]，如追 [₋tɕi]、周 [₋tɕiu]、丑 [ˌtɕʰiu]、针 [₋tɕin]、沉 [₋₁tɕʰin]，其他字今读 [ts]、[tsʰ]、[s]，如猪 [₋tsu]、制 [tsɿ°]、齿 [ˌtsʰɿ]、烧 [₋sɛu]、船 [₋sɔn]、上 [sɔŋ²]。

7. 日母咸开三、山合三、臻开三、通合三今读 [n]、[ȵ]，染 [ˌȵiɛn]、软 [ˌȵiɛn]、认 [ȵin²]、肉 [ȵiuk₋]、绒 [₋₂luŋ]；日母假开三、止开三今读零声母，如二 [ɔ²]、惹 [ˌia]；日母其他字今读 [l]，如任 [lɛn²]、热 [let₋]、闰 [lən²]、让 [lɔŋ²]。

8. 见组开口一二等及止合三、蟹合四今读 [k]、[kʰ]、[ŋ]，如哥 [₋kɔ]、苦 [ˌkʰu]、岸 [ŋɔn²]、跪 [ˌkʰui]、闺 [kui]、桂 [kui°]；其他三四等字拼细音今读 [tɕ]、[tɕʰ]、[ȵ]，

如斤 [₋tɕin]、肩 [₋tɕiɛn]、件 [tɕʰiɛn²]、钳 [₋₁tɕʰiɛn]、轻 [₋tɕʰiaŋ]、牛 [₋₂niu]。

9. 晓匣母合口与非组合流今读 [ɸ]，晓匣母开口一二等今读 [h]，开口三四等今读 [ɕ]，如扶 [₋₂ɸu]、飞 [₋ɸui]、火 [˙ɕuɔ]、花 [₋ɸua]、河 [₋₁hɔ]、海 [˙hai]、休 [₋ɕiu]、穴 [ɕiɛt₋₂]。

10. 影母开口一二等今读 [ŋ]，开口三四等及合口今读零声母，如爱 [ŋai²]、袄 [˙ŋau]、安 [₋ŋɔn]、腰 [₋iɛu]、碗 [˙uɔn]；喻今读零声母，如芋 [ui²]、雨 [˙ui]。

（二）中古韵母今读特点

1. 果摄一等（合口见系除外）韵母今读 [ɔ]，合口一等见系字韵母今读 [uɔ]，三等韵母今读 [ia]，如多 [₋tɔ]、河 [₋₁hɔ]、坐 [tsʰɔ˙]、过 [kuɔ°]、祸 [uɔ²]、茄 [₋₁tɕʰia]。

2. 假摄开口二等及三等章组字韵母今读 [a]，三等其他字韵母今读 [ia]，合口二等韵母今读 [ua]，如茶 [₋₁tsʰa]、车 [₋tsʰa]、姐 [˙tɕia]、夜 [ia²]、瓜 [₋kua]。

3. 遇摄合口一等及三等非庄泥知章组字韵母今读 [u]，合口三等精组、见系字韵母今读 [i]，如补 [˙pu]、土 [˙tʰu]、卢 [₋₁lu]、租 [₋tsu]、枯 [₋kʰu]、虎 [˙ɸu]、徐 [₋tɕʰi]、猪 [₋tsu]、锄 [₋₁tsʰu]、举 [˙tɕi]；合口三等见系个别字韵母读 [ui]，如芋 [ui²]，鱼韵见组个别字韵母读 [iɛ]，如去 [˙tɕʰiɛ]、渠 他、白读 [₋₁tɕʰiɛ]、鱼 [₋₁ȵiɛ]。

4. 蟹摄开口一等韵母今读 [ei]，二等韵母今读 [ai] 如来 [₋₂lei]、开 [₋kʰei]、排 [₋₁pʰai]、街 [₋kai]；开口三四等（知章组除外）、合口一等（见系除外）、合口三等（非组、见系除外）韵母今读 [i]，开口三等知章组字韵母今读 [ʅ]，如洗 [˙ɕi]、雷 [₋₂ni]、岁 [ɕi°]、世 [sʅ°]；合口一等见系及合口三等非组见系字韵母今读 [ui]，合口二等韵母今读 [uai]，如灰 [₋ɸui]、怪 [kuai°]、桂 [kui°]。

5. 止摄开口三等（精知庄章组除外）、合口三等（非组、见系除外）韵母今读 [i]，止摄开口三等精知庄章组字韵母今读 [ʅ]，个别字韵母读 [i]，如皮 [₋₁pʰi]、梨 [₋₂li]、池 [₋₁tsʰʅ]、师 [₋sʅ]、屎 [˙ɕi]、骑 [₋₁tɕʰi]、棋 [₋₁tɕʰi]、衣 [₋i]、累 [˙ni]；止摄合口三等非组及见系字韵母今读 [ui]，如水 [˙ɸui]、跪 [˙kʰui]、位 [ui²]、味 [ui²]、魏 [ui²]。

6. 效摄一二等韵母今读 [au]，如毛 [₋₂mau]、劳 [₋₂lau]、考 [˙kau]、包 [₋pau]、交 [₋kau]；效摄三等知章组、流摄一及三等非庄组字韵母今读 [ɛu]，效摄三等其他字及四等韵母今读 [iɛu]，如赵 [tsʰɛu²]、少 [˙sɛu]、表 [˙piɛu]、小 [˙ɕiɛu]、腰 [₋iɛu]、尿 [niɛu²]、走 [˙tsɛu]；流摄三等（非庄组除外）韵母今读 [iu]，如抽 [₋tɕʰiu]、周 [₋tɕiu]、流 [₋₂liu]、修 [₋ɕiu]、九 [˙tɕiu]、丢 [₋tiu]，非组个别字（妇富）韵母读 [u]，如妇 [ɸu²]。

7. 咸摄开口一等（见系除外）及二等韵母今读 [an]、[at]，开口一等见系字韵母今读 [ɔn]、[ɔt]，如胆 [ˈtan]、甘 [₋kɔn]、答 [tat₋]、腊 [lat₋]、减 [ˈkan]、甲 [kat₋]；咸摄开口三等（知章组除外）及四等韵母今读 [iɛn]、[iɛt]，开口三等知章组字韵母今读 [ɛn]、[ɛt]，如尖 [₋tɕiɛn]、占 [₋tsɛn]、接 [tɕiɛt₋]、涉 [sɛt₋]、店 [tiɛnˀ]、碟 [liɛt₋]；咸摄合口三等韵母今读 [uan]、[uat]，如范 [ɸuanˀ]、法 [ɸuat₋]。

8. 深摄庄组字韵母今读 [ɛn]、[ɛt]，其他字韵母今读 [in]、[it]、[ət]，如林 [₋₂nin]、深 [₋ɕin]、森 [₋sɛn]、金 [₋tɕin]、立 [nit₋]、十 [sʅt₋]、入 [lət₋]。

9. 山摄开口一等（见系除外）、二等韵母今读 [an]、[at]，炭 [ˈtʰan]、擦 [tsʰat₋]、闲 [₋han]、八 [pat₋]；山摄开口三等知庄章日组字韵母今读 [ɐn]、[ɐt]，山摄开口三等其他字及开口四等、合口三四等见系字韵母今读 [iɛn]、[iɛt]，如煎 [₋tɕiɛn]、扇 [sɛnˀ]、舌 [sɛt₋]、天 [₋tʰiɛn]、铁 [tʰiɛt₋]、煎 [₋tɕiɛn]、扇 [sɛnˀ]、舌 [sɛt₋]、天 [₋tʰiɛn]、铁 [tʰiɛt₋]。山摄开口一等见系、合口一等（除见系外）、合口三等知章组字韵母今读 [ɔn]、[ɔt]，如肝 [₋kɔn]、盘 [₋₁pʰɔn]、脱 [tʰɔt₋]、砖 [₋tsɔn]；山摄合口一等见系字韵母今读 [uɔn]、[uɔt]，合口二等见系、合口三等非组字韵母今读 [uan]、[uat]，如官 [₋kuɔn]、活 [uɔt₋]、关 [₋kuan]、刮 [kuat₋]；山合三（知章组除外）及合口四等见系字韵母今读 [iɛn]、[iɛt]，如全 [₋₁tɕʰiɛn]、圆 [₋₂iɛn]、饭 [ɸuanˀ]、发 [ɸuat₋]、拳 [₋₁tɕʰiɛn]。

10. 臻摄开口一等韵母今读 [ɛn]，如根 [₋kɛn]、恨 [hɛnˀ]；臻摄开口三等、合口三等精组及见系字韵母今读 [in]、[it]，如民 [₋₂min]、珍 [₋tɕin]、引 [ˈin]、斤 [₋tɕin]、旬 [₋₂ɕin]、群 [₋₁tɕʰin]、匀 [₋₂in]；臻摄开口三等知章组个别字、合口一等（见系除外）韵母今读 [ən]、[ət]，如质 [tsʅt₋]、奔 [₋pən]、村 [₋tsʰən]；臻摄合口一等见系、合口三等非组字韵母今读 [uɛn]、[ɛt]、[uet]；臻摄合口三等知章组字韵母今读 [ən]、[in]，如稳 [ˈuən]、唇 [₋₂sən]、粪 [ɸuɛnˀ]、顺 [ɕinˀ]。

11. 宕摄开口一等、开口三等知庄章日组字、江摄韵母今读 [ɔŋ]、[ɔk]，如帮 [₋pɔŋ]、郎 [₋₂lɔŋ]、张 [₋tsɔŋ]、章 [₋tsɔŋ]、勺 [sɔk₋]、康 [₋kʰɔŋ]、胖 [ˈpʰɔŋ]、双 [₋sɔŋ]、江 [₋kɔŋ]、项 [hɔŋˀ]、剥 [pɔk₋]、捉 [tsɔk₋]、学 [hɔk₋]；开口三等其他字韵母今读 [iɔŋ]、[iɔk]，如娘 [₋₂niɔŋ]、香 [₋ɕiɔŋ]、削 [ɕiɔk₋]；宕摄合口一、三等非组、见系字韵母今读 [uɔŋ]、[uɔk]，如光 [₋kuɔŋ]、郭 [kuɔk₋]、黄 [₋₂ɸuɔŋ]、方 [₋ɸuɔŋ]、王 [₋₂uɔŋ]。

12. 曾摄开口一等韵母今读 [ɛŋ]、[ɛk]，如灯 [₋tɛŋ]、层 [₋₁tsʰɤŋ]、北 [pɛk₋]、黑 [hɤk₋]；开口三等帮组、泥组、见系字韵母今读 [iŋ]、[it]，知庄章日组字韵母今读

[iŋ]、[in]、[ən]、[ɛk]、[ɿt], 如冰 [˪piŋ]、绳 [˂₂ɕiŋ]、力 [lit˳]、食 [sɿt˳]。曾摄合口一等韵母今读 [uŋ]、[uɛk], 如国 [kuɛk˳]、弘 [˂₂ɸuŋ]。

13. 梗摄韵母存在文白异读,文读韵母主要元音为 [i]、[ɛ]、[ə],白读韵母主要元音为 [a]; 梗摄开口二晓影组字韵母今读 [iŋ]、[ak], 其他字韵母今读 [ɛŋ]、[aŋ]、[ɛk]、[ak], 如生 [˪saŋ]、坑 [˪kʰaŋ]、杏 [ɕin²]、麦 [mak˳]、革 [kɛk˳]; 梗摄开口三等知章组字韵母今读 [ən]、[ak], 开口三等其他字及开口四等韵母今读 [iŋ]、[in]、[iaŋ]、[it]、[iak], 如平 [˂₁pʰiaŋ]、庆 [˪tɕʰin]、井 [˪tɕian]、惜 [ɕit˳]、石 [sak˳]、壁 [piak˳]、钉 [˪tiŋ]、经 [˪tɕin]; 梗摄合口二等韵母今读 [uɔŋ]、[uan]、[uɔk], 梗摄合口三四等韵母今读 [iuŋ]、[iaŋ]、[it], 横 [˂₂uaŋ]、获 [ɸuɔk˳]、荣 [˂₁iuŋ]。

14. 通摄合口一、三等韵母今读 [uŋ]、[uk]。通合三泥精日组及见系部分字今读 [iuŋ]、[iuk], 如东 [˪tuŋ]、谷 [kuk˳]、风 [˪ɸuŋ]、福 [ɸuk˳]、中 [˪tsuŋ]、祝 [tsuk˳]、穷 [˂₁tɕʰiuŋ]、菊 [tɕiuk˳]、封 [˪ɸuŋ]、松 [˪suŋ]、足 [tsiuk˳]、胸 [˪ɕiuŋ]、曲 [tɕʰiuk˳]、用 [iuŋ²]。

(三) 中古声调今读特点

联圩镇大圩村方言有 8 个调类。中平声按清浊分阴平、阳平; 清上、次浊上今读上声调,全浊上归去; 去声按清浊分阴去与阳去, 清去送气分调, 全清去读阴去, 次清去字与全清去今读喉擦音的字与清上合流; 入声按声母清浊为阴阳入两个调, 阴入高, 阳入低。

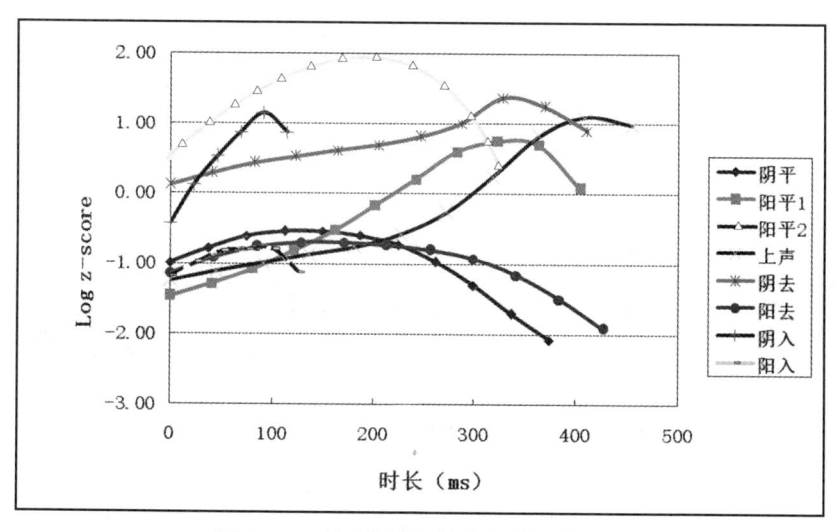

图 2-15 新建县联圩镇方言基频曲线图

三、新建县方言语音内部差异

新建县地处江西省中部偏北,南昌市西北部,北濒鄱阳湖,西部与永修县、安义县接壤,南部与丰城相邻,西部与南昌市、南昌县毗邻,县境东南到西北约22千米,西南至东北约112千米,总面积2337.84平方千米;新建县全县辖10个镇、9个乡:长埈镇、望城镇、生米镇、西山镇、石岗镇、松湖镇、樵舍镇、乐化镇、溪霞镇、象山镇、石埠乡、流湖乡、厚田乡、联圩乡、金桥乡、铁河乡、大塘坪乡、昌邑乡、南矶乡。[①] 笔者实地调查了对金桥乡东和村、联圩镇大圩村、昌邑乡良坪村坪上(坪门)、乐化镇江桥村、樵舍镇峰桥村,生米镇东城村南岸村、石岗镇石岗村、石埠镇乌城村程家新基、厚田乡西门村上头村、西山镇西山村猴溪陈村、松湖镇松湖村丁李中心村、流湖乡对门牌头方言,下文根据近期调查,看新建县方言语音内部差异。

(一) 声母今读差异

1. 泥母逢洪音今读

长埈镇(陈昌仪,2005)、流湖对门牌头、联圩镇大圩村方言泥母逢洪音今读[n]/[l],其他乡镇方言泥母逢洪音今读[l]。

表2-120 新建县方言泥来逢洪音今读例字表

例字 地点	哪泥 果开一	糯泥 果合一	拿泥 假开二	脑泥 效开一	南泥 咸开一	暖泥 山合一
长埈镇(陈)	○	nɔ³	ₛ₂na	ˤnau	ₛ₂nan	ˡluɔn
流湖对门牌头	ˤla	lɔ³	nat₃₁	ˤnau	ₛnɔn	ˡnɔn
联圩镇大圩村	ˤla	nɔ³	ₛ₂la	ˤlau	ₛ₂nan	ˡlɔn
昌邑乡良坪村	ˤla	lɔ³	lat₃₁	ˤlau	ₛ₂lan	ˡlɔn
金桥乡东和村	ˤla	lɔ³	ₛ₂la	ˤlau	ₛ₂lan	ˡlɔn
乐化镇江桥村	ˤla	lɔ³	lat₃₁	ˤlau	ₛ₂lan	ˡlɔn

---

① [DB/OL]http://www.xzqh.org/html/show/jx/9818.html,2015-08-05/2015-12-10。

续表

例字 地点	哪泥 果开一	糯泥 果合一	拿泥 假开二	脑泥 效开一	南泥 咸开一	暖泥 山合一
樵舍镇峰桥村	꜀la	lɔ³	lat₂	꜀lau	₂lan	꜀lɔn
石埠镇乌城村	꜀¹la	lɔ³	₂la	꜀¹lau	₂lɔn	꜀¹lɔn
西山镇西山村	꜀la	lɔ³	₂la	꜀lau	₂lɔ̃n	꜀lɔn
生米镇东城村	꜀¹la	lɔ³	₂la	꜀¹lau	₂lɔn	꜀¹lɔn
厚田乡西门村	꜀la	lɔ³	lat₂	꜀lau	lɔn³	꜀lɔn
石岗镇石岗村	꜀la	lɔ³	₂la	꜀lau	₂lɔn	꜀lɔn
松湖镇松湖村	꜀la	lɔ³	lat₂	꜀lau	₂lɔn	꜀lɔn

2. 来母逢细音今读

来母逢细音今读边音 [l]，有些乡镇方言存在个别字今读塞音 [tʰ/ lᵈ] 及鼻音 [n̠] 现象。金桥乡东和村、生米镇东城村南岸村方言个别三四等字今读 [tʰ/ lᵈ]，联圩镇大圩村方言个别三四等字今读塞音 [tʰ] 及鼻音 [n̠]；石岗镇石岗村、松湖镇松湖村丁李中心村、厚田乡西门村上头村、乐化镇江桥村方言个别三四等字今读鼻音 [n/n̠]。

表 2-121　新建县方言来母逢细音今读例字表

例字 地点	梨 止开三	林 深开三	粒 深开三	犁 蟹开四	料 效开四	莲 山开四	灵 梗开四
金桥乡东和村	₂li	₂lən	tʰit₂	₂li	lᵈiɛu³	₂liɛn	₂liŋ
生米镇东城村	₂li	₂lin	tʰit₂	₂li	liɛu³	₂liɛn	₂lin
联圩镇大圩村	₂li	₂n̠in	tʰət₂	₂n̠i	liɛu³	₂n̠iɛn	₂liŋ
石岗镇石岗村	₂li	₂n̠in	lit₂	₂n̠i	liau³	₂n̠iɛn	₂lin
乐化镇江桥村	₂n̠i	₂lin	lit₂	₂li	liɛu³	₂n̠iɛn	₂nin
厚田乡西门村	li³	n̠in³	lit₂	li³	liɛu³	n̠iɛn³	nin³
松湖镇松湖村	₂li	₂lin	lit₂	₂li	liɛu³	₂liɛn	₂nin
樵舍镇峰桥村	₂li	₂lin	lit₂	₂li	liɛu³	₂liɛn	₂liŋ
长埈镇（陈）	₂li	₂lin	lit₂	₂li	liəu³	₂liɛn	○
石埠镇乌城村	₂li	₂lin	lit₂	₂li	liɛu³	₂liɛn	₂lin

续表

例字 地点	梨 止开三	林 深开三	粒 深开三	犁 蟹开四	料 效开四	莲 山开四	灵 梗开四
西山镇西山村	₅li	₅lin	lit₂	₅li	lieu²	₅lien	₅lin
流湖乡对门牌头	₅li	₅lin	lit₂	₅li	lieu²	₅lien	₅lin
昌邑乡良坪村	₅₂li	₅₂lin	lit₂	₅₂li	lieu²	₅₂lien	₅₂liŋ

3. 精组今读

共性特点是精组拼洪音今读 [ts]、[tsʰ]、[s]，精组拼细音今读 [tɕ]、[tɕʰ]、[ɕ]。厚田乡西门村、生米镇东城村方言有一些字今读塞音 [t]、[tʰ]。

表 2-122　新建县方言精组今读例字表

例字 地点	祖 遇合一	嘴 止合三	站 咸开二	葱 通合一	粽 通合一	宗 通合一
生米镇东城村	ᶜ¹tsɿ	ᶜ¹tɕi	tsanᵓ¹	₅tʰuŋ	tuŋᵓ¹	₅tuŋ
厚田乡西门村	ᶜtsɿ	ᶜtɕi	tsanᵓ	₅tʰuŋ	tuŋᵓ	₅tuŋ
昌邑乡良坪村	ᶜtsu	ᶜtɕi	tsanᵓ	₅tsʰuŋ	tsuŋᵓ	₅tsuŋ
联圩镇大圩村	ᶜtsu	ᶜtɕi	tsanᵓ	₅tsʰuŋ	tsuŋᵓ	₅tsuŋ
金桥乡东和村	ᶜtsu	ᶜtɕi	tsanᵓ	₅tsʰuŋ	tsuŋᵓ	₅tsuŋ
乐化镇江桥村	ᶜtsu	ᶜtɕi	tsanᵓ¹	₅tsʰuŋ	tsuŋᵓ¹	₅tsuŋ
樵舍镇峰桥村	ᶜtsu	ᶜtɕi	tsanᵓ	₅tsʰuŋ	tsuŋᵓ	₅tsuŋ
长埗镇（陈）	ᶜtsu	ᶜtɕi	tsanᵓ¹	₅tsʰuŋ	tuŋᵓ	○
石埠镇乌城村	ᶜ¹tsɿ	ᶜ¹tɕi	tsanᵓ¹	₅tsʰuŋ	tsuŋᵓ¹	₅tsuŋ
西山镇西山村	ᶜtsu	ᶜtɕi	tsanᵓ¹	₅tsʰuŋ	tsuŋᵓ¹	₅tsuŋ
流湖乡对门牌头	ᶜtsɿ	ᶜtɕi	tsanᵓ¹	₅tsʰuŋ	tsuŋᵓ¹	₅tsuŋ
石岗镇石岗村	ᶜtsu	ᶜtɕi	tsanᵓ	₅tsʰuŋ	tsuŋᵓ	₅tsuŋ
松湖镇松湖村	ᶜtsɿ	ᶜtɕi	tsanᵓ	₅tsʰuŋ	tsuŋᵓ¹	₅tsuŋ

4. 知₂章组今读差异

松湖镇松湖村丁李中心村、石岗镇石岗村方言今读 [t]、[tʰ]、[s]；长埗镇（陈昌仪，2005）、金桥乡东和村、联圩镇大圩村、昌邑乡良坪村坪上（坪门）、乐化镇江桥村、樵舍镇峰桥村方言知三章组拼洪音今读 [ts]、[tsʰ]、[s]，拼细音今读 [tɕ]、[tɕʰ]、[ɕ]；其他乡镇方言则处在以上两类的过渡状态。

表 2-123　新建县方言知₌章组今读例字表

地点 \ 例字	抽彻 流开三	柱澄 遇合三	周章 流开三	车昌 假开三
石岗镇石岗村	₌tʰiu	tʰu²	₌tiu	₌tʰa
松湖镇松湖村	₌tʰiu	tʰu²	₌tiu	₌tʰa
长垅镇（陈）	₌tɕʰiu	tsʰu²	₌tɕiu	₌tsʰa
昌邑乡良坪村	₌tɕʰiu	tsʰu²	₌tɕiu	₌tsʰa
联圩镇大圩村	₌tɕʰiu	tsʰu²	₌tɕiu	₌tsʰa
金桥乡东和村	₌tɕʰiu	tsʰu²	₌tɕiu	₌tsʰa
乐化镇江桥村	₌tɕʰiu	tsʰu²	₌tɕiu	₌tsʰa
樵舍镇峰桥村	₌tɕʰiu	tsʰu²	₌tɕiu	₌tsʰa
流湖乡对门牌头	₌tɕʰiu	tʰu²	₌tɕiu	₌tsʰa
石埠镇乌城村	₌tɕʰiu	tʰu²	₌tɕiu	₌tsʰa
西山镇西山村	₌tɕʰiu	tʰu²	₌tiu	₌tsʰa
生米镇东城村	₌tɕʰiu	tʰu²	₌tɕiu	₌tsʰa
厚田乡西门村	₌tɕʰiu	tʰu²	₌tɕiu	₌tsʰa

5. 溪母字今读

昌邑乡良坪村坪上（坪门）方言溪母字有 [h] 声母现象，其他方言无此现象。

表 2-124　新建县方言溪母今读例字表

地点 \ 例字	开溪 蟹开一	考溪 效开一	口溪 流开一	看溪 山开一	康溪 宕开一
昌邑乡良坪村	₌hei	ʰhau	ʰhɛu	ʰhɔn	₌hɔŋ
联圩镇大圩村	₌kʰei	ʰkʰau	ʰkʰɛu	ʰkʰɔn	₌kʰɔŋ
金桥乡东和村	₌kʰei	ʰkʰau	ʰkʰɛu	kʰɔn²	₌kʰɔŋ
乐化镇江桥村	₌kʰei	ʰkʰau	ʰkʰɛu	kʰɔn²	₌kʰɔŋ
樵舍镇峰桥村	₌kʰei	ʰkʰau	ʰkʰɛu	ʰkʰɔn	₌kʰɔŋ
长垅镇（陈）	₌kʰai	ʰkʰau	ʰkʰɛu	ʰkʰɔn	₌kʰɔŋ
石埠镇乌城村	₌kʰai	ʰkʰau	ʰkʰɛu	kʰɔn²	₌kʰɔŋ
西山镇西山村	₌kʰai	ʰkʰau	ʰkʰɛu	ʰkʰɔn	₌kʰɔŋ
生米镇东城村	₌kʰai	ʰkʰau	ʰkʰɛu	kʰɔn²	₌kʰɔŋ

续表

地点 \ 例字	开溪 蟹开一	考溪 效开一	口溪 流开一	看溪 山开一	康溪 宕开一
厚田乡西门村	₌kʰai	ꞌkʰau	ꞌkʰɛu	kʰɔn²	₌kʰɔŋ
流湖乡对门牌头	₌kʰai	ꞌkʰau	ꞌkʰɛu	kʰɔn²	₌kʰɔŋ
石岗镇石岗村	₌kʰai	ꞌkʰau	ꞌkʰɛu	kʰɔnꞌ	₌kʰɔŋ
松湖镇松湖村	₌kʰai	ꞌkʰau	ꞌkʰɛu	kʰɔnꞌ	₌kʰɔŋ

6. 非组及晓组今读

石岗镇石岗村、厚田乡西门村、松湖镇松湖村、金桥乡东和村、乐化镇江桥村、樵舍镇峰桥村、西山镇西山村方言非组及晓组合口字有读零声母现象，其他方言今读 [ɸ]/[f]。

表 2-125　新建县方言非组及晓组今读例字表

地点 \ 例字	火晓 果合一	胡匣 遇合一	斧非 遇合三	饭奉 山合三	黄匣 宕合一	放非 宕合三
石岗镇石岗村	ꞌuɔ	₌₂lu	ꞌu	uan²	₌₂uoŋ	uoŋꞌ
厚田乡西门村	ꞌuɔ	₌u	ꞌu	uan²	₌uoŋ	uoŋꞌ
松湖镇松湖村	ꞌuɔ	₌ɸu	ꞌu	uan²	₌uoŋ	uoŋꞌ
金桥乡东和村	ꞌɸuɔ	₌₂ɸu	ꞌɸu	ɸuan²	₌₂uoŋ	ɸuoŋ²¹
乐化镇江桥村	ꞌfɔ	₌₂fu	ꞌfu	fan²	₌₂uoŋ	fɔŋꞌ
樵舍镇峰桥村	ꞌfɔ	₌₂fu	ꞌfu	fan²	₌₂uoŋ	fɔŋꞌ
西山镇西山村	ꞌɸuɔ	₌ɸu	ꞌɸu	ɸuan²	₌uoŋ	ɸuoŋ²¹
流湖乡对门牌头	ꞌɸuɔ	₌ɸu	ꞌɸu	ɸuan²	₌uoŋ	ɸuoŋ²¹
昌邑乡良坪村	ꞌɸuɔ	₌₂ɸu	ꞌɸu	ɸuan²	₌₂ɸuoŋ	ꞌɸuoŋ
联圩镇大圩村	ꞌɸuɔ	₌ɸu	ꞌɸu	ɸuan²	₌₂ɸuoŋ	ɸuoŋꞌ
长埈镇（陈）	ꞌɸuo	₌ɸu	ꞌɸu	ɸuan²	₌₂ɸuoŋ	ɸuoŋꞌ
石埠镇乌城村	ꞌɸuɔ	₌ɸu	ꞌ¹ɸu	ɸuan²	₌₂ɸuoŋ	ɸuoŋ²¹
生米镇东城村	ꞌɸuɔ	₌₂ɸu	ꞌɸu	ɸuãn²	₌₂ɸuoŋ	ɸuoŋ²¹

第二章 赣语昌都片各县方言语音特点及内部差异

(二)韵母今读差异

1.遇摄合口三等韵母今读

昌邑乡良坪村、联圩镇大圩村、金桥乡东和村、乐化镇江桥村、樵舍镇峰桥村方言知庄章组字韵母今读[u],喻母字韵母今读[ui];西山镇西山村、石岗镇石岗村方言知庄章组字韵母今读[u],喻母字韵母今读[i];长埈镇(陈昌仪,2005)方言庄组字韵母今读[ɿ],知章组字韵母今读[u],喻母字韵母今读[ui];石埠镇乌城村、生米镇东城村、厚田乡西门村、流湖乡对门牌头、松湖镇松湖村方言庄组字韵母今读[ɿ],知章组字韵母今读[u],喻母字韵母今读[i]。

表 2-126 新建县方言遇摄韵母今读例字表

地点\例字	初_初 遇合三鱼	猪_知 遇合三鱼	主_章 遇合三虞	雨_云 遇合三虞
昌邑乡良坪村	₋tsʰu	₋tsu	˗tsu	˗ui
联圩镇大圩村	₋tsʰu	₋tsu	˗tsu	˗ui
金桥乡东和村	₋tsʰu	₋tsu	˗tu	˗ui
乐化镇江桥村	₋tsʰu	₋tsu	˗tsu	˗ui
樵舍镇峰桥村	₋tsʰu	₋tsu	˗tsu	˗ui
西山镇西山村	₋tsʰu	₋tu	˗tu	˗i
石岗镇石岗村	₋tsʰu	₋tu	˗tu	˗i
长埈镇(陈)	₋tsʰɿ	₋tu	˗tu	˗ui
石埠镇乌城村	₋tsʰɿ	₋tu	˗ᶜtu	˗ᶜi
生米镇东城村	₋tsʰɿ	₋tu	˗ᶜtu	˗i
厚田乡西门村	₋tsʰɿ	₋tu	˗tu	˗i
流湖乡对门牌头	₋tsʰɿ	₋tu	˗tu	˗i
松湖镇松湖村	₋tsʰɿ	₋tu	˗tu	˗i

2.蟹摄韵母今读

蟹摄开口一二等韵母今读有两种情况:(1)一二等韵母今读[ai],分布于长埈镇(陈昌仪,2005)、流湖乡对门牌头、石埠镇乌城村程家新基、松湖镇松湖村丁李中心村、石岗镇石岗村、厚田乡西门村上头村、西山镇西山村猴溪陈村、生

187

米镇东城村南岸村方言;(2)一等韵母今读[ei],二等韵母今读[ai],分布于金桥乡东和村、联圩镇大圩村、昌邑乡良坪村坪上、乐化镇江桥村、樵舍镇峰桥村方言。

蟹摄合口一等韵母今读有差异。西山镇西山村、松湖镇松湖村、石岗镇石岗村、厚田乡西门村、流湖乡对门牌头方言蟹摄合口一等帮端泥精组个别字有读[ai]韵母现象;其他方言蟹摄合口一等帮端泥精组字韵母今读[i]。

表2-127 新建县方言蟹摄韵母今读例字表

地点＼例字	代定 蟹开一	开溪 蟹开一	街见 蟹开二	妹明 蟹合一	背明 蟹合一
昌邑乡良坪村	tʰei²	ˌhei	ˌkai	mi²	piᵒ
联圩镇大圩村	tʰei²	ˌkʰei	ˌkai	mi²	piᵒ
金桥乡东和村	tʰei²	ˌkʰei	ˌkai	mi²	piᵒ¹
乐化镇江桥村	tʰei²	ˌkʰei	ˌkai	mi²	piᵒ¹
樵舍镇峰桥村	tʰei²	ˌkʰei	ˌkai	mi²	piᵒ
长埭镇（陈）	tʰai²	ˌkʰai	ˌkai	mi²	○
石埠镇乌城村	tʰai²	ˌkʰai	ˌkai	mi²	piᵒ¹
生米镇东城村	tʰai²	ˌkʰai	ˌkai	mi²	piᵒ¹
西山镇西山村	tʰai²	ˌkʰai	ˌkai	mai²	piᵒ¹
厚田乡西门村	tʰai²	ˌkʰai	ˌkai	mai²	piᵒ
流湖乡对门牌头	tʰai²	ˌkʰai	ˌkai	mai²	piᵒ¹
石岗镇石岗村	tʰai²	ˌkʰai	ˌkai	mai²	paiᵒ
松湖镇松湖村	tʰai²	ˌkʰai	ˌkai	mai²	paiᵒ

3. 止摄开口韵母今读

石岗镇石岗村方言精庄组韵母字今读[u],知章组字韵母今读[ɛ];西山镇西山村猴溪陈村方言精庄组字韵母今读[u],知章组字韵母今读[ɿ];厚田乡西门村、流湖乡对门牌头、松湖镇松湖村方言精庄知章组字韵母今读[ɿ];其他乡镇方言精庄知组字韵母今读[ɿ],章组部分字韵母读[ɿ],部分字韵母读[i]。

表 2-128　新建县方言止摄开口精庄知章组韵母今读例字表

例字 地点	死心 止开三脂	字从 止开三之	师生 止开三脂	事崇 止开三之	知知 止开三支	屎书 止开三脂
石岗镇石岗村	ˬsu	tsʰu²	ˬʂu	su²	ˬtɛ	ˬsɛ
西山镇西山村	ˬsu	tsʰu²	ˬsu	su²	ˬtsɿ	ˬsɿ
厚田乡西门村	ˬsɿ	tsʰɿ²	ˬsɿ	sɿ²	ˬtsɿ	ˬsɿ
流湖乡对门牌头	ˬsɿ	tsʰɿ²	ˬsɿ	sɿ²	ˬtsɿ	ˬsɿ
松湖镇松湖村	ˬsɿ	tsʰɿ²	ˬsɿ	sɿ²	ˬtsɿ	ˬsɿ
昌邑乡良坪村	ˬsɿ	tsʰɿ²	ˬsɿ	sɿ²	ˬtsɿ	ˬçi
联圩镇大圩村	ˬsɿ	tsʰɿ²	ˬsɿ	sɿ²	ˬtsɿ	ˬçi
乐化镇江桥村	ˬsɿ	tsʰɿ²	ˬsɿ	sɿ²	ˬtsɿ	ˬçi
樵舍镇峰桥村	ˬsɿ	tsʰɿ²	ˬsɿ	sɿ²	ˬtsɿ	ˬçi
长埈镇（陈）	ˬsɿ	tsʰɿ²	ˬsɿ	sɿ²	ˬtsɿ	ˬçi
石埠镇乌城村	ˬˡsɿ	tsʰɿ²	ˬsɿ	sɿ²	ˬtsɿ	ˬˡçi
金桥乡东和村	ˬsɿ	tsʰɿ²	ˬsɿ	sɿ²	ˬtsɿ	ˬçi
生米镇东城村	ˬˡsɿ	tsʰɿ²	ˬsɿ	sɿ²	ˬtsɿ	ˬˡçi

4. 深臻曾梗摄知章组韵母今读

新建方言深臻曾梗摄知章组字韵母今读多合流，合流有不同类型：

（1）深摄、臻摄开合口三等、曾摄开口三等、梗摄开三等知章组字韵母今读 [ən]，分布于石岗镇石岗村、松湖镇松湖村丁李中心村、西山镇西山村猴溪陈村、流湖乡对门牌头、生米镇东城村南岸村、石埠镇乌城村程家新基、厚田乡西门村上头村方言。

（2）深摄、臻摄开口三等知章组字韵母今读 [in]，曾摄开口三等、梗摄开三等知章组字韵母今读 [iŋ]，分布于昌邑乡良坪村坪上（坪门）方言。

（3）深摄、臻摄开口三等知章组字韵母今读 [in]、臻摄合口、曾摄开口三等、梗摄开三等知章组字韵母今读 [ən]，分布于联圩镇大圩村方言。

（4）深摄、臻摄开口三等知章组字韵母今读 [in]，臻摄合口知章组字韵母今读 [ən]，曾摄开口三等、梗摄开三等知章组字韵母今读 [iŋ]，分布于金桥乡东和村、樵舍镇峰桥村方言。

（5）深开三、臻开三、曾开三知章组字韵母今读 [in]，臻合三、梗开三知章组字韵母今读[ən],分布于乐化镇江桥村方言。

（6）臻开三字韵母今读[in]、深开三、臻合三、曾开三、梗开三知章组字韵母今读[ən],分布于长堎镇（陈昌仪,2005）方言。

表2-129 新建县方言深臻曾梗知章组韵母今读例字表

地点 \ 例字	针章 深开三	珍知 臻开三	准章 臻合三	蒸章 曾开三	声书 梗开三
石埠镇乌城村	₌tsən	₌tsən	ᶜtsən	₌tsən	₌sən
西山镇西山村	₌tsən	₌tsən	ᶜtsən	₌tən	₌sən
生米镇东城村	₌tsən	₌tsən	ᶜtsən	₌tsən	₌sən
厚田乡西门村	₌tsən	₌tsən	ᶜtsən	₌tsən	₌sən
流湖乡对门牌头	₌tsən	₌tsən	ᶜtsən	₌tsən	₌sən
石岗镇石岗村	₌tən	₌tən	ᶜtsən	₌tən	₌sən
松湖镇松湖村	₌tsən	₌tən	ᶜtsən	₌tən	₌sən
昌邑乡良坪村	₌tɕin	₌tɕin	ᶜtɕin	₌tɕiŋ	₌ɕiŋ
金桥乡东和村	₌tɕin	₌tɕin	ᶜtsən	₌tɕiŋ	₌ɕiŋ
樵舍镇峰桥村	₌tɕin	₌tɕin	ᶜtsən	₌tɕiŋ	₌ɕiŋ
联圩镇大圩村	₌tɕin	₌tɕin	ᶜtsən	₌tsən	₌sən
乐化镇江桥村	₌tɕin	₌tɕin	ᶜtsən	₌tɕin	₌sən
长堎镇（陈）	₌tsən	₌tɕin	ᶜtsən	₌tsən	₌sən

5.山摄合口字韵母今读差异

山合一等帮组与见组字韵母今读有差异,山合三见组字韵母今读有差异,具体有两类：

（1）山合一等帮组、见组字韵母今读[ɔn]/[on]、[uɔn]/[uon],山合三见组字韵母今读[uɛn]/[uiɛn],分布于昌邑乡良坪村坪上、联圩镇大圩村、樵舍镇峰桥村、乐化镇江桥村、金桥乡东和村、长堎镇（陈昌仪,2005）方言。

（2）山合一等帮组、见组字韵母今读[ɛ]、[uɛ],山合三见组字韵母今读[iɛn],分布于厚田乡西门村、生米镇东城村南岸村、石埠镇乌城村程家新基、流湖乡对门牌头、西山镇西山村猴溪陈村、松湖镇松湖村丁李中心村、石岗镇石岗村方言。

表2-130 新建县方言山摄合口字韵母今读例字表

地点＼例字	盘并 山合一	管见 山合一	拳群 山合三	劝溪 山合三
昌邑乡良坪村	₌pʰɔn	ˊkuɔn	₌kʰuiɛn	ˊkʰuiɛn
联圩镇大圩村	₌pʰɔn	ˊkuɔn	₌kʰuɛn	ˊkʰuɛn
金桥乡东和村	₌pʰɔn	ˊkuɔn	₌kʰuɛn	kʰuɛn⁼²
乐化镇江桥村	₌pʰɔn	ˊkuɔn	₌kʰuɛn	kʰuɛn⁼²
樵舍镇峰桥村	₌pʰɔn	ˊkuɔn	₌kʰuiɛn	ˊkʰuɛn
长埈镇（陈）	₌pʰon	ˊkuon	₌kʰuiɛn	○
石埠镇乌城村	₌pʰɛn	ˊkuɛn	₌tɕʰiɛn	tɕʰiɛn⁼²
西山镇西山村	₌pʰɛn	ˊkuɛn	₌tɕʰiɛn	tɕʰiɛn⁼²
生米镇东城村	₌pʰɛn	ˊkuɛn	₌tɕʰiɛn	tɕʰiɛn⁼²
厚田乡西门村	₌pʰɛn	ˊkuɛn	₌tɕʰiɛn	₌tɕʰiɛn
流湖乡对门牌头	₌pʰɛn	ˊkuɛn	₌tɕʰiɛn	tɕʰiɛn⁼
石岗镇石岗村	₌pʰɛn	ˊkuɛn	₌tɕʰiɛn	tɕʰiɛn⁼
松湖镇松湖村	₌pʰɛn	ˊkuɛn	₌tɕʰiɛn	tɕʰiɛn⁼

6.鼻化韵现象

西山镇西山村、生米镇东城村方言咸山摄、梗摄字韵母有元音鼻化现象，其他乡镇方言无此现象。从韵摄分布来看：西山镇西山村方言咸摄开口一等，山摄合口一等端组、泥组，山摄合口三等知章组；生米镇东城村方言咸摄开口一二等、山摄开口一等见系，山摄合口一等端组、泥组，山摄合口三等知章组，梗摄开口二、三等字的白读音。

表2-131 新建县方言鼻化韵现象例字表

地点＼例字	蓝来 咸开一	肝见 山开一	端端 山合一	专章 山合三	岭来 梗开三
西山镇西山村	₌nã	ˊkõ	ˊtõ	ˊtõ	ˊliaŋ
生米镇东城村	₌nã	ˊkõ	ˊtõ	ˊtsõ	ˊliã
昌邑乡良坪村	₌²lan	ˊkon	ˊtɔn	ˊtsɔn	ˊliaŋ
联圩镇大圩村	₌²nan	ˊkon	ˊtɔn	ˊtsɔn	ˊliaŋ
金桥乡东和村	₌²lan	ˊkon	ˊton	ˊtsɔn	ˊliaŋ

续表

例字 地点	蓝来 咸开一	肝见 山开一	端端 山合一	专章 山合三	岭来 梗开三
乐化镇江桥村	₌nan	ˍkɔn	ˍtɔn	ˍtsɔn	ˀliaŋ
樵舍镇峰桥村	₌nan	ˍkɔn	ˍtɔn	ˍtsɔn	ˀliaŋ
长埈镇（陈）	₅lan	ˍkən	ˍtɔn	ˍtsən	ˀliaŋ
石埠镇乌城村	₅lan	ˍkɔn	ˍtɔn	ˍtsɔn	ˁliaŋ
厚田乡西门村	lanˀ	ˍkɔn	ˍtɔn	ˍtsɔn	ˀliaŋ
流湖乡对门牌头	₅nan	ˍkɔn	ˍtɔn	ˍtsɔn	ˀliaŋ
石岗镇石岗村	₌lan	ˍkɔn	ˍtɔn	ˍtɔn	ˀliaŋ
松湖镇松湖村	₅lan	ˍkɔn	ˍtɔn	ˍtɔn	ˀliaŋ

（三）声调今读差异

新建县方言有7个至10个调类。差异体现在：

1. 送气分调

除了松湖镇松湖村方言没有送气分调外，其他方言点都有送气分调现象。

（1）古今声母送气分调：乐化镇江桥村方言古全浊平、次浊平今读分调，全清上与次清上今读分调，全清去与次清去今读分调，全清入与次清入分调；长埈镇（陈）、生米镇东城村方言古全浊平、次浊平今读分调，全清上与次清上今读分调，全清去与次清去今读分调；金桥乡东和村、昌邑乡良坪村方言古全浊平与次浊平今读分调，全清去与次清去今读分调，全清入与次清入分调；联圩镇大圩村、厚田乡西门村、樵舍镇峰桥村方言古全浊平与次浊平分调，全清去与次清去今读分调。

（2）古声母送气分调：流湖乡对门牌头村方言古全清去与次清去分调，古全清入与次清入分调；石埠镇乌城村方言古全清上与次清上分调，古全清去与次清去分调；西山镇西山村方言古全清去与次清去分调。

（3）今声母送气分调：石岗镇石岗村古全浊平与次浊平分调。

2. 古次清去今读

古次清去调与全清去分调后，不同乡镇方言发展不一致。金桥乡东和村、流湖乡对门牌头村、石埠镇乌城村、西山镇西山村、生米镇东城村方言次清去调保留独立调类；长埝镇（陈）、联圩镇大圩村、昌邑乡良坪村、乐化镇江桥村、樵舍镇峰桥村方言次清去与清上今读合流；厚田乡西门村方言次清去与全浊平今读合流。

（四）口音划分

《新建县志》方言卷（1991：579）提到，新建内部差异以望城为界，分为上新建与下新建，上新建所括松湖、流湖、厚田、生米、石岗，下新建包括望城、乐化、樵舍、象山、大塘、联圩、昌邑。根据近来的调查，本书把新建县赣语分为五种口音：望城口音、松湖口音、生米口音、金桥口音、昌邑口音（+ 为有此语音特征，— 为无此语音特征，+/— 为混杂状）。

表 2-132　新建县方言各口音语音特征表

区别特征＼分片	金桥口音	昌邑口音	望城口音	生米口音	松湖口音
泥母逢洪音读 l	+	+	—	+	—
知三章组今读塞音	—	—	+/—	+/—	+
溪群母今读喉擦音 h	—	+	—	—	—
遇摄模韵精组韵母有别	—	—	—	+	+
蟹开一二等母有别	+	+	—	—	—
蟹合一等韵母读 ai	—	—	—	+/—	—
止摄精庄与知章组韵母有别	—	—	—	+	—
深摄知章组韵母读 in	+	—	+/—	—	—
山合一等帮组见系与端组、泥组、精组韵母有别	—	—	+/—	+	+
咸山摄韵母存在元音鼻化现象	—	—	—	+	—
有独立的次清上调	—	—	+	+	—

望城口音包括长埝镇、望城镇、樵舍镇、乐化镇、溪霞镇方言，松湖口音包括石岗镇、松湖镇、流湖乡方言，生米口音包括生米镇、西山镇、石埠乡方言，金桥口音包括金桥乡、铁河乡、大塘坪乡、象山镇方言，昌邑口音包括昌邑乡、联圩乡、南矶乡方言。

第十节　南昌县方言语音特点及内部差异

一、南昌县方言语音系统（以富山乡霞光唐村方言为代表）

（一）声母（19个）

表 2-133　南昌县方言声母表

p 杯包半兵百	pʰ 批飘盘病拍	m 眉苗命面木	f 灰花冯红福	
t 赌带店灯答	tʰ 土袋甜邓达			l 卢耐连能力
ts 猪嘴斩张哲	tsʰ 粗翠传橙插		s 苏水瘦上舌	
tɕ 举寄金蒋积	tɕʰ 去骑钳枪鹊	ȵ 鱼牛染娘肉	ɕ 虚诗修象昔	
k 古归庚刚格	kʰ 可跪口共客	ŋ 牙矮恩硬恶	h 河海很汉学	
ø 雨乌闻网药				

（二）韵母（63个）

表 2-134　南昌县方言韵母表

ɿ 柱树紫师制	i 雨弟杯寄累	u 租雾儒所富
a 茶牙霞者洒	ia 茄姐爹惹夜	ua 瓜花瓦蛙画
ɛ 锯	iɛ 去鱼	
ə 二耳儿		
ɔ 多我波坐课		uɔ 窝果火禾
ii 罪最岁脆碎		uii 灰回会桂惠
ai 台灾埋奶矮		uai 歪怪快怀坏
ei 开在来害海		ui 桂归跪水嘴
au 包高泡孝草		
ɛu 偷走谋瘦	iɛu 巧小乔尿狗	uɛu 浮否

续表

	iu 流秋丑手有	
an 南站散慢眼		uan 关惯湾范饭
ɛn 闪森善灯省	iɛn 尖店面年铅	
ən 沉村准问正		uən 困婚粪稳棍
ɔn 贪甘肝潘拴	iɔn 全软圈圆远	uɔn 宽碗官冠欢
	in 针真旬兴京	
aŋ <u>彭坑生冷声</u>	iaŋ 病镜井零影	uaŋ 横梗匡狂
ɔŋ <u>唐张胖蚌郑</u>	iɔŋ 娘枪强乡腔	uɔŋ 方光黄王矿
	iuŋ 兄荣穷龙用	uŋ 朋孟东冬中
ɤt 出术	it 立笔律屈力	
at 答腊鸭达察		uat 刮发袜发罚
ɛt 盒涉涩舌夺	iɛt 接业别节雪	uɛt 阔括活
ət 入不		uət 骨机忽物佛
ɔt 喝割鸽		
ak <u>百拆吓摘尺</u>	iak <u>迹脊笛吃</u>	
ɛk <u>北塞色脉革</u>	iɛk 克刻额	uɛk 国或惑
ɔk <u>落着郭剥学</u>	iɔk 削药脚虐鹊	uɔk 霍获
	iuk 肉绿六曲菊	uk 木毒服粥烛
m̩ 姆_{姆妈}	n̩ 你	ŋ̍ 五

（下加 <u>　</u> 划线表示白读，下加 <u>＝</u> 划线表示文读）

说明：1.[k]尾来自宕江曾梗通摄，有些字实际音值是[ʔ]；2. 单元音[ɛ]例字很少，如"锯"存在[ɛ]与[iɛ]变读现象。

（三）声调（9个）

表2-135　南昌县方言声调表

阴平　42 高猪安天三	阳平₁　314 穷陈床才寒	阳平₂　35 鹅娘人龙云
上声　325 古口好网有		
阴去₁　33 盖对爱世送	阴去₂　212 搞唱菜怕汉	阳去　31 近是大树用
阴入　<u>45</u> 急七搭发烈		阳入　<u>22</u> 六月抒舌石

（入声调调值下加划线 <u>　</u> 表示短促调）

二、南昌县方言语音特点（以富山乡霞光唐村方言为代表）

（一）中古声母今读特点

1. 中古全浊声母与次清声母合流，今读送气清音，如婆 [₋₁pʰɔ]、杜 [tʰu²]、才 [₋₁tsʰai]、菜 [tsʰai²]、耻 [ˈtsʰꞏ]、痔 [tsʰɿ²]、床 [₋₁tsʰɔŋ]、穷 [₋₁tɕʰiuŋ]；奉邪船禅匣母今多读清擦音，如肥 [₋₂ɸui]、示 [ɕi²]、邵 [sɛu²]、神 [₋₂ɕin]、号 [hau²]。

2. 帮组今读 [p]、[pʰ]、[m]，如表 [ˈpiɛu]、潘 [₋pʰɔn]、薄 [pʰɔk₂]、眉 [₋₂mi]。非敷奉母今读 [ɸ]，微母今读零声母，如扶 [₋₂ɸu]、肥 [₋₂ɸui]、蚊 [₋₂mən]、饭 [ɸuan²]、忘 [uɔŋ²]，微母个别字保留重唇，如网 [ˈmɔŋ]。

3. 端透定母今读 [t]、[tʰ]，如刀 [₋tau]、桃 [₋₁tʰau]、邓 [tʰɛn²]、甜 [₋₁tʰiɛn]；个别字今读 [l]，如笛 [liak₂]。

4. 泥来母今读洪混细分，泥母逢洪音今读 [l]，逢细音读 [n̠]，来母今读 [l]，如南 [₋lan]、暖 [ˈlɔn]、年 [₋₂n̠iɛn]、娘 [₋₂n̠iɔŋ]、兰 [₋₂lan]。

5. 精组拼洪音与知₋庄组合流为 [ts]、[tsʰ]、[s]，如租 [₋tsu]、猜 [₋tsʰai]、刺 [tsʰɿ²]、斋 [₋tsai]、初 [₋tsʰu]、事 [sɿ²]、站 [tsanᵒ]、茶 [₋₁tsʰa]；精组拼细音今读 [tɕ]、[tɕʰ]、[ɕ]，如须 [₋ɕi]、齐 [₋₁tɕʰi]、小 [ˈɕiɛu]、秋 [₋tɕʰiu]、接 [tɕiɛt]、心 [₋ɕin]、钱 [₋₁tɕʰiɛn]、全 [₋₁tɕʰiɔn]、七 [tɕʰit]、旬 [₋₂ɕin]、枪 [₋tɕʰiɔŋ]、息 [ɕit]、井 [ˈtɕiaŋ]、松 [₋ɕiuŋ]。

6. 知₋章组流开三、臻开三、曾开三拼细音今读 [tɕ]、[tɕʰ]、[ɕ]，如周 [₋tɕiu]、真 [₋tɕin]、绳 [₋₂ɕin]，其他字今读 [ts]、[tsʰ]、[s]，如猪 [₋tsɿ]、齿 [ˈtsʰꞏ]、水 [ˈsui]、烧 [₋sɛu]、占 [₋tsɛn]、沉 [₋₁tsʰən]、扇 [senᵒ]、船 [₋₂sɔn]、上 [sɔŋ²]、中 [₋tsuŋ]。

7. 日母假开三、止开三今读零声母，如耳 [ˈə]、惹 [ˈia]；日母咸开三、山合三、臻开三、通合三今读 [n̠]，染 [ˈn̠iɛn]、软 [ˈn̠iɛn]、认 [n̠in²]、肉 [n̠iuk₂]；其他字今读 [l]，如 [₋₂lu]、任 [lən²]、热 [let]、闰 [lən²]、让 [lɔŋ²]、绒 [₋₂luŋ]。

8. 见组开口一二等及止合三等、蟹合四等今读 [k]、[kʰ]、[ŋ]，如哥 [₋kɔ]、苦 [ˈkʰu]、岸 [ŋɔn²]、跪 [ˈkʰui]、闺 [₋kui]、桂 [kui²]；其他三四等字逢细音今读 [tɕ]、[tɕʰ]、[n̠]，如斤 [₋tɕin]、肩 [₋tɕiɛn]、件 [tɕʰiɛn²]、钳 [₋tɕʰiɛn]、轻 [₋tɕʰiaŋ]、牛 [₋n̠iu]。

9. 晓匣母合口字与非组今读相混，今读 [ɸ]，如扶 [₋₂ɸu]、飞 [ɸui]、火 [ˈɸuɔ]、花

[ɸua],晓匣母开口一二等今读[h],开口三四等今读[ɕ],河[₅₁hɔ]、海[ˉhei]、休[ˉɕiu]、穴[ɕiet₂]。

10.影母开口一二等今读[ŋ],开口三四等及合口今读零声母,如爱[ŋaiᵒ¹]、矮[ˉŋai]、安[ˉŋɔn]、乌[ˍu]、威[ˍui]。喻母今读零声母,如芋[iˀ]、雨[ˉi]。

(二)中古韵母今读特点

1.果摄一等(合口见系除外)韵母今读[ɔ],果摄合一见系韵母今读[uɔ],如多[ˍtɔ]、河[₅₁hɔ]、坐[tsʰɔˀ]、过[kuɔᵒ¹]、祸[ɸuɔˀ],果摄三等韵母今读[ia],如茄[₅₁tɕʰia]、靴[ˍɕia];例外字有:大[tʰaiˀ]、哪[ˉla]。

2.假摄开口二等、开口三等庄章组、合口二等庄组韵母今读[a],如茶[₅₁tsʰa]、车[ˍtsʰa]、傻[ˉsa];合口二等见系字韵母今读[ua],如瓜[ˍkua];开口三等精组、知组、喻母字韵母今读[ia],如姐[ˉtɕia]、夜[iaˀ]。

3.遇摄合口一等及合口三等非庄日母字韵母今读[u],如补[ˉpu]、土[ˉtʰu]、卢[₅₂lu]、租[ˍtsu]、枯[ˍku]、虎[ˉɸu];合口三等知章组字韵母今读[u]/[ɿ],如猪[ˍtsɿ]、书[ˍsɿ]、薯[₅₂su];合口三等精泥及见系字韵母今读[i],如徐[₅₁tɕʰi]、举[ˉtɕi];见组个别字韵母读[iɛ],如锯[kiɛᵒ¹]、去[tɕʰiɛᵒ²]、鱼[₅₂ȵiɛ]。

4.蟹摄开口一等韵母今读[ai]、[ei],二等字韵母今读[ai],个别二等字韵母今读[a],如带[taiᵒ¹]、来[₅₂lei]、开[ˍkʰei]、排[₅₁pʰai]、街[ˍkai]、耙[baˀ];蟹摄开口三四等(知章组除外)、合口一等(精组、见系除外)韵母今读[i],蟹摄开口三等知章组字韵母今读[ɿ],如杯[ˍpi]、对[tiᵒ¹]、[tsɿᵒ¹];蟹摄合口一等精组、合口三等(见系除外)韵母今读[ii],如罪[tsʰiiˀ]、岁[siiᵒ¹];蟹摄合口一等个别字(块外)读同合口二等韵母[uai],如怪[kuaiᵒ¹]、歪[ˍuai];蟹摄合一三等见系字韵母今读[uïi],如灰[ɸuïi]、桂[kuïiᵒ¹]。

5.止摄开口三等帮端泥组、知章组部分字、见系,止摄合口三等来母字韵母今读[i],[ɿ],如皮[₅₁pʰi]、梨[₅₂li]、纸[ˉtɕi]、累[liˀ];止摄开口三等精庄组、知章组部分字韵母今读[ɿ],如紫[ˉtsɿ]、师[ˍsɿ]、指[ˉtsɿ]、知[ˍtsɿ]、志[tsɿᵒ¹];合口三等其他字韵母读[ui],如龟[ˍkui]、飞[ˍɸui]。

6.效摄开口一二等韵母今读[au],如毛[₅₂mau]、劳[₅₂lau]、考[ˉkʰau]、包[ˍpau]、交[ˍkau];效摄开口三等(知章组除外)、流摄开口一等(见影组除外)、流摄开口三等非庄日组字韵母今读 [ɛu]，如赵 [tsʰɛu²]、少 [ˬsɛu]、走 [ˬtsɛu]；效摄开口三等其他字、开口四等、流摄开口一等见影组字韵母今读 [iɛu]，如表 [ˬpiɛu]、小 [siɛu]、腰 [˰iɛu]、尿 [ȵiɛuˀ]、狗 [ˬkiɛu]；流摄开口三等其他字韵母今读 [iu]，如抽 [˰tɕʰiu]、周 [˰tɕiu]、流 [˯liu]、修 [˰ɕiu]、瘦 [sɛuˀ]、九 [ˬtɕiu]、丢 [˰tiu]；流摄开口三等非组"富妇负副"韵母今读 [u]。

7. 咸摄开口一等（见系除外）、开口二等韵母今读 [an]、[at]，如胆 [ˬtan]、答 [tatˬ]、站 [tsanˀ]、减 [ˬkan]、鸭 [ŋatˬ]；咸摄开口一等见系字韵母今读 [ɔn]、[ɔt] 含 [˯hɔn]、鸽 [kɔtˬ]；咸摄开口三等知章组字韵母今读 [ɛn]、[ɛt]，如闪 [ˬsɛn]、涉 [sɛtˬ]；咸摄开口三等其他字与四等字韵母今读 [iɛn]、[iɛt]，如尖 [˰tɕiɛn]、接 [tɕiɛtˬ]、店 [tiɛnˀ]、协 [ɕiɛtˬ]；咸摄合口三等字韵读 [uan]、[uat]，如范 [ɸuan²]、法 [ɸuatˬ]。

8. 深摄开口三等庄组字韵母今读 [ɛn]、[ɛt]，日母字韵母今读 [ən]、[ət]，如森 [˰sɛn]、涩 [sɛtˬ]、任 [lənˀ]、入 [lətˬ]；深摄开口三等其他字韵母今读 [in]、[it]，如林 [˯lin]、深 [˰ɕin]、金 [˰tɕin]、立 [litˬ]、十 [ɕitˬ]。

9. 山摄开口一等（见系除外）、二等字韵母今读 [an]、[at]，如炭 [tʰanˀ]、达 [tʰatˬ]、山 [˰san]、八 [patˬ]，山摄开口一等见系字韵母今读 [ɔn]、[ɔt]，肝 [˰kɔn]、割 [kɔtˬ]；山摄开口三等知章组及日母字韵母今读 [ɛn]、[ɛt]，如战 [tsɛnˀ]、舌 [sɛtˬ]，山摄开口三等其他字及四等字韵母今读 [iɛn]、[iɛt]，如面 [miɛnˀ]、列 [liɛtˬ]、天 [˰tʰiɛn]、铁 [tʰiɛtˬ]。

山摄合口一等（见系除外）、合口二等庄组、合口三等知章组字韵母今读 [ɔn]、[ɛt]，如短 [ˬtɔn]、钵 [pɛtˬ]、拴 [˰sɔn]、刷 [sɛtˬ]、专 [˰tsɔn]、说 [sɛtˬ]；山摄合口一等见系字韵母今读 [uɔn]、[uɛt]，如管 [ˬkuɔn]、阔 [kʰuɛtˬ]；合口二等见系、合口三等非组字韵母今读 [uan]、[uat]，如关 [˰kuan]、刮 [kuatˬ]、饭 [ɸuanˀ]、罚 [ɸuatˬ]；合口三等知章组字韵读 [ɔn]、[ɛt]，合口三等其他字与四等韵母今读 [iɔn]、[iɛn]、[iɛt]，如全 [˯tɕʰiɔn]、雪 [ɕiɛtˬ]、拳 [˯tɕʰiɛn]、元 [˯ȵiɔn]、月 [ȵiɛtˬ]、越 [iɛtˬ]。

10. 臻摄开口一等字韵母今读 [ɛn]、[iɛn]，如根 [˰kiɛn]、很 [ˬhɛn]；臻摄开口三等庄组、日母_{文读}字韵母今读 [ən]、[ət]，如榛 [˰tsən]、虱 [sɛtˬ]、仁 [˯lən]，开口三等其他字及日母_{白读}、合口三等精组及见系字韵母今读 [in]、[it]，如民 [˯min]、亲 [˰tɕʰin]、肾 [ɕinˀ]、笔 [pitˬ]、近 [tɕʰinˀ]、失 [ɕitˬ]、日 [ȵitˬ]、旬 [˯ɕin]、橘 [tɕitˬ]、军 [tɕin]。

臻摄合口一等（见系除外）、合口三等微母个别字_{白读}韵母今读 [ən]、[ət]，如本

[˗pən]、村 [˗tsʰən]、不 [pət˳]、问 [mən˭]；合口一等见系、合口三等非组字韵母今读 [uən]、[uət]，如困 [kuən˟˭]、婚 [ɸuən]、骨 [kuət˳]、粪 [ɸuən˟¹]、物 [uət˳]；合口三来母、知庄章组及日母字韵母今读 [ən]、[it]、[ɳt]，如轮 [˯₂lən]、春 [˯tsʰən]、出 [tsʰɳt˳]。

11. 宕摄开口一等、开口三等知庄章日组、合口三等微母个别字_{白读}、江摄开口二等韵母今读 [ɔŋ]、[ɔk]，如汤 [˯tɔŋ]、仓 [˯tsɔŋ]、落 [lɔk˳]、恶 [ŋɔk˳]、[pʰɔŋ˟²]、双 [sɔŋ]、江 [˯kɔŋ]、项 [hɔŋ˭]、剥 [pɔk˳]、勺 [sɔk˳]、捉 [tsɔk˳]、学 [hɔk˳]、网 [˗mɔŋ]；宕摄开口开口三等其他字、江摄见组个别字韵母今读 [iɔŋ]、[iɔk]，如娘 [˯₂niɔŋ]、张 [˯tsɔŋ]、章 [˯tsɔŋ]、香 [˯ɕiɔŋ]、削 [ɕiɔk˳]、药 [iɔk˳]、腔 [˯tɕʰiɔŋ]、觉 [tɕiɔk˳]；宕摄合口一三等非组及见系字韵母今读 [uɔŋ]、[uɔk]，如光 [˯kuɔŋ]、黄 [˯₂ɸuɔŋ]、方 [˯ɸuɔŋ]、郭 [kɔk˳]、霍 [ɸuɔk˳]。

12. 曾摄开口一等（见组除外）、开口三等庄组字韵母今读 [ɛn]、[ɛk]，如灯 [˯tɛn]、曾 [˯tsɛn]、北 [pɛk˳]、塞 [sɛk˳]、色 [sɛk˳]；曾摄开口一等见组字韵母今读 [iɛn]、[iɛk]，如肯 [˗kiɛn]、克 [kʰiɛk˳]；曾摄开口三等（庄组除外）、合口三等韵母今读 [in]、[it]，如冰 [˯pin]、蒸 [˯tɕin]、力 [lit˳]、极 [tɕʰit˳]、域 [it˳]；曾摄合口一等字韵母今读 [uŋ]、[uɛk]，如弘 [˯₂ɸuŋ]、国 [kuɛk˳]。

13. 梗摄韵母今读有文白异读现象。梗摄开口二等（除晓影组外）白读韵母今读 [aŋ]、[ak]，明母字韵母读 [uŋ]，泥组、知庄章组字文读韵母为 [ɛn]、[ɛk]，见组文读韵母为 [iɛn]、[ɛk]，晓影组字韵母今读 [in]、[it]，如彭 [˯₁pʰaŋ]、孟 [muŋ˭]、生_文 [˯sɛn]/ 生_白[˯saŋ]、庚 [˯kiɛn]、百_文[pɛk˳]/ 百_白[pak˳]、择 [tsʰɛk˳]、客 [kʰak˳]、幸 [ɕin˭]。

梗摄开口三四等字白读韵母为 [iaŋ]、[iak]，如平_文[˯₁pʰin]/ 平_白[˯₁pʰiaŋ]、星_文[˯ɕin]/ 星_白[˯ɕiaŋ]；三等及四等字文读韵母为 [in]、[it]，如碧 [pit˳]、情 [˯₁tɕʰin]、昔 [ɕit˳]、贞 [˯tɕin]、适 [ɕit˳]、灵 [˯₂lin]、绩 [tɕit˳]；合口二等字韵母今读 [uɔŋ]、[uɔk]，矿 [kʰuɔŋ˟²]、获 [ɸuɔk˳]，个别字韵母为 [uaŋ]，如横 [˯₂uaŋ]；合口三四等字韵母今读 [iuŋ]、[in]、[it]，如兄 [˯ɕiuŋ]、永 [˗in]、疫 [it˳]。

14. 通摄合口一等、合口三等非知庄章组及见组部分字韵母今读 [uŋ]、[uk]，如东 [˯tuŋ]、孔 [˗kʰuŋ]、族 [tsʰuk˳]、谷 [kuk˳]、冬 [˯tuŋ]、毒 [tʰuk˳]、丰 [˯ɸuŋ]、虫 [˯₁tsʰuŋ]、叔 [suk˳]、福 [ɸuk˳]、烛 [tsuk˳]、宫 [˯kuŋ]；合口三等泥组、影晓组、见组部分字韵母今读 [iuŋ]、[iuk]，如龙 [˯₂liuŋ]、穷 [˯₁tɕʰiuŋ]、用 [iuŋ˭]、六 [liuk˳]、肉 [ȵiuk˳]。

(三) 中古声母的今读特点

南昌县富山乡霞山唐村方言有9个调类。古平声按清浊分阴平、阳平,阳平有两个调类,全浊平读阳平₁,次浊平与古全浊平今读清擦音声母的字(喉擦音声母字除外)读阳平₂;清上与次浊上今读上声调,全浊上归阳去;古清去按古声母的送气与否分两类,全清去读阴去₁,次清去与全清去中今读清擦音声母的字(喉擦音声母字除外)读阴去₂,浊去读阳去;古入声按清浊分调,清入读阴入,浊入读阳入。

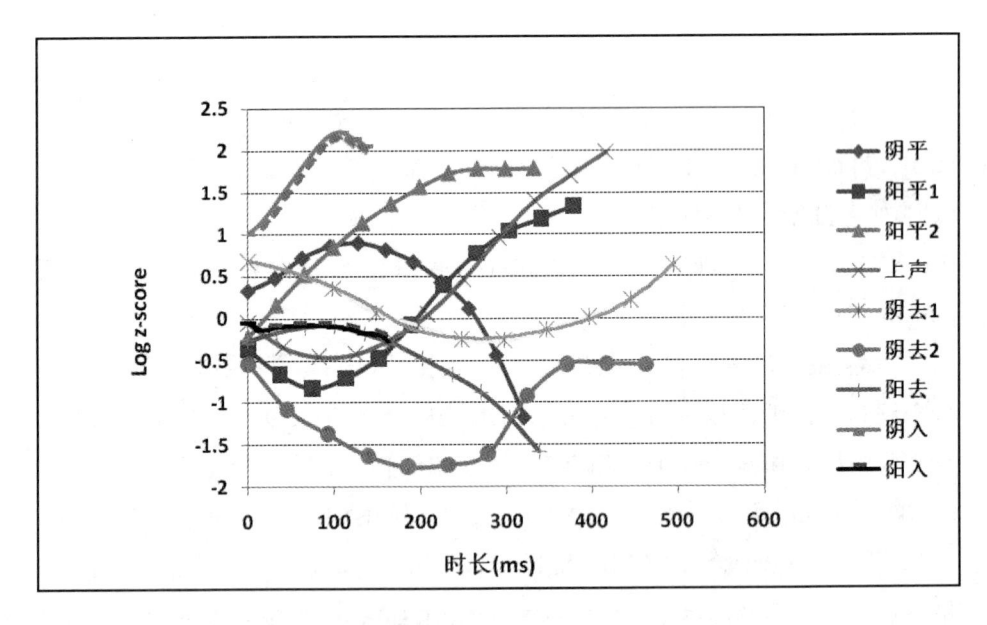

图 2-16　南昌县富山乡霞山唐村方言基频曲线图

三、南昌县方言语音内部差异

南昌县中西部与南昌市接壤,东面与进贤相邻,南接丰城,东面濒临鄱阳湖,西部与新建隔赣江相望。南昌县东西宽36千米,南北长77千米,总面积1839平方千米。全县辖11个镇、7个乡:莲塘镇、向塘镇、三江镇、塘南镇、幽兰镇、蒋巷镇、武阳镇、冈上镇、广福镇、昌东镇、麻丘镇、泾口乡、南新乡、塔城乡、黄马乡、富山乡、东新乡、八一乡，县政府驻莲塘镇。①

南昌县从历史沿革及文化来讲，同南昌市是一脉相承的，在当地人看来，南昌市区及部分郊区话为"城里话"，南昌县各乡镇为"乡下话"。南昌县各乡镇方言与南昌市区方言有较大差异，笔者实地调查了南昌县富山乡霞山唐村、南昌县南新乡楼前村二房自然村、南昌县幽兰镇南山村旧居村李家、南昌县泾口乡辕门村、南昌县塔城乡东游村、南昌县三江镇徐罗村吴黄村、南昌县广福镇北头村熊李村7个点的方言。下文结合已刊材料，看南昌县方言语音内部差异。

（一）声母今读差异

1. 来母逢细音今读

来母逢细音今读边音 [l]，幽兰镇南山村旧居村李家、泾口乡辕门村方言个别字今读塞音 [tʰ]，如粒、隶。

2. 泥母逢洪音今读

泥母逢洪音今读边音 [l]，塔城乡东游村方言泥母逢洪音有个别字今读 [n]，如拿 [naʔ]、你 [ˉnən]、脑 [ˉnau]、恼 [ˉnau]、南 [₂nan]、男 [₂nan]、难 [nanˀ]、懒 [ˉnan]。

3. 透定母今读

透定母今读 [tʰ]，塔城乡东游村方言有个别字今读边音 [l]，如笛 [liaʔ]、梯 [tʰiˀ]。

4. 溪母今读

幽兰镇南山村旧居村李家、泾口乡辕门村、塔城乡东游村、塘南乡（肖放亮，2010）方言溪母开口一二等部分字今读 [h] 声母。

表 2-136　南昌方言溪母今读例字表

地点\例字	开溪 蟹开一	考溪 效开一	口溪 流开一	看溪 山开一	康溪 宕开一
泾口辕门村	₂hai	ˉhau	ˉheu	honˀ²	₂hoŋ
幽兰镇南山村	₂hai	ˉhau	ˉheu	honˀ	₂hoŋ
塔城东游村	₂hei	ˉhau	ˉheu	nonˀ	₂hoŋ

---

① [DB/OL]http://www.xzqh.org/html/show/jx/9796.html，2008-12-25/2015-12-10。

续表

地点＼例字	开溪 蟹开一	考溪 效开一	口溪 流开一	看溪 山开一	康溪 宕开一
塘南乡（肖）	₋kʰai	ᶜhau	ᶜhɛu	honᵓ	₋hɔŋ
南新乡楼前村	₋kʰai	ᶜkʰau	ᶜkʰiɛu	ᶜkʰɔn	₋kʰɔŋ
向塘镇（万）	₋kʰai	ᶜkʰau	ᶜkʰiɛu	ᶜkʰɔn	₋kʰɔŋ
南昌市（陈）	₋kʰai	ᶜkʰau	ᶜkʰiɛu	ᶜkʰɔn	₋kʰɔŋ
富山乡霞山唐	₋kʰei	ᶜkʰau	ᶜkʰiɛu	kʰɔnᵓ²	₋kʰɔŋ
广福乡北头村	₋kʰɔi	ᶜkʰau	ᶜkʰiɛu	kʰɔnᵓ	₋kʰɔŋ
三江镇徐罗村	₋kʰɔe	ᶜkʰau	ᶜkʰiɛu	kʰɔnᵓ	₋kʰɔŋ

（二）韵母今读差异

1. 撮口韵

南新乡楼前村、塘南乡（肖放亮，2010）、泾口乡辕门村、幽兰镇南山村旧居村李家、南昌市（陈昌仪，2005）方言语音系统中有撮口韵 [y]，具体分布情况是：塘南乡（肖放亮，2010）方言、泾口乡辕门村方言遇合三，南昌市（陈昌仪，2005）方言在遇合三、山合三四有撮口韵 [y]，幽兰镇南山村旧居村李家方言遇合三、止合三、臻合三，南新乡楼前村分布于遇合三、止合三、臻合一、臻合三有撮口韵 [y]。

表 2-137　南昌方言撮口韵例字表

地点＼例字	猪知 遇合三鱼	嘴精 止合三支	拳群 山合三仙	血晓 山合四屑	村清 臻合一魂	春昌 臻合三谆
南新乡楼前村	₋tsu	ᶜtɕy	₋tɕʰiɔn	ɕiɔt₅	₋tɕʰyn	₋tɕʰyn
塘南乡（肖）	₋tɕy	○	₋tɕʰyon	ɕyoʔ₅	○	○
泾口辕门村	₋tɕy	ᶜtɕi	₋tɕʰiɔn	ɕiɔt₁	₋tsʰən	₋tsʰən
幽兰镇南山村	₋tɕy	ᶜtɕy	₋tɕʰiɔn	ɕiɔt₅	₋tsʰuən	₋tsʰuən
塔城东游村	₋tsɿ	ᶜtɕi	₋tɕʰiɔn	ɕiɛt₁	₋tsʰən	₋tsʰən
向塘镇（万）	₋tsɿ	ᶜtɕi	₋tɕʰiɔn	ɕiɔt₅	tɕʰin	tɕʰin
南昌市（陈）	₋tɕy	ᶜtsui	₋tɕʰyon	○	₋tsʰun	₋tsʰun
富山乡霞山唐	ᶜtsui	₋tɕʰiɔn	ɕiɛt₅	₋tsʰən	₋tsʰən
广福乡北头村	₋tsɿ	ᶜtɕi	₋tɕʰiɔn	ɕiɔt₅	₋tsʰən	₋tsʰən
三江镇徐罗村	₋tsɿ	ᶜtɕi	₋tɕʰiɔn	ɕiɔe₅	₋tsʰən	₋tsʰən

2. 遇摄韵母今读

遇摄三等精知庄章组及见系字韵母今读有差异。南新乡楼前村二房自然村方言三等知庄章组字韵母今读 [u],精组及见系字韵母今读 [y];泾口乡辕门村、塘南乡(肖放亮,2010)、南昌市(陈昌仪,2005)、幽兰镇南山村旧居村李家方言三等庄组字韵母今读 [u],精知章组及见系字韵母今读 [y];塔城乡东游村、富山乡霞山唐村方言三等庄组字韵母今读 [u],知章组字韵母今读 [ɿ]、精组及见系字韵母今读 [i];向塘镇新村(万云文,2011)、广福镇北头村熊李村、三江镇徐罗村吴黄村方言三等知庄章组字韵母今读 [ɿ],精组及见系字韵母今读 [i]。

表2-138 南昌方言遇摄韵母今读例字表

例字 地点	初初 遇合三鱼	猪知 遇合三鱼	书书 遇合三鱼	徐邪 遇合三鱼	句见 遇合三虞	雨云 遇合三虞
南新乡楼前村	₋tsʰu	₋tsu	₋su	₌ɕy	tɕy³¹	ˉy
塘南乡(肖)	₋tsʰu	₋tɕy	₋ɕy	₌ɕy	tɕy³	ˉy
幽兰镇南山村	₋tsʰu	₋tɕy	₋ɕy	₌ɕy	tɕy³	ˉy
南昌市(陈)	₋tsʰu	₋tɕy	₋ɕy	₌tɕʰy	tɕy³	ˉy
泾口辕门村	₋tsʰu	₋tɕy	₋ɕy	₌₂ɕi	tɕy³¹	ˉy
塔城东游村	₋tsʰu	₋tsɿ	₋sɿ	₌₂ɕi	₌₂tɕi	ˉi
富山乡霞山唐	₋tsʰu	₋tsɿ	₋sɿ	₌₁tɕʰi	tɕi³¹	ˉi
向塘镇(万)	₋tsʰɿ	₋tsɿ	₋sɿ	₌ɕi	₌tɕi	ˉi
广福乡北头村	₋tsʰɿ	₋tsɿ	₋sɿ	₌₂ɕi	tɕi³	ˉi
三江镇徐罗村	₋tsʰɿ	₋tsɿ	₋sɿ	₌ɕi	tɕi³	ˉi

3. 蟹摄开口一二等韵母今读

向塘镇新村(万云文,2011)方言蟹开一二等韵母今读 [ai],其他方言二等韵母今读 [ai],一等韵母与二等韵母有别。南新乡楼前村二房自然村、塘南镇(肖放亮,2010)、富山乡霞山唐村、泾口乡辕门村、塔城乡东游村方言一等韵母今读 [ei]/[ɛi];幽兰镇南山村、广福镇北头村熊李村方言一等韵母今读 [ɔi];三江镇徐罗村吴黄村方言一等韵母今读 [ɔe],南昌市(陈昌仪,2005)方言一等韵母今读 [ɨi]。

表 2-139　南昌方言蟹开一二等韵母今读例字表

地点＼例字	来来 蟹开一咍	害匣 蟹开一泰	埋明 蟹开二皆	派滂 蟹开二佳
向塘镇（万）	₋lai	₅kʰai	₋mai	⁼pʰai
南新乡楼前村	₋lei	hai²	₋mai	pʰai²²
塘南乡（肖）	₋lɛi	hai²	₋mai	pʰai²
泾口辕门村	₋₂lɛi	hɛi²	₋₂mai	pʰai²
塔城东游村	₋₂lei	hai²	₋₂mai	⁼pʰai
南昌市（陈）	lii²	hai²	mai²	⁼pʰai
富山乡霞山唐	₋₂lei	hai²	₋₂mai	pʰai²²
幽兰镇南山村	₋lai	hɔi²	₋mai	pʰai²
广福乡北头村	₋₂lai	hɔi²	₋₂mai	pʰai²
三江镇徐罗村	₋lai	hoe²	₋mai	pʰai²

4. 止摄开口韵母今读

三江镇徐罗村吴黄村方言精庄知章组字韵母今读 [ɿ]；向塘镇新村（万云文，2011）、塘南镇（肖放亮，2010）、泾口乡辕门村方言精庄组字韵母今读 [ɿ]，知章组字韵母今读 [i]；幽兰镇南山村旧居村李家、南新乡楼前村二房自然村、广福镇北头村熊李村、富山乡霞山唐村、塔城乡东游村、南昌市（陈昌仪，2005）方言精知庄章组字韵母今读 [ɿ]，知章组个别字韵母今读 [i]。

表 2-140　南昌方言止摄开口精庄知章组韵母今读例字表

地点＼例字	紫精 止开三支	死心 止开三脂	字从 止开三之	师生 止开三脂	事崇 止开三之	知知 止开三支	屎书 止开三脂
三江镇徐罗村	⁼tsɿ	⁼sɿ	tsʰɿ²	₋sɿ	sɿ²	₋tsɿ	⁼sɿ
塘南乡（肖）	⁼tsɿ	⁼sɿ	tsʰɿ²	₋sɿ	sɿ²	₋tɕi	⁼ɕi
泾口辕门村	⁼tsɿ	⁼sɿ	tsʰɿ²	₋sɿ	sɿ²	₋tɕi	⁼ɕi
向塘镇（万）	⁼tsɿ	⁼sɿ	tsʰɿ²	₋sɿ	sɿ²	₋tɕi	⁼ɕi
南新乡楼前村	⁼tsɿ	⁼sɿ	tsʰɿ²	₋sɿ	sɿ²	₋tsɿ	⁼sɿ
幽兰镇南山村	⁼tsɿ	⁼sɿ	tsʰɿ²	₋sɿ	sɿ²	₋tsɿ	⁼ɕi
塔城东游村	⁼tsɿ	⁼sɿ	tsʰɿ²	₋sɿ	sɿ²	₋tsɿ	⁼sɿ

例字 地点	紫精 止开三支	死心 止开三脂	字从 止开三之	师生 止开三脂	事崇 止开三之	知知 止开三支	屎书 止开三脂
南昌市（陈）	ˬtsɿ	ˬsɿ	tsʰɿ²	ˬsɿ	sɿ²	ˬtsɿ	ˬɕi
富山乡霞山唐	ˬtsɿ	ˬsɿ	tsʰɿ²	ˬsɿ	sɿ²	ˬtsɿ	ˬɕi
广福乡北头村	ˬtsɿ	ˬsɿ	tsʰɿ²	ˬsɿ	sɿ²	ˬtsɿ	ˬsi

5. 流摄开口三等韵母今读

共性特点是精组、泥来、知章组、见系字韵读 [iu]，非组、庄组及日母字韵读 [ɛu]/[uɛu]，南昌市（陈昌仪，2005）方言知章组字韵读 [iu]、非组、庄组字韵读 [ɛu]。

表 2-141　南昌方言流摄开口三等韵母今读例字表

例字 地点	瘦生 流开三	浮奉 流开三尤	收书 流开三尤	抽彻 流开三尤	秋清 流开三尤	九见 流开三尤
南昌市（陈）	sɛu⁵	feu⁵	ˬsiu	ˬtsʰiu	ˬtɕʰiu	ˬtɕiu
南新乡楼前村	sɛu⁵¹	ˬfɛu	ˬɕiu	ˬtɕʰiu	ˬtɕʰiu	ˬtɕiu
塘南乡（肖）	sɛu⁵	ˬfɛu	ˬɕiu	ˬtɕʰiu	ˬtɕʰiu	ˬtɕiu
泾口辕门村	sɛu⁵¹	ˬ²ɸuɛu	ˬɕiu	ˬtɕʰiu	ˬtɕʰiu	ˬtɕiu
幽兰镇南山村	sɛu⁵	ˬfɛu	ˬɕiu	ˬtɕʰiu	ˬtɕʰiu	ˬtɕiu
塔城东游村	ˬ²sɛu	ˬ¹fɛu	ˬɕiu	ˬtɕʰiu	ˬtɕʰiu	ˬtɕiu
向塘镇（万）	ˬsɛu	ˬfɛu	ˬɕiu	ˬtɕʰiu	ˬtɕʰiu	ˬtɕiu
富山乡霞山唐	sɛu⁵¹	ˬfɛu	ˬɕiu	ˬtɕʰiu	ˬtɕʰiu	ˬtɕiu
广福乡北头村	sɛu⁵	ˬ²fɛu	ˬɕiu	ˬtɕʰiu	ˬtɕʰiu	ˬtɕiu
三江镇徐罗村	sɛu⁵	ˬfɛu	ˬɕiu	ˬtɕʰiu	ˬtɕʰiu	ˬtɕiu

6. 山摄合口三等韵母今读差异

富山乡霞山唐村、南新乡楼前村、泾口辕门村、幽兰镇南山村、塔城东游村、向塘镇（万云文，2011）、广福乡北头村、三江镇徐罗村方言知章组字韵母今读 [ɔn]/[on]，其他字韵母今读 [iɔn]/[ion]；塘南乡（肖放亮，2010）、南昌市（陈昌仪，2005）方言知章组字韵母今读 [uon]，其他字韵母今读 [yon]。

表 2-142　南昌方言山摄合口三等韵母今读例字表

地点＼例字	砖章 山合三	选心 山合三	拳群 山合三	元疑 山合三	远云 山合三
南昌市（陈）	₅tsuon	⸌ɕyon	₅tɕʰyon	ȵyon⸍	⸌yon
塘南乡（肖）	₅tsuon	⸌ɕyon	₅tɕʰyon	ȵyon	⸌yon
南新乡楼前村	₅tsɔn	⸌ɕiɔn	₅tɕʰiɔn	ȵiɔn	⸌iɔn
泾口辕门村	₅tsɔn	⸌ɕiɔn	₅₁tɕʰiɔn	ȵ₂iɔn	⸌iɔn
幽兰镇南山村	₅tsɔn	⸌ɕiɔn	₅tɕʰiɔn	ȵ₂iɔn	⸌iɔn
塔城东游村	₅tsɔn	⸌ɕiɔn	₅₁tɕʰiɔn	ȵ₂iɔn	⸌iɔn
向塘镇（万）	₅tson	⸌ɕion	₅tɕion	ȵ₂ion	⸌ion
富山乡霞山唐	₅tsɔn	⸌ɕiɔn	₅₁tɕʰiɔn	ȵ₂iɔn	⸌iɔn
广福乡北头村	₅tsɔn	⸌ɕiɔn	₅tɕʰiɔn	ȵ₂iɔn	⸌iɔn
三江镇徐罗村	₅tsɔn	⸌ɕiɔn	₅tɕʰiɔn	ȵ₂iɔn	⸌iɔn

7. 深臻曾梗摄三等知章组韵母今读

深摄开口三等、臻摄开合口三等、曾摄开口三等、梗摄开口三等知章组字韵母今读合流。塘南乡（肖放亮，2010）、向塘镇（万云文，2011）、广福乡北头村、三江镇徐罗村方言韵母，今读 [in]/[ən]；南新乡楼前村、幽兰镇南山村、富山乡霞山唐、南昌市（陈昌仪，2005）方言深臻曾梗摄开口三等知章组字韵母合流，读 [in]/[in]，臻摄合口三等知章组字韵母今读 [uən]/[ən]/[un]/[yn]；泾口辕门村方言深臻摄开口三等知章组字韵母今读 [in]、臻合三知章组字韵母今读 [ən]，曾梗摄开口三等知章组字韵母今读 [iŋ]；塔城东游村方言深摄开口三等知组字韵母今读 [ən]，章组字韵母今读 [in]，臻曾梗摄三等知章组字韵母今读 [in]。

表 2-143　南昌方言深臻曾梗知章组韵母今读例字表

地点＼例字	沉澄 深开三	针章 深开三	真章 臻开三	春昌 臻合三	蒸章 曾开三	贞知 梗开三	整章 梗开三
塘南乡（肖）	₅tɕʰin	₅tɕin	₅tɕin	₅tɕʰin	₅tɕin	₅tɕin	⸌tɕin
向塘镇（万）	tɕʰin	tɕin	₅tɕin	tɕʰin	tɕin	tɕin	tɕin
广福乡北头村	₅₁tsʰən	₅tsən	₅tsən	₅tsʰən	₅tsən	₅tsən	⸌tsən
三江镇徐罗村	₅tsʰən	₅tsən	₅tsən	₅tsʰən	₅tsən	₅tsən	⸌tsən

续表

例字 地点	沉澄 深开三	针章 深开三	真章 臻开三	春昌 臻合三	蒸章 曾开三	贞知 梗开三	整章 梗开三
南新乡楼前村	₌tɕʰin	₋tɕin	₋tɕin	₋tɕʰyn	₋tɕin	₋tɕin	ᶜtɕin
幽兰镇南山村	₌tɕʰin	₋tɕin	₋tɕin	₋tsʰuən	₋tɕin	₋tɕin	ᶜtɕin
南昌市（陈）	₌tsʰin	₋tsin	₋tsin	₋tsʰun	₋tsin	₋tsin	ᶜtsin
富山乡霞山唐	₌tsʰin	₋tɕin	₋tɕin	₋tsʰən	₋tɕin	₋tɕin	ᶜtsən
泾口乡辕门村	₌tɕʰin	₋tɕin	₋tɕin	₋tsʰən	₋tɕin	₋tɕiŋ	ᶜtɕiŋ
塔城东游村	₌tsʰən	₋tɕin	₋tsin	tsʰin	₋tsin	₋tsin	ᶜtsin

8. 一等字韵母带[i]介音现象。

幽兰镇南山村旧居村李家、泾口乡辕门村方言流开一等、臻开一等、曾开一等字韵母不带[i]介音，其他方言一等字韵母有带[i]介音现象。

表2-144　南昌方言一等字韵母带[i]介音现象例字表

例字 地点	狗见 流开一	藕疑 流开一	厚匣 流开一	呕影 流开一	根见 臻开一	肯见 曾开一
泾口乡辕门村	ᶜkɛu	ᶜŋɛu	hɛuᶺ	ᶜŋɛu	₋kɛn	ᶜhɛŋ
幽兰镇南山村	ᶜkɛu	ᶜŋɛu	hɛuᶺ	ᶜŋɛu	₋kɛn	ᶜhɛn
南新乡楼前村	ᶜkiɛu	ᶜŋiɛu	hɛuᶺ	ᶜŋiɛu	₋kiɛn	ᶜkʰiɛn
塘南乡（肖）	ᶜkiɛu	ᶜŋiɛu	hɛuᶺ	ᶜŋɛu	₋kiɛn	ᶜhɛn
塔城东游村	ᶜkiɛu	ᶜŋiɛu	hɛuᶺ	ᶜŋiɛu	₋kɛn	ᶜhɛŋ
向塘镇（万）	ᶜkiɛu	ᶜŋiɛu	hɛuᶺ	ᶜŋɛu	₋kiɛn	ᶜkʰiɛn
南昌市（陈）	ᶜkiɛu	ᶜŋiɛu	hɛuᶺ	ᶜŋiɛu	₋kiɛn	ᶜkʰiɛn
富山乡霞山唐	ᶜkiɛu	ᶜŋiɛu	hɛuᶺ	ᶜŋɛu	₋kiɛn	ᶜkʰiɛn
广福乡北头村	ᶜkiɛu	ᶜŋiɛu	hɛuᶺ	ᶜŋiɛu	₋kiɛn	ᶜkʰiɛn
三江镇徐罗村	ᶜkiɛu	ᶜŋiɛu	hɛuᶺ	ᶜŋiɛu	₋kiɛn	ᶜkʰiɛn

9. 中古阳声韵韵尾今读

泾口乡辕门村方言咸深山臻摄韵尾为[n]，曾宕江梗通摄韵尾为[ŋ]，其他乡镇方言咸深山臻摄韵尾为[n]、曾梗摄字文读韵尾为[n]，曾梗摄字白读及宕江通摄韵尾为[ŋ]。

表 2-145 南昌方言中古阳声韵韵尾今读例字表

例字 地点	胆端 咸开一	心心 深开三	酸心 山合一	根见 臻开一	唐定 宕开一	蒸章 曾开三	精精 梗开三	用以 通合三
泾口辕门村	ᶜtan	ᴄɕin	ᴄsɔn	ᴄkɤn	₅ᵗhɔŋ	ᴄtsiŋ	ᴄtɕiŋ	iuŋ²
南新乡楼前村	ᶜtan	ᴄɕin	ᴄsɔn	ᴄkien	₅ᵗhɔŋ	ᴄtɕin	ᴄtɕin	iuŋ²
塘南乡（肖）	ᶜtan	ᴄɕin	ᴄson	ᴄkien	₅ᵗhɔŋ	ᴄtɕin	ᴄtɕin	iuŋ²
幽兰镇南山村	ᶜtan	ᴄɕin	ᴄsɔn	ᴄken	₅ᵗhɔŋ	ᴄtɕin	ᴄtɕin	iuŋ²
塔城东游村	ᶜtan	ᴄɕin	ᴄsɔn	ᴄkɤn	₅ᵗhɔŋ	ᴄtɕin	ᴄtɕin	iuŋ²
向塘镇（万）	ᶜtan	ᴄɕin	ᴄson	ᴄkien	₅ᵗhɔŋ	ᴄtɕin	ᴄtɕin	iuŋ²
南昌市（陈）	ᶜtan	ᴄɕin	ᴄsɔn	ᴄkien	₅ᵗhɔŋ	ᴄtsʰin	ᴄtɕin	iuŋ²
富山乡霞山唐	ᶜtan	ᴄɕin	ᴄsɔn	ᴄkien	₅ᵗhɔŋ	ᴄtɕin	ᴄtɕin	iuŋ²
广福乡北头村	ᶜtan	ᴄɕin	ᴄsɔn	ᴄkien	₅ᵗhɔŋ	ᴄtsən	ᴄtɕin	iuŋ²
三江镇徐罗村	ᶜtan	ᴄɕin	ᴄsɔn	ᴄkien	₅ᵗhɔŋ	ᴄtsən	ᴄtɕin	iuŋ²

10. 中古入声韵尾今读

三江镇徐罗村方言有入声调无入声韵尾；塘南乡（肖放亮，2010）方言各韵摄入声韵尾均读[ʔ]尾；其他方言咸深山臻摄入声字今读[t]尾，曾梗摄入声字文读读[t]尾，白读读[k]/[ʔ]尾，宕江通摄入声字今读[k]/[ʔ]。

表 2-146 南昌方言中古入声韵尾今读例字表

例字 地点	合端 咸开一	急见 深开三	割见 山开一	七清 臻开三	药以 宕开三	桌知 江开二	食船 曾开三	尺昌 梗开三	竹知 通合三
三江镇徐罗村	hɔeᵌ	tɕiᵌ	kɔeᵌ	tɕʰiᵌ	iɔᵌ	tsɔᵌ	ɕiᵌ	tsʰaᵌ	tsɿᵌ
塘南乡（肖）	hoʔ₂	tɕiʔᵌ	koʔᵌ	tɕʰiʔᵌ	ioʔᵌ	tsoʔᵌ	ɕiʔ₂	tsʰaʔᵌ	tsuʔᵌ
塔城东游村	hɔt₂	tɕit₂	kɔt₂	tɕʰit₂	ioʔ₂	tsɔʔ₂	ɕit₂	tsʰaʔ₂	tsuʔ₂
南昌市（陈）	hot₂	tɕit₂	kot₂	tɕʰit₂	ioʔ₂	tsoʔ₂	sit₂	tsʰaʔ₂	tsuʔ₂
南新乡楼前村	hɔt₂	tɕit₂	kɔt₂	tɕʰit₂	iɔkᵌ	tsɔkᵌ	ɕit₂	tsʰakᵌ	tsukᵌ
泾口辕门村	hɔt₂	tɕit₂₁	kɔt₂₁	tɕʰit₂₂	iɔk₂₁	tsɔk₂₁	ɕit₂	tsʰak₂₂	tsuk₂₁
幽兰镇南山村	hɔt₂	tɕit₂	kɔt₂	tɕʰit₂	iɔkᵌ	tsɔkᵌ	ɕit₂	tsʰakᵌ	tsukᵌ
向塘镇（万）	hot₂	tɕit₂	kot₂	tɕʰit₂	iɔkᵌ	tsɔkᵌ	ɕit₂	tsʰakᵌ	tsukᵌ
富山乡霞山唐	hɔt₂	tɕit₂	kɔt₂	tɕʰit₂	iɔkᵌ	tsɔkᵌ	ɕit₂	tsʰakᵌ	tsukᵌ
广福乡北头村	hɔt₂	tɕit₂	kɔt₂	tɕʰit₂	iɔkᵌ	tsɔkᵌ	sɿt₂	tsʰakᵌ	tsukᵌ

（三）声调今读差异

南昌方言有6个至10个调类，主要差异有：

1. 送气分调

塘南乡（肖放亮，2010）、三江镇徐罗村方言无送气分调外，其他乡镇方言都有送气分调现象。向塘镇（万云文，2011）、富山乡霞山唐、广福乡北头村、泾口辕门村、塔城东游村、南昌市（陈昌仪，2005）方言古今声母送气分调，涉及调类有浊平与清去。南新乡楼前方言按古声母送气分调，涉及的调类是清去；幽兰镇南山村方言按今声母送气分调，涉及的调类是浊平。

2. 调类合流

（1）南昌市（陈昌仪，2005）、向塘镇新村（万云文，2011）、塔城乡东游村方言送气分调后次清去与清上今读合流，全清去与次浊平今读合流。

（2）泾口辕门村方言送气分调后有两个阳平调，次清去与浊去今读合流。

（3）幽兰镇南山村方言送气分调后，全浊平与清上今读合流。

（四）口音划分

南昌县赣语从语音来看，声母差异小，韵母与声调差异较大。结合本地人语感和近期调查，本书将南昌县方言分为六种口音：南新口音、幽兰口音、塔城口音、向塘口音、富山口音、广福口音（+为有此语音特征，—为无此语音特征）。

表2-147　南昌县方言各口音语音特征表

区别特征＼小片名	南新口音	幽兰口音	塔城口音	向塘口音	富山口音	广福口音
有撮口韵母	+	+	—	—	—	—
流臻曾摄一等韵母有i介音现象	+	—	+	+	+	+
遇摄一等组及三等知庄章组韵母合流	—	—	—	—	—	+
蟹开一二等字韵母分立	—	+	+	—	+	+

续表

区别特征＼小片名	南新口音	幽兰口音	塔城口音	向塘口音	富山口音	广福口音
溪群母有读 h 声母现象	—	+	+	—	—	+
深开三、臻开合三、曾开三、梗开三文读知章组声母腭化	+	+	+	+	+	—
次清去与清上合流、次浊平与全清去合流	—	—	+	+	—	—

南新口音包括南新乡、蒋巷镇方言,幽兰口音包括幽兰镇、泾口镇、塘南镇方言,塔城口音包括武阳镇、塔城乡方言,向塘口音包括冈上镇、向塘镇方言,富山口音包括富山乡、东新乡方言,广福口音包括三江、广福、黄马方言。

第十一节 赣语昌都片语音特点及内部分片

据已刊材料(刘纶鑫,1999;陈昌仪,2005),赣语昌都片语音特点有:1.古全浊声母与同部位的次清声母合流,泥来母洪音相混,精知二庄组声母今读合流,知₃章组声母今读合流;2.韵母数有55个至69个,无撮口呼韵,蟹摄开口一二等韵母多不分立,效摄开口三等的知章组与效摄开口一二等韵母分立,咸山摄一二等见系韵母分立;江宕摄韵母合流;鼻尾以 [n]、[ŋ] 为常,入声韵尾多为两个;3.今读调类为6个至10个,古今声母送气与否会影响调类分化,全浊上归去,去声分阴阳,入声分阴阳,调值上是阴入高、阳入低。

以上所述是对昌都片语音特点的宏观认识,本节将参照赣语其他分片,详细论述赣语昌都片语音特点,在探讨内部差异的基础上,再对昌都片语音进行内部分片。

一、赣语昌都片语音基本特点

（一）声母特点

1. 中古全浊与次清声母今读格局类型基本上属合流型。赣语其他分片中古全浊与次清声母合流今读送气清音，昌都片有浊音、清音浊流、送气清音三种类型，北部地区方言中浊音、清音浊流、送气清音常互为变体；瑞昌南义镇方言，武宁县新宁口音、杨洲口音、泉口口音中古全浊与次清声母今读不合流。

2. 非组与晓匣合口字今读合流，合流后具体音值多样，分别有 [ɸ]、[f]、[h]、[ø]；特殊音变现象为个别方言点非组与晓匣字今读清鼻音 [ŋ̊]，匣母字有读舌根音现象。

3. 透定母今读塞音，特殊音变现象是读边音声母 [l]。

4. 泥来母逢洪音今读格局有不混型、相混型、半混型，逢细音基本不混；来母逢细音特殊音变现象是读塞音 [t]、[tʰ]、[d/tʰ]。

5. 精知₂庄组今读合流，今读舌尖前塞擦音，部分方言点精组逢细音声母发生腭化现象读舌面塞擦音；知₃章组合流，多数方言读塞擦音，部分方言今读塞音。

6. 见组逢洪音今读舌根音声母，逢细音声母今读发生腭化读舌面塞擦音声母 [tɕ]、[tɕʰ]、[n̪]；特殊音变现象是溪母开口一二等字读 [h]，溪群母三四等今读零声母。

（二）韵母特点

1. 多数方言无撮口呼韵母，有撮口呼韵母的方言多处于与沿长江分布的江淮官话连接地带或者是鄱阳湖湖滨，如武宁县东部及中部的泉口口音、杨洲口音、新宁口音，都昌县东部的南芗万口音，湖口县北部的流泗口音、腹地的双钟口音，德安县北部车桥口音及西南磨溪口音，永修吴城口音，南昌县西部的南新口音、幽兰口音，南昌市方言。

2. 果摄、假摄今读韵母主要元音为 [ɔ]、[a] 之别。湖口方言果摄字"朵过火左"韵母今读[u]属例外现象。

3.遇摄模鱼虞韵合流,少数疑母字(吴五)读声化韵,鱼韵见组个别字(锯鱼去)读[ɛ]类韵母,显示鱼虞分韵的痕迹。

4.蟹摄开口一二等韵母呈现合流趋势,今读复元音韵母,部分方言开口一等部分字韵母与二等字韵母有别,说明蟹摄开口一二等韵母今读合流发展仍处于词汇扩散阶段。蟹摄合口一等见系个别字(外、块)及合口二等韵母今读合流;蟹摄开口二等个别字(稗洒)与合口二等见系个别字(画话)读入麻韵[a]。

5.止遇蟹摄韵母多合流,基本情况是止摄开口(精知庄章组除外)、遇摄合口三等精泥组、蟹摄开口三四等(知章组除外)、蟹摄合口一等、蟹摄合口三四等(非精组)韵母合流,止摄开口精知庄章组、蟹摄开口三等知章组、蟹摄合口三四等知章组韵母合流,止摄合口、遇摄合口三等见系、蟹摄合口三四等见系韵母合流。

6.效流摄韵母多为带[u]韵尾复元音韵母,大部分方言发生重组与合流,韵母分立形式是效摄韵母读[au]、[iau],流摄韵母读[ɐu]、[i(ɛ)u],常见重组模式是效摄三四等知章组字韵母丢失介音[i]后同流摄一等侯韵字韵母合流;流摄三等字韵母因声母差异多有不同。

7.咸山摄韵母合流,韵母收[n]、[t/l/ʔ]韵尾,咸摄一等覃谈韵端系、咸山摄一二等见系字韵母为[ɔn]、[an]之别。具体合流情况是:咸山摄开口一等(见系除外)、开口二等韵母合流,咸山摄开口一等见系字及山摄合口一等(见系除外)、合口二等庄组、合口三等知章组韵母合流,咸山摄开口三四等韵母合流,咸摄合口三等、山摄合口二等见系、山摄合口三等非组字韵母合流,合口三等(非组除外)与四等韵母合流。

8.深臻摄韵母合流,入声字韵母收[n]、[t/l/ʔ]韵尾。深摄开口三等(知庄章组除外)与臻摄开口三等、臻摄合口三等见系字韵母合流,深摄开口三等知章组字与臻摄合口一三等韵母合流,深摄开口三等庄组字与臻摄开口一等韵母合流。

9.宕江摄韵母合流,主元音为[ɔ],韵母韵尾为[ŋ]、[k/ʔ],宕摄开口三等(知庄章组除外)韵母带介音[i],宕摄合口一、三等非组及见系字韵母带介音[u]。

10.曾梗摄韵母合流,主元音有偏前特点,具体有[ə]、[ɛ]、[i],韵母收韵尾[n]、[ŋ],[t/k/ʔ],具体合流情况是:曾摄开口一等及梗摄开口二等(晓组影母除外)韵

212

母合流,曾摄开口三等知章组与梗摄开口三知章组韵母合流,曾摄开口三等(知章组除外)、梗摄开口二等晓组影母、梗摄开口三等(知章组除外)、梗摄开口四等韵母合流。曾摄个别字及梗摄部分字存在白读音,韵母为 [aŋ]、[iaŋ]、[uaŋ]。

11. 通摄合口一三等字韵母合流为 [uŋ/əŋ]、[u/ə/k/ʔ]、[u/ə/k/ʔ],合口三等晓组、影母、喻母、精组个别字、见组个别字韵母带介音 [i]。

(三)声调特点

1. 调类数量多

赣语昌都片调类为 6 个至 11 个,陈昌仪《江西省方言志》(2005:40—51)指出,余干片调类为 5 个到 7 个,吉安片调类为 3 个至 6 个,宜春片调类为 4 个到 7 个;据李冬香《湖南赣语语音研究》(2005:9—20)可知,湖南境内赣语调类数 4 至 7 个;颜森(1986:21)指出,永修县赣语调类多达 10 个,是全省声调最多的地方。据上可知,今读调类数量多应是昌都片赣语声调发展特点之一。

本书重点考察了 167 个方言点,其中 20 个方言点有 6 个调类,38 个方言点有 7 个调类,49 个方言点有 8 个调类,36 个方言点有 9 个调类,21 个方言点有 10 个调类,3 个方言点有 11 个调类。10 个调类的方言点主要分布于都昌县、德安县、永修县、新建县方言,11 个调类的方言点主要分布在德安及永修县方言。

2. 送气分调现象普遍

昌都片赣语送气分调现象向来是学术界关注的热点,颜森(1986:21)描写南昌市、南昌县、新建县方言调类分化受今声母送气影响,都昌县、湖口县方言调类分化受古声母送气影响。陈昌仪(1991:10)指出,鄱阳湖周围和赣江下游市县方言的突出特色是"古今声母的送气不送气影响调类的分化"。刘纶鑫先生(1999:40—54)指出,送气分调现象主要分布于赣北,赣西有少数,如修水义宁方言、湖口双钟方言、星子方言、都昌方言、永修江益乡方言、德安蒲亭镇方言、新建县大塘坪方言、南昌县塔城乡方言、安义县方言、新余沙土及新余市方言、丰城尚庄镇方言。

20 世纪末,张光宇(1989:103)曾问:"江西境内从安义到都昌相距其实不远,中间地带的情况怎样?"随着调查的深入,笔者对昌都片方言"送气分调"的现象有了更加细致、深入的了解。

167个方言点材料中,136个方言点有送气分调现象,约占总数的81%,31个点无送气分调现象,约占总数的19%。各县方言送气分调方言点与不送气分调方言点数量对比情况是：武宁县(9∶6),修水县(28∶11),都昌县(17∶0),湖口县(10∶0),星子县(10∶0),德安县(16∶1),永修县(13∶1),安义县(6∶3),新建县(20∶3),南昌县(9∶2)。赣语送气分调条件既有古声母,也涉及今声母,昌都片136个送气分调的方言点中,102个点是依古声母送气分调,4个点是依今声母送气分调,30个点依古今声母送气分调;今声母送气分调(主要指古全浊平与次浊平声母字分调)主要分布于新建县(3个)、南昌县(1个);古今声母送气分调的30个方言点主要分布于德安县(3个)、永修县(8个)、新建县(12个)、南昌县(6个)、南昌市(1个)。

从目前赣语已刊研究成果(李冬香,2005;王彩豫、朱晓农,2015)来看,湖南境内的赣语无送气分调现象,湖北境内赣语大通片个别方言点(如湖北监利张先村赣语)存在送气分调现象分布,故"送气分调"现象应是昌都片区别于其他赣语的典型性特征。

送气分调现象在吴语研究中多有报道,1928年赵元任的《现代吴语的研究》(1956∶78—79)提到吴江黎里、盛泽、嘉兴、溧阳等地方言存在送气分调现象,吴江方言涉及清上、清去、清入,嘉兴方言涉及清上,溧阳方言涉及清入。此后,吴语尤其是吴江方言送气分调现象备受关注,叶祥苓、张拱贵和刘丹青、石锋、钱乃荣、汪平、徐越、朱晓农等都曾对吴江方言声调做了探讨。

湘语方言中也存在送气分调现象,罗昕如(2011∶64—65)曾指出,湘语研究中,鲍厚星、刘丽华、杨翙强、储泽祥、陈晖等学者早就发现湘语存在送气分调现象,主要分布在长益片的岳阳县荣家湾、辰溆片的溆浦县岗东、两江等地,湘语娄邵片的涟源县蓝田、六亩塘、杨家滩、冷水江市、邵阳市、邵东县、新邵县、隆回县等县市等地、安化县梅城等地,湘乡市区在内的大部分乡镇、双峰县梓门桥、荷叶等地。

其他汉语方言中也有过此类现象的报道,李如龙(1992∶11—17)指出,福建省建阳县的黄坑话逢古平声、上声字,全清声母和次清声母读为不同调,古声母的全清次清也成为声调分化的条件。广西桂南平话中圩话阴去按今读声母送气与非送气分两类,送气声母读下阴去,非送气声母读上阴去,这种分化还见于南宁市郊区那洪乡高岭、华联村一带的平话。据覃远雄(2004),粤语钟山方言阴平也以今读声母送气与不送气为条件分为上阴平和下阴平两类。民族语言研究中,李永燧(2003:2)指出,贵州紫云方言的声调有汉语吴江方言同样性质的分化。

结合汉语方言"送气分调"现象已刊材料来看,本书认为,昌都片"送气分调"现象既同吴湘方言有相似性,同时又有着自身特点。

(1)赣语送气分调现象受古今声母影响

吴语研究中,叶祥苓(1983:32—35)指出,吴江松陵、同里、平望、芦墟方言涉及平上去入的次清与全清分调,黎里方言涉及上去入的次清与全清分调,盛泽方言涉及上去的次清与全清分调,震泽方言涉及平去入的次清与全清分调;湘语送气分调主要涉及古全清去与次清去今读分调。

吴湘方言主要是依古声母送气与否发生送气分调现象,赣语大多数方言中古全浊声母与次清声母今读合流为送气清音声母,故昌都片赣语既存在全清声母字与次清声母字的送气分调现象,还存在全浊声母字与次浊声母字的送气分调现象。如下表列出各地方言今读调类调值情况:

表2-148 昌都片方言今读调类调值表

古今调类 地点	平				上				去				入			
	全清	次清	次浊	全浊	全清	次清	次浊	全浊	全清	次清	次浊	全浊	全清	次清	次浊	全浊
新建松湖镇松湖村	25		21		214		22		34		22		<u>55</u>			
															<u>11</u>	
永修三角乡(孙)	45	35	33	242	213		13		55	34	13		5	<u>35</u>	<u>13</u>	
															5	
都昌阳峰乡黄梅沈家	44		344	214	352		31		324	31			<u>45</u>	<u>21</u>	<u>33</u>	
															<u>21</u>	
															<u>45</u>	

215

续表

地点＼古今调类	平 全清	平 次清	平 次浊	平 全浊	上 全清	上 次清	上 次浊	上 全浊	去 全清	去 次清	去 全浊	入 全清	入 次清	入 次浊	入 全浊
南昌塔城东游村	44	35 23	324		214		51		23	214	51	45 33			
南昌市（陈）	42	44	24		213		21		44	213	21	5 1			
南昌向塘镇新村（万）	45	44	213				21		44	213	21	5 2			
新建生米镇东城村	51	34	435	45	324	45	21		23	214	21	45	45 11 21		

从送气分调涉及的调类来看,昌都片136个送气分调的方言点有以下16种模式:

①清去,共有35个点,主要分布于武宁县(6个)、修水县(10个)、德安县(5个)、永修县(4个)、安义县(6个)、新建县(3个)、南昌县(1个)。

②清入,共有6个点,主要分布于修水县(2个)、都昌县(4个)。

③清去、清入,共有51个点,主要分布于修水县(15个点)、都昌县(13个)、湖口县(10个)、星子县(10个)、新建县(1个)、德安县(2个)。

④清平、清去、清入,共有6个点,主要分布于修水县(1个)、德安县(4个)、永修县(1个)。

⑤清平、清去,共1个点,主要分布于德安县(1个)。

⑥清平、清上、清去、清入,共1个点,主要分布于德安县(1个)。

⑦浊平、清去、清入,共有5个点,主要分布于德安县(2个)、新建县(2个)、南昌县(1个)。

⑧清平、浊平、清去,共有1个点,主要分布于永修县(1个)。

⑨浊平、清去,共有6个点,主要分布于永修县(6个)。

⑩清平、浊平、清去、清入、浊入,共有1个点,主要分布于永修县(1个)。

⑪浊平、清上、清去、清入,共有1个点,主要分布于新建县(1个)。

⑫浊平、清上、清去,共有4个点,主要分布于新建县(4个)。

⑬浊平、清上,共有1个点,主要分布于新建县(1个)。

⑭清上、清去,共有1个点,主要分布于新建县(1个)。

⑮浊平,共有4个点,主要分布于新建县(3个)、南昌县(1个)。

⑯浊平、清去,共有12个点,主要分布于新建县(4个)、南昌市(1个)、南昌县(6个)、德安县(1个)。

(2)赣语送气分调后的演变更加复杂

罗昕如(2011：78—79)据湘语相关成果进一步指出,湘语中送气分调现象主要发生在去声中有分立型与归并型两类,分立型指全清去与次清去分调并立,归并型是指次清去并入他调,与全清去不同调。

在昌都片赣语中,如果按照次清字与全清字分调后能否拥有独立调类,可以有分立、归并、混合三种类型。新建县生米镇东成村方言涉及古今声母的送气分调,全浊平与次浊平字分调,全清上与次清上字分调,全清去与次清去字分调,本书认定这属分立型送气分调。安义县城城关(高福生,1988)材料中描写安义方言古次清去与清上字今读合流,即安义方言中早先发生过次清去与全清去字分调,次清去字分离之后又进一步发生与清上字的合流,本书认定这是归并型送气分调。

混合型是指同一语音系统中,有些古调类的次清字与全清字分调后仍能保持各自独立的今读调类,另一些古调类的次清字与全清字分调后不能保持独立调类,分调后同其他古调类字今读合流。都昌方言是典型混合型代表点,下页图为都昌县阳峰乡龙山居委会卢家村方言点卢帮华(男,1955年生,初中文化)发音的基频曲线图,录音例字是:(全清去)簸坝布报够变计酱柄冻盖镇半进担、(次清去)破怕菜靠兔剃透痛炭片困圈判、(全浊去)座菢豆耙度地害电巷匠病顺洞段蛋、(全清入)恶谷竹百笔色节脚织菊、(次清入)壳七切客出铁塔哭缺曲、(全浊入)勺石舌十食实熟笛。

从图2-17、图2-18可知,都昌县阳峰乡龙山居委会卢家村方言全清去字与次清去字今读分调,次清去字分调合同浊去字合流,全清入字与次清入字今读分调,次清入字今读不同于全清入的阴入₁调,也不同于阳入调。

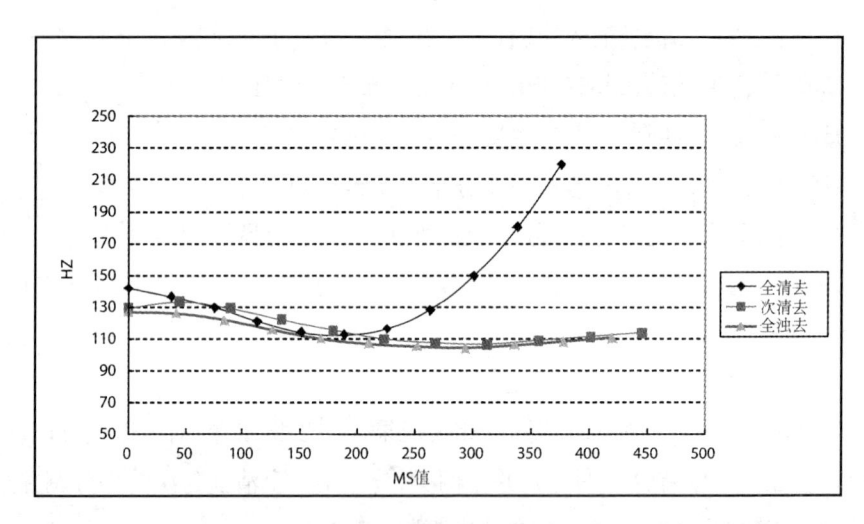

图 2-17　都昌县阳峰乡卢家村方言去声字今读基频曲线图

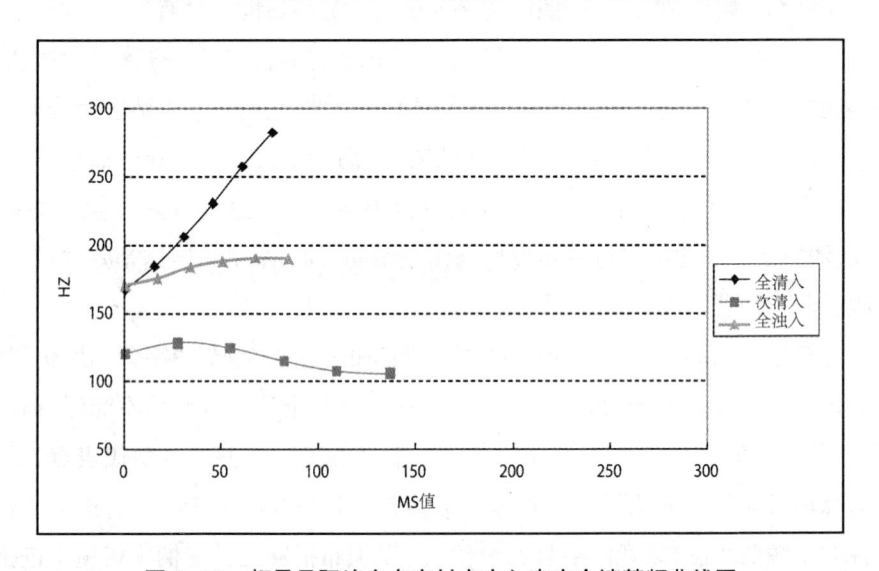

图 2-18　都昌县阳峰乡卢家村方言入声字今读基频曲线图

昌都片 136 个送气分调的方言点,67 个点归分立型,15 个点属归并型,54 个点归混合型,各类型各县方言分布情况如下:

①分立型(67 个点)分布于:武宁县(4 个)、修水县(16 个)、都昌县(4 个)、湖口县(3 个)、星子县(2 个)、德安县(10 个)、永修县(12 个)、安义县(3 个)、

新建县(9个)、南昌县(4个)。

②混合型(54个点)分布于：修水县(12个)、都昌县(11个)、湖口县(7个)、星子县(8个)、德安县(5个)、永修县(1个)、新建县(9个)、南昌县(1个)。

③归并型(15个点)分布于：武宁县(2个)、都昌县(2个)、德安县(1个)、安义县(3个)、新建县(2个)、南昌市(1个)、南昌县(4个)。

从以上材料可知,昌都片各方言普遍地经历了清浊分调,之后发生普遍性的送气分调。分立型以永修县三角乡方言(孙宜志,2006)为代表,古全清平与次清平分为两个阴平调,古全浊平与次浊平分为两个阳平调,清上与次浊上合流今读上声调,全浊上归阳去,古全清去与次清去分为两个阴去调,浊去读阳去调,古全清入与次清入分为两个阴入调,古全浊入与次浊入分为两个阳入调。混合型以都昌县阳峰乡方言为代表,古全清平与次清平今读阴平调,古全浊平与次浊平分为两个阳平调,古清上与次浊上合流今读上声,全浊上归阳去,古全清去今读阴去调,古次清去与浊去今读阳去调,古全清入与次清入分为两个阴入调,古全浊入与次浊入分为两个阳入调。归并型以南昌县向塘镇方言(万云文,2011)为代表,古清平读平声调,古全浊平与清上、次浊上、次清去合流为上声,古次浊平与全清去合流读阴去,浊上归阳去,清入为阴入,浊入为阳入。

声调演变各类型间存在密切的联系,新建县松湖乡方言声调格局代表昌都片声调基本格局,南昌县塔城乡、永修三角乡、都昌阳峰乡方言在清浊分调之后又发生了古全清与古次清的送气分调。清浊分调是语音早期的现象,送气分调现象从时间层次来看应是此后的二次分化,丁邦新在《汉语声调的演变》一文中就吴江方言送气分调现象指出(1998：120),"我相信吴江方言的现象,在阴调之中再分两种,是属于早期分化之后的晚期分化"。熊正辉(1979：279)就南昌方言指出,声母影响调类分化至少经历了两个阶段,前一阶段是清浊分调,后一阶段是全浊声母清音化,声母送气与否影响调类分化。随时间推移,某些调类又会按一定条件产生新的合并,如都昌阳峰乡方言次清去与浊去今读完全合并、修水新湾乡新湾村方言存在古次清入与全浊入合并的趋势,新建昌邑乡良坪村方言古次清去与清上合并,南昌市方言(陈昌仪,2005)、塔城乡东游村方言除了古次清去与清上合并外,次浊平与全清去也发生了合并,南昌县向塘镇方言(万云文,2011)则是次浊平与全清去合并,全浊平、清上、次清去合并。本书认为,清浊分调应是早期底层模式,之后声调发生"分立(永修三角方言)——部分调类的混合(都昌阳峰方言)——完全合流(南昌向塘镇方言)"链条演变。

3.古次浊入字今读阴入调

已刊成果(刘纶鑫,1999;陈昌仪,2005;孙宜志,2007)曾对这一现象做过探讨,本书发现,古次浊入字的文读音更易读阴入调,白读音常读阳入调,昌都片赣语次浊入字读阴入调的演变是以词汇扩散式的方式展开的。这个问题在本书的第五章第四节有专门的讨论。

二、赣语昌都片语音内部差异

昌都片区域包括十一县市,地理面积大,结合近期调查来看,区域内部语音内存在一定的差异性,具体情况归纳如下。

(一)声母

1.声母数量

声母(含零声母)从19个到28个,以各县方言语音系统代表点为例,各县方言声母数量如下表:

表2-149 声母数量表

声母数(个)	19	20	23	28
方言点	武宁、永修、南昌县	修水、安义、新建、南昌市	都昌、湖口、星子、德安	瑞昌南义镇

其中,有19、20个声母的方言点的语音系统中缺少 [tʂ]、[dzʰ/tʂʰ/tʂʰ]、[ʂ]组声母,19个声母的方言点语音系统中泥来母相混为 [n]/[l],20个声母的方言点语音系统中泥 [n]、来 [l] 有别;据刘纶鑫《客赣方言比较研究》(1999),瑞昌南义镇方言声母系统中有 [t]、[ȶ] 两套塞音,[ts]、[tɕ] 两套塞擦音,南义镇方言是声母数最多的方言。

2. 中古全浊与次清声母今读

中古全浊声母与次清声母今读有两种类型六种情况:

送气分调类型示意图

（1）不合流型

①次清声母今读送气清音,全浊声母今读不送气浊音,分布于瑞昌南义镇方言。

②次清声母今读送气清音,全浊声母今读不送气清音,分布于武宁县新宁口音、杨洲口音、泉口口音。

（2）合流型

①全浊与次清声母今读送气清音,分布于武宁县石门楼口音、东林口音,修水县庙岭口音、黄港口音、布甲口音,德安县林泉口音、车桥口音,永修县吴城口音、涂埠口音、三溪桥口音,安义县、新建县方言、南昌县方言、南昌市方言。

②全浊与次清声母今读不送气浊音,分布于修水县修水口音、白岭口音,都昌县、湖口县,星子县华林口音、横塘口音。

③全浊与次清声母今读送气浊音,分布于都昌土塘镇方言（陈昌仪,1991）、永修江益镇方言（刘纶鑫,1999）、永修三角乡方言（孙宜志,2006）。

④古全浊与次清声母今读声母有"清音浊流"特点,分布于修水县修水口音的何市镇大里村、上奉镇石街村、征村乡熏衣村方言;星子县南康口音;德安县蒲亭口音的蒲亭镇附城村,丰林口音丰林镇丰林村戴家,林泉口音的高塘乡罗桥村畈上王家、河东乡后田村石门汪家,磨溪口音的磨溪乡尖山村王家畈方言;永修县马口口音,涂埠口音的艾城镇艾城村艾城街、九合乡长滩村方言。

3. 非组今读

非组声母今读在音值上有 [ɸ]、[f]、[h]、[ø]、[ŋ]。

（1）今读 [ɸ],分布于都昌县方言,湖口县流芳口音,星子县方言,安义县方言,新建县方言,南昌县的南新口音、幽兰口音、富山口音,永修县三角乡方言（孙宜志,2006）、虬津镇张公渡村方言。从语用来看,老年层 [ɸ] 声母保存较完好,年轻人会变读为 [f]。

（2）今读 [f],分布于武宁县方言,修水县方言,湖口县双钟口音、流泗口音,德安县方言,永修县方言,南昌市方言,瑞昌南义镇方言,南昌县塔城口音、向塘口音、广福口音,建县望城口音的乐化镇江桥村方言、樵舍镇峰桥村方言。

（3）今读 [ø],分布于新建县松湖口音。

（4）今读 [h],分布于武宁县方言、德安县的车桥口音,永修县立新乡桥头村方言。

（5）今读[ŋ]，分布于都昌大港口音、南芗万口音，永修县的马口口音，安义县方言，新建县的生米口音、松湖口音、望城口音的长堎镇方言（陈昌仪，2005）。

4. 透定母今读

透定二母今读有五种情况：

（1）透母今读[tʰ]、定母今读[d]，分布于瑞昌南义镇方言（刘纶鑫，1999）。

（2）透母今读[tʰ]、定母今读[t]，分布于武宁县新宁口音、泉口口音、杨洲口音。

（3）透定母今读[dʰ]/[d]/[tʰ]，分布于修水县修水口音、白岭口音，都昌县方言，湖口县、星子县方言，德安县方言，永修县马口口音、涂埠口音。

（4）透定母今读[tʰ]，分布于武宁县石门楼口音、东林口音，修水县庙岭口音、黄港口音、布甲口音，德安车桥口音，永修吴城口音、三溪桥口音，安义县方言，新建县方言，南昌县方言，南昌市方言。

（5）透定母今读边音[l]，分布于都昌县方言，湖口县流芳口音，星子县横塘口音、华林口音，德安县丰林口音，永修县吴城口音。

5. 泥来母今读

泥来母逢细音今读有别，泥来母逢洪音今读有三种类型：

（1）不混型

泥母读[n]，来母读[l]，分布武宁县泉口口音的泉口镇丰田村下江村方言、鲁溪镇大桥村方言，石门楼口音的石门楼镇白桥村方言，东林口音的东林乡东林村方言，修水县庙岭口音、黄港口音、布甲口音，都昌县方言，湖口县方言，星子县方言，德安县方言。

（2）相混型

①泥来母今读[l]，分布于武宁县大部分乡镇方言，永修县方言，安义县方言、新建县方言，南昌县，南昌市方言；

②泥来母今读[n]，分布于武宁县杨洲口音的罗坪乡长水村方言；修水县白岭口音，修水口音的竹坪乡竹坪村方言、余墩乡余墩村方言、复原乡雅洋村方言、渣津镇长潭村方言、黄龙乡沙墩村方言。

（3）半混型

①泥母今读[n]、[l],来母今读[l],分布于修水县修水口音的宁州镇宁州方言,永修县三溪桥口音的三溪桥镇河桥村方言,新建县松湖口音、昌邑口音的联圩镇大圩村方言,南昌县塔城口音。

②泥母今读[n]、[l],来母今读[n],分布于修水县修水口音的杭口镇厚家源村方言、马坳镇石溪村方言、大桥镇沙湾村方言。

③泥母今读[n]、[l],来母今读[n]、[l],分布于修水县布甲口音的溪口镇田仑村方言,永修县马口口音、涂埠口音的虬津镇张公渡村方言。

④泥母今读[n],来母今读[n]、[l],分布于修水县修水口音的义宁镇义宁镇罗家埚方言。

6. 来母细音今读

来母细音今读有两种情况:(1)今读边音声母[l],(2)今读塞音声母[t]、[tʰ]、[d/tʰ]。塞音声母保存完好的方言点有武宁县杨洲乡森峰村、修水县全丰镇半坑村、都昌县土塘镇(陈昌仪,1991)、星子县白鹿镇玉京村码头镇、星子县蛟塘镇(陈昌仪,2005)。

7. 精组、知₂组、庄组今读

精组拼洪音、知₂组、庄组今读合流,声母今读[ts]、[dz/tsʰ]、[s];精组拼细音今读有两种情况:(1)声母今读[ts]、[dz/tsʰ]、[s],分布于武宁县、都昌县、湖口县、星子县、德安县部分乡镇方言;(2)声母今读[tɕ]、[dʑ/tɕʰ]、[ɕ],分布于中南部德安县大部分乡镇、永修县、安义县、新建县、南昌县、南昌市方言。

8. 知₃章组今读

知₃章组今读声母丰富,共有六种读法:(1)[t][d/tʰ/tʰ][s];(2)[ts][dz/tsʰ][s];(3)[tʂ][dʐ/tʂʰ/tʂʰ][ʂ];(4)[tɕ][dʑ/tɕʰ/tɕʰ][ɕ];(5)[tʃ][dʒ/tʃʰ/tʃʰ][ʃ];(6)[ȶ][ȡ][ɕ]。各地方言知₃章组今读声母情况较复杂,有些乡镇方言只有一种读法,有些乡镇方言则有多种读法。这个问题将在第三章第五节专门讨论。

9. 溪群母今读

溪群母今读有四种类型:

(1)一二三四等均读[kʰ],分布在武宁县石门楼口音、东林口音。

(2)一二等及止摄合口三等、蟹合四等今读[k]组声母,三四等今读[tɕ]组声母,又有三种情况:

①溪母今读 [kʰ]/[tɕʰ]、群母今读 [k]/[tɕ],主要分布于武宁县新宁口音、泉口口音、杨洲口音。

②溪群母今读 [g/kɦ/kʰ]/[dʑ/tɕɦ/tɕʰ],分布于修水县庙岭口音的庙岭乡小山口村,都昌县南芗万口音,湖口县流芳口音,星子县南康口音、华林口音、横塘口音,德安县蒲亭口音、丰林口音、林泉口音,安义县方言,新建县方言(昌邑口音除外),南昌县方言(幽兰口音除外),南昌市方言。

③溪群母今读 [g/kɦ/kʰ]/[dʑ/tɕɦ/tɕʰ],溪母开口一二等字还有读 [h] 现象,分布于修水县方言,湖口县的双钟口音、流泗口音,永修县方言,新建县昌邑口音,南昌县幽兰口音。

（3）一二等及止摄合口三等、蟹合四等今读 [g] 声母,三四等今读零声母,分布于都昌县都昌镇口音、徐埠口音、阳峰口音。

（4）一二等及止摄合口三等、蟹合四等今读 [g/kɦ/kʰ],遇合三、山合三、臻合三今读 [tʂ、dʐ/tʂʰ、ʂ],其他三四等字今读 [dʑ/tɕɦ/tɕʰ],分布于德安县车桥口音、磨溪口音,都昌县大港口音。

10. 晓匣母今读

晓匣开口一二等读 [h],开口三四等读 [ɕ],合口同非组合流读 [ɸ]、[f]、[h]、[ø]、[n̥]。个别方言点个别匣母字有读舌根音现象,如刘纶鑫《客赣方言比较研究》(1999)记永修县江益镇方言晓匣母开口一二等字(河贺虾下海害鞋蟹浩侯猴厚后候)声母今读 [gʰ];近期调查发现,星子县白鹿镇玉京村码头镇方言中"穴"字,湖口县文桥乡饶塘村陈凤姓村方言中"瓠"、"环"字声母读 [g]。

（二）韵母

1. 韵母数量

从语音系统韵母数量来看,武宁县方言有 54 个、修水县方言有 65 个、都昌县方言有 63 个、湖口县方言有 49 个、星子县方言有 48 个、德安县方言有 55 个、永修县方言有 60 个、安义县方言有 68 个、新建县方言有 60 个、南昌县方言有 63 个。

2. 遇摄今读

（1）遇摄合口一等韵母今读 [u];部分方言精组字同三等庄组字韵母合流,今读 [ɿ],分布于修水县修水口音、黄港口音、布甲口音、白岭口音,德安县磨溪口音,永修县方言,安义县龙津口音,新建县松湖口音、生米口音,南昌县的广福口音。

（2）遇摄合口三等韵母今读较复杂,非组字韵母有 [u],泥组、精组字韵母有 [i]、[y]、[ʮ],知章组字韵母有 [u]、[ɿ]、[y]、[ʮ]、[əu],庄组字韵母有 [u]、[ɿ],日母字韵母有 [u]、[ɛ]、[ə],见组字韵母有 [i]、[ui]、[y]、[ʉ]、[ɛ]、[iɛ]。从古声母组系分合来看,存在多种类型,分别有两分型、三分型、四分型、五分型、六分型。遇摄韵母今读具体情况,本书第四章第一节有专门讨论。

3. 蟹摄今读

蟹摄开口一二等韵母今读有对立和合流两种类型,一等韵母有 [ɔi]、[oi]、[ɔɛ]、[œ]、[ei]、[ɛi]、[ɛ]、[ẽ],二等韵母有 [ai]、[a]、[ã]。一二等对立的方言点主要分布为武宁县方言,修水县方言,都昌县周溪口音,永修吴城口音,新建县金桥口音、昌邑口音、望城口音的乐化镇江桥村方言、樵舍镇峰桥村方言,南昌县广福口音、幽兰口音、富山口音。蟹摄开口一二等韵母今读具体情况,本书第四章第二节有专门讨论。

蟹摄开口三四等知章组字韵母今读 [ɿ]/[ʮ]/[ɛ],其他字韵母今读 [i]。蟹摄合口一等帮组、端组、泥组、精组字韵母今读 [i],蟹摄合口一等见系字韵母今读 [ui],晓组字韵母今读 [ui]、[i],见系个别字(外、块)及合口二等韵母今读 [uai]/[ai]、[ua]/[a]。个别方言点合口一等韵母有特点,如南昌市、南昌县富山口音精组字韵母读 [ɿ]、晓组字韵母读 [uɿ],南昌县幽兰口音端组字韵母读 [uei],广福口音端组、泥组、精组字韵母读 [ɔi];武宁县杨洲口音端组、泥组、精组字韵母读 [y];永修县吴城口音见溪母个别字韵母读 [yi];新建县生米口音、松湖口音有些常用字韵母读 [ai],见系字韵母读 [uai]。

蟹摄合口三四等非组、精组韵母读 [ui]、[i],合口三等知章组字韵母读 [i]/[ɿ],合口三等见系字韵母读 [ui],个别方言点合口三四等韵母有特点,武宁县新宁口音、杨洲口音韵母读 [y],德安县车桥口音韵母读 [ʮ],永修县吴城口音见系字韵母读 [yi];南昌市、南昌县富山口音见系字韵母读 [uɿ]。

4. 止摄今读

止摄开口帮组、端组、泥组及见系字韵母读 [i];日母字韵母有 [ə]、[ɚ]、[ɛ]、[ɜ];精庄知章组字韵母有两类,一类是精庄知章组字韵母合流,有 [ɿ]/[ɛ],分布于武宁县方言,修水县庙岭口音,瑞昌县南义镇方言,德安县蒲亭口音,永修县马口口音、涂埠口音,安义县龙津口音,新建县望城口音、松湖口音、昌邑口音,南昌市,南昌县广福口音部分方言点;一类是精庄组字韵母读 [ɿ]/[u],知章组字韵母读 [ʅ]/[ɛ]/[i],分布于修水县方言(庙岭口音除外),都昌县方言,湖口县方言,星子县方言,德安县方言(蒲亭口音除外),永修县吴城口音、三溪桥口音,安义县方言(龙津口音除外),新建县金桥口音、生米口音,南昌县方言。止摄开口精庄知章组字韵母具体情况,本书第四章第三节有专门讨论。

止摄合口三等泥组、精组、日母字韵母读 [i]/[y],庄组字韵母读 [ai],非组、见系字韵母读 [ui]/[i];止摄合口三等知章组字韵母读 [i]/[u],德安县车桥口音地理上接近江淮官话,韵母读 [u],方言中知章组字韵母有 [i]、[u] 两种读法时,韵母 [u] 为白读音。

5. 效流摄今读

昌都片赣语流效摄韵母重组与合流现象,有三种类型:

(1)效摄、流摄韵母不同,分布于武宁县泉口口音的鲁溪镇大桥村方言、杨洲口音、石门楼口音、东林口音的武宁船滩镇船滩村方言,修水县大部分乡镇方言,都昌县徐埠口音、都昌镇口音、南芗万口音,湖口县方言,星子县南康口音。

(2)效摄三等知章组字韵母、流摄一等及三等非庄日组字韵母合流,分布于武宁县泉口口音、东林口音、新宁口音,修水县白岭口音、修水口音中上奉镇石街村方言、余塅乡余塅村方言、复原乡雅洋村方言,都昌县大港口音、阳峰口音,星子县方言(南康口音除外),德安县方言,永修县方言,新建县大部分乡镇方言,南昌县方言,南昌市方言。

(3)效摄一二等及三等知章组、流摄一等及三等非庄日组字韵母合流,分布于都昌县都昌镇口音中都昌县城柳树堰卢家方言,安义县方言,新建县松湖口音、生米口音个别方言点。

6. 咸山摄今读

安义县部分乡镇方言咸摄舒声字保留中古 [m] 韵尾外,咸山摄舒声韵母今读分立;山摄合口一等帮组字,新建县松湖口音、生米口音,星子县方言韵母读 [ɛn]/[ən]、[ʂ/ə/t/l]、[ʂ/l]/[uɐn]/[uən]/[uɐn],其他方言韵母读 [ɒn]、[ʂ/l/t/], [uɒn]、[uɒt/l];武宁县大部分乡镇方言咸山开口三知章组字韵母读 [iɐn]、[iɛt/],其他方言韵母普遍没有介音 [i]。

7. 深臻摄今读

(1)深臻摄开口三等

①深摄庄组字韵母今读 [ɛm]、[ɛt/ʔ],知章组韵母今读 [əm]、[ɿ/ʅ/t/ʔ],其他组系

韵母今读 [im]、[it/ʔ],臻摄开三知庄章组字韵母今读 [ən]、[ɿt/ʔ],其他组系字韵母今读 [in]、[it/ʔ],分布于安义龙津口音、黄洲口音。

②深摄庄组字韵母读 [ɛn]/[iɛn]、[ɛt/l/ʔ]/[iɛt/l/ʔ],其他组系字韵母与臻摄开口三等合流今读 [in]、[it/l/ʔ],分布于南昌县、武宁县、新建县方言。

③深摄庄组字韵母今读 [ɛn]、[ɛt/l/ʔ],深摄知章组字及臻摄开口三等知庄章组字韵母今读 [ən]、[ɿ/ɿ t/l/ʔ],臻摄开口三等其他字韵母今读 [in]、[it/l/ʔ],日母字韵母有文白读,文读 [ən],白读 [in],分布于修水县方言、都昌县方言、湖口县方言、星子县方言、永修县方言、德安县方言、安义县万埠口音、乔乐口音。

（2）臻摄合口一三等

臻合口一三等韵母合流格局有不同情况：

①合口一等帮组、端组、泥组、精组及合口三等知章组、来母、日母字韵母相同,合口一等见系及合口三等非组字韵母相同,合口三等精组字韵母相同,合口三等见系字韵母相同,主要分布于修水县、星子县、永修县、德安县方言。

②合口一等帮组、端组、泥组、精组及合口三等知章组、来母、日母字韵母相同,合口一等见系及合口三等非组字韵母相同,合口三等精组、见系字韵母相同,分布于都昌县（南芗万除外）、安义县、南昌县、武宁县、新建县方言。

③合口一等帮组、端组、泥组、精组字韵母相同,合口一等见系及合口三等非组字韵母相同,合口三等泥组、精组韵母相同,合口三等知章组、日母、见系韵母相同,主要分布于都昌县南芗万口音、湖口县方言。

8. 曾梗摄今读

曾梗摄无论文白读音,韵母都是收 [ŋ] 韵尾,分布于修水县修水口音,瑞昌南义镇方言（刘纶鑫,1999）、都昌县方言（南芗万口音除外）、湖口县流芳口音、星子县方言、新建县金桥口音、昌邑口音、南昌县幽兰口音的泾口乡辕门村方言。

曾梗摄字文读音韵母收 [ŋ] 鼻尾,白读音韵母收 [n] 鼻尾,故曾梗摄字文读还会同深臻摄字发生韵母合流现象,主要分布于修水县方言（修水口音除外）、德安县、永修县、新建县、南昌县及南昌市方言

9. 通摄今读

通摄韵母主元音为 [ə],分布于德安县、安义县、武宁县、星子县、湖口县、永修县部分乡镇方言；韵母主元音为 [u],分布于都昌县、新建县、南昌县、湖口县、

永修县部分乡镇方言。

（三）声调

1. 调类数量

据近期调查，赣语昌都片调类为6个至11个，其中南昌市（陈昌仪，2005）方言有7个调类，瑞昌南义镇（刘纶鑫，1999）方言有6个调类，武宁县、湖口县方言有6个至9个调类，修水县、都昌县、南昌县方言有6个至10个调类，星子县方言有7个至8个调类，德安县、永修县方言有7个至11个调类，安义县方言有7个至9个调类，新建县方言有7个至10个调类。

2. 南北声调古今演变趋向有差异

（1）北部方言古次清声母字与全浊声母字今读调类合流。都昌方言、德安县塘山乡新塘村方言中古次清去与全浊去合流为阳去调；都昌阳峰方言次清入部分字与浊入字合流后为独立入声调，修水县义宁镇（刘纶鑫，1999）、宁州镇、新湾乡新湾村、港口镇集镇、布甲乡洪石村、白岭镇白岭村、白岭镇邓家咀、全丰镇南源村、黄龙乡黄龙村、黄龙乡沙塅村、修水大桥镇界下村、余塅乡余塅村、余塅乡上源村方言部分次清入字与全浊入字合流。

（2）北部方言入声字舒声化进程快于中南部方言。星子方言、湖口方言、都昌部分乡镇方言入声字舒声化，全清入字读阴去$_1$调，次清入字读阴去$_2$调，浊入读阳去调；修水县方言部分浊入字读阳去调、武宁县部分乡镇方言全浊入字读阳去调。

三、赣语昌都片语音区别特征及内部分片

孙宜志《江西赣方言语音研究》（2007：22—27）结合前辈学者成果（颜森，1986；詹伯慧，1991；李如龙，1992；王福堂，1999；刘纶鑫，1999），将江西赣方言语音共性特征分析总结为17条，现摘录如下：1. 全浊声母今读塞音、塞擦音时与次清声母合流；2. 精组、庄组逢今洪音韵混同，知组三等与章组合流；3. 晓匣母合口字和非组读[f]声母；4. 见系三四等字在古开口三四等韵母前腭化；5. 牙喉音声母开口二等字未腭化；6. 疑母洪音韵字读[ŋ]声母；7. 影母开口韵字一般今读[ŋ]声母；8. 匣母合口一二等白读零声母；9. 日母读[n̠]或[n̠]的白

229

读,与泥母在细音前的今读相同;10.果摄、假摄主要元音为[o]/[a];11.宕江二摄合流;12.流摄一等字多数读[εu]/[iεu]或相近的复合元音韵母;13.咸山摄一等见系字与二等有别;14.鱼虞有分韵的痕迹;15.遇摄三等精组、知三章组部分字与止摄合口、蟹摄合口三等精组、知三章组相同;16.次浊入声字有两个走向,部分随清,部分随浊;17.五字的读音为[ŋ]。

赣语是江西境内的主体方言,据谢留文《江西省的汉语方言》(2008:117—122)一文,江西境内的赣语分片有昌都片、宜浏片、吉茶片、抚广片、鹰弋片,本节上文"一、赣语昌都片语音基本特点"所述语音特点为昌都片赣语语音基本特点,这些特点中既含有共性特点也有昌都片区别性特征,下文先论述昌都片区别特征,然后结合共时语音差异探讨语音的内部划分问题。

(一)区别性特征

昌都片地处赣北,赣北赣语与赣中、赣南赣语存在较大的差别,这是学术界早已形成的共识,如游汝杰(2000:107)指出,唐初移民方言与当地原有方言接触形成原始北片赣语,中晚唐北方移民继续南进,深入赣中与赣南,移民语言和原始北片赣语接触后形成原始南片赣语,北片赣语的特点是保留全浊声母、覃谈两韵不同音。

昌都片区别于江西境内赣语其他分片的特征在哪?这也是本书应探讨的问题。下表列出各家提及的昌都片辖区赣语语音特点:

表2-150 赣语昌都片语音特点表

	片名	语音特点
颜森(1986:21)	昌靖片	1.入声分阴阳,阴入调值高,阳入调值低 2.声母送气影响调类分化
刘纶鑫(1999:22)	南昌片	1.声母送气与否及清浊都影响调类分化 2.除南昌、新建、安义外都有浊音声母 3.咸山摄一二等有区分的痕迹 4.入声分阴阳,阴入高,阳入低
陈昌仪(2005:40—41)	南昌片	1.古今声母的送气不送气影响调类分化 2.大多数城乡有全浊声母或清音浊流声母

续表

	片名	语音特点
谢留文(2006:267)	昌都片	1. 声母送气影响调类分化 2. 除南昌市、南昌、新建、安义外,都有浊音声母
孙宜志(2007:38)	南昌片	1. 全浊声母 2. 送气分调现象 3. 蟹摄一二等不分

据文献来源,上表颜森、陈昌仪、谢留文、孙宜志所描述的条例均是针对本片区别性特点而言,刘纶鑫所描述的条例是对南昌片语音特点的概述。从分片区别特征来看,理想的语音条例应符合"对内一致性,对外排外他"原则,但事实上任何方言都不是封闭环境下独自发展,而是在与外界方言联系中融合发展,无论是哪一层次的划分,都难以做出泾渭分明的划分,故在理解昌都片语音区别特征时也只能从主体特征上去把握。

据已刊成果(刘纶鑫,1999;王彩豫、朱晓农,2015),除抚广片南丰方言,宜浏片新余方言、丰城尚庄镇方言,大通片监利张先村方言外,送气分调现象普遍发生在赣语昌都片,本书考察的167个方言点中有136个点有送气分调现象。据此,本书认为,送气分调现象应是昌都片赣语区别于其他赣语分片的第一个重要特点。

赣北浊音现象历来受学界关注,这个特点分布于大多数乡镇方言(南昌市、南昌县、新建县、安义县方言除外),中古全浊声母今读浊音现象是赣语存古的语音现象,且不见于江西境内其他赣语,故本书认为,浊音声母或清音浊流现象是昌都片赣语区别于其他赣语的第二个重要特点。

游汝杰(2000:107)提到,"覃谈两韵不同音"是北部赣语共性特点,据已刊成果(刘纶鑫,1999;陈昌仪,2005;孙宜志,2007),昌都片方言,鹰弋片的彭泽、景德镇、乐平、余干、万年、鄱阳方言,宜浏片的宜丰、上高、樟树、新干、丰城、万载、奉新、高安方言均具有该语音特点。

据已刊材料(陈昌仪,2005)可知,入声分阴阳是赣语昌都片、抚广片、宜浏片共有语音特点,阴入调值高,阳入调值低这也是江西境内赣语有别于客家方言的共性特点,咸山摄一二等(尤其是见系)分立是赣语共性特点;据本节上文

"二、昌都片语音的内部差异"可知,蟹摄开口一二等韵母今读有对立和合流两种类型；故上表中,"入声分阴阳、咸山摄一二等分立,蟹摄一二等不分"三个特点不宜作为昌都片赣语区别特征。

(二) 昌都片内部划分

陈昌仪《赣方言概要》(1991)、刘纶鑫《客赣方言比较研究》(1999)曾对赣语南昌片进行小片划分,并详细阐述了各小片语音特点；前辈们的研究成果为我们勾勒出南昌片语音宏观面貌,随着赣语研究的深入,且以往的研究多是建立在一县设一点的调查基础上,在内部差异分片的标准上有不够完善的地方,故下文将结合近期调查成果,对昌都片赣语内部分片再做探讨。

陈昌仪将南昌片赣语进一步分为南昌、都昌和靖安三个小片,据陈昌仪《赣方言概要》(1991：25),各小片方言语音特点如下：

表 2-151 赣语南昌片各小片语音特征表

南昌小片	都昌小片	靖安小片
南昌市、南昌县、德安县	都昌县、星子县、永修县、湖口县、安义县、下新建	靖安县、奉新县、修水县、武宁县、上新建
①七个调类,今声母送气不送气影响调类分化 ②古全浊塞音塞擦音声母不论平仄今读送气声母 ③泥来洪音为 [l] ④无舌尖后音声母 ⑤韵母中无 [in][iŋ] 对立 ⑥四呼俱全。	①古今声母送气不送气影响今调类的分化 ②古全浊声母和次清声母今读全浊声母或清音浊流声母 ③非敷奉三母字和晓匣合口一二等及部分三等字普遍读双唇清擦音 [ɸ] ④来母细音一般读 [d] 或 [tʰ] ⑤知章组一般读舌尖后塞擦音、擦音声母 ⑥韵母系统有 [in][iŋ] 对立 ⑦无撮口呼	①古今声母送气不送气不影响今调类分化 ②知章组一般读 [t、tʰ/d、s] ③韵母系统无 [in、iŋ] 对立 ④无撮口

靖安县、奉新县方言因同高安、宜春方言更为接近,故在后来的研究(刘纶鑫,1999；陈昌仪,2005；孙宜志,2007)中均被划出南昌片,归属到赣语宜浏片；表 2-151 可见三小片的语音特点条目不一,南昌小片有 6 点,都昌小片有 7

点,靖安小片有4点,有些特点普遍分布于3小片或2小片,如古今声母送气与否影响今调类分化是3小片的共性特点,韵母系统无[in、iŋ]对立是南昌小片、靖安小片共性特点;随着调查研究的深入可知,《赣方言概要》(1991:25)对有些特点的分布情况描述不够准确,如知章组读[t、tʰ/d、s]也是安义县方言典型特点,非敷奉母字和晓匣合口一二等及部分三等字普遍读双唇清擦音[ɸ]应是南昌小片、都昌小片共有的普遍现象,据此可知《赣方言概要》(1991:25)所记录的各小片特点并不是从分片标准的角度来论述的。据已刊材料及近期调查,从各小片所辖范围来看,表2-151所列条例有不准确的地方,安义方言声母特点是中古全浊声母与次清声母合流为送气清音,将安义县方言同都昌方言归属都昌小片是不妥的,修水县方言中古全浊声母与次清声母今读浊音或清音浊流,武宁县方言次清声母今读送气清音,古全浊声母今读不送气清音,故武宁县与修水县方言共属一小片也是不合适的。

据刘纶鑫《客赣方言比较研究》(1999:23),各小片语音特点如下:

表2-152 赣语南昌片各小片语音特征表

湖口小片	南昌小片
湖口、星子、瑞昌西南、武宁、修水、都昌、永修、德安	南昌、新建、安义
①有浊声母 ②泥来母多不混 ③古晓匣母合口字多读[h],不与非组字混 ④知三章组多读舌尖后音[tʂ、dʐ、ʂ],与精庄不同	①无浊声母 ②泥来母洪混细分 ③晓匣合口字与非组字混为[f]或[ɸ] ④知三章组多读舌尖前音[ts、dz、s],与清庄混同

刘纶鑫《客赣方言比较研究》(1999:23)将南昌片分为湖口小片、南昌小片,并从4条语音条例对2小片进行了对应比较。

第1条浊声母现象,武宁县方言与湖口小片其他方言类型不同,已刊成果所记武宁方言中古全浊声母今读情况不太一致,如《客赣方言比较研究》(1999:42)记为全浊声母与次清声母不合流,全浊声母今读不送气浊音,次清声母今读送气清音,《江西省方言志》(2005:71)记为全浊声母与全清声母合流读不送气清音。笔者近期调查发现武宁县西北部、西南部方言为全浊声母与次清声母合流为送气清音，中东部方言为全浊声母与全清声母合流为不送气清音，没有发现全浊声母今读浊音现象。

第2条泥来母今读，永修县方言不同于湖口小片其他方言，应属于半混型，即泥来母洪混细分。

第3条古晓匣母合口字今读与非组字相混应是南昌片各小片的共性特点，具体相混音值有差异，如武宁县方言、德安县的车桥口音，永修县立新乡桥头村方言非组字混入晓匣母字今读[h]，其他方言则是晓匣母合口字混入非组字今读[ɸ]/[f]。

第4条知₃章组今读，湖口县方言、星子方言、都昌县方言知₃章组多读舌尖后音[tʂ]、[dʐ]、[ʂ]，武宁县大部分乡镇方言有[tɕ]组、[ts]组、[tʂ]组三套塞擦音，修水方言除北部布甲口音读舌尖后音[tʂ]、[dʐ]、[ʂ]，其他乡镇方言均是止摄字读[tʂ]、[dʐ]、[ʂ]，其他韵摄字读[t]塞音型；永修地处昌都片中部地带，知₃章组今读存在塞擦音型与塞音型混杂现象。

结合语音条例与对应方言点来看，《客赣方言比较研究》(1999：23)所列出的4条语音特点作为南昌片方言小片划分依据仍不够完善。在前辈研究成果基础上，结合近期的调查，本书对昌都片赣语语音的内部分片做进一步的思考。昌都片赣语南北存在较大差异，本书根据下面的九条语音特征将昌都片划分为三个小片：南昌小片、武宁小片、都昌小片（+表示有此特征，—表示无此特征，+/—表示部分乡镇方言有此特征，部分乡镇方言没有此特征）。

表2-153　赣语昌都片各小片语音特征表

语音特征条件		南昌小片	都昌小片	武宁小片
①中古全浊声母今读	浊音	—	+	—
	送气清音	+	—	—
	不送气清音	—	—	+
②非组今读[ɸ]		+	+	—
③泥来洪音相混		+	—	+
④精组拼齐齿呼韵母发生腭化		+	—	—
⑤知三章组多读舌尖后音[tʂ、dʐ、ʂ]		—	+	+/—

第二章　赣语昌都片各县方言语音特点及内部差异

续表

语音特征条件	南昌小片	都昌小片	武宁小片
⑥透定母读边音	—	+	—
⑦溪群母读喉擦音现象	+/—	+/—	—
⑧咸山宕摄三等知章组字韵母为细音	—	—	+
⑨臻开三等韵母读 [in]	+	—	+
⑩曾梗摄字文读为前鼻韵尾	+	—	+

　　本书小片划分同以前的划分最大区别是将武宁县方言独立为一小片,南昌小片大致对应于以往成果中的南昌小片,都昌小片大致对应于以往成果的湖口小片(刘纶鑫,1999)、都昌小片(陈昌仪,1991),但所辖范围有调整。南昌小片包括南昌市方言、安义方言、新建方言、南昌县方言、永修部分乡镇方言、德安部分乡镇方言;武宁小片主要包括武宁境内各乡镇方言,都昌小片包括湖口方言、星子方言、都昌方言、修水方言、德安部分乡镇方言、永修部分乡镇方言。永修县、德安县在地理位置是处于都昌小片与南昌小片的过渡地带,方言语音变异较多,结合上文昌都片语音特点及内部差异描述,本书将德安、永修县视为南昌小片与都昌小片方言过渡区域。

　　表 2-153 所列 10 条语音条件中,①属于较早层次语音条件,②—⑩为晚近的平面语音差异,本书在分片时采用历史条件与平面差异相结合原则;①⑤⑦是都昌小片的区别性特点,①④是南昌小片的区别性特点,①⑧是武宁小片的区别性特点。

　　昌都片各县赣语具有同源关系,②—⑩应是早期条件晚近不平衡发展的结果,彼此的相似性则是不同历史时期各地人文亲疏关系的体现;②非组今读 [ɸ] 现象普遍分布于都昌小片与南昌小片老年人语用中,反映了南昌小片与都昌小片早期同源关系;⑦溪群母读喉擦音 [h] 声母现象在修水方言、湖口方言普遍,南昌小片邻鄱阳湖滨乡镇方言也有此现象,例字不出都昌小片范围,溪群母读喉擦音 [h] 现象反映南昌小片与都昌小片地理水路交通关系。武宁县地处赣北边陲,与省会南昌一带相距甚远,但从行政归属来看,据《江西史稿》(1993:115)可知,武宁县自唐长安四年(704 年)析建昌置县以来就一直同南昌县同属,③⑨⑩体现了武宁与南昌曾有的密切关系。

第三章 赣语昌都片声母研究

以往赣语研究中,有不少学者(罗常培,1950;袁家骅,1960;杨逢时,1974;颜森、鲍厚星,1987;陈昌仪,1991;李如龙,张双庆1992;刘纶鑫,1999;万波,1998;何大安,2004;刘泽民,2005;孙宜志,2007)对赣语声母做过讨论,特别是万波《赣语声母的历史层次研究》根据唐、宋、今西北关中的方言材料,结合移民历史、南方百越文化,从语言接触的角度对语言现象产生原因详细论述,梳理历史层次,并对一些语音现象构拟了音变过程。纵观以往研究,成果多为赣语全面宏观探讨或单点详叙,本书结合以往研究材料及近期调查,对赣语昌都片有特色的七类古声母今读特点再做考察,具体内容为古全浊声母、来母声母、泥母声母、透定声母、知₂章组声母、溪群母声母及通摄非组及见组部分字今读清鼻音现象。

第一节 赣语昌都片中古全浊声母今读特点

中古《切韵》音系全浊声母今读演变历来是区别各大方言的重要指标,以往学术界认为赣语语音特征是古全浊声母今读送气清音,由于客方言的中古全浊声母演变也是如此,故客赣关系就这一条来讲往往纠结在一起。随着江西赣北及湖北、湖南境内浊音现象的发掘,李如龙、张双庆(1992:193)将赣方言语音特征描述为古全浊声母並、奉、定、澄、从、群与同部位的次清声母滂、敷、透、彻、清、初、溪混同;刘纶鑫(1999:262)则进一步描述为古全浊声母与次清声母今逢塞音、塞擦音时不论平仄合流为一。

昌都片赣语中古浊音声母今读研究的焦点问题有：第一，昌都片赣语是否有真正的浊音；第二，昌都片赣语"次清化浊"现象。关于第一点，运用实验语音学方法是可以直接找到答案的，第二点仍值得思考与探讨。

李如龙、张双庆（1992：198）曾指出，在湘赣交界处的平江、修水、都昌一带，次清与全浊合流读为浊音声母，对于大多数客赣方言来说，这是支流，也是一种回流；次清化浊"后起"说，这是当前学界对于赣北浊音现象的一致认识。不少学者对昌都片赣语"次清化浊"现象做过研究，比较有影响力的观点有沙加尔"矫枉过正"说，王福堂（1999：23）"外方言影响说"，陈昌仪（1991：13）"内部音变说"，等等。

王福堂（1999：23）认为，"次清化浊"动因起于邻近吴湘语浊音的影响；陈昌仪（1991：13）认为，"次清化浊"是赣语自身发展的结果，具体演变途径是古全浊与次清合流为送气的浊塞及塞擦音，然后演变为清音浊流，最后变为送气清音。刘纶鑫（1999：270）认为，陈昌仪的解释若遇到晋南及陕西关中方言材料（全浊声母今读送气）时"面临强劲的挑战"。万波（2009：116）引用大量的中晚唐西北方言研究成果及今天山西、河南方言材料指出，赣语中"次清化浊"与"浊化次清"是语言接触的产物，赣语中全浊与次清声母合流为送气清音动因起于中唐安史之乱后北方移民入赣，赣中开发程度低，移民语言占优势，所以赣中赣南方言中古全浊与次清今读送气清音，赣北地区开发程度高，原住民多（当时如吴湘语全清、次清、全浊三分），赣北地区的原居民方言受移民语言特点影响，古全浊与次清合流为浊音。

赣北"次清化浊"真相是什么？众说纷纭，答案仍有赖赣北及赣语的深入挖掘和研究。根据以往已刊14个方言点材料及近期调查的111个方言点材料，本书将对昌都片赣语全浊声母今读类型及演变特点做进一步考察。

一、中古全浊声母今读类型

学界对赣语昌都片的中古全浊声母今读类型较为一致的认识是，南昌市、南昌县、新建县、安义县方言读送气清音，永修县、德安县、星子县、都昌县、湖口县方言读浊音现象；就赣语中古全浊声母今读类型而言，孙宜志（2007：76—77）

归纳为六类(临川型、泉口型、武宁型、永修型、都昌型、德安型);本文重点考察的125个方言点,归纳中古全浊声母今读类型如下(分布见下文图):

类型一:中古全浊声母今读送气浊音。

古全浊声母今读送气浊音方言点有3个:永修县江益镇(刘纶鑫,1999)、永修县三角乡(孙宜志,2006)、都昌县土塘镇(陈昌仪,1983),这些方言点语音系统中送气浊音与不送气浊音不形成音位对立。

类型二:中古全浊声母今读不送气浊音。

主要分布于都昌小片及武宁小片的瑞昌南义镇(刘纶鑫,1999)方言,具体方言点有:修水县义宁镇义宁镇罗家坞、宁州镇宁州村、黄坳乡塘排村、竹坪乡竹坪村、杭口镇厚家源村、马坳镇石溪村、山口镇来苏村、新湾乡新湾村、溪口镇田仑村、港口镇集镇居委会、渣津镇长潭村、白岭镇白岭村、全丰镇南源村、黄龙乡沙墈村、大桥镇沙湾村、余墈乡余墈村、复原乡雅洋村、都昌县大港镇小埠村、中馆镇银宝村、万户镇长岭村、南峰镇暖湖、北炎东凤曹炎村、化民乡信和村、阳峰乡黄梅沈家、和合乡田坂村、周溪镇古塘村、春桥乡春桥村彭壁村、徐埠镇山峰村委会袁鏋村、左里镇周茂村、狮山乡老屋于家湾村、都昌镇柳树堰卢家、湖口县双钟镇月亮村、舜德乡南湾村沈素上村、舜德乡兰新村、马影镇走马刘三房村、文桥乡饶塘村陈凤姓村、城山镇大塘村细石家、武山镇武山村细沈祐、流芳乡青年村曹府台、流泗镇红星村、星子县华林镇繁荣村大屋金、温泉镇桃花源余家、蓼花镇胜利村东平山、苏家档乡土牛村、横塘镇联盟村墈上查家、蓼南乡新华村何家堡、蛟塘镇(陈昌仪,2005)。

类型三:中古全浊声母今读有"清音浊流"特点。

主要分布在都昌小片及德安县、永修县过渡方言地带。具体方言点有:修水县何市镇大里村、上奉镇石街村、征村乡薰衣村,星子县的南康镇迎春桥社区、白鹿镇玉京村码头镇、德安县丰林镇丰林村戴家、高塘乡罗桥村畈上王家、河东乡后田村石门汪家、蒲亭镇附城村、磨溪乡尖山村王家畈、永修县艾城镇艾城村、九合乡长滩村、滩溪镇滩溪村、马口镇新丰村、马口镇山丰村。

类型四:中古全浊声母今读送气清音。

主要分布于武宁县的西部及西南部方言,修水县的庙岭口音、黄港口音、布甲口音,德安县的蒲亭口音、车桥口音、林泉口音,永修县吴城口音、涂埠口音部

中古全浊声母今读类型示意图

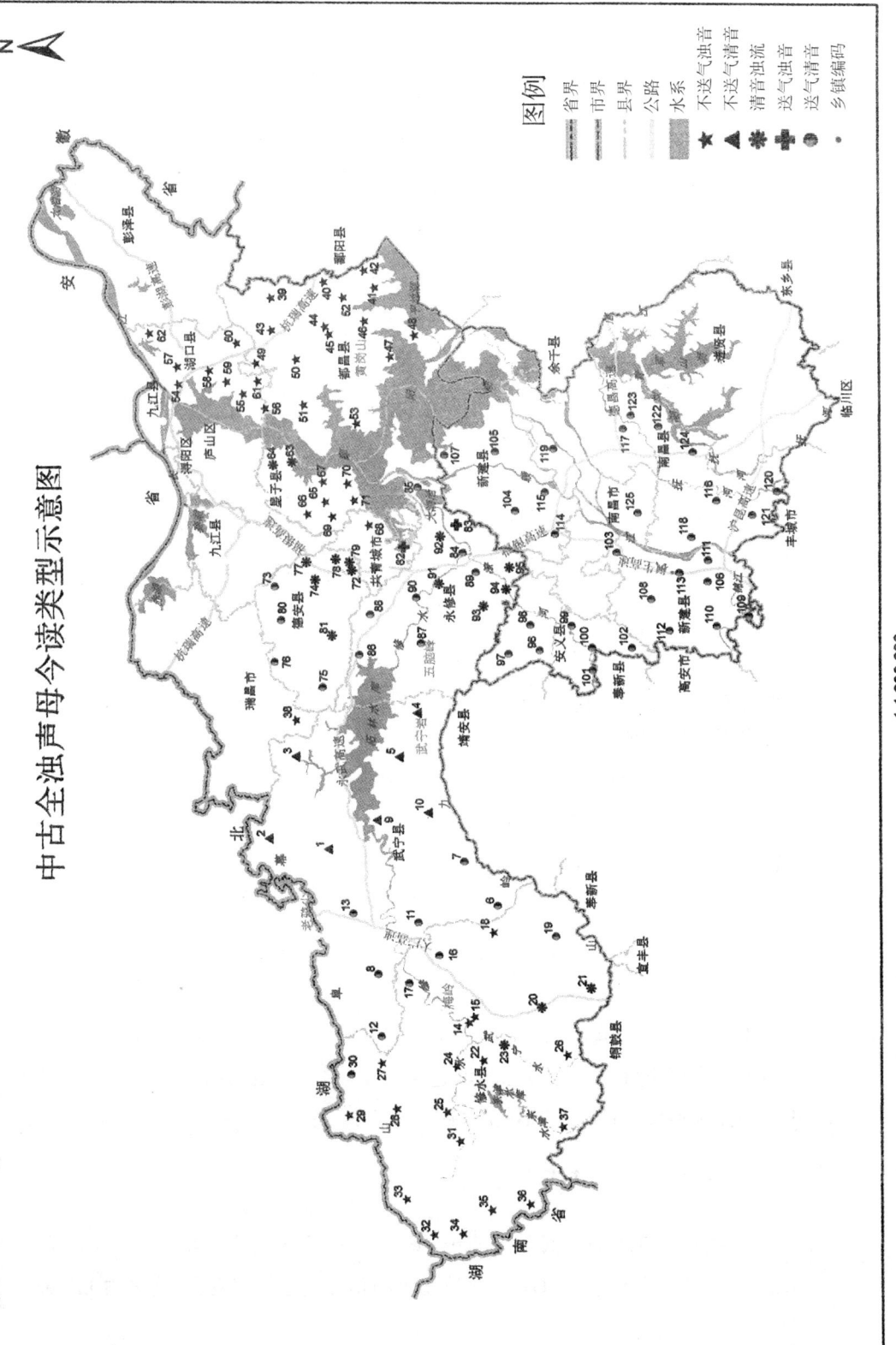

分乡镇、三溪桥口音,安义县方言、新建县方言、南昌县方言、南昌市方言。

具体方言点有:武宁县石门楼镇白桥村、罗溪乡坪源村坪源铺里、船滩镇船滩村新丰街、清江乡清江村、东林乡东林村、礼溪镇(钟明立,2004)、修水县庙岭乡小山口村、太阳升镇坳头村、黄港镇安全村、布甲乡洪石村、德安县蒲亭镇北门社区、林泉乡林泉村摆下刘自然村、车桥镇白水村上屋夏家、塘山乡新塘村、吴山乡河铺村东坑杨家、永修县涂埠镇(陈昌仪,1983)、吴城镇(肖萍,2008)、三溪桥镇河桥村、江上乡耕源村、梅棠镇杨岭村、立新乡桥头村、虬津镇张公渡村、安义县龙津镇凤山村、新民乡新民村、万埠镇下庄村、长埠镇长埠村、石鼻镇果田村、黄洲镇黄洲村、乔乐乡社坑村、新建县长埝镇(陈昌仪,2005)、金桥乡东和村、联圩镇大圩村、流湖乡对门牌头、昌邑乡良坪村坪上、石埠镇乌城村程家新基、松湖镇松湖村丁李中心自然村、石岗镇石岗村、厚田乡西门村上头自然村、西山镇西山村猴溪陈自然村、生米镇东城村南岸自然村、乐化镇江桥村、樵舍镇峰桥村、南昌县向塘镇新村(万云文,2011)、塘南镇(肖放亮,2010)、富山乡霞山唐村、南新乡楼前村二房自然村、三江镇徐罗村吴黄自然村、广福镇北头村熊李自然村、幽兰镇南山村旧居自然村、泾口乡辕门村、塔城乡东游村、南昌市(陈昌仪,2005)。

类型五:中古全浊声母今读不送气清音。

主要分布于武宁县的泉口口音、杨洲口音、新宁口音。具体方言点有宋溪镇山口村小东山、泉口镇丰田村下江村、鲁溪镇大桥村、杨洲乡杨洲村、罗坪乡长水村、武宁县城(陈昌仪,2005)、新宁镇石坪村。

二、中古全浊声母今读的声学特点

罗杰瑞(2008:204)曾指出,赣方言地处中部地带,方言具有过渡类型的特点。本书同意罗杰瑞的说法,并认为"过渡类型"具体表现为昌都片赣语中古全浊声母今读类型多样性,发音不稳定性。

(一) 送气清音"送气"特点多样性

语音学界把 VOT 值定义常态浊声、清不送气、清送气三类爆发音。朱晓农(2010:78—81)具体说明 VOT(浊声初起时)值界定三类爆发音,这是由 Lisker

&Abramson（1964）提出的，VOT 为负值说明是浊爆音，VOT 值为零或正值很小为不送气清音，VOT 正值较大说明是送气清爆音，正值非常大就是强送气音。昌都片赣语送气清音最典型的是南昌小片方言，全浊与次清字今读听感上均为送气清音，但语图上 VOT 值有明显不一同表现。下列南昌县乡镇方言"耙"的宽带语图：

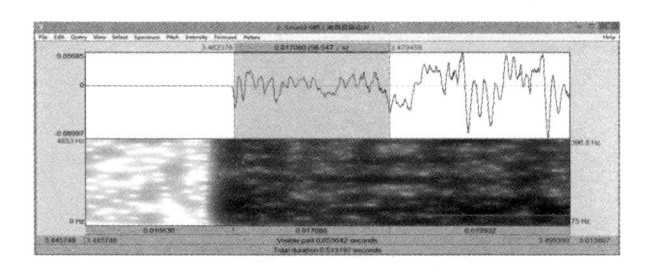

图 3-1　南昌县富山乡方言"耙 [pʰaˀ]"宽带语图

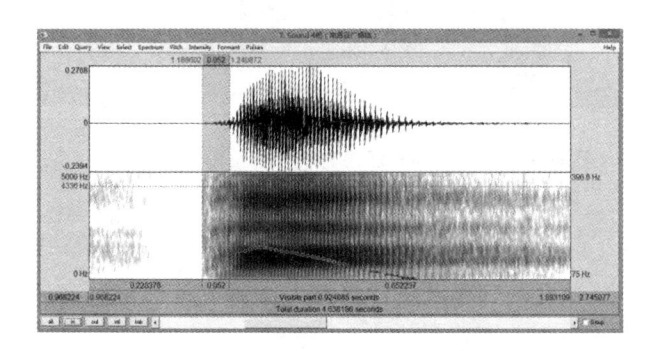

图 3-2　南昌县广福镇方言"耙 [pʰaˀ]"宽带语图

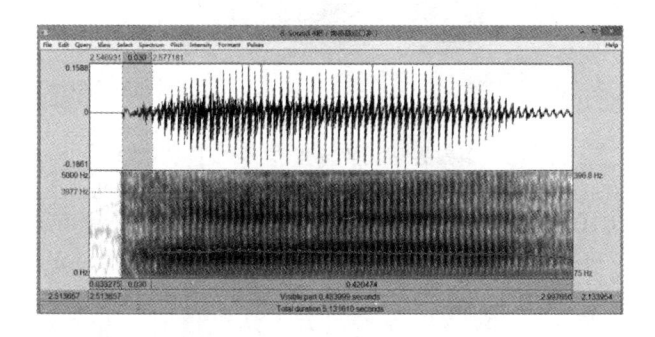

图 3-3　南昌县泾口乡方言"耙 [pʰaˀ]"宽带语图

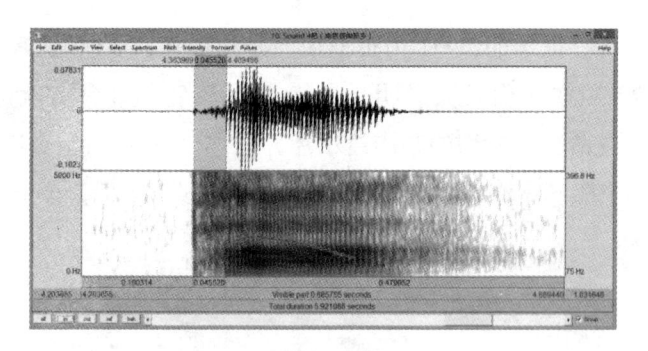

图 3-4　南昌县南新乡方言"耙 [pʰa²]"宽带语图

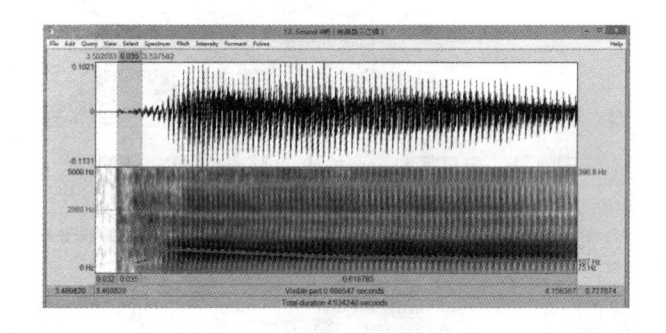

图 3-5　南昌县三江镇方言"耙 [pʰa²]"宽带语图

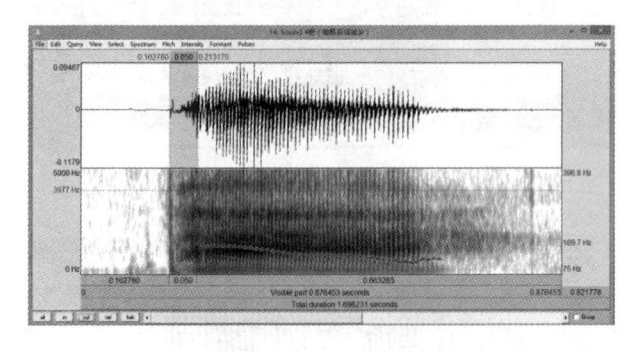

图 3-6　南昌县塔城乡方言"耙 [pʰa²]"宽带语图

孔江平(2010：118)曾指出,VOT 选取方法一般是用光标从波形上选定瀑破脉冲到后接元音声带振动的时段,或者前浊段到爆破脉冲的时段。从"耙"字 VOT 参数来看,南昌县各乡镇方言送气段时长是不同的,图 3-2 广福镇方言(52 毫秒)最长,图 3-1 富山乡方言(17.08 毫秒)最短。朱晓农(2010：16)曾指出,30 毫秒是不送气的上限,60—70 毫秒是送气的下限,处中间的则为弱送气。据此，图 3-3 至图 3-6 中 VOT 时长处于 30—60 毫秒，这些字的声母应属弱送气，图 3-1 中富山乡方言 VOT 时长少于 30 毫秒应归于不送气，但事实上在听感上是有送气感的。听感有送气，语图上则显示为弱送气或不送气，这在昌都片方言具有普遍性，下文以"豆"字声母为例进一步探讨。

下文图 3-7 是南昌县广福镇方言"豆"字宽带语图。如果按选定爆破脉冲到后接元音声带振动的时段来看，图 3-7 送气时段只有 21.565 毫秒，从声学上看应是不送气声母，事实上"豆"字今读听感上是送气声母，那么送气听感从何处来？

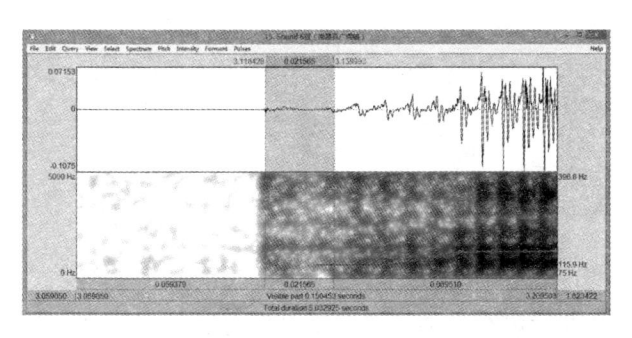

图 3-7　南昌县广福镇方言"豆"宽带语图（1）

再看下文图 3-8，通过拉选听辨声母，"豆"字送气感还来自辅音元音交界处，语图上表现为声带早在元音段前就已经开始振动，同时也有送气乱纹，即南昌县广福镇"豆"字发音送气感来自下图 3-8 所点亮的时段。

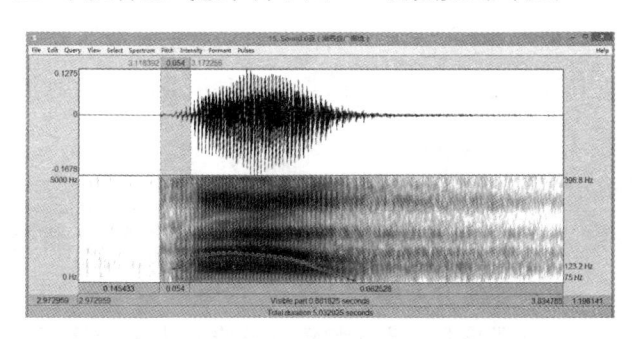

图 3-8　南昌县广福镇方言"豆"宽带语图（2）

南昌方言送气声母的特点也曾引起学者的关注，如熊正辉（1979：275—

283)曾提到,南昌送气声母可写成 [pʰ、tʰ、tsʰ、tɕʰ、h],决定调类分化的实际是送气成分 [h],熊先生记音为 [h] 而不是 [x],这说明熊先生从本地人语感体会到送气成分与一般清擦音不同。送气成分的不同特点可能会导致不同的听感,赵元任(1956:27)论述吴语的浊类声母发音特点时指出,吴语破裂音并不是带音的,即闭而未破的时候,声带并不颤动,而等开的时候接着就是一个带音的 [h],即 [ɦ]音,故听起来像"浊音",这就是清音浊流。朱晓农(2012:142)从发声态上指出,某些方言存在"气声"一类,即声带振动的同时有气流呼出,造成浊音有呼气或喉门摩擦声。典型的送气清音声母"送气成分"是不伴随声带振动的,[ɦ] 音是声带振动的,据上文可知,南昌广福方言"豆"字音元音段前,声带振动的同时有气流呼出,即送气与声带振动是叠置的,发音特点与吴语相似。南昌县广福镇"豆"字发音现象在昌都片赣语中是很普遍的。本书认为,昌都片赣语全浊声母今读送气清音的"送气"特征有着多样性特点(送气、弱送气,不送气互为变体),这同发声特点有关。

(二)今读浊音具有"不稳定性"特点

最早指出赣北赣语存在浊音现象的文章是陈昌仪的《都昌(土塘)方言的两个特点》(《方言》,1983 年第 4 期),之后的方言调查和研究揭示在湖南、湖北、江西边界有一条浊声母分布长廊,具体分布点为:都昌县、星子县、湖口县、武宁县、修水县、德安县、永修县。传统记音往往采用耳听方法,随着实验语音学方法在方言学上的运用,赣北浊音现象有更加深入的认识,如朱晓农(2010:87)指出赣北赣语有常态浊声、内爆音、弛声,但没有浊送气。

昌都片方言听感上的"浊感"声母并非都是语音学上的"浊音",下文将就各县方言"浊音"现象再做探讨。

1. 昌都片赣语"浊音"各地分布不平衡

从语音学定义来看,浊声初起时(VOT)值为负数时,即宽带语图上出现"浊横杠"时,这是语音学上的"浊音"。昌都片赣语"浊音"现象集中分布于星子县、湖口县、都昌县、瑞昌南义镇及修水大部分乡镇方言。下面再以"耙"字为例:

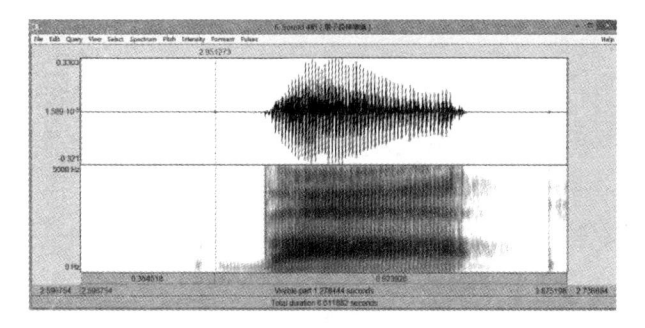

图 3-9　星子县横塘镇方言"耙 [ba²]"宽带语图

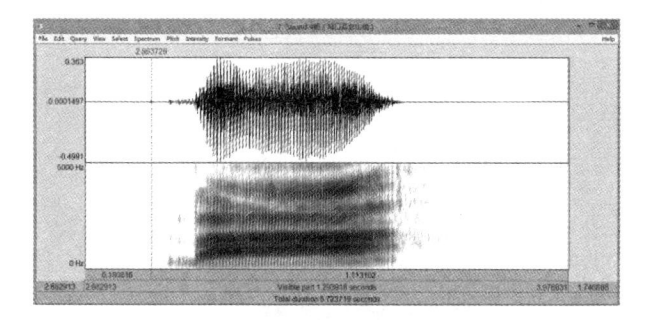

图 3-10　湖口县武山镇方言"耙 [ba²]"宽带语图

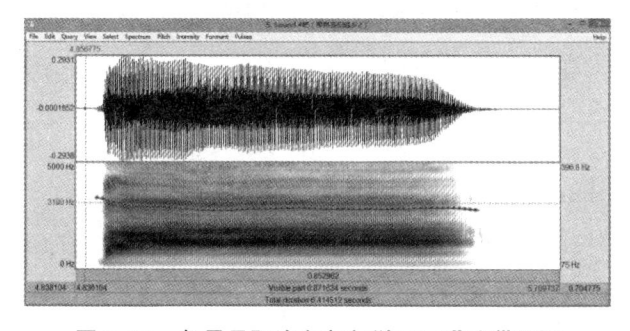

图 3-11　都昌县阳峰乡方言"耙 [ba²]"宽带语图

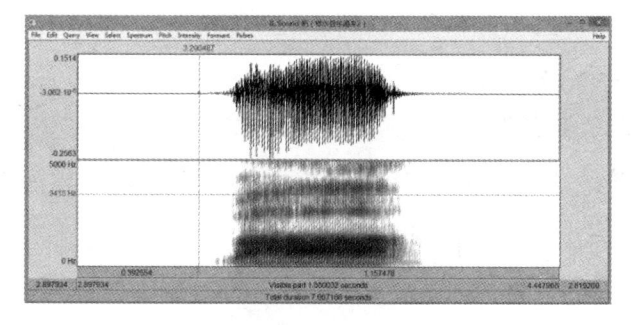

图 3-12　修水县东港乡方言"耙 [ba²]"宽带语图

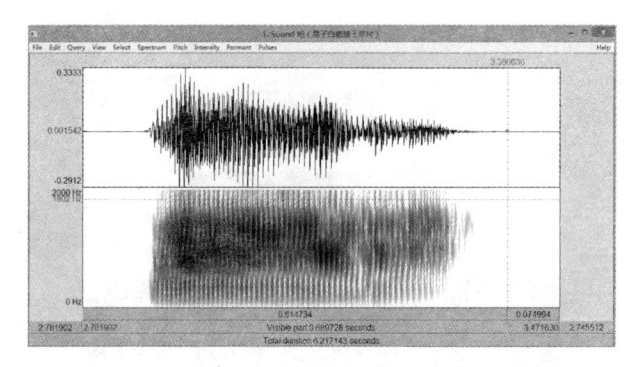

图 3-13　星子县白鹿镇方言"耙 [pʰaˀ]"宽带语图

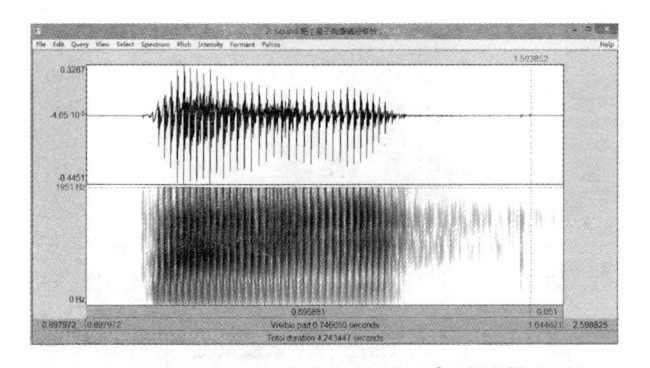

图 3-14　星子县南康镇方言"耙 [pʰaˀ]"宽带语图

图 3-9 至图 3-12 中"耙"字语图均出现"浊横杠（VOT 值＜ 0）"，图 3-13、图 3-14 中没有"浊横杠（VOT 值＞ 0）"，这说明赣语昌都片存在真正语音学所说的"浊音"，且呈现不平衡分布态势。

2."浊音"具有不稳定性特点

颜森（1986：21）、陈昌仪（1991：12）曾指出，德安县、星子县、修水县方言古次清与全浊声母合流今读有不同变体类型（送气清音、清音浊流、浊音），近期调查结果表明这种情况仍是昌都片赣语都昌小片中古全浊与次清今读的普遍现象，以星子县华林镇方言为例，华林镇方言次清与全浊合流，发音人（金海滚，男，1956 年生）发音上极不稳定。下图为婆、破、怕、耙的宽带语图。

第三章　赣语昌都片声母研究

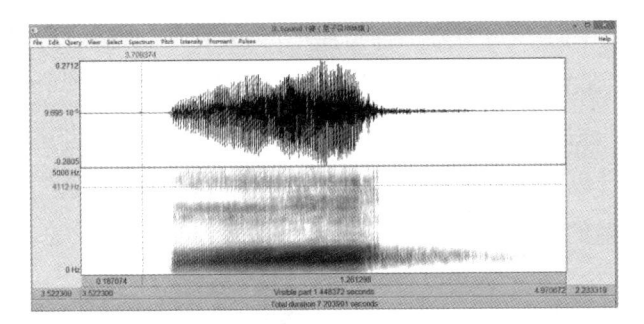

图 3-15　星子县华林镇方言"婆 [ˌbɔ]"宽带语图

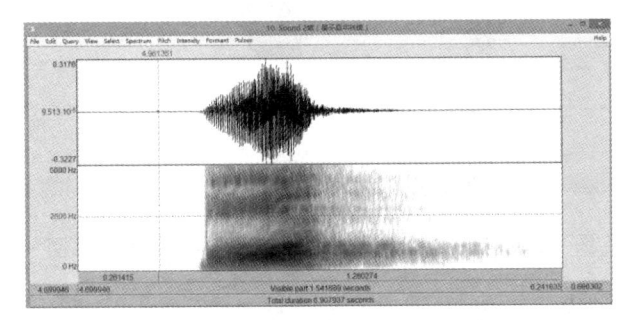

图 3-16　星子县华林镇方言"破 [bɔ˧]"宽带语图

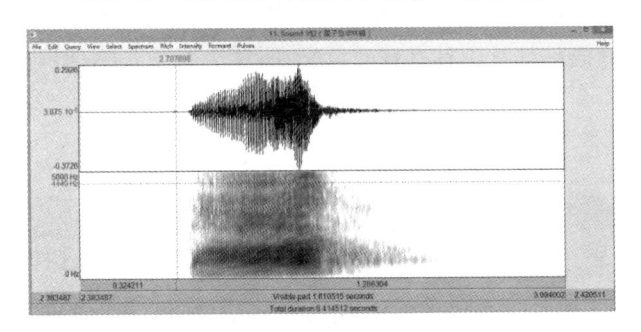

图 3-17　星子县华林镇方言"怕 [ba˧]"宽带语图

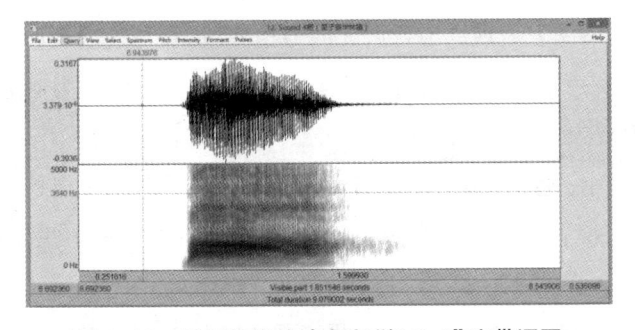

图 3-18　星子县华林镇方言"耙 [ba˧]"宽带语图

247

"婆破怕耙"四字声母听感上都是浊声母,故音位归纳标写为[b],结合语图来看,图3-16、图3-18表明"破、耙"是浊声母,图3-15、图3-17表明"婆、怕"虽在听感上有"浊感",但不是真正的浊声母。在调查时,笔者还发现同一个字不同时间的发音也会发生变化。下图为华林镇发音人(金海滚,男,1956年生)"破"字连读两遍的语图(录音时中间有6秒的暂停):

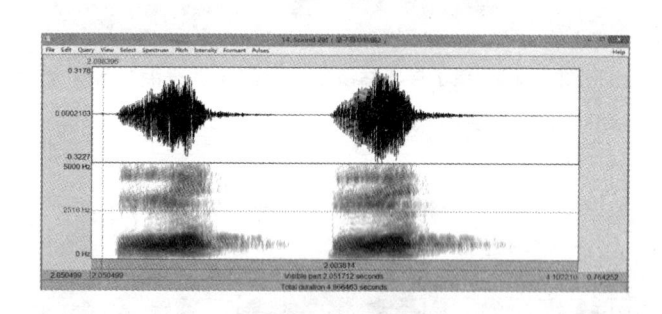

图3-19　星子县华林镇方言"破[bɔ]"连读的宽带语图

图3-19中第一个音节"破"没有浊横杠,第二个音节"破"浊横杠出现,可见星子县华林镇方言[b]、[pʱ]、[pʰ]是同音位的不同变体。从语用上来看,星子华林方言现象在赣语昌都片中具有普遍意义,听感上有浊音感,但非真正浊音。

(三)浊音声母音节带有弛声特点

德安县、永修县境内及鄱阳湖湖滨地带方言古全浊与次清声母今读普遍带听感上"浊音"感,音节共同特点是元音部分听上去很低沉,这种现象即学界所称的"清音浊流"现象。朱晓农(2010:83)指出,这种浊感是音节属性,即弛声现象,其声学特点表现在韵的前半部分,声带振动时,声门状态是软骨声门打开,韧带声门微开,语图上表现为爆音后无明显送气段,噪声表现在后接元音上。下文以都昌阳峰乡卢家村方言"疤[₋pa]"与"怕[ba²]"宽带语图为例进一步探讨昌都片方言弛声现象。

图3-20显示"疤"音节常态清爆音及常态元音,图3-21出现的浊横杠说明"怕"声母是真浊音,从后接元音来看,第二张图元音的音强小些,高频区有较多乱纹。下面图3-22、图3-23是"疤[₋pa]"与"怕[ba²]"两字元音段前50毫秒左右的波形图截图,图3-24、图3-25是两字元音段前50毫秒左右的频谱斜率图:

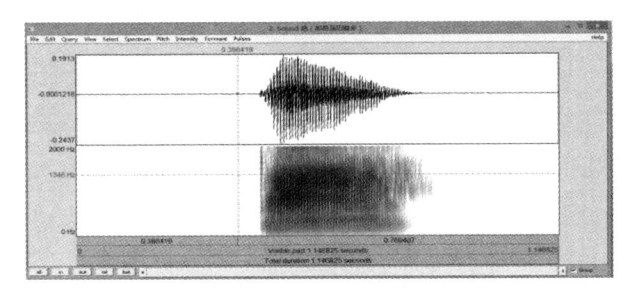

图 3-20　都昌县阳峰乡方言"疤 [₋pa]"宽带语图

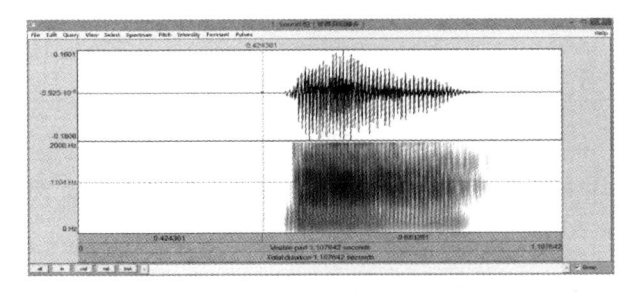

图 3-21　都昌县阳峰乡方言"怕 [ba²]"宽带语图

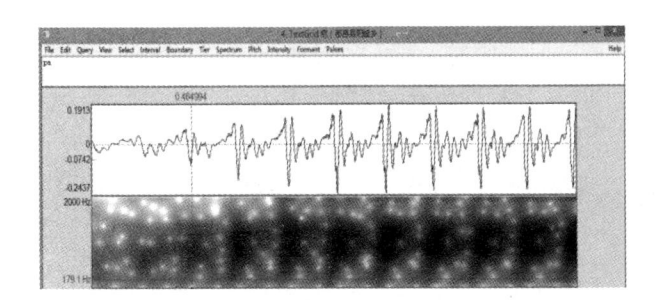

图 3-22　都昌县阳峰乡方言"疤 [₋pa]"宽带语图

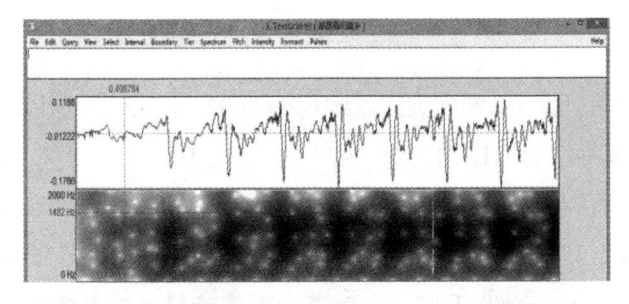

图 3-23　都昌县阳峰乡方言"怕 [ba²]"宽带语图

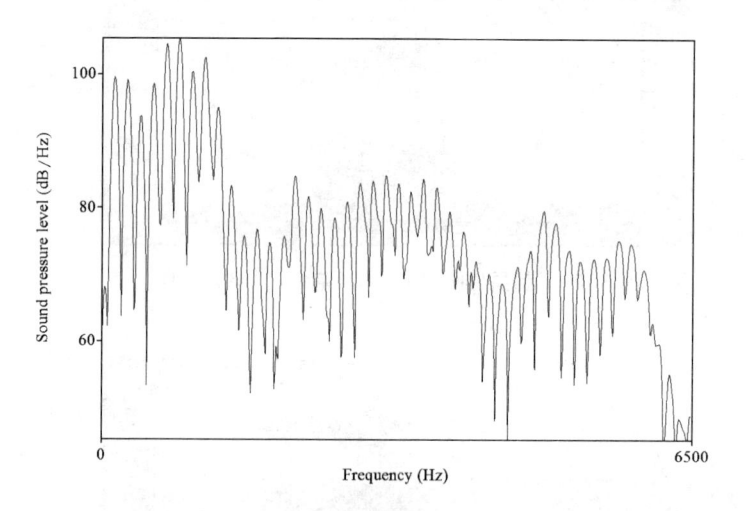

图 3-24 都昌县阳峰乡方言"疤 [ˬpa]"瞬时频谱图

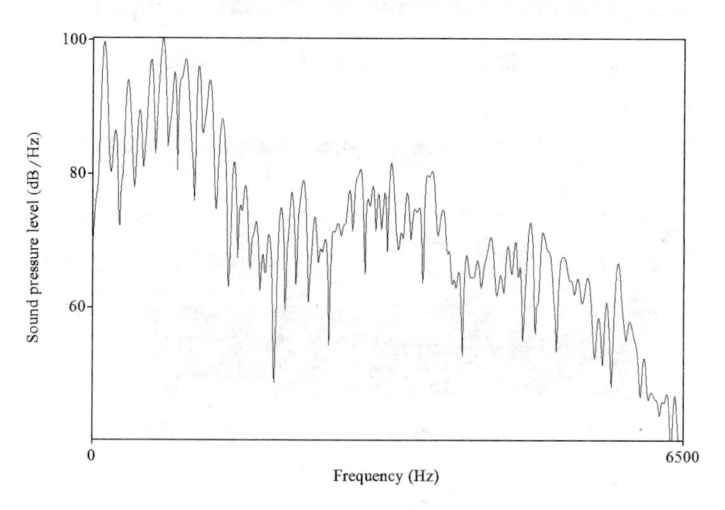

图 3-25 都昌县阳峰乡方言"怕 [ba²]"瞬时频谱图

图 3-23"怕"元音的波峰到波谷间比图 3-22"疤"多了一些小毛刺,从频谱斜率来看,图 3-24"疤"H1<H2,图 3-25"怕"H1>H2。

弛声参数标准(朱晓农,2010：1—19)有：1. 弛声元音的音强小； 2. 宽带图不那么干净； 3. 由于漏气而产生摩擦,弛声的高频区有较多乱纹,在语图上元音波峰到波谷间有许多小毛刺； 4. 弛声元音的能量衰减趋势比常态元音要平缓；5.频谱斜率的不同，即 H1>H2。从语图来看次清字"怕"声母今读是浊音，并且其后接元音带有弛声特点。

据国外语音学家的观点（朱晓农，2012：205），频谱斜率是界定弛声的主要声学参数，H1-H2 之间的差值关系是弛化 > 常态 > 嘎裂。下表为手工提取都昌阳峰乡伏牛村卢家方言 15 个字的韵母段前 30—50 毫秒的谐波能量差（H1-H2）。

表 3-1　都昌阳峰乡伏牛村卢家方言频谱斜率（H1-H2）值表

例字	多	疤	菠	陡	狗
H1-H2 值	-39.9	-31.1	-5.1	-36.9	-47.2
例字	拖	怕	破	透	口
H1-H2 值	-85.19	13	2.6	11.9	1.7
例字	驮	耙	婆	豆	厚
H1-H2 值	2.3	0.5	0.8	3.3	-0.5

都昌阳峰方言中古全清与古次清字今读浊音声母，据表 3-1 数据可知次清字与全浊字的 H1-H2 多为正值，正值越大越能说明弛声化现象，都昌阳峰方言浊音声母音节带有弛声特点。

第二节　赣语昌都片泥来母今读特点

赣方言泥来母今读常合流，故本节将泥来母放在一起讨论。刘纶鑫（1999：264）将赣语中泥来今读归纳为三种类型五种情况：1. 泥来不论洪细都不混；2. 泥来洪混细分；3. 泥来洪细皆混，此类又有两情况，一是泥来洪细读作 [l]，一是阴声韵泥来洪细读 [l]，阳声韵泥来洪细读 [n]。万波（2009：138—139）将赣方言泥来今读类型分三种：1. 不混型，泥来洪细都不混，赣语区的东部及东北部多为此类；2. 半混型，泥来洪音混，细音分，赣语大部分属此类；3. 全混型，泥来洪细都混，大通片赣语多属此类。以上成果均是就整个赣语而言，本节结合 125 个方言点材料，着重探讨昌都片赣语中泥来母今读类型及演变特点。

一、泥来母今读类型

昌都片赣语泥来母今读有两种类型：

类型一：不混型。

泥母逢洪音今读 [n]，来母逢洪音今读 [l]，泥母逢细音今 [ȵ]，来母逢细音读 [d]/[l]，具体分布于：武宁县泉口口音、石门楼口音的石门楼镇白桥村方言、东林口音的东林乡东林村方言，修水县境内的庙岭口音、布甲口音、黄港口音及修水口音的黄坳乡塘排村、黄港镇安全村、何市镇大里村、上奉镇石街村、征村乡熏衣村、山口镇来苏村、新湾乡新湾村方言，瑞昌县南义镇方言，都昌县方言，星子县方言，湖口县方言，德安县方言，安义县万埠镇下庄村方言。

类型二：半混型。

又分三种情况：

1. 半混 A 型

泥来母洪混，细分，具体音值有不同情况：

（1）泥来母逢洪音都读 [l]，泥母逢细音读 [ȵ]，来母逢细音读 [l]，具体分布于：武宁县境内方言，永修县境内大部分乡镇方言，安义县（除万埠镇下庄村）方言，新建县大部分乡镇方言，南昌县（除塔城乡）及南昌市方言。

（2）泥来母逢洪音都读 [n]，泥母逢细音读 [ȵ]，来母逢细音读 [l]/[d]，具体分布于修水县境内白岭口音及修水口音的部分方言，如竹坪乡竹坪村、渣津镇长潭村、余塅乡余塅村、复原乡雅洋村、黄龙乡沙塅村方言。

2. 半混 B 型

泥来母逢洪音部分混、部分不混，泥来母逢细音分，具体音值有不同情况：

（1）泥来母逢洪音多数字不混，少数字相混；泥来母细音分：

①泥母逢洪音读 [n]/[l]，来母逢洪音读 [l]，泥母逢细音读 [ȵ]，来母逢细音读 [d]/[l]，具体分布于修水县修水口音的宁州镇宁州方言，新建县流湖乡对门牌头方言，长埭镇（陈昌仪，2005）方言。

②泥母逢洪音读 [n]，来母逢洪音读 [l]/[n]，泥母逢细音读 [ȵ]，来母逢细音读 [l]，具体分布于修水县修水口音的义宁镇罗家堨方言。

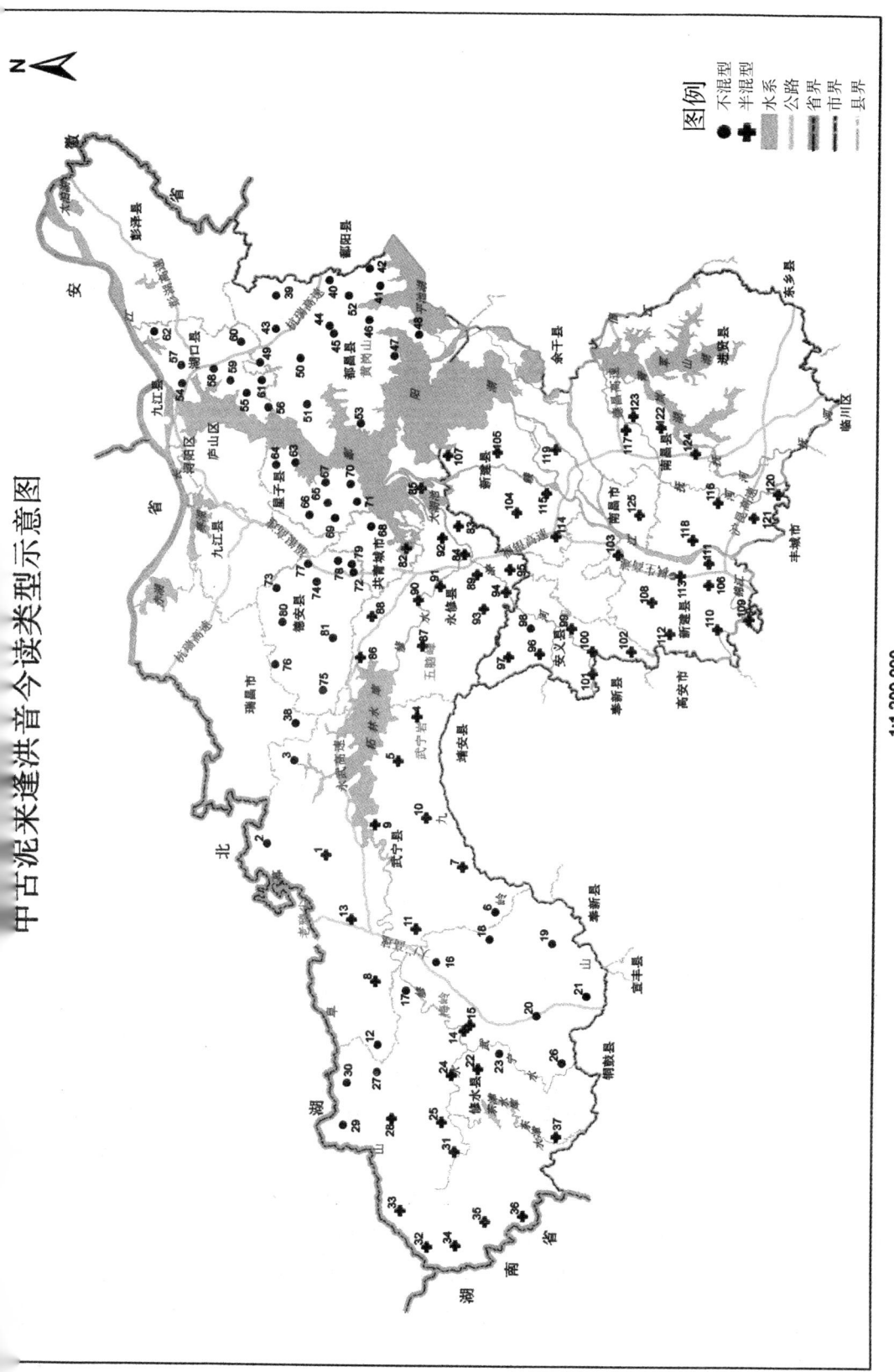

中古泥末逢洪音今读类型示意图

（2）泥来母逢洪音多数字相混，少数字不混；泥来母细音分：

①泥母逢洪音读 [n]/[l]，来母逢洪音读 [n]，泥母逢细音读 [ȵ]，来母逢细音读 [d]/[lᵈ]，具体分布于修水县大桥镇沙湾村方言。

②泥母逢洪音读 [l]/[n]，来母逢洪音读 [l]，泥母逢细音读 [ȵ]，来母逢细音读 [d]/[lᵈ]/[l]，具体分布于永修县三溪桥镇河桥村方言、南昌县塔城乡东游村方言。

③泥来母逢洪音读 [n]/[l]，泥母逢细音读 [ȵ]，来母逢细音读 [d]/[lᵈ]/[tʰ]/[l]，具体分布于修水县溪口镇田仑村方言，永修县虬津镇张公渡村、滩溪镇滩溪村、马口镇新丰村方言。

3. 半混 C 型

泥来母逢洪音相混，泥来逢细音多数字不混，少数字相混。

（1）泥来母逢洪音读 [l]，泥母逢细音读 [ȵ]，来母逢细音读 [tʰ]/[l]/[ȵ]，主要分布于新建县松湖镇松湖村丁李中心村、厚田乡西门村上头村、乐化镇江桥村、联圩镇大圩村方言。

（2）泥来母逢洪音读 [n]，泥母逢细音读 [ȵ]，来母逢细音读 [d]/[l]/[ȵ]，主要分布于修水县杭口镇厚家源村、马坳镇石溪村方言。

二、泥来母今读演变特点

（一）泥来母今读类型呈区域性分布特点

结合泥来逢洪音今读类型分布图可知，鄱阳湖滨地区都昌县、湖口县、星子县、德安县东部方言为不混型；旧南昌府武宁县、南昌县、新建县、永修县一带为半混型；修水县的东部为不混型，修水县西北部与湖北通城、崇阳相接壤，故在类型上不同于东部，泥来逢洪音读 [n] 与湖北大通片赣语连成一片。

半混 B、C 型方言点多处于交界地带，如新建流湖乡对门牌头、松湖镇松湖村丁李中心村方言点处新建县与宜浏片丰城市交界处；永修县滩溪镇滩溪村、马口镇新丰村方言点处永修县与安义县城交界地带，永修县三溪桥镇方言点处永修县与德安县接壤处。有些方言点则处于昌都片境内不同类型的连接处，如修水县义宁镇义宁镇罗家埚、宁州镇宁州、杭口镇厚家源村、马坳镇石溪村处于东部不混型与西部半混 A 型连接处,永修县三溪桥镇河桥村处于北部德安境内不混型与永修县境内半混 A 型连接处。

(二)泥来母今读类型的历史层次

昌都片赣语泥来母今读类型主要有不混型与半混型,根据汉语语音史,泥来母不混应是最早层次,半混型应是后来的发展。据上文所述类型具体情况可知,半混 B 型(1)"泥来母逢洪音多数字不混,少数字相混",应是由不混型发展而来;半混 B 型(2)"泥来逢洪音多数字相混,少数字不混",应是由半混 A 型发展。如下表 3-2 所示:

表 3-2 赣语昌都片泥来母半混类型例字表

类型	地点	泥洪	来洪	泥母部分字	来母部分字
半混 B 型(1)	新建县流湖乡对门牌头	n	l	l 哪啰糯奴	
	新建县长埯镇(陈)	n	l	l 暖嫩农	
	修水县宁州镇宁州	n	l	l 啰糯怒耐奈奶饶挠捼囊	
	修水县义宁镇罗家坞	n	l		n 老拉蓝览卵龙
半混 B 型(2)	修水县大桥镇沙湾村	n	n	l 哪那啰拿奴	
	南昌县塔城乡东游村	l	l	n 拿你脑恼南男难	
	永修县三溪桥镇河桥村	l	l	n 你南男暖能浓	

结合地理分布来看,这些地点多属交界地带,个别字相混现象应同邻近方言有一定关系。如修水县大桥镇沙湾村周边乡镇方言泥来母今读 [n],大桥镇西部同湖南平江县接壤,平江方言中泥来逢洪音都是读 [l](据李冬香,2005:12),所以大桥镇沙湾村方言泥母读 [l] 声母的例外字应同平江方言有密切关系;永修县三溪桥镇河桥村与德安县的磨溪乡(属不混型)接壤,互相通婚,所以三溪桥方言中泥母例外字应同德安县方言有密切关系;新建县流湖乡对门牌头村与宜浏片的丰城市接壤,丰城方言泥来母逢洪音读 [l](刘纶鑫,1999:53),所以这里个别泥母逢洪音字读 [l],应是受到丰城方言的影响。

从上述类型可知,昌都片赣语泥来母逢洪音相混的方言点细音多是不混的,这也可以从发音音理得到解释,如万波(2009:142—144)指出,泥来母逢洪音相混是因相同发音部位发音方法相近引起的,而细音前的泥母发生腭化为 [n̠],[n̠] 与 [l] 区别度大,不易混淆,本书同意万波的观点。

据近期赣地文献研究成果,半混 C 型应是比半混(A、B)型更晚些的现象。李军(2015:125)在光绪元年(1875年)刊行的南昌地区童蒙识字课本《类字蒙求》中发现大量泥母与来母一二等字互注现象,该文献采取字旁标同音小字方式对生疏字直音式标音,如"蓝南""卢奴""拉那""拦南"(前字为被注字,后字为直音),该文献中泥来母三四等之间很少有互注现象,据此可知,南昌地区泥来母今读"泥来逢洪音相混,细音分别"格局自两百年前就已如此。

《类字蒙求》泥来三四等之间少有互注现象,只有两例,如"溺又音力""胪奴",这说明个别来母字逢细音读同泥母 [n̠] 现象,这同今天新建县松湖镇松湖村丁李中心村、厚田乡西门村上头村、乐化镇江桥村、联圩镇大圩村方言及修水县杭口镇厚家源村、马坳镇石溪村方言相符。下表 3-3 列出昌都片赣语个别来母字拼细音今读同泥母([n̠])现象的方言点与例字:

表 3-3　赣语昌都片来母逢细音读 [n̠] 例字表

地点	来母逢细音读鼻音 [n̠] 的例字
新建县松湖镇松湖村丁李中心村	邻伦沦轮陵凌灵
新建县厚田乡西门村上头村	镰殓猎林淋连联莲练恋邻鳞良凉量粮梁两亮谅两陵凌菱力令灵零铃龙
新建县乐化镇江桥村	雷梨兰莲邻凌菱灵
新建县联圩镇大圩村	犁雷累蓝殓淋邻立笠郎娘零

《类字蒙求》于光绪元年刊行于南昌地区。明清的南昌府包括今天的南昌市、南昌县、新建县、修水县广大地区;今天的南昌市、南昌县、新建县均自宋至清属相同的二级行政区域。据《南昌县志》(2006:20),南昌县置县之初包括今南昌、新建、丰城、进贤及周边区域。北宋太平兴国六年(981年),析南昌西北境为新建县。至清朝末年,南昌府的章江、德胜、永和三门属新建县,新建县处北,南昌县处南,南北以状元桥、佳山福地、西辕门为界。封建社会时代的百姓,活动

很少超越府县，交流往来，语言自然具有趋同性，联系今天新建县方言中来母拼细音读鼻音[n̠]，《类字蒙求》两例泥来三四等互注的例子应不属偶然，反映出来的方言事实是今天南昌地区的来母拼细音读鼻音[n̠]现象早在两百年前南昌府时期就已存在，且分布也呈现地域不平衡。

明末新建人张位《问奇集》曾批评西蜀方言"怒为路、怒为鲁"；明末清初宜春人张自烈《正字通》有"力卢类"与"尼乃类"反切均透露出当时赣方言泥来不混的信息；结合今天的新建方言与宜春方言泥来逢洪音相混的事实，万波（2009：142—144）曾推断，赣语泥来母洪音前相混应是明末以后才发生的晚近变化。联系上文李军有关《类字蒙求》的研究成果，本书认为泥来母今读不混型代表中古层次，半混（A、B、C）型应是明末以后晚近演变，半混C型清代中晚期就已出现，半混B型的形成应同方言接触有关。

第三节　赣语昌都片来母逢细音今读特点

据以往成果（高福生，1988；陈昌仪，1983；李如龙、张双庆，1992；刘纶鑫，1999），赣语来母今读主要有两种情况，一是洪细无别，今读边音[l]，一是洪细有别，逢洪音今读边音[l]，逢细音读塞音，具体的音值有[dʰ]、[d]、[tʰ]、[t]。本节结合赣语昌都片125个方言点材料，对来母逢细音今读做进一步探讨。

一、来母逢细音今读类型

赣语昌都片方言来母逢细音今读共有四种类型：
类型一：边音型。
来母逢细音今读边音[l]，主要分布于武宁县（除杨洲乡森峰村）方言，修水县庙岭口音、黄港口音、布甲口音及修水口音的义宁镇义宁镇罗家埚、宁州镇宁州、黄坳乡塘排村、何市镇大里村、上奉镇石街村、征村乡熏衣村、新湾乡新湾村、港口镇集镇居委会、复原乡雅洋村方言，瑞昌南义镇（刘纶鑫，1999）方言，都昌县方言（土塘除外），湖口县的马影镇走马刘三房村、文桥乡饶塘村

中古来母逢细音今读类型示意图

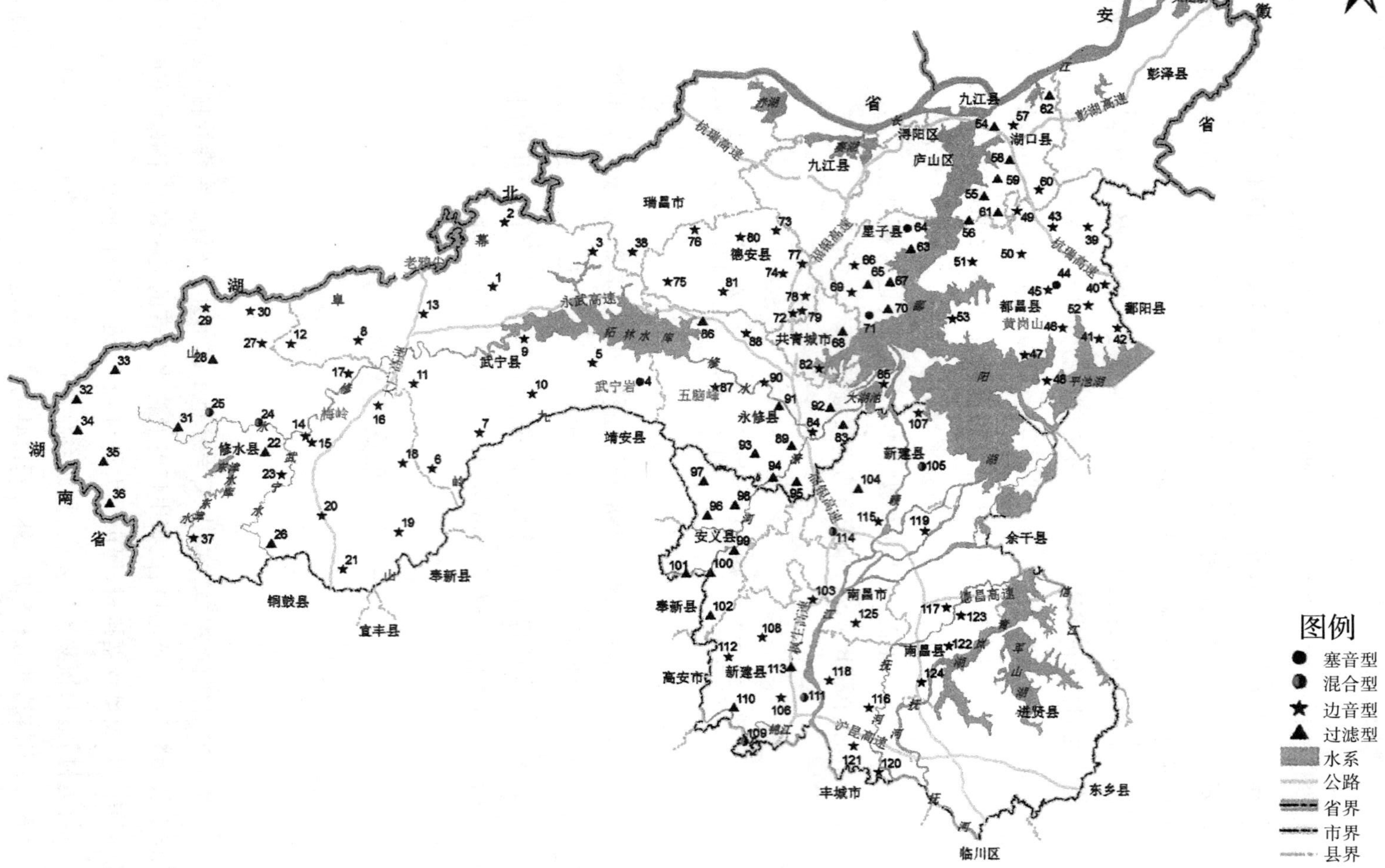

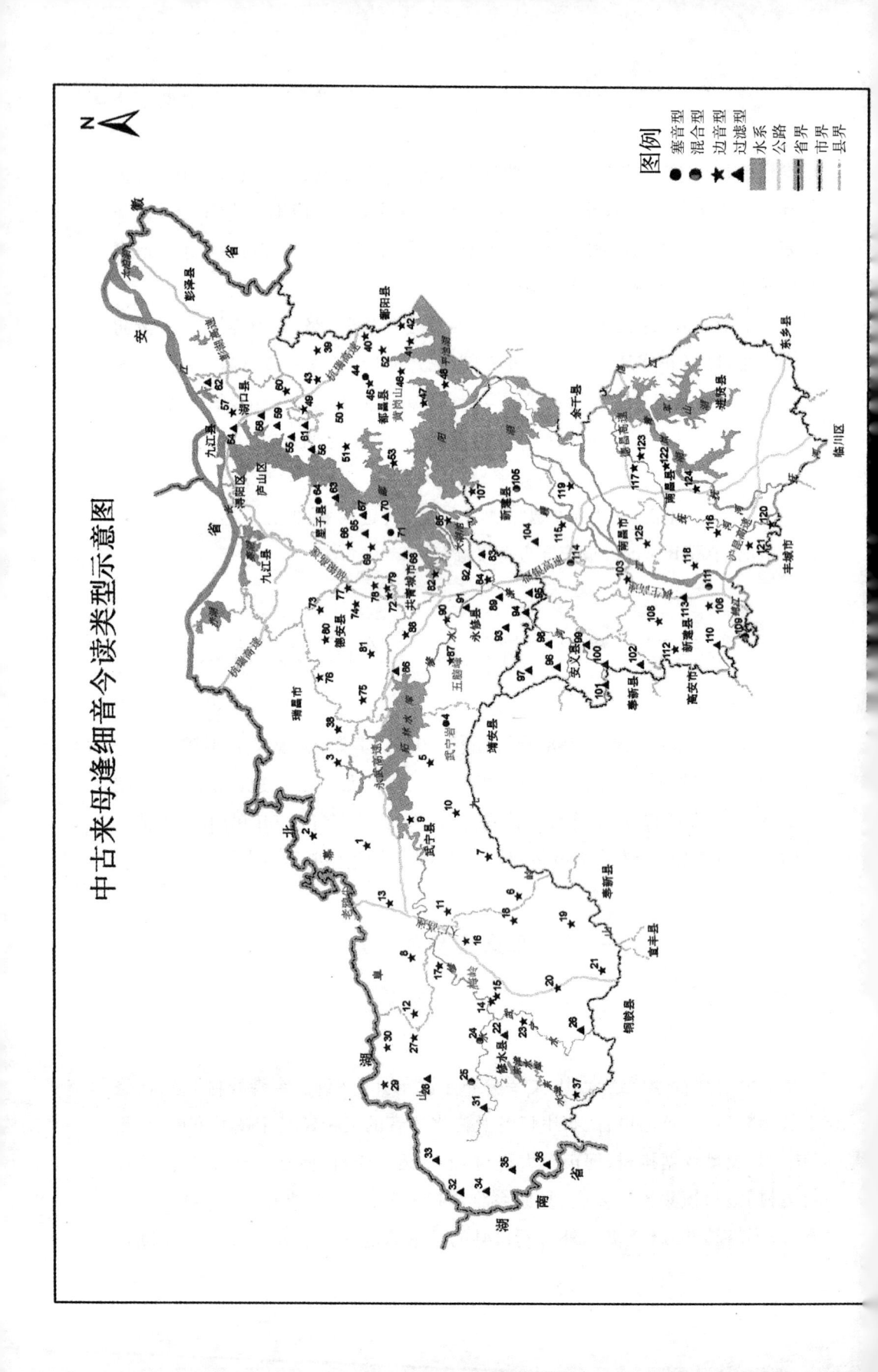

陈凤姓村、武山镇武山村细沈祐方言,星子县温泉镇桃花源余家、横塘镇联盟村塅上查家方言,德安县方言,永修县的江益镇(刘纶鑫,1999)、涂埠镇(陈昌仪,1983)、吴城镇(肖萍,2008)、江上乡耕源村、梅棠镇杨岭村、虬津镇张公渡村方言、新建县长堎镇(陈昌仪,2005)、流湖乡对门牌头、石埠镇乌城村程家新基、西山镇西山村猴溪陈村、樵舍镇峰桥村、昌邑乡良坪村坪上方言,南昌县方言及南昌市方言。

类型二：塞音型。

来母逢细音今读塞音 [d]、[tʱ]、[t]、[tʰ],主要分布于都昌县土塘镇(陈昌仪,1991)方言、星子县蛟塘镇(陈昌仪,2005)方言、安义县城关(高福生,1988)方言,武宁县杨洲乡森峰村方言、修水县全丰镇半坑村小山界方言、星子县白鹿镇玉京村码头镇方言。

类型三：过渡型。

来母拼细音今读既有塞音([d]/[tʱ]/[t]/[tʰ])读法,又有边音 [l] 读法,有些字听上去既像塞音又像边音,本书记作 [lᵈ],主要分布于修水县白岭口音及修水口音的竹坪乡竹坪村、山口镇来苏村、溪口镇田仓村、渣津镇长潭村、大桥镇沙湾村、余塅乡余塅村、黄龙乡沙塅村方言,湖口县大部分乡镇及星子县大部分乡镇方言,永修县马口口音及涂埠口音大部分乡镇方言,安义县方言,新建县的金桥乡东和村、石岗镇石岗村、生米镇东城村南岸自然村方言。

类型四：混合型。

来母拼细音有塞音([d]/[tʱ]/[t]/[tʰ])、边音 [l]、鼻音 [n̠] 多种读法,主要分布于修水县杭口镇厚家源村及马坳镇石溪村方言,新建县联圩镇大圩村、松湖镇松湖村丁李中心村、厚田乡西门村上头村、乐化镇江桥村方言。

二、来母逢细音今读塞音现象探讨

(一)来母逢细音今读塞音现象地理分布的不平衡性

结合来母逢细音今读类型分布图可知,来母逢细音今读塞音现象在昌都片呈现出不平衡态势。修水县境内渣津镇以北以西地区方言保存较好；湖口县从北到南渐失；星子县除县城及中部隘口镇、温泉镇、华林镇之外地区方言保存较好。永修县修河以南的地区方言保存较好。安义县境内从北到南，从东到西呈现渐失态势。从地理上来看，各县县城及周边地区方言，各县与外界交往多的乡镇方言来母拼细音今读边音现象突出，塞音现象保存较完好的方言往往分布于各县交通闭塞地区。

（二）来母逢细音今读塞音现象韵摄条件

昌都片赣语来母拼细音韵摄主要有遇摄合口三等，止摄开口三等，蟹摄开口三四等，效摄开口三四等，流摄开口三等，咸摄开口三等，深摄开口三等，山摄开口三四等，山摄合口三等，臻摄开口三等，臻摄合口一三等，宕摄开口三等，曾摄开口三等，梗摄开口四等，通摄合口三等。笔者从《方言调查字表》中选取115个来母常用字做专题调查，具体例字如下：

三等字：(遇合三)驴吕旅虑滤缕屡,(蟹开三)例历励,(止开三)离篱璃荔梨履利厘狸李里理鲤吏,(止合三)累类泪,(效开三)燎疗,(流开三)流刘留榴硫琉柳溜馏廖,(咸开三)廉镰帘殓猎,(深开三)林淋临檩立笠粒,(山开三)连联列烈裂,(山合三)恋劣,(臻开三)邻鳞燐吝栗,(臻合三)伦沦轮律,(宕开三)良凉量粮梁粱两亮谅辆略掠,(曾开三)陵凌菱力,(梗开三)领岭令,(通合三)隆六陆陇龙绿录。

四等字：(蟹开四)犁黎礼丽隶,(效开四)聊辽撩了嘹料,(山开四)怜莲练炼,(梗开四)灵零铃伶拎翎历。

据上文可知，来母逢细音今读塞音现象主要分布于塞音型、过渡型、混合型类型方言中，塞音型方言来母逢细音均读塞音。为了解塞音现象演变的音韵条件，本书重点考察38个过渡型方言点的来母逢细音今读情况，下文表3-4列出过渡型方言点来母逢细音今读音值及例字(表中不同韵摄来源的例字用";"间隔)。

表3-4 赣语昌都片来母逢细音今读情况表

方言点	音值	三等	四等
修水县竹坪乡竹坪村	d	驴吕旅虑滤；例厉励；离篱璃荔离梨履利痢厘狸李里吏；累类泪；燎疗；猎；联列烈裂；陵凌菱；岭	犁黎礼丽隶；聊辽撩寥了瞭料
	l^d	理鲤；刘留榴硫琉柳溜馏廖；廉镰帘殓；林淋临檩立笠粒；连；恋奁；邻鳞燐含栗；律；良凉量粮梁樑两亮谅辆略掠；力；领令；隆六陆龙绿录	怜莲练炼；灵零铃伶拎翎历
修水县山口镇来苏村	l^d	驴；例厉励；离篱璃荔离梨履利厘狸李里理鲤吏；累类泪；廉镰帘殓猎；林淋临檩立笠粒；列烈裂；恋奁；邻鳞燐含栗；律；量粮梁樑两亮谅辆略掠；陵凌菱力；领令；隆六陆龙绿录	犁黎礼丽隶；聊辽撩寥；练炼；灵零铃伶拎翎历
	l	吕旅虑滤；燎疗；流刘留榴硫琉柳溜廖；连联；良凉；岭	了瞭料；怜莲
修水县溪口镇田仑村	d	璃荔离梨履利厘狸李里理鲤吏；累类泪；疗；流刘留硫琉柳溜	
	l^d	吕旅虑滤；廉镰帘殓猎；林淋临立笠粒；连列烈裂；恋；邻鳞含栗；律；良凉；力；领令；六陆龙陇绿录	犁黎礼丽隶；聊辽撩寥了瞭料；怜莲练炼；灵零铃伶拎翎历
	l	伦沦轮；良量粮梁两亮谅两；理；略掠；陵凌；隆	
修水县渣津镇长潭村	d	吕旅虑滤；例厉励；离篱璃荔梨履利厘狸李里理鲤吏；累；力；领岭令；隆	犁黎礼丽隶；聊辽
	l^d	燎疗；流刘留榴硫琉柳溜廖；廉镰帘殓猎；林淋临檩立笠粒；连联列烈裂；恋奁；邻鳞燐含栗；律；良凉量粮梁樑两亮谅辆略掠；陵凌菱	寥了瞭料；怜莲练炼；灵零铃伶拎翎历
修水县白岭镇白岭村	d	驴吕旅虑滤；例厉励；离篱璃荔离梨履利厘狸李里理鲤吏；累类泪	犁黎礼丽隶
	l^d	燎疗；流刘留榴硫琉柳溜馏廖；廉镰帘殓猎；林淋临檩立笠粒；连联列烈裂；恋奁；邻鳞燐含栗；伦沦轮律；良凉量粮梁樑两亮谅辆略掠；陵凌菱力；领岭令；隆六陆陇龙绿录	聊辽撩寥了瞭料；怜莲练炼；灵零铃伶拎翎历

续表一

方言点	音值	三等	四等
修水县全丰镇南源村	d	驴吕旅虑滤；例厉励；离篱璃荔离梨履利厘狸李里理鲤吏；累类泪	犁黎礼丽隶
	lᵈ	燎疗；流刘留榴硫硫柳溜馏廖；廉镰帘殓猎；林淋临檩立笠粒；连联列烈裂；恋劣；邻鳞燐吝栗；伦沦轮律；良凉量粮梁樑两亮谅辆略掠；陵凌菱力；领岭令；隆六陆陇龙绿录	聊辽撩寥了瞭料；怜连练炼；灵零铃伶拎翎历
修水县黄龙乡沙塅村	d	吕旅虑滤；例厉励；离篱璃荔离梨履利厘狸李里理鲤吏；累类泪；燎疗；流刘留榴硫硫柳溜；	犁黎礼丽隶
	lᵈ	廖；廉镰帘殓猎；林淋临立笠粒；连联列烈裂；恋劣；邻鳞燐吝栗；伦沦轮律；良凉量粮梁樑两亮谅辆略掠；陵凌菱力；领岭令；隆六陆龙陇绿录	聊辽撩寥了瞭料仦；怜连练炼楝；灵零铃伶拎翎历
修水县大桥镇沙湾村	d	驴吕旅虑滤；例厉励；离篱璃荔离梨履利厘狸李里理鲤吏；累类泪；燎疗；流刘留榴硫硫柳溜馏廖；廉镰帘殓猎；林淋临檩立笠粒；连联列烈裂；恋劣；邻鳞燐吝栗；伦沦轮律；良凉量粮梁樑两亮谅辆略掠；陵凌菱力；领岭令；隆六陆陇龙	犁黎礼丽隶；聊辽撩寥了瞭料；怜
	lᵈ	绿录	莲练炼；灵零铃伶拎翎历
修水县余塅乡余塅村	d	吕旅虑滤缕屡；例厉励；离篱璃荔离梨履利猁厘狸李里裏理鲤吏；累垒类泪；燎疗；猎；林淋临	犁黎礼丽隶
	lᵈ	流刘留榴硫硫柳溜廖；廉；粒；连联莘列烈裂；恋；菱力；领岭；六陆	辽撩了瞭料仦；怜连练炼；灵零铃伶拎翎历；
湖口县双钟镇月亮村	d	驴吕旅虑滤；例厉励；离篱璃荔离梨履利厘狸李里理鲤吏；累类泪；燎疗；流刘留榴硫硫柳溜廖；廉镰帘殓猎；林淋临檩立笠粒；连联列烈裂；恋劣；邻鳞燐吝栗；伦沦轮律；良凉量粮梁樑两亮谅辆略掠；陵凌菱力；领岭令；隆六陆陇龙绿录；聊辽撩了瞭料；怜连练炼	

第三章　赣语昌都片声母研究

续表二

方言点	音值	三等	四等
湖口县双钟镇月亮村	lᵈ		犁黎礼丽隶；灵零铃伶拎翎历
	l	掠略	
湖口县舜德乡南湾村沈素上村	d	猎；林淋临；连联	
	l	驴吕旅虑滤；例厉励；离篱璃荔离梨履利厘狸李里理鲤吏；累类泪；燎疗；流刘留榴硫琉柳溜廖；廉镰帘殓猎；檩立笠粒；列烈裂；恋劣；邻鳞燐念栗；伦沦轮律；良凉量粮梁樑两亮谅辆略掠；陵凌菱力；领岭令；隆六陆龙陇垅绿录	犁黎礼丽隶；聊辽撩了瞭料；怜莲练炼；灵零铃伶拎翎历
湖口县舜德乡兰新村	d	驴吕旅虑滤；例厉励；离篱璃荔离梨履利厘狸李里理鲤吏；累类泪；燎疗；流刘留榴硫琉柳溜馏廖；廉镰帘殓猎；林淋临檩立笠粒；连联列烈裂；恋劣；邻鳞燐念栗；伦沦轮律；良凉量粮梁樑两亮谅辆；陵凌菱；领岭令；隆陆陇龙绿录；	犁黎丽隶；莲练炼；灵零铃伶拎翎历
	l	掠略；力；六	礼；聊辽撩了瞭料；怜
湖口县文桥乡饶塘村陈凤姓村	d	雷；燎疗；流刘留榴硫琉柳溜馏廖；林淋临檩立笠粒；力	历
	l	驴吕旅虑滤；例厉励；离篱璃荔梨履利厘狸李里理鲤吏；累类泪，，；廉镰帘殓猎；连联列烈裂；恋劣；邻鳞燐念栗；伦沦轮律；良凉量粮梁樑两亮谅辆略掠；陵凌菱；领岭令；隆六陆陇龙绿录	犁黎礼丽隶；聊辽撩了瞭料；怜莲练炼；灵零铃伶拎翎
湖口县城山镇大塘村细石家	d	例厉励；雷；离篱璃荔离梨履利厘狸李里理鲤吏；累类泪；廉镰帘殓猎；邻鳞燐念栗；陵凌菱力、领岭令；六陆龙绿录	
	l	驴吕旅虑滤；燎疗；流刘留榴硫琉柳溜馏廖；林淋临檩立笠粒；连联列烈裂；恋劣；良凉量粮梁樑两亮谅辆略掠	犁黎礼丽隶；聊辽撩了瞭料；怜莲练炼；灵零铃伶拎翎历

263

续表三

方言点	音值	三等	四等
湖口县流芳乡青年村曹府台	d	例厉励；燎疗；流刘留榴硫琉柳溜馏廖；廉镰帘殓猎；立笠粒；列烈裂劣；吝栗；律；略掠；陵凌菱力	怜莲练炼；历
	l	驴吕旅虑滤；雷；离篱璃荔离梨履利厘狸李里理鲤吏；累类泪；林淋临檩；连联；恋；邻鳞燐；伦沦轮；良凉量粮梁粱两亮谅辆；领岭令；隆六陆陇龙绿录	犁黎礼丽隶；聊辽撩了瞭料；灵零铃伶拎翎
湖口县流泗镇红星村	d	驴吕旅虑滤；例厉励；雷；离篱璃荔离梨履利厘狸李里理鲤吏；累类泪；燎疗；流刘留榴硫琉柳溜馏廖；廉镰帘殓猎；林淋临檩立笠粒；连联；恋劣；邻鳞燐吝栗；伦沦轮律；良凉量粮梁粱两亮谅辆；陵凌菱力；领岭令；隆陆龙陇垅绿录	犁黎礼丽隶；聊辽撩寥了瞭料；怜莲练炼；灵零铃伶拎翎历
	l	猎；列烈裂；略掠；六	
星子县南康镇迎春桥社区	tʰ	旅；廉镰帘殓猎；林淋临檩立笠粒；连联列烈裂；劣；邻鳞燐；六	怜莲练炼；
	lᵈ	燎疗；流刘留榴硫琉柳溜馏廖	犁黎礼丽隶；聊辽撩了瞭料；灵零铃伶拎翎历
	l	驴吕旅虑滤；例厉励；雷；离篱璃荔离梨履利厘狸李里理鲤吏；累类泪；恋；吝栗；伦沦轮律；良凉量粮梁粱两亮谅辆略掠；陵凌菱力；领岭令；隆陆陇龙绿录	
星子县华林镇繁荣村大屋金	d	褛屡；馏,廉镰簾；林立笠粒；连联列烈裂；栗；律；略掠；六	灵零历
	lᵈ	犁；厘；燎；流刘留硫琉；劣；良；陵凌菱力	聊辽料；怜莲练炼
	l	驴吕旅虑；例厉励；雷；离篱璃荔离梨履利狸李里理鲤吏；累类泪；流刘留榴硫柳溜廖,帘殓猎、淋临檩；恋；邻鳞燐吝；伦沦轮；凉量粮梁粱两亮谅辆略掠；领岭令；隆陆陇龙绿录	犁黎礼丽隶；撩了瞭；铃伶拎翎

264

续表四

方言点	音值	三等	四等
星子县蓼花镇胜利村东平山	d	驴吕旅虑滤；例厉励；雷；离篱璃荔离梨履利厘狸李里理鲤吏；累类泪；燎疗；流留榴硫琉柳溜馏廖；廉镰帘殓猎；林淋临檩立笠粒；连联列烈裂恋；邻鳞燐吝栗；伦沦轮律；良凉粮梁粱两亮谅辆掠；陵凌菱力；领岭令；隆六陆陇龙绿录	犁黎礼丽隶；聊辽撩了瞭料；怜莲练炼；灵零铃伶拎翎历
	l	刘；劣；略	
星子县苏家档乡土牛村	d	驴吕旅虑滤；例厉励；雷；离篱璃荔离梨履利厘狸吏；燎疗；刘流留榴硫琉柳溜馏廖；廉镰帘殓猎；林淋临檩立笠粒；连联列烈裂；恋劣；邻鳞燐吝栗；伦沦轮律；良凉量粮梁粱两亮谅辆掠略；陵凌菱力；领岭令；隆六陆陇龙绿录	犁黎礼丽隶；聊辽撩了瞭料；怜莲练炼；灵零铃伶拎翎历
	l	李里理鲤；累泪类；陆	
星子县蓼南乡新华村何家堡	d	六连	
	lᵈ	林邻良	
	l	驴吕旅虑滤；例厉励；雷；离篱璃荔离梨履利厘吏李里理鲤；累泪类；燎疗；刘流留榴硫琉柳溜馏廖；廉镰帘殓猎；淋临檩立笠粒；联列烈裂；恋劣；鳞燐吝栗；伦沦轮律；凉量粮梁粱两亮谅辆掠略；陵凌菱力；领岭令；隆陆陇龙绿录	犁黎礼丽隶；聊辽撩了瞭料；怜莲练炼；灵零铃伶拎翎历
永修县三溪桥镇河桥村	tʰ	梨；亮谅	
	lᵈ	雷；李里鲤累类泪；邻鳞燐；陵凌菱	
	l	驴吕旅虑滤；例厉励；离篱璃荔离履利厘狸理吏；燎疗；流刘留榴硫琉柳溜馏廖；廉镰帘殓猎；林淋临檩立笠粒；连联列烈裂；恋劣；吝栗；伦沦轮律；良凉量粮梁粱两辆略掠；力；领岭令；隆六陆陇龙绿录	犁黎礼丽隶；聊辽撩了瞭料；怜莲练炼；灵零铃伶拎翎历

265

续表五

方言点	音值	三等	四等
永修县立新乡桥头村	tʰ	累泪；粒；六	聊辽
	lᵈ	李里理鲤	莲练
	l	驴吕旅虑滤；例厉励；雷；离篱璃荔离梨履利厘狸吏；类；燎疗；流刘留榴硫琉柳溜馏廖；廉镰帘殓猎；林淋临檩立笠；连联列烈裂；恋劣；邻鳞燐吝栗；伦沦轮律；良凉量粮梁粱两亮谅辆略掠；陵凌菱力；领岭令；隆陆陇龙绿录	犁黎礼丽隶；撩了瞭料；怜炼；灵零铃伶拎翎历
永修县艾城镇艾城村艾城街	tʰ	粒	料；历
	l	驴吕旅虑滤；例厉励；雷；离篱璃荔离梨履利厘狸李里理鲤吏；累类泪；燎疗；流刘留榴硫琉柳溜馏廖；廉镰帘殓猎；林淋临檩立笠；连联列烈裂；恋劣；邻鳞燐吝栗；伦沦轮律；良凉量粮梁粱两亮谅辆略掠；陵凌菱力；领岭令；隆六陆陇龙绿录	犁黎礼丽隶；聊辽撩了瞭；怜莲练炼；灵零铃伶拎翎
永修县九合乡长滩村	tʰ	滤虑；累类泪；粒	
	l	驴吕旅；例厉励；雷；离篱璃荔离梨履利厘狸李里理鲤吏；燎疗；流刘留榴硫琉柳溜馏廖；廉镰帘殓猎；林淋临檩立笠；连联列烈裂；恋劣；邻鳞燐吝栗；伦沦轮律；良凉量粮梁粱两亮谅辆略掠；陵凌菱力；领岭令；隆六陆陇龙绿录	犁黎礼丽隶；聊辽撩了瞭料；怜莲练炼；灵零铃伶拎翎历
永修县滩溪镇滩溪村	tʰ	累类泪；粒；力	
	l	驴吕旅虑滤；例厉励；雷；离篱璃荔离梨履利厘狸李里理鲤吏；燎疗；流刘留榴硫琉柳溜馏廖；廉镰帘殓猎；林淋临檩立笠；连联列烈裂；恋劣；邻鳞燐吝栗；伦沦轮律；良凉量粮梁粱两亮谅辆略掠；陵凌菱；领岭令；隆六陆陇龙绿录	犁黎礼丽隶；聊辽撩了瞭料；怜莲练炼；灵零铃伶拎翎历

续表六

方言点	音值	三等	四等
永修县马口镇新丰村	tʰ	累类泪；粒；力；亮辆谅；领岭	
	l	庐驴吕旅虑滤；例厉励；雷；离篱璃荔离梨履利厘狸李里理鲤吏；燎疗；流刘留榴硫琉柳溜馏廖；廉镰帘殓猎；林淋临檁立笠；连联列烈裂；恋劣；邻鳞燐吝栗；伦沦轮律；良凉量粮梁粱两略掠；陵凌菱；令；隆六陆陇龙绿录	犁黎礼丽隶；聊辽撩了瞭料；怜莲练炼；灵零铃伶拎翎历
永修县马口镇山丰村	tʰ	累类泪	隶；练炼
	lᵈ	连联	黎犁
	l	庐驴吕旅虑滤；例厉励；雷；离篱璃荔离梨履利厘狸李里理鲤吏；燎疗；流刘留榴硫琉柳溜馏廖；廉镰帘殓猎；林淋临檁立笠粒；列烈裂；恋劣；邻鳞燐吝栗；伦沦轮律；良凉量粮梁粱两亮谅辆略掠；陵凌菱力；领岭令；隆六陆陇龙绿录	礼丽；聊辽撩了瞭料；怜莲；灵零铃伶拎翎历
安义县新民乡新民村	tʰ	例厉励；燎疗；流刘留榴硫琉柳溜馏廖；廉镰帘殓猎；林淋临檁立笠粒；连联列烈裂；恋劣；邻鳞燐吝栗；伦沦轮律；良凉量粮梁粱两亮谅辆略掠；陵凌菱力；领岭令；隆六陆陇龙绿录；	聊辽撩了瞭料；怜莲练炼；灵零铃伶拎翎历
	l	驴吕旅虑滤；雷；离篱璃荔离梨履利厘狸李里理鲤吏；累类泪	犁黎礼丽隶
安义县长埠镇长埠村	tʰ	例厉励；燎疗；流刘留榴硫琉柳溜馏廖；廉镰帘殓猎；林淋临檁立笠粒；连联列烈裂；恋劣；邻鳞燐吝栗；伦沦轮律；良凉量粮梁粱两亮谅辆略掠；陵凌菱力；领岭令；隆六陆陇龙绿录	犁黎礼丽隶；聊辽撩了瞭料；怜莲练炼；灵零铃伶拎翎历
	l	驴吕旅虑滤；雷；离篱璃荔离梨履利厘狸李里理鲤吏；累类泪	
安义县万埠镇下庄村	tʰ	例厉励；燎疗；流刘留榴硫琉柳溜馏廖；廉镰帘殓猎；林淋临檁立笠粒；连联列烈裂；恋劣；邻鳞燐吝栗；伦沦轮律；良凉量粮梁粱两亮谅辆略掠；陵凌菱力；领岭令；隆六陆陇龙绿录	犁黎礼丽隶；聊辽撩了瞭料；怜莲练炼；灵零铃伶拎翎历

续表七

方言点	音值	三等	四等
安义县万埠镇下庄村	l	驴吕旅虑滤；雷；离篱璃荔离梨履利厘狸李里理鲤吏；累类泪	
安义县龙津镇凤山村	tʰ	燎疗；栗	隶；聊了料辽；莲练
	l	庐驴吕旅虑滤；例厉励；雷；离篱璃荔离梨履利厘狸李里理鲤吏；累类泪；流刘留榴硫琉柳溜馏廖；廉镰帘殓猎；林淋临檩立笠粒；连联列烈裂；恋劣；邻鳞燐吝；伦沦轮律；良凉量粮梁樑两亮谅辆略掠；陵凌菱力；领岭令；隆六陆陇龙绿录；	犁黎礼丽；撩瞭；怜炼；灵零铃伶拎翎历。
安义县石鼻镇果田村	tʰ	燎疗；廉镰帘殓猎；陵凌菱力	聊辽撩了瞭料；怜莲练炼；灵零铃伶拎翎历
	l	庐驴吕旅虑滤；例厉励；雷；离篱璃荔离梨履利厘狸李里理鲤吏；累类泪；流刘留榴硫琉柳溜馏廖；林淋临檩立笠粒；连联列烈裂；恋劣；邻鳞燐吝栗；伦沦轮律；良凉量粮梁樑两亮谅辆略掠；领岭令；隆六陆陇龙绿录	犁黎礼丽隶
安义县黄洲镇黄洲村	tʰ	旅；猎；粒；列烈裂；劣；栗	隶聊辽；怜
	l	驴吕虑滤；例厉励；雷；离篱璃荔离梨履利厘狸李里理鲤吏；累类泪；燎疗；流刘留榴硫琉柳溜馏廖；廉镰帘殓；林淋临檩立笠；连联；恋；邻鳞燐吝；伦沦轮律；良凉量粮梁樑两亮谅辆略掠；陵凌菱力；领岭令；隆六陆陇龙绿录	犁黎礼丽；撩了瞭料；莲练炼；灵零铃伶拎翎历
安义县乔乐乡社坑村	tʰ	粒	
	l	驴吕旅虑滤；例厉励；雷；离篱璃荔离梨履利厘狸李里理鲤吏；累类泪；燎疗；流刘留榴硫琉柳溜馏廖；廉镰帘殓猎；林淋临檩立笠；连联列烈裂；恋劣；邻鳞燐吝栗；伦沦轮律；良凉量粮梁樑两亮谅辆略掠；陵凌菱力；领岭令；隆六陆陇龙绿录	犁黎礼丽隶；聊辽撩了瞭料；怜莲练炼；灵零铃伶拎翎历

续表八

方言点	音值	三等	四等
金桥乡东和村	tʰ	粒；恋；六陆	料
	l	驴吕旅虑滤；例厉励；雷；离篱璃荔离梨履利厘狸李里理鲤吏；累类泪；嫽疗；流刘留榴硫琉柳溜馏廖；廉镰帘殓猎；林淋临檩立笠；连联列烈裂；恋劣；邻鳞燐吝栗；伦沦轮律；良凉量粮梁粱两亮谅辆略掠；陵凌菱力；领岭令；隆陇龙绿录	犁黎礼丽隶；聊辽撩了瞭；怜莲练炼；灵零铃伶拎翎历
石岗镇石岗村	tʰ	吕旅	
	l	驴虑滤；例厉励；雷；离篱璃荔离梨履利厘狸李里理鲤吏；累类泪；嫽疗；流刘留榴硫琉柳溜馏廖；廉镰帘殓猎；林淋临檩立笠；连联列烈裂；恋劣；邻鳞燐吝栗；伦沦轮律；良凉量粮梁粱两亮谅辆略掠；陵凌菱力；领岭令；隆陇龙绿录	犁黎礼丽隶；聊辽撩了瞭；怜莲练炼；灵零铃伶拎翎历
生米镇东城村南岸村	tʰ	猎立笠粒	
	l	驴虑滤；例厉励；雷；离篱璃荔离梨履利厘狸李里理鲤吏；累类泪；嫽疗；流刘留榴硫琉柳溜馏廖；廉镰帘殓；林淋临檩；连联列烈裂；恋劣；邻鳞燐吝栗；伦沦轮律；良凉量粮梁粱两亮谅辆略掠；陵凌菱力；领岭令；隆陇龙绿录	犁黎礼丽隶；聊辽撩了瞭；怜莲练炼；灵零铃伶拎翎历

从上表3-4可知昌都片赣语哪些字读边音,哪些字读塞音没有明显的韵摄条件。修水方言遇合三等、止开合三等、流开三等、蟹开四等字塞音保存较好；湖口县方言流开三等、止开三等、咸开三等、梗开三等字塞音保存较好；星子县县城及中部隘口镇、温泉镇、华林镇方言来母逢细音多读边音,其他方言咸开三等、深开三等、山开三等字塞音保存较好；永修县、新建县方言只有个别三四等字("累类泪莲"等)来母拼细音读塞音；安义县北部与东部方言遇合三等、蟹合一等、止开三等、止合三等字多读边音,其他韵摄塞音保存较好。结合昌都片过渡型方言来母逢细音读边音的例字来看,中古四等来源的字更容易读边音。

（三）来母逢细音今读塞音现象与邻近方言关系

昌都片赣语来母逢细音今读塞音现象与邻近湖南赣语极为相似。李冬香（2005：53）指出，湖南平江县赣语来母逢细音也存在读塞音及边音两类现象，从例字上看不出口语常用与非常用区别。李军（2015：125—127）指出，南昌地区蒙童识字课本《类字蒙求》有四处端组字与来母互注例子（隶第、醴体、隶弟、焉了），用定母的"弟、第"给同韵的来母字的"隶"注音，用透母的"体"为来母的"醴"注音，这说明了两百年前的南昌地区方言有来母逢细音读成塞音现象。例子不多但说明南昌小片来母逢细音读塞音例字的不平衡性早在两百年前就已成局。《类字蒙求》注音材料提到"隶"字读塞音 [tʰ]，这个字在南昌小片各县至今普遍读塞音，无独有偶，"隶"字读塞音现象在湘语中也有发现，罗昕如（2011：49）根据湘方言研究成果指出，"隶"字在湘潭、长沙、衡阳、益阳、娄底、邵阳、新化均是读塞音，"隶"字今读塞音现象在湘赣方言的表现说明湘赣方言存在密切联系。

（四）来母逢细音今读塞音的历史层次

昌都片赣语大部分方言来母细音今读有多样性。当一个字存在边音、塞音两读时，本地人认为塞音读法更土些，常用词更易出现塞音读法，如德安县林泉乡发音人单念"立"为 [liʔ₂]，"一粒、两粒"词中读成 [tʰi₂]。边音型方言也存在零星字读塞音现象，如南昌县广福方言来母字只有一个"粒 [tʰi₂]"字仍读塞音，都昌县方言来母字只有一个"拎 [₂tiaŋ]"字上仍保留塞音读法；塞音型方言来母字单念塞音，当处两字组的后字时却又容易变读为边音，如安义县万埠镇发音人把"石榴"中"榴"声母读成边音，从语用来看，书面语词更易出现边音读法。综合以上方言材料及语用事实，本书认为，来母拼细音读塞音声母应是昌都片赣语早期现象，来母逢细音今读塞音为白读层，来母逢细音读边音的现象不是存古的，而是塞音之后的变化。

关于赣语来母细音读塞音的产生时间，万波（2009：146—152）曾指出，来母塞音化应发生在清浊分调之后，如抚广片等地来母读同端母 [t]，但声调却是同定母一致；都昌土塘方言来母入声字今读调类同端母，故送气分调起作用时，都昌土塘方言来母的音值只能是次浊类声母 [l]，据此万波进一步推断出塞音化应发生在送气分调之后。本书同意万波先生关于来母塞音发生在清浊分调之后的观点。

根据学界对《切韵》时代来母拟音可知，来母读塞音应是《切韵》之后的变化。来母拼细音读边音或是读塞音 [d]、[tʰ]、[t]、[tʰ]，在音变机制上是可以解释的。罗常培《唐五代西北方音》(1933) 曾提出，汉代西北中原一带来母演变为带塞音色彩的 dl 或 r，来母细音受介音 i 的影响，塞音成分进一步加重。万波（2009：151）再结合中唐西北移民历史指出，赣语中来母细音读塞音现象是中唐西北移民与赣地方言接触的结果，并构拟了音变过程：

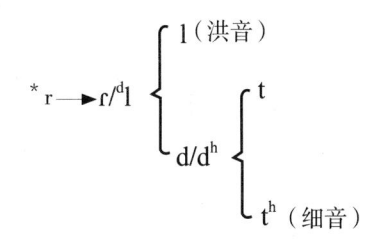

$$^*r \longrightarrow \textit{r}/^{d}l \begin{cases} l（洪音）\\ d/d^{h} \begin{cases} t \\ t^{h}（细音）\end{cases}\end{cases}$$

昌都片各地方言中来母逢细音今读塞音为白读层，结合各地方言来母逢细音今读塞音不平衡情况，本书认为来母逢细音今读塞音应是赣语昌都片早期的区域性特点，来母逢细音今读边音现象则应是塞音读法之后的变化。各地方言来母逢细音今读塞音不平衡态势则显示昌都片赣语来母逢细音呈现出边音化发展趋势，而这种现象同晚近官话的影响及普通话的推广有关。

本书同意万波先生对来母逢细音读塞音现象构拟，结合当前的昌都片赣语中来母拼细音边音化发展，本书将昌都片赣语来母拼细音的音变公式进一步推衍，音变过程描述如下：

$$^*r \longrightarrow l^{d} \longrightarrow d/d^{h} \begin{cases} d \\ t^{h} \end{cases} \longrightarrow l^{d} \longrightarrow l$$

第四节　赣语昌都片透定母今读特点

据已刊成果（万波，2009；孙宜志，2007），赣语中端组的主流读法是端母[t]，透定母 [tʰ]/[d]/[tʱ]，其他音值类型多带区域性特点，如抚广片、吉茶片、宜浏片透定部分读 [h]、[ɕ]、[f]，大通片中阳新方言端组读端母洪音读 [t]，细音读 [ts]，透定洪音读 [tʰ]，细音读 [tsʰ]；昌都片赣语都昌方言透定母读 [l]，宜浏片新余水西镇方言中端母读 [l]，透定母读 [h]。本节将讨论昌都片赣语透定母今读类型，并着重探讨透定母今读边音现象。

一、透定母今读类型

昌都片赣语透定母今读类型共有三类。

类型一：塞音型。

根据音值不同又可以分为三类：

1. 透母读 [tʰ]，定母读 [d]，分布于武宁县方言及瑞昌县南义镇（刘纶鑫，1999）方言。

2. 透母读 [tʰ]，定母读 [t]，分布于武宁县方言泉口口音、鲁溪口音、新宁口音。

3. 透定母今读 [tʰ]/[d]/[tʱ]，分布于武宁县方言石门楼口音、东林口音，修水县方言，都昌县土塘（陈昌仪，1991）方言，湖口县城山镇大塘村细石家方言、流泗镇红星村方言，星子县方言南康口音、华林口音的蓼花镇胜利村东平山方言、蛟塘镇（陈昌仪，2005）方言及横塘口音的苏家档乡土牛村方言，德安县除丰林镇外大部分乡镇方言，永修县方言（除吴城口音），安义县方言，新建县方言，南昌县方言及南昌市方言。

类型二：边音型。

透定母合流今读边音 [l]，分布在都昌县方言都昌镇口音、徐埠口音、阳峰口音，德安县丰林镇方言。

类型三：过渡型。

中古透定母今读类型示意图

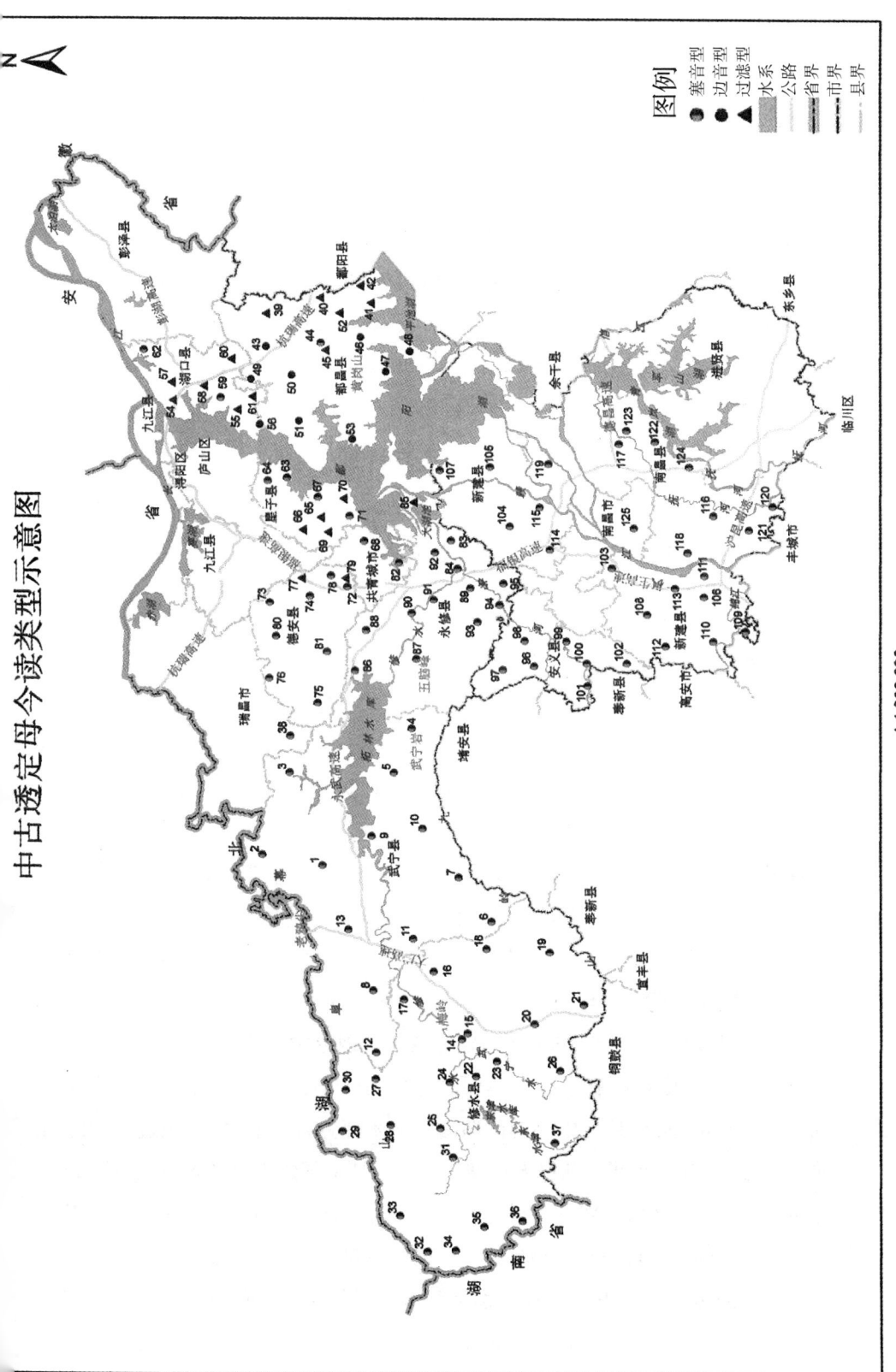

透定母今读合流,部分韵摄字读塞音 [d]、[tʰ]、[tʰ],部分韵摄字读边音 [l],部分字听起来即像边音又像塞音,本书记作 [lᵈ],如李如龙、张双庆(1992:14)也曾指出,都昌方言中"[l] 在齐齿呼前可自由变读 [d]",大概指的就是 [lᵈ] 听感。过渡型分布于都昌县方言大港口音、南芗万口音,湖口县方言流芳口音及双钟口音的部分乡镇方言,星子县的华林镇繁荣村大屋金、温泉镇桃花源余家、横塘镇联盟村塝上查家、蓼南乡新华村何家堡方言,德安县高塘乡罗桥村畈上王家、蒲亭镇附城村方言,永修县吴城镇(肖萍,2008)方言。

二、透定母今读边音现象探讨

(一)透定母今读边音现象的地理分布

结合重点考察的 125 个方言点材料,透定合流读边音现象集中分布于都昌县及德安的丰林镇方言。已刊成果(万波,2009;孙宜志,2007;肖萍,2007)都提到,都昌方言、吴城方言透定母有读边音现象。近期发现,德安丰林镇方言存在透定母合流读边音的现象。《德安县志》(1991:57)载,丰林镇共有丰林、芦塘、畈上王、黄桶、桥头、白云、大畈、依塘、乌石门、泗溪、上胡 12 个村委会,近期调查发现乌石门村以北的畈上王、黄桶、桥头、畈上王、黄桶、桥头方言普遍存在透定母读边音现象,德安县高塘乡罗桥村畈上王家、蒲亭镇附城村方言,湖口县双钟镇月亮村、舜德乡南湾村沈素上村、马影镇走马刘三房村、文桥乡饶塘村陈凤姓村、武山镇武山村细沈祜、流芳乡青年村曹府台,星子东部乡镇方言也存在透定母个别字今读边音现象。

透定母今读类型分布图显示透定母读边音现象中心源地有两处,一是都昌西部方言,一是德安县中部方言。都昌西部乡镇方言透定母完全读边音,音变正在向四周扩散,跨越县境中部的阳储山脉向东部方言推进,向西越过鄱阳湖向星子县方言推进,北部向湖口方言推展;德安县中部的丰林镇各乡镇方言透定母合流今读边音的演变将尽完成,这一演变正在向东部推进,同星子县方言相连接。透定母读边音现象在地理分布上呈现着环湖区分布的特点。

星子县东部乡镇方言存在个别字读边音现象,都昌西部较完善地读边音;

永修吴城像半岛伸入鄱阳湖,吴城方言中透定母今读塞音,肖萍(2008:71)指出,吴城方言中个别字(笛潭调地弟梯地殿蹋)读边音;湖口县双钟镇月亮村、舜德乡南湾村沈素上村、马影镇走马刘三房村、文桥乡饶塘村陈凤姓村、武山镇武山村细沈祜、流芳乡青年村曹府台方言也存在个别字读边音现象。

本书认为,湖口方言、星子方言透定母个别字今读边音现象应同都昌方言有关系。都昌西部与隔湖相望的星子县历来有班船通航;吴城如半岛形伸入鄱阳湖,同都昌沿湖地带水路交通便利;都昌北部苏山、春桥与湖口接壤,都昌人外出往往要通过湖口的屏峰、流芳再北上。透定母读边音现象分布特点显示了鄱阳湖滨星子、都昌、湖口、吴城密切的历史文化联系。

都昌方言透定母今读边音现象最具代表性,都昌各乡镇方言透定母今读如下图分布:

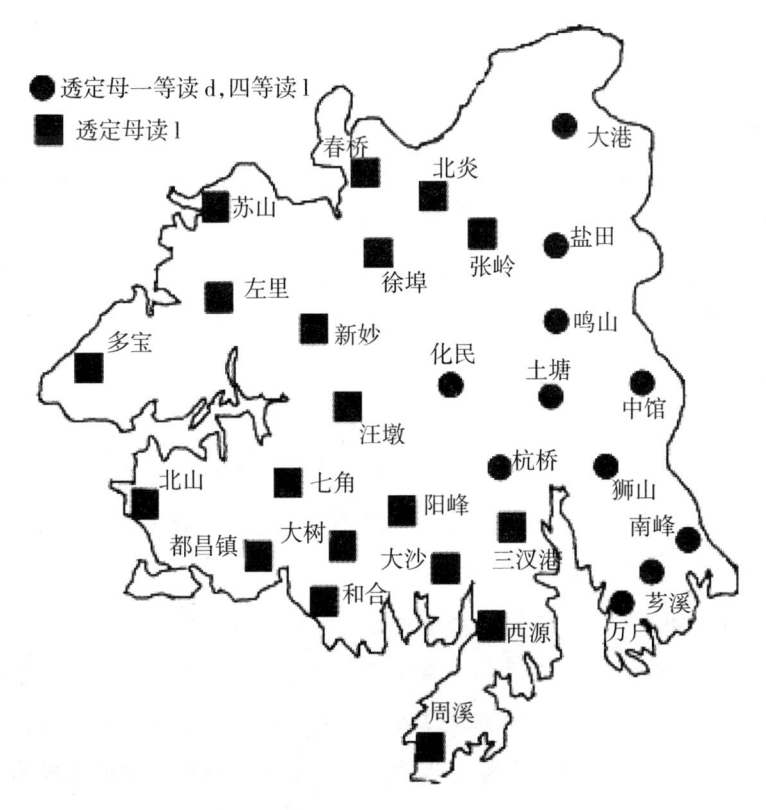

图 3-26 都昌方言透定母今读类型分布示意图

据上图,都昌境内方言透定母读边音现象不是周遍性的,东部的大港口音、南芗万口音透定母部分读塞音 [d],部分读边音 [l],西部的阳峰口音、徐埠口音、都昌镇口音透定母全部读边音 [l]。

(二)透定母今读边音现象的音变条件及原因

都昌方言透定母今边音现象存在音变条件,即东部大港口音及南芗万口音透定母一等字读塞音 [d],四等字读边音 [l],个别字不合规律,如大港镇小埠村方言定母一等字个别字(谈痰淡洞毒)读 [l],万户镇长岭村方言定母一等字个别字(独读堂荡团断)读 [l]。中部化民乡方言是东西部过渡地带,透定母字基本读边音,同时存在过渡性特征,透定母四等个别字(体梯题弟挑跳添甜天)听感上像塞音又像边音,化民乡信和村委会柏树张家方言发音人透定母一等个别字(胎抬贷代袋太泰)存在塞音、边音变读现象。综合上述语音现象,本书认为,透定母细音前先变,东部大港镇小埠村、万户镇长岭村方言个别定母字读 [l] 说明透定母拼洪音变 [l] 可能是从定母字开始的,音变以词汇扩散式方式逐步完成。

为进一步了解透定母今读 [l] 现象的音变条件,笔者从《方言调查字表》选取 194 个透定母常用字对德安县丰林镇乌石村木梓林胡家、依塘村(河下叶家、依塘畈)、丰林村金家、黄桶村(黄桶铺、新屋詹家、上屋熊家)、桥头村(潘师畈王家、桥上孙家)、畈上王村(埠下袁家、良种场、畈上王家)、大畈村新屋邓家方言进行实地调查。具体例字如下:

透母字:(一等)拖妥椭土吐兔胎态贷太泰滔掏讨套偷敨贪探踏毯塔榻塌滩摊坦炭叹獭脱吞汤倘躺烫趟托通桶捅痛秃统推腿退蜕褪;(四等)梯体替涕剃屉挑跳粜添舔帖贴天腆铁听厅踢

定母字:(一等)驼驮舵大惰徒屠途图杜肚度渡镀台抬待怠代袋大桃逃淘陶萄涛道稻盗导头投豆逗潭谭谈痰淡檀壇弹诞但弹蛋达团断段缎椴夺屯豚饨臀囤盾钝突堂棠唐糖塘荡腾誊藤疼邓澄特同铜桐筒童动洞独读犊毒队兑;(四等)题提蹄啼弟递条调跳掉调甜簟叠碟牒蝶谍田填电殿莫佃垫亭停廷庭蜓艇挺定笛敌狄籴;(三等)地

下文列表说明德安丰林镇各村方言透定母今读音值及例字情况。

表 3-5 德安县丰林镇方言透定母今读情况表

地点	透定母今读例字			
德安县乌石村木梓林胡家	透母	一等	tʰ	拖妥椭土吐兔胎态贷太泰滔讨套偷敨贪探踏毯塌榻塌滩坦炭叹獭脱吞汤倘躺烫趟托通桶捅痛秃统；推腿退蜕褪
^	^	^	l	掏摊
^	^	四等	tʰ	梯体替涕剃屉粜踢
^	^	^	lᵈ	挑
^	^	^	l	跳添舔帖贴天腆铁听厅
^	定母	一等	tʰ	驼驮鸵大惰徒屠途杜肚台待怠代袋大桃逃淘陶萄涛道稻盗导头逗潭谭谈痰淡檀坛弹诞但弹蛋达夺屯豚饨臀囤盾钝突堂棠唐糖塘荡腾誊藤疼邓澄特同铜桐童动独犊；队兑
^	^	^	lᵈ	投豆
^	^	^	l	图度渡镀抬团断段缎椴筒洞读毒
^	^	四等	tʰ	蹄啼递掉调簟叠碟喋蝶谍田填电殿奠佃垫亭廷庭蜓艇挺笛籴
^	^	^	lᵈ	提
^	^	^	l	题弟第条调跳甜停定敌狄
^	^	三等	lᵈ	地
德安县丰林镇依塘村河下叶家	透母	一等	tʰ	拖妥椭唾土吐兔胎台态贷太泰滔掏讨套偷敨贪探踏坍毯塌榻塌滩摊坦炭叹獭脱吞汤倘躺烫趟托通桶捅痛秃统
^	^	^	l	推腿退蜕褪
^	^	四等	tʰ	梯替涕剃舔帖贴腆铁汀剔
^	^	^	lᵈ	体添天踢
^	^	^	l	屉挑跳粜听厅

277

续表一

地点				透定母今读例字
德安县丰林镇依塘村河下叶家	定母	一等	tʰ	驼驮舵大惰垛徒屠途图杜肚度渡镀台苔抬待怠殆代袋大桃逃淘陶萄涛稻盗导头投豆逗潭谭谈痰淡檀壇诞但蛋达团断段缎椴夺屯豚饨臀囤沌盾钝突堂棠螳唐糖塘荡宕铎踱腾誊藤疼邓澄特同铜桐筒童动洞独读牍犊毒；队兑
			l	道弹
		四等	tʰ	提蹄掉调簟叠殿奠佃垫狄籴
			lᵈ	题甜碟牒蝶谍田填电亭停廷庭蜓艇挺锭定笛敌
			l	啼弟第递条调跳
		三等	lᵈ	地
德安县丰林镇依塘村依塘畈	透母	一等	tʰ	拖妥椭土吐兔胎台态贷太泰滔讨套偷敌贪探踏毯塔榻塌滩摊坦炭叹獭脱吞倘躺趟托通桶捅痛秃统
			lᵈ	汤烫
			l	推腿退蜕褪掏
		四等	tʰ	帖贴腆
			lᵈ	梯体
			l	替涕剃屉挑跳粜添舔天铁听厅踢
	定母	一等	tʰ	驼驮舵大惰徒屠途图杜肚度渡镀台抬待怠代袋大桃逃淘陶萄涛稻盗导头投豆逗潭谭痰檀壇弹诞但弹蛋达段缎椴夺屯豚饨臀囤盾钝突棠荡澄特筒童独犊；队兑
			lᵈ	道谈堂唐糖塘腾誊藤疼邓同铜桐毒
			l	淡团断动洞读
		四等	tʰ	掉殿奠佃垫狄籴
			lᵈ	题提
			l	蹄啼弟第递条调跳调甜簟叠碟牒蝶谍田填电亭停廷庭蜓艇挺定笛敌
		三等	l	地

278

第三章　赣语昌都片声母研究

续表二

地点				透定母今读例字
丰林镇丰林村金家	透母	一等	tʰ	妥胎态太泰掏探踏塔榻塌坦叹脱吞托
			l	拖椭土吐兔台贷滔讨套偷敌贪毯滩摊炭獭汤倘躺烫趟通桶捅痛秃统推腿退蜕褪
		四等	tʰ	贴天腆铁听踢
			l	梯体替涕剃屉挑跳粜添舔帖厅
	定母	一等	tʰ	屠肚抬待队兑逃涛投逗潭谭谈痰诞但达夺屯突棠荡特同独犊
			l	驼驮舵大惰徒途图杜度渡镀台怠代袋大桃淘陶萄道稻盗导头豆淡檀壇弹弹蛋团断段缎椴豚饨臀囤盾钝堂唐糖塘腾誊藤疼邓澄铜桐筒童动洞读毒
		四等	tʰ	啼调掉叠牒谍殿奠垫
			l	题提蹄弟第递条跳调甜簟碟蝶蝶田填电佃亭停廷庭蜓艇挺定笛敌狄籴
		三等	l	地
丰林镇黄桶村黄桶铺	透母	一等	tʰ	妥态泰滔讨吞通桶秃
			lᵈ	土吐兔
			l	拖椭胎贷太掏套偷敌贪探踏毯塔榻塌滩摊坦炭叹獭脱汤倘躺烫趟托捅痛统推腿退蜕褪
		四等	l	梯体替涕剃屉挑跳粜添舔帖贴天腆铁听厅踢
	定母	一等	tʰ	舵惰台代队兑逗檀诞但团夺特桐洞独
			l	驼驮大徒屠途图杜度渡镀抬待怠袋大桃逃淘陶萄涛道稻盗导头投豆潭谭谈痰淡壇弹弹蛋达断段缎椴屯豚饨臀囤盾钝突堂棠唐糖塘荡腾誊藤疼邓澄同铜筒童动读犊毒
		四等	tʰ	奠佃
			lᵈ	题
			l	提蹄啼弟第递条调跳掉调甜簟叠碟牒蝶谍田填电殿垫亭停廷庭蜓艇挺定笛敌狄籴
		三等	l	地

279

续表三

地点				透定母今读例字
丰林镇黄桶村新屋詹家	透母	一等	t⁶	秃
			l	拖妥椭土吐兔胎态贷太泰滔掏讨套偷敨贪探踏毯塔榻塌滩摊坦炭叹獭脱吞汤倘躺烫趟托通桶捅痛统推腿退蜕褪
		四等	l	梯体替涕剃屉挑跳粜添舔帖贴天腆铁听厅踢
	定母	一等	t⁶	队兑逗但夺饨盾突
			l	驼驮舵大惰徒屠途图杜肚度渡镀台抬待怠代袋大桃逃淘陶萄涛道稻盗导头投豆潭谭谈痰淡檀坛弹诞蛋达团断段缎椴屯豚臀囤钝堂棠唐糖塘荡腾誊藤疼邓澄特同铜桐筒童动洞独读犊毒
		四等	t⁶	递掉
			l	题提蹄啼弟第条调跳调甜簟叠碟喋蝶谍田填电殿奠佃垫亭停廷庭蜓艇挺定笛敌狄籴
		三等	l	地
丰林镇黄桶村上屋熊家	透母	一等	l	拖妥椭土吐兔胎态贷太泰滔掏讨套偷敨贪探踏毯塔榻塌滩摊坦炭叹獭脱吞汤倘躺烫趟托通桶捅痛秃统推腿退蜕褪
		四等	l	梯体替涕剃屉挑跳粜添舔帖贴天腆铁听厅踢
	定母	一等	t⁶	驮队徒
			l	驼舵大惰屠途图杜肚度渡镀台抬待怠代袋大桃逃淘陶萄涛道稻盗导头投豆逗潭谭谈痰淡檀坛弹诞但弹蛋达团断段缎椴夺屯豚饨臀囤盾钝突堂棠唐糖塘荡腾誊藤疼邓澄特同铜桐筒童动洞独读犊毒兑
		四等	l	题提蹄啼弟第递条调跳掉调甜簟叠碟喋蝶谍田填电殿奠佃垫亭停廷庭蜓艇挺定笛敌狄籴
		三等	l	地
丰林镇桥头村桥上孙家	透母	一等	t⁶	胎态贷泰滔讨贪塔脱汤
			l	拖妥椭土吐兔太掏套偷敨探踏毯榻塌滩摊坦炭叹獭吞倘躺烫趟托通桶捅痛秃统推腿退蜕褪

280

续表四

地点				透定母今读例字
丰林镇桥头村桥上孙家	透母	四等	tʰ	梯替贴
			l	体涕剃屉挑跳粜添舔帖天腆铁听厅踢
	定母	一等	tʰ	驼驮屠途肚怠代桃逃淘涛盗逗腾特独
			l	舵大惰徒图杜度渡镀台抬待袋大陶萄道稻导头投豆潭谭谈痰淡檀壇弹诞但弹蛋达团断段缎椴夺屯豚饨臀囤盾钝突堂棠唐糖塘荡誊藤疼邓澄同铜桐筒童动洞读犊毒队兑
		四等	l	题提蹄啼弟第递条调跳掉调甜簟叠碟鲽蝶谍田填电殿奠佃垫亭停廷庭蜓艇挺定笛敌狄籴
		三等	l	地
丰林镇桥头村潘师畈王家	透母	一等	tʰ	退
			l	拖妥椭土吐兔胎态贷太泰滔掏讨套偷敆贪探踏毯塔榻塌滩摊坦炭叹獭脱吞汤倘躺烫趟托通桶捅痛秃统推腿蜕褪
		四等	l	梯体替涕剃屉挑跳粜添舔帖贴天腆铁听厅踢
	定母	一等	tʰ	肚代队兑逗但夺突堂独
			l	驼驮舵大惰徒屠途图杜度渡镀台抬待怠袋大桃逃淘陶萄涛道稻盗导头投豆潭谭谈痰淡檀壇弹诞弹蛋达团断段缎椴屯豚饨臀囤盾钝棠唐糖塘荡誊藤疼邓澄特同铜桐筒童动洞读犊毒
		四等	tʰ	递调殿亭挺狄
			l	题提蹄啼弟第条调甜簟叠碟鲽蝶谍田填电奠佃垫停廷庭蜓艇定笛敌籴
		三等	l	地
畈上王村良种场	透母	一等	l	拖妥椭土吐兔胎态贷太泰滔掏讨套偷敆贪探踏毯塔榻塌滩摊坦炭叹獭脱吞汤倘躺烫趟托通桶捅痛秃统推腿退蜕褪
		四等	l	梯体替涕剃屉挑跳粜添舔帖贴天腆铁听厅踢

续表五

地点				透定母今读例字
畈上王村良种场	定母	一等	tʰ	肚台代队兑逗豚
			l	驼驮舵大惰徒屠途图杜度渡镀抬待怠袋大桃逃淘陶萄涛道稻盗导头投豆潭谭谈痰淡檀壇弹诞但弹蛋达团断段缎椴夺屯饨臀囤盾钝突堂棠唐糖塘荡腾誊藤疼邓澄特同铜桐筒童动洞独读犊毒
		四等	l	题提蹄啼弟第递条调跳掉调甜簟叠碟牒蝶谍田填电殿奠佃垫亭停廷庭蜓艇挺定笛敌狄籴
		三等	l	地
丰林镇畈上王村埠下袁家	透母	一等	tʰ	拖脱
			l	妥椭土吐兔胎态贷太泰滔掏讨套偷敌贪探踏毯塔榻塌滩摊坦炭叹獭吞汤倘躺烫趟托通桶捅痛秃统推腿退蜕褪
		四等	tʰ	贴
			l	梯体替涕剃屉挑跳粜添舔帖天腆铁听厅踢
	定母	一等	tʰ	肚代队兑疼独
			[l]	驼驮舵大惰徒屠途图杜度渡镀台抬待怠袋大桃逃淘陶萄涛道稻盗导头投豆逗潭谭谈痰淡檀壇弹诞但弹蛋达团断段缎椴夺屯豚饨臀囤盾钝突堂棠唐糖塘荡腾誊藤邓澄特同铜桐筒童动洞读犊毒
		四等	tʰ	叠笛
			l	题提蹄啼弟第递条调跳掉调甜簟碟牒蝶谍田填电殿奠佃垫亭停廷庭蜓艇挺定敌狄籴
		三等	l	地
丰林镇畈上王村畈上王家	透母	一等	l	拖妥椭土吐兔胎态贷太泰滔掏讨套偷敌贪探踏毯塔榻塌滩摊坦炭叹獭脱吞汤倘躺烫趟托通桶捅痛秃统推腿退蜕褪
		四等	tʰ	涕腆踢
			lᵈ	添舔天
			l	梯体替剃屉挑跳粜帖贴铁听厅

第三章　赣语昌都片声母研究

续表六

地点				透定母今读例字
丰林镇畈上王村畈上王家	定母	一等	t^h	驼驮肚队兑逗但达夺豚饨臀盾钝腾誊藤
			l	舵大惰徒屠途图杜度渡镀台抬待怠代袋大桃逃淘陶萄涛道稻盗导头投豆潭谭谈痰淡檀壇弹诞弹蛋团断段缎椴屯囤突堂棠唐糖塘荡疼邓澄特同铜桐筒童动洞独读犊毒
		四等	t^h	题提蹄啼递叠田殿笛狄籴
			l^d	调
			l	弟第条跳掉调甜簟碟牒蝶谍填电奠佃垫亭停廷庭蜓艇挺定敌
		三等	l	地
大畈村新屋邓家	透母	一等	t^h	拖土腿滔讨偷贪踏滩脱吞汤躺烫趟托通痛统
			l	妥椭吐兔胎态贷太泰掏套敨探毯塔榻塌摊坦炭叹獭桶捅秃推退蜕褪
		四等	t^h	替挑跳厅踢
			l	梯体涕剃屉粜添舔帖贴天腆铁听
	定母	一等	t^h	驼肚队兑头投豆逗潭团断囤堂棠唐腾誊藤疼同铜童独毒
			l	驮舵大惰徒屠途图杜度渡镀台抬待怠代袋大桃逃淘陶萄涛道稻盗导谭谈痰淡檀壇弹诞但弹蛋达段缎椴夺屯豚饨臀盾钝突糖塘荡邓澄特桐筒动洞读犊
		四等	t^h	递电定
			l	题提蹄啼弟第条调跳掉调甜簟叠碟牒蝶谍田填殿奠佃垫亭停廷庭蜓艇挺笛敌狄籴
		三等	l	地

从上表 3-5 来看,德安丰林镇方言透定母今读共同规律是一等字多读塞音,合口一等今拼细音及四等字读边音,即透定母拼洪音多读塞音,拼细音多读边音;从四等字保存塞音声母读法来看,多为书面用字或不常用字,如丰林村金家方言中,四等字"题提弟第条跳甜碟蝶田填电"读边音声母,而书面用字"啼调掉叠谍牒殿奠垫"则读塞音声母。湖口县方言、星子县方言、永修县吴城镇方言

283

也存在个别字读边音声母的现象,从音变条件来看透定母读边音的字也多出于蟹合一等、蟹开四等、效开四等、咸开四等、山开四等、梗开四等。

从昌都片语用情况来看,透定母在语流中易读边音,如安义县黄洲镇发音人"痰"字读塞音 [tʰ] 声母,在"吐痰"词中却读边音 [l] 声母;新建联圩镇发音人单念"碟"字时是塞音 [tʰ] 声母,在"碟子(盘子)"词中却读边音 [l];新建县松湖发音人单念"稻"字是塞音 [tʰ],在"水稻"词中却读边音 [l]。

联系其他汉语方言来看,昌都片赣语与邻近湖南赣语及湘语有相似性,即透定拼细音易读 [l]。李冬香(2005：53)指出,平江赣语中"簟亭停庭蜓"读来母边音;罗昕如(2011：48)指出,新宁方言老派古来母字与定母字在细音前听感上可记 [d],也可记 [l];彭建国(2010：94—95)提到,湘西乡话定澄二母无论平仄都有一些读为边音,涟源六亩塘等方言定母无论在洪音前还是细音前绝大多数字读边音;万波(2009：132)提到,闽语中也有定母读边音现象,如闽北的建阳、崇安有部分定母字读边音 [l],但没有洪细的界定。

不少学者曾对透定母 [l] 音变原因做过分析。彭建国(2010：95)指出,湘语定母的 [l] 化是一种发音强度的减弱,音长缩短的结果;王福堂(2004：137)指出,闽语部分定母字读 [l] 现象是吴语新借入的浊音在融入闽语系统时发生的弱化现象;万波(2009：132)认为,都昌方言中的透定母读边音 [l] 也是 [d] 声母弱化的结果,上述解释可归纳为 [d]>[l] 现象是弱化音变的结果,本书认为这一解释同样适用于昌都片赣语。

据昌都片赣语方言材料,[d]>[l] 音变过程是符合方言事实的。透定母今读 [l] 声母音变首先发生在细音前,这可从发音机制上解释,舌尖前音 [d/tʰ] 与前高元音 [i] 相拼,[i] 前高舌位特征导致舌面前端抬高,舌面前端贴近上腭,气流从两边流出,自然就会发出边音 [l],两字组后字容易读边音 [l],从语用情况来看,[d]>[l] 音变符合发音省力原则。

随着实验语音的发展,透定母今读边音现象有了进一步科学论证。朱晓农(2006：3—13)研究指出,赣北常态浊音由于过度发音往往会产生内爆音变体,由于听感上的相似,内爆音到同部位的边音易发生转化,听感实验结果显示内爆音 [ɗ] 与边音 [l] 的混淆率为 34.5%,据此可知,透定母今读边音现象同赣北浊音发音特点及听感均有关联。

第五节　赣语昌都片精知庄章组今读特点

赣语中古精知庄章组今读情况,熊燕(2004)、刘泽民(2005)、孙宜志(2007)、万波(2009)都有较详细的论述。据万波的分类来看,赣语精知庄章组格局主要是合流型与两分型。本节结合近期调查,对昌都片赣语精知庄章组今读进一步探讨。

一、精知庄章组今读格局类型

昌都片赣语精知庄章组今读格局多为精知二庄组与知三章组两分,故下文具体分类时侧重从知三章组与精庄组分合角度考察。据昌都片125个方言点材料,本书将昌都片赣语精庄知章组今读格局分为3大类17种情况。

类型一：合流型。

精知庄章组今读合流,个别方言精组拼细音发生腭化。

1. 精知庄章组合流今读 [ts]、[tsʰ]、[s],分布于武宁县石门楼镇白桥村方言。

2. 精知庄章组合流今读 [ts]、[tsʰ]、[s],个别方言精组拼细音腭化为 [tɕ]、[tɕʰ]、[ɕ],分布于德安县蒲亭镇北门社区、蒲亭镇附城村、吴山乡河铺村东坑杨家方言。

类型二：半合流型。

精知二庄组、知三章组(部分字)今读合流,知三章组(部分字)读法不同。音值有不同情况：

3. 精庄知二组、知三章(部分字)今读 [ts]、[tsʰ]、[s],知三章组(部分字)今读 [t]、[tʰ]、[s],分布于武宁县东林乡东林村方言；修水县太阳升镇坳头村、庙岭乡小山口村方言。

4. 精洪庄知二组、知三章(部分字)今读为 [ts]、[tsɦ/tsʰ]、[s],精组、知三章(部分字)拼细音今读 [tɕ]、[tɕɦ/tɕʰ]、[ɕ],知三章组(部分字)读 [t]、[tɦ/tʰ]、[s],分布于永修县立新乡桥头村、虬津镇张公渡村、艾城镇艾城村艾城街、三溪桥镇河桥村、马口

285

镇新丰村方言；新建县长埫镇(陈昌仪，2005)、生米镇东城村南岸村、石埠镇乌城村程家新基、厚田乡西门村上头村、西山镇西山村猴溪陈村、流湖乡对门牌头方言。

5. 精知₂庄组、知₃章(部分字)今读[ts]、[tsʰ]、[s]，知₃章组(部分字)今读[t]、[tʰ]、[s]，知₃章组(部分字)今读[tʂ]、[tʂʰ]、[ʂ]，分布于永修县九合乡长滩村方言。

6. 精洪知₂庄组、知₃章(部分字)今读[ts]、[tsʰ]、[s]，精组细今读[tɕ]、[tɕʰ]、[ɕ]，知₃章组(部分字)今读[t]、[tʰ]、[s]，知₃章组(部分字)今读[tʂ]、[tʂʰ]、[ʂ]、[tʃ]、[tʃʰ]、[ʃ]，分布于武宁县泉口镇丰田村下江村、鲁溪镇大桥村、杨洲乡森峰村方言，武宁县船滩镇船滩村新丰街、清江乡清江村方言；永修县涂埠镇(陈昌仪，1983)方言。

7. 精洪知₂庄组、知₃章(部分字)今读[ts]、[dzʰ/tsʰ]、[s]，精组及知₃章组(部分字)拼细音今读[tɕ]、[dzʰ/tɕʰ/tɕʰ]、[ɕ]，知₃章组(部分字)今读[t]、[dʰ/tʰ/tʰ]、[s]，知₃章组(部分字)今读[tʂ]、[tʂʰ]、[ʂ]、[tʃ]、[dʒ]、[ʃ]，分布于永修县三角乡(孙宜志，2006)、江上乡耕源村、梅棠镇杨岭村、马口镇山丰村方言。

8. 精洪知₂庄及知₃章(部分字)今读[ts]、[tsʰ]、[s]，精组及知₃章组(部分字)拼细音今读[tɕ]、[tɕʰ]、[ɕ]，分布于武宁县宋溪镇山口村小东山、罗坪乡长水村、罗溪乡坪源村坪源铺里、县城(陈昌仪，2005)、新宁镇石坪村、礼溪镇(钟明立，2004)方言；永修县吴城镇(肖萍，2008)方言；新建县乐化镇江桥村、樵舍镇峰桥村、昌邑乡良坪村坪上、金桥乡东和村、联圩镇大圩村方言；南昌市方言及南昌县方言。

9. 精洪知₂庄及知₃章(部分字)今读[ts]、[tsʰ/tsʰ]、[s]，精组及知₃章组(部分字)拼细音今读[tɕ]、[tsʰ/tɕʰ]、[ɕ]，知₃章组(部分字)今读[tʂ]、[tʂʰ/tʂʰ]、[ʂ]，分布于永修县滩溪镇滩溪村方言。

类型三：分立型。

精洪知₂庄组合流，知₃章组合流。

10. 精知₂庄今读[ts]、[dz]、[s]，知₃章组(部分字)今读[tʂ]、[dʐ]、[ʂ]，知₃章组遇合三、蟹合三、止合三、山合三、臻合三拼细音今读[tɕ]、[dʑ]、[ɕ]，分布于湖口县双钟镇月亮村、湖口县舜德乡南湾村沈素上村、马影镇走马刘三房村、文桥乡饶塘村陈凤姓村、城山镇大塘村细石家、武山镇武山村细沈祜、流泗镇红星村方言；都昌县大港镇小埠村、中馆镇银宝大队、万户镇长岭村、南峰镇暖湖、狮山乡老屋于家湾村方言。

11. 精知₂庄组今读[ts]、[dz/tsʰ]、[s],知₃章组今读[tʂ]、[dz/tʂʰ]、[ʂ]、[tʃ]、[dʒ]、[ʃ],分布于修水县布甲乡洪石村方言;都昌县北炎乡东风大队曹炎村、土塘镇(陈昌仪,1991)、化民乡信和村、阳峰乡黄梅沈家、和合乡田坂村、周溪镇古塘村、春桥乡春桥村彭壁村、徐埠镇山峰村委会袁鏂村、左里镇周茂村、柳树堰卢家;湖口县舜德乡兰新村、流芳乡青年村曹府台方言;星子县华林镇繁荣村大屋金、温泉镇桃花源余家、横塘镇联盟村坜上查家、蓼花镇胜利村东平山、苏家档乡土牛村、蓼南乡新华村何家堡、蛟塘镇(陈昌仪,2005)方言;德安县塘山乡新塘村方言。

12. 精知₂庄今读[ts]、[dz/tsʰ]、[s],精组拼细音今读[tɕ]、[dzʰ/dz/tɕʰ]、[ɕ],知₃章组今读[tʂ]、[dzʰ/dz/tʂʰ]、[ʂ]、[tʃ]、[dʒ/tʃʰ]、[ʃ],主要分布于德安县林泉乡林泉村摆下刘村、丰林镇丰林村戴家、车桥镇白水村上屋夏家、高塘乡罗桥村畈上王家、河东乡后田村石门汪家、磨溪乡尖山村王家畈方言;永修县江益镇(刘纶鑫,1999)方言。

13. 精洪知₂庄组今读[ts]、[tsʰ]、[s],精组、知₃章拼细音今读[tɕ]、[tɕʰ]、[ɕ]/[t]、[tʰ]、[d],分布于瑞昌南义镇(刘纶鑫,1999)方言。

14. 精知₂庄组今读[ts]、[dz/tsʰ/tsʰ]、[s],知₃章组(部分字)今读[t]、[d/tʰ/tʰ]、[s],知₃章组(部分字)今读[tʂ]、[dz/tʂʰ/tʂʰ]、[ʂ],分布于修水黄港镇安全村方言;星子县南康镇迎春桥社区、白鹿镇玉京村码头镇方言。

15. 精洪庄知₂组今读[ts]、[dz/tsʰ]、[s],精组拼细音今读[tɕ]、[dz/tɕʰ]、[ɕ],知₃章组(部分字)今读[t]、[d/tʰ]、[s],知₃章组(部分字)今读[tʂ]、[dz/tʂʰ]、[ʂ],分布于修水县义宁镇义宁镇罗家埚、宁州镇宁州、上奉镇石街村、何市镇大里村、竹坪乡竹坪村、征村乡熏衣村、杭口镇厚家源村、山口镇来苏村、新湾乡新湾村、复原乡雅洋村方言。

16. 精知₂庄组今读[ts]、[dz]、[s],知₃章组今读[t]、[d]、[s],分布于修水县黄坳乡塘排村方言。

17. 精洪知₂庄组今读[ts]、[dz]、[s],精组拼细音今读[tɕ]、[dz/tɕʰ]、[ɕ],知₃章组今读[t]、[d/tʰ]、[s],分布于安义县方言,新建县松湖镇松湖村丁李中心村、石岗镇石岗村方言,修水县马坳镇石溪村、溪口镇田仑村、港口镇集镇居委会、渣津镇长潭村、白岭镇白岭村、全丰镇南源村、黄龙乡沙墩村、大桥镇沙湾村、余墩乡余墩村方言。

二、精知庄章组今读格局的历史层次

关于官话中精知庄章组今读格局,有不少研究成果,如熊正辉(1990:5)将官话分[ts]、[tʂ]的方言分为济南型、昌徐型、南京型三类,其中昌徐型是指知₂庄组读[ts],知₃章(止摄开口除外)读[tʂ],赣语大多数方言属于昌徐型。万波(2009:211)将赣语的精知庄章今读格局分为两类,一类是精知庄章完全合流,一类是精知₂庄合流,知₃章组合流,并指出赣方言大多数属第二类。地理共时差异能反映历时的演变,上文所归纳3大类17种情况详细说明了赣语昌都片区域精知庄章组今读格局沉积的不同历史层次。

汉语语音史研究中,各家构拟精组音值今读[ts]组,故各地精组今读[ts]组音值应是存古现象,精组今读舌面塞擦音[tɕ]组音值应是后起变化。郑锦全(1980)指出,北方音系中,见晓精系字大约于16、17世纪发生腭化,18世纪前半叶腭化完成。① 李军(2015:117)指出,《类字蒙求》(1815)已有精组细音与见系细音互注现象[脚爵、秦琴、靴写(平)],这说明南昌、新建、安义等地精组逢细音读舌面塞擦[tɕ]组音现象两百年前就已出现。上文所述3大类17种情况中,精组拼细音读[tɕ]组音值现象应是明清以来的历史层次。

根据汉语史,知₂、知₃组是上古知组因不同介音在中古演变形成的,李方桂(1980:15)认为,二等韵介音为[*r],三等韵介音为[*j],二等[*t]拼卷舌特点的[*r]易发生音变,王力构拟中古知₂组声母音值为[ṭ]组音,李新魁构拟为[t]组音,所以昌都片赣语的知₂组今读[ts]组音值,应是中古以后的音变。

庄组今读[ts]组音现象也存在争议,"照二归精"说主张庄组读[ts]组音是存古现象,又有许多学者主张中古庄组与精组读法不同,即中古庄组音值构拟为[tʂ]组或[tʃ]组。联系方言研究来看,罗美珍、邓晓华(1995:11)指出,晚唐五代以前,知庄章三组字对立,宋代时庄组字部分并入精组,部分并入章组,如梅县为

---

① 引自丁邦新:《论官话方言研究中的几个问题》,《"中研究院历史语言研究所"集刊论文类编·语言文字编·方言卷(三)》,中华书局2009年,第1822页。

代表的客家话知庄章组并入精组,闽西客家话则是精庄组合并,知章合并。万波(2009:240)引用古屋昭弘(1992)研究明末清初江西宜春人张自烈《正字通》成果指出,明末时宜春方言中庄组、知₂与精组合流。李军(2015:119)曾指出《类字蒙求》(1815)知₂等字多与精组、庄组互注情况,这说明了南昌地区在两百年前就已经是精知₂庄组合流的格局。据此,本书也认同庄组今读同精组是中古以后的变化,即庄组曾经历由[tʂ]/[tʃ]>[ts]音变过程,从时间上看,可能发生在宋以后,明末之前。

据官话方言研究成果,知组二等、止摄三等章组、庄组字、精组逢洪音,声母合流为[ts]、[tsʰ]、[s],知组三等、章组(止摄例外)今读[tʂ]、[tʂʰ]、[ʂ]的现象也多见于官话方言。钱曾怡(2010)推断,知₂庄组字与知₃章组分立是北方官话方言中较为古老的层次,如今知庄章合流为[tʂ]组音值的方言(如北京官话、冀鲁官话等)也存在知₂庄组字混入精组的例外现象,如北京话"洒阻所辎滓厕邹搜馊飕簪岑森涩篡瑟侧测色崽责策册缩择泽"(共有32字,约占全部庄组字的18%),但章组、知组三等没有这种例外,这说明官话方言也曾有过知₂庄组字与知₃章组分立的时期。万波(2009:233)认为,精庄知章"昌徐型"格局可以看作赣客方言与北方方言历史渊源的明证,据前人研究成果指出,精庄知₂与知₃章两分型的格局至少可以追溯到北宋初年,甚至晚唐五代,即赣语中两分型格局是存古现象。本书认为,上文所归纳的半合流型、分立型应属于精知₂庄章组与知₃章组分立的类型,这种格局应是中古宋以后的历史层次。

三、知₃章组今读塞音现象探讨

(一)知₃章组今读塞音现象的地理分布

赣语昌都片知₃章组今读音值类型有塞音型、塞擦音型、塞擦音与塞音混合型,塞擦音型分布于北部的都昌小片方言、武宁小片方言、南昌小片南昌市方言、南昌县方言、新建县方言;塞擦音与塞音并存型则主要处于北部都昌小片与南部南昌小片间过渡地带的德安县方言、永修县方言,修水与武宁交界的东部乡镇方言。

知₌章组今读塞音现象分布于塞音型、塞擦音与塞音并存型方言中,据下文昌都片知₌章组今读类型分布图可知,塞音现象主要分布于昌都片西南部方言,知₌章今读塞音现象从南到北渐失。本书重点考察的 125 个方言点,54 个方言点有知₌章组今读塞音现象,其中安义县、修水县中西部方言点知₌章组今读塞音很完善,新建县与丰城、安义、高安交界处的松湖镇松湖村丁李中心村、石岗镇石岗村方言知₌章也有今读塞音现象。

武宁县东林乡东林村方言,修水县的东部义宁镇义宁镇罗家塅、宁州镇宁州、庙岭乡小山口村、太阳升镇坳头村、黄港镇安全村、何市镇大里村、上奉镇石街村、竹坪乡竹坪村、征村乡薰衣村、杭口镇厚家源村、山口镇来苏村、新湾乡新湾村、复原乡雅洋村方言属于塞音与塞擦音混合型,这些方言止摄知₌章今读[tʃ]/[tʂ]组音,其他知₌章字均读塞音。其他塞音与塞擦音混合型方言点主要分布在永修县境内,新建县与赣语宜浏片更为接近的下新建地区。

赣语宜浏片、抚广片知₌章组字也存在塞音现象,昌都片赣语塞音现象从西部的修水向东、东南发展,通过铜鼓、宜丰、奉新、靖安、高安、丰城等地同赣语宜浏片、抚广片塞音现象相连接,据此可知赣语知₌章读塞音的腹地应是在赣西北与赣中南昌以南的地区,并由赣中向赣西北扩散。

结合政区地理历史来看,昌都片知₌章组字塞音现象主要分布于旧南昌府辖区。据许怀林《江西史稿》及各县志所载历史沿革可知,隋唐时期,今修水县、武宁县、永修县、安义境属洪州豫章郡建昌县,今新建县、南昌县境属洪州豫章郡南昌县;五代十国时期,今修水县、武宁县、安义县、永修县、新建县、南昌县境属洪州南昌府;元明清时期,今武宁、修水、南昌、新建则同属于南昌府。封建时代,百姓活动很少出本府,这是州府内方言趋同性的重要成因,修水县、安义县、永修县、新建县在知₌章组今读塞音的一致性反映了四县的共属历史。

知₌章组今读类型分布图说明,都昌县、湖口县、星子县、德安县除个别方言点外基本上没有读塞音现象。结合政区地理历史来看,这四县历史上同修水、南昌、新建等地二级行政(府)归属是不同的。据许怀林《江西史稿》及各县志所载历史沿革可知,隋唐时期湖口县、德安县、星子县、都昌县同属江州九江郡,五代十国时期今都昌县属饶州,今湖口县、德安县、星子县属江州;宋太平兴国七年(982 年),都昌、建昌、星子三县设南康军统一管理,以星子县为军治,隶江南

中古知三章组今读类型示意图

路；元明清时期,今星子县、都昌县、永修县、安义县同属南康府,湖口县、德安县则属九江府。

都昌县、湖口县、星子县处鄱阳湖滨,是历朝历代北方移民经途首选的入迁地,受官话影响程度深于南部,故昌都片东北部少有塞音现象同这四县的地理位置也有关系。据许怀林《江西史稿》(1993：60—122),东晋政府为中原士族设置的6个侨郡处于赣北寻阳郡境内；晚唐五代是北方南迁入赣的重要时期,从玄宗开元年间到宪宗元和年间,饶州由20乡增至69乡,洪州由94乡增至110乡,大量北方移民带来的官话方言给赣语带来了深远的影响。鄱阳湖区,据许怀林《江西史稿》(1993：447—449),元朝末年(1363年八月三十日至十月四日),朱元璋和陈友谅为争夺鄱阳湖水域而进行决战,朱陈决战后的湖区各县尤其星子、都昌、湖口三县遭受严重破坏,人口锐减。曹树基在《中国移民史》第五卷(1997：10,368)指出,江西北部的鄱阳湖周边地区直至永乐时期,仍有相当一部分地区处于地广人稀的状态,从瑞昌、德安二县的地名档案随机抽取了1272个自然村,有400个村庄建于明初,其中320个村庄建于洪武或永乐年间,这说明了昌都片东北部知₃章组字少有塞音现象可能同元末明初赣北居民来源有关。

(二)知₃章组今读塞音的历史层次

知₃章组塞擦音值有[ts]、[dzʰ/tsʱ/tsʰ]、[s]、[tɕ]、[dʑʰ/tɕʱ/tɕʰ]、[ɕ]；[tʂ]、[tʂʰ]、[ʂ],[tʃ]、[dʒ]、[ʃ]。知₃章组塞音值有[t]、[d/tʱ/tʰ]、[s/s̺]。

以往研究核心问题是知₃章组塞音读法是存古还是后起,由于清代古音学家钱大昕"古无舌上音"观点已成定论,故许多学者(罗常培,1941；陈昌仪,1991；刘纶鑫,1999)主张知₃章组塞音读法是存古现象；随着研究的深入,一些学者(蒋希文,1992；沙加尔,1993；大岛广美,1996；万波,2009；刘泽民,2005；庄初升,2007；孙宜志2007)主张赣语知₃章塞音的读法是后起现象。

潘悟云(2000：60)曾将诸家《切韵》声类拟音归纳列表,下文表3-6据此列出知章组构拟情况：

第三章 赣语昌都片声母研究

表 3-6 诸家《切韵》知章组声类拟音表

诸　家	知　组	章　组
陆志韦	ṱ	tɕ
董同龢	ṱ	tɕ
王　力	ṱ	tɕ
李　荣	ṱ	tś
邵荣芬	ṱ	tɕ
郑张尚芳	ṱ	tɕ
潘悟云	t	tɕ

学界对知章组字的拟音较为一致，据上文表 3-6 中所列音值，昌都片赣语知章组读塞音 [t] 应是后起现象。闽语知组（包括知₂知₃）读 [t]，而赣语知₃章组今读塞音现象同闽语情况不同，赣语中知组读 [t] 只有三等字，而且还包括章组字，闽语中的知组读 [t] 可以同 [i] 音相拼，而赣语中的知₃章组 [t] 声母多是同洪音相拼的，据此学术界公认闽语知组读 [t] 现象是上古知端不分的存古现象，赣语中知组不与 [i] 音相拼，故赣语知章组拼洪音读 [t] 现象应是后起的音变。事实上，赣语情况也有多样性，吉茶片方言知₃读 [t] 可以同 [i] 元音相拼，抚广片、宜浏片、昌都片知₃章组读 [t] 不能同 [i] 元音相拼，庄初升（2007：20）曾指出，可以同 [i] 音相拼知₃章组塞音现象是存古现象，不同 [i] 音相拼的知₃章组塞音现象是后起的现象。

知₃章组今读塞音现象是后起现象，这也可以从发音的机制得到解释。知₃章组是拼三等韵，三等韵母带有 [i] 介音，[i] 前高特点使得知₃组由塞音 [ṱ]/[t] 可能变成 [tɕ]，知₃章组先合流变成 [tɕ]，三等 [i] 介音再让 [tɕ] 组一起发生音变，变为 [t] 组音，目前学界多是从这样的思路去构拟知₃章组字今读塞音的音变过程。

沙加尔（1993；引自庄初升，2007：17）拟音：

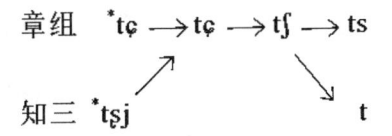

章组　*tɕ → tɕ → tʃ → ts

知三　*tṣj ↗　　　　↘ t

万波（2009：250）拟音：

$$tɕi > tʃi > tʂɯ > tɯ > t;$$

庄初升（2007：21）对赣语的精知章今读格局形成进行了拟音：

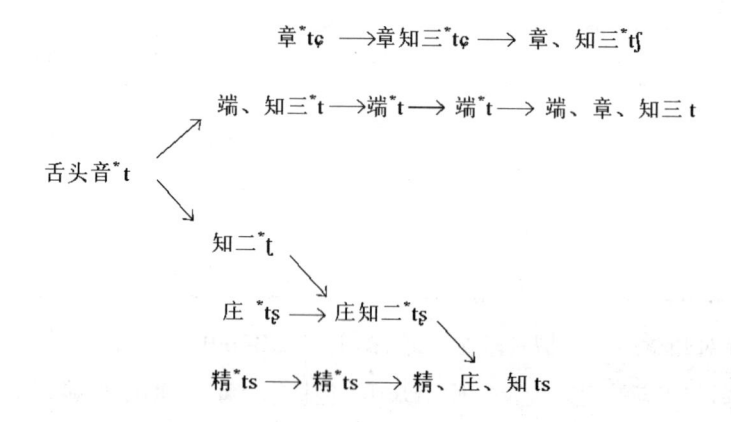

$$
\text{舌头音}^*t
\begin{cases}
\text{章}^*tɕ \longrightarrow \text{章知三}^*tɕ \longrightarrow \text{章、知三}^*tʃ \\
\text{端、知三}^*t \longrightarrow \text{端}^*t \longrightarrow \text{端}^*t \longrightarrow \text{端、章、知三 }t \\
\text{知二}^*t \\
\quad\quad\quad\searrow \\
\text{庄 }^*tʂ \longrightarrow \text{庄知二}^*tʂ \\
\quad\quad\quad\quad\quad\quad\quad\searrow \\
\text{精}^*ts \longrightarrow \text{精}^*ts \longrightarrow \text{精、庄、知 }ts
\end{cases}
$$

本书认同赣北昌都片赣语知₃章组今读塞音现象是后起的，并且认为万波（2009：250）的构拟更加合理。

据已刊材料及近期调查，知₃章今读[tʃ]现象在昌都片赣语中分布于武宁县鲁溪镇大桥村方言、星子县蛟塘镇（陈昌仪，2005）方言、永修县三角乡（孙宜志，2006）方言；昌都片赣语中[tʃ]组与[tʂ]组并不形成音位对立，在调查时笔者还发现，知₃章组字今读[tɕ]组音值的方言点部分韵摄的知₃章组字听感上不同于[tɕ]组音，而是接近[tʃ]组音，如武宁县清江乡清江村方言中知₃章组字是[tɕ]组拼[i]介音韵母，通合三韵摄个别字"中虫终统钟重种"韵母[i]介音丢失，声母读[tʃ]；从塞音型方言点来看，个别知₃章组字的音值也有差异，如安义新民乡方言流摄开口三等章组字中"周帚咒"读[tʃu]。星子县白鹿镇方言、蓼花镇方言，永修县三溪桥方言、滩溪乡方言，修水县杭口厚家源村、山口镇方言知₃章组个别字时，听上去既像塞音又像塞擦音，但擦音较短弱，仔细辨听却不是纯粹的塞音。项梦冰（1997）在描写福建连城（新泉）客家古知章组今读音值时描写"[tɯ tɯʻ]是跟[tʂ tʂʻ]同部位的塞擦音，[tʂ tʂʻ]塞擦并重，[tɯ tɯʻ]以塞为主"[①]。本书认为，

[①] 万波：《赣语声母的历史层次研究》，商务印书馆2009年，第250页。

上文星子县方言、永修方言、修水方言个别字声母听上去既像塞音又像塞擦音，音值也应当是[tʉ]。结合昌都片赣语知₂章组今读类型及实际调查体会，本书认为，[tʃ]、[tʉ]音值是知₂章组塞化音变链条上的关键点。

第六节　赣语昌都片见组今读特点

万波（2009：153—155）将赣语见组声母今读类型归纳为七种类型，其中有五种在昌都片赣语有分布，学界较为关注的溪群今读[h]声母、零声母现象也主要分布在昌都片。结合近期调查，本节将详细探讨昌都片见组今读类型及特殊演变现象。

一、见组今读类型

根据近期调查，昌都片赣语见组今读可分为两大类：

类型一：见组无论洪细均读[k]组声母。

见母今读[k]，溪群母今读[kʰ]，疑母今读[ŋ]，主要分布于武宁县石门楼镇白桥村、清江乡清江村、礼溪镇（钟明立，2004）方言。

类型二：见组逢洪细音读法不同。

类型二按音值分布又可分为五种情况：

1. 一二等及止摄合口三等、蟹合四等见群母字今读[k]，溪母今读[kʰ]，疑母今读[ŋ]；三四等见群母今读[tɕ]，溪母今读[tɕʰ]，疑母今读[ȵ]，主要分布于武宁县方言。

2. 一二等及止摄合口三等、蟹合四等见母今读[k]，溪群母今读[gʰ]/[g]/[kʱ]/[kʰ]，疑母今读[ŋ]；三四等见母今读[tɕ]，溪群母今读[dʑʰ]/[dʑ]/[tɕʱ]/[tɕʰ]，疑母今读[ȵ]，主要分布于修水县庙岭乡小山口村方言，瑞昌县南义镇（刘纶鑫，1999）方言，都昌县方言南芗万口音及土塘镇（陈昌仪，1991）方言，湖口县方言流芳口音，星子县方言南康口音及温泉镇桃花源余家、横塘镇联盟村塝上查家、蛟塘镇（陈昌仪，2005）方言，德安县方言蒲亭口音、丰林口音、林泉口音，永修县江益镇（刘纶鑫，1999）及马口镇山丰村方言，安义县方言，新建县方言，南昌县方言南新口音、向塘口音、富山口音、广福口音及南昌市方言。

3. 见组逢洪音今读 [k] 组声母，逢细音今读 [tɕ] 组声母，溪母一二等字今读有 [h] 声母现象，分布于修水县大部分乡镇方言，湖口方言双钟口音及流泗口音，永修县大部分乡镇方言，新建县昌邑乡良坪村坪上（坪门）方言，南昌县方言幽兰口音及塔城口音。

4. 见组逢洪音今读 [k] 组声母，逢细音今读 [tɕ] 组声母，溪群母三四等字今读有零声母现象，分布于都昌方言都昌镇口音、徐埠口音、阳峰口音、大港口音，湖口县舜德乡南湾村沈素上村方言，星子县华林镇繁荣村大屋金、蓼花镇胜利村东平山、苏家档乡土牛村、蓼南乡新华村何家堡方言。

5. 见组逢洪音今读 [k] 组声母，逢细音今读 [tɕ] 组声母，遇合三、山合三、臻合三见母今读 [tʂ]，溪群母 [dzʱ]/[tʂʱ]/[tʂʰ]，分布于都昌县大港镇小埠村方言，德安县方言车桥口音及磨溪口音。

此外，湖口县文桥乡饶塘村陈凤姓村方言、城山镇大塘村细石家方言，永修九合乡长滩村方言溪群母有读 [h] 现象，同时也有读零声母的现象。

二、见组今读演变特点

（一）见组今读类型的历史层次

从汉语方言材料及谐同发音音理来看，[ki]>[tɕi] 是常见的音变现象；徐通锵（2001：98—112）也曾指出，[i]、[e] 前腭化音比同一位置的非腭化音晚。据此，昌都片赣语类型一（见组无论洪细均读 [k] 组声母）应是最早的历史层次，类型二应是后来音变结果。

类型二的特点是见组三四等拼细音发生声母腭化现象。丁邦新（1987：820）曾引用郑锦全（1980）对官话腭化源流研究的成果。郑锦全认为，北方方言中见晓组字腭化大约形成于 16、17 世纪，完成于 18 世纪前半叶；丁邦新结合 17 世纪韩汉对音材料进一步指出，北方方音中腭化形成的上限不早过 17 世纪中叶。万波（2009：160）根据明末张自烈所作《正字通》的反切系统及古屋昭弘研究成果指出，宜春方言里的腭化现象应出现在明末之后，不会早于 17 世纪。

据李军(2015：118)研究,南昌地区的启蒙书《类字蒙求》(清嘉庆二十年前后成书,清同治年间刊行)中有不少精细三四等与见系三四等互注现象(如脚爵、痊圈、秦琴、掀宣),这也说明见系三四等已发生腭化与精组合流,昌都片赣语见组今读类型二在两百年前就已形成。

实地调查时,笔者发现新建县联圩镇方言中"茄子"有两种读法,60岁以上的老年层在言语之间会说 [kʰua li⁰],而60岁以下的人多说 [tɕʰia li⁰];武宁县西南部清江、石门楼、罗溪发音人在念个别字(旗、骑)时声母像是 [kʰi] 又像 [tɕʰi],应是处于 [kʰ] 到 [tɕʰ] 的过渡状态。宜春方言与昌都片赣语西南及南端相接壤,本书认为,昌都片赣语见组三四等腭化现象应晚于北方方言,而同宜春方言相近,即明末之后,而个别方言个别字舌根音读法则说明音变是按词汇扩散式方式推进。

类型二第3、4种情况,即溪母一二等字今读有 [h] 声母现象、溪群母三四等字今读有零声母现象应是昌都片赣语内部局部区域的创新性发展。万波(2009：173)曾指出,赣语溪母字今读 [h] 现象应是在次清与全浊合流之后,各地今读 [h] 声母主要是溪母字,很少涉及群母字,本书认为溪今读 [h] 声母现象应是发生的次清化浊之前;零声母现象涉及溪群母字,应是在次清化浊的同时或者之后的现象。这个问题后文还要专门讨论。

类型二第5种情况,即遇合三、山合三、臻合三见母今读 [tʂ],溪群母今读 [dz]/[tʂɦ]/[tʂʰ],从地理分布上看,分布方言点多处于与江淮官话交界地带,都昌东北部大港镇与彭泽县接壤,彭泽方言是深受江淮官话影响的赣语点,德安县车桥镇与瑞昌县交界,瑞昌方言属江淮官话黄孝片。钱曾怡(2010：296)曾指出,江淮官话黄孝片重要语音特点是知系合口字与见系合口字声母相混,并且韵母常有 [ʮ] 介音,这些特点在德安县车桥镇方言都有体现,所以类型二第5种情况体现赣语与江淮官话方言接触关系。

(二)溪母今读 [h] 声母现象

赣语有不少方言存在溪母今读擦音现象,李如龙、张双庆《客赣方言调查报告》中提到,永新、宜春、平江、修水方言有此现象;万波(2009：172—173)提到,江西境内南城、萍乡上栗镇、宜丰、万载、上高,湖南境内的浏阳南乡以及耒阳方言,湖北境内的崇阳、通城方言都有此类现象。昌都片赣语研究中,刘纶鑫(1999:23)曾指出,修水、湖口溪母开口洪音韵字读[h]。结合近期调查可知修水县大部分乡镇方言,湖口方言双钟口音及流泗口音,永修县大部分乡镇方言,新建县昌邑乡良坪村坪上方言,南昌县方言幽兰口音及塔城口音都有此类现象。

1. 溪母今读喉擦音[h]现象的分布

为了考察昌都片赣语溪母今读喉擦音[h]现象分布情况,笔者从《方言调查字表》选取137个溪母字,对昌都片方言进行了专项调查,下列溪母今读[h]声母现象的分布方言点及例字情况:

表3-7 赣语昌都片溪母今读[h]声母现象例字表

地点		字数	溪母例字
修水县	义宁镇义宁镇罗家坳	40	可搭开凯慨揩楷考烤靠犒抠口叩扣寇堪龛坎勘磕恰掐嵌看刊渴康糠慷抗炕囥确壳客坑肯刻克
	宁州镇宁州	40	可课凯搭开凯慨揩楷考烤靠犒抠口叩扣寇堪龛坎勘磕恰掐嵌看刊渴康糠慷抗炕囥坑客空孔控
	何市镇大里村	38	可搭开凯慨揩楷考烤靠犒抠口叩扣寇龛坎勘磕恰掐嵌看刊渴康糠慷抗炕囥坑客榷壳肯刻
	上奉镇石街村	38	可搭开凯慨揩楷考烤靠犒抠口叩扣寇堪龛坎勘磕嵌看刊渴康糠慷抗炕囥坑客确榷壳肯刻
	竹坪乡竹坪村	40	可搭开凯慨揩楷考烤靠犒抠口叩扣寇堪龛坎勘磕恰掐嵌看刊渴康糠慷抗炕囥坑客确榷壳肯刻酷
	征村乡熏衣村	39	可搭开凯慨揩楷考烤靠犒抠口叩扣寇堪龛坎勘磕恰掐嵌看刊渴康糠慷抗炕囥坑客确榷壳肯刻
	杭口镇厚家源村	38	可搭开凯慨揩楷考烤靠抠口叩扣寇堪龛坎勘磕恰掐嵌看刊渴康糠慷抗炕囥坑客确榷壳肯刻
	马坳镇石溪村	38	可搭开凯慨揩楷考烤靠抠口叩扣寇堪龛坎勘磕恰掐嵌看刊渴康糠慷抗炕囥坑客确榷壳肯刻
	山口镇来苏村	40	可搭开凯慨揩楷考烤靠犒抠口叩扣寇堪龛坎勘磕恰掐嵌看刊渴康糠慷抗炕囥坑客垦恳确榷壳肯刻
	新湾乡新湾村	38	可搭开凯慨揩楷考烤靠犒抠口叩扣寇堪龛坎勘磕掐嵌看刊渴康糠慷抗炕囥坑客确榷壳肯刻
	溪口镇田仑村	40	可搭开凯慨揩楷考烤靠犒抠口叩扣寇堪龛坎勘磕恰掐嵌看刊渴康糠慷抗炕囥坑客垦恳确榷壳肯刻

第三章 赣语昌都片声母研究

续表一

	地点	字数	溪母例字
修水县	港口镇集镇居委会	40	可搭开凯慨揩楷考烤靠犒抠口叩扣寇堪龛坎勘磕恰掐嵌看刊渴康糠慷抗炕园坑客垦恳确榷壳肯刻
	布甲乡洪石村	40	可搭开凯慨揩楷考烤靠犒抠口叩扣寇堪龛坎勘磕恰掐嵌看刊渴康糠慷抗炕园坑客垦恳确榷壳肯刻
	渣津镇长潭村	41	可搭开凯慨揩楷考烤靠犒抠眍口叩扣寇堪龛坎勘磕恰掐嵌看刊渴康糠慷抗炕园坑客垦恳确榷壳肯刻
	白岭镇白岭村	42	可搭开凯慨揩楷考烤靠犒抠口叩扣寇堪龛坎勘磕恰掐嵌看刊渴康糠慷抗炕园坑客垦恳确榷壳肯刻科敲
	全丰镇南源村	43	可搭开凯慨揩楷考烤靠犒抠口叩扣寇堪龛坎勘磕恰掐嵌看刊渴康糠慷抗炕园坑客垦恳确榷壳肯刻科敲
	黄龙乡沙塅村	40	可搭开凯慨揩楷考烤靠犒抠口叩扣寇堪龛坎勘磕恰掐嵌看刊渴康糠慷抗炕园坑客垦恳确榷壳肯刻
	大桥镇沙湾村	40	可搭开凯慨揩楷考烤靠犒抠口叩扣寇堪龛坎勘磕恰掐嵌看刊渴康糠慷抗炕园坑客垦恳确榷壳肯刻
	余塅乡余塅村	40	可搭开凯慨揩楷考烤靠犒抠口叩扣寇堪龛坎勘磕恰掐嵌看刊渴康糠慷抗炕园坑客垦恳确榷壳肯刻
	复原乡雅洋村	40	可搭开凯慨揩楷考烤靠犒抠口叩扣寇堪龛坎勘磕恰掐嵌看刊渴康糠慷抗炕园坑客垦恳确榷壳肯刻
	黄坳乡塘排村	29	可搭开凯慨揩楷考烤靠犒口叩扣寇坎磕恰掐嵌看刊渴康糠慷抗炕园坑客
	黄港镇安全村	17	搭开凯慨揩楷犒看刊康糠慷抗炕园坑客
	太阳升镇坳头村	8	凯揩楷掐嵌渴恳垦
湖口县	流泗镇红星村	35	可搭开凯慨揩楷考烤靠犒口叩扣寇堪龛坎勘磕嵌看刊垦恳康糠慷抗炕园客壳肯刻
	双钟镇月亮村	35	可搭开凯慨揩楷考烤靠犒口叩扣寇堪龛坎勘磕嵌看刊垦恳康糠慷抗炕园客壳肯刻
	马影镇走马刘三房村	35	搭开凯慨揩楷考烤靠犒口叩扣寇堪龛坎勘磕掐嵌看刊垦恳康糠慷抗炕园客壳肯刻

299

续表二

地点		字数	溪母例字
湖口县	文桥乡饶塘村陈凤姓村	35	可搭开凯慨揩楷考烤靠犒口叩扣寇堪龛坎勘磕嵌看刊垦恳康糠慷抗炕园客肯刻
	武山镇武山村细沈祐	38	可搭开凯慨揩楷考烤靠犒敲口叩扣寇堪龛坎勘磕嵌看刊渴垦恳康糠慷抗炕园客壳肯刻
	城山镇大塘村细石家	13	搭凯靠犒扣寇堪龛看刊垦恳糠
永修县	三溪桥镇河桥村	29	可开凯揩楷考烤靠犒抠眍口扣寇看渴康糠搞炕园确壳肯克刻坑客空
	梅棠镇杨岭村	33	可搭开凯揩楷考烤靠犒抠眍口扣寇磕看刊渴垦恳康糠搞抗炕园确壳肯坑客共
	立新乡桥头村	38	可搭开凯揩楷考烤靠犒敲抠眍口扣寇坎磕嵌看刊渴垦恳康糠搞抗炕园确壳肯坑客孔空共
	虬津镇张公渡村	40	可搭开凯慨揩楷考烤靠犒敲抠眍口叩扣寇坎磕恰掐嵌看刊渴垦恳康糠搞抗炕园确壳肯坑客孔空共
	艾城镇艾城村	29	可开凯揩楷考烤靠犒敲抠眍口扣寇坎嵌看刊款垦恳康糠搞抗炕肯坑
	九合乡长滩村	34	可课搭渠开凯揩楷考烤靠犒敲巧抠眍口扣寇坎磕嵌看刊渴款垦恳康糠搞抗炕肯坑
	滩溪镇滩溪村	34	可课搭开凯楷考烤靠犒敲巧抠眍口扣寇坎磕嵌看刊渴款垦恳康糠搞抗炕肯坑客
	马口镇新丰村	34	可课搭开凯楷考烤靠犒敲巧抠眍口扣寇坎磕嵌看刊渴款垦恳康糠搞抗炕肯坑客
	江上乡耕源村	16	靠犒扣寇看康糠炕园肯克刻坑客空孔
新建县	昌邑乡良坪村坪上	24	搭开凯慨揩楷考烤靠口扣寇坎勘酣看刊垦恳康糠抗坑
南昌县	幽兰镇南山村	37	可搭开凯慨揩楷考烤靠敲堪龛坎勘恰掐嵌看刊口扣寇叩垦恳康糠抗炕确壳肯克刻坑客
	泾口乡辕门村	34	开凯慨揩楷考烤靠敲堪龛坎勘恰掐嵌看刊口扣寇叩垦恳康糠抗炕壳肯克刻坑客
	塔城乡东游村	14	可搭开揩楷考烤靠敲口扣寇叩嵌

300

另据已刊材料,永修县吴城镇(肖萍,2008)方言中溪母字今读[h]声母的字有"可开凯揩楷考烤靠犒敲巧抠眍口扣寇堪坎勘磕恰掐嵌看渴康糠搞炕园确壳肯克刻坑客",永修三角乡(孙宜志,2006)方言存在溪母逢开口呼韵母今读[h]声母现象,南昌县塘南镇(肖放亮,2010)方言个别字如"揩口靠肯看糠"读[h]声母。结合表3-7例字,昌都片赣语溪母读[h]声母主要来自古开口一二等字,修水县方言例字较多,湖口县方言、永修县方言、新建方言、南昌县方言例字都不出修水方言例字范围。据李军(2015:127)研究,《类字蒙求》中有一些见组与晓组互注现象(如卡哈、夯亢、楷合),这说明南昌地区方言在两百年前就有溪母字读[h]声母现象。

联系邻近方言来看,湖南境内赣语与昌都片赣语相似。李冬香(2005:59)曾指出,湘东北部平江县、湘南以及湘西南方言有此类现象,其中平江方言比较普遍,如"开考看矿客克口糠空肯壳",从辖字来看也不出修水方言例字范围。

客方言中也存在溪母字今读擦音现象,客方言例字情况与赣语不同。笔者梳理一下李如龙、张双庆《客赣方言调查报告》材料,其中14个客家方言点有此类现象,《客赣方言调查报告》收入42个例字(可课枯苦裤去区垮开器气丘启块亏考靠口扣欠谦看牵宽圈劝困捆屈糠壳阔坑抗筐肯客轻倾空恐曲),梅县方言有8个溪母字(去开器气丘糠壳坑)今读[h]声母,3个溪母字(苦裤阔)今读[f]声母,其他字都是读[kʰ]声母。

2. 溪母今读喉擦音[h]现象的地理分布及语用情况

从地理分布上来看,昌都片赣语溪母读[h]声母现象呈沿水陆及鄱阳湖区分布特点:从北部修水方言沿修河东下,进入永修境内,再到鄱阳湖沿岸北部湖口方言,南下到永修吴城方言,到新建县昌邑镇、南昌县泾口乡、幽兰乡方言。

在语用情况来看,溪母字读[h]声母现象存在变读现象,陈昌仪(1983:77)曾提到,永修县涂埠镇方言溪母个别字(渴凯)读[h]声母,个别字(含寒)可以[h]、[g]自由变读;笔者近期调查发现,永修县艾城镇艾城村方言(开坎嵌看刊)、九合乡长滩村方言(渠_{他,白读}糠康)也有此现象,南昌泾口镇发音人念"课棵"时,听感上像[h],又像[kʰ]。

客家方言也有相似现象,据李如龙、张双庆《客赣方言调查报告》(1992:30,33,37)材料,梅县方言"去开"有[h]与[kʰ]两读,"苦"有[f]与[kʰ]两读。

赣方言 [kʰ/g]、[h] 两读现象的解释有两种,一是 [h] 是比 [kʰ/g] 更早的语音现象,一是 [h] 为舌根音 [kʰ/g] 的音变结果,对于昌都片赣语而言,本书主张前一种解释。联系粤语、海南岛闽语中存在溪母今读擦音现象,万波(2009:181)认为,普遍存在于南方方言中的溪母读擦音现象可能同早期汉语与侗台族接触有关。伍巍(1999)、庄初升(2004)对粤语中溪母字今读擦音现象做过分析,都认为这同 [kʰ] 强送气成分有关,伍巍认为,深喉的强送气成分会引起前面塞音成阻部位的松动和后移,使得 [kʰ] 向 [h] 变化。本书认为,伍巍的解释同样适用于昌都片赣语。

(三)溪群母今读零声母现象

都昌方言溪群母今读零声母现象也是学界较为关注的问题,近期调查发现湖口县方言、星子县方言、永修县方言也存在溪群母今读零声母现象。为了考察各地方言溪群母今读零声母现象分布条件,笔者从《方言调查字表》选取 137 个溪母字、84 个群母字对昌都片赣语进行了调查,下表列出溪群母字读零声母分布方言及例字情况:

表 3-8　赣语昌都片溪群母今读零声母现象例字表

地点		溪群母零声母例字
都昌县	北炎东凤大队曹炎村 溪	科棵颗课夸侉跨苦块巧宽款阔坤捆困旷腔空孔控;墟去区驱溪启契器弃欺起杞亏丘欠谦歉钦遣牵圈劝券犬匡筐眶卿庆轻吃倾曲恐
	群	茄瘸渠第三人称巨拒距具其棋期旗乔桥侨荞轿求球舅旧臼柩钳俭琴禽擒乾虔件键健腱拳权颧倦仅勤芹近群裙郡强狂竞琼穷共局
	化民乡信和村 溪	跨块企器弃谦歉遣牵欲吃倾
	群	瘸奇骑岐徛技妓祁鳍轿求球仇件杰键健腱极琼
	阳峰黄梅沈家 溪	科棵颗课夸侉跨苦枯库裤去区驱启契块快企器弃欺起杞气汽亏窥巧窍丘恰欠怯谦歉钦遣牵宽款阔圈劝券犬缺坤捆困窟羌欲旷扩匡筐眶腔卿庆轻吃倾空孔控哭酷曲恐
	群	茄瘸渠第三人称巨拒距具惧奇骑歧徛技妓其棋期旗祁忌祈逵葵柜乔桥侨荞轿求球舅旧臼柩钳俭琴禽擒妗及乾虔件杰键健腱拳权颧倦仅勤芹近群裙郡强狂极竞琼穷共局

302

续表一

地点			溪群母零声母例字
都昌县	和合乡田坂村	溪	科棵颗课侉跨苦枯库裤去区驱启块盔魁快企器弃欺起杞气汽亏窥巧窍丘恰欠怯谦歉遣牵宽款阔圈劝券犬缺坤捆困窟羌欲旷扩匡筐眶腔卿庆轻吃倾空孔控哭酷曲
		群	茄瘸渠第三人称巨拒距具惧奇骑歧徛技妓其棋期旗祁忌祈跪逵葵柜乔桥侨荞轿求球舅旧臼枢钳俭琴禽擒妗及乾虔件杰键健腱拳权颧倦仅勤芹近群裙郡强狂极竞琼穷共局
	周溪镇古塘村	溪	科棵颗课侉跨苦枯库裤去区驱启契块快企器弃欺起杞气汽亏规巧窍丘恰欠怯谦歉钦遣牵宽款阔圈劝券犬缺坤捆困窟羌欲旷扩匡筐眶腔卿庆轻吃倾空孔控哭酷曲恐
		群	茄瘸渠第三人称巨拒距具惧奇骑歧徛技妓其棋期旗祁忌祈跪逵葵柜乔桥侨荞轿求球舅旧臼枢钳俭琴禽擒妗及乾虔件杰键健腱拳权颧倦仅勤芹近群裙郡强狂极竞琼穷共局
	春桥乡春桥村彭壁村	溪	侉去区驱启欺起杞气汽巧欠谦坤捆欲
		群	茄瘸其棋期旗忌俭群裙郡狂
	徐埠镇山峰村委会袁鎘村	溪	科棵颗课侉跨苦枯库裤去区驱启契块快企器弃欺起杞气汽亏规巧窍丘欠怯谦歉钦遣牵宽款阔圈劝券犬缺坤捆困窟羌欲旷扩匡筐眶腔卿庆轻吃倾空孔控哭酷曲恐
		群	茄瘸渠第三人称巨拒距具惧奇骑歧徛技妓其棋期旗祁忌祈跪逵葵柜乔桥侨荞轿求球舅旧臼枢钳俭琴禽擒妗乾虔件杰键健腱拳权颧倦仅勤芹近群裙郡强狂极竞琼穷共局
	左里镇周茂村	溪	科棵颗课侉跨苦库裤去区驱启契块快企器弃欺起杞气汽亏规巧窍丘欠怯谦歉钦遣牵宽款阔圈劝券犬缺捆困屈羌欲旷扩匡筐眶腔极卿庆轻吃倾哭酷曲恐
		群	茄瘸巨拒距具惧奇骑歧徛技妓其棋期旗祁忌祈柜乔桥侨荞轿求球舅旧臼枢钳俭琴禽擒妗及乾虔件杰键健腱拳权颧倦仅勤芹近群裙郡掘强狂极竞琼穷共局

续表二

地点			溪群母零声母例字
都昌县	都昌镇柳树堰卢家	溪	科棵颗课侉跨苦库裤去区驱启契块快企器弃欺起杞气汽亏规巧窍丘欠怯谦歉钦遣牵宽款阔圈劝券犬缺捆困屈羌欲旷扩匡筐眶腔极卿庆轻吃倾哭酷曲恐
		群	茄瘸巨拒距具惧奇骑歧倚技妓其棋期旗祁忌祈柜乔桥侨荞轿求球舅旧臼柩钳俭琴禽擒妗及乾虔件杰键健腱拳权颧倦仅勤芹近群裙郡掘强狂极竞琼穷共局
星子县	华林镇繁荣村大屋金	溪	垮弃款
		群	跪
	蓼花镇胜利村东平山	溪	苦枯裤库土款
		群	葵
	苏家档乡土牛村	溪	跪宽款圈劝
		群	拳权
	蓼南乡新华村	溪	科棵区启块欺亏丘宽款圈犬坤綑困群裙匡筐腔轻
		群	跪钳球俭拳权狂
湖口县	城山镇大塘村	溪	欺起亏巧窍丘欠谦劝犬
		群	渠第三人称乾拳权勤近狂穷
	文桥乡饶塘村	溪	枯苦库欠谦钦遣牵圈劝腔哭
		群	渠第三人称狂琼
	舜德乡南湾村	溪	科课圈劝犬綑困
		群	狂
永修县	九合乡长滩村	溪	款
		群	跪柜舅旧件近

从上表3-8列字来看，都昌方言最具有代表性，其他方言只存在个别字，湖口县、星子县个别字的零声母现象很难说不受都昌方言的影响，因为这三县地理相接，历史文化关系密切。韵摄条件来看，都昌方言溪母今读零声母的字部分来自溪母合口一二等，部分来自三四等，几乎所有群母字读零声母。都昌方言今读

零声母的群母字远多于溪母字,本书认为,溪群母读零声母现象应是先从群母开始,溪群母读零声母现象应是发生在次清化浊之前的变化,然后由群母向溪母字扩散的,否则很难解释有些溪母字不读零声母现象。

从语用上来看,溪群母读零声母现象也存在两读现象。不少地方的方言语用时零声母听上去很含糊,舌根音声母发音听感若有若无,如修水上奉石街村方言(科课颗棵),修水黄龙乡沙塅村方言(款窟),星子县蓼花镇胜利村方言(坤匡筐),永修县艾城镇方言(亏),修水杭口厚家源村方言(科苦库),星子蓼南乡新华村(渠_{他,白读}穷),永修县虬津乡方言(葵柜);这些方言点的发音人在第一次发音时读零声母,强调再说一次时又会带上声母 [g]/[dʑ];这种语用现象在以往研究中也曾有过报道,吴宗济(1948:127)在《湖北方言调查报告》中记录蒲圻方言时,描述 [g] 送气很弱,在合口韵前有时失去声母;蒲圻方言属湖北境内大通片赣语,大通片赣语中也有古全浊声母今读浊音现象,故本书认为溪群母今读零声母与赣语浊音发音机制有关系。

汉语语音史上,中古溪群母拟音为 [kʰ],[g],从现代语音学上看均属软腭塞音,赵元任在《中国方言当中爆发音的种类》(1935:127)一文中描写南昌方言中送气清音可以同浊音互换,在高元前舌根的爆发音简直就变成一个通音,如"快"都昌方言中读作 [uaɪ],因为"从舌根与软腭相接的地方到声门那里一共没有多大的空间可以像口腔较宽绰的 [b] 或 [d] 音那么弄出些特别的把戏";朱晓农(2003:6)则从实验语音学方法进一步验证浊塞音不容易维持,浊软腭塞音尤其难维持。昌都片赣语溪群母今零声母现象的方言点往往存在次清化浊现象,本书认为,赣语溪群母今读零声母现象应是浊软腭塞音失落的结果,这同昌都片浊音发音特点有关系。

(四)溪母今读 [h] 声母与溪群今读零声母现象相关性

昌都片赣语中溪母今读 [h] 声母及溪群零声母这两种现象是否有联系?湖口县城山乡大塘村方言溪群母既存在着 [h] 音变,也存在着零声母现象;安义新民乡发音人发"苦看宽圈"字时,听感上像 [kʰ] 又似 [h] 又似零声母;南昌泾口镇发音人念"搭"字时,第一遍听上像没有声母 [ɛ],但第二遍听上是 [hɛ]。再结合上文表 3-7 和表 3-8 两表例字来看,都昌方言中溪母今读零声母的字与修水方言溪母今读[h]声母的字具有互补关系,修水方言溪母开口一二等字读[h]声母,不涉及三四等字,少有群母字参与,都昌方言溪群母零声母现象涉及全部的群母字,溪母合口一二等及部分三四等字。综上事实,本书认为,溪群母今读零声母及[h]声母现象有密切关系,应是在一个音变链条上的两个不同的阶段,[h]应是更早的层次,零声母应是[h]进一步发展的结果。

万波(2009:174)曾构拟赣语溪母今读的音变过程:

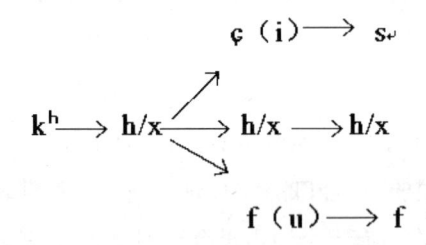

$$k^h \longrightarrow h/x \begin{matrix} \nearrow \varsigma(i) \longrightarrow s \\ \longrightarrow h/x \longrightarrow h/x \\ \searrow f(u) \longrightarrow f \end{matrix}$$

由于赣语宜浏片宜丰、上高等地溪母逢细音读[ɕ],吉茶片永新、莲花方言中中存在溪母开口呼读[h],齐齿呼读[ɕ],合口呼读[f],万波(2009:174)的构拟具有合理性。联系昌都片赣语次清与全浊合流,次清化浊现象,在前辈学者研究的基础上,本书对昌都片赣语溪群今读演变过程做如下构拟:

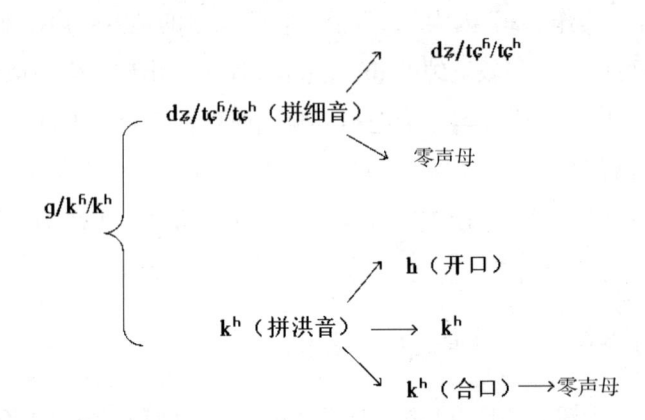

$$g/k^ɦ/k^h \begin{cases} dʐ/tɕ^ɦ/tɕ^h（拼细音）\begin{matrix}\nearrow dʐ/tɕ^ɦ/tɕ^h \\ \searrow 零声母\end{matrix} \\ k^h（拼洪音）\longrightarrow k^h \begin{matrix}\nearrow h（开口）\\ \searrow k^h（合口）\longrightarrow 零声母\end{matrix} \end{cases}$$

第七节 赣语昌都片曾梗通摄见系及非组今读清鼻音现象

清鼻音是民族语言研究中常用术语,戴庆厦(1985:11)对都昌语的清鼻音描述是,声带不振动,气流从鼻腔摩擦而出,略带送气;朱晓农(2007:5)对清鼻音的描述是,口腔成阻与普通鼻音一致,声带不振动,气流从鼻腔流出。龙国贻(2015:509)指出,湖南攸县赣方言有清鼻音。结合近期调查,本书认为,赣语昌都片中也存在清鼻音,赣语以往的材料常记音为[hŋ]、[ŋh],昌都片方言中"五、吴"往往读自成音节的浊鼻音[ŋ],昌都片方言带清鼻音声母的音节,如"红、孔"字的发音特点是:声母是带强送气的清鼻音[ŋ̊],韵母为舌根鼻音[ŋ],为了同读自成音节的浊鼻音[ŋ]相区别,本书记作[ŋ̊ŋ]。本节将着重考察昌都片赣语清鼻音现象。

一、清鼻音现象地理分布

结合重点考察的125个方言点材料,清鼻音现象分布在修水县方言、新建县方言、安义县方言、永修县南部方言与安义邻近乡镇方言、都昌方言大港口音及南芗万口音、德安县个别乡镇方言。

据陈昌仪《江西方言志》(2005)、刘纶鑫《客赣方言比较研究》(1999)材料可知,赣语宜浏片靖安县、奉新县方言,鹰弋片余干县、乐平县方言,抚广片的临川市、东乡县,吉茶片的永丰县方言也存在清鼻音,记作[hŋ]/[ŋ],下列表说明各地例字情况:

表3-9 赣语昌都片曾梗通摄见组及非组今读清鼻音现象例字表

地点		清鼻音现象例字
修水县	义宁镇义宁镇罗家坞	孔空
	宁州镇宁州	孔空控
	黄坳乡塘排村	空孔
	黄港镇安全村	空
	何市镇大里村	空控孔

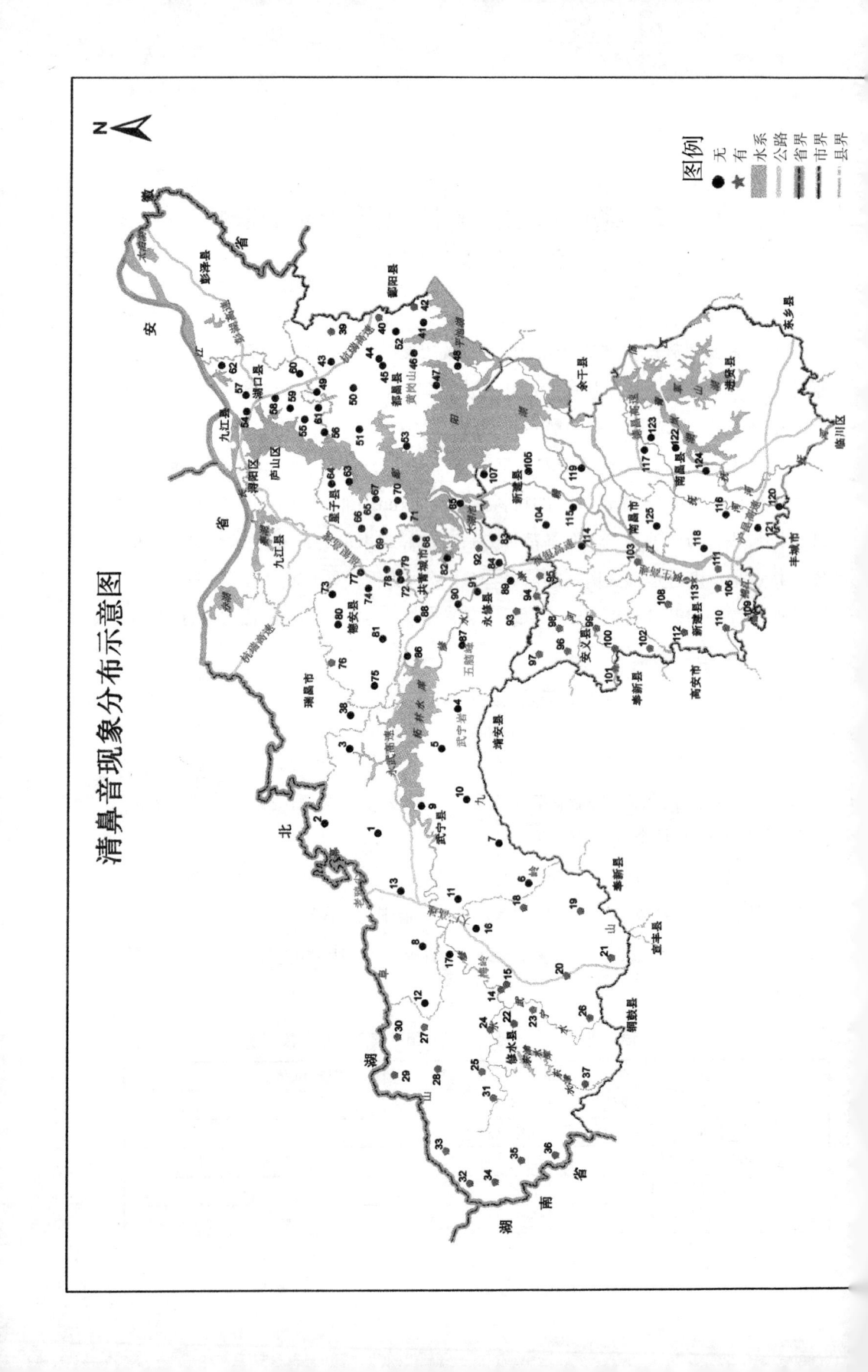

清鼻音现象分布示意图

续表一

地　　点		清鼻音现象例字
修水县	上奉镇石街村	孔空控共
	竹坪乡竹坪村	孔空控
	征村乡熏衣村	孔空控
	杭口镇厚家源村	孔空控共
	马坳镇石溪村	孔空控
	山口镇来苏村	孔空控
	新湾乡新湾村	孔空控恐
	溪口镇田仑村	孔空控
	港口镇集镇居委会	孔空控共
	布甲乡洪石村	孔空控共
	渣津镇长潭村	孔空控恐
	白岭镇白岭村	孔空控共
	全丰镇南源村	孔空控恐共
	黄龙乡沙墈村	孔空控共
	大桥镇沙湾村	孔空控恐
	余墈乡余墈村	孔空控恐
	复原乡雅洋村	孔空控恐共
都昌县	大港镇小埠村	弘；宏翁烘哄红洪鸿虹汞风枫疯丰冯凤封峰蜂逢缝奉
	中馆镇银宝大队	弘；宏轰；翁烘哄红洪鸿虹汞风枫疯丰冯凤封峰蜂逢缝奉
	南峰镇暖湖	宏轰；哄红洪鸿虹冯
德安县	塘山乡新塘村	风冯
永修县	九合乡长滩村	孔
	滩溪镇滩溪村	空红风丰冯凤峰蜂逢缝供共恐
	马口镇新丰村	风丰冯凤峰蜂逢缝供共恐
	马口镇山丰村	孔红风丰冯凤峰蜂逢缝供共恐
安义县	龙津镇凤山村	弘；红洪鸿虹风丰冯凤封峰蜂逢缝
	新民乡新民村	弘；红洪鸿虹翁风丰冯凤封峰蜂逢缝
	万埠镇下庄村	红洪鸿虹风丰冯封峰蜂

309

续表二

地点		清鼻音现象例字
安义县	长埠镇长埠村	弘；红洪鸿虹翁风丰冯凤封峰蜂峰
	石鼻镇果田村	红洪鸿虹翁风丰冯凤封峰蜂逢缝
	黄洲镇黄洲村	红洪鸿虹翁风丰冯凤封峰蜂逢缝
	乔乐乡社坑村	红洪鸿虹翁冯凤
新建县	流湖乡对门牌头	红冯
	石埠镇乌城村程家新基	红洪鸿风枫冯
	松湖镇松湖村丁李中心村	弘；红洪鸿虹翁风丰冯凤封峰蜂逢缝
	石岗镇石岗村	红洪鸿虹翁风丰冯凤封峰蜂逢缝
	厚田乡西门村上头村	红洪鸿虹翁风丰冯凤封峰蜂逢缝
	西山镇西山村猴溪陈村	红洪鸿虹
	生米镇东城村南岸村	弘；红洪鸿虹翁风丰冯凤封峰蜂逢缝
《江西省方言志》	新建县长堎镇（陈）	轰宏；红虹风凤蜂逢缝
	奉新县（陈）	轰宏；空烘哄红虹凤梦蜂逢缝
	靖安县（陈）	轰宏；烘哄红翁凤梦蜂逢缝
	余干县（陈）	哄红虹凤梦蜂逢缝
	乐平县（陈）	轰宏
《客赣方言比较究》	东乡县（刘）	空
	临川市（刘）	空
	永丰县（刘）	空

二、清鼻音现象成因

（一）清鼻音现象的韵摄条件

综合赣语各地情况，清鼻音例字不出"（曾合一匣）弘；（梗合二晓）轰、（梗合二匣）宏；（通合一溪）空孔控、（通合一影）翁、（通合一晓）烘哄、（通合一匣）红洪鸿虹汞、（通合三非）风枫疯封、（通合三敷）丰峰蜂、（通合三奉）冯凤逢缝、（通合三溪）恐、（通合三群）共"范围，可以概括为曾梗通摄见系及非组字来源。

310

表 3-10 赣语昌都片曾梗通摄见组及非组字今读鼻音现象例字表

例字 地点	空溪 通合一	红匣 通合一	翁影 通合一	风非 通合三	丰敷 通合三	冯奉 通合三	凤奉 通合三	封非 通合三
武宁礼溪镇（钟）	₋kʰəŋ	₅həŋ	₋ŋ̍	₋həŋ	₋həŋ	₅həŋ	həŋ²	₋həŋ
修水义宁镇罗家坞	₋ŋ̍	₅fəŋ	₋uəŋ	₋fəŋ	₋fəŋ	₅fəŋ	fəŋ²	₋fəŋ
修水宁州镇	₋ŋ̍	₅fəŋ	₋uəŋ	₋fəŋ	₋fəŋ	₅fəŋ	fəŋ²	₋fəŋ
修水黄坳乡塘排村	₋ŋ̍	₅fəŋ	₋uəŋ	₋fəŋ	₋fəŋ	₅fəŋ	fəŋ²	₋fəŋ
修水黄港镇安全村	₋ŋ̍	₅fəŋ	₋uəŋ	₋fəŋ	₋fəŋ	₅fəŋ	fəŋ²	₋fəŋ
修水何市镇大理村	₋ŋ̍	₅fəŋ	₋ŋ̍	₋fəŋ	₋fəŋ	₅fəŋ	fəŋ²	₋fəŋ
修水上奉镇石街村	₋ŋ̍	₅fəŋ	○	₋fəŋ	₋fəŋ	₅fəŋ	fəŋ²	₋fəŋ
修水竹坪乡竹坪村	₋ŋ̍	₅fəŋ	₋uəŋ	₋fəŋ	₋fəŋ	₅fəŋ	fəŋ²	₋fəŋ
修水征村乡熏衣村	₋ŋ̍	₅fəŋ	₋uəŋ	₋fəŋ	₋fəŋ	₅fəŋ	fəŋ²	₋fəŋ
修水杭口镇厚家源	₋ŋ̍	₅fəŋ	₋uəŋ	₋fəŋ	₋fəŋ	₅fəŋ	fəŋ²	₋fəŋ
修水马坳镇石溪村	₋ŋ̍	₅fəŋ	₋uəŋ	₋fəŋ	₋fəŋ	₅fəŋ	fəŋ²	₋fəŋ
修水山口镇来苏村	₋ŋ̍	₅fəŋ	₋uəŋ	₋fəŋ	₋fəŋ	₅fəŋ	fəŋ²	₋fəŋ
修水新湾乡新湾村	₋ŋ̍	₅fəŋ	₋uəŋ	₋fəŋ	₋fəŋ	₅fəŋ	fəŋ²	₋fəŋ
修水溪口镇田仓村	₋ŋ̍	₅fəŋ	₋uəŋ	₋fəŋ	₋fəŋ	₅fəŋ	fəŋ²	₋fəŋ
修水港口镇集镇	₋ŋ̍	₅fəŋ	₋uəŋ	₋fəŋ	₋fəŋ	₅fəŋ	fəŋ²	₋fəŋ
修水布甲乡洪石村	₋ŋ̍	₅fəŋ	₋uəŋ	₋fəŋ	₋fəŋ	₅fəŋ	fəŋ²	₋fəŋ
修水渣津镇长潭村	₋ŋ̍	₅fəŋ	₋uəŋ	₋fəŋ	₋fəŋ	₅fəŋ	fəŋ²	₋fəŋ
修水白岭镇白岭村	₋ŋ̍	₅fəŋ	₋uəŋ	₋fəŋ	₋fəŋ	₅fəŋ	fəŋ²	₋fəŋ
修水全丰镇南源村	₋ŋ̍	₅fəŋ	₋uəŋ	₋fəŋ	₋fəŋ	₅fəŋ	fəŋ²	₋fəŋ
修水黄龙乡沙塅村	₋ŋ̍	₅fəŋ	₋uəŋ	₋fəŋ	₋fəŋ	₅fəŋ	fəŋ²	₋fəŋ
修水大桥镇沙湾村	₋ŋ̍	₅fəŋ	₋uəŋ	₋fəŋ	₋fəŋ	₅fəŋ	fəŋ²	₋fəŋ
修水余塅乡余塅村	₋ŋ̍	₅fəŋ	₋uəŋ	₋fəŋ	₋fəŋ	₅fəŋ	fəŋ²	₋fəŋ
修水复原乡雅洋村	₋ŋ̍	₅fəŋ	₋uəŋ	₋fəŋ	₋fəŋ	₅fəŋ	fəŋ²	₋fəŋ
都昌大港镇小埠村	₋guŋ	₅ʰŋuŋ	₋ŋuŋ	₋ŋuŋ	₋ŋuŋ	₅ŋ̍	ŋ̍²	₋ʰŋuŋ
都昌中馆镇银宝大队	₋gəŋ	₅ŋ̍	₋guŋ	₋ŋ̍	₋ŋ̍	₅ŋ̍	ŋ̍²	₋ŋ̍
都昌南峰镇暖湖	₋guŋ	₅ŋ̍	₋uŋ	₋ɸuŋ	₋ɸuŋ	₅ŋ̍	ɸuŋ²	₋ɸuŋ
德安车桥镇白水村	₋kʰəŋ	₅ʰəŋ	₋uəŋ	₋həŋ	₋həŋ	₅həŋ	həŋ²	₋həŋ
德安塘山乡新塘村	₋kʰəŋ	₅həŋ	₋uəŋ	₋ŋ̍	₋həŋ	₅həŋ	həŋ²	₋fəŋ

续表

地点 \ 例字	空溪 通合一	红匣 通合一	翁影 通合一	风非 通合三	丰敷 通合三	冯奉 通合三	凤奉 通合三	封非 通合三
永修滩溪镇滩溪村	₌ŋ̊ŋ	₅ŋ̊ŋ	₌uŋ	₌ŋ̊ŋ	₌ŋ̊ŋ	₌ŋ̊ŋ	ŋ̊ŋ²	₌ŋ̊ŋ
永修马口镇新丰村	₌kʰuŋ	₅huŋ	₌uŋ	₌ŋ̊ŋ	₌ŋ̊ŋ	₂ŋ̊ŋ	ŋ̊ŋ²	₌ŋ̊ŋ
永修马口镇山丰村	₌kʰuŋ	₅ŋ̊ŋ	₌uŋ	₌ŋ̊ŋ	₌ŋ̊ŋ	₂ŋ̊ŋ	ŋ̊ŋ²	₌ŋ̊ŋ
安义龙津镇凤山村	₌kʰəŋ	₅ŋ̊ŋ	₌uəŋ	₌ŋ̊ŋ	₌ŋ̊ŋ	₌ŋ̊ŋ	ŋ̊ŋ²	₌ŋ̊ŋ
安义新民乡新民村	₌kʰəŋ	₅ŋ̊ŋ	₌ŋ̊ŋ	₌ŋ̊ŋ	₌ŋ̊ŋ	₌ŋ̊ŋ	ŋ̊ŋ²	₌ŋ̊ŋ
安义万埠镇下庄村	₌kʰəŋ	₅ŋ̊ŋ	₌kəŋ	₌ŋ̊ŋ	₌ŋ̊ŋ	₌ŋ̊ŋ	ɸuəŋ²	₌ŋ̊ŋ
安义长埠镇长埠村	₌kʰəŋ	₅ŋ̊ŋ	₌ŋ̊ŋ	₌ŋ̊ŋ	₌ŋ̊ŋ	₌ŋ̊ŋ	ŋ̊ŋ²	₌ŋ̊ŋ
安义石鼻镇果田村	₌kʰəŋ	₅ŋ̊ŋ	₌ɸuəŋ	₌ŋ̊ŋ	₌ŋ̊ŋ	₌ŋ̊ŋ	ŋ̊ŋ²	₌ŋ̊ŋ
安义黄洲镇黄洲村	₌kʰuŋ	₅ŋ̊ŋ	₌ŋ̊ŋ	₌ŋ̊ŋ	₌ŋ̊ŋ	₌ŋ̊ŋ	ŋ̊ŋ²	₌ŋ̊ŋ
安义乔东乡社坑村	₌kʰəŋ	₅ŋ̊ŋ	₌ɸuəŋ	₌ɸuəŋ	₌ŋ̊ŋ	₌ŋ̊ŋ	ŋ̊ŋ²	ɸuəŋ
新建长堎镇（陈）	₂kʰuŋ	₂hŋ	₌ŋ̊	₌hŋ	₌hŋ	○	hŋ²	○
新建金桥乡东和村	₌kʰuŋ	₂ɸuŋ	₌ŋuŋ	₌ɸuŋ	₌ɸuŋ	₂ɸuŋ	ɸuŋ²	ɸuŋ
新建流湖乡对门牌头	₌kʰuŋ	₅ŋ̊ŋ	₌kuŋ	₌ŋ̊ŋ	₌ŋ̊ŋ	₌ŋ̊ŋ	ɸuŋ²	ɸuŋ
新建石埠镇乌城村	₌kʰuŋ	₅ŋ̊ŋ	₌uŋ	₌ŋ̊ŋ	₌ŋ̊ŋ	₌ŋ̊ŋ	ɸuŋ²	ɸuŋ
新建松湖镇松湖村	₌kʰuŋ	₅ŋ̊ŋ	₌ŋ̊ŋ	₌ŋ̊ŋ	₌ŋ̊ŋ	₌ŋ̊ŋ	ŋ̊ŋ²	ŋ̊ŋ
新建石岗镇石岗村	₌kʰuŋ	₅ŋ̊ŋ	₌ŋ̊ŋ	₌ŋ̊ŋ	₌ŋ̊ŋ	₂ŋ̊ŋ	ŋ̊ŋ²	₌ŋ̊ŋ
新建厚田乡西门村	₌kʰuŋ	₅ŋ̊ŋ	₌ŋ̊ŋ	₌ŋ̊ŋ	₌ŋ̊ŋ	₌ŋ̊ŋ	ŋ̊ŋ²	₌ŋ̊ŋ
新建西山镇西山村	₌kʰuŋ	₅ŋ̊ŋ	₌ŋ̊ŋ	₌ɸuŋ	₌ɸuŋ	₂ɸuŋ	ɸuŋ²	ɸuŋ
新建生米镇东城村	₌kʰuŋ	₅ŋ̊ŋ	₌uŋ	₌ŋ̊ŋ	₌ŋ̊ŋ	₌ŋ̊ŋ	ŋ̊ŋ²	₌ŋ̊ŋ

（二）清鼻音现象分析

从目前的材料来看，清鼻音现象在赣语中主要分布于昌都片赣语及邻近地区方言。下文着重分析清鼻音现象特点及成因。

1.昌都片赣语清鼻音现象与民族语清鼻音性质不同

昌都片赣语的清鼻音发音特点上同民族语言相同，但在语音系统中的地位不同。在民族语言如苗瑶语，大多数地区有清浊两类鼻音声母，如据王辅世主编《苗语简志》（1985：13—16）载，湖南省花垣县吉卫乡腊乙坪苗话、贵州省凯里县挂丁乡养蒿苗话、贵州省毕节县先进乡大南山苗话声母系统中普遍存在[m]-[m̥]、[n]-[n̥]清浊对立的鼻音声母,昌都片赣语中清鼻音现象与之不同,一是语音系统中的不存在清浊对立,二是赣语中清鼻音自成音节,不同元音相拼。

赣语昌都片上面所提及的曾梗通摄见组及非组来源字鼻音现象,从发音特点及听感来看有两种,一种是鼻音声化韵现象,记作[ŋ],如修水方言"翁"字及赣语各地"吴五",另一种听感上无浊感,带有明显的送气色彩,音节韵母是舌根鼻音[ŋ],如修水方言"红、风"等字,声母应属清鼻音,记作[ŋ̊];[ŋ]、[ŋ̊]不形成音位对立,发音人有时还会变读。

2.赣语清鼻音现象应是后起音变现象

中古音存在晓母与唇音明母互谐现象,如每悔、民昏、墨黑等,故许多学者认为上古汉语中存在着清鼻音声母。李方桂(2001:15)构拟的上古声母系统存在着清浊对立的鼻音声母[hm]-[m]、[hn]-[n]、[hng]-[ng]。结合汉语语音史的研究,有些学者就认为,诸如赣语中的清鼻音现象是上古音的保存。

南方方言个别字普遍存在声化韵(如五吴)现象,沈钟伟(2007:123—128)认为,这种音变不是音系内部的变化,赣客吴湘等南方汉语的鼻音成音节来源同苗语有关,这是北方汉人早期进入南方必经过苗语地区,苗语的语音特征进入汉语所导致的现象。郑伟(2013:158)认为,这是汉语方言语音内部的音变现象,吴语的侯韵明母字(亩母拇姆)读[m̩]现象,高元音[u]在鼻音声母[m]后发生 *mu>m̩ 的音变。闽西客家方言中古止摄开口三等、遇摄合口三、祭韵开口三等个别字(疑你尔耳二贰毅义议拟宜谊艺仪遇寓语女娱愚御)存在清鼻音现象,永定县的下洋这些字有文白异读现象,即白读[hn],文读[ŋi],罗美珍、邓晓华(1995:51—55)指出,从音理上来看[*ŋi]>[ŋ̍],[*ŋu]>[ŋ̍]是很自然的,即舌根鼻音[ŋ]在高元音[i]、[u]前很容易变为声化韵。

本书认为,赣语中来源于遇合一疑母字"五吴[ŋ̍]",止摄三等泥母"你[n̩]",流摄开一明母字"姆[m̩]"声化韵现象形成原因也应如此。同时也认为,曾梗通摄见组及非组字清鼻音现象也是后起现象,是赣语语音内部的音变结果。

通摄非组及见组字,个别曾梗摄见系字今读清鼻音现象是可以从音理得到解释。从存在清鼻音现象方言音系来看,通摄非组、见系其他字韵母读[uŋ]、[iuŋ],非组、晓组声母今读[ɸ]/[f]/[h],溪群母今读[kʰ]。从各地共时差异来看,昌都片赣语通摄非组与晓组声母早期读法应是 [ɸ],[ɸuəŋ]/[ɸuŋ] 音节从发音音理上来看,很容易产生清鼻音现象,双唇清擦的 [ɸ] 与后高圆唇 [u] 在发音部位和发音方法一致,[ɸ] 发音时的摩擦气流会因后接圆唇元音 [u] 时得到加强,形成强气流,加上要同后鼻尾发音谐同,部位靠后会产生强送气成分 [h],形成 [ŋ̊],本书认为,"烘哄红洪鸿虹风枫疯封丰峰蜂冯凤逢缝"读清鼻音现象应当是由此因产生。通摄溪群母今读 [kʰ] 声母,结合上表 3-10 来看,通摄见组清鼻音分布的方言点溪群母字也多发生了 [kʰ]>[h] 音变现象,[kʰuŋ] 先变读为 [huŋ],[h]、[ŋ] 都有靠后低舌位特点,[u] 又是靠后高舌位的特点,[huŋ] 在自然语流中很难到位,[huŋ]>[ŋ̊] 音变随之产生。在实地调查时,笔者发现 [ɸuŋ]、[ŋ̊] 存在变读的现象,如新建县石埠发音人念"风丰冯凤"存在 [ŋ̊]、[ɸuŋ] 变读,新建县西山镇发音人念"红"字时存在 [ŋ̊]、[ɸuŋ] 变读,德安县车桥镇白水发音人读"红 [həŋ]",武宁县清江乡发音人读"红 [huŋ]",发音很刻意地用鼻腔送气,音值处在 [həŋ]/[huŋ]>[ŋ̊] 的过渡状态。从音理及实地调查听感现象来看,本书认为,昌都片赣语清鼻音声化韵现象应是后起的变化。曾梗摄二等字"弘轰宏"读清鼻音现象应是曾梗摄二等字读入通摄现象后产生的现象。

昌都片赣语普遍存在清浊分调、送气分调现象,清鼻音具有次浊声母及送气双重特点,从清鼻音现象例字来看,来自清声母的"轰翁烘哄风枫疯封丰峰蜂恐空孔控"读阴调,来自浊声母的"弘宏红洪鸿虹汞冯凤逢缝共"读阳调,据可知清鼻音现象应是在清浊分调之后的音变现象;周祖谟(1993:372)指出,宋代汴洛方音中曾梗摄合流,元代《中原音韵》中东韵同收"轰弘恐供共",故曾梗摄"弘轰宏"也读成清鼻音现象应是发生在曾梗摄二等字同通摄合流之后的现象。综上所述,曾梗通摄清鼻音现象应是中古以后发生音变现象。

第四章 赣语昌都片韵母研究

据以往研究成果(刘纶鑫,1999；陈昌仪,2005；孙宜志,2007；熊燕,2004；刘泽民,2005；李冬香,2005),赣语昌都片韵母一般性认识是韵母数有55个到69个,无撮口呼,蟹摄开口一二等大多不分立,效摄开口三等的知章组与一二等韵母分立,咸山两摄一二等见系韵母分立,江宕摄合流,中古鼻尾今读[n]、[ŋ],入声鼻尾多为两个。本章结合近期调查对赣语昌都片古韵母今读现象再做考察,具体内容有：遇摄韵母,蟹摄开口一二等韵母、止摄开口三等精知庄章组韵母、流摄韵母、一等字韵母带[i]介音现象、中古阳声韵韵尾今读、中古入声韵尾今读。

第一节 赣语昌都片遇摄韵母今读特点

昌都片赣语遇摄韵母今读类型复杂,层次叠置,本节先归纳韵母今读格局类型,然后分析不同音值韵母的历史层次及相关的音变现象。

一、遇摄韵母今读格局类型

赣语昌都片遇摄韵读格局大致可以分为七类(见系个别字今读[ɛ]、[iɛ]为普遍现象,分类时除外):

类型一：一等及三等非庄日组字韵母读[u],三等其他字韵母多样。

三等泥组、精组、见组、晓组、影喻字韵母今读有四种情况：

1. 三等泥精知章组及见系字韵母读 [y]/[ʮ]。

[y] 韵母主要分布于武宁县宋溪镇山口村小东山、泉口镇丰田村下江村、鲁溪镇大桥村、杨洲乡森峰村、罗坪乡长水村、县城（陈昌仪，2005）、新宁镇石坪村、清江乡清江村、礼溪镇（钟明立，2004）方言，湖口县文桥乡饶塘村陈凤姓村、城山镇大塘村细石家、武山镇武山村细沈祜、流泗镇红星村方言，南昌县幽兰镇南山村旧居村李家、塘南镇（肖放亮，2010）塘南方言，南昌市（陈昌仪，2005）方言。

[ʮ] 韵母主要分布于瑞昌县南义镇（刘纶鑫，1999）方言，德安县车桥镇白水村上屋夏家方言。

2. 泥组字韵母读 [i]，精知章组及见系字韵母读 [y] 分布于南昌县南新乡楼前村二房自然村方言、南昌县泾口乡辕门村方言。

3. 三等泥精组字韵母读 [i]，知章组及见系字韵母读 [y]。

分布于都昌县东部中馆镇银宝大队、万户镇长岭村、南峰镇暖湖、狮山乡老屋于家湾村方言，湖口县双钟镇月亮村、舜德乡南湾村沈素上村、马影镇走马刘三房村方言，德安县塘山乡新塘村方言。

4. 三等泥精知章组字韵母读 [i]，见系字韵母读 [ui]。

分布于武宁县石门楼镇白桥村、罗溪乡坪源村坪源铺里、东林乡东林村方言。

类型二：一等及三等非庄知章日组字韵母读 [u]，三等其他字韵母多样。

三等泥组、精组、见组、晓组、影喻字韵母今读有两情况：

1. 泥精及见系字韵母读 [i]。

分布于武宁船滩镇船滩村新丰街方言；都昌大港镇小埠村、北炎东凤大队曹炎村、土塘镇（陈昌仪，1991）、化民乡信和村、阳峰乡黄梅沈家、和合乡田坂村、周溪镇古塘村、春桥乡春桥村彭壁村、徐埠镇山峰村委会袁鄢村、左里镇周茂村、都昌镇柳树堰卢家方言；新建县昌邑乡良坪村坪上、石岗镇石岗村、西山镇西山村猴溪陈村、乐化镇江桥村、樵舍镇峰桥村、金桥乡东和村、联圩镇大圩村方言；湖口县舜德乡兰新村、流芳乡青年村曹府台方言；永修县马口镇新丰村方言；安义县万埠镇下庄村、石鼻镇果田村、黄洲镇黄洲村、乔乐乡社坑村方言。

2. 泥精晓组字韵母读 [i]，见影组字韵母读 [ui]/[yi]。

分布于修水县太阳升镇坳头村、庙岭乡小山口村方言；星子县南康镇迎春桥社区、白鹿镇玉京村码头镇、华林镇繁荣村大屋金、温泉镇桃花源余家、蓼花

中古遇摄韵母今读格局类型示意图

镇胜利村东平山、苏家档乡土牛村、横塘镇联盟村塝上查家、蓼南乡新华村何家堡、蛟塘镇（陈昌仪，2005）方言；德安县林泉乡林泉村摆下刘村、丰林镇丰林村戴家、高塘乡罗桥村畈上王家、河东乡后田村石门汪家、蒲亭镇附城村、蒲亭镇北门社区方言；永修县涂埠镇（陈昌仪，1983）、虬津镇张公渡村、吴城镇（肖萍，2008），新建县长垅镇（陈昌仪，2005）方言。

类型三：一等及三等非庄日组韵母读 [u]，知章组韵母读 [ɿ]，三等其他字韵母读 [i]。

分布于南昌县富山乡霞山唐村、塔城乡东游村方言。

类型四：一等（精组除外）及三等非知章日组韵母读 [u]，一等精组及三等庄组韵母读 [ɿ]/[ɛ]，其他字韵母多样。

三等泥组、精组、晓组、见组、影喻母韵母今读有两种情况：

1. 三等泥精组及见系韵母读 [i]。

分布于德安县吴山乡河铺村东坑杨家方言；修水县义宁镇义宁镇罗家埚方言；新建县流湖乡对门牌头、石埠镇乌城村程家新基、松湖镇松湖村丁李中心村、厚田乡西门村上头村、生米镇东城村南岸村方言；安义县长埠镇长埠村方言。

2. 三等泥精晓组韵母读 [i]，见影组韵母读 [ui]。

分布在修水县宁州镇宁州、黄坳乡塘排村、黄港镇安全村、何市镇大里村、上奉镇石街村、竹坪乡竹坪村、征村乡熏衣村、杭口镇厚家源村、马坳镇石溪村、山口镇来苏村、新湾乡新湾村、溪口镇田仓村、港口镇集镇居委会、布甲乡洪石村、渣津镇长潭村、白岭镇白岭村方言；永修县江益镇（刘纶鑫，1999）、三角乡（孙宜志，2006）、三溪桥镇河桥村、江上乡耕源村、九合乡长滩村、滩溪镇滩溪村、梅棠镇杨岭村、立新乡桥头村、艾城镇艾城村艾城街、马口镇山丰村方言；安义县龙津镇凤山村、新民乡新民村方言。

类型五：一等（精组除外）及三等非日组韵母读 [u]，一等精组及三等知庄章组韵母读 [ɿ]，三等其他字韵母读 [i]。

分布于南昌县向塘镇（万云文，2011）新村、三江镇徐罗村吴黄村、广福镇北头村熊李村方言。

类型六：一等（精组除外）及三等非日组韵母读 [u]，一等精组及三等庄组韵母读 [ɿ]，三等知章组韵母读 [əu]，三等泥精晓组韵母读 [i]，见影组合流 [ui]。

分布于修水县黄龙乡沙煅村、大桥镇沙湾村、全丰镇南源村方言。

类型七：一等（精组除外）及三等非日组韵母读[u]，一等精组及三等庄组韵母读[ɿ]，三等知章见晓组韵母读[ʉ]，三等泥精组韵母读[i]，影组韵母读[ui]。

分布于德安县磨溪乡尖山村王家畈方言。

隋唐时期，遇摄分模鱼虞三个韵部，高本汉（2003：533）拟音模韵[uo]，鱼韵[iʷu]、虞韵[iu]；模韵为合口一等、虞韵与鱼韵为重韵，虞韵为合口三等是公认的，而鱼韵性质有争议，如根据唐诗用韵，北宋的《韵镜》把鱼韵归入"内转第十一开"等文献材料，王力（1985：221）曾指出，鱼韵在早期应是属开口韵，构拟隋唐时期模韵[u]、鱼韵[io]、虞韵[iu]。

李惠昌（1989：87）据唐人用韵材料指出，从初唐到晚唐遇摄虞模二韵同用没有例外，而鱼韵与虞模韵存在趋同合流的过程。结合晚唐五代朱翱反切、宋代《四声等子》《切韵指掌图》《切韵指南》鱼虞模合图可知，汉语史上自唐以来，模鱼虞朝着合流的方向发展。中古遇摄模鱼虞到《中原音韵》时合为鱼模韵，据邵荣芬研究（1981：139—143），《中原雅音》（成书于明洪武三十一年至明英宗天顺四年）与《中州音韵》相似，应是《中原音韵》之后记录北方方言语音的最早的韵书，其中模韵及鱼虞的非组、庄组、知章组部分字归模韵[u]，鱼虞韵的知章组部分字及见系归鱼韵[y]；王力（1985：395）据明清《韵略易通》（1442）、《五方元音》（1654—1673）等韵书归纳，明清官话音系是中古模韵及鱼虞的非组、庄组、知章组、日组部分字归姑苏韵[u]，鱼虞韵的知章组部分字及见系归居鱼韵[y]。综上可知，汉语方言遇摄一等与三等知庄章日组合流是唐以后官话发展趋势。从上文概括的七大类型来看，赣语昌都片遇摄韵母今读格局呈现层次叠置特点，类型一、类型二代表着唐以后的官话发展模式，类型三、类型四、类型五、类型六、类型七则是昌都片赣语区域性创新发展。

二、遇摄韵母音值的历史层次

遇摄韵母音值有：[u]、[i]、[ɿ]、[y]、[ɛ]、[iɛ]、[ui]、[ʉ]。下文详细分析各韵母的历史层次。

（一）中古早期鱼虞分韵层：[ɛ]、[iɛ]

从本地人语感理解,韵母 [ɛ/e]、[iɛ/ie] 属白读音,赣语研究以往研究中一般认同鱼韵字读韵母 [ɛ/e][iɛ/ie] 是《切韵》时代鱼虞分韵存古现象。孙宜志（2001：113）曾指出,鱼虞分韵现象从北至南逐渐增多,星子方言有 5 个字（渠鱼渔锯去）、临川方言有 10 个字（女猪徐絮蛆渠鱼渔锯去）、崇仁方言有 16 个字（女猪蛆苎梳诸煮薯车余渠鱼渔锯去）。昌都片赣语例字不出"渠他鱼渔锯去"范围。

梅祖麟（2007：214）根据日语中"万叶假名""推古朝贵文"汉字的音系,再结合南吴语、闽语及赣北方言材料,曾构拟南朝以金陵音为标准的江东方言鱼韵音值为 [*-iə]。赣北自古以来就是"吴头楚尾"的位置,《史记·楚世家》载"（楚昭王）十二年（公元前 504 年）,吴复伐楚,取番。楚恐,去郢,北徙都鄀"[①];《左传》鲁哀公二十年（公元前 475 年）记："吴公子庆忌聚谏吴子,曰：'不改必亡',弗听。出居于艾。"[②]根据这两条语料,我们可以确知吴国西疆包括今天赣北平原的西部,楚国东界至少到达了今天鄱阳县一带。

游汝杰（1986：117）曾指出,在西晋以前今江西一带方言跟湘语和吴语有更多的共同性。如明代冯梦龙《古今谭概》（2007：491）记："嘉定近海处,乡人自称曰'吾侬''我侬',称他人曰'渠侬''你侬',问人'谁侬'。夜闻有叩门者,主人问曰'谁侬？'外客曰：'我侬。'主人不知何人,开门方认,乃曰：'却是你侬。'后人因名其处为'三侬之地'。"这段话虽是早期吴语的生动再现,赣北都昌人看这段也会觉得这记的就是都昌话；据《彭泽县志》（1992：536）的方言卷分类词表,彭泽赣语定山方言人称代词单数形式记作"我侬、你侬、其侬"；近期调查发现,德安县丰林镇方言人称代词也是"我侬、你侬",故人称代词"侬"尾是赣北方言及吴语共同特点。再结合赣语昌都片浊音现象、送气分调现象,本书认为,昌都片赣语中鱼韵见系个别字读 [ɛ/e]、[iɛ/ie] 韵母应是同吴语同源,属中古《切韵》时代鱼虞分韵的早期层次。

---

① 司马迁：《史记》,中华书局 1982 年,第 1716 页。
② 杨伯峻：《春秋左传注》,中华书局 1990 年,第 1715 页。

（二）中古以后鱼虞相混层：[u]、[i]、[ʅ]、[əu]、[y]、[ɿ]、[ui]

1. 韵母 [u]、[i]

从各声母韵母拼读来看，[u] 主要拼读非知庄章日组声母，[i] 主要拼读精泥组及见系声母，分布上成互补。

表 4-1　赣语昌都片遇摄韵母例字表（之一）

地点＼例字	父奉虞	初初鱼	猪知鱼	书书鱼	徐邪鱼	举见鱼	虚晓鱼	雨云虞
武宁船滩镇船滩村	fu²	₌tsʰu	₌tʂu	₌su	₌tɕʰi	ᶜtɕi	ᶜɕi	ᶜui
都昌左里镇周茂村	₌ɸu	₌dzu	₌tʂu	₌su	₅₁dzi	ᶜtɕi	ᶜɕi	ᶜi
都昌阳峰乡黄梅	ɸu²	₌dzu	₌tʂu	₌su	₅₁dzi	ᶜtɕi	ᶜɕi	ᶜi
湖口流芳乡青年村	ɸu²	₌dzu	₌tʂu	₌su	₌dzi	ᶜtɕi	ᶜɕi	ᶜi
永修马口镇新丰村	ɸu²	₌tsʰu	₌tu	₅₁tsʰi	ᶜkui	ᶜɸui	ᶜui
新建昌邑乡良坪村	fu²	₌tsʰu	₌tsu	₅₂ɕi	ᶜtɕi	ᶜfi	ᶜui
新建西山镇西山村	ɸu²	₌tsʰu	₌tu	₌ɕi	ᶜtɕi	ᶜɕi	ᶜi
安义万埠镇下庄村	ɸu²	₌tsʰu	₌tu	₌ʂ	₌tɕʰi	ᶜtɕi	ᶜɕi	ᶜui

鱼虞韵今读 [i] 韵母现象是南方方言的常见现象，如安徽境内的江淮官话与赣语很相似，即鱼虞韵精组字合流读 [i]，郑伟（2013：89）认为，这可能有两种解释，一是鱼虞韵合并后在精组后面的音变，一是鱼韵读 [i]，是早期鱼虞有别层次，而虞韵是条件音变，即虽同读 [i] 韵，但来源不同。北部吴语鱼韵白读有两类，一类是泥来组、精组声母后读 [i]，知庄章组后读 [ʅ]，第二类是见组、晓组后读 [e ɛ ei][i]，第一类两种音值在北部吴语成互补分布，梅祖麟（2007：214）认为，吴语、闽语及赣北方言现象应属南朝以金陵音为标准的江东方言层次，当时鱼韵音值为 *[-iə]，现代北部吴语的音值起点应是 *[-ie]，现代南部吴语的音值起点应是 *[-iə]，由此发生条件音变；郑伟（2013：90）认为，《切韵》时代吴语方音鱼韵字是开口 [*iə]、[*ɪə] 或 [*iɤ]，隋唐后发生了 [*ə]>[ɨ]>[i] 音变，吴语鱼韵读 [*i] 至迟在南宋已经产生。

本书认为，在《切韵》时代赣北方音中鱼韵字读法应同吴语相当，可能是 [*iə] 或 [*ie]，这种读音至今仍保留在个别见系字（锯、鱼）白读音中，昌都片精组、泥组、见系后读 [i] 韵母现象同北部吴语的 [i] 韵母现象应属同一历史层次。从表 4-1 可知 [u] 韵母分布于知庄章组，[i] 韵母分布于精泥见系。陈忠敏（2007：

158）曾指出，两音类若出现的古音环境是互补的，则属同一层次里的不同音变，据此可知昌都片赣语鱼虞韵韵母 [u]、[i] 应属于同一历史层次。这种音变是可以用条件音变方式来解释的，也就是说，鱼韵字早期韵母 [*iə] 或 [*ie] 在昌都片赣语发生不同于吴语创新音变发展，精泥见系后演变 [i]，知庄章组后演变为 [u] 韵母。

据杜爱英（1998：25）研究，北宋赣西北与今修水接壤的筠州新昌（今宜丰县）籍诗人释德洪诗作中就出现止摄字与遇摄相押现象，德洪五古《玄沙宗一禅师真赞》第二韵段叶"去雾履路暮故祖吐腑古妩具步露楚遇语暑虑辅古鲁旅虎宇"，德洪五古《送觉海大师还庐陵省亲》叶"古故鲁数渚惧履宇处箸语暑顾去谷拊舞步趣苦汝"，相押范围为模韵、鱼虞韵、止摄，这同今天的宜丰方言情况是完全一致的，今天的宜丰方言中止摄精组字同模韵、鱼虞的知庄章组字都读 [u] 韵母，据此，赣西北的"一等及三等非组、庄组、知章组、日母合流为 [u]"现象最早可以追溯到北宋。

2. 韵母 [ɿ]

在上述七种类型中，类型三、类型四、类型五、类型六、类型七还存在一个 [ɿ] 韵母。

表 4-2　赣语昌都片遇摄韵母例字表（之二）

地点＼例字	粗清模	做精模	初初鱼	猪知鱼	柱澄虞	书书鱼	主章虞	父奉虞
都昌阳峰乡黄梅沈家	ˍdzu	tsuᶜ	ˍdzu	ˍtʂu	dzu²	ˬsu	ˬtʂu	ɸu²
湖口流芳乡青年村	ˍdzu	tsuᶜ	ˍdzu	ˬtʂu	dzu²	ˬsu	ˬtʂu	ɸu²
星子县南康镇迎春桥	ˍtsʰu	tsɿᶜ	ˬtsʰu	ˬtʂu	tʰu²	ˬsu	ˬtʂu	ɸu²
星子县横塘镇联盟村	ˍdzu	tsuᶜ	ˍdzu	ˬtʂu	dzu²	ˬsu	ˬtʂu	ɸu²
德安县林泉乡林泉村	ˬtsʰu	tsɿᶜ	ˬtsʰu	ˬtʂu	tʂʰu²	ˬsu	ˬtʂu	fu²
德安磨溪乡尖山村	ˬtsʰʉ	tsʉᶜ	ˬtsʰʉ	ˬtʂʉ	tʂʰʉ²	ˬsʉ	ˬtʂʉ	fu²
永修立新乡桥头村	ˬtsʰɿ	tsuᶜ	ˬtsʰɿ	ˬtu	tʰu²	ˬsɿ	ˬtu	fu²
永修吴城镇（肖）	ˬtsʰu	tsuᶜ	ˬtsʰu	ˬtsʰu	tsʰu²	ˬsu	ˬtsu	ˍfu
安义万埠镇下庄村	ˬtsʰu	tsɿᶜ	ˬtsʰu	ˬtu	tʰu²	ˬsu	ˬtu	ɸu²
安义石鼻镇果田村	ˬtsʰu	tsɿᶜ	ˬtsʰu	ˬtu	tʰu²	ˬsu	ˬtu	ɸu²
新建金桥乡东和村	ˬtsʰu	tsɿᶜ	ˬtsʰu	ˬtsu	tsʰu²	ˬsu	ˬtsu	ɸu²
南昌县富山乡霞山唐	ˬtsʰu	tsuᶜ	ˬtsʰu	ˬtsu	tsʰu²	ˬsɿ	ˬtsɿ	fu²
南昌县塔城东游村	ˬtsʰu	tsuᶜ	ˬtsʰu	ˬtsu	tsʰu²	ˬsɿ	ˬtsɿ	fu²

上面表4-2可以看出,鱼虞韵[ɿ]按词汇扩散方式在昌都片区域扩展。类型二方言"一等及三等非组、庄组、知章组、日母韵母读[u]",但有些方言点一等精组及三等庄组个别字也存在[ɿ]韵母现象,如星子县南康镇迎春桥社区方言(做)、白鹿镇玉京村码头镇方言(做)、华林镇繁荣村大屋金方言(做梳)、蓼花镇胜利村东平山方言(做锄梳)、苏家档乡土牛村方言(做锄梳)、横塘镇联盟村塅上查家方言(做锄梳)、蓼南乡新华村何家堡方言(做锄梳)、蛟塘镇(陈昌仪,2005)方言(做),德安县林泉乡林泉村摆下刘村方言(做)、蒲亭镇北门社区方言(做),安义县石鼻镇果田村方言(租组祖做)。

类型三方言"一等及三等非组、庄组、日母韵母读[u],知章组韵母读[ɿ]",南昌县富山乡霞山唐村方言知章组有个别字(除厨诸舒处署朱珠主注蛀)读[u]韵母,塔城乡东游村方言个别字(煮)读[u]韵母。

类型四方言"一等(精组除外)及三等非组、知章组、日母韵母读[u],一等精组及三等庄组韵母读[ɿ]",但永修县三角乡(孙宜志,2006)方言章组的书母与禅母个别字也读[ɿ]韵,立新乡桥头村方言一等精组及三等庄组个别字(做锄)读[u],艾城镇艾城村艾城街、马口镇山丰村方言章组个别字读[ɿ]韵;江上乡耕源村方言一等精组及三等庄组个别字(租苏醋梳数)读[u]韵。

在实地调查时,笔者发现有一些方言点的[u]韵母存在[ɯ]变体形式,新建松湖镇松湖村丁李中心村方言一等精组韵母读[ɿ],知章组韵母读[u],但个别精组与书母字(醋揩书鼠输竖树)实际音值应当是[ɯ];安义县长埠镇方言一等精组及三等庄组韵母合流[ɿ],三等庄韵个别字(初楚梳疏)实际音值应是[ɯ]。

依据上面方言事实,本书认为,昌都片赣语遇摄鱼虞韵知章组字韵母[u]、[ɿ]共存现象并非不同来源叠置的结果,而是离散式音变的结果,即鱼虞韵知章组字合流读[u]韵母之后,在某个历史时期又发生了[u]>[ɯ]>[ɿ]的音变。结合昌都片赣语,类型二是音变起始类型,部分方言是知章组韵母先一步前化发展为舌尖前音[ɿ]韵母(类型三),部分方言是庄组字及一等精组先一步前化发展为舌尖前音[ɿ]韵母(类型四),部分方言是一等精组及三等庄组、知章组同时前化发展为舌尖前音[ɿ]韵母(类型五)。

3. 韵母[əu]

一等及三等非组、庄组、知章组、日母韵母合流为[u]之后,昌都片赣语部分方言一等精组及三等庄组韵母进一步高化、前化发展为舌尖前音韵母 [ɿ]，另一些方言知章组韵母却有不同的发展方向，即 [u] 裂变成 [əu] 韵母（类型五）。鱼虞知章组今读 [əu] 韵母现象主出现在修水西部及西北部的乡镇，如下表所示：

表 4-3　赣语昌都片遇摄韵母例字表（之三）

地点＼例字	古见模	初初鱼	猪知鱼	柱澄虞	书书鱼	主章虞
修水义宁镇罗家埚	₌ku	₌dzʑ	₌tu	du²	₌su	₌tu
修水山口镇来苏村	₌ku	₌dzʑ	₌tu	du²	₌su	₌tu
修水渣津镇长潭村	₌ku	₌dzʑ	₌tu	du²	₌su	₌tu
修水白岭镇白岭村	₌ku	₌dzʑ	₌tu	du²	₌su	₌tu
修水全丰镇南源村	₌ku	₌dzʑ	₌təu	dəu²	₌səu	₌təu
修水黄龙乡沙墩村	₌ku	₌dzʑ	₌tu	dəu²	₌səu	₌təu
修水大桥镇沙湾村	₌ku	₌dzʑ	₌tu	du²	₌səu	₌tu
修水余墩乡余墩村	₌ku	₌dzʑ	₌tu	du²	₌su	₌tu
修水复原乡雅洋村	₌ku	₌dzʑ	₌tu	du²	₌su	₌tu

潘悟云（2000：29）曾指出，高元音复元音化是人类语言中普遍性的音变现象，如英语中发生的长元音大转移音变中，首先就是 /iː/ 和 /uː/ 发生复元音化；如汉语语音史上，模韵从上古到中古在来自语音系统内部推链作用下曾经发生 [a]>[o]，模韵变读 [o] 之后推动侯韵由 [o]>[u] 音变，幽部豪韵由 [u] 裂变为 [əu]；徐通锵（2001：332）曾提到，山西祁县方言中对于北京话的 [u] 韵，都念作 [əuᵝ]，[ə] 是过渡音，同时 [β] 是新生的韵尾。

修水县大部分乡镇方言遇摄韵母今读格局是"一等（精组除外）及三等非组、知章组、日母字韵母读 [u]，一等精组及三等庄组字韵母读 [ɿ]"。上文表 4-3 修水县西部全丰镇南源村方言知章组字读 [əu] 韵母，黄龙乡沙墩村方言鱼韵的知组、章昌母字读 [u] 韵母，鱼韵书禅母及虞韵知章组字读 [əu] 韵母，大桥镇沙湾村方言鱼韵书禅母字读 [əu] 韵母，其他知章组字都是读 [u] 韵母；从听感上来讲，全丰镇南源村方言知章组字读 [əu] 韵母是很稳定的，而黄龙乡沙墩村与大桥镇沙湾村方言中 [əu] 韵中 [ə] 是一个很弱的过渡音，即实际音值是 [ᵊu]；结合修水县其他乡镇方言遇摄字韵母来看,修水县西部方言的知章组字正在经历高元音复音化的演变,[u]>[əu]音变过程在全丰镇南源村方言已完成,而黄龙乡沙墈村方言与大桥镇沙湾村方言仍处在词汇扩散阶段。

4. 韵母 [y]/[ʮ]

"类型一"方言还存在中古鱼虞韵字韵母今读撮口韵母[y]/[ʮ]。除了遇摄鱼虞韵字韵母今读撮口韵母[y]/[ʮ]外,南昌县幽兰镇南山村旧居村李家方言、南新乡楼前村二房自然村方言,都昌中馆镇银宝大队、万户镇长岭村、南峰镇暖湖、狮山乡老屋于家湾村方言止合三等字韵母也读[y];湖口县双钟镇月亮村、舜德乡南湾村沈素上村、马影镇走马刘三房村、文桥乡饶塘村陈凤姓村、城山镇大塘村细石家、武山镇武山村细沈祐、流泗镇红星村方言止合三、蟹合一、蟹合三等字韵母也读[y];武宁县宋溪镇山口村小东山、泉口镇丰田村下江村、鲁溪镇大桥村、杨洲乡森峰村、罗坪乡长水村、县城(陈昌仪,2005)、新宁镇石坪村、清江乡清江村、礼溪镇(钟)方言止合三、蟹合三等字韵母也读[y]。在武宁方言中,钟明立(2004：373)指出,武宁礼溪话中白读没有撮口韵,如"鱼尼内"的文读音韵母为[y],白读为[i]韵母。

止摄合口三等与遇摄合三等字韵母均读[y],这是音韵学史上所说的"支微入鱼"现象。王军虎(2004：20)结合晋陕甘方言和唐五代西北方音历史材料指出,"支微入鱼"现象至迟在唐五代西北方音中已经出现。现代赣语的地理格局应是在唐宋时期奠定的。刘纶鑫(1999：20)曾指出,(唐代)赣方言已经和现在相差无几;万波引用大量的移民材料和唐西北方音材料,结合现代晋陕西北方言指出,晚唐五代关中移民南迁对赣语产生了重要影响。故昌都片"支微入鱼"现象应同中古以后的北方官话影响有关。

昌都片赣语有"支微入鱼"现象的方言点在地理上主要分布于武宁县、湖口县、德安县的西北部,下表列出赣语昌都片及邻近方言"支微入鱼"例字情况：

表4-4　赣语昌都片"支微入鱼"现象例字表

地点＼例字	猪知 遇合三鱼	主章 遇合三虞	吹昌 止合三支	水书 止合三旨	罪从 蟹合一贿	税书 蟹合三祭
武宁县鲁溪镇大桥村	ˍtɕy	ˉtɕy	ˉtɕʰy	ˉɕy	tɕy²	ɕy²¹
瑞昌县(陈)	ˍtʂʮ	ˉtʂʮ	ˉtʂʰʮ	ˉʂʮ	tsei²	ʂʮei²

续表

例字 地点	猪知 遇合三鱼	主章 遇合三虞	吹昌 止合三支	水书 止合三旨	罪从 蟹合一贿	税书 蟹合三祭
德安县塘山乡新塘村	₌tʂʯ	꜀tʂʯ	₌tʂʰʯ	꜀ʂʯ	tsʰiˀ	ʂʯˀ
湖口县双钟镇月亮村	₌tɕy	꜀tɕy	₌dzy	꜀çy	dziˀ	çyˀ
九江市（陈）	₌tʃu	꜀tʃu	₌tʃʰue	꜀ʃue	tseˀ	○
都昌县万户镇长岭村	₌tɕy	꜀tɕy	₌dzy	꜀çy	dziˀ	çyˀ
鄱阳县（陈）	₌tɕy	꜀tɕy	₌tɕʰyei	꜀çyei	₌tsʰei	çyeiˀ
彭泽县（陈）	₌tɕy	꜀tɕy	₌tɕʰyei	꜀çyei	tsʰɛiˀ	○

现代汉语方言中，"支微入鱼"现象普遍存在江淮官话、吴语、老湘语、客家话、徽语。赣北九江市、九江县、瑞昌、彭泽沿长江南岸、湖口县城沿江一带方言属江淮官话黄孝片。德安县塘山乡新塘村同瑞昌县接壤，湖口县双钟镇月亮村同九江市相邻，表4-4中所列的昌都片"支微入鱼"现象方言点均分布于邻近江淮官话黄孝片地带；都昌万户镇长岭村与鄱阳县接壤，鄱阳方言是深受江淮官话影响的方言（程序，2009：101）。据此，本书认为，昌都片赣语中古遇摄合口三等鱼虞韵与止摄合口三等韵母合流读韵母[y]/[ʯ]现象应是受江淮官话影响形成的。

5. 韵母[ui]

昌都片赣语中鱼虞韵见系字还有[ui]韵母，这个韵母不见于江西境内的吴语、江淮官话、徽语。下表列出各地方言例字情况：

表4-5 赣语昌都片遇摄韵母例字表（表四）

例字 地点	举见 遇合三鱼	虚晓 遇合三鱼	句见 遇合三虞	雨云 遇合三虞	鱼疑 遇合三鱼
武宁县石门楼白桥村	꜀kui	₌fi	kuiˀ	꜀ui	₌n̩i
武宁县罗溪乡坪源村	꜀kui	₌fi	kuiˀ	꜀ui	₌n̩i
武宁清江乡清江村	꜀ki	₌çi	kiˀ¹	꜀i	₌n̩iɛ
武宁东林乡东林村	꜀kui	₌çi	kuiˀ¹	꜀ui	₌n̩i/ŋui
修水义宁镇罗家坜	꜀kui	₌fi	kuiˀ¹	꜀ui	₌ŋui
修水宁州镇	꜀kui	₌fi	kuiˀ¹	꜀ui	₌ŋui
修水庙岭乡小山口	꜀kui	₌çi	kuiˀ¹	꜀ui	₌ŋui
修水太阳升镇坳头村	꜀kui	₌çi	kuiˀ¹	꜀ui	₌ŋui
修水黄坳乡塘排村	꜀kui	₌çi	kuiˀ¹	꜀ui	₌ŋui

第四章 赣语昌都片韵母研究

续表一

地点＼例字	举见 遇合三鱼	虚晓 遇合三鱼	句见 遇合三虞	雨云 遇合三虞	鱼疑 遇合三鱼
修水黄港镇安全村	⁻kui	⁻ɕi	kuiɔ⁻	⁻ui	₅ŋui
修水何市镇大理村	⁻kui	⁻fi	kuiɔ	⁻ui	₅ŋui
修水上奉镇石街村	⁻kui	⁻fi	kuiɔ	⁻ui	₅ŋui
修水竹坪乡竹坪村	⁻kui	⁻fi	kuiɔ	⁻ui	₅ŋui
修水征村乡薰衣村	⁻kui	⁻fi	kuiɔ	⁻ui	₅ŋui
修水杭口镇厚家源	⁻kui	⁻fi	kuiɔ	⁻ui	₅ŋui
修水马坳镇石溪村	⁻kui	⁻fi	kuiɔ	⁻ui	₅ŋui
修水山口镇来苏村	⁻kui	⁻fi	kuiɔ	⁻ui	₅ŋui
修水新湾乡新湾村	⁻kui	⁻fi	kuiɔ⁻	⁻ui	₅ŋui
修水溪口镇田仑村	⁻kui	⁻fi	kuiɔ⁻	⁻ui	₅ŋui
修水港口镇集镇	⁻kui	⁻fi	kuiɔ⁻	⁻ui	₅ŋui
修水布甲乡洪石村	⁻kui	⁻fi	kuiɔ⁻	⁻ui	₅ŋui
修水渣津镇长潭村	⁻kui	⁻fi	kuiɔ⁻	⁻ui	₅ŋui
修水白岭镇白岭村	⁻kui	⁻fi	kuiɔ⁻	⁻ui	₅ŋui
修水全丰镇南源村	⁻kui	⁻fi	kuiɔ⁻	⁻ui	₅ŋui
修水黄龙乡沙埂村	⁻kui	⁻fi	kuiɔ⁻	⁻ui	₅ŋui
修水大桥镇沙湾村	⁻kui	⁻fi	kuiɔ⁻	⁻ui	₅ŋui
修水余坂乡余坂村	⁻kui	⁻fi	kuiɔ⁻	⁻ui	₅ŋui
修水复原乡雅洋村	⁻kui	⁻fi	kuiɔ⁻	⁻ui	₅ŋui
星子县南康镇迎春桥	⁻kui	⁻ɸui	kuiɔ⁻	⁻ui	₅ɲie
星子县白鹿镇玉京村	⁻kui	⁻ɸui	kuiɔ⁻	⁻ui	₅ɲie
星子县华林镇繁荣村	⁻kui	⁻ɸui	kuiɔ⁻	⁻ui	₅ɲie
星子县温泉镇桃花源	⁻kui	⁻ɸui	kuiɔ⁻	⁻ui	₅ɲie
星子县蓼花镇胜利村	⁻kui	⁻ɸui	kuiɔ⁻	⁻ui	₅ɲie
星子县苏家档土牛村	⁻kui	⁻ɸui	kuiɔ⁻	⁻ui	₅ɲie
星子县横塘镇联盟村	⁻kui	⁻ɸui	kuiɔ⁻	⁻ui	₅ɲie
星子县蓼南乡新华村	⁻kui	⁻ɸui	kuiɔ⁻	⁻ui	₅₂ɲie
星子县蛟塘镇（陈）	⁻kui	⁻ɸui	kuiɔ⁻	⁻βui	₅ɲie
德安蒲亭镇北门社区	⁻kui	⁻ʮ	kuiɔ⁻	⁻ʮ	₅₂ɲie
德安县林泉乡林泉村	⁻kui	○	kuiɔ⁻	⁻ui	₅ɲie
德安丰林镇丰林村戴家	⁻kui	⁻fi	kuiɔ⁻	⁻ui	₅ɲie

327

续表二

地点 \ 例字	举见 遇合三鱼	虚晓 遇合三鱼	句见 遇合三虞	雨云 遇合三虞	鱼疑 遇合三鱼
德安车桥镇白水村	₅tʂʅ	₅ʂʅ	tʂʅᵊ¹	ᵊʅ	₅ȵʅ
德安塘山乡新塘村	₅tʂʅ	₅ʂʅ	tʂʅᵊ	ᵊʅ	ȵʅ
德安高塘乡罗桥村	ᵊkui	₅fi	kuiᵊ¹	ᵊui	₅ȵie
德安河东乡后田村	ᵊkui	₅fi	kuiᵊ¹	ᵊui	₅₂ȵie
德安蒲亭镇附城村	ᵊkʉi	₅fi	kʉiᵊ¹	ᵊʉi	₅₂ȵie
德安吴山乡河铺村	ᵊkui	₅fi	kuiᵊ	ᵊui	₅ȵie
永修江益镇（刘）	ᵊkui	₅lɕi	kuiᵊ¹	ᵊvi	₅ȵie
永修三角乡（孙）	○	₅lɕi	kuiᵊ¹	ᵊvi	₅₂ȵie
永修涂埠镇（陈）	ᵊkui	₅fi	kuiᵊ¹	ᵊui	₅₂ȵiE
永修吴城镇（肖）	ᵊkyi/tɕi	₅xe/fi	kyiᵊ	ᵊyi	₅₂ȵie
永修三溪桥河桥村	ᵊkui	₅fi	kuiᵊ	ᵊui	₅ȵie
永修江上乡耕源村	ᵊkui	₅fi	kuiᵊ	ᵊui	₅ȵie
永修梅棠镇杨岭村	ᵊkui	₅fi	kuiᵊ	ᵊui	₅₂ȵie
永修立新乡桥头村	ᵊkui	₅fi	kuiᵊ	ᵊui	₅₂ȵie
永修虬津镇张公渡村	ᵊkui	₅ɸui	kuiᵊ¹	ᵊui	₅ȵie
永修艾城镇艾城村	ᵊkui	₅fi	kuiᵊ¹	ᵊui	₅₂ȵie
永修九合乡长滩村	ᵊkui	₅fi	kuiᵊ¹	ᵊui	₅₂ȵi
永修滩溪镇滩溪村	ᵊkui	₅ɸui	kuiᵊ¹	ᵊui	₅ȵi
永修马口镇新丰村	ᵊkui	₅ɸui	kuiᵊ¹	ᵊui	₅₂ȵi
永修马口镇山丰村	ᵊkui	₅fi	kuiᵊ¹	ᵊfi	₂ȵi
安义龙津镇凤山村	ᵊkui	₅ɕi	kuiᵊ¹	ᵊui	₅ȵie
安义新民乡新民村	ᵊkui	₅ɕi	kuiᵊ	ᵊui	₅ȵie
安义万埠镇下庄村	ᵊtɕi	₅ɕi	kuiᵊ	ᵊui	₅ȵie
安义长埠镇长埠村	ᵊtɕi	₅ɕi	tɕiᵊ¹	ᵊui	₅ȵie
安义石鼻镇果田村	ᵊtɕi	₅ɕi	tɕiᵊ	ᵊui	₅ȵie
安义黄洲镇黄洲村	ᵊtɕi	₅ɕi	tɕiᵊ	ᵊui	₅ȵie
新建长堎镇（陈）	ᵊtɕi	₅ɕi	kuiᵊ¹	ᵊui	₅₂ȵie
新建金桥乡东和村	₅kui	₅fi	tɕiᵊ	ᵊui	₅₂ȵie
新建联圩镇大圩村	ᵊtɕi	₅ɸui	tɕiᵊ	ᵊui	₅₂ȵie
新建昌邑乡良坪村	ᵊtɕi	₅fi	tɕiᵊ	ᵊui	₅₂ȵie
新建乐化镇江桥村	ᵊtɕi	₅fi	tɕiᵊ¹	ᵊui	₅ȵie
新建樵舍镇峰桥村	ᵊtɕi	₅fi	tɕiᵊ	ᵊui	₅₂ȵie

据陈昌仪主编的《江西方言志》(2005)，鱼虞韵见系字读[ui]韵在赣语中还出现在宜丰、靖安、奉新、上高、万载、万年、余干、贵溪、余江、南丰方言。下表列出例字情况：

表4-6 赣语鱼虞见系字读[ui]韵母例字表

	鱼韵	虞韵
宜丰	○	雨芋裕
靖安	○	雨芋
奉新	○	句雨芋
上高	居车_{象棋棋子}	句具雨芋裕
万载	居车虚余	句具雨芋裕遇
万年	居车余	句具雨芋
余干	居车虚许	句具裕
贵溪	居车	句具雨芋
余江	居车	句具雨芋裕遇
南丰	居车	雨芋裕

昌都片赣语很多方言点的发音人单读"去"字会念 [kʰuiº]，在话语"去九江"中念成 [tɕʰiɛº]；武宁东林村发音人在读"锯"时，第一遍读成 [kuiº]，第二遍纠正读成 [kæº]，"鱼"单字音读 [₋ni]，当调查两字组"鲤鱼"时读成 [₋ŋui]；武宁清江乡清江村的发音人特别健谈，对"葵"辨认时，特意提醒笔者，他小时候听老人说 [₋kʰi]，现在才知道"正确"念法是 [₋kʰui]。结合这些细节，本书认为，鱼虞韵见系字读 [ui] 韵母是晚近产生的文读音，同时也不排除是新时期普通话 [y] 折合音。昌都片以外的宜丰、靖安、奉新、上高、万载、万年、余干、贵溪、余江赣语方言点的方言音系中没有撮口呼，所以 [ui] 韵母情况应同昌都片是一致的。

南丰方言点有些特别，因为南丰方言音系中有 [y] 韵母，如"虚旅驴"就读 [y] 韵母，[ui] 韵母在赣语还有一个来源就是止合三、蟹合三四等字，南丰方言止合三、蟹合三四等字同样是 [y]、[ui] 韵母并存，如脆 [tɕʰy]、岁 [ɕy]、桂 [kui]。止合三、蟹合三四等字同遇摄读 [y] 韵母应是音韵学上的"支微入鱼"现象，如果赣语"支微入鱼"现象是受晚唐五代以来北方官话影响而形成的，南丰方言遇合三与止合三等字 [y]、[ui] 韵母并存现象应是本地方言固有层与外来文化层叠置现象。

第二节　赣语昌都片蟹摄开口一二等韵母今读特点

昌都片赣语中古蟹摄今读韵母较多,蟹摄开口一等韵母今读 [ɔi]、[oi]、[ɔe]、[œ]、[ei]、[ɛi]、[ɜ]、[ẽ],二等韵母今读 [ai]、[ã]、[ɑ]、[a],开口三四等,合口一等(见系除外),蟹摄合口三四等(知章组除外)多合流读 [i] 韵母,合口三四等知章组韵母今读 [ŋ]/[ɿ]/[ɜ],合口一等见系,合口三四等见系韵母今读 [ui],合口一等个别字(块)、合口二等字韵母读 [uai]/[ua]。本节着重探讨赣语昌都片蟹开一二等韵母今读特点。

一、蟹摄开口一二等韵母今读类型

赣语昌都片蟹摄开口一二等韵母今读类型主要有两类:

类型一:合流型。

蟹摄开口一二等韵母今读合流,韵母为 [ai]。

类型二:分立型。

蟹摄开口一等韵母有 [ɔi]、[oi]、[ɔe]、[œ]、[ei]、[ɛi]、[ɜ]、[ẽ],二等韵母有 [ai]、[ã]、[ɑ]。下表列出蟹摄开口一二等韵母今读类型及分布情况:

表 4-7　赣语昌都片蟹开一二等韵母今读类型分布表

一等	二等		分布方言点
ɔi	ai	12	武宁县宋溪镇山口村小东山、宋溪镇山口村小东、罗坪乡长水村、石门楼镇白桥村、罗溪乡坪源村坪源铺里、船滩镇船滩村新丰街、新宁镇石坪村、清江乡清江村、东林乡东林村、礼溪镇(钟);都昌县南峰镇暖湖;南昌县广福镇北头村熊李村、幽兰镇南山村旧居村李家
oi	ai	3	武宁县县城(陈)、修水县庙岭乡小山口村、太阳升镇坳头村
ɔe	ai	1	南昌县三江镇徐罗村吴黄村
œ	ɑ	1	瑞昌县南义镇(刘)

续表

一等	二等		分布方言点
εi	ai	4	武宁县杨洲乡森峰村；都昌县周溪镇古塘村；阳峰县黄梅沈家；南昌县泾口乡辕门村
ei	ai	22	修水县义宁镇义宁镇罗家埚、宁州镇宁州黄坳乡塘排村、黄港镇安全村、何市镇大里村、竹坪乡竹坪村、征村乡熏衣村、杭口镇厚家源村、马坳镇石溪村、山口镇来苏村、新湾乡新湾村、溪口镇田仑村、港口镇集镇居委会、渣津镇长潭村；永修县吴城镇（肖）；新建县金桥乡东和村、联圩镇大圩村、昌邑乡良坪村坪上（坪门）、乐化镇江桥村、樵舍镇峰桥村；南昌县塔城乡东游村、富山乡霞山唐村
ei	ã	1	修水县布甲乡洪石村
ε	ai	2	武宁县泉口镇丰田村下江村、鲁溪镇大桥村
	ai	79	修水县上奉镇石街村、白岭镇白岭村、全丰镇南源村、黄龙乡沙塅村、大桥镇沙湾村、余塅乡余塅村、复原乡雅洋村；都昌县大港镇小埠村、中馆镇银宝大队、万户镇长岭村、北炎乡东凤大队曹炎村、土塘镇（陈）、化民乡信和村、和合乡田坂村、春桥乡春桥村彭壁村、徐埠镇山峰村委会袁鄱村、左里镇周茂村、狮山乡老屋于家湾村、都昌镇柳树堰卢家；湖口县双钟镇月亮村、舜德乡南湾村沈素上村、舜德乡兰新村、马影镇走马刘三房村、文桥乡饶塘村陈凤姓村、城山镇大塘村细石家、武山镇武山村细沈祐、流芳乡青年村曹府台、流泗镇红星村；星子县南康镇迎春桥社区、白鹿镇玉京村码头镇、华林镇繁荣村大屋金、温泉镇桃花源余家、蓼花镇胜利村东平山、苏家档乡土牛村、横塘镇联盟村塝上查家、蓼南乡新华村何家堡、蛟塘镇（陈）；德安县蒲亭镇北门社区、林泉乡林泉村摆下刘村、丰林镇丰林村戴家、车桥镇白水村上屋夏家、塘山乡新塘村、高塘乡罗桥村畈上王家、河东乡后田村石门汪家、蒲亭镇附城村、吴山乡河铺村东坑杨家、磨溪乡尖山村王家畈；永修县江益镇（刘）、三角乡（孙）、涂埠镇（陈）、三溪桥镇河桥村、江上乡耕源村、梅棠镇杨岭村、立新乡桥头村、虬津镇张公渡村、艾城镇艾城村艾城街、九合乡长滩村、滩溪镇滩溪村、马口镇新丰村、马口镇山丰村；安义县龙津镇凤山村、新民乡新民村、万埠镇下庄村、长埠镇长埠村、石鼻镇果田村、黄洲镇黄洲村、乔乐乡社坑村；新建县长埈镇（陈）、流湖乡对门牌头、石埠镇乌城村程家新基、松湖镇松湖村丁李中心村、石岗镇石岗村、厚田乡西门village上头村、西山镇西山村猴溪陈村、生米镇东城村南岸村；南昌县向塘镇（万）新村、塘南镇（肖）、南新乡楼前村二房自然村；南昌市（陈）

331

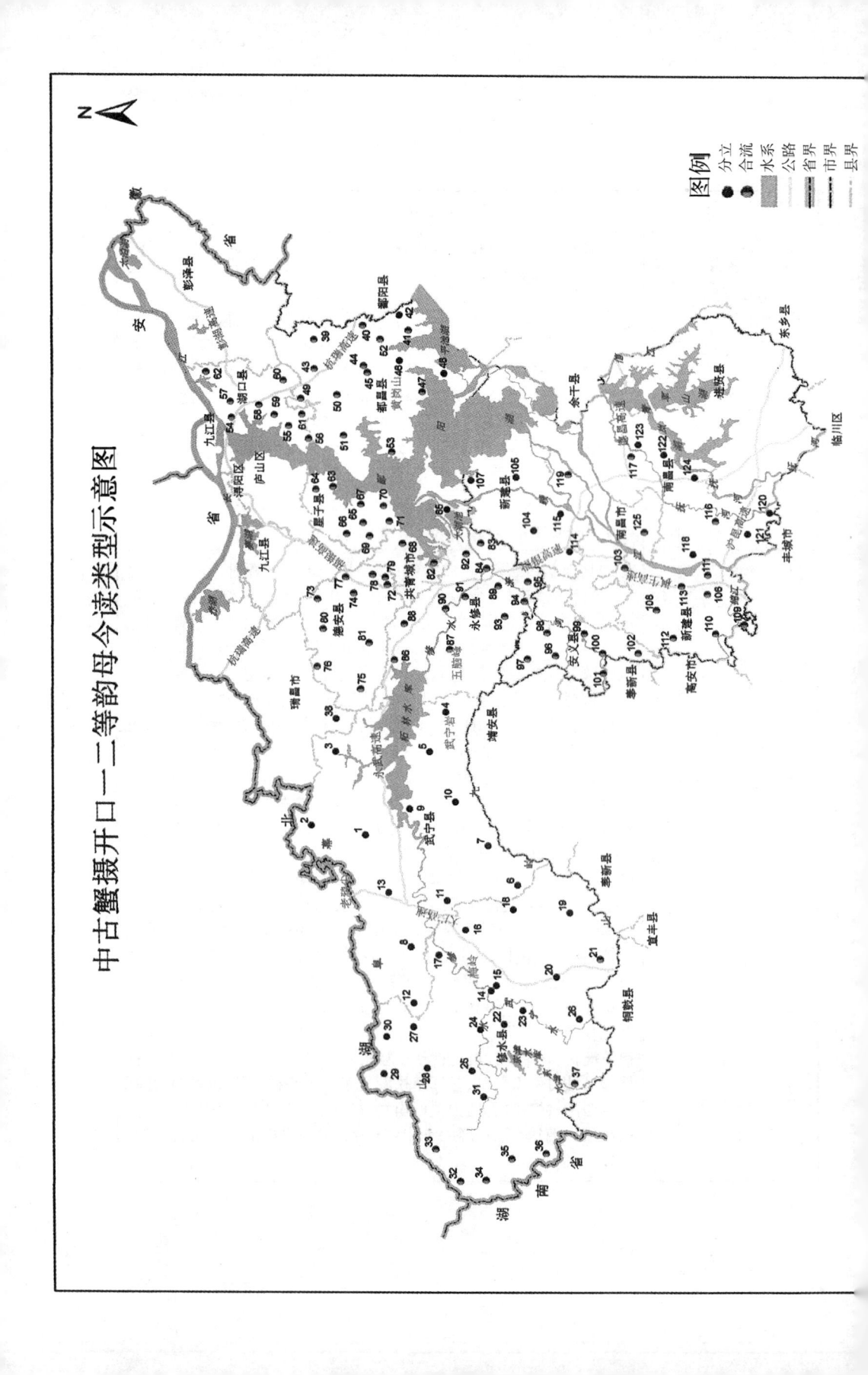

中古蟹摄开口一二等韵母今读类型示意图

二、蟹摄开口一二等韵母今读特点及历史层次

（一）蟹摄开口一二等韵母今读类型的地理分布

一等字今读韵母 [ɔi]、[oi]、[ɔe]、[œ]、[ei]、[ɛi]、[ɛ]、[ẽ] 应是代表昌都片赣语蟹摄开口一二等韵母分立时期的韵母类型，蟹摄开口一二等韵母分立的方言点在地理分布有明显的区域特点。

结合类型分布图看，分立型方言主要处于昌都片的东西两侧，再结合下文表 4-5 例字来看，西部方言例字多于东部方言。西部修水县直至 20 世纪 90 年代都属交通不达的穷乡僻壤之地，鄱阳湖滨都昌县及新建县、南昌县在近代水路交通优势渐失，故赣语昌都片蟹摄开口一二分立型方言主要保存在交通不便的封闭地区。[ai] 韵母是蟹摄开口一二等合流之后的韵母，从各地方言 [ai] 韵母字数来看，赣语昌都片蟹摄开口一二等韵母合流之势仍处词汇扩散方式阶段。

（二）蟹摄开口一二等今读韵母的历史层次

蟹摄开口二等韵母主要有 [ai] 或者韵尾丢失的 [a]，蟹摄开口一等韵母有 [ai]、[ɔi]、[oi]、[ɔe]、[œ]、[ei]、[ɛi]、[ɛ]、[ẽ]，开口一等韵母大致可以分为 [ai] 类、[ɔi] 类与 [ei] 类；由于各方言 [ɔi]、[oi]、[ɔe]、[œ]、[ei]、[ɛi]、[ɛ]、[ẽ] 韵母都是同二等韵母 [ai]、[ã]、[ɑ] 对立存在的，故各方言一等字韵母 [ai] 应是一二等合流的文读层，[ɔi]、[oi]、[ɔe]、[œ]、[ei]、[ɛi]、[ɛ]、[ẽ] 韵母应是属一二等合流之前的层次，不同音值体现同一历史层次的地理性差异。下表列出蟹摄开口一等字保存独立韵母的例字情况：

表 4-8　赣语昌都片蟹摄开口一等字保存独立韵母情况表

地点	韵母	赣语昌都片蟹开一等字保存独立韵母的例字
武宁县宋溪镇山口村小东山	iɔ	戴带胎台态贷抬待代袋乃耐来灾栽宰载再猜彩采菜才材财裁在腮鳃赛该改概溉开凯呆碍海孩亥哀埃爱；泰太奈赖蔡盖艾害蔼
武宁县罗坪乡长水村	iɔ	戴带胎台态贷抬待代袋大乃耐来灾栽宰载再猜彩采菜才材财裁在腮鳃赛该改概溉开凯呆碍海孩亥哀埃爱；太泰奈赖蔡盖艾害蔼

续表一

地点	韵母	赣语昌都片蟹开一等字保存独立韵母的例字
武宁县石门楼镇白桥村	oi	戴胎台态贷抬待代袋乃耐来灾栽宰载再猜彩采菜才材财裁在腮鳃赛该改概溉开凯呆碍海孩亥哀埃爱；带大太泰奈赖蔡盖艾害蔼
武宁县罗溪乡坪源村坪源铺里	oi	戴胎台态贷抬待代袋乃耐来灾栽宰载再猜彩采菜才材财裁在腮鳃赛该改概溉开凯呆碍海孩亥哀埃爱；带大太奈赖蔡盖艾蔼害
武宁县县城（陈）	oi	戴胎台态贷抬待代袋大乃耐来灾栽宰载再猜彩采菜才材财裁在腮鳃赛该改概溉开凯呆碍海孩亥哀埃爱；带太泰奈赖蔡盖艾害蔼
武宁县新宁镇石坪村	oi	戴胎台态贷抬待代袋大乃耐来灾栽宰载再猜彩采菜才材财裁在腮鳃赛该改概溉开凯呆碍海孩亥哀埃爱；带太泰奈赖蔡盖艾害蔼
武宁县清江乡清江村	oi	戴胎台态贷抬待代袋大乃耐来灾栽宰载再猜彩采菜才材财裁在腮鳃赛该改概溉盖开凯呆碍海孩亥哀埃爱；带太泰奈赖蔡艾害蔼
武宁县礼溪镇（钟）	oi	戴胎台态贷抬待代袋乃耐来灾栽宰载再猜彩采菜才材财裁在腮鳃赛该改概溉开凯呆碍海孩亥害埃爱；带太泰大奈赖蔡盖艾蔼
武宁县船滩镇船滩村新丰街	oi	戴胎台态贷抬待代袋来灾栽载再猜菜才材财裁在腮鳃赛该改概溉开碍海亥哀埃爱；盖艾害蔼
武宁县东林乡东林村	oi	戴胎台态贷抬待代袋来灾栽宰载再猜彩菜才材财裁在腮鳃赛该改概溉开呆碍海亥哀爱；盖艾害
修水县庙岭乡小山口村	oi	戴胎台态贷抬待代袋来灾栽宰载再猜菜蔡才材财裁在腮鳃赛该改概溉开海亥哀埃爱；盖艾害蔼
修水县太阳升镇坳头村	oi	戴胎台态贷抬待代袋来灾栽宰载再猜彩采菜蔡才材财裁在腮鳃赛该改概溉开凯海孩亥哀爱；盖害
都昌县南峰镇暖湖	oi	胎台抬改开海爱；盖害
南昌县广福镇北头村熊李	oi	贷该改开海亥；盖害
南昌县幽兰镇南山村旧居村李家	oi	该改孩海亥爱；盖害
南昌县三江镇徐罗村吴黄村	oe	贷腮鳃该改开碍海亥哀爱；盖害蔼

334

第四章　赣语昌都片韵母研究

续表二

地点	韵母	赣语昌都片蟹开一等字保存独立韵母的例字
修水县黄坳乡塘排村	ei	胎台抬待代袋来灾栽宰载再猜彩采菜才材财裁在该改概溉开凯呆碍海孩亥哀爱；态贷蔡盖害蔼
修水县何市镇大里村	ei	胎台态贷抬待代袋来赖栽载再彩采菜才材财裁在腮鳃该概溉开凯呆碍海孩亥哀埃；蔡盖害
修水县杭口镇厚家源村	ei	戴胎台态贷抬待代袋来栽载再菜才材财裁在腮鳃该改概溉开慨碍海哀爱；太蔡盖害蔼
修水县征村乡熏衣村	ei	胎台态贷抬待息殆代袋来栽载再菜才材财裁在腮鳃该改概溉开概碍海哀爱；太蔡盖害蔼
修水县竹坪乡竹坪村	ei	胎台态抬待代袋来灾栽宰载再菜才材财裁在腮鳃该改概溉开呆碍海亥哀爱；蔡盖害蔼
修水县山口镇来苏村	ei	胎台态贷抬待代袋来栽载再猜菜才材财裁在该改概溉开呆碍艾海孩亥哀爱；蔡盖害蔼
修水县新湾乡新湾村	ei	胎台态贷抬待代袋来栽载宰再菜才材财裁在该改概溉开凯呆碍海亥哀爱；蔡盖艾害蔼
修水县溪口镇田仑村	ei	胎台态贷抬待代袋奈来栽载再菜才材财裁在该改概溉开凯呆海亥哀爱；蔡盖害蔼
修水县马坳镇石溪村	ei	戴胎台贷太抬待息殆代袋来栽载再菜在该改概溉开慨碍海哀爱凯呆；蔡盖蔼害
修水县港口镇集镇居委会	ei	胎台态贷抬待代袋来灾栽宰载再菜在腮鳃该改概溉开凯碍海亥哀爱；蔡盖害蔼
修水县宁州镇宁州	ei	戴胎台态贷抬待代袋来栽载再菜才材财裁在腮鳃该改概溉开碍海亥哀爱；蔡盖害蔼
修水县布甲乡洪石村	ei	胎台态贷抬待代袋来栽宰再菜该改概溉开呆碍海亥哀爱；蔡盖害
修水县渣津镇长潭村	ei	胎台态贷抬待代袋来在该改概溉开碍海亥哀埃爱；盖害蔼
修水县义宁镇义宁镇罗家埚	ei	戴胎台待代袋来猜彩菜才材财裁在该改开海爱；蔡盖

335

续表三

地点	韵母	赣语昌都片蟹开一等字保存独立韵母的例字
修水县黄港镇安全村	ei	胎台态贷抬待代袋来在概溉开凯呆碍海亥；害
永修县吴城镇（肖）	ei	胎台态贷抬待代袋来灾栽宰彩采菜才材财裁在鳃该改概溉开凯呆碍海亥爱；蔡害盖
新建县金桥乡东和村	ei	胎台态贷抬待代袋来灾宰载再猜彩采菜才材财裁在赛该改概溉开凯呆碍海孩亥哀埃爱；蔡盖害蔼艾
新建县联圩镇大圩村	ei	胎台态贷抬待代袋来宰载再猜彩采菜才材财裁在赛该改概溉开凯呆碍海孩亥哀埃爱；蔡盖害蔼
新建县樵舍镇峰桥村	ei	胎台贷抬待代袋大来栽载再猜彩采菜才材财裁在腮该改概溉开凯海孩亥爱；蔡盖害蔼
新建县乐化镇江桥村	ei	胎台态贷抬待代袋来再彩采菜才材财裁在腮该改概溉开凯呆碍海孩亥爱；蔡盖害
新建县昌邑乡良坪村坪上（坪门）	ei	胎台贷抬待代袋来栽宰载再菜才材财裁在该改概溉开碍海孩亥爱；蔡害盖
南昌县富山乡霞山唐村	ei	在该改概溉开凯慨碍艾海；盖害
南昌县塔城乡东游村	ei	来在该改开凯呆海哀爱；盖害
永修县马口镇新丰村	ei	来
永修县马口镇山丰村	ei	来
新建县长埈镇（陈）	ei	来
都昌县和合乡田坂村	εi	来
都昌县阳峰黄梅沈家	εi	胎抬代袋来宰再载猜彩採菜才材财裁在该改概溉丐开凯呆碍海孩亥哀埃爱；蔡害盖

336

续表四

地点	韵母	赣语昌都片蟹开一等字保存独立韵母的例字
武宁县杨洲乡森峰村	εi	戴胎台态贷抬待代袋大乃耐奈来赖灾栽宰载再猜彩采菜才材财裁在腮鳃赛该改概溉开凯呆碍海孩亥哀埃爱；带太泰蔡盖艾害蔼
都昌县周溪镇古塘村	εi	呆胎台抬代袋来猜彩采菜才材财裁在该改概溉丐开凯呆碍海孩亥哀埃爱；蔡盖害
南昌县泾口乡辕门村	εi	来海；害
南昌县塘南镇（肖）	εi	来
武宁县泉口镇丰田村下江村	εi	戴胎台态贷抬待代袋大乃耐奈来赖灾栽宰载再猜彩采菜才材财裁在腮鳃赛该改概溉开凯呆碍海孩亥哀埃爱；带太泰蔡盖艾害蔼
武宁县鲁溪镇大桥村	εi	戴胎台态贷抬待代袋大乃耐奈来赖灾栽宰载再猜彩采菜才材财裁在腮鳃赛该改概溉开凯呆碍海孩亥哀埃爱；带太泰蔡盖艾害蔼

1.[ei]类韵母与[ɔi]类韵母的历史层次

《蒙古字韵》《中原音韵》代表的元代语音系统中古二等韵喉牙音（车遮、皆来、寒山、家麻、监咸、江阳、庚青）中已产生了[i]介音。刘泽民（2005：196）曾就二等介音产生的途径指出，一等字中非[ai]的韵母（[ɔi]、[oi]、[ɐi]、[œ]、[ei]、[ɛi]、[ɨ]、[ẽ]）应是南宋后期到元代初期之间产生的。

赣语昌都片[ei]类韵母与[ɔi]类韵母应是早期一二等对立在不同地域差异的体现。《切韵》蟹开一二等韵母音值构拟，诸家有所不同，下表列出各家拟音情况：

表 4-9 《切韵》蟹开一二等韵母构拟表（据潘悟云，2000：85—86）

	王力	陆志韦	蒲立本	周法高	潘悟云
咍	ɑi	ɒi	ɜi	ɜi	ɜi
泰	ɑi	ɑi	ɑi	ɑi	ɑi
皆	ai	ɐi	aɜi	ɛi	ɯæi

续表

	王力	陆志韦	蒲立本	周法高	潘悟云
佳	ai	æi	ae	æi	ɯæ
夬	ai	ai(ɐi)	aì	ai	ɯai

哈泰合流之后的韵母,本书采取陆志韦的拟音,即舌位靠后的 [ɑi]/[ɒi];[ɑi]/[ɒi] 在韵尾 [i] 前高特征影响下,有些方言演变成 [εi],有些方言演变成 [ɔi];[ei] 类韵母较为集中分布于修水境内及鄱阳湖滨地区方言,呈现出以 [εi] 为起点的发展链条,即由韵尾 [i] 前高元音特点,使得 [εi] 韵母韵腹高化,发生 [εi]>[ei] 音变,有些方言丢失韵尾 [i],发生 [εi]>[ɛ]/[ɛ̃] 音变;[oi] 类韵母主要分布于武宁县及南昌县方言,共时差异可以呈现以 [ɔi] 为起点的发展链条,即由于韵尾 [i] 前高特点,使得 [ɔi] 韵母韵腹高化为 [oi],由于 [ɔ] 元音的后低特点,也可能产生 [ɔi]>[ɔe]>[œ] 音变。

2. [ai] 韵母的历史层次

从上文表 4-8 可知,昌都片方言蟹摄开口一等哈泰韵今读合流。王力(1985：257)曾指出,魏晋南北朝时期泰韵与灰部(哈部)分立,到晚唐五代时哈韵和泰韵开口归哈来,据此可知,开口一等哈泰韵韵母 [ai] 应属隋唐中古以后层次;罗常培(1933：47—48)据敦煌汉藏对音材料研究唐五代西北方音特点,例举的 4 种材料中有 3 种材料一等哈韵与二等皆韵是同韵的,如《大乘中宗见解》记 [e]、《阿弥陀经》记 [e]、《金刚经》记 [ei],可见唐五代时西北方音已出现蟹摄开口一二等合流现象。王力(1985：344)据元代音韵材料研究指出,中古蟹摄哈佳皆韵唇齿音合流为皆来韵 [ai],表 4-8 中所列 49 个方言点中若存在文白异读的话,一等字 [ai] 韵母普遍处于文读层,从各方言一等字 [ai] 韵母例字来看,[ai] 韵母仍处于词汇扩散阶段,故一等字 [ai] 韵母应处受官话影响形成的近代层次。

(三)蟹摄开口一二等今读韵母 [ε]/[e]、[a] 现象

笔者近期调查发现,赣语昌都片方言个别字读 [ε]/[e]、[a] 韵母。[ε]/[e] 韵母出现在一等字中,例字不出"鳃袋盖"范围,[a] 韵母出现在二等字中,具有普遍性,例字不出"罢稗洒佳晒"范围,下表列出 [ε] 韵母与 [a] 韵母分布情况。

表 4-10　赣语昌都片蟹开一二等字 [ɛ]/[e]、[a] 韵母例字表

地点	一等	二等	a 韵母字	ɛ/e 韵母字
永修县吴城镇（肖）	ei	ai	稗 [˨pʰa]、洒 [ˢsa]、佳 [˨ka]	鳃 [ˢse]
永修县马口镇山丰村		ai	稗 [˨pʰa]、洒 [ˢsa]、佳 [˨ka]	鳃 [ˢse]
安义县万埠镇下庄村		ai	稗 [˨pʰa]、洒 [ˢsa]、佳 [˨ka]	鳃 [ˢse]
新建县金桥乡东和村	ei	ai	稗 [˨pʰa]、洒 [ˢsa]、佳 [˨ka]	鳃 [ˢse]
新建县昌邑乡良坪村坪上		ai	稗 [˨pʰa]、洒 [ˢsa]、佳 [˨ka]	鳃 [ˢse]
新建县乐化镇江桥村	ei	ai	稗 [˨pʰa]、洒 [ˢsa]、佳 [˨ka]	鳃 [ˢse]
新建县樵舍镇峰桥村	ei	ai	稗 [˨pʰa]、洒 [ˢsa]、佳 [˨ka]	鳃 [ˢse]
都昌县阳峰乡黄梅沈家	ɛi	ai	稗 [˨pʰa]、洒 [ˢsa]、佳 [˨ka]	袋 [leˀ]、盖 [kɛˀ]
都昌县周溪镇古塘村	ɛi	ai	稗 [˨pʰa]、洒 [ˢsa]、佳 [˨ka]	袋 [leˀ]、盖 [kɛˀ]

表 4-10 列出的方言点语音系统中有些方言点属于一二等分立型，即一等 [ei] 类韵母与二等 [ai] 韵母对立，有些方言点属合流型，即韵母今读 [ai]，故个别字读 [ɛ]/[e] 韵母与 [a] 韵母现象值得思考。

1. 韵母 [ɛ]/[e]

昌都片赣语一等字读 [ɛ] 韵母现象主要分布于武宁县泉口镇丰田村下江村、鲁溪镇大桥村方言，表 4-10 列出的方言点与这些方言点相距甚远，不存在语言接触的解释。从表中所列方言点的语音系统来看，韵母 [ɛ]/[e] 在音理上可解释为 [ɛi]/[ei] 类韵母丢失韵尾 [i] 所形成，从本地人来看，"鳃袋盖"读韵母 [ɛ]/[e] 也是"极土"的白读音，据此本书认为，上述方言点一等个别字韵母今读 [ɛ]/[e] 是赣北某个早期时期因 [ɛi]/[ei] 韵母丢失韵尾所形成的，韵母 [ɛ]/[e] 应是赣北某个早期时期文化层次的遗存。

一等个别字读韵母 [ɛ]/[e] 现象主要分布在鄱阳湖滨地区，都昌方言中出现在鄱阳湖沿岸周溪镇一带方言中，周溪镇是都昌古城（汉代鄡阳县）遗址所在地，自洪水淹沉迁移之后，此地便成了穷乡僻壤，受外界影响较小，方音保留较为古朴，蟹摄开口一、二等读韵母 [ɛi] 是周溪镇方言典型标志。无独有偶，隔湖相望的余干县余干镇方言也有相似现象，胡松柏（2009：79）记，赣语鹰弋片余干县余干镇方言点蟹摄开口一等今读 [oi]，但有个别字"袋在"读 [ɛ] 音值，"袋"字标有 [tʰɛ]/[tʰai] 两读。从行政历史上看，余干县历来属饶州鄱阳郡，据《都昌

县志》(1992：1)可知,在汉献帝建安十五年(210年)至晋惠帝太安二年(303年)、唐代宗大历元年(766年)至宋开元八年(975年)间,都昌县与余干县共属饶州鄱阳郡。本书认为,都昌周溪镇方言、余干县余干镇方言一等个别字读韵母[ɛ]/[e]现象,极有可能同共属历史有关。

新建县方言"鳡"读[e]韵母现象主要分布于新建县近鄱阳湖滨乡镇方言;永修县吴城、安义县万埠镇、永修县马口镇山丰村方言中也"鳡"读[ɛ]韵母现象,永修县吴城是鄱阳湖主航道上重要交通枢纽,安义县万埠镇、永修县马口镇山丰村也是分布在鄱阳湖水系南潦河岸,"鳡"字是一个渔业文化词,以上方言点"鳡"读[e]韵母分布也同鄱阳湖滨及水路交通有关系。联系上文都昌县方言、余干方言现象,本书认为,昌都片蟹摄开口一等个别字[ɛ]/[e]韵母现象有同源性,且与鄱阳湖沿岸早期文化有关。

2. 韵母[a]

蟹摄二等个别字今读韵母[a]现象在赣语具有普遍性。赣语今读韵母[a]来自假摄麻韵,所以二等字"罢稗洒佳晒"读韵母[a]应是蟹摄开口二等佳韵读入假摄麻韵现象。在北方方音中,佳韵字读入麻韵现象出在晚唐五代时期,罗常培(1933：35)《唐五代西北方音》中汉藏对音材料,《千字文》《大乘中宗见解》《金刚经》记"解"字读同麻韵字标韵[a]。邵荣芬(1963：193—217)指出,敦煌变文材料中佳韵"佳涯画挂罢"及夬韵"话"押麻韵,即晚唐五代时期北方方音有佳韵读入麻韵现象;"涯"字宋代《集韵》中增"牛加切"也说明宋代时期佳韵字继续读入麻韵;元代郑德辉的《倩女离魂》第二折中"洒罢画"均押麻韵。据上文所述研究成果可知,佳韵字读入麻韵[a]是晚唐五代以后演变发展。

蟹摄二等佳韵字读入假摄麻韵现象在吴语、湘语中也是常见现象。周赛红(2005：95)曾提到,韶山、宁乡、湘乡、娄底、涟源、溆浦、双峰、武冈、达县二等韵尾丢失读如麻韵[a],湘地诗歌中唐代"涯"入麻韵,宋代"佳罢画"入麻韵。南北吴语中"罢稗洒晒"不同程度同麻韵二等字同韵,但吴语研究学者均认为吴语蟹摄二等佳韵字读入假摄麻韵现象同晚唐五代以后官话影响无关,而是吴语自身发展的结果。潘悟云(2000：54—56)参考日译吴音、古汉越语及闽语白话音材料,结合吴地方言材料指出,佳韵读[a]现象不应来自北方官话,而是《切韵》之后方言中的语音演变;郑伟(2013：205)也认为,吴语中佳韵演变不同于北方官话,佳韵读 [a] 现象应是南朝吴语以来固有的音韵层次,和《切韵》有渊源。

据晚唐五代的北方方音材料及吴湘语研究成果,本书认为,赣语昌都片蟹摄开口二等佳韵字读入假摄麻韵现象不应早于唐五代时期。杜爱英(1998:8)曾对《全宋诗》中江西诗人诗歌押韵情况进行研究,归纳北宋江西诗人的用韵系统为 18 部,其中"家麻部"包括《广韵》的麻韵、佳韵系的"佳涯画挂罢"和夬韵的"话",如建昌(今永修)李彭七古《赋张邈所画山水图》叶"暇画洒",南宋吉州吉水人(今吉安)近体诗家麻部借佳韵 17 次,出佳韵字 9 次,"佳涯挂画"字都是与麻韵押韵的,可见,昌都片赣语中蟹摄二等佳韵字读入假摄麻韵现象最早可追溯到北宋时期。

(四)蟹摄开口二等今读韵母 [an] 现象

昌都片赣语有些方言"迈崖涯"韵母为 [an],据已刊成果,江西境内其他赣语未有此现象报道,下文列表说明具体分布及例字情况:

表 4-11　赣语昌都片蟹开二等字读 [an] 韵母例字表

修水县	新湾乡新湾村	迈 man²
	溪口镇田仑村	迈 man²
	黄龙乡沙墩村	迈 man²
	余墩乡余墩村	迈 man²
都昌县	阳峰乡黄梅沈家	涯、崖 ₌ŋan
湖口县	马影镇走马刘三房村	涯、崖 ₌ŋan
	文桥乡饶塘村陈凤姓村	涯、崖 ₌ŋan
	武山镇武山村细沈祐	涯、崖 ₌ŋan
	流芳乡青年村曹府台	涯、崖 ₌ŋan
	流泗镇红星村	涯、崖 ₌ŋan
新建县	厚田乡西门村上头村	迈 man²、崖 ₌ŋan
	乐化镇江桥村	迈 man²
	樵舍镇峰桥村	迈 man²
南昌县	富山乡霞山唐村	迈 man²、崖 ₌ŋan
	三江镇徐罗村吴黄村	崖 ₌ŋan
	幽兰镇南山村旧居村李家	崖 ₌ŋan

据《大广益会玉篇》《广韵》《集韵》,"迈"反切分别为"莫芥切、莫话切、莫败切","崖、涯"反切分别为"五佳切、五佳切、宜佳切";"迈、崖、涯"反切下字都是用二等皆佳夬韵字相切,没有鼻尾的读法,可见昌都片蟹开二等个别字元音韵尾变成了前鼻尾现象,应是后起的音变现象。

在汉语方言中也有类似现象的报道,如金有景(1985:58—59)描写山西襄垣方言效摄字阴平、阳平、去声读 [au]、[iau],逢上声读 [ɑŋ]、[iɑŋ]([ŋ] 尾不太牢固,实际音值有点近 [ɑ̃][iɑ̃]),蟹摄一二等韵字逢阴平、阳平、去声读 [ai],逢上声读 [an],如"买"与"满"同音读 [man][223],"改"与"敢"同音读 [kan][213];王洪君(2007:42)曾就此指出,汉语方言中存在口元音依发音部位增生鼻韵尾,如 [u] 可变为 [ŋ],[i] 可为 [n],因为 [u]、[ŋ] 同为舌根音,[i]、[n] 同为舌尖音。罗昕如(2012:226)指出,中古阴声韵读鼻韵现象在湖南多见于湘语与赣语,不少是成片分布的,与此同时这些方言点还存在个别入声韵字读鼻尾现象;湖南境内方言古阴声韵、入声韵字读鼻尾现象共有 196 个,其中来源于明疑泥日的共有 160 个,今读 [ŋ] 的影母字有 19 个字,所以从声母来看,鼻音声母的字 179 个,占总字数的 91%,罗昕如认为,中古阴声韵、入声韵今读鼻尾现象是声母同化产生的现象。

同类鼻尾增生现象还出现在官话、晋语、吴语、客家话、粤语、闽语。张燕芬(2010:257)据汉语北京语言大学方言地图集中 143 个例字语料分析指出,129 字次表现为央、高元音 [i/e/ø/u/ɯ/o/ɤ/ə] 韵腹,即高元音韵腹更易增生鼻尾;袁丹(2014:60—61)结合实验语音学分析研究得出结论:高元音 [i]、[u] 与鼻音共同点是 F1 低,这使得高元音听感上接近鼻音,高元音增生鼻尾与发音生理无关,而与听觉感知相关。

昌都片赣语蟹摄开口二等个别字读鼻尾韵母现象与湘南境的湘语、赣语情况一致,即多发生在今读鼻声母的字中。就产生的原因来看,本书同意罗昕如的观点,即因鼻音声母引起的同部位的鼻尾化现象。至于为何只存在于昌都片赣语个别字音中,仍需进一步探讨。

第三节 赣语昌都片止摄开口精知庄章组字韵母今读特点

赣语昌都片止摄开口帮组、泥组、见系韵母今读[i]，止摄开口韵母差异主要体现在精知庄章组。下文先归纳类型，然后对各类型历史层次及演变规律进行探讨。

一、止摄开口精知庄章组字韵母今读类型

类型一：合流型。

精庄知章组韵母完全合流，韵母今读[ɛ]、[ɿ]，具体情况如下表所示（为后文叙述简便，表中标 A 型）：

表4-12 赣语昌都片止摄精庄知章组韵母类型表（之一）

类型	精组	庄组	知组	章组	分布方言点
A1	ɛ				安义县龙津镇凤山村
A2	ɿ				武宁县县城（陈）、宋溪镇山口村小东山、泉口镇丰田村下江村、鲁溪镇大桥村、杨洲乡森峰村、罗坪乡长水村、石门楼镇白桥村、罗溪乡坪源村坪源铺里、船滩镇船滩村新丰街、新宁镇石坪村、清江乡清江村、东林乡东林村、礼溪镇（钟）；修水县庙岭乡小山口村、太阳升镇坳头村；瑞昌南义镇（刘）；德安县蒲亭镇北门社区、蒲亭镇附城村；永修县立新乡桥头村、虬津镇张公渡村、马口镇新丰村、艾城镇艾城村艾城街；新建县石埠镇乌城村程家新基、厚田乡西门村上头村；南昌市（陈）
A3	ɿ、ɛ				安义县长埠镇长埠村

343

类型二：二分型。

精庄组与知章组二分,韵母完全不同。精庄组韵母有[ɿ]、[u];知章组韵母有[ɛ]、[ʅ]、[i]、[ʅ]。具体韵母分布情况如下表所示(为后文叙述简便,表中标 B 型):

表 4-13 赣语昌都片止摄精庄知章组韵母类型表(之二)

类型	精组	庄组	知组	章组	分布点方言点
B1	ɿ		ɛ		修水县马坳镇石溪村、溪口镇田仓村、港口镇集镇居委会、渣津镇长潭村、白岭镇白岭村、全丰镇南源村、黄龙乡沙塅村、大桥镇沙湾村、余塅乡余塅村、黄坳乡塘排村
B2	u		ɛ		安义县黄洲镇黄洲村
B3	ɿ		i		德安县磨溪乡尖山村王家畈;南昌县向塘镇新村(万)、塘南镇(肖);永修县吴城镇(肖)
B4	u		ʅ		新建县西山镇西山村猴溪陈村
B5	ɿ		ʅ		修水县义宁镇义宁镇罗家坬、宁州镇宁州、黄港镇安全村、竹坪乡竹坪村、杭口镇厚家源村、新湾乡新湾村、布甲乡洪石村、复原乡雅洋村;都昌县大港镇小埠村、中馆镇银宝大队、万户镇长岭村、南峰镇暖湖、北炎乡东凤大队曹炎村、土塘镇(陈)、化民乡信和村、阳峰乡黄梅沈家、和合乡田坂村、周溪镇古塘村、春桥乡春桥村彭壁村、徐埠镇山峰村委会袁鄘村、左里镇周茂村、狮山乡老屋于家湾村、都昌镇柳树堰卢家;湖口县双钟镇月亮村、舜德乡南湾村沈素上村、舜德乡兰新村、马影镇走马刘三房村、文桥乡饶塘村陈凤姓村、城山镇大塘村细石家、流芳乡青年村曹府台、流泗镇红星村;星子县南康镇迎春桥社区、白鹿镇玉京村码头镇、华林镇繁荣村大屋金、温泉镇桃花源余家、蓼花镇胜利村东平山、苏家档乡土牛村、横塘镇联盟村墈上查家、蓼南乡新华村何家堡、蛟塘镇(陈);德安县林泉乡林泉村摆下刘村、丰林镇丰林村戴家、车桥镇白水村上屋夏家、塘山乡新塘村、高塘乡罗桥村畈上王家、河东乡后田村石门汪家、吴山乡河铺村东坑杨家;永修县江益镇(刘)、三角乡(孙)、涂埠镇(陈)、江上乡耕源村、九合乡长滩村、滩溪镇滩溪村
B6	u、ɿ		ɛ		新建县石岗镇石岗村
B7	ɿ		ʅ、i		永修县马口镇山丰村、湖口县武山镇武山村细沈祜

类型三：半混型。

精庄知章组部分字韵母相同，部分字韵母不同。有两种情况（为后文叙述简便，表中标 C 型）：

1. 精庄组韵母合流，只有一类韵母，今读 [ɛ]/[ɿ]/[u]；知章组韵母合流，韵母有多类，今读 [ɛ]、[ɿ]/[i]、[ɿ]/[ʅ]、[ɛ]/[ɿ]、[ʅ]，其中有一类与精庄组韵母相同。

表 4-14 赣语昌都片止摄精庄知章组韵母类型表（之三）

类型	精组	庄组	知组	章组	分布方言点
C1	ɛ		ɛ、ɿ		安义县新民乡新民村
C2	ɿ		ɿ、ɛ		永修县三溪桥镇河桥村、南昌县三江镇徐罗村吴黄村
C3	ɿ		i、ɿ		南昌县幽兰镇南山村旧居村李家、泾口乡辕门村
			ɿ、i		南昌县富山乡霞山唐村、塔城乡东游村、南新乡楼前村二房自然村；新建县金桥乡东和村、樵舍镇峰桥村、乐化镇江桥村、昌邑乡良坪村坪上、生米镇东城村南岸村、松湖镇松湖村丁李中心村、联圩镇大圩村、生米镇东城村南岸村、长埭镇（陈）、流湖乡对门牌头；南昌县广福镇北头村熊李村
C4		ɿ		ʅ、ɿ	修水县何市镇大里村、上奉镇石街村、征村乡熏衣村、山口镇来苏村
C5	ɿ		ʅ、ɿ、ɛ		永修县梅棠镇杨岭村
C6	u		ɛ、ɿ		安义县万埠镇下庄村、乔乐乡社坑村

2. 精庄组韵母有两类，今读 [ɿ]、[u]，知章组韵母有两类，今读 [ɛ]、[ɿ]；精庄知章组有一类韵母相同。

表 4-15 赣语昌都片止摄精庄知章组韵母类型表（之四）

类型	精组	庄组	知组	章组	分布点
C7	ɿ、u		ɛ、ɿ		安义县石鼻镇果田村

二、止摄开口精知庄章组字韵母今读历史层次

据周祖谟研究(1993：228)，在汉语史上，支脂之微四韵在南齐时是分用的，到梁陈时期支脂两韵在诗文中就通用不分。王力(1985：216)构拟魏晋南北朝时期支[ie]、脂[ei]、之[iə]、微[əi]，《经典释文》和玄应《一切经音义》注音材料说明隋唐时代支脂之三韵已经合流为脂部，王力构拟为韵值[i]。罗常培《唐五代西北方音》(1933：43)中所例举的汉藏对音材料中支脂之微用[i]对译说明，晚唐五代时西北方言支脂之微四韵已合流。朱翱反切用齿头字切齿头字(如丑迟切痴)说明新兴的"资思韵"产生。北宋邵雍《声音唱和图》把止摄开口精组字列在"开类"。南宋《切韵指掌图》第十九图把"兹雌慈思词""紫此死咒""恣截自笥寺"列在一等，说明止摄精组字已不再读[i]。王力(1985：258)认为，音值应是[ɿ]，到了宋代蟹开三四与止摄合流为支齐部读[i]，现代汉语方言中蟹开三四及止摄开口合流读[i]韵最早应追溯到这个时代，元代《中原音韵》支思韵收字扩大为止摄开口精庄章组字及少量知组字。王力支思拟测为[ɿ、ʅ]，杨耐思(1981：38)则认为，支思韵还不是实在舌尖音，应是[ɿ][ʅ]跟[i][ə]中间的音，标音为[ï]。结合汉语史情况，本书认为，昌都片赣语中止摄帮组、泥组、见系读[i]韵值应是同官话发展是一致的，昌都片赣语止摄开口韵值差异主要体现在精庄知章组，从上表所列出的类型中合流型、二分型是昌都片赣语止摄精庄知章组韵母今读基本类型，半混型是基本类型基础上衍生出一些变化。下面结合类型情况，着重对精庄知章组字韵母今读进行探讨。

（一）韵母[ʅ]

上文表4-13 B5、B7和表4-14 C5方言知章组字声母读[tʂ]类音，韵母读[ʅ]，这些方言点除修水县义宁镇义宁镇罗家坞、宁州镇宁州、黄港镇安全村、竹坪乡竹坪村、杭口镇厚家源村、新湾乡新湾村、布甲乡洪石村、复原乡雅洋村方言外，其他方言点均是帮组、端组、泥组、见系读[i]，日组读[ɛ]/[ə]/[ɚ]/[e]，精庄组读[ɿ]，方言语音系统内[i]、[ɿ]、[ʅ]韵母形成互补，止摄开口韵母格局同隋唐之后官话方言发展较为一致。

表 4-16　赣语昌都片止摄韵母例字表

地点＼例字	皮並支	旗群之	紫精支	死心脂	师生脂	事崇之	知知支	屎书脂	耳日之
修水布甲乡洪石村	₅pʰi	₅tɕʰi	ᶜtsʅ	ᶜsʅ	ᶜsʅ	sʅ²	ᶜtʂʅ	ᶜʂʅ	ᶜɛ
都昌阳峰乡黄梅沈家	₅bi	₅i	ᶜtsʅ	ᶜsʅ	ᶜsʅ	sʅ²	ᶜtʂʅ	ᶜʂʅ	ᶜɚ
湖口双钟镇月亮村	₅bi	₅dzi	ᶜtsʅ	ᶜsʅ	ᶜsʅ	sʅ²	ᶜtʂʅ	ᶜʂʅ	ᶜɛ
星子县白鹿镇玉京村	₅pʰi	₅tɕʰi	ᶜtsʅ	ᶜsʅ	ᶜsʅ	sʅ²	ᶜtʂʅ	ᶜʂʅ	ᶜɛ
德安县林泉乡林泉村	₅pʰi	₅tɕʰi	ᶜtsʅ	ᶜsʅ	ᶜsʅ	sʅ²	ᶜtʂʅ	ᶜʂʅ	ᶜɛ
永修涂埠镇（陈）	₅₁pʰi	₅₁tɕʰi	₁tsʅ	₁sʅ	₁sʅ	₁sʅ	₁tʂʅ	₁ʂʅ	ᶜE

韵母 [ʅ] 主要分布于修水县北部与湖南大通片相邻的乡镇方言，都昌县方言，湖口县方言，星子县方言，德安县东部近星子县、九江县的乡镇方言，德安县北部近瑞昌县的乡镇方言，德安县中部丰林镇丰林村戴家、吴山乡河铺村东坑杨家方言，永修县江益镇（刘纶鑫，1999）、三角乡（孙宜志，2006）、涂埠镇（陈昌仪，1983）、江上乡耕源村、九合乡长滩村、滩溪镇滩溪村方言，上述方言点可概括为昌都片赣语北部都昌小片及邻近江淮官话区域方言。

结合声母与声调发展特点来看，昌都片赣语北部都昌小片及邻近江淮官话区域受官话影响程度大于中南部，结合这些方言点的地理位置及历史人文来看，止摄开口知章组字 [ʅ] 韵母现象应是同中古以后的北方官话影响有关。

修水县中东部义宁镇罗家坳、宁州镇宁州、黄港镇安全村、竹坪乡竹坪村、杭口镇厚家源村、新湾乡新湾村、复原乡雅洋村方言止摄开口知章组字虽也读 [ʅ] 韵母，但同都昌方言、星子方言、湖口方言情况不同，修水方言只有止摄开口知章组字读 [tʂ] 类音值，修水方言其他韵摄知三章组字声母均读 [t]、[d]、[s]，从修水本地人语感来讲，知 [₅tʂʅ]、纸 [ᶜtʂʅ] 是文读音，知 [₅tɛ]、纸 [ᶜtɛ] 是白读音，故修水县境内的止摄开口知章组韵母 [ʅ] 也应是受晚近官话影响产生的，产生时间上比都昌县等地方言韵母 [ʅ] 更晚些。

（二）韵母 [ɛ]、[u]、[ʅ]

[ɛ]、[u]、[ʅ] 韵母在各方言分布情况如下表所示：

表 4-17 赣语昌都片止摄 [ɛ]、[u]、[ɿ] 韵母分布表

类型	精组	庄组	知组	章组	分布点
A1	ɛ				安义县龙津镇凤山村
C1	ɛ		ɛ、ɿ		安义县新民乡新民村
A3	ɛ、ɿ				安义县长埠镇长埠村
C2	ɿ		ɿ、ɛ		永修县三溪桥镇河桥村 南昌县三江镇徐罗村吴黄村
A2	ɿ				武宁县县城（陈）、宋溪镇山口村小东山、泉口镇丰田村下江村、鲁溪镇大桥村、杨洲乡森峰村、罗坪乡长水村、石门楼镇白桥村、罗溪乡坪源村坪源铺里、船滩镇船滩村新丰街、新宁镇石坪村、清江乡清江村、东林乡东林村、礼溪镇（钟）；修水县庙岭乡小山口村、太阳升镇坳头村；瑞昌南义镇（刘）；德安县蒲亭镇北门社区、蒲亭镇附城村；永修县立新乡桥头村、虬津镇张公渡村、马口镇新丰村、艾城镇艾城村艾城街；新建县石埠镇乌城村程家新基、厚田乡西门村上头村；南昌市（陈）
B1	ɿ		ɛ		修水县马坳镇石溪村、溪口镇田仑村、港口镇集镇居委会、渣津镇长潭村、白岭镇白岭村、全丰镇南源村、黄龙乡沙嘏村、大桥镇沙湾村、余嘏乡余嘏村、黄坳乡塘排村
B2	u		ɛ		安义县黄洲镇黄洲村
B6	u、ɿ		ɛ		新建县石岗镇石岗村
C6	u		ɛ、ɿ		安义县万埠镇下庄村、乔乐乡社坑村
C7	ɿ、u		ɛ、ɿ		安义县石鼻镇果田村

从表 4-17 中很明显可看到昌都片赣语止摄精知庄章组韵母 [ɛ]、[u]、[ɿ] 历时音变。

①A1 → C1 → A3 → C2 → A2，[ɿ] 韵母先在知章组出现（C1 类），之后向精庄组漫延（A3 类），然后精庄组全部及知章组大部分变成 [ɿ]（C2 类），很显然再进一步发展就会演变成精庄知章组韵母全读 [ɿ]，即 A2 类。

②B2 → B6 → C7 → A2，起点 B2 类是精庄组韵母读 [u]，知章组韵母读 [ɛ]，精庄组先出现 [ɿ] 韵母（B6 类），然后漫延到知章组（C7 类），很显然再进一步发

展,也可能演变成精庄知章组全读[ʅ],即 A2 类。

表 4-17 中,方言精庄组韵母合流,根据共同语发展历史来看,赣语中精庄组合流韵母今读[ɛ]、[u]、[ʅ]应是属于晚唐五代以后的语音现象。精庄组韵母[ʅ]正是王力先生对宋代"资思韵"的构拟音值,这很容易让人猜想[ʅ]应是[ɛ]、[u]、[ʅ]三类韵母中最早的形式,但结合昌都片方言材料来看,本书认为,昌都片赣语的韵母[ɛ]、[u]比韵母[ʅ]更早。

上文表 4-17 中,A1 类方言精庄知章组韵母全读[ɛ],A2 类方言精庄知章组韵母全读[ʅ],A3 类方言精庄知章组韵母[ɛ]、[ʅ]共现;C1 类方言精庄组韵母全读[ɛ],B1 类、B3 类、B5 类、B7 类、C2 类、C3 类、C4 类、C5 类方言精庄组韵母全读[ʅ],A3 类方言精庄组韵母[ɛ]、[ʅ]共现;B2 类方言精庄组韵母全读[u]、B6 类精庄组韵母[u]、[ʅ]共现;C7 类方言精庄组韵母[u]、[ʅ]共现,知章组韵母[ɛ]、[ʅ]共现。昌都片赣语精庄组字韵母共时平面的差异可以看许多方言点精庄组韵母经历了从[ɛ]到[ʅ]的更替,从[u]到[ʅ]的更替。从本地人的语感来讲,若存在两读时,[ɛ]、[u]是本地固有"土话",[ʅ]韵母往往是代表普通话念法。本书认为,昌都片赣语方言点中精庄知章组韵母[ɛ]、[u]在历史层次上应比韵母[ʅ]更早些。

(三)韵母[i]

昌都片赣语中有些方言点知章组韵母读[i],具体分布情况如下表所示:

表 4-18 赣语昌都片知章组[i]韵母分布表

类型	精组	庄组	知组	章组	分布点
B3	ʅ		i		德安县磨溪乡尖山村王家畈;南昌县向塘镇新村(万)、塘南镇(肖);永修县吴城镇(肖)
C3	ʅ		i、ʅ		南昌县幽兰镇南山村旧居村李家、泾口乡辕门村、富山乡霞山唐村、塔城乡东游村、南新乡楼前村二房自然村;新建县金桥乡东和村、樵舍镇峰桥村、乐化镇江桥村、昌邑乡良坪村坪上、生米镇东城村南岸村、松湖镇松湖村丁李中心村、联圩镇大圩村、生米镇东城村南岸村、长埭镇(陈)、流湖乡对门牌头;南昌县广福镇北头村熊李村

表 4-18 中，B3 类方言知章组韵母全部读 [i]，C3 类方言知章组韵母出现 [ʅ]、[i] 韵母共存现象，联系两类方言看，知章组韵母 [ʅ] 应是后起读法。知章组今读 [i] 现象集中分布于南昌、新建一带，但拼读声母有不同，如下表所示：

表 4-19　赣语昌都片知章组 [i] 韵母例字表

	池	纸	迟	屎	痔	痣
南昌县幽兰镇南山村旧居村李家	₋tsʰʅ	ᶜtɕi	ᶜtɕʰi	ᶜɕi	tɕʰi²	tɕi²
永修县吴城镇（肖）	₋₁tsʰʅ / ₋₁tɕʰi	ᶜtsʅ / ᶜtɕi	₋₁tsʰ / ₋₁tɕʰi	ᶜɕi	₋tsʰʅ / ₋tɕʰi	tsʅ²/tɕi²
新建县松湖镇松湖村丁李中心村	₋tʰi	ᶜti	₋tʰi	ᶜsʅ	tʰi²	ti²
磨溪乡尖山村王家畈	₋tʰi	ᶜti	₋tʰi	ᶜsi	tʰi²	ti²1

表 4-19 中，与韵母 [i] 拼读的声母有塞擦音、塞音两类，若方言中存在 [ʅ]、[i] 两读的话，韵母 [i] 处白读层。永修县吴城镇存在系统文白异读现象，[ʅ] 属文读，[i] 属白读；章组字"栀"在昌都片各县普遍存在白读音 [₋tɕʰi] 读法；新建县乐化镇方言"齿"单念时是 [ᶜtsʰʅ]，在"牙齿"词中却是念 [ᶜtɕʰi]；新建县松湖镇方言"痣"单念时是 [tsʅ²]，但是"脸上长了痣"语句中则说 [ti²]。根据以上方言事实，本书认为知三章组韵母 [i] 应是比韵母 [ʅ] 更早。

（四）韵母 [ɛ]、[u]、[ʅ] 间的音变联系

综上所述，昌都片赣语止摄精庄知章组韵母 [ʅ] 应是比韵母 [ɛ]、[u]、[i] 更晚的读法。那么韵母 [ɛ]、[u]、[ʅ] 之间存在什么联系呢？

安义县方言现象将有助于这个问题的探讨。请看下列安义县方言精知庄章组韵母今读情况表。

表 4-20　安义县方言止摄精庄知章组韵母分布情况表

类型	精组	庄组	知组	章组	分布点
A1	ɛ				安义县龙津镇凤山村
C1	ɛ		ɛ、ʅ		安义县新民乡新民村
A3	ɛ、ʅ				安义县长埠镇长埠村
B2	u		ɛ		安义县黄洲镇黄洲村
C1	u、ʅ		ɛ、ʅ		安义县万埠镇下庄村、乔乐乡社坑村
C7	ʅ、u		ɛ、ʅ		安义县石鼻镇果田村

表4-20中,安义方言黄洲镇黄洲村方言属于精庄组韵母读[u],知章组韵母读[ɛ],万埠镇下庄村、乔乐乡社坑村、石鼻镇果田村应是在此基础上进一步发展形成的。从语音系统来看,[u]、[ɛ]分布环境互补,应属来源相同的历史层次,结合安义实地调查来看,本书认为,[u]、[ɛ]韵母应是支脂之合流后早期韵母在不同声母之后演变结果。安义方言中,龙津镇凤山村、新民乡新民村、长埠镇长埠村、万埠镇下庄村方言语音系统中[ɛ]音位存在[ɤ]、[ɯ]变体现象;龙津镇凤山村发音人发音人,止摄开口精知庄章组字韵母可以在[ɤ]、[ɛ]、[ɯ]间随意变读,全清去字(调值35)则[ɯ]音色更明显;长埠镇长埠村发音人精知庄章组字韵母读[ɯ]/[ɤ]/[ɛ]、[ɿ],其中[ɿ]韵母出现在清擦音[s]声母后,如"斯师施尸诗始是视时市";新民乡新民村发音人(1949年生)发音情况同长埠镇发音人相似,如"痣四事"存在[ɤ]、[ɯ]变读,而他的侄子(1970年生)发音却是实足的[ɿ]。安义方言[ɯ]/[ɤ]/[ɛ]变读现象在以往材料中也有记录,李如龙、张双庆《客赣方言调查报告》(1992:13)描述安义方言语音系统时提到,[ɤ]单独作韵母时,音值往往因人而异,或发为[ɯ]、[e],甚至[ɛ];高福生(1988:124)提到,安义县城话中[ə]实际发音略后而高,单独作韵母而又读阴去55调时舌位上升,大致接近[ɯ]。笔者近期调查结果与文献记载相符,同时有新发现,安义方言语音系统中[ɤ]、[ə]、[ɯ]、[ɛ]作为单韵母时互为变体,有些方言中[ɯ]韵母进一步高化、前化,发生了[ɯ]>[ɿ]音变。[ɯ]>[ɿ]音变现象在邻近安义县的新建县方言也有发现,如新建县流湖乡发音人止摄精庄知章今读[ɿ],但个别字发音成了[ɯ]韵,如"姊"字单独时念[tsɿ],但"姊妹几个?"句中却是[ˈtsɯ maiˀli tɕiˀl kɔˀl],"柿"字单念时是[sɿˀ],但在"柿哩"这个词里却是[tsʰɯˀ li]。

[ɯ]是不正则元音,发音不稳定,也可能发生[ɯ]>[u],邻近安义方言的南昌方言就有此现象,如肖放亮(2010:40)描写南昌县塘南方言韵母系统时记"圆唇音[u]、[y],实际读法当中圆唇并不明显,其中[u]实际音值为[ɯ]"。联系安义县、南昌县、新建县方言来看,昌都片赣语止摄精知庄章组韵母[ɛ]、[u]、[ɿ]间存在着密切联系。相较而言,[ɿ]应是最晚读法。

赣语中止摄精庄组[ɛ]、[u]、[ɿ]韵母现象在客家方言中也普遍存在,谢留文(2003:47)曾指出,早期客家话话止摄三等的韵母很可能不是[i](包括[ɿ]和[ʅ]),只是后来止摄三等读[i]成了汉语语音演变的一种趋势,客家话也受到了影

351

响,有些方言全部变成了 [i],有些方言演变还没有完成,在精庄组字的韵母里还保留有早期韵母的痕迹,结论是精庄组发生变化的韵母比 [i]（包括 [ɿ] 和 [ʅ]）历史层次要早,如果反过来说,读 [i] 的层次更早,就找不出今天精庄组字韵母发生变化的条件。谢留文的论述同样适用于赣语昌都片方言。

早期赣语止摄开口韵母可能并不都是 [i]（包括 [ɿ] 和 [ʅ]）,这可以从中古诗文押韵得到印证。据杜爱英研究（1998：24）,北宋江西诗人的诗作出现鱼模押入支微现象,如洪州分宁（今修水）黄庶五古《忆竹亭》叶"围篱书答归芝诗基姿思辉枝髭差夷裨饥藜",筠州新昌（今宜丰）德洪七律《腊月十六夜读阁资钦提举诗一巨轴》叶"西诗词珠",七古《初入制院》叶"意指语死"。今宜丰与修水接壤,宜丰县地处赣语宜浏片与昌都片西部交界地带,在语言上同昌都片有相似之处。从诗文押韵来看,遇摄、止摄、蟹摄合流现象早在北宋时期赣语就已出现,从押韵用字来看,鱼模押入支微的韵值极有可能就是 [u]/[ʅ],今天修水方言中遇摄精庄组与止摄精庄组韵母今读合流为 [ʅ],宜丰方言中遇摄精知庄章组与止摄精庄组韵母合流读 [u],宜丰与修水止摄开口知章组读 [ɛ] 韵母,由此可推测,[ɛ]、[u] 韵应是较早韵母现象。

本书认为,韵母 [ɛ]、[u]、[ʅ] 是赣语自身语音系统内部音变的结果。昌都片赣语中古止摄三等的韵母并不是 [i]（包括 [ɿ] 和 [ʅ]）,而应是其他的形式,[i] 韵母读法可能是中古之后官话南下影响的结果,结合昌都片赣语方言的共时差异,本书推测早期止摄三等韵母可能是 /ˑɤ/、/ˑɤ/ 在昌都片赣语区域存在着 [ɤ]、[ə]、[ɚ]、[ɯ] 多种变体形式,不正则元音 [ɯ] 应是导致昌都片赣语止摄精知庄章组韵母呈现 [ɛ]、[u]、[ʅ] 多样性的音变环节,[ɯ] 同后高圆唇 [u] 同一发音部位,展唇程度减小,唇形稍撮就能变为 [u],向前并稍抬高舌位极易变为 [ʅ]。

潘悟云（2000：151—152）曾指出,[ɯ]>[ɨ]>[i] 很易发生,如之韵在上古是 [ɯ],到中古变作 [ɨ],近代汉语中则成 [i]。在昌都片赣语中 [ɯ] 是否有 [ɯ]>[i] 的音变,根据目前的材料很难做出判定,昌都片赣语止摄知章组今读 [i] 现象,从本地人语感来说应是比 [ʅ] 更早的读法,[ʅ] 韵母是昌都片赣语语言内部晚期音变的结果,而 [i] 是比 [ʅ] 更早的读法,形成原因可能同中古以后的官话影响有关。

第四节 赣语昌都片流摄韵母今读特点

中古流摄有一等侯韵，三等尤韵、幽韵。邵荣芬认为（1982：80），尤、幽两韵早期是重纽，到了《切韵》时代，幽韵主元音发生了变化，所以《切韵》另立幽韵，韵图把幽韵的唇牙喉音放在四等，作为尤韵四等，幽韵主元音比尤韵舌位高。中古之后，尤韵知庄章日组丢失介音与一等侯韵合流，侯韵与尤幽形成开口齐齿相配的格局，这也是官话与大多数汉语方言流摄发展模式。昌都片赣语流摄韵读格局发展基本符合共同语发展的历史，但也存在创新之处，如流摄与效摄韵读重组合流，流摄三等韵母今读多样性。本节结合 125 个方言点材料，着重讨论昌都片赣语流摄韵读类型及演变特点。

一、流摄开口一等韵母今读特点

在汉语史上，《切韵》时代的流摄三韵来自汉代的幽部，汉魏六朝，王力（1985：160）构拟为一等侯韵 [u]，三等尤韵 [iu]，四等幽韵 [iu]；邵荣芬（1982：43）构拟《切韵》流摄韵为侯 [ɒu]、尤 [iəu]、幽 [ieu]；罗常培《唐五代西北方音》（1933：50）载，汉藏对音材料《千字文》侯韵字的韵母标 [eu]，流摄宋元为尤侯韵，明清时期的由求韵，王力（1985：395）构拟韵母为 [əu]。昌都片赣语流摄韵母今读情况同共同语发展相一致。流摄一等字韵母今读具体情况如下表所示：

表 4-21　赣语昌都片流摄开口一等例字表

例字 地点	走_清 流开一	偷_透 流开一	狗_见 流开一	厚_匣 流开一侯
武宁县鲁溪镇大桥村	ˀtsɛ	ˬtʰɛ	ˀkɛ	ˀhɛ
修水义宁镇罗家㘵	ˀtsei	ˬtʰei	ˀkei	heiˀ
湖口城山大塘细石家	ˀtsɐu	ˬdɐu	ˀkɐu	hɐuˀ
武宁县宋溪镇山口村	ˀtsiau	ˬtʰiau	ˀkiau	hauˀ
修水上奉镇石街村	ˀtsɛu	ˬtʰɛu	ˀkiɛu	ˀhɛu

续表

地点＼例字	走清 流开一	偷透 流开一	狗见 流开一	厚匣 流开一侯
修水黄龙乡沙塅村	ᶜtsɛu	ˍdɛu	ᶜtɕiɛu	hɛu²
德安丰林镇丰林村戴家	ᶜtsɛu	ˍtʰɛu	ᶜkɛu	hɛu²
永修三角乡（孙）	ᶜtsɛu	ˍdʰɛu	ᶜkɛu	hɛu²
永修涂埠镇（陈）	ᶜtsʌu	ˍtʰɐu	ᶜkɐu	hɐu²
永修吴城镇（肖）	ᶜtsɛu	ˍtʰɛu	ᶜkiɛu	ˍxɛu
新建石埠镇乌城村	ᶜˡtsɛu	ˍtʰɛu	ᶜtɕiau	hɐu²
南昌市（陈）	ᶜtsɛu	ˍtʰɛu	ᶜkiau	hɛu²
都昌镇柳树堰卢家	ᶜtsau	ˍdɛu	ᶜkau	ˍhau
安义黄洲镇黄洲村	ᶜtsau	ˍtʰau	ᶜkiəu	hau²
修水余塅乡上源村	ᶜtsɛu	ˍdɛu	ᶜkɛu	hɯu²

从上表 4-21 可知，流摄一等侯韵主要韵母类型有 [ɛu] 类、[au] 类，[ɛu] 类韵母有 [ɛu]、[iɛu]、[eu]、[ɐu]、[ɯu]、[ei]、[ɛ]，[au] 类韵母有 [au]、[iau]，昌都片赣语流摄一等韵母今读与共同语发展相一致。

许多学者对流摄早期韵母做过构拟，孙宜志（2014：132）曾构拟赣方言早期流摄韵母：流摄一等 [*ɛu]、三等 [*iu]。陶寰（2003）根据客赣方言、徽语、吴语和江淮官话中普遍存在侯韵带 [i] 介音或读前元音现象，指出长江流域一带侯韵早期形式是 [*eu]①。

就局部方言来讲，拟 [*eu] 或 [*ɛu] 都是可以的，但结合昌都片赣语全局来看，本书认为赣语早期易拟作 [*əu]，因为 [ə] 央元音是不稳定的元音，发音上很易前后变动，有利于解释各地不同的音变，而且从不同学者对同一县方言流摄侯韵韵母今读记音来看，[ɐu]、[ɛu]、[eu] 听感差别很小，应是不同调查者的记音习惯问题。本书将侯韵早期形式拟作 [*əu] 韵母，结合昌都片赣语各地地域的差异，侯韵演变模式可能是：

① [*əu]>[(i)ɐu]/[(i)ʌu] 永修涂埠镇、吴城镇方言 >[(i)ɯu] 修水上奉镇、湖口城山镇方言 >[ɐu] 修水余塅乡上源村方言 >[ei] 修水义宁镇方言 >[ɛ] 武宁

---

① 彭建国：《湘语音韵历史层次性研究》，湖南大学出版社 2010 年，第 202 页。

县鲁溪镇方言。

②[*əu]>[(i)ɐu/(i)eu]永修涂埠镇、吴城镇方言>[(i)ɛu]修水上奉镇、湖口城山镇方言>[(i)au]武宁县宋溪镇山口村、都昌县都昌镇方言。

上文音变模式中,早期韵母[*ue]中舌位偏低的[ə]前容易滋生出过渡音[i],[i]有前高特点会拉动韵腹高低变化产生各地类型;韵尾[u]也可能前化经[ɯ]再到[i],如修水县境内方言基本上读[ei];韵尾[u]也可能是直接在时长缩短直至消失,如南昌县广福镇发音人发音时,侯韵端组、泥组字韵母,[ɛ]后有一个很弱的韵尾[u],实际音值应记作[ɛᵘ]。

[ieu]/[iɛu]/[iɐu]在[i]介音作用下会发生[(i)au]的音变,侯韵在武宁县境内方言今读[iau]韵母,新建县、安义县、南昌县方言普遍存在侯韵见组字韵母带介[i]现象,读[iəu]/[iɛu]/[iau],候韵一旦读[iau]/[au]韵母,就会引起流摄与效摄合流,导致音系结构的变动。

表4-22 赣语昌都片流摄例字表

例字 地点	保帮 效开一	饱帮 效开二	焦精 效开三	条定 效开四	招章 效开三	走清 流开一	狗见 流开一
武宁县鲁溪镇大桥村	꜀pau	꜀pau	꜀tɕiau	꜁tiau	꜀tɕiau	꜀tsɛ	꜀kɛ
修水义宁镇罗家㘭	꜀pau	꜀pau	꜀tɕieu	꜁dieu	꜀tau	꜀tsei	꜀kei
湖口城山大塘细石家	꜀pau	꜀pau	꜀tsiau	꜁diau	꜀tʂau	꜀tseu	꜀kɐu
武宁县宋溪镇山口村	꜀pau	꜀pau	꜀tsiau	꜁tiau	꜀tsiau	꜀tsiau	꜀kiau
修水上奉镇石街村	꜀pau	꜀pau	꜀tɕiɛu	꜁diɛu	꜀tɛu	꜀tsɛu	꜀kiɛu
修水黄龙乡沙煅村	꜀pau	꜀pau	꜀tɕiɛu	꜁diɛu	꜀tɛu	꜀tsɛu	꜀tɕiɛu
德安丰林镇丰林村戴家	꜀pau	꜀pau	꜀tɕiɛu	꜁tʰiɛu	꜀tʂɛu	꜀tsɛu	꜀kɛu
永修三角乡(孙)	꜀pau	꜀pau	꜀₁tɕiɛu	꜁dʰiɛu	꜀₁teu	꜀teu	꜀keu
永修涂埠镇(陈)	꜀pau	꜀pau	꜀₁tɕiɐu	꜁₁tʰiɐu	꜀₂tsɐu	꜀tsɐu	꜀kɐu
永修吴城镇(肖)	꜀pau	꜀pau	꜀tɕiɐu	꜁tʰiɐu	꜀tsɐu	꜀tsɐu	꜀kiɐu
新建石埠镇乌城村	꜀₁pau	꜀₁pau	꜀tɕiɐu	꜁tʰiɐu	꜀tsɐu	꜀₁tsɐu	꜀tɕiau
南昌市(陈)	꜀pau	꜀pau	꜀tɕiɐu	꜁tʰiɐu	꜀tsɐu	꜀tsɐu	꜀kiau
都昌镇柳树堰卢家	꜀pau	꜀pau	꜀tsiau	꜁liɐu	꜀tʂau	꜀tsau	꜀kau
安义黄洲镇黄洲村	꜀pau	꜀pau	꜀tɕiau	꜁tʰiau	꜀tsau	꜀tsau	꜀kiɔu
修水余煅乡上源村	꜀pau	꜀pau	꜀tɕiau	꜁tʰiau	꜀tau	꜀tsɛu	꜀kɛu

从上表4-22可知,昌都片方言效流摄合流有双向性,一是效摄三四等知章

组韵母读[(i)ɛu]引起效摄字读入流摄,一是由流摄侯韵主元音前化为[(i)au]引起流摄一等读入效摄。

据杜爱英研究(1998：22—24),从宋代诗人诗歌押韵来看,赣语中效流摄合流早在北宋时期时就已出现,北宋江西诗人尤侯与萧豪相叶计20次,其中19次为古体诗；鲁国尧对宋元江西词作也做过研究,在宋元江西词中尤侯与萧豪相叶现象很突出,4300首词中有35例,范围遍及全省,可见萧豪与尤侯通叶是宋代江西方音特点。故流摄一等韵母读[(i)ɛu]或[(i)au]最早可以追溯到北宋时期。杜爱英研究(1998：23)指出,洪州分宁(今修水)黄庶杂言《送刘孟卿》叶"廖雠头投由留涛愁收游",洪州分宁(今修水)黄庭坚《赣上食莲有感》叶"手枣",《赠王环中》叶"道帽吼道草"。从相叶字来看,侯韵押豪韵,押韵是不考虑介音区别的,今天修水境内流摄一等与三等庄组普遍合流读[ei],这与豪韵[au]相距较远,据此可以推测,当时押韵是可能读[(i)au]/[(i)ɛu],故修水侯韵读[ei]应是宋以后的音变。

二、流摄开口三等韵母今读特点

(一)流摄开口三等韵母今读类型

流摄三等非组个别字(富妇负)韵母普遍读[u],据汉语史,唐代诗文押韵表明官话方言中流摄唇音字有读入遇摄韵现象,昌都片赣语中这些字读同遇摄[u]韵母现象同共同语是一致的。下文流摄三等韵母今读类型归类时"富妇负"字除外。

类型一：二分型。

流摄三等韵母有两类,从声母分配格局来看有都昌南峰型、新建长埈型两种情况：

1. 都昌南峰型是精泥组及见系韵母读[iu],非知庄章日组韵母读[ɛu]。

2. 新建长埈型是非庄日组韵母读[iu]/[iəu],精泥知章组及见系韵母读[ɛu]/[əu]/[eu]/[iɛu]/[ɛ]。具体韵母及分布情况如下表：

表 4-23　赣语昌都片流摄开口三等韵母今读类型表（之一）

类型		精组	泥组	见系	知组	章组	日母	非组	庄组	分布点
都昌南峰型		iu			εu					都昌县南峰镇暖湖、湖口县双钟镇月亮村
新建长埈型	A类	iu				εu					武宁县杨洲乡森峰村、罗坪乡长水村，永修县马口镇山丰村；新建县金桥乡东和村、联圩镇大圩村、昌邑乡良坪村坪上、石埠镇乌城村程家新基、松湖镇松湖村丁李中心村、厚田乡西门村上头村、生米镇东城村南岸村、乐化镇江桥村、樵舍镇峰桥村；南昌县向塘镇新村（万）、塘南镇（肖）、富山乡霞山唐村、南新乡楼前村二房自然村、三江镇徐罗村吴黄村、广福镇北头村熊李村、幽兰镇南山村旧居村李家、泾口乡辕门村、塔城乡东游村
	B类	iu			ɐu					新建县长埈镇（陈）
	C类	iu			eu					永修县吴城镇（肖）
	D类	iu			uεu					武宁县新宁镇石坪村
	E类	iu			ε					瑞昌县南义镇（刘）
	F类	iu			iau					武宁县宋溪镇山口村小东山、泉口镇丰田村下江村、石门楼镇白桥村、罗溪乡坪源村坪源铺里、县城（陈）、清江乡清江村
	G类	iəu			iau					武宁县礼溪镇（钟）
	H类	iu			au					新建县流湖乡对门牌头、石岗镇石岗村、西山镇西山村猴溪陈村

类型二：三分型。

流摄三等韵母有三类，从声母分配格局来看有永修涂埠型、永修艾城型、湖口城山型、星子南康型四种情况：

1. 永修涂埠型是非组韵母读 [εu]，精泥组及见系韵母读 [iu]，非知庄章日组韵母读 [ɐu]。

2. 永修艾城型是精泥组及见系韵母读 [iu]，章组韵母读 [ou]，非庄知日组韵母读 [ɛu]。

3. 湖口城山型是精泥、见系韵母读 [iu]，非知庄章日组韵母读 [ɛu]。

4. 星子南康型是精泥组及见系韵母读 [iu]，知章组韵母读 [u]/[ue]/[əu]/[ou]/[ɨu]，非庄日组韵母读 [ɛu]/[eu]/[ei]/[ɛ]/[au]。

具体韵母及分布情况如下表：

表 4-24 赣语昌都片流摄开口三等韵母今读类型表（之二）

类型		精组	见系	泥组	章组	知组	日母	庄组	非组	分布点
永修涂埠型	A类	iu			əu				ɛu	永修县江益镇（刘）、涂埠镇（陈）
	B类	iu			u				ɛu	永修县三溪桥镇河桥村
永修艾城型		iu			ou				ɛu	永修县艾城镇艾城村艾城街
湖口城山型		iu		iuɛi			ɛu			湖口县城山镇大塘村细石家
星子南康型	A类	iu			u				ei	武宁县船滩镇船滩村新丰街、东林乡东林村；修水县义宁镇义宁村罗家坞、宁州镇宁州、庙岭乡小山口村、太阳升镇坳头村、黄坳乡塘排村、黄港镇安全村、何市镇大里村、竹坪乡竹坪村、征村乡熏衣村、杭口镇厚家源村、马坳镇石溪村、山口镇来苏村、新湾乡新湾村、溪口镇田仓村、港口镇集镇居委会、布甲乡洪石村、渣津镇长潭村
	B类	iu			u				ɛu	修水县上奉镇石街村、黄龙乡沙塅村、大桥镇沙湾村、余塅乡余塅村、复原乡雅洋村；都昌县中馆镇银宝大队、德安县林泉乡林泉村摆下刘村、车桥镇白水村上屋夏家、高塘乡罗桥村畈上王家、吴山乡河铺村东坑杨家、磨溪乡尖山村王家畈；永修县滩溪镇滩溪村
	C类	iu			əu				ɛu	修水县全丰镇南源村
	D类	iu			əu				ɛu	星子县蛟塘镇（陈）
	E类	iu			əu				eu	永修县三角乡（孙）、都昌县土塘镇（陈）

续表一

类型	精组	见系	泥组	章组	知组	日母	庄组	非组	分布点
星子南康型		F类		iu		ou		ɛu	都昌县大港镇小埠村、万户镇长岭村、北炎东凤大队曹炎村、化民乡信和村、阳峰乡黄梅沈家、和合乡田坂村、周溪镇古塘村、春桥乡春桥村彭壁村、徐埠镇山峰村委会袁鎘村、左里镇周茂村、狮山乡老屋于家湾村、都昌镇柳树堰卢家；湖口县舜德乡南湾村沈素上村、舜德乡兰新村、马影镇走马刘三房村、文桥乡饶塘村陈凤姓村、武山镇武山村细沈祐、流芳乡青年村曹府台、流泗镇红星村；星子县南康镇迎春桥社区、白鹿镇玉京村码头镇、华林镇繁荣村大屋金、温泉镇桃花源余家、蓼花镇胜利村东平山、苏家档乡土牛村、横塘镇联盟村墈上查家、蓼南乡新华村何家堡；德安县蒲亭镇北门社区、丰林镇丰林村戴家、塘山乡新塘村、河东乡后田村石门汪家、蒲亭镇附城村；永修县江上乡耕源村、梅棠镇杨岭村、立新乡桥头村、虬津镇张公渡村、九合乡长滩村、马口镇新丰村
		G类		iu		u		au	安义县龙津镇凤山村、新民乡新民村、万埠镇下ват村、长埠镇长埠村、石鼻镇果田村、黄洲镇黄洲村、乔乐乡社坑村
		H类		iu		ɯ		eu	南昌市（陈）
		I类		iu		ɯ		ɛ	武宁县鲁溪镇大桥村

类型三：四分型。

流摄开口三等韵母有四类，精泥组及见系韵母读 [iu]，知组韵母读 [u]、章组韵母读 [əu]，非庄日组韵母读 [ɛu]，分布于修水县白岭镇白岭村方言。

表 4-25　赣语昌都片流摄开口三等韵母今读类型表（之三）

类型	精组	见系	泥组	章组	知组	日母	庄组	非组	分布点
修水县白岭型	iu			əu	u			ɛu	修水县白岭镇白岭村

（二）流摄三等今读韵母演变规律

在汉语史上，宋元时期流摄三等韵合流"尤侯"韵，王力拟音侯韵 [əu]、尤幽韵 [iəu]，明清时期中古流摄为"由求"韵，开口包括中古侯韵、尤韵知照系及唇音、屋韵个别字，齐齿包括中古尤韵精系、见系及幽韵。昌都片流摄三等非组、庄组、日组丢失介音 [i] 同侯韵合流，这应同宋元以来共同语发展相一致，而许多方言点知章组与庄组韵母不同，这应当是昌都片赣语自身创新音变现象。

1. 精系与见系韵母 [iu]、[iɛu]

据上表 4-25 可知，赣语昌都片流摄三等精组、见系读 [iu]、泥组读 [iu]/[iɛu]。上文构拟昌都片赣语流摄一等侯韵的早期形式为 [*əu]，那么三等韵早期形式应为 [*iəu]，韵腹元音 [ə] 在前高元音 [i] 作用下易发生变化，韵腹元音 [ə] 在时长上缩短也易丢失。昌都片赣语中精系与见系韵母 [iu]、[iɛu] 应是流摄三等今读韵母中最接近早期韵母的音值类型。精组、见系普遍经历过早期 [*iəu]/[iɛu] 阶段，如湖口县城山乡大塘村方言来母字读 [iɛu] 韵母，另外这可以从各地方言个别口语字特殊读法得到印证，如南昌塔城乡、泾口镇方言见系韵母今读 [iu]，"牛"字读 [ȵiɛu]，三江镇方言见系韵母今读 [iu]，"牛"读 [ȵiɛu]，"丘"读 [kiɛu]。故昌都片赣语流摄三等精组及见系韵母 [iu]、[iɛu] 应是对早期 [*iəu] 韵母直接继承。

2. 非庄日组韵母 [ɛu]、[əu]、[eu]、[iɛu]、[ɛ]、[iau]、[au]、[ei]

非庄日组韵母 [ɛu]、[əu]、[eu]、[iɛu]、[ɛ]、[iau]、[au]、[ei] 应是早期韵母 [*iəu] 同不同声母相拼后的音变结果。武宁县新宁镇石坪方言 [iɛu] 应是较早形式，音变模式可能有两种：

① [*iəu]>[iɛu]>[ɛu]/[eu]/[əu]>[ei]>[ɛ]；

② [*iəu]>[iɛu]>[iau]/[au]。

3. 知章组韵母 [iu]、[iu]、[əu]、[əu]、[ɛu]、[ou]、[u]

知章组韵母有 [iu]、[iu]、[əu]、[əu]、[ɛu]、[ou]、[u]，这比庄组韵母形式更加丰富，这些不同读法也应是早期韵母 [*iəu] 同不同声母相拼后的音变结果。

表 4-26　赣语昌都片流摄开口三等知章组韵母例字表

地点＼例字	抽彻 流开三	周章 流开三	丑昌 流开三	仇禅 流开三	收书 流开三
永修江益镇（刘）	₂dzʰəu	₁tʂəu	ꞈdzʰəu	₂dzʰəu	₁ʂəu
永修三角乡（孙）	₂dʰəu	₁təu	ꞈdzʰeu	₂dʰəu	₁ʂəu
永修涂埠镇（陈）	₂tsʰəu	₁tɕiu	ꞇtɕʰiu	₂tsʰəu	₁səu
永修艾城镇艾城村	₂tsᵝuꞈ	tsəu	ꞇtsᵝuꞈ	ꞇtsᵝuꞈ	₁səu
湖口双钟镇月亮村	₂dzɐu	₁tʂeu	ꞈdzɐu	₂dzɐu	₁nʂɐu
星子县蛟塘镇（陈）	₂dʒueꞈ	₁tʃeꞈ	ꞈdʒueꞈ	₂dʒueꞈ	₁ʃeu
修水全丰镇南源村	₂dəu	₁teu	ꞈdəu	ꞇdəu	₁səu
安义新民乡新民村	₂tʰu	₁tu	ꞈtʰu	₂tʰu	₁su
德安磨溪乡尖山村	₂tsʰu	₁tʂu	ꞈtʂʰu	ꞇtʂᵝu	₁su
修水溪口镇田仑村	₂du	₁tu	ꞈdu	ꞇdu	₁su
修水布甲乡洪石村	₂tʂʰu	₁tʂu	ꞈtʂʰu	ꞇtʂᵝu	₁ʂu
武宁县鲁溪镇大桥村	₂tʃʰiu	₁tʃiu	ꞈtʃʰiu	ꞇtʃiu	₁ʃiu
南昌市（陈）	₂tsʰiu	₁tsʰiu	ꞈtsʰiu	₂tsʰiu	₁siu
武宁县石门楼白桥村	₂tsʰiu	₁tsiu	ꞈtsʰiu	ꞇtsᵝiu	₁siu
新建金桥乡东和村	₂tɕʰiu	₁tɕiu	ꞈtɕʰiu	ꞇ₁tɕʰiu	₁ɕiu

韵母[iu]、[ɨu]、[əu]、[ɐu]、[eu]、[ou]、[u]中,[iu]是最接近早期韵母[*iəu]的读法。结合上表4-26各地例字可知,上述韵母是早期三等韵母[*iəu]在知₃章组声母后丢失[i]介音的音变结果。知₃章组字韵母丢失[i]介音现象在汉语方言中是常见现象,如明清时期北方方言系韵书中中古流摄来源的"由求"韵,开口包括侯韵、尤韵知照系及唇音。

流摄三等知章组韵母今读同精庄非组韵母不同,原因可能是与声母特点有关系。赣语中的知₃章组声母在中古以后合流为[tɕ]之后,在[i]介音的作用下,舌面易前展抬高音变为[tʃ]组音,舌叶音[tʃ]后接介音[i]是很难和谐,受声母[tʃ]影响,[i]会变读成[ɨ],如武宁县鲁溪镇大桥村方言,甚至如星子县蛟塘镇（陈昌仪,2005)方言那样直接丢失介音,为同声母和谐韵腹提高至[ou]。结合前文第三章第五节赣语精知庄章今读音变来看,许多方言知₃章组声母都曾经历舌叶音[tʃ]环节,舌叶音[tʃ]在同[i]介音相拼时一方面可能引起[i]介音的音变或丢失,同时声母也可能发生变化,即[tʃ]类声母变成[tʂ]类、[t]类、[ts]类声母,这些音值在昌都片赣语中已成事实。

从本地人的语感来讲，昌都片赣语中的 [tʂ] 类音并没有普通话那样翘舌，发音时舌面较平展，舌位比 [tʃ] 类音稍低，舌尖稍稍后缩；[t] 类声母集中出现在修水县及安义县一带方言中，联系这些方言点普遍存在"塞音听上去像塞声又像塞擦音"现象来看，舌叶音 [tʃ] 向塞音 [t] 变化的过程中经历了 [tɹ] 声母环节（[tɹ] 声母记音见项梦冰，1997）。据表 4-26 可知，[u] 韵母只拼 [t] 组、[tʂ] 组声母，这说明 [u] 韵母可能是早期韵母与 [tʃ] 声母相拼之后的音变结果。

知₌章组拼 [u] 韵母现象主要出现在南昌小片的安义县方言，都昌小片的修水县方言，另外在昌都片过渡地带的德安、永修方言也有零星分布。据唐代诗歌押韵来看，流摄唇音个别字已读入遇摄，王力（1985：236）曾指出，晚唐五代尤韵唇音字"富妇"读同遇摄韵，李惠昌（1989）进一步研究指出，中唐王维诗作就已出现尤韵唇音字与遇摄字押韵现象，罗常培《唐五代西北方音》（1933：44）载，汉藏对音材料《千字文》中"妇富阜"标注同遇摄字为 [u]。从昌都片赣语中流摄"否谋浮亩"读同侯韵韵母来看，"富妇负副"读入遇摄 [u] 韵应是唐代北方汉语影响的结果，反映唐代北方汉语的层次。

安义县、修水县方言中流摄知三章组字与遇摄知三章组字韵读已合流为韵母 [u]，安义县、修水县方言流摄知章组韵母读入遇摄现象是否同非组"富妇负副"读入遇摄 [u] 韵母处同一层次呢？

结合上文知章组声母分析来看，本书认为昌都片赣语流摄知₌章组字与遇摄知₌章组字韵读合流为 [u] 现象应是后起的音变，应当比"富妇负副"读入遇摄 [u] 韵更晚些。据杜爱英（1998：29）研究，北宋江西籍诗人的诗作中就出现尤侯韵非唇音字押入遇摄鱼模的现象，洪州分宁（今修水杭口双井村）黄庭坚古体诗《温氏墓志铭》叶"臜仇守侮"，据此可知昌都片尤侯韵非唇音字押入遇摄鱼模现象最早可追溯到宋代。

根据上文的分析，本书构拟流摄知三章组字韵母的演变模式如下：

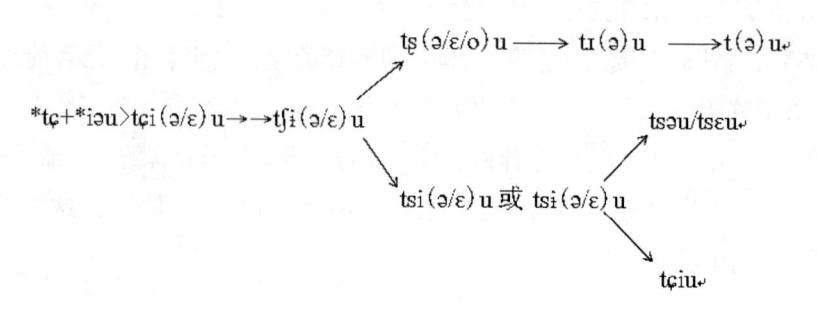

$$*tɕ+*iəu>tɕi(ə/ɛ)u \to tʃɨ(ə/ɛ)u \nearrow \begin{matrix} tʂ(ə/ɛ/ɔ)u \to tɹ(ə)u \to t(ə)u \\ \\ tsɨu/tsɛu \\ \\ tsi(ə/ɛ)u \text{ 或 } tsɨ(ə/ɛ)u \\ \\ tɕiu \end{matrix}$$

第五节　赣语昌都片一等字今读韵母带 [i] 介音现象

中古《切韵》音系中一等韵是不带 [i] 介音的,本书着重讨论昌都片赣语部分方言普遍存在的流摄开口一等、臻摄开口一等、曾摄开口一等字韵母带 [i] 介音的现象。

一、中古一等字今读韵母带 [i] 介音现象的分布

结合已刊材料及近期调查,昌都片赣语流摄开口一等、臻摄开口一等、曾摄开口一等字韵母带 [i] 介音现象的分布及例字如下表所示:

表 4-27　赣语昌都片中古一等字今读韵母带 [i] 介音现象分布表

地点	韵摄	例字
武宁县宋溪镇山口村小东山	流	某亩剖斗抖陡偷头投透豆逗搂篓漏陋走奏叟勾沟钩狗苟够构购口扣寇偶藕
	臻	吞根跟痕很恨恳垦恩
	曾	崩登灯邓等凳腾誊藤能曾增憎蹭赠僧层肯墨得德肋勒则贼刻
武宁县泉口镇丰田村下江村	流	某亩剖斗抖陡偷头投透豆逗搂篓漏陋走奏叟勾沟钩狗苟够构购口扣寇偶藕猴喉侯后厚吼呕
武宁县杨洲乡森峰村	臻	根跟恳垦
武宁县石门楼镇白桥	流	某亩剖斗抖陡偷头投透豆逗搂篓漏陋走奏叟勾沟钩狗苟够构购口扣寇偶藕
	臻	吞根跟痕很恨恳垦恩
	曾	崩朋登灯邓等凳腾誊藤能曾增憎蹭赠僧层肯默墨得德肋勒则贼塞刻克黑

363

续表一

地点	韵摄	例字
武宁县罗溪乡坪源村坪源铺里	流	某亩剖斗抖陡偷头投透豆逗搂篓漏陋走奏叟勾沟钩狗苟够构购口扣寇偶藕
	臻	吞根跟痕很恨恳垦恩
	曾	崩登灯邓等凳腾誊藤能曾增憎蹭赠僧层肯默墨得德肋勒则贼塞刻克黑
武宁县县城（陈）	流	亩牡茂斗偷头透豆搂漏走奏勾狗够口扣藕厚呕
	臻	吞根很恩
	曾	灯等凳腾邓层赠僧肯得特贼塞黑
武宁县新宁镇石坪村	流	某亩剖斗抖陡偷头投透豆逗搂篓漏陋走奏叟勾沟钩狗苟够构购口扣寇偶藕猴喉侯后厚吼呕
	臻	吞根跟痕很恨恳垦恩
	曾	崩登灯邓等凳腾誊藤能曾增憎蹭赠僧层肯默墨得德肋勒则贼塞刻克黑
武宁县清江乡清江村	流	某亩剖斗抖陡偷头投透豆逗搂篓漏陋走奏叟勾沟钩狗苟够构购偶藕
	臻	吞根跟痕很恨恳垦恩
	曾	崩登灯邓等凳腾誊藤能曾增憎蹭赠僧层肯默墨得德肋勒则贼塞刻克黑
武宁县礼溪镇（钟）	流	某亩剖斗抖陡偷头投透豆逗搂篓漏陋走奏叟勾沟钩狗苟够构购口扣寇偶藕
	臻	吞根跟痕很恨恳垦恩
	曾	崩登灯邓等凳腾誊藤能曾增憎蹭赠僧层肯默墨得德肋勒则贼塞刻克黑
修水县白岭镇白岭村	流	某勾沟钩狗苟够构购藕呕
修水县上奉镇石街村	流	沟够狗
修水县全丰镇南源村	流	沟狗够

续表二

地点	韵摄	例字
修水县黄龙乡沙塅村	流	狗藕
	臻	根
修水县大桥镇沙湾村	流	狗藕呕
修水县余塅乡余塅村	流	沟狗够
永修县吴城镇（肖）	流	勾沟钩狗苟够构购
安义县龙津镇凤山村	流	勾沟钩狗苟够构购藕呕
	臻	根跟垦恳恩
安义县新民乡新民村	流	勾沟钩狗苟够构购口扣寇藕呕
	臻	根跟垦恳
	曾	肯刻克
安义县万埠镇下庄村	流	勾沟钩狗苟够构购口扣寇藕呕
	臻	根跟垦恳恩
	曾	肯
安义县长埠镇长埠村	流	勾沟钩狗苟够构购口扣寇偶藕呕
	臻	根跟垦恳恩
	曾	肯刻克
安义县石鼻镇果田村	流	勾沟钩狗苟够构购口扣寇藕呕
	臻	根跟垦恳恩
	曾	肯
安义县黄洲镇黄洲村	流	勾沟钩狗苟够构购口扣寇藕呕
	臻	根跟垦恳恩
	曾	肯
安义县乔乐乡社坑村	流	勾沟钩狗苟够构购口偶藕呕
	臻	根跟垦恳恩
	曾	肯

续表三

地点	韵摄	例字
新建县长埈镇（陈）	流	勾狗够口扣藕
	臻	根
	曾	肯
新建县流湖乡对门牌头	流	勾沟钩狗苟够构购口扣寇藕呕
	臻	垦恳
新建县石埠镇乌城村程家新基	流	勾沟钩狗苟够构购口扣寇偶藕呕
	臻	垦恳
	曾	肯
新建县松湖镇松湖村丁李中心村	流	勾沟钩狗苟够构购口扣寇偶藕呕
新建县石岗镇石岗村	流	勾沟钩狗苟够构购口扣寇偶藕呕
新建县厚田乡西门村上头村	流	勾沟钩狗苟够构购口扣寇偶藕呕
新建县西山镇西山村猴溪陈村	流	勾沟钩狗苟够构购口扣寇偶藕呕
新建县生米镇东城村南岸村	流	勾沟钩狗苟够构购口扣寇藕呕
	臻	根跟垦恳恩
	曾	肯
新建县樵舍镇峰桥村	流	勾沟钩狗苟够构购偶藕
南昌县向塘镇（万）	流	勾沟钩狗苟够构购口扣寇偶藕呕
	臻	根跟恩
	曾	肯刻克
南昌县塘南镇（肖）	流	沟狗呕沤
	臻	根跟

366

续表四

地点	韵摄	例字
南昌县富山乡霞山唐村	流	勾沟钩狗苟够构购口扣寇藕呕
	臻	根跟垦恳恩
	曾	肯刻克
南昌县南新乡楼前村二房自然村	流	勾沟钩狗苟够构购口扣寇藕呕
	臻	根
	曾	肯刻克
南昌县三江镇徐罗村吴黄村	流	勾沟钩狗苟够构购口扣寇藕呕
	臻	根跟垦恳恩
	曾	肯刻克
南昌县广福镇北头村熊李村	流	勾沟钩狗苟够构购口扣寇藕呕
	臻	根跟垦恳恩
	曾	肯刻克
南昌县塔城乡东游村	流	勾沟钩狗苟够构购藕呕
	臻	恩
南昌市（陈）	流	勾狗够口扣藕
	臻	根
	曾	肯

二、中古一等字今读韵母带 [i] 介音现象探讨

（一）地理上有区域性分布特点

结合表 4-27 来看，昌都片一等字今读韵母带 [i] 介音现象集中武宁县方言、修水县方言、新建县方言、安义县方言、南昌县方言。具体分布见下图。

中古一等字今读韵母带i介音现象示意图

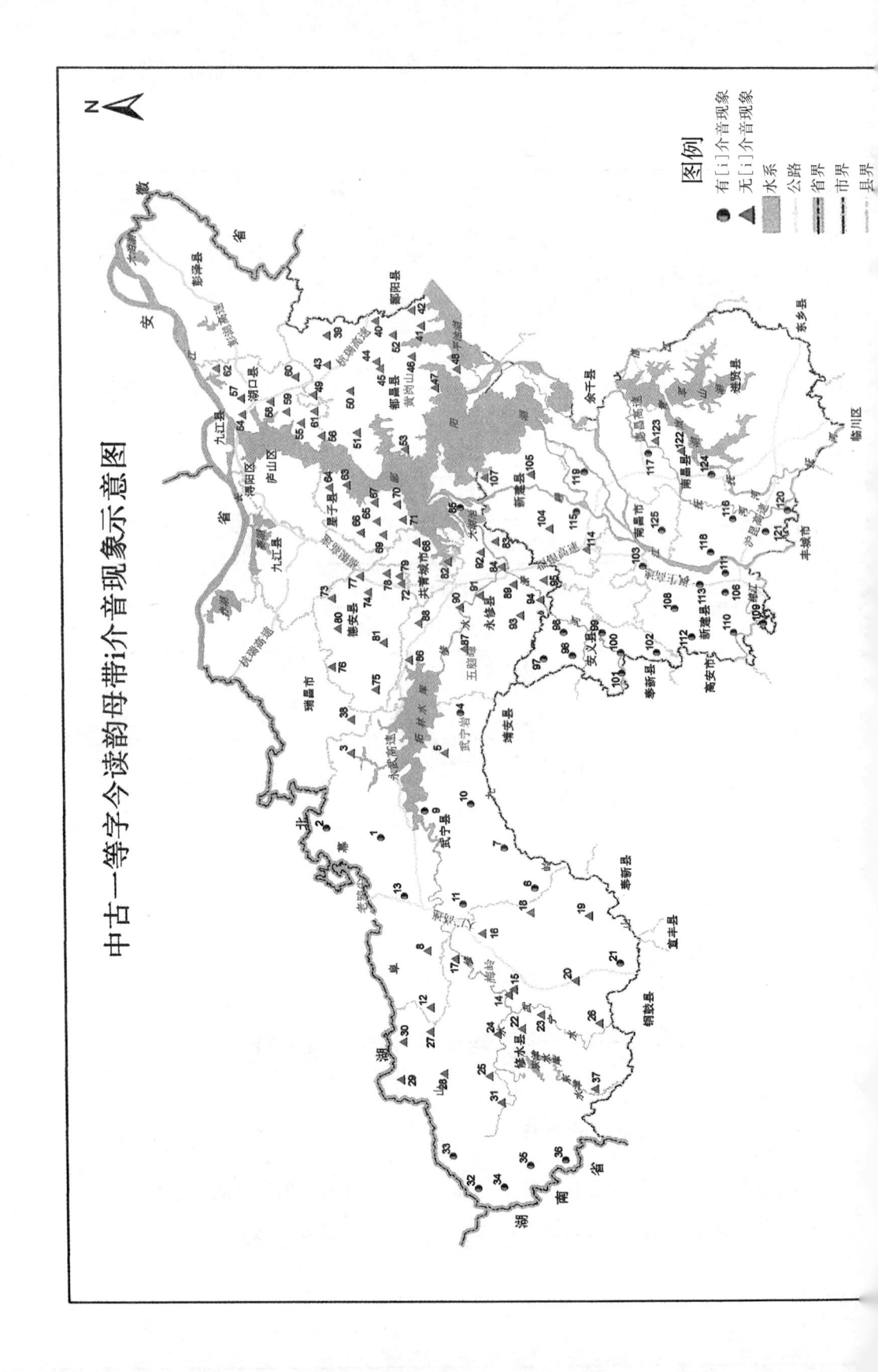

据刘纶鑫《客赣方言比较研究》(1999)可知,横峰方言流摄一等见组、晓组韵母带 [i] 介音;高安县、奉新县、乐平县、上高县、万载县、新余方言流摄一等见组、臻开一等韵母带 [i] 介音;东乡方言流摄一等见组、晓组及臻摄一等韵母带 [i] 介音;宜黄县、永丰县、泰和县方言流摄一等,臻开一韵母带 [i] 介音;南丰县方言流臻曾三摄开一等韵母均带 [i] 介音。结合分布图来看,武宁县与南昌县相距甚远,但若联系邻近宜浏片宜丰、高安、奉新、靖安方言来看,一等字今读韵母带 [i] 介音现象从昌都片西北武宁县、修水县方言往西南部发展至安义县、新建县、南昌县方言,然后向东向南延展与赣东、赣中方言连成一片。昌都片东北部的都昌、星子、湖口县、永修县、德安县方言则少有此现象。从历史人文来看,一等韵今读带 [i] 介音现象似乎同历史上的行政沿革有关系,从晚唐五代至元明清时期,武宁县、修水县、新建县、安义县、南昌县共属于洪州南昌府;自宋太平兴国七年(982年)至明清,都昌、星子、湖口县、永修县共属于南康军、南康府。据此可知,一等韵今读带 [i] 介音现象主要分布在旧南昌府境内。

联系邻近方言来看,湖南境内赣语浏阳、隆回、洞口、绥宁、临湘等地有此类现象。罗昕如《湘语与赣语比较研究》(2011)载录的洞口方言、临湘方言同音字汇,从中可详细了解中古一等字今读韵母带 [i] 介音现象例字情况。洞口方言流摄开口一等字均读 [iu] 韵母,临湘方言包括流摄一等见组及影母、臻开一等、曾开一等端组、见系舒声字。临湘方言一等字韵母带 [i] 介音现象分布情况与昌都片具有一致性,临湘方言属赣语大通片,昌都片赣语与大通片地理上接壤,在方音特点具有许多相似性。

(二)一等字韵母 [i] 介音现象分布的音韵条件及特点

从一等字今读韵母带 [i] 介音的声母条件来看,武宁县境内方言流开一、臻开一、曾开一各组系字都有此现象,修水县、安义县、新建县方言只是流开一、臻开一、曾开一见系字有此现象,各地方言呈现不平衡态势。

表4-28 赣语昌都片一等字韵母带 [i] 介音现象例字表

地点 \ 例字	走清 流开一侯	狗见 流开一侯	藕疑 流开一侯	厚匣 流开一侯	呕影 流开一侯	根见 臻开一痕	肯见 曾开一登
武宁县县城(陈)	ˬtɕiau	ˉkiau	ˉŋiau	ˉhiau	ˉn̩iau	ˌkien	ˉkʰien
武宁礼溪镇(钟)	ˬtɕiau	ˉkiau	ˉniau	ˉhau	ˉŋau	ˌkien	ˉkʰien

续表

地点 \ 例字	走清流开一侯	狗见流开一侯	藕疑流开一侯	厚匣流开一侯	呕影流开一侯	根见臻开一痕	肯见曾开一登
武宁严阳乡石坪村	ˀtsieu	ˀkieu	ˀŋieu	ʰieu²	ˀŋieu	ˌken	ˀtɕien
修水余塅乡余塅村	ˀtsɛu	ˀkiau	ˀŋiau	hɛu²	ˀŋieu	ˌken	ʰhɛŋ
修水大桥镇沙湾村	ˀtsɛu	ˀkieu	ˀŋieu	hɛu²	ˀŋieu	ˌken	ʰhen
安义黄洲镇黄洲村	ˀtsau	ˀtɕiau	ˀŋiau	hau²	ˀŋiau	ˌtɕien	ˀtɕʰien
新建长埂镇（陈）	ˀtsəu	ˀkiəu	ˀŋiəu	həu²	ˀŋəu	ˌkien	ʰkʰien
新建松湖镇松湖村	ˀtsɛu	ˀtɕieu	ˀŋieu	hɛu²	ˀŋieu	ˌkʰen	ʰkʰen
新建西山镇西山村	ˀtsau	ˀkiau	ˀŋiau	hau²	ˀŋiau	ˌkʰen	ʰkʰen
南昌县南新乡楼前村	ˀtsɛu	ˀkieu	ˀŋieu	hɛu²	ˀŋieu	ˌken	ʰkʰien
南昌市（陈）	ˀtseu	ˀkieu	ˀŋieu	heu²	ˀŋieu	ˌkien	ʰkʰien

据表4-28可知，昌都片赣语等一等字韵母今读带[i]介音在声母、韵摄条件存在一定的分布规律，从声母讲，某方言中存在一等字今读韵母带[i]介音现象的话，见组一定有分布，某方言见组存在一等字韵母今读带[i]介音现象的话，则其他组系字不一定存在此现象；从韵摄来讲，某方言中臻曾摄一等字存在韵母带[i]介音现象的话，流摄一定有分布，某方言流摄一等字存在韵母带[i]介音现象的话，臻曾摄一等字未必有。

昌都片赣语流摄一等见系字韵母带[i]介音现象，从出现频率高低的次序来看：见疑母＞溪母＞影母＞晓匣,[h]声母字最不易出现韵母带[i]介音现象。

从[i]介音在音系中地位来讲,声母腭化为[tɕ]声母后的[i]为独立稳定的音位,[k]声母后的介音[i]在一些方言点普遍存在听感上短弱,甚至有可有可无现象，安义县龙津镇凤山村方言介音[i]听感很弱；修水县上奉镇石街村方言有两位发音人，其中有一位发音人发音带介音,另一位则不带。修水县全丰镇南源村、南昌塔城乡东游村、新建县樵舍镇峰桥村方言发音人会发生变读。

修水余塅乡余塅村方言流摄开一等见系字既存在[ɛu]韵母,也存在[iau]韵母，联系表4-28各地方言"狗、藕"音节来看，可看到有些方言[i]介音会导致见系字声母发生腭化：

狗：[kiəu]＞[kiɛu]＞[kiau]＞[tɕiɛu]/[tɕiau]；

藕：[ŋiəu]＞[ŋiɛu]＞[ŋiau]＞[ɲiau]。

（三）一等字韵母 [i] 介音现象成因分析

对于一等字 [i] 介音产生的原因，不少学者有过分析。潘悟云（2000：77）曾指出，[ɛ] 前易滋生出过渡音 [i] 的音变。赣语昌都片除一等字外，梗摄开口二等字韵母韵腹也多为前元音 [e] 或 [ɛ]，梗摄开口二等字韵母也有带 [i] 介音现象。声母不一定发生腭化。下表为梗摄开口二字带介音 [i] 现象的分布方言点及例字情况。

表4-29　赣语昌都片梗摄开口二等字韵母带 [i] 介音现象例字表

地点	梗开二
武宁县宋溪镇山口村小东山	生牲甥省庚更羹哽亨等耕脉册策
武宁县石门楼镇白桥村	生牲甥省庚更羹哽亨等耕脉责册策革
武宁县罗溪乡坪源村坪源铺里	生牲甥省庚更羹哽亨等耕脉责册策革
武宁县县城（陈）	省庚羹哽革
武宁县新宁镇石坪村	生牲甥省庚更羹哽亨等耕脉责册策革
武宁县清江乡清江村	生牲甥省庚更羹哽亨等耕脉责册策革
武宁县礼溪镇（钟）	生牲甥省庚更羹哽亨等耕脉责册策革
修水县白岭镇白岭村	庚羹埂哽耕
修水县全丰镇南源村	庚羹哽耕
永修县吴城镇（肖）	庚羹哽埂梗耕耿隔
安义县新民乡新民村	庚耕额
安义县万埠镇下庄村	庚额
安义县长埠镇长埠村	庚耕争等额
安义县黄洲镇黄洲村	庚
安义县乔乐乡社坑村	庚
新建县长埈镇（陈）	庚哽
新建县生米镇东城村南岸村	耕
南昌县向塘镇（万）新村	庚哽梗耕额革
南昌县塘南镇（肖）	哽更
南昌县富山乡霞山唐村	庚哽梗耕额
南昌县南新乡楼前村二房自然村	庚
南昌县塔城乡东游村	革隔
南昌市（陈）	庚羹哽

二等字产生介音 [i] 也是官话普遍存在的现象,但是官话中介音产生的同时,声母也会因介音发生腭化现象,如"江"读 [tɕiaŋ]/[tɕiɔŋ],上表所举例字在各方言点均是舌根音声母后接 [i] 介音现象,舌根音声母并不发生腭化。上述方言点梗开二等字韵母带介音 [i] 同流开一、臻开一、曾开一等字情况相当,主要分布于见组,可见系一等字韵母 [i] 介音的产生不仅仅同前元音 [e] 或 [ɛ] 相关,可能同舌根声母(又称软腭辅音)也有联系。

麦耘(2013:258—270)曾结合赣语、江淮官话、西南官话、客家等方言材料,运用实验语音学方法分析了软腭辅音后接元音的过渡音征特点,实验证明,[k] 除阻后,舌形、舌体处于 [ɨ] 元音位置,[i][ɨ] 音色、听感相似,如果这个音系里有 [i] 介音,那么 [ɨ] 很易被调整到 [i] 音位,结论是软腭声母与硬腭介音 [i] 最具有亲和性。这个观点对于赣语中流开一、臻开一、曾开一及梗开二等字韵母带介音 [i] 现象有很强的解释力。

一等字韵母 [i] 介音现象,本书认为这应是宋代以后的音变现象。李军(2006:64)据明代江西金溪县龚廷贤医籍歌括(《种杏仙方》,1581;《万病回春》,1587;《云林神彀》,1591;《鲁府禁方》,1594;《寿世研究》,1615)用韵研究指出,臻开一等字"根吞"与山摄细音互叶 31 次之多,如《种杏仙方·腋臭》叶"言传根",《云林神彀·咽喉》叶"钱盐研吞",这充分说明元末至明代赣方言中臻摄一等字韵母中已出现介音 [i]。据此本书推测,赣语一等字韵母 [i] 介音现象产生于宋元之间。

第六节　赣语昌都片中古阳声韵韵尾今读特点

中古《切韵》咸深山臻宕江曾梗通摄韵母都是收鼻音韵尾的,其中咸深两摄韵母收 [-m] 尾,山臻摄韵母收 [-n] 尾,宕江曾梗通摄韵母收 [-ŋ] 尾,唐以后共同语发展历史上,鼻韵尾呈现出合并简化的发展趋势。昌都片赣语中古阳声韵韵尾今读复杂多样,既有与共同语一致的发展,也有自身的创新发展。本节着重分析昌都片赣语中古鼻音韵尾的今读类型及演变特点。

一、中古阳声韵韵尾今读类型

根据以往的材料及近期调查,昌都片赣语中古阳声韵韵尾今读类型共有四类:

类型一：新建长埠型。

咸深山臻摄韵母收 [-n] 尾,曾梗摄文读韵母收 [-n] 尾,曾梗摄白读韵母收 [-ŋ] 尾,宕江通摄韵母收 [-ŋ] 尾。分布方言点有：武宁县县城（陈昌仪,2005）、新宁镇石坪村、宋溪镇山口村小东山、泉口镇丰田村下江村、鲁溪镇大桥村、杨洲乡森峰村、罗坪乡长水村、石门楼镇白桥村、罗溪乡坪源村坪源铺里、船滩镇船滩村新丰街、清江乡清江村、东林乡东林村、礼溪镇（钟明立,2004）；修水县庙岭乡小山口村、太阳升镇坳头村、黄坳乡塘排村、黄港镇安全村、上奉镇石街村、杭口镇厚家源村、马坳镇石溪村、山口镇来苏村、新湾乡新湾村、溪口镇田仓村、港口镇集镇居委、布甲乡洪石村、白岭镇白岭村、全丰镇南源村、大桥镇沙湾村、复原乡雅洋村；都昌县大港镇小埠村、中馆镇银宝大队、南峰镇暖湖；湖口县双钟镇月亮村、舜德乡南湾村沈素上村、马影镇走马刘三房村、文桥乡饶塘村陈凤姓村、城山镇大塘村细石家、武山镇武山村细沈祐、流泗镇红星村；星子县温泉镇桃花源余家；德安县蒲亭镇北门社区、林泉乡林泉村摆下刘村、丰林镇丰林村戴家、车桥镇白水村上屋夏家、塘山乡新塘村、高塘乡罗桥村畈上王家、河东乡后田村石门汪家、蒲亭镇附城村、吴山乡河铺村东坑杨家、磨溪乡尖山村王家畈；永修县江益镇（刘纶鑫,1999）、三角乡（孙宜志,2006）、涂埠镇（陈昌仪,1983）、吴城镇（肖萍,2008）、三溪桥镇河桥村、江上乡耕源村、梅棠镇杨岭村、虬津镇张公渡村、艾城镇艾城村艾城街、九合乡长滩村、滩溪镇滩溪村、马口镇新丰村、马口镇山丰村；安义县新民乡新民村、万埠镇下庄村、乔乐乡社坑村；新建县长埠镇（陈昌仪,2005）、石埠镇乌城村程家新基、松湖镇松湖村丁李中心村、石岗镇石岗村、厚田乡西门村上头村、西山镇西山村猴溪陈村、生米镇东城村南岸村、乐化镇江桥村；南昌县向塘镇新村（万云文,2011）、塘南镇（肖放亮,2010）、富山乡霞山唐村、南新乡楼前村二房自然村、三江镇徐罗村吴黄村、广福镇北头村熊李村、幽兰镇南山村旧居村李家、塔城乡东游村；南昌市（陈昌仪,2005）。

中古阴声韵韵尾今读类型示意图

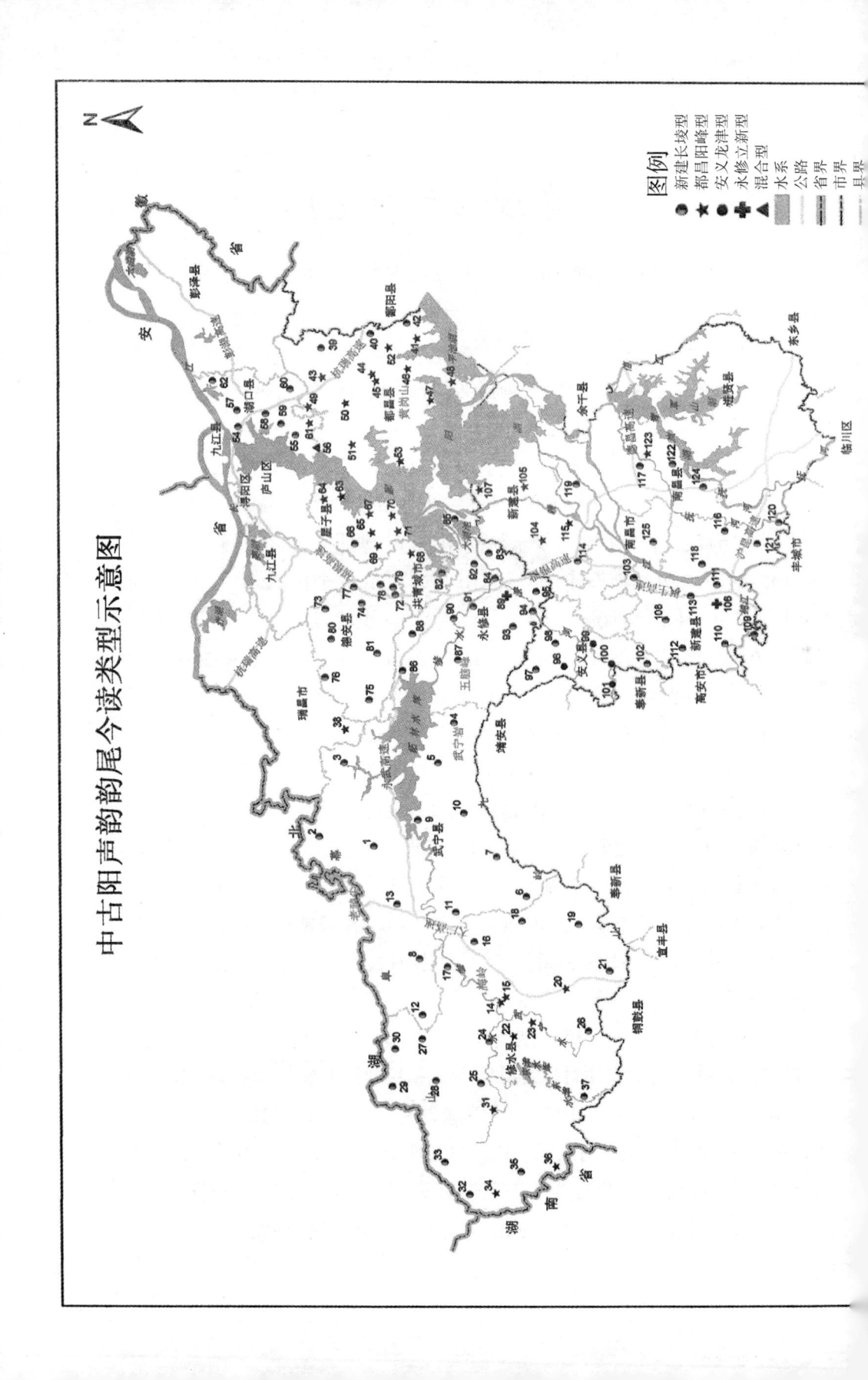

类型二：都昌阳峰型。

咸深山臻摄韵母收[-n]尾,曾宕江梗通摄韵母收[-ŋ]尾。

分布方言点：修水县义宁镇义宁镇罗家埚、宁州镇宁州、何市镇大里村、竹坪乡竹坪村、征村乡熏衣村、渣津镇长潭村、黄龙乡沙煅村、余煅乡余煅村；瑞昌县南义镇（刘纶鑫,1999）；都昌县万户镇长岭村、北炎乡东凤大队曹炎村、土塘镇（陈昌仪,1991）、化民乡信和村、阳峰乡黄梅沈家、和合乡田坂村、周溪镇古塘村、春桥乡春桥村彭壁村、徐埠镇山峰村委会袁鏂村、左里镇周茂村、狮山乡老屋于家湾村、都昌镇柳树堰卢家；湖口县流芳乡青年村曹府台；星子县南康镇迎春桥社区、白鹿镇玉京村码头镇、华林镇繁荣村大屋金、蓼花镇胜利村东平山、苏家档乡土牛村、横塘镇联盟村塬上查家、蓼南乡新华村何家堡、蛟塘镇（陈昌仪,2005）；新建县金桥乡东和村、联圩镇大圩村、昌邑乡良坪村坪上、樵舍镇峰桥村；南昌县泾口乡辕门村。

类型三：安义龙津型。

咸深摄韵母收[-m]尾,山臻摄韵母收[-n]尾,梗摄文读韵母收[-n]尾,梗摄白读韵母收[-ŋ],曾宕江通摄韵母收[-ŋ]尾,分布方言点有：安义县境内的龙津镇凤山村、长埠镇长埠村、石鼻镇果田村、黄洲镇黄洲村。

类型四：永修立新型。

咸深山臻曾梗宕江摄韵母收[-n]尾,宕摄个别组系字及通摄韵母收[-ŋ]尾,分布方言点有永修县立新乡桥头村。

此外,个别方言点存在混合现象,如湖口县舜德乡兰新村方言咸深山臻摄韵母收[-n]尾,曾梗摄开口三等知章组字文读韵母收[-n]尾,曾梗摄其他字与宕江通摄字韵母收[-ŋ]尾。

二、中古阳声韵韵尾今读演变特点

（一）中古阳声韵韵尾今读类型地理分布特点

新建长埭型是昌都片赣语主体类型,除瑞昌南义镇方言外各县方言均有分布,125个方言点中共有83个方言点属此类型,占总数的66%；都昌阳峰型主要分布于都昌小片,地理上呈沿鄱阳湖滨分布的特点;安义龙津型只分布于安义县境内,安义县南端的石鼻镇、黄洲镇方言咸深摄收[-m]鼻尾现象同赣语宜浏片高安方言相连。

(二)中古阳声韵韵尾今读演变规律探讨

汉语发展史上,中古以后阳声韵韵尾由三类[-m]、[-n]、[-ŋ]合并为两类[-n]、[-ŋ],元代《中原音韵》收鼻尾的韵部有东钟、江阳、真文、寒山、桓欢、先天、庚青、侵寻、监咸、廉纤,其中东钟、江阳、庚青收[-ŋ]尾,真文、寒山、桓欢、先天收[-n]尾,侵寻、监咸、廉纤收[-m]尾。从收字来看,《中原音韵》反映了两点语音变化,一是中古[-m]、[-ŋ]尾的字与中古山臻摄字合流,部分字由收[-m]、[-ŋ]尾转变为收[-n]尾;一是宕江曾梗通摄内部发生分合与重组。王力(1985:406)曾参照《等韵图经》《字母切韵要法》归纳明清15韵部,收[-ŋ]尾是中东、江阳,收[-n]尾是言前、人辰,从发展来看,元代的侵寻、监咸、廉纤三部[-m]尾消失,这三韵部字与真文、寒山、先天部字完全合流为收[-n]尾,桓欢并入寒山,东钟、庚青合并为中东韵部,这也反映了现代大多数方言阳声韵韵尾发展情况。联系汉语发展史来看,昌都片赣语中古阳声韵韵尾今读类型中,都昌阳峰型方言是同官话保持一致的,新建长埭型、安义龙津型、永修立新型方言既有同官话一致现象,又有赣语自身发展的特点,下面着重分析昌都片赣语有特色的阳声韵韵尾语音现象。

1. 咸深摄[-m]鼻尾现象

咸深摄[-m]鼻尾现象主要分布于安义方言。元代周德清《中原音韵》侵寻、监咸、廉纤三部还是收[-m]鼻尾的,据《唐五代西北方音》(罗常培,1933:53)中汉藏对音材料可知,咸深两摄[-m]鼻尾还是保存完好的,故安义方言中咸深摄[-m]鼻尾现象应属中古汉语语音现象。

元代周德清《中原音韵》侵寻、监咸、廉纤读[-m]鼻尾,但是从韵部收字来看,已出现[-m]鼻尾向[-n]鼻尾的发展,如真文韵部收字主要来源于中古臻摄,还收有中古曾摄等韵"肯",证韵"孕",深摄寝摄"品",寒山韵部收字主要来源于中古山摄,还收有咸摄凡韵轻唇字"凡帆范犯乏",先天韵部收字主要来源于中古山摄先仙韵及元韵喉牙音,还收有中古咸摄琰韵唇音"贬"。从音系结构来看,元代入声韵尾已消失,联系《中原音韵》中[-n]尾字多属唇音字,曾晓渝(1993:

76—96）指出，元代 [-m] 尾消失原因有两点，一是唇音声母的首尾异化，二是 [-p] 尾的脱落导致 [-m] 尾消失；从音理上来看，首尾都是唇音，为发音便利和谐，[-m] 尾变为 [-n] 尾，而从音系结构来看，由于与之相配的 [-p] 尾消失，[-m] 韵尾也必然走向消失，如"首尾异化"导致粤语唇音字 [-m] 尾变 [-n] 尾现象，然而音系中仍存在与之相配的入声 [-p] 尾，故粤语中古深咸摄字较完善地保存 [-m] 尾。

赣语中古阳声韵字保存 [-m] 尾现象分布于昌都片的安义县方言，抚广片的黎川、临川、东乡、南丰、广昌、宜黄、崇仁方言，鹰弋片的弋阳方言，宜浏片的宜丰、高安、靖安方言。鹰弋片的弋阳方言较为特殊，《江西方言志》（陈昌仪，2005：43）载，"弋阳县江宕曾梗通"5 摄的阳声韵字都收 [-m] 韵尾，但 [-m] 韵尾只限于单字音和语句末尾及句中停顿处，"咸深臻山江宕曾梗通"9 摄字的阳声韵尾，存在 [-m、-n、-ŋ] 自由变读，但以 [-m] 韵尾为常见，在连读音变中，[-m] 韵尾稳定的发音人也会出现 [-n]、[-ŋ] 韵尾"，可见弋阳方言 [-m] 鼻尾现象不属中古类型，应为后起的音变。

从古咸深摄字今收 [-m] 尾来看，昌都片赣语同抚广片赣语、宜浏片赣语较为一致；语用情况也一致，即老年人多读 [-m] 尾，年轻人多读 [-n] 鼻尾；结合已刊材料可知抚广片赣语、宜浏片赣语 [-m] 鼻尾较稳定，音系中存在与 [-m] 鼻尾相配的入声 [-p] 尾，其中抚广片赣语最为完善，如咸摄唇音字"凡泛犯法乏"在黎川方言读 [am]（据颜森，1995），高安（老屋周家）方言则读 [an]（据颜森，1981）。

与抚广片赣语、宜浏片赣语相比，昌都片赣语安义方言音系中咸深摄入声 [-p] 尾消失，据高福生（1988：124）研究，安义县城方言咸深摄入声阴调读 [t] 尾，阳调读 [-ʔ] 尾，"在更老一辈的人嘴里，还多少保留了一些咸深二摄入声字读 [p] 尾的痕迹"，联系近期调查，可知安义县方言咸深摄入声 [-p] 已完全消失，[-m] 尾呈现渐失的态势。龙津镇凤山村、万埠镇下庄村、长埠镇长埠村、新民乡新民村、石鼻镇果田村、黄洲镇黄洲村、乔乐乡社坑村七个点的方言中只有龙津镇凤山村、长埠镇长埠村、石鼻镇果田村、黄洲镇黄洲村方言有 [-m] 鼻尾现象，其中龙津镇凤山村、长埠镇长埠村、石鼻镇果田村方言保存较完善，而黄洲镇黄洲村方言部分字保存 [-m] 鼻尾，如咸摄字有"担胆淡坎减咸陷监盐腌甜欤"，深摄字有"林淋临侵浸沉针枕深金琴音阴"。

从本地人听辨来看，安义县龙津镇、长埠镇长埠村、石鼻镇果田村方言发音人能区分[-m]尾与[-n]尾，黄洲镇方言发音人对于[-n]尾、[-m]尾并没区别意识，如"三"字出现两读现象，即[-m]鼻尾没有独立的音位地位，安义方言的语用现象说明[-m]尾消失前曾以[-n]尾变体形式存在，最后才完全消失。

江西历史文献研究成果说明，早在北宋时期赣语某些方言里部分字[-m]尾已读[-n]鼻尾；如杜爱英（1998：30）指出，北宋修水籍诗人黄庭坚、抚州临川王安石、吉安欧阳修诗歌用韵均无监廉与寒先合韵现象，据此可知北宋时期江西方言中古咸摄字大多仍保留[-m]尾，而宜丰人德洪诗作中监廉与寒先合韵达17次之多，如七古《送澄禅者入蒋山》叶"念转眩染点"，七律《次韵彦周见寄二首》第一首叶"船缘前廉天"，侵寻、真文、庚青通叶有2次，这也说明中古咸深两摄的[-m]韵尾消失比《中原音韵》还要早。李军（2006：64）据明代江西金溪县龚廷贤医籍歌括（《种杏仙方》《万病回春》《云林神彀》《鲁府禁方》《寿世研究》）用韵研究指出，咸摄和山摄互叶达57个韵段，深摄和咸摄字向相应的臻摄字转化，臻开一等字"根吞"与山咸摄细音互叶31次。

据方言共时差异及历史文献研究成果，本书认为，昌都片赣语大多数方言点咸深两摄韵尾[-m]>[-n]音变应是在元明清时期逐步完成的，安义方言[-m]>[-n]音变至今仍处于词汇扩散阶段。

2. 曾梗摄字[-n]鼻尾现象

昌都片赣语中古阳声韵韵尾今读共性特点是"曾梗摄字收[-n]尾"，具体表现有不同：新建长垦型方言是曾梗摄字文读音韵母收[-n]尾，安义龙津型方言梗摄字文读音韵母收[-n]尾，永修立新型方言是曾梗摄字无论文白读均收[-n]尾。

首先，曾梗摄韵母合流应是中古以后北方方言的演变模式，如晚唐变文材料中就出现了庚蒸相押的例子（周祖谟，1993：323）；周祖谟（1966：581—655）曾指出，曾梗摄韵母合流读[*əŋ]大约发生在宋代。王力（1985：234）构拟晚唐五代曾梗韵母为曾摄一等读[ŋe]、[uəŋ]，曾摄三等读[ieŋ]，梗摄二等读[ɐŋ]、[uɐŋ]，梗摄三等读[ɐi]、[iuɐŋ]，梗摄四等读[iɐi]、[iuɐi]，从主元音来看曾梗摄很接近。联系官话发展来看，昌都片赣语曾梗摄合流现象应不早于官话，即不早于晚唐五代,同官话不同的是赣语在曾梗合流之后,中古以后韵尾还发生 [-ŋ] > [-n] 的演变,即曾梗摄韵母同咸深山臻摄韵母发生合流。

下文以新建长埭型方言为代表,进一步观察曾梗摄同咸深山臻摄关系(下加 ̲ 划线表示白读,下加 ̳ 划线表示文读)。

表4-30 赣语昌都片中古阳声韵韵尾今读例字表

地点＼例字	胆端咸开一	心心深开三	酸心山合一	根见臻开一	增精曾开一	蒸章曾开一	生生梗开二	声书梗开三
武宁礼溪镇(钟)	ˀtan	₋ɕin	₋son	₋kien	₋tɕien	₋tɕin	₋ɕien	₋ɕiaŋ
修水白岭镇白岭村	ˀtan	₋ɕĩ	₋sɔ̃	₋kẽ	₋tsẽ	₋ten	₋sẽ	₋saŋ
都昌中馆镇银宝大队	ˀtan	₋sin	₋son	₋ken	₋tsen	₋tʂən	₋s̲ə̲n̲/saŋ	₋s̲ə̲n̲/saŋ
湖口马影走马刘三房	ˀtan	₋son	₋son	₋kən	₋tsən	₋tʂən	₋s̲ə̲n̲/saŋ	₋s̲ə̲n̲/saŋ
德安县林泉乡林泉村	ˀtan	₋ɕin	₋son	₋ken	₋tsən	₋tʂən	₋s̲ə̲n̲/saŋ	₋s̲ə̲n̲/saŋ
永修九合乡长滩村	ˀtan	₋ɕin	₋son	₋ken	₋tsen	₋tsen	₋saŋ	₋saŋ
安义乔乐乡社坑村	ˀtan	₋ɕin	₋son	₋kien	₋tən	₋tən	₋saŋ	₋saŋ
新建长埭镇(陈)	ˀtan	₋ɕin	₋son	₋kien	₋tsən	₋tsən	₋saŋ	₋saŋ
南昌县富山乡霞山唐村	ˀtan	₋ɕin	₋son	₋kien	₋tɕin	₋tɕin	₋s̲ə̲n̲/saŋ	₋ɕin/saŋ

昌都片赣语咸摄韵母有 [an]、[ɔn]、[iɛn]、[uan],深摄韵母有 [in]、[ən]、[ɛn],山摄韵母有 [an]、[ɔn]、[iɛn]、[uɔn],臻摄韵母有 [ɛn]、[ən]、[in]、[uən]、[uiɛn],曾摄韵母有 [ɛn]、[ən]、[in],梗摄字文读音韵母有 [in]、[ɛn]、[ən],从表4-30来看,赣语曾梗深臻摄四摄韵母有合流现象。

江西境内的历史文献也说明,江西方言早在北宋时期就已出现深臻曾梗摄合流现象。据杜爱英(1998:31)研究,北宋筠州新昌(今宜丰)德洪五古《怀忠子》叶"井蚓枕听梗颈命性并冷镜境顶",另据林亦(1991:85)研究,北宋洪州分宁(今修水)黄庭坚诗词《桃源忆故人·碧天露洗》叶"净晕尽嫩困恨粉问",《为茭桥居士作念念即佛颂》叶"生真",《满庭芳·修水浓青》叶"亭萍棂星听萍屏铃青",《晁君成墓志铭》叶"清城云平",即侵寻、真文和庚青在宋元前期少有混用,而在后期混用趋势明显。宋元以后的例证就更多,如李军(2006:64)研究明代江西金溪县龚廷贤医籍歌括(《种杏仙方》《万病回春》《云林神彀》《鲁府禁方》《寿世研究》)用韵指出,深臻曾梗四摄韵尾合流。结合这些方言的音系来看,合流后的主元音应当是舌位较前的 [i/ə/ɛ]。据北方官话发展情况及赣地历史文献研究成果,本书认为,赣语曾梗摄字收 [-n] 尾现象应是宋代以后的音变现象。

3.鼻尾弱化现象

结合现代汉语方言材料(钱曾怡,2004:94)来看,中古鼻韵尾的发展趋势是"合并>弱化>消失",但各地表现不同,如北京话中 [-m]、[-n] 合并为 [-n],山西霍州方言则是 [-m]、[-n]、[-ŋ] 合并为 [-ŋ]。

鼻尾弱化是大多数方言阳声韵韵尾完全消失之前的步骤,如张维佳(2001:52)指出,关中方言鼻尾弱化消失的一般规律是 [vn]>[ṽn]>[ṽ]>[v](v 指主元音)。赣语吉茶片区别性特征之一是鼻尾弱化,如安福县、泰和县、万安县方言鼻尾处 [ṽn]/[ṽŋ] 发展阶段,永新县、莲花、永丰县方言处 [ṽ] 发展阶段。据近期调查,昌都片赣语有个别方言点也存在类似的阳声韵韵尾弱化现象。下列赣语阳声韵韵尾弱化现象例字表 [下表中安福县方言点、永新县方言点语料引自《江西方言志》(陈昌仪,2005)]:

表 4-31　赣语中古阳声韵韵尾弱化现象例字表

地点＼例字	胆_{端咸开一}	心_{心深开三}	酸_{心山合一}	根_{见臻开一}	党_{端宕开一}	讲_{见江开二}	蒸_{章曾开三}	精_{精梗开三}	用_{以通合三}
武宁泉口镇丰田村	ᶜtãn	₌sin	₌sõn	ᶜkẽn	ᶜtõŋ	ᶜkõŋ	₌tɕin	₌tɕin	yõn²
修水全丰镇南源村	ᶜtãn	₌ɕĩn	₌sõn	ᶜkẽn	ᶜtõŋ	ᶜkõŋ	₌tẽn	₌tɕĩn	iõŋ²
德安塘山乡新塘村	ᶜtan	₌ɕin	₌son	ᶜkẽn	ᶜtoŋ	ᶜkoŋ	₌tʂən	₌tɕiaŋ	iəŋ²
永修立新乡桥头村	ᶜtan	₌ɕin	₌son	ᶜken	ᶜtõn	ᶜkoŋ	₌tsən	₌tɕin	iuŋ²
新建西山镇西山村	ᶜtan	₌ɕin	₌sõn	ᶜken	ᶜtoŋ	ᶜkoŋ	₌tsən	₌tɕin	iuŋ²
安福县(陈)	ᶜtãŋ	₌sẽn	₌sõŋ	ᶜtɕiẽŋ	ᶜtõŋ	ᶜkõŋ	₌tẽn	₌tɕiãŋ	ĩn°
永新县(陈)	ᶜtã	₌ɕĩ	₌sõ	ᶜkẽ	ᶜtõ	ᶜkõ	₌tẽ	₌tɕiẽ	iəŋ

从表 4-31 可知,吉茶片赣语永新县方言鼻尾弱化现象处 [ṽ] 阶段,昌都片赣语的鼻尾弱化现象没有吉茶片发展快,多处在 [ṽn]/[ṽŋ] 阶段。永修县立新方言情况很有特点,曾梗宕江摄主要元音带有鼻化色彩;立新方言宕摄开口一等端组、泥组、精组及见系字,宕摄开口三等的知庄章日组及见

组字,江摄帮知庄组字,曾梗摄字文读韵母都是收[-n]尾。据目前调查及已刊材料来看,鼻化弱化现象说明永修立新乡桥头村方言是昌都片赣语发展最快的方言。

从地理位置来看,武宁县泉口镇丰田村、德安县塘山乡新塘村与瑞昌县接壤,修水全丰镇与湖北通城、崇阳邻近。瑞昌县方言属江淮官话黄孝片,湖北通城、崇阳方言属大通片赣语,江淮官话、湖北大通片赣语音系中存在丰富的鼻化韵,所以武宁方言、修水方言、德安方言鼻尾弱化现象应是昌都片赣语向周边方言自然过渡。

第七节 赣语昌都片中古入声韵尾今读特点

从已刊材料来看,昌都片赣语入声韵尾演变复杂,昌都片赣语入声韵尾有[-t]、[-l]、[-k]、[-ʔ],从发音特点上看[-t]尾是音节收尾时舌尖上顶上齿背硬腭处,瞬时离开;[-l]尾是舌前端上抬,舌面前端贴近上齿背硬腭处,气流从两叶流出,听感上没有[-t]尾干脆;[-k]尾是明显的舌根塞音,[-ʔ]尾听感上没有[-k]紧,只是稍微有些喉塞感。从各方言韵尾数来看,昌都片125个方言点中5个点没有入声调,7个点有入声调但无入声韵尾,23个点有一个入声韵尾[-ʔ],90个点有2个入声韵尾[-t/-l]、[-k/-ʔ]。本节将从各类音值与古韵摄相配角度归纳昌都片赣语入声韵尾分布类型,并着重探讨入声韵尾演变特点。

一、中古入声韵尾今读类型

从各类音值与古韵摄相配情况来看,昌都片赣语中古入声韵尾今读类型共有三类:

类型一:新建长埂型。

咸深山臻摄、曾_文梗_文摄入声字收[-t]/[-l]尾,曾_白梗_白摄及宕江通摄入声字收[-k]/[-ʔ]尾。具体情况如下:

今读入声韵尾类型示意图

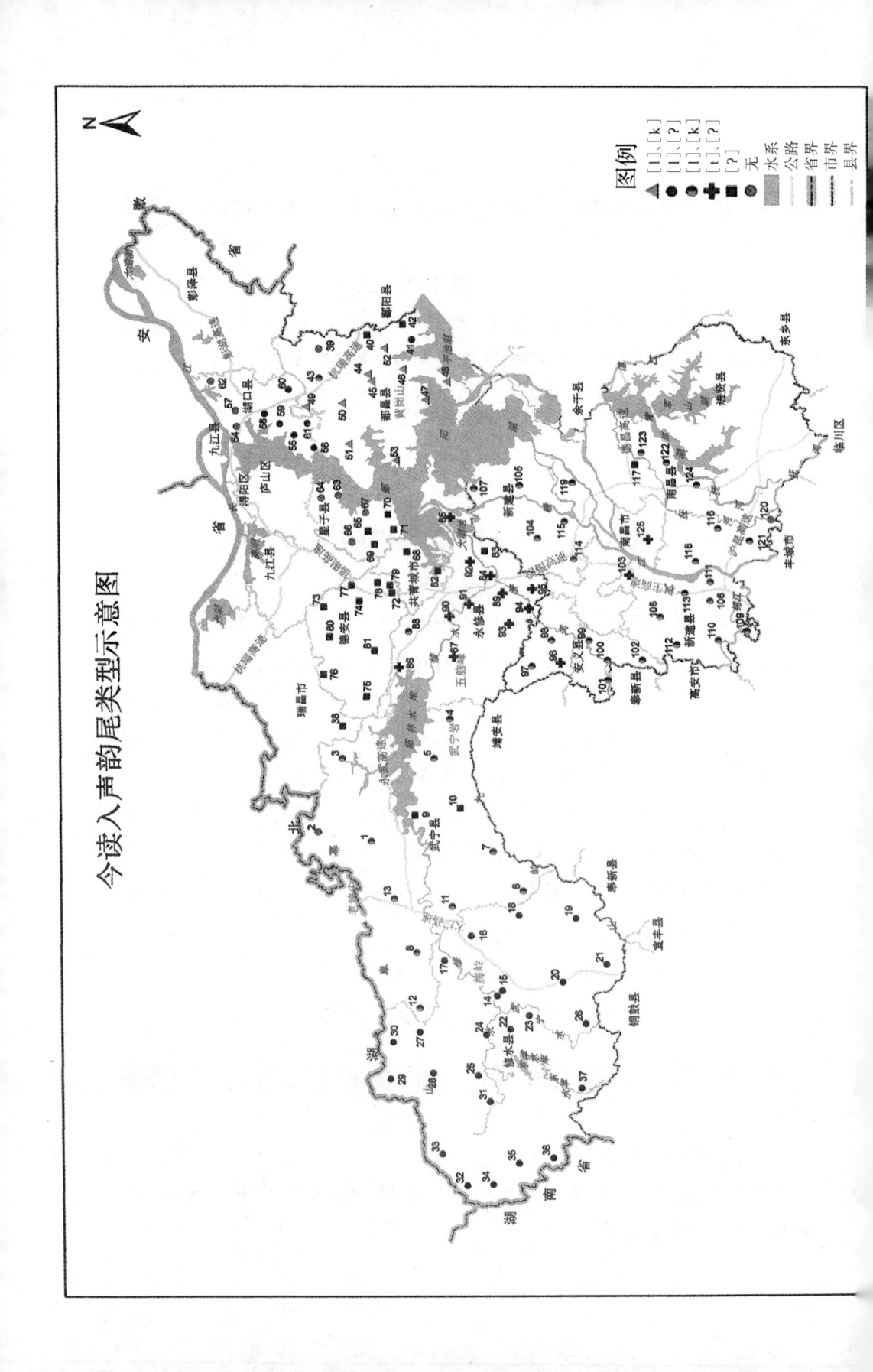

表 4-32　赣语昌都片中古入声韵尾今读类型表（之一）

音值	地点
t、k	武宁县宋溪镇山口村小东山、鲁溪镇大桥村、杨洲乡森峰村、罗坪乡长水村、石门楼镇白桥村、罗溪乡坪源村坪源铺里、船滩镇船滩村新丰街、清江乡清江村、东林乡东林村、礼溪镇（钟）；永修县梅棠镇杨岭村；新建县流湖乡对门牌头、石埠镇乌城村程家新基、松湖镇松湖村丁丁中心村、石岗镇石岗村、厚田乡西门村上头村、西山镇西山村猴溪陈村、生米镇东城村南岸村、乐化镇江桥村；南昌县向塘镇新村（万）、富山乡霞山唐村、南新乡楼前村二房自然村、广福镇北头村熊李村、幽兰镇南山村旧居村李家、塔城乡东游村
t、ʔ	永修县涂埠镇（陈）、吴城镇（肖）、三溪桥镇河桥村、江上乡耕源村、虬津镇张公渡村、艾城镇艾城村艾城街、九合乡长滩村、滩溪镇滩溪村、马口镇新丰村；南昌市（陈）
l、ʔ	修水县庙岭乡小山口村、太阳升镇坳头村、黄坳乡塘排村、黄港镇安全村、上奉镇石街村、杭口镇厚家源村、马坳镇石溪村、山口镇来苏村、新湾乡新湾村、溪口镇田仑村、港口镇集镇居委会、布甲乡洪石村、渣津镇长潭村、白岭镇白岭村、全丰镇南源村、黄龙乡沙墩村、大桥镇沙湾村、余塅乡余塅村、复原乡雅洋村；湖口县舜德乡南湾村沈素上村、舜德乡兰新村；湖口县城山镇大塘村细石家。

类型二：都昌阳峰型。

咸深山臻摄入声字收 [-t]/[-l] 尾，宕江曾梗通摄入声字收 [-k]/[-ʔ] 尾。具体情况如下：

表 4-33　赣语昌都片中古入声韵尾今读类型表（之二）

音值	地点
t、k	都昌县北炎乡东凤大队曹炎村；安义县新民乡新民村、万埠镇下庄村、长埠镇长埠村、石鼻镇果田村、黄洲镇黄洲村、乔乐乡社坑村；新建县金桥乡东和村、联圩镇大圩村、昌邑乡良坪村坪上、樵舍镇峰桥村；南昌县泾口乡辕门村
t、ʔ	永修县立新乡桥头村、马口镇山丰村；安义县龙津镇凤山村；新建县长堎镇（陈）
l、k	都昌县都昌镇柳树堰卢家、土塘镇（陈）、化民乡信和村、阳峰乡黄梅沈家、和合乡田坂村、周溪镇古塘村、春桥乡春桥村彭壁村、徐埠镇山峰村委会袁鄱村、左里镇周茂村、狮山乡老屋于家湾村
l、ʔ	都昌县万户镇长岭村；湖口县流芳乡青年村曹府台；修水县义宁镇义宁镇罗家埚、宁州镇宁州、何市镇大里村、竹坪乡竹坪村、征村乡熏衣村

类型三：德安蒲亭型

咸深山臻宕江曾梗通摄入声字收 [-ʔ] 尾。具体情况如下：

表 4-34 赣语昌都片中古入声韵尾今读类型表（之三）

音值	地点
ʔ	武宁县县城（陈）、新宁镇石坪村；都昌县中馆镇银宝大队、南峰镇暖湖；星子县苏家档乡土牛村、横塘镇联盟村塎上查家；德安县蒲亭镇（刘）、林泉乡林泉村摆下刘村、丰林镇丰林村戴家、车桥镇白水村上屋夏家、塘山乡新塘村、高塘乡罗桥村畈上王家、河东乡后田村石门汪家、蒲亭镇附城村、吴山乡河铺村东坑杨家、磨溪乡尖山村王家畈；永修县江益镇（刘）、三角乡（孙）；南昌县塘南镇（肖）；星子县蛟塘镇（陈）、华林镇繁荣村大屋金、蓼南乡新华村何家堡；瑞昌县南义镇（刘）

二、中古入声韵尾演变特点

（一）地理分布的不平衡

赣语昌都片中古入声塞尾演变呈现不平衡的态势。武宁小片、南昌小片多数方言只保存 [-t] 尾、[-k] 尾，北部都昌小片 [-t]、[-l] 尾往往存在弱化变体 [-l]、[-ʔ]，类型上具有多样性。具体分布见前文分布图。

结合分布图来看，武宁县北部乡镇方言、都昌东部方言、湖口县方言、星子县部分乡镇方言入声舒化进程快，有些方言没有入声调，有些方言有入声调，但没有入声韵尾。

（二）影响入声韵尾的拼合特点

从具体音值的分配来看，入声塞尾今读演变不仅仅与古韵摄来看有关，还同主元音、声母有一定关系。

1. 元音与入声韵尾按类相配

从昌都片赣语各地方言来看，韵母主元音 [u]、[ɔ]、[ɑ]、[ɿ]、[ɛ] 多与 [-k] 尾相配，[i]、[ŋ]、[e]、[ɛ]、[ə]、[a]、[ɔ] 多与 [-t]、[-l] 尾相配；有些方言（如德安蒲亭型方言）[-ʔ] 尾是 [-k]、[-t] 尾弱化的结果，能与各类元音相配。下列各地方言例字表：

表4-35　赣语昌都片中古入声韵尾今读例字表（之一）

地点＼例字	合 匣咸开一	急 见深开三	割 见山开一	七 清臻开三	药 以宕开三	桌 知江开二	得 端曾开一	尺 昌梗开三	竹 知通合三
武宁县宋溪镇山口村	hɔt₅	tɕit₅	kɔt₅	tsʰit₅	iɔk₅	tsɔk₅	tek₅	tsʰat₅	tsiuk₅
修水白岭镇白岭村	hɔl₂₁	tɕil₃₁	kɔl₃₁	dzil₅₂	iɔʔ₅₁	tsɔʔ₅₁	tɛʔ₃₁	daʔ₅₂	tuʔ₃₁
星子县蛟塘镇（陈）	hoᶜ	tɕiʔ₅	kaʔ₅	dziᶜ²	ioʔ₅	tsoʔ₅	tɛʔ₅	dʒaᶜ	tʃuʔ₅
星子县蓼花镇胜利村	hoᶜ	tɕi₅	kɔ₅	dziᶜ²	io₅	tso₅	tɛ₅	dzaᶜ²	tʂu ᶜ²
都昌阳峰乡黄梅沈家	hɔl₂₁	tɕil₃₁	kɔl₃₁	dzil₅₂	iɔk₅	tsɔk₅	tek₅	dzak₅₂	tʂuk₃₁
湖口流芳乡青年村	hɔl₂	tɕil₃₁	kɔ₅	dzil₅₂	iɔʔ₅	tsɔʔ₅	tɛʔ₅	dzal₅₂	tuʔ₃₁
德安蒲亭镇附城村	hɔ₂	tɕiʔ₃₁	kaʔ₅	tɕʰiʔ₅₂	iɔʔ₅	tsoʔ₅	tɛʔ₅	tʂʰaʔ₅₂	tʂuʔ₃₁
永修吴城镇（肖）	hot₂	tɕit₅	kot₅	tɕʰit₅	ioʔ₅	tsoʔ₅	tet₅	tsʰaʔ₅	tsuʔ₅
安义新民乡新民村	hɔt₂	tɕit₃₁	kɔʔ₃₁	tɕʰit₃₁	iɔk₅₂	tsɔk₅₂	tɛt₃₁	tʰak₅₂	tuk₅₂
新建长埌镇（陈）	hɔt₂	tɕit₅	kət₅	tɕʰit₅	ioʔ₅	tsoʔ₅	tɛʔ₅	tsʰaʔ₅	tuʔ₅

表4-35中,[-k]尾前的单韵母[a]实际音值是[ɑ],方言语音系统[ɑ]、[a]合并为音位/a/,[-k]尾前的单韵母[ɛ]实际音值是[ɤ],方言语音系统[ɛ]、[ɤ]合并为音位/ɛ/。

入声韵尾与韵母主元音相配情况显然与[-k]、[-t]/[-l]发音部位有关系。[u]、[o]、[ɑ]、[ɿ]、[ɤ]具有靠后的发音特点,这些元音与[-k]更能和谐拼合；[i]、[ɿ]、[e]、[ɛ]、[ə]、[a]前元音特点与舌头音[-t]/[-l]更能谐同拼合；这样的分配规律同样表现在韵母与鼻尾拼合关系上,如曾梗摄字白读音韵母主元音为[ɑ],配鼻音[-ŋ]尾,文读音韵母主元音为[i]、[e]、[ə]、[ɛ],配鼻音[-n]尾。

2.不同声母入声字韵尾舒化进程有先后

昌都片赣语入声韵尾消失多从全浊声母入声字开始,其次是清声母入声字,而全清与次清声母入声字,各地有不同表现,星子县方言次清入字先于全清入字消失韵尾,都昌县方言全清入字先于次清入字消失韵尾。

385

表 4-36 赣语昌都片中古入声韵尾今读例字表（之二）

地点\例字	急见 深开三	七清 臻开三	尺昌 梗开三	药以 宕开三	合匣 咸开一	食船 曾开三
都昌阳峰乡黄梅沈家	tɕil₋₁	dzil₋₂	dzak₋₂	iɔk₋₁	hɔl₋₁	ʂŋk₋₂
修水渣津镇长潭村	tɕil₋₁	dzil₋₂	daʔ₋₂	iɔʔ₋₁	hɔl₋₁	sɛ²
都昌中馆镇银宝大队	tɕiʔ₋₁	dziʔ₋₂	dzaʔ₋₂	iɔʔ₋₁	hɔ²	ʂɿ²
都昌大港镇小埠村	tɕiɔ	dziɔ	dzaɔ	iɔɔ	hɔɔ	ʂɿɔ
星子县横塘镇联盟村	tɕiʔ₋₁	dziʔ₋₂	dzaʔ₋₂	iɔʔ₋₁	hɔ²	ʂɛ²
星子县华林镇繁荣村	tɕiɔ	dziɔ²	dzaɔ²	iɔʔ₋	hɔ²	ʂɛ²
星子县白鹿镇玉京村	tɕiɔ¹	tsʰiɔ²	tʂʰaɔ²	iɔɔ	hɔ²	ʂɛ²
湖口双钟镇月亮村	tɕiɔ¹	dziɔ²	dzaɔ²	iɔɔ	hɔ²	ʂɛ²

（三）入声韵尾演变途径多样性

汉语方言入声韵尾发展的普遍规律是入声塞尾先弱化为 [-ʔ] 尾，然后完全消失。王临惠（2003：93）指出，发音器官只要稍微松弛一下，[-k] 尾就成 [-ʔ] 尾，但 [-p]、[-t] 尾变 [-ʔ] 则需要经过合并和弱化两个环节。昌都片赣语中古 [-p] 尾入声字今读 [-t] 尾；都昌县、修水县方言 [-k] 尾保存较好，[-t] 尾普遍弱化为 [-l] 尾；永修县方言 [-t] 尾保存较好，而 [-k] 尾弱化成 [-ʔ] 尾；德安县方言、星子县方言只有 [-ʔ] 尾。结合共时差异，昌都片赣语入声韵尾演变的途径可以构拟为：

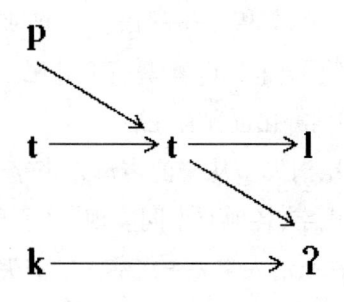

$$\begin{array}{c} p \\ \searrow \\ t \longrightarrow t \longrightarrow l \\ \searrow \\ k \longrightarrow \text{ʔ} \end{array}$$

据已刊材料,客赣方言辅音塞尾还存在着另一种音变途径,李如龙、张双庆(1996:318—319)曾指出,辅音塞尾可能发展为"发音部位相同或相近的鼻音韵或元音尾韵"①。近期调查发现,昌都片赣语个别方言也存在此类现象,如南昌县与赣语宜浏丰城交界处三江镇徐罗村方言的入声辅音韵尾消失过程中增生出弱[e]元音韵尾。据已刊材料(刘纶鑫,1999;陈昌仪,2005)可知,宜浏片的樟树、分宜、宜春方言,抚广片的南城方言,客家方言的寻乌、全南、定南、铜鼓、澡溪、井冈山、宁都、石城等方言也存在类似现象。下表列出各地方言例字情况:

表 4-37　赣客方言入声字主元音后元音增生现象例字表

地点＼例字	答 端 咸开一	鸭 影 咸开二	割 见 山开一	八 帮 山开二	北 帮 曾开一	革 见 梗开二	郭 见 宕合一
南昌县三江镇	tɔᵉ˳	ŋaᵉ˳	kɔᵉ˳	paᵉ˳	pɛ˳	kɛ˳	kɔ˳
樟树市	tai˳	ŋai˳	kɔi˳	pai˳	pɛ˳	kiɛ˳	kɔ˳
分宜县	˳tai	˳ŋai	˳kɔi	˳pai	˳ɛ	˳kiɛ	˳kuɔ
宜春市	taiʔ˳	ŋaiʔ˳	koiʔ˳	paiʔ˳	pɛʔ˳	kɛʔ˳	koʔ˳
南城	taiʔ˳	ŋaiʔ˳	kot˳	paiʔ˳	peiʔ˳	kɛiʔ˳	kuoʔ˳
寻乌县	taiʔ˳	aiʔ˳	kuoiʔ˳	paiʔ˳	piʔ˳	kaʔ˳	kuoiʔ˳

赣客方言咸山曾宕梗摄开口一二等入声字除去辅音性韵尾外多以单元音韵母呈现,表4-37例字情况说明,客赣方言入声字主元音之后增生了一个元音[i]或[e],但入声塞尾保存情况不同,南昌县三江镇、樟树市、分宜县方言入声塞尾消失,宜春市、南城、寻乌县入声塞尾弱化。从涉及韵摄来看,各地方言也有差异:

表 4-38　赣客方言入声字主元音后增生元音情况表

地点	主元音后增生元音	分布韵摄
南昌县三江镇	e	咸山摄
樟树市(陈)	i	咸山摄
分宜县(陈)	i	咸山摄
宜春市(陈)	i	咸山摄
南城(陈)	i	咸山摄、曾摄开口一等、梗摄开口二等
寻乌县(陈)	i	咸山摄、宕摄合口一等

---

① 栗华益:《试析汉语方言入声韵的元音尾化》,《语文研究》,2013年第1期,第44—54页。

据表4-37与表4-38可知,方言中若仍存在入声塞尾,增生元音只同喉塞[-ʔ]尾相配,如樟树方言咸摄个别入声字仍有[-t]尾,如"发"音[fat̚],主元音之后并没有增生元音[i]。据此本书认为,主元音之后增生的元音[i]或[e]尾应是塞尾弱化过程的音变结果。对于汉语方言入声字元音韵尾增生现象,栗华益(2013)及陈秀琪(2014)曾做过研究。栗华益(2013a:53—54)认为,主元音与塞尾间增生的元音时长短、音强弱,它只能理解为入声韵的韵尾,两个韵尾叠置导致音系结构的不平衡,推动音系结构调整,选择消失元音尾或消失塞尾,消失塞尾符合汉语音系发展方向。

南昌县三江镇徐罗村方言入声韵尾演变不同于昌都片赣语其他方言,具体音变过程可构拟为(V代表主元音):

$$\begin{matrix} vp \searrow & & & \\ vt \rightarrow & vt \rightarrow & v(i/e)ʔ \rightarrow & v(i/e) \\ vk \nearrow & & & \end{matrix}$$

三、中古入声韵尾今读的历史层次

《切韵》时代,[-p]、[-t]、[-k]入声韵尾与[-m]、[-n]、[-ŋ]鼻尾相配的,中古以后入声韵尾随鼻音韵尾合流发展。王力(1985:265)认为,宋代入声韵部有十部(屋烛[uk]、觉药[ak]、曷黠[at]、合洽[ap]、物没[ɐt]、月薛[æt]、业叶[æp]、麦德[ək]、质职[it]、缉习[ip])。鲁国尧(1991:140—153)指出,宋代早期入声为七部(铎觉、屋烛、德昔、合叶、缉立、曷月、没迄),宋代中晚期入声韵部分为四部:铎觉部(铎觉药韵)、屋烛部(屋沃烛韵)、德质部(缉没栉质术迄物德职陌麦昔锡韵)、月帖部(合盍洽狎叶业乏帖曷末黠辖薛月屑韵)。从语音史来看,宋代三百余年共同语入声韵部演变发展趋向是:江宕摄合流,咸山合流,深臻曾梗合流发展。

昌都片赣语安义方言咸深摄仍存[-m]尾,但无与之相配的入声[p]尾,可知中古以后昌都片赣语入声韵尾比鼻尾发展要快。从今读韵母来看,赣语咸山摄合流,深臻摄合流,梗摄字文读音与曾摄合流,鼻尾与入声塞尾也随之合流演变,由于地域发展的不平衡与创新性,昌都片赣语现存 [-t]、[-l]、[-k]、[-ʔ] 入声韵尾,形成上述三类入声韵尾分布类型。

结合赣地历史文献研究成果,早在北宋时期,赣语入声塞尾合流、弱化演变就已出现端倪。杜爱英(1998:44—45)指出,北宋江西籍诗人诗韵情况同宋元江西词人用韵情况基本相同,晏殊[991—1055 年,抚州临川文港沙河人(今属江西省南昌市进贤县)]、曾巩[1019—1083 年,建昌军南丰(今江西省南丰县)人]、李彭(建昌县人,今永修西北)、汪藻(1079—1154 年,饶州德兴人)等赣东、赣西北地区的诗人按通语七部押韵,韵部清楚,很少有相押现象,而欧阳修[1007—1072 年,庐陵(今吉安)人]、王庭珪(1079—1171 年,吉州安福人)、刘敞[1019—1068 年,新喻(今新余)人]、杨万里[1127—1206 年,吉州吉水(今江西省吉水县黄桥镇涩塘村)人]等赣中、赣西诗人诗作中存在七部相押现象,可见赣地方言自北宋以来入声 [-p]、[-t]、[-k] 尾的演变就呈现出地域发展不平衡。

结合赣语吉茶片多数方言没有入声的特点来看,吉安地区中古入声演变速度较快。李军(2010:432)对元代江西诗诗文用韵做全面考察,结果是吉州籍刘将孙弇侈(庚青、真文、侵寻)、侈(寒山、覃盐)通押达 75.6%,鄱阳籍刘炳弇侈通押达 57%,临江籍(今新余)傅若金弇侈通押达 4.8%,龙兴籍(今南昌)揭傒斯弇侈通押达 21.8%,抚州籍吴澄弇侈通押 0%,根据通押程度可推测入声韵尾合流发展速度,吉安、鄱阳方言最快,抚州、龙兴、临川方言次之,建昌、瑞州方言最慢,从地理来看,元代昌都片赣语区域入声韵发展较慢,这也与今天昌都片赣语入声现象相符。

昌都片赣语宋代代表诗人是洪州分宁人的黄庭坚(1045—1105 年,今修水人),林亦(1991)曾对黄庭坚约 2460 首诗词及铭、赞、颂押韵现象做过研究,指出若按传统十六摄来看,咸深山臻宕江通九摄均有通叶现象,这说明早在北宋时期昌都片赣语入声韵尾就开始合流发展,如古体诗《次韵章禹直开元寺观画壁兼简李德素》叶"壁梗昔食曾职臆曾职测曾职戟梗陌识曾职植曾职亿曾职席梗昔得曾德及深缉侧曾职易梗昔翮梗麦迁山迁壁梗昔急深缉立深缉黑曾德墨曾德塞曾德",《发舒州向皖口道中作寄李德叟》叶"月山月活山末滑臻没缺山薛袜山末没臻没叶咸帖笔臻质屈臻物郁臻物雪山薛",这些相叶现象说明 [-p] 尾与 [-t] 尾有合流,曾梗及梗摄入声(文读音)很可能已经向 [-t] 尾发展。

黄庭坚诗词用韵现象也反映出当时修水方言全浊入字个别字读舒声现象，如古体诗《上大蒙笼》叶"子此食使"，《写真自赞》叶"毒府故虎"，今天修水方言全浊入个别字同浊去字合流读阳去调，可见修水方言中全浊入字读舒声现象早在北宋时期就出现，之后按词汇扩散方式发展至今。

　　南昌地区清嘉庆二十年（1815年）前后成书的《类字蒙求》互注情况也能说明类似现象（据李军，2015：144），臻深曾梗四摄一二等互注多，三四等互注频繁。修水县与南昌县从隋唐至清有较长共属历史（洪州豫章郡、洪州南昌府），两地不同时代的文献透露出一致的语音信息，结合昌都片各方言不均衡发展态势，本书认为，昌都片赣语入声韵尾合流、弱化现象从北宋就出现端倪，之后在宋元明清漫长的历史时代以词汇扩散的方式逐步发展。

　　都昌县、修水县境内许多方言点咸山深臻及曾梗入声字有读边音 [-l] 尾现象，这应是在 [-t] 尾弱化发展过程中音变现象。栗华益（2013b：356）据北京语言大学语言研究所"汉语方言地图集数据库"的材料指出，江西昌都片都昌、修水，宜浏片的高安、奉新，吉茶片的峡江，抚广片的南城、南丰、广昌，湖北大通片的通城，安徽境内江淮官话点庐江、桐城、枞阳、青阳，江苏境内的灌南、涟水、宝应等方言都存在入声韵尾边音化现象。

　　修水、都昌方言在类型上是一致的，即咸山深臻、曾_{文读}梗_{文读}字有读边音尾 [l] 现象，这些韵摄入声字在其他方言中多收 [-t] 尾，[-t] 尾 > [-l] 尾应是谐同发音时弱化音变结果。就发音音理及当地人语感来讲，发 [-t] 尾，舌尖上顶上齿背硬腭而后迅速离开，[-l] 发音时舌前端位比 [-t] 尾稍低，舌体稍往后靠，舌尖松弛，舌叶贴近上齿背硬腭，发音时气流从两边流出，结束时舌前端不急于离开硬腭，听感上 [-l] 尾没有 [-t] 尾短促、干脆；修水方言与都昌方言中 [-t] 尾与 [-l] 尾互为变体，咸山深臻及曾_{文读}梗_{文读}主元音为央元音 [ə] 类时 [-l] 尾最为明显，阴入高促调的入声字听感上 [-t] 尾更明显，以往研究材料记录语音系统时往往会归纳为 /t/ 或 /l/ 音位，陈昌仪（1991：56）记录都昌（土塘）声韵调时也曾描述"带 [l] 韵尾的字出现在低入和阳入"，高促调会导致舌尖的紧张，这不易发出 [-l] 尾，据此可以推测，[-t] > [-l] 应是谐同发音时弱化音变结果。

　　综上所述，根据昌都片方言材料及历史文献研究，本书认为，昌都片赣语入声 [-p] 塞尾早在北宋时期就开始并入 [-t] 尾，宋中晚期以后 [-t] 尾与 [-k] 尾开始弱化,至元明清多数方言弱化形式为 [-ʔ],同时有些方言咸山深臻及曾$_{文读}$梗$_{文读}$[-t] 尾弱化为 [-l] 尾,修水方言、都昌方言 [-t]＞[-l] 尾音变至今仍处在词汇扩散阶段。

第五章　赣语昌都片声调研究

关于赣语昌都片声调今读特点，一般性认识是今读调类数为6个至10个，平声分阴阳，去声分阴阳，入声分阴阳；从调值来看，阴入高，阳入低；从区域特点来看，南昌县、新建县、安义县、永修县、德安县赣语多依今声母送气发生调类分化，都昌县、湖口县、星子县多依古声母送气影响今调类分化。本书将结合昌都片167个方言点方言材料，对赣语昌都片中古声调今读特点做进一步探讨（167个方言点调类今读详情见附录）。

第一节　赣语昌都片中古平声字今读特点

以往研究成果，赣语古平声演变的共性特点是按清浊分调，即古平声今读阴平、阳平。孙宜志（2007：222）指出，即便是三个声调（这是赣语最少声调的情况）的宁冈与井冈山赣方言语音系统中，中古清平与浊平仍然分调。同赣语其他分片相比，昌都片赣语古平声今读受声母清浊、送气与否双重因素制约，即普遍存在清浊分调，有些方言点出现古全清平字与次清平字今读分调，古全浊平字与次浊平字今读分调。

一、清平字今读特点

据已刊材料，修水义宁镇（刘纶鑫，1999）、德安县蒲亭镇（刘纶鑫，1999）、永修江益镇（刘纶鑫，1999）、永修三角乡（孙宜志，2006）、永修涂埠镇（陈昌仪，

中古全浊平与次浊平今读调类示意图

1983)方言存在古次清平与全清平今读分调。近期调查发现,德安县丰林镇丰林村戴家、丰林村金家、紫荆村咀上袁家、依塘村依塘畈方言也存在全清平与次清平今读分调现象。

德安县丰林镇方言全清平与次清平今读分调现象是近期调查的新发现。德安县丰林镇丰林村戴家方言语音系统中古全浊声母今读带有明显的"清音流浊"的特点,古全清平、部分次清平字今读阴平调,部分次清平字与全浊上、全浊去今读调值相同,丰林镇丰林村金家、紫荆村咀上袁家、依塘村依塘畈方言情况类似。下图为丰林村戴家方言全清平字(都鸡该刀沟边多巴租真姜东丹干军帮)与次清平字(蛆开抄偷拖粗天村汤摊潘亲枪清通)今读基频曲线图:

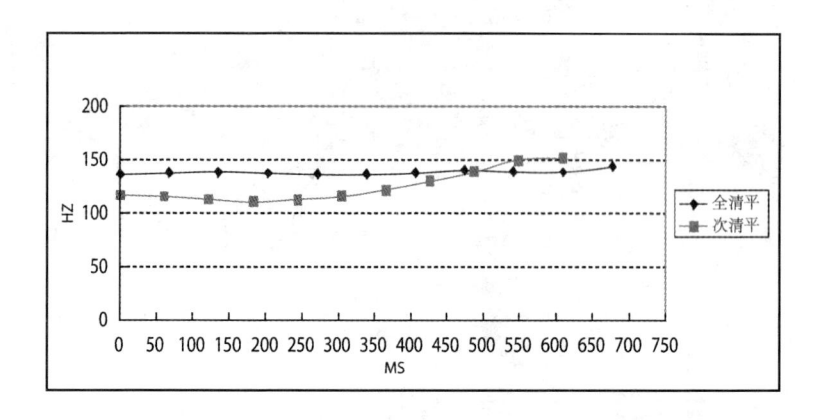

图 5-1　德安县丰林镇戴家方言全清平与次清平基频曲线图

在听感上次清平字今读调型是凹调,全清平今读调型是平调,这同语图上的基频曲线走势相吻合。图 5-1 次清平字基频数值在前 80% 时段上明显低于全清平字,对于当地人来讲,全清平字与次清平字今读调类不同,故基频值差异是具有辨义作用的。

全清平字与次清平字今读音高基频数据存在差异是都昌小片方言普遍现象,下面是都昌县阳峰乡卢家村、星子县横塘镇联盟村、湖口县武山镇武山村方言中古全清平字(多巴租都鸡该刀沟边真帮姜东丹干军)与次清平字(拖粗蛆开抄偷天村汤枪清通摊潘亲)音高基频均值曲线图。

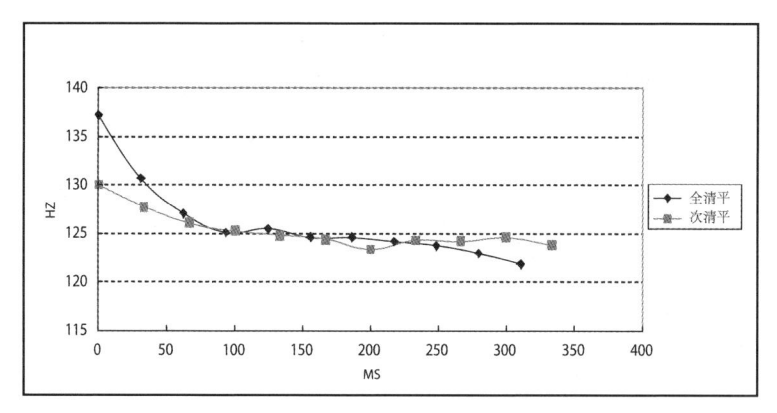

图 5-2 都昌县阳峰乡伏牛村方言全清平与次清平基频曲线图

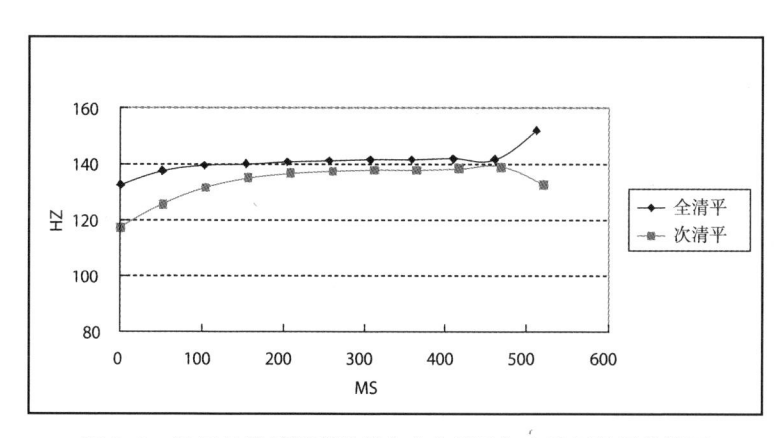

图 5-3 星子县横塘镇联盟村方言全清平与次清平基频曲线图

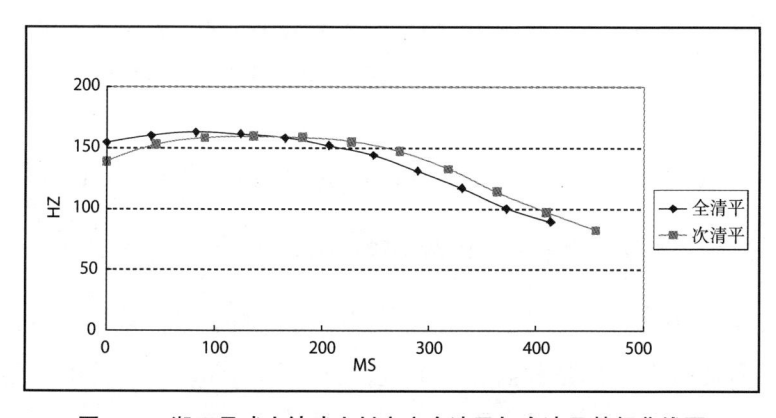

图 5-4 湖口县武山镇武山村方言全清平与次清平基频曲线图

都昌县阳峰乡卢家村、星子县横塘镇联盟村、湖口县武山镇武山村方言语音系统来中古次清声母与全浊声母合流读不送气浊音,全清平与次清平今读阴平调,上文图5-2、图5-3、图5-4基频曲线图可清楚看到全清平字与次清平字今读音高基频曲线存在差异,都昌、湖口方言次清平字前20%时段基频值低于全清平,而星子方言在整个时段中次清平字基频值均低于全清平字。

德安县、都昌县、星子县、湖口县方言中古次清平字与全清平字基频数据都存在差异,但是基频数据差异在各县方言语音系统中的作用与地位却不同,德安方言次清平与全清平今读不同调类,本地人认为"租粗"不同调,而都昌、星子、湖口方言全清平字与次清平字今读阴平,本地人认为"租粗"同调。

联系方言声母今读情况,本书认为,全清平字与次清平字音高基频数据差异是由次清声母发音特点造成的,德安方言中次清今读带清音浊流的特点,都昌、星子、湖口方言次清声母今读不送气浊声,差异是否具有音位区别意义正是说明声母与声调互相制约的关系;都昌、星子、湖口方言中次清声母今读不送气浊音,清浊辨义作用没有消失时,基频上的差异是可以忽略的;德安县丰林镇方言中次清声母今读有清音浊流特点,声母清浊辨义作用转移至调值辨义,全清平与次清平今读分调。

二、浊平字今读特点

昌都片167个方言点中,全浊平与次浊平今读分调有45个方言点,具体分布情况是都昌县8个点,湖口县1个点,星子县1个点,永修县8个点,德安县3个点,新建县15个点,南昌县8个点,南昌市1个点。具体分布情况见下文图。

全浊平与次浊平分调后,各地方言有不同发展走向,具体情况有两类:

(一)次浊平与全浊平分立为两个阳平调。

在分调的45个方言点中,能够保留两个独立的阳平调的有39个点,占总数的87%,具体分布情况是都昌县8个点,湖口县1个点,星子县1个点,永修县8个点,德安县3个点,新建县13个点,南昌县5个点。

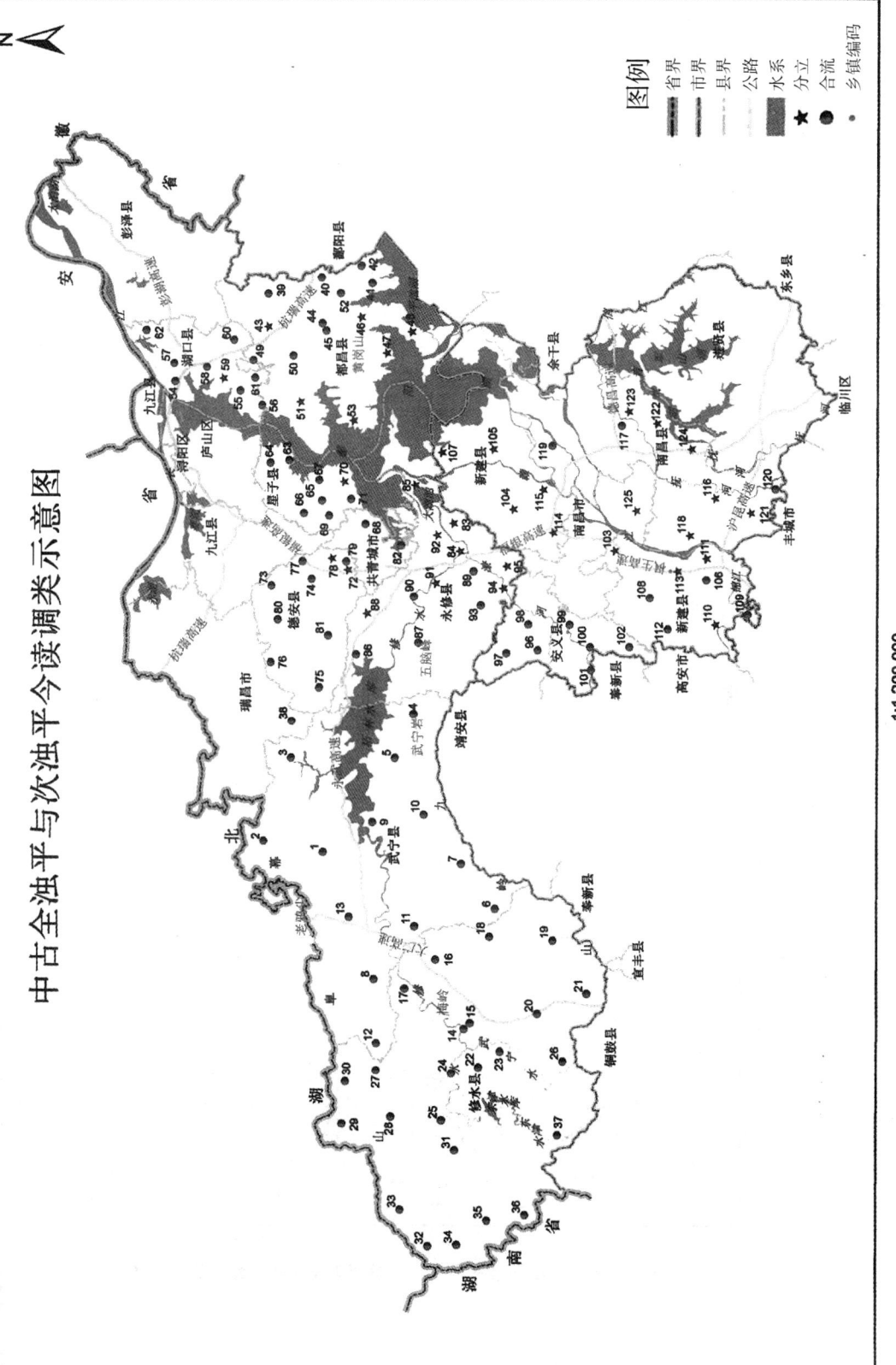

中古全浊平与次浊平今读调类示意图

1:1,200,000

（二）次浊平与全浊平分调后同其他调类字合流

在分调的 45 个方言点中,有 6 个方言点次浊平与全浊平分调后同其他调类合流,从走向来看:南昌市(陈昌仪,2005)、南昌县塔城(刘纶鑫,1999)、新建县城厚田乡(陈昌仪,1991)方言次浊平字与全清去(清去)字今读合流,全浊平字独立为阳平调;南昌县向塘镇(万云文,2011)、新建县厚田乡西门村方言次浊平字同全清去字今读合流,新建县厚田乡西门村方言全浊平字与次清去字今读合流,南昌县向塘镇(万云文,2011)方言则是全浊平字与上声字今读合流;南昌县幽兰乡南山村方言次浊平字独立为阳平调,全浊平字与上声字合流。

从上例数据及分布区域来看,都昌小片古浊平字按次浊与全浊分调后多能保存独立的两个阳平调,南昌小片多不能保存独立,从分调后发展来看次浊平字与全浊平字分离后往往是同全清去字今读合流,全浊平字则多能保持独立,个别字也有同其他调类(主要是上声、次清去)来源字合流。

下面以南昌县塔城乡东游村方言为例,深入观察南昌小片浊平今读演变规律。塔城乡东游村发音人语音系统中次浊平字与全浊平字分立为两个阳平调,上声字与次清去字今读合流,下图为南昌县塔城乡东游村方言全浊平字(驮爬田存糖墙晴锄徐材袍头铜弹盘寻)、次浊平字(呆毛楼年门罗麻吴犁名龙篮南郎粮林)、全清去字(簸报够坝布计盖变酱柄冻镇担半进)音高基频均值曲线图。

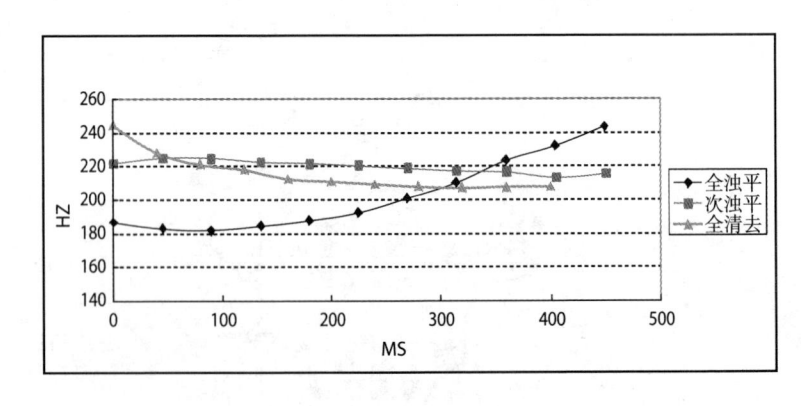

图 5-5　南昌县塔城乡东游村方言浊平与全清去基频曲线图

上图 5-5 表明,次浊平(调值 33)字与全清去(调值 433)字今读调型很接近,塔城乡东游村发音人语音系统中次浊平字与全清去字今读调值听感上接近,但细辨是有区别的。

塔城乡东游村方言中清上、次浊上、次清去今读合流为今上声,全浊平字今读与今上声调调型接近,从听感上来看,上声调是降升调,全浊平字今读调可视为平缓升调。下图 5-6 表明,上声字基频值低于全浊平字基频值,塔城乡东游村方言发音人有一些次浊上及次清去字读同全浊平字,念"铜痛"两字时,第一次发音认为相同,第二次发音认为不同。下图为南昌县塔城乡东游村方言全浊平字(驮爬锄徐材袍头田存糖墙晴铜弹盘寻)与今上声调(左假古水崽底改早走匾本磙蒋井董胆短紧)基频曲线图:

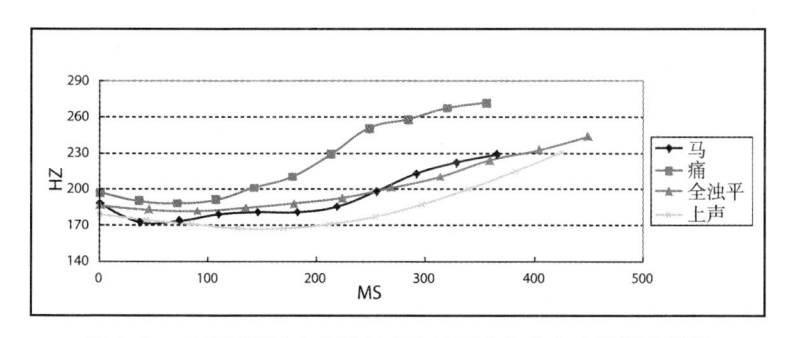

图 5-6　南昌县塔城乡东游村方言浊平字与今上声基频曲线图

以上这些现象充分说明,塔城乡东游村发音人语音系统浊平字今读处在发展过程中,极有可能会朝着南昌县向塘镇(万云文,2011)方言特点发展,即次浊平字与全清去字今读合流,全浊平字、上声字、次清去字今读合流。

赣语昌都片中次浊平字与全清去字今读多为升调,全浊平、上声、次清去字多读降升调,结合昌都片赣语的古浊平字今读调型与调值,从声调演变的规律来看,全浊平字与次浊平字分调后独立为两个阳平调应是早期现象,浊平字与清去、清上字的合流应是后来的演变,南昌小片赣语次浊平字与全清去字今读合流,全浊平与上声字、次清去字合流应是在调形与调值相似性原则的基础上进一步发展的结果。

第二节　赣语昌都片中古上声字今读特点

昌都片赣语中古上声今读共性特点清上与次浊上合流为今上声,全浊上归去,此外个别方言存在特殊现象:全浊上(浊去)归阴平,清上送气分调,浊上读阳上。据近期调查,本节首先归纳昌都片赣语中古上声字今读演变类型,然后对昌都片赣语上声字今读的特殊现象做深入探讨。

一、上声字演变类型

昌都片赣语中古上声演变类型共有四类:

类型一:浊上归去型。

清上与次浊上今读上声,全浊上归阳去。

167个方言点中有134个点归此类型。类型一是昌都片赣语的主体类型。

类型二:浊上(浊去)归阴平型。

清上与次浊上合流为上声,全浊上(全浊去)全部(或部分)字归阳去,全浊上(全浊去)全部(或部分)字归阴平。

167个方言点中有9个点归此类型。全浊上及浊去部分字归阴平现象主要分布于都昌县西部乡镇方言,根据已刊研究材料(肖萍,2008),永修县吴城方言全浊上与全浊平全部归阴平;近期调查发现,德安县丰林镇有此现象。具体方言点是:都昌春桥乡云山村、都昌徐埠镇山峰村、都昌左里镇周茂村、都昌镇柳树堰卢家、德安县丰林镇丰林村戴家、德安县丰林镇丰林村金家、德安县丰林依塘村依塘畈村、德安丰林镇紫荆村戴家。

类型三:阳上型。

清上字今读阴上,浊上字今读阳上。

167个方言点中有17个点归此类型,集中分布在武宁县境内及修水县东北部,具体方言点有:武宁县宋溪镇天平村、武宁县宋溪镇山口村、武宁县泉口镇丰田村、武宁县鲁溪镇大桥村、武宁县杨洲乡杨洲村、武宁县杨洲乡森峰村、武宁

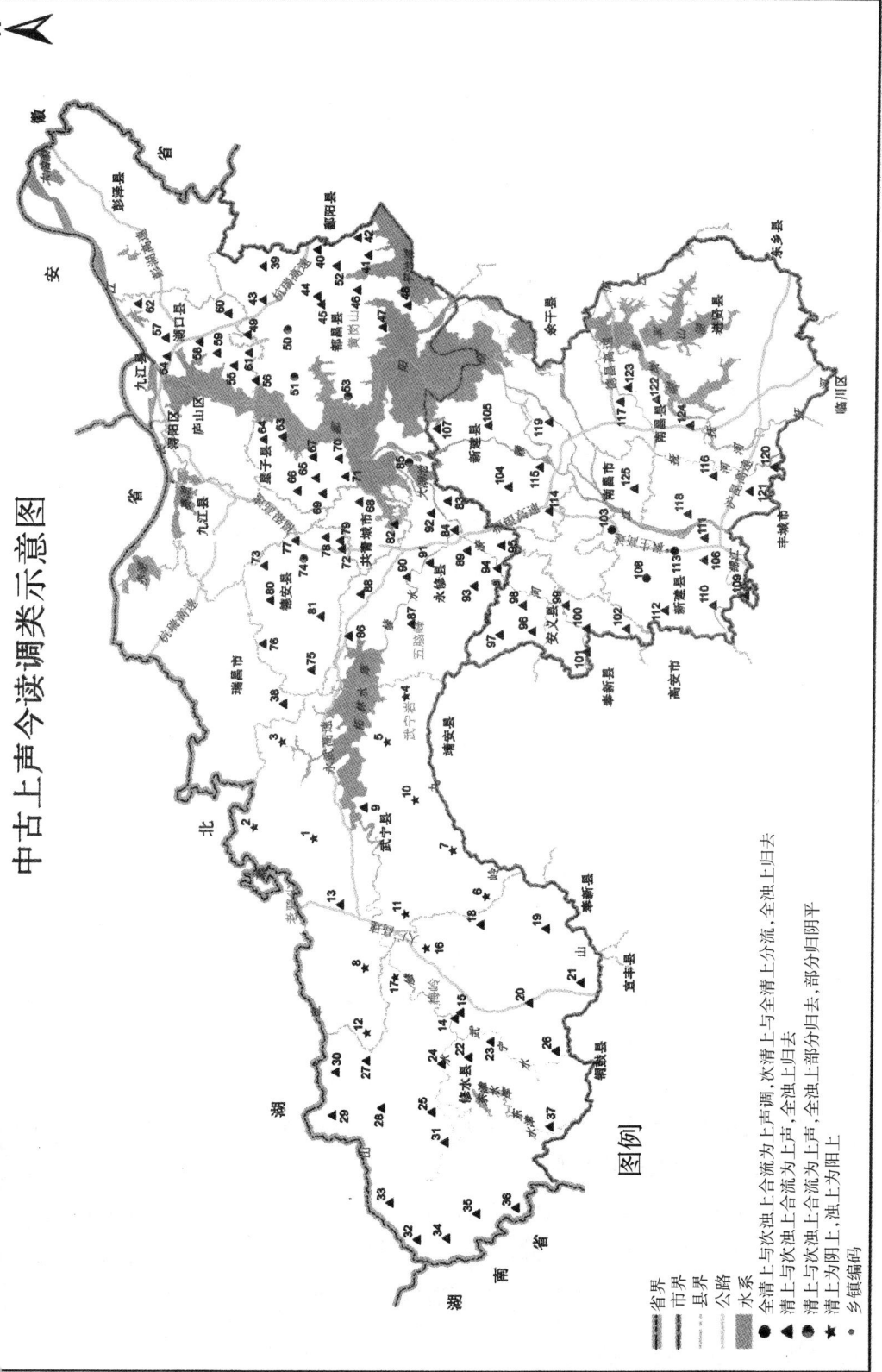

中古上声今读调类示意图

图例：
- 省界
- 市界
- 县界
- 公路
- 水系
- 全清上与次浊上合流为上声调，次清上与清上归去
- 清上与次浊上合流为上声，全浊上归去
- 清上与次浊上合流上声，全浊上部分归去，部分归阴平
- 清上为阴上，浊上为阴上
- 乡镇编码

1:1,200,000

县罗坪镇长水村、武宁县石门楼白桥村、武宁县罗溪乡坪源村、武宁船滩镇船滩村、武宁严阳乡石坪村、武宁清江乡清江村、武宁东林乡东林村、修水庙岭乡戴家村、修水庙岭乡小山口、修水太阳升坳头村、修水太阳升农科所。

类型四：清上送气分调型。

全清上与次浊上为上声甲调，次清上为上声乙，全浊上归去。

167个方言点中有7个点归此类型，主要分布于新建县境内，具体方言点是：德安县丰林镇丰林村金家、新建县长埭镇（陈昌仪，2005）、新建县乐化镇（陈昌仪，1991）、新建县樵舍镇（陈昌仪，1991）、新建县望城镇（陈昌仪，1991）、新建县石埠镇乌城村、新建县生米镇东城村。

结合汉语发展史来看，类型二、三是昌都片赣语中古浊上与清上分立的存古表现，类型一同中古以后官话方言发展一致，类型四属昌都片赣语送气分调现象表现。四种类型联系起来可呈现昌都片赣语中古上声字调类演变轨迹。

二、上声字特殊演变现象探讨

（一）浊上字今读阳上调现象

据汉语史可知，浊上字今读阳上调是中古语音现象的保存。据以往研究成果（万波，2007；李冬香，2005），赣语少数方言浊上字今仍读阳上调，如李冬香（2005：79）指出，湖南赣语中平江方言次浊上与部分全浊上字今读阳上，绥宁方言全浊上部分字读阳上。近期调查发现修水县东北的庙岭乡、太阳升镇及武宁县方言存在浊上字今仍读阳上调的现象。修水、武宁方言浊上字今读阳上调的具体表现有五种情况：

1. 清上字今读阴上调，浊上字今读阳上调，阴上为中平调（33/44），阳上为降调（41/31/51）。分布方言点有修水庙岭乡戴家村、修水庙岭乡小山口、修水太阳升坳头村、修水太阳升农科所。

2. 清上字今读阴上调，次浊上字与部分全浊上字今读阳上调，部分全浊上字今读归阳去调，阴上为中平调（33/44），阳上为降调（42/41/32）。分布方言点有武宁县石门楼白桥村、武宁县清江乡清江村、武宁县东林镇东林村。

3. 清上、部分次浊上字今读阴上，部分次浊上与部分全浊上字今读阳上，部分全浊上字归阳去。分布方言点点有武宁县罗溪乡坪塬村、武宁船滩镇船滩村，从调型、调值来看，阴上为中平调（33/44），阳上为降调（43/42/41，31/32）。

4. 清上、次浊上字今读阴上调，全浊上部分字今读阳上调，部分字今读阳去调，阴上为降调（53/52），阳上为升降调（232/43）。分布方言点有武宁县鲁溪镇大桥村、武宁县罗坪镇长水村。

5. 清上字、次浊上字、全浊上少数字今读上声调，全浊上大部分字今读阳去调，上声为降调（53/52，43/42）。分布方言点有武宁县宋溪镇天平村、武宁县宋溪镇山口村、武宁县泉口镇丰田村、武宁县杨洲乡杨洲村、武宁县杨洲乡森峰村、武宁严阳乡石坪村。

上述五种情况，前三种情况反映出来的演变规律是次浊上字逐渐从阳上调中分离出来，然后同清上字合流，后两种情况反映出来的演变规律是全浊上从阳上调分离出来，然后同清上或全浊去字合流；浊上字与清上字分立是中古阳上调存古现象，武宁县方言共时差异呈现出昌都片赣语古浊上字今读发展轨迹及演变特点。下表列出武宁县方言中古次浊上字与全浊上字今读归调情况（表中数字表示调值，字加括号表示有两读，○表无此现象）：

表 5-1 武宁县方言次浊上字与全浊上字今读归调例字表

武宁县	今读调类	中古次浊上字	中古全浊上字
石门楼白桥村	阳上 42	全部次浊上字	坐下社蟹倍被是氏厚淡菌动（竖）
	阴上 33	○	○
	阳去 22	○	其他全浊上字
清江乡清江村	阳上 32	全部次浊上字	社亥倚市厚近菌动（下）
	阴上 44	○	○
	阳去 33	○	其他全浊上字
东林镇东林村	阳上 41	全部次浊上字	社柱竖在蟹是氏厚近盾动
	阴上 44	○	○
	阳去 22	○	其他全浊上字

续表

武宁县	今读调类	中古次浊上字	中古全浊上字
罗溪乡坪塬村	阳上 31	女老买网马惹鲁奶礼尾老脑恼亩某藕有卵两猛冷（五吕）	柱抱下厚（社近）
	阴上 44	染努乳乃耳累了柳览暖岭（五吕）	○
	阳去 22	○	其他全浊上字
船滩镇船滩村	阳上 42	全部次浊上字	社巨拒距聚柱竖蟹是徛似柿厚淡近肾盾动
	阴上 44	"野冷马旅买有眼老礼满"处两字组前字时	
	阳去 33	○	其他全浊上字
鲁溪镇大桥村	阳上 232	○	近柱是坐淡抱杜竖户蟹徛跪赵厚后菌上重
	阴上 53	全部次浊上字	竖俭
	阳去 212	○	其他全浊上字
罗坪镇长水村	阳上 43	○	坐社被厚淡断很棒
	阴上 52	全部次浊上字	○
	阳去 212	○	其他全浊上字
泉口镇丰田村	上声 41	全部次浊上字	柱淡厚社户序叙柱蟹柿跪件负（近坐后）
	阳去 11	○	其他全浊上字
宋溪镇山口村	上声 41	全部次浊上字	近淡社蟹跪俭圈重（竖）
	阳去 22	○	其他全浊上字
杨洲乡森峰村	上声 51	全部次浊上字	淡厚社蟹柿跪厚后
	阳去 214	○	其他全浊上字
新宁镇石坪村	上声 42	全部次浊上字	柱坐淡社苎跪
	阳去 23	○	其他全浊上字

上表 5-1 说明，武宁方言次浊上字比全浊上字发展得更快。武宁县与修水县相邻，修水县方言中全清上与次浊上今读合流为上声，上声的调值是 21/31/32/41/42/51；联系两县方言，武宁方言浊上字今读情况正好诠释全清上、次清上、次浊上合为上声，全浊上归去演变过程。

上表中全浊上字加括号表示有"上、去"两读,如泉口丰田村方言"近"字在语音系统调查时念上声调,到单字音调查时却又念阳去调,在两字组"最近、靠近"中读阳去调,"坐"字单念时是上声调,在"坐一下"语句或两字组"打坐"时是读阳去调,"后"单念是上声,在两字组"后腰"中是阳去;清江乡清江村方言"下"字单独念时是阳去调,在"坐一下"中念阳上调,"弟"字单字音读阳去调,在"老弟"词中读阳上调。联系语用现象来看,武宁方言浊上字演变仍处在词汇扩散阶段。

再联系整个赣语声调演变情况来看,武宁方言同湖南境内的赣语有相似之外,李冬香(2005:79)指出,平江方言中全浊上归阳上的字有"坐下厦社肚苎柱被倚皂厚舅淡渐旱断伴拌近笨菌荡像仗丈杖上动重"。具体来看,湖南平江、绥宁方言同武宁方言第2种情况相近,安仁、耒阳、永兴、隆回方言与武宁方言第5种情况相近,不同之处是,湖南赣语全浊上归(阳)上声的字明显多于武宁方言,湖南赣语上述方言没有次浊上今读归阳上现象。

(二)全浊上(兼顾全浊去)归阴平现象

据已刊材料(李如龙、张双庆,1992;谢留文,1998;辛世彪,2004;孙宜志,2007;肖萍,2008)可知,赣语昌都片都昌县城方言、永修吴城镇方言存在浊上(浊去)归阴平现象。结合近期调查结果,本书对赣语昌都片中全浊上(兼顾全浊去)归阴平现象有进一步的认识。

1. 全浊上(兼顾全浊去)归阴平现象具体表现具有多样性

永修县吴城方言(肖萍,2008:103)全浊上与全浊去全部字今读归阴平。都昌方言全浊上与全浊去归阴平的只是部分字,而且境内不具有周遍性,只存在西部都昌镇口音、徐埠镇口音,《方言调查字表》中古全浊上字共151个,古全浊去字共224个,古全浊上归阴平的字数是:都昌镇柳树堰卢家方言66个字,左里镇周茂村方言65个字,徐埠镇山峰村方言71个字,春桥乡云山村方言67个字;古全浊去归阴平的字数是:都昌镇方言79个字,左里镇方言85个字,徐埠镇方言80个字,春桥云山方言83个字;各方言均归阴平的全浊上字有"舵坐下夏厦部簿杜肚巨拒距聚柱待怠在亥骇弟罪被技痔士柿抱道稻造赵后厚舅淡渐俭旱限辩辨件键辫拌伴断篆尽近笨象橡像丈杖项棒蚌动重";各方言均归阴平的全浊去字有"大贺座耙搭襷谢步捕埠度渡镀疏住具代袋贷害稗败鏊背第避豉备字狞寺治蓢盗号刨豆候溜就袖骤旧暂赚馅陷蛋汗焊苋便贱健段传阵钝郡匠状邓澄病净郑定洞共"。

近期调查发现,德安县丰林镇方言也存在全浊上、全浊去字今读归阴平的现象。下图为丰林镇丰林村戴家方言古全清平字(多巴都鸡该帮刀沟边真东丹干姜腈军)、次清平字(拖抄偷天粗蛆开清通摊村汤枪亲潘)、全浊上字(坐下杜道厚弟在件囝项动淡象拌近)、全浊去字(座蓢豆电耙度地害顺病洞巷匠段蛋)今读基频均值曲线图。

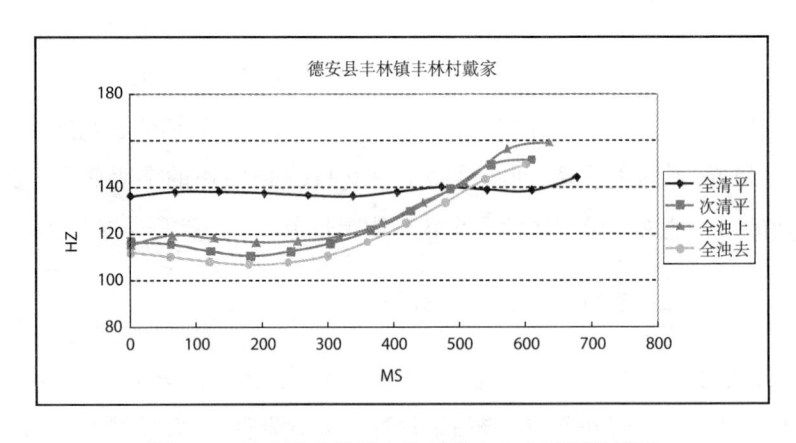

图 5-7　德安县丰林镇丰林村戴家方言基频曲线图

从图 5-7 可看到,丰林镇丰林村戴家方言次清平字与全浊上、全浊去字今读调型相同,基频值接近,尤其是全浊上与次清平字在 50%—80% 时段是完全重合。本地人认为,部分全浊上字、全浊去字同次清平字今读调类相同。丰林镇丰林村金家、丰林镇紫荆村咀上袁家、丰林镇紫荆村戴家、丰林镇依塘村依塘畈方言情况相同。德安县丰林镇方言存在全清与次清送气分调现象,故部分全浊上字、部分全浊去字与清平字合流也有不同情况,丰林镇丰林村戴家、丰林镇紫荆村戴家方言部分全浊上、全浊去字与次清平字今读合流;丰林镇依塘村依塘畈方言部分全浊上、全浊去字与全清平字今读合流,部分全浊上、全浊去字与次清平今读合流;丰林镇丰林村金家、丰林镇紫荆村咀上袁家方言部分全浊上、全浊去字与全清平字今读合流。

2. 全浊上(兼顾全浊去)归阴平现象呈湖区分布特点

都昌县方言古全浊上及全浊去部分归阴平现象主要分布在西部方言,中部、东部方言全浊上及全浊去今读归阳去调；鄱阳湖西畔永修县吴城方言中全浊上与全浊去今归阴平调；联系邻近方言来看，鄱阳湖东畔的鄱阳县方言中古全浊上和古全浊去今读阴平调；从地理分布来看，古全浊上及全浊去部分归阴平现象正是沿着鄱阳湖湖区，顺着水路交通扩散分布的。

3. 全浊上（兼顾全浊去）归阴平现象成因分析

江西境内全浊上归阴平现象较多出在赣东、赣中方言点，刘纶鑫（1999：297）提到，黎川方言全浊上大部分归阴平或有读阴平的白读音，临川、南城、南丰、崇仁、乐安、广昌、宜黄、东乡、进贤、金溪、资溪、横峰、弋阳、铅山、余江、波阳、贵溪、鹰潭、永新、宁冈、万安、新干、吉水、永丰等地方言也有这种现象。

客家方言也存在浊上归阴平现象，以往学者较多从客赣方言角度来探讨全浊上归阴平现象形成原因及历史层次。客赣方言浊上归阴平现象是否相同？辛世彪（2004：60）认为，客方言与赣方言在浊上归阴平的变化中表现不一样，客方言除了全浊上归阴平外，还存在次浊上归阴平，赣语很少有次浊上字归阴平情况。刘纶鑫（1999：297）指出，赣方言全浊上归阴平的字与客方言大致相当，赣方言次浊上读阴平现象比客方言少一些，例字也有不同。

刘纶鑫（1999：299）认为，客赣方言中浊上归阴平现象应是比中古汉语全浊上归去（晚唐时期）更早的语音现象，赣语今读阴平的全浊上字比客方言多些，这说明浊上归阴平是赣方言自身的特点，如果存在阳去与阴平的文白异读的话，全浊上归阳去是北方官话影响的结果。

孙宜志（2007：228）认为，唐朝安史之乱之前赣方言浊上字是读阳上的，浊上归阴平现象在赣中与赣南先发生，安史之乱后北方移民带来的全浊上归阳去、次浊上归清上的变化规律打断了客赣方言浊上归阴平的音变规律。

本书认同全浊上归阴平现象是比中古汉语全浊上归去更早的语音现象，并认为全浊上归阴平现象在江西境内是由南向北，由东向西扩散的，昌都片赣语全浊上归阴平现象应是赣东、赣中向北部、西部扩散的结果。

昌都片赣语方言归阴平现象还涉及全浊去字，可见昌都片方言全浊上归阴平音变在晚唐之后北方官话影响下并没有完全中断，全浊上归阴平与全浊上归阳去两种音变现象可能在相当长的时期内并存发展，即当时赣方言全浊上字部分字保存阴平读法，部分字发生归阳去现象，部分字存在两读现象，归阴平属白读,归阳去属文读。全浊上归阴平与全浊上归阳去叠置于赣语共时平面,并展开激烈竞争,有些方言(昌都片赣语大多数方言)归阳去的规律强势,有些方言中归阴平的规律强势,部分(如都昌方言)方言部分全浊去字与全浊上字合流后随全浊上字发生归阴平音变现象,音变采取词汇扩散式方式进行,昌都片个别方言点(吴城方言)词汇扩散音变已完成,即全浊上、全浊去字今读全部归阴平。

结合上文分布图可知,古全浊上及全浊去部分归阴平现象正是沿着鄱阳湖湖区,顺着水路交通扩散分布。结合行政沿革历史,古全浊上及全浊去部分归阴平现象沿湖分布情况是可以解释的。许怀林《江西史稿》载,唐高祖武德五年(622年),安抚使李大亮在鄱阳县雁子桥之南境置都昌县,治所设于今北炎乡洞门口,代宗大历年间(766—779年)治所徙迁彭蠡湖东,即今县城所在地,直至太平兴国七年(982年)。都昌县同鄱阳县均归江南道饶州属饶州,而饶州州治所在地就是鄱阳县,都昌县方言古全浊上及全浊去部分归阴平现象应同唐宋饶州政治经济中心的鄱阳县方言有密切关系。从交通地理来看,《都昌县地名志》记周溪镇在清雍正年间已成集镇,并设巡检司,是鄱阳湖沿岸主要货物集散地之一,都昌县西南部与永修吴城、鄱阳县都是鄱阳湖主航道上的大码头,向来交通便利,居民交往较多,三地共有的古全浊上及全浊去部分归阴平现象不应是平行创新,应有共同的历史渊源,本书认为,这个共同的历史渊源极可能同古饶州鄱阳方言有密切关系。

德安丰林镇地理上并不分布于湖滨,而周边其他乡镇方言也没有古全浊上及全浊去部分归阴平现象,故德安丰林镇全浊上、全浊去归阴平现象是平行创新还是与鄱阳方言相关值得思考,不过,笔者在实地调查时也发现,德安丰林镇丰林村洪氏正是由饶州鄱阳县迁入的。

《浔阳洪氏宗谱》(岁次庚午重修)记载:

> ……及南唐升元中叶日远公始纂宗谱,宋绍兴中叶时,适公谥文惠,遵公谥文安,迈公谥文敏……后凡洪氏一脉因源流旷远,聚散难徵,爰我族嫡系徙居由来始于敦煌迁盱眙,由盱眙迁歙(今芜湖、黄山之间),后由歙迁婺源黄荆墩,悉瞭无讹矣!又稽古雅公长子曰金迁浙江新安,次子玉迁乐平,

相距十世,此足可考据,庶后传之不异,考玉公生三子……传十三世有曰士良公者,籍居鄱阳,生曾孙忠宣公,字光弼,名皓,此乃吾族共宗之祖也。皓生八子,即适、遵、迈……适生九子……其次子秘,秘生偲,偲生蕳,蕳生执中,子五,即琬、珦,琏、珍、委,此乃吾浔阳世族各庄之始迁祖也。……

本书猜测,德安县丰林镇方言全浊上、全浊去归阴平现象极有可能同移民来源有密切关系,但仅凭丰林镇丰林村洪氏家谱还不能断定德安丰林镇方言中全浊上、全浊去归阴平现象是同鄱阳方言有直接关系,这还需要更多的移民史证据。

(三)清上送气分调现象

赣语昌都片送气分调在古上声演变中的表现就是次清上与全清上分调,辛世彪(2004:25)曾指出,东南汉语方言中此类分调主要分布在吴语吴江、平湖、海盐、昆山、嘉兴方言点,闽语有建阳方言点,赣语主要分布于新建县境内,有望城、乐化、樵舍及长埂方言点。近期调查发现,德安县丰林镇丰林村金家方言、新建县乐化镇江桥村方言、新建县石埠镇乌城村方言、新建县生米镇东城村方言都存在这种分调类型。

从分调后是否能保留独立的次清上调类来看,可以分为两种不同情况,一是能保留独立的次清上调类,如德安县丰林镇丰林村金家方言,新建县乐化镇(陈昌仪,1991)方言、新建县望城镇方言(陈昌仪,1991)、新建县石埠镇乌城村方言、新建县生米镇东城村方言,一是不能保留独立调类,如新建县乐化镇江桥村方言、新建县樵舍镇(陈昌仪,1991)方言、新建县长埂镇(陈昌仪,2005)方言。

新建县乐化镇江桥村方言大部分次清上字读同全清上字,个别次清上字读同次清去字调,如"讨=套,体=剃,丑=臭,彩=菜,退=腿,欠=浅",这表明乐化镇江桥村方言点次清上字与全清上字曾经分调。

第三节 赣语昌都片中古去声字今读特点

赣语去声今读主要有清浊分调和不分调两类,清浊不分调的方言主要有鹰弋片的景德镇、鹰潭市、贵溪、铅山方言,吉茶片萍乡、莲花、安福、永新方言,宜浏片的樟树、上高、新干方言,抚广片的南丰方言;另据李冬香(2005：78)研究,湖南境内的赣语湘东北部方言去声多分阴阳,东南部和湘西南赣语多数是不分阴阳的。昌都片赣语基本上是清浊分调的,有些方言清去存在送气分调。本节重点探讨赣语昌都片中古去声字演变特点。

一、去声字今读演变类型

根据分调后的走向及调类分立情况,可以分为两种类型：
类型一：三分型。
全清去、次清去、浊去分立。167个方言点中,有124个方言点属此类型。根据能否保留独立调类,又可分为三种：

1. 保留独立的三个去声调类

全清去、次清去、浊去分立为阴去甲调、阴去乙调、阳去调,有84个点属此类,具体方言点有武宁县泉口镇丰田村、武宁县鲁溪镇大桥村、武宁清江乡清江村、东林乡东林村,修水义宁镇(刘纶鑫,1999)、修水义宁镇罗家埚、修水宁州镇、修水庙岭乡戴家村、修水庙岭乡小山口、修水太阳升坳头村、修水太阳升农科所、修水黄港镇安全村、修水竹坪乡竹坪村、修水新湾乡新湾村、修水溪口镇南田村、修水溪口镇田仑村、修水溪口镇义坑村、修水港口镇集镇、修水布甲乡洪石村、修水渣津镇长潭村、修水县东港乡岭下村、修水白岭镇邓家咀、修水白岭镇白岭村、修水全丰镇南源村、修水黄龙乡黄龙村、修水黄龙乡沙塅村、修水大桥镇沙湾村、修水大桥镇界下村、修水余塅乡上源村、修水余塅乡余塅村、湖口双钟镇月亮村、湖口舜德乡南湾村、湖口舜德乡兰新村、湖口马影走马刘三房、湖口文桥均桥李家舍、湖口城山大塘细石家、湖口城山大塘细石家、湖口武山镇武山村、湖口流芳乡青年村、湖口流泗乡红星村,星子县华林镇繁荣村、星子县温泉镇桃花源、星子县蓼花镇胜利村、星子县苏家档土牛村、星子县横塘镇联盟村、星子县蓼南乡新华村、星子县蛟塘镇芦花塘、星子县蛟塘镇(陈昌仪,2005)、德安县蒲亭镇(刘纶鑫,1999)、德安县林泉乡林泉村、德安丰林丰林村戴家、德安丰林紫荆村戴家、德安丰林依塘村河下叶、德安车桥镇白水村、德安车桥镇长庆村、德安高塘乡罗桥村、德安河东乡后田村、德安蒲亭镇附城村、德安磨溪乡尖山村,永修江益镇(刘纶鑫,199)、永修三角乡(孙宜志,2006)、永修涂埠镇(陈昌仪,1983)、永修三溪桥河桥村、永修江上乡耕源村、永修梅棠镇杨岭村、永修虬津张公渡村、永修艾城镇艾城村、永修九合乡长滩村、永修滩溪镇滩溪村、永修马口镇新丰村、永修马口镇山丰村,安义县城(陈昌仪,2005)、安义龙津镇凤山村、安义长埠镇长埠村、新建县金桥乡东和村、新建县望城镇(陈昌仪,1991)、新建县生米镇东城村、新建县西山镇西山村、新建县西山镇(陈昌仪,1991)、新建县流湖乡对门牌头、南昌县南新楼前村、南昌县泾口辕门村、南昌县幽兰厚田村、南昌县富山乡霞山唐村。

2. 保留独立的三个去声调类,同时存在部分字合流演变

(1)全清去与部分次清去字今读阴去甲调,部分次清去字今读阴去乙调,浊去读阳去调,具体方言点有星子县南康镇、白鹿镇玉京村。

(2)全清去、次清去、浊去分立为阴去甲调、阴去乙调、阳去调,部分浊去字归阴平,具体方言点有德安丰林丰林村金家、丰林紫荆村咀上袁家、丰林依塘村依塘畈。

3. 不能保留独立的三个去声调类

全清去、次清去、浊去在分立之后,进一步发生调类合流。具体又有十种情况:

(1)全清去字今读阴去,次清去字同上声字合流,浊去字今读阴平。具体方言点有永修吴城镇(肖萍,2008)、新建县生米镇(陈昌仪,1991)。

(2)全清去字读阴去调,次清去字同上声合流,浊去字读阳去调。具体方言点有安义县城城关(高福生,1988)、新民乡新民村、石鼻镇果田村、新建县象山(陈昌仪,1991)、联圩镇大圩村、昌邑乡良坪村、樵舍镇峰桥村、乐化镇江桥村。

(3)全清去读阴去调,次清去字与浊去字合流为阳去调。具体方言点有武宁县杨洲乡杨洲村、都昌大港镇小埠村、北炎乡曹炎村、土塘镇(陈昌仪,1991)、化民乡信和村、阳峰黄梅沈家、阳峰乡伏牛村卢家、和合乡田坂村、周溪古塘村、春桥乡春桥村、德安塘山乡新塘村、南昌县广福北头村。

(4)全清去字读阴去调,次清去字与浊去字合流为阳去调,部分全浊去字归阴平。具体方言点有都昌春桥乡云山村、徐埠镇山峰村、左里镇周茂村、都昌镇

中古去声今读分类示意图

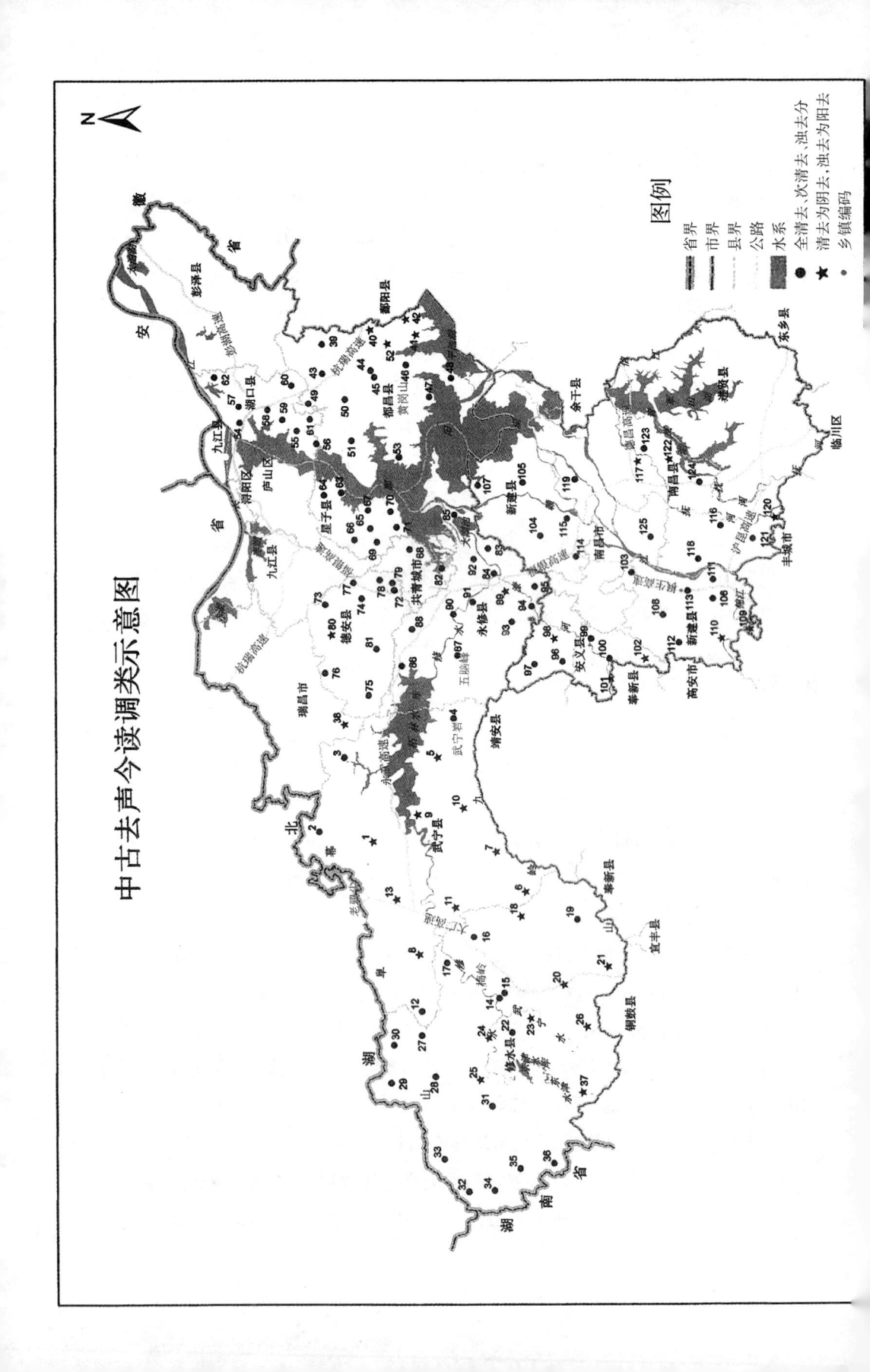

柳树堰卢家。

（5）全清去字与次浊去字合流读阴去调，次清去字与全浊去字合流读阳去调。具体方言点有武宁县杨洲乡森峰村。

（6）全清去字与次浊平字合流读阴去调，次清去字与上声合流，浊去字读阳去调。具体方言点有南昌市（陈昌仪，2005）、南昌县塔城（刘纶鑫，1999）、南昌县塔城东游村。

（7）全清去字读阴去调，次清去与次清上合流，浊去字读阳去调。具体方言点有新建县长垅镇（陈昌仪，2005）、新建县樵舍镇（陈昌仪，1991）。

（8）全清去字与上声合流，次清去字读阴去调，浊去字读阳去调。具体方言点有新建县石埠镇乌城村。

（9）全清去字与次浊平字合流读阴去调，次清去字与全浊平字合流，浊去读阳去调。具体方言点有新建县厚田乡西门村。

（10）全清去字与次浊平字合流读阴去调，次清去与上声、全浊平合流，浊去读阳去调。具体方言点有南昌县向塘镇（万云文，2011）。

类型二：二分型。

清去、浊去分立。有43个方言点属于二分型，具体分合有三种情况：

1. 清去字读阴去调，浊去字读阳去调

41个方言点属此情况，具体方言点有：武宁县宋溪镇天平村、宋溪镇山口村、石门楼白桥村、罗溪乡坪塬村、船滩镇船滩村、武宁县城（陈昌仪，2005）、严阳石坪村、礼溪镇（钟明立，2004）、修水黄坳乡塘排村、何市镇大理村、上奉镇石街村、征村乡熏衣村、杭口镇厚家源、马坳镇石溪村、山口镇来苏村、新湾乡小流村、溪口镇上庄围丘村、港口镇界下村、港口镇大源村、布甲乡横山村、复原乡雅洋村、瑞昌县田义镇（刘纶鑫，1999）、中馆镇银宝、万户镇长岭村、南峰镇暖湖、狮山老屋于家湾，德安吴山乡河铺村，永修立新乡桥头村，安义万埠镇下庄村、黄洲镇黄洲村、乔东乡社坑村、新建县大塘坪（陈昌仪，1991）、乐化镇（陈昌仪，1991）、石岗镇石岗村、石岗镇（陈昌仪，1991）、松湖镇松湖村、松湖镇（陈昌仪，1991），南昌县塘南乡（肖放亮，2010）、幽兰南山村、三江徐罗村。

2. 清去、次浊去字今读阴去，全浊去字今读阳去。具体方言点有：武宁县罗坪镇长水村。

3.清去与次浊平字合流今读阴去,浊去字今读阳去。具体方言点有：新建县厚田乡(陈昌仪,1991)。

二、去声字今读演变特点

(一)清去字调形、调值有共性特点

从基频曲线看,昌都片赣语全清去字今读多为升调,次清去字今读调的调头低于全清去字,调形同全清字调接近。下面是修水县东港乡、星子县华林镇、南昌县塔城镇、安义县龙津镇方言的"坝、怕"两字的基频曲线对比图：

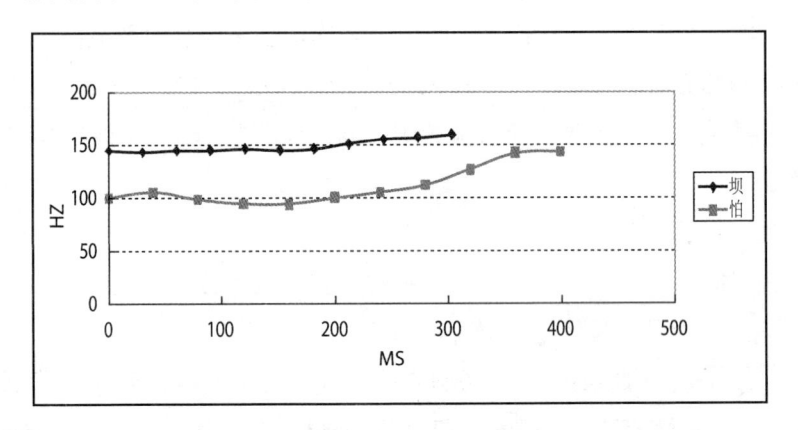

图 5-8　修水县东港乡岭下村方言"坝 [pa⁰¹]、怕 [ba⁰²]"基频对比图

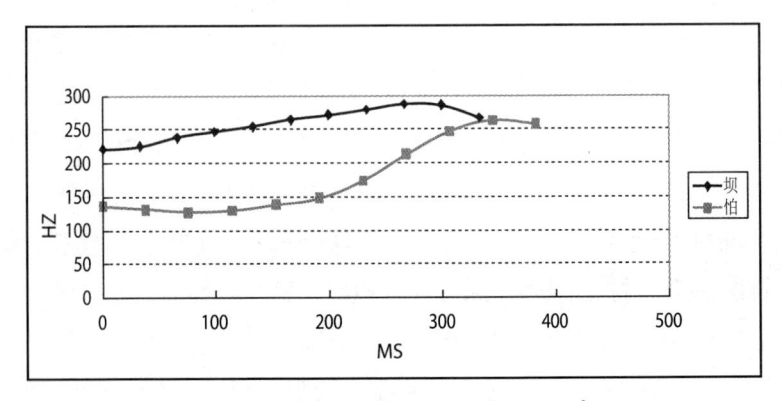

图 5-9　星子县华林镇繁荣村方言"坝 [pa⁰¹]、怕 [ba⁰²]"基频对比图

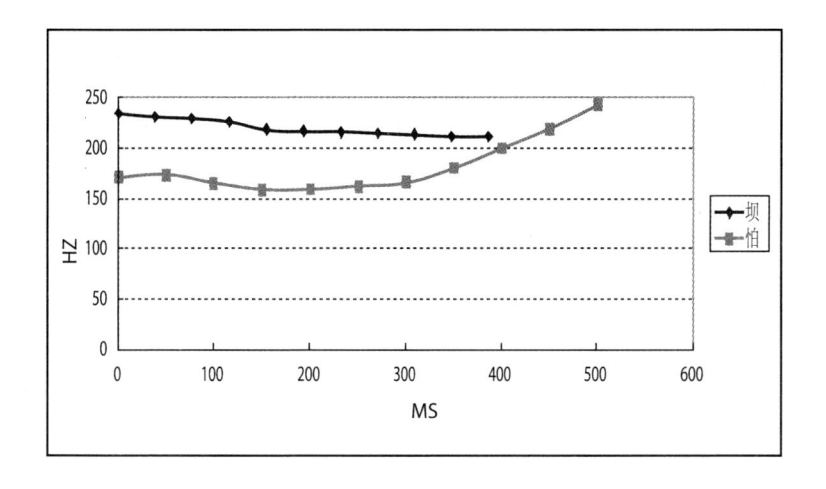

图 5-10　南昌县塔城乡东游村方言"坝 [pa⁵]、怕 [˜ba]"基频对比图

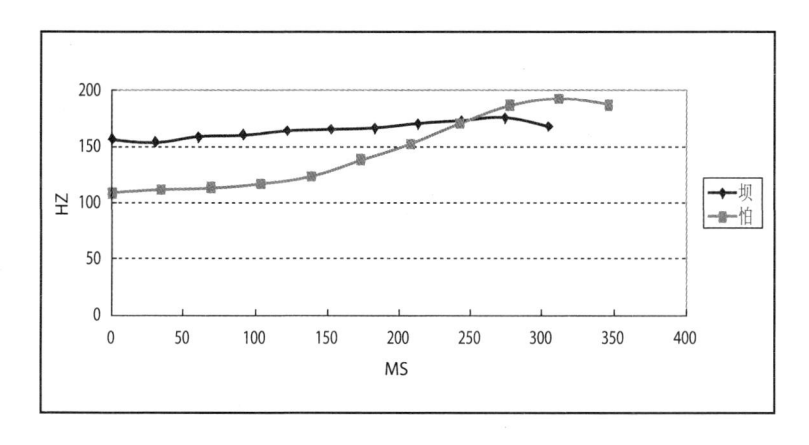

图 5-11　安义县龙津镇凤山村方言"坝 [pa˧¹]、怕 [ba˧²]"基频对比图

在调查时笔者还发现,若全清去与次清去独立成调时,全清去字今读为高升调或者无音位对立的假声。武宁石门楼镇白桥村方言情况来看,"全清入 + 全清去"(如织布、一句、国际、宿舍、设计)组合时,全清去字更容易产生假声读法,石门楼镇白桥村方言全清入为短高调,全清去为高升调。"全清入 + 全清去"两字组中后字读假声显然是为增加区别度而产生的音变现象。昌都片赣语中阴入调多为高短促调,阴去调多为高升调,阴去调读无音位对立的假声可能同音系调类区别度有关。

415

（二）普遍存在送气分调现象

昌都片赣语 167 个方言点中，136 个方言点存在送气分调现象，其中 125 个方言点存在全清去与次清去分调，故昌都片赣语普遍存在全清去与次清去送气分调现象。具体分布见上文图。

汉语方言中湘语、吴语也存在送气分调，吴语涉及各个古调类，罗昕如曾据湘语成果指出湘语送气分调主要发生在去声中，故从去声送气分调来看，赣语与湘语在类型上更为接近。

（三）区域性演变特点

1. 中南部次清去字与清上字多合流

古次清去字与古清上字今读合流现象主要分布于中南部，具体方言点有南昌市（陈昌仪，2005）、新建县长埂镇（陈昌仪，2005）、联圩镇大圩村、昌邑乡良坪村坪上、石埠镇乌城村程家新基、生米镇东城村南岸村、乐化镇江桥村、樵舍镇峰桥村、安义县新民乡新民村、石鼻镇果田村、南昌县塔城乡东游村、向塘镇（万云文，2011）、永修县吴城镇（肖萍，2008）。

古次清去字与古清上字今读合流原则是调值、调形的相似性。昌都片方言的次清去字与清上字调形相似，当次清去与次清上调值接近时，两类就会朝着合流的方向发展。如安义龙津镇方言次清上字与次清去字今读是不同调的，但调形很相似，下图为龙津镇方言次清上字（卡土体彩草口浅厂抢请桶铲敢）与次清去字（破怕兔剃菜靠透片困园痛炭判）基频均值曲线图：

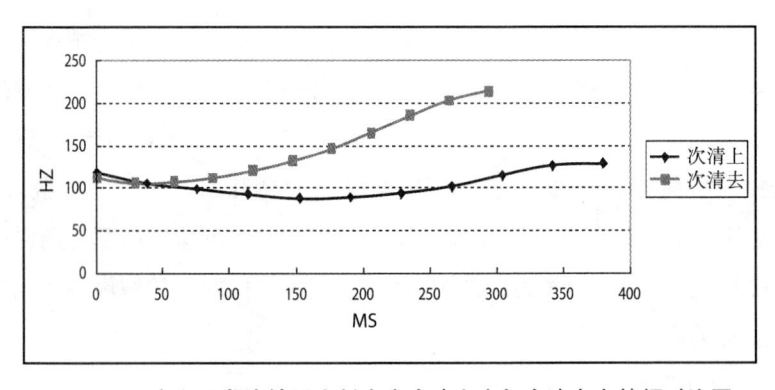

图 5-12 安义县龙津镇凤山村方言次清上字与次清去字基频对比图

新建县金桥乡东和村方言有两位发音人,陈圣府(1950年生)的次清去字调与上声在听感上是有明显区别的,陈奉新(1970年生)次清去字调与上声合流为今上声,即"土=兔,桶=痛,讨=套"等。从共时差异语用现象来看,金桥乡东和村方言次清去与次清上先合流,然后进一步与全清上合流为上声调。下图为金桥乡东和村陈奉新次清去字与次清上字基频均值图:

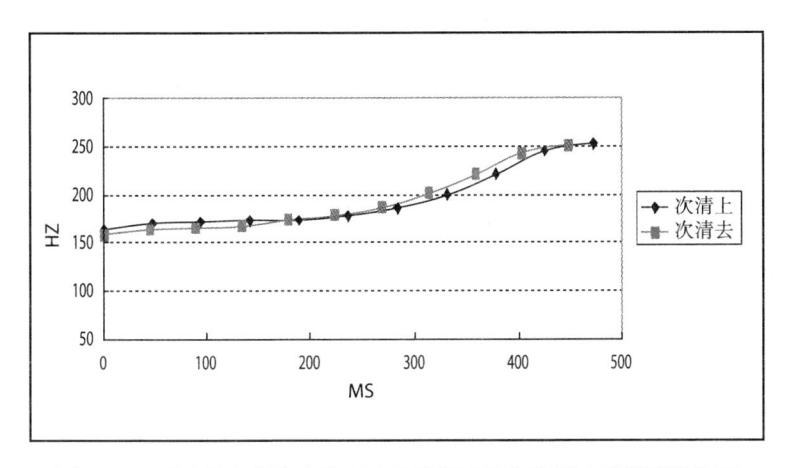

图 5-13 新建县金桥乡东和村方言次清去字与次清上字基频均值图

调值、调形的相似性还会引起全浊平、次清上、次清去字合流。新建县乐化镇方言发音人语音系统中全浊平字、次清上字、次清去字今读调形相同,都是降长凹调,但各自独立成调;听感上全浊平字今读升感最强,次清上字今读调域最高,次清去字今读是个低凹调;从语用上看,这三类字大多能区别,但也存在一些次清上字今读同次清去字调的现象,如"讨=套、体=剃、丑=臭、彩=菜、退=腿、欠=浅、毯=炭=坦",从调值来看,都是次清上字归入次清去字。南昌县幽兰镇南山村方言古全浊平字与清上字今读合流,次清去大部分字同全清去字合流,但是个别次清去字、全浊平字、次清上字今读同音,如"徒=土=兔"。新建县樵舍方言语音系统中次清去字与清上字今读合流,全浊平字与清上字调形相似,调值有差异,但个别字上也出现了全浊平、次清去字同音现象,如"牌=派"。

结合上述方言事实可知,南昌小片次清去与次清上字今读多合流,如果进一步发展的话很可能出现次清去、全清上、全浊平合流,这在某地方言中已成事实,如南昌县向塘镇（万）方言古浊平按今读送气分调，古次浊平字同全清去字今读合流，全浊平字、古清上字、古次清去字今读合流。

2. 北部古次清去字与全浊去字多合流

古次清去字与古浊去字合流方言点有：武宁县杨洲乡森峰村、杨洲乡杨洲村，都昌大港镇小埠村、都昌北炎乡曹炎村、土塘镇（陈昌仪，1991）、化民乡信和村、阳峰黄梅沈家、阳峰乡伏牛村卢家、和合乡田坂村、周溪古塘村、春桥乡春桥村、德安塘山乡新塘村、南昌县广福北头村；除了南昌县广福北头村方言点处南部外，其他方言点都分布在昌都片的北部地区。

第四节　赣语昌都片中古入声字今读特点

根据汉语方言普遍性的演变规律，中古入声调今读往往是塞尾消失，并且根据调值调形相似原则并入相应的舒声调。据已刊研究材料（刘纶鑫，1999；陈昌仪，2005）来看，赣语大部分方言是保留中古入声的，从类型来看大致可以分为五种：①保留入声并且按清浊分调；②保留入声，并按清浊及古声母送气分调；③清浊入合流一个入声调；④部分字保留入声，部分字舒声化；⑤没有入声调。江西境内宜浏片赣语多属类型③④，吉茶片赣语多属类型①③，抚广片赣语多属类型①，鹰弋片赣语多属类型①③④，湖北境的大通片多属类型④，湖南境内的赣语多属类型③④。昌都片赣语多属类型①②。

笔者考察的 167 个方言点材料，湖口县 6 个方言点 [湖口双钟镇（刘纶鑫，1999）、双钟镇月亮村、马影镇走马刘三房村、文桥乡饶塘村陈凤姓村、武山镇武山村细沈祜、流泗镇红星村] 没有入声调，其他方言点均有入声调，1 个方言点有 5 个入声调类，11 个方言点有 4 个入声调类，37 个方言点有 3 个入声调类，78 个方言点有 2 个入声调类，34 个方言点有 1 个入声调类；从分合条件来看，有清浊分调，送气分调及韵摄分调；故昌都片赣语是赣语入声今读调类数最多，演变最复杂的区域。

一、入声字今读演变类型

按入声调的调类数来看可归纳为五种类型：

（一）5个入声调

修水县东港乡岭下村方言有5个入声调，具体情况是咸深山臻摄全清入字、部分次浊入字读入声$_1$，咸深山臻摄次清入字读入声$_2$，宕江曾梗通摄全清入与部分次浊入字读入声$_3$，宕江曾梗通摄次清入与部分次浊入字读入声$_4$，全浊入字及个别次浊入字读入声$_5$，部分全浊入与次浊入字归阳去。

（二）4个入声调

167个方言点中，有12个方言点有4个入声调。具体分布是修水县1个方言点，都昌县10个方言点，永修县1个方言点。有2种情况：

1. 全清入、次清入、全浊入、次浊入各为一类

全清入字读阴入$_1$，次清入字读阴入$_2$，次浊入字读阳入$_2$，全浊入字读阳入$_1$，具体方言点有都昌县万户镇长岭村、南峰镇暖湖、北炎乡曹炎村、和合乡田坂村、周溪古塘村、春桥乡云山村、徐埠镇山峰村、左里镇周茂村、狮山老屋于家湾、镇柳树堰卢家。

2. 按古韵摄来源分为4个入声调

咸深山臻摄及曾$_文$梗$_文$摄全清入字读入声$_1$，咸深山臻摄次清入字读入声$_2$，全浊入与部分次浊入字读入声$_3$，宕江通摄及曾$_白$梗$_白$清入字及部分次浊入字读入声$_4$，具体方言点有永修县艾城镇艾城村方言。

（三）3个入声调

167个方言点中，有37个方言点是3个入声调，具体分布是修水县8个方言点，都昌县4个方言点，湖口县3个方言点，德安县9个方言点，永修县5个方言点，安义县4个方言点，新建县4个方言点，南昌县1个方言点。

中古入声今读调类示意图

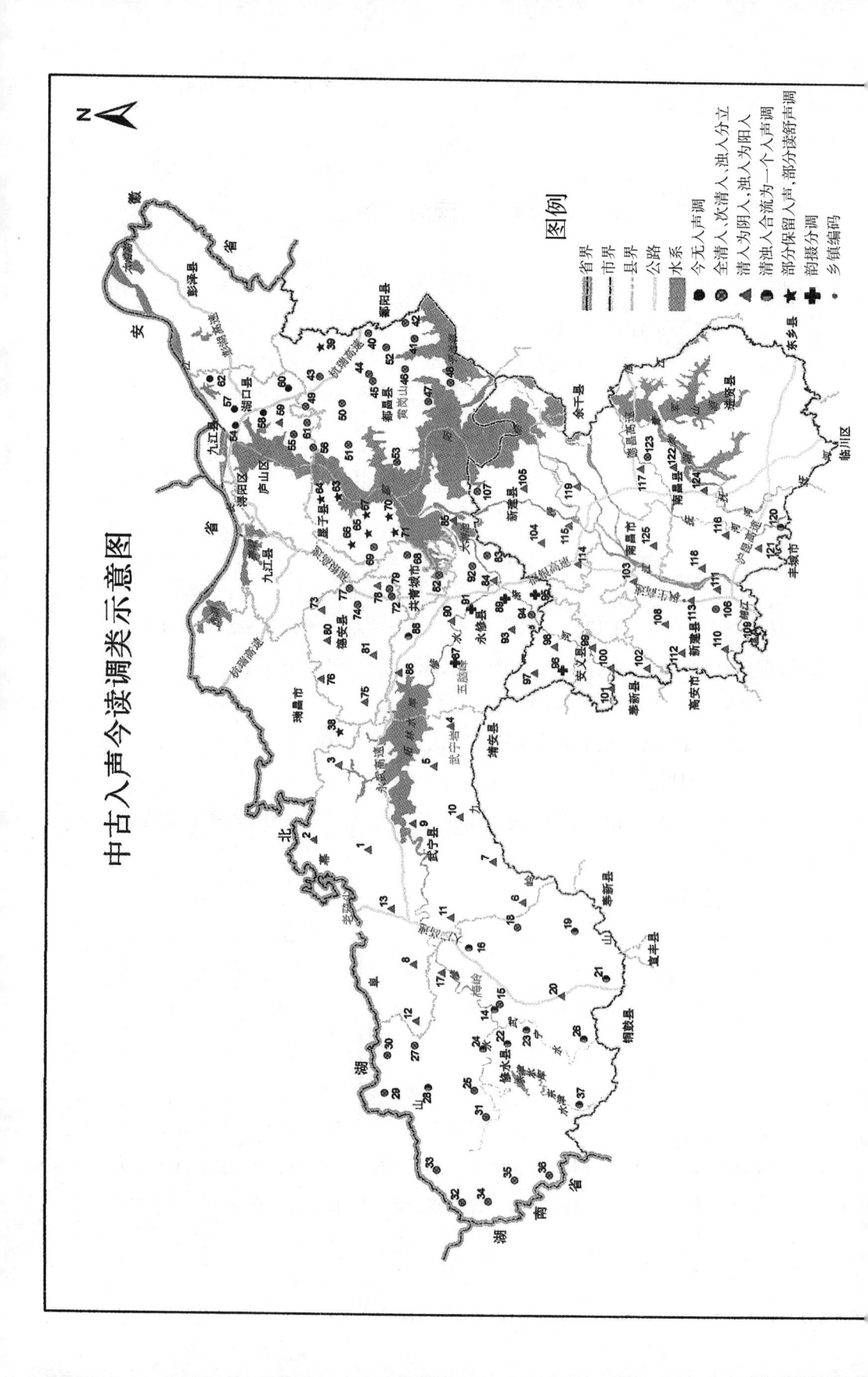

1. 全清入、次清入、浊入各为一类

全清入字读阴入甲,次清入读阴入乙,浊入字读阳入,具体方言点有修水县黄坳乡塘排村、马坳镇石溪村、白岭镇邓家咀、白岭镇白岭村、全丰镇南源村、黄龙乡沙塅村、余塅乡余塅村、大桥镇沙湾村、大桥镇界下村,都昌县土塘镇(陈昌仪,1991),湖口县双钟镇月亮村、舜德乡南湾村、舜德乡兰新村、武山镇武山村、流芳乡青年村、德安县蒲亭镇(刘纶鑫,1999)、丰林丰林村戴家、丰林丰林村金家、丰林紫荆村戴家、丰林依塘村河下叶、丰林依塘村依塘畈、高塘乡罗桥村、蒲亭镇附城村、永修县江益镇(刘纶鑫,1999)、三角乡(孙宜志,2006)、九合乡长滩村、马口镇新丰村,新建县金桥乡东和村、乐化镇江桥村、流湖乡对门牌头、昌邑乡良坪村,南昌县泾口辕门村。

2. 按古韵摄来源分为3个入声调

(1)咸山深臻摄清入字今读阴入$_1$,宕江曾梗通摄清入字读阴入$_2$,浊入字读阳入,具体方言点有永修县立新乡桥头村、马口镇山丰村,安义县城城关(高福生,1988)、龙津镇凤山村。

(2)咸深山臻清入及次浊入字读入声$_1$,宕江曾梗通清入及次浊入字读入声$_2$,古全浊入字读入声$_3$,具体方言点有安义县城新民乡新民村。

(3)部分浊入字、咸深山臻清入字、宕江曾梗通的次清入字读入声$_1$,部分全浊入字及宕江曾梗通的全清入字读入声$_2$,个别次浊入字及部分全浊入字为入声$_3$,具体方言点有安义县黄洲镇黄洲村。

(四)2个入声调

167个方言点中,有78个方言点是2个入声调,具体分布是武宁县12个方言点,修水县11个方言点,瑞昌县1个方言点,都昌县2个方言点,湖口县2个方言点,星子县2个方言点,德安县8个方言点,永修县7个方言点,安义县5个方言点,新建县19个方言点,南昌县9个方言点。

1. 清浊分调

清入字读为阴入,浊入字读为阳入。分布方言点有武宁县泉口镇丰田村、鲁溪镇大桥村、石门楼白桥村、罗溪乡坪源村、船滩镇船滩村、严阳石坪村、清江乡清江村、东林乡东林村、礼溪镇(钟明立,2004)、宋溪镇天平村、宋溪镇山口村、武宁县城（陈昌仪，2005）、罗坪镇长水村；修水县义宁镇（刘纶鑫，1999）、太阳升坳头村、何市镇大理村；德安县林泉乡林泉村、丰林紫荆村咀上袁家、车桥镇白水村、车桥镇长庆村、塘山乡新塘村、河东乡后田村、吴山乡河铺村、磨溪乡尖山村；永修县涂埠镇（陈昌仪，1983）、吴城镇（肖萍，2008）、三溪桥河桥村、虬津张公渡村、滩溪镇滩溪村；安义县城（陈昌仪，2005）、万埠镇下庄村、长埠镇长埠村、石鼻镇果田村、乔东乡社坑村；南昌市（陈昌仪，2005）；新建县长埈镇（陈昌仪，2005）、大塘坪（陈昌仪，1991）、象山（陈昌仪，1991）、联圩镇大圩村、乐化镇（陈昌仪，1991）、樵舍镇峰桥村、樵舍镇（陈昌仪，1991）、望城镇（陈昌仪，1991）、石埠镇乌城村、生米镇东城村、生米镇（陈昌仪，1991）、西山镇西山村、西山镇（陈昌仪，1991）、石岗镇石岗村、石岗镇（陈昌仪，1991）、厚田乡西门村、厚田乡（陈昌仪，1991）、松湖镇松湖村、松湖镇（陈昌仪，1991）；南昌县南新楼前村、塘南乡（肖放亮，2010）、幽兰南山村、幽兰厚田村、塔城东游村、塔城（刘纶鑫，1999）、富山乡霞山唐村、向塘镇（万云文，2011）、广福北头村；湖口县城山大塘细石家。

2. 清浊分调与送气分调相结合

（1）全清入字与部分浊入字读入声甲，次清入字读入声乙，部分浊入舒声化。分布方言点有修水县渣津镇长潭村，都昌县中馆镇银宝，星子县苏家档土牛村、横塘镇联盟村。

（2）全清入字与部分浊入字读入声甲，次清入字与部分浊入字读入声乙。分布方言点有修水县宁州镇、新湾乡新湾村、港口镇集镇、布甲乡洪石村、黄龙乡黄龙村，都昌县春桥乡春桥村。

（3）全清入字读入声甲，次清入与浊入合流读入声乙。分布方言点有修水县余塅乡上源村。

3. 按古韵摄来源分调

咸深山臻宕江曾梗通摄字读入声$_1$，宕江曾梗通部分字读入声$_2$。分布方言点有永修县江上乡耕源村。

（五）1个入声调

167个方言点中，有34个方言点有1个入声调，具体分布是武宁县3个方言点，修水县19个方言点，都昌县1个方言点，星子县8个方言点，永修县1个方言点,南昌市1个方言点,南昌县1个方言点。

1. 清浊入合流为1个入声

具体方言点有修水县义宁镇罗家坞、庙岭乡戴家村、庙岭乡小山口、太阳升农科所、上奉镇石街村、竹坪乡竹坪村、征村乡熏衣村、杭口镇厚家源、山口镇来苏村、溪口镇上庄围丘村、溪口镇南田村、溪口镇田仓村、溪口镇义坑村、港口镇界下村、港口镇大源村、布甲乡横山村、复原乡雅洋村,永修县梅棠镇杨岭村,南昌县三江徐罗村。

2. 部分入声字保留入声调,部分入声字读舒声调

(1)清入字与次浊入字今读入声调,全浊入字舒声化。

具体方言点有武宁县杨洲乡杨洲村、武宁县杨洲乡森峰村、修水县新湾乡小流村。

(2)清入字今读入声调,浊入字舒声化。

具体方言点有瑞昌县田义镇(刘纶鑫,1999)。

(3)全清入字今读入声调,次清入字及浊入字舒声化。

具体方言点有湖口县马影走马刘三房、星子县南康镇、白鹿镇玉京、华林镇繁荣村、温泉镇桃花源、蓼花镇胜利村、苏家档土牛村、横塘镇联盟村、蓼南乡新华村、蛟塘镇芦花塘、蛟塘镇(陈昌仪,2005)。

(4)次清入今读入声调,全清入及浊入舒声化。

具体方言点有都昌县大港镇小埠村。

二、入声字今读演变特点

(一)入声字今读演变的条件

昌都片赣语之所以成为赣语入声演变最为复杂的区域,其主要原因是因为昌都片赣语中古入声今读演变受多种条件制约。

1. 清浊分调

汉语方言声调多样性是中古汉语在各地不平衡发展的表现,声调古今演变早期重要条件有声母的清浊,如吴方言和粤方言平上去入清浊各有阴阳两类,

即四声八调。就入声来看,昌都片赣语有 2—5 个入声调的方言都有清浊分调现象,湖口县、星子县方言入声字部分舒化,从舒化后的不同走向也可以看出入声字曾清浊分调。根据昌都片赣语入声字的普遍发展规律,"清浊入声字今读合流为一个入声调"现象也应是清浊分调之后进一步发展的结果。

2. 送气分调

送气分调是昌都片赣语的典型性区别特征,这在中古入声今读演变中也有明显表现。167 个考察点中 76 个方言点存在入声字送气分调现象,昌都片赣语中送气分调与清浊分调是相结合的,在个别方言点入声字今读演变受清浊分调、送气分调、韵母摄分调共同作用,如安义县黄洲镇黄洲村、修水县东港乡岭下村方言。

3. 韵摄分调

韵摄分调是指古入声字今读按古韵摄来源不同发生分调,又有学者称"韵尾分调"。从已刊材料(刘纶鑫,1999)来看,赣语新余观巢镇方言、安义县方言、永修江益乡方言,客家话信丰县虎山乡方言、赣县韩坊乡方言、南康县蓉江镇方言、安远县龙布乡方言、大余南安镇方言存在韵摄分调现象。近期调查发现安义县龙津镇凤山村、黄洲镇黄洲村方言,永修县江上乡耕源村、立新乡桥头村、艾城镇艾城村、马口镇山丰村方言,修水县东港乡岭下村方言也存在韵摄分调现象。

据已刊研究(高福生,1988;刘纶鑫,1999)成果及近期调查,昌都片赣语韵摄分调方言点有:修水县东港乡岭下村、永修县江上乡耕源村、永修县艾城镇艾城村、永修县立新乡桥头村、永修县马口镇山丰村、安义县龙津镇凤山村、安义县城新民乡新民村、安义县黄洲镇黄洲村。

昌都片赣语韵摄分调主要分布在永修及安义县境修河、潦河沿岸及修河以南、潦河以西三角形河谷平原地带方言。据《永修县志》(1987:75),修河与潦河是赣江主要支流。修河发源赣西北幕阜山南麓,自西向东流贯铜鼓、修水、武宁,经永修汇入赣江,在永修境内经三溪桥、江上、白槎、虬津、艾城、立新。潦河发源于九岭山脉南麓,由奉新至安义石窝龚一段称南潦,由靖安流入安义边境后至石窝龚一段称北潦,黄洲镇正处于南潦沿岸,龙津镇处在北潦沿岸。南北潦河在石窝龚会合后统称为潦河,潦河出安义北上经永修马口镇、立新乡在永修涂埠镇山下渡汇赣江注入鄱阳湖。周振鹤、游汝杰(1998:80)曾指出,在古代的交通中,河流占有重要的地位,许多的县城往往是沿河谷而设置的,所以一条河流的流域常为一个经济区。同一个经济区方言容易接近,并且往往能够维持相对的独立性。昌都片赣语韵摄分调现象分布同修河、潦河河流经区域经济文化有关。

(1)韵摄分调类型

结合具体情况可以分为两类:

类型一:安义龙津型

咸深山臻摄清入字和少数次浊入字读入声$_1$,宕江曾梗通的清入和少数次浊入字读入声$_2$,浊入字读入声$_3$。主要分布方言点有安义龙津镇凤山村、新民乡新民村、县城城关(高福生,1988),永修县立新乡桥头村、江上乡耕源村、马口镇山丰村。从调值及塞尾来看,入声$_1$调值 55,塞尾 [t];入声$_2$调值 53,塞尾 [ʔ];入声$_3$调值 22,塞尾 [ʔ]。

类型二:修水东港型

按咸深山臻摄与宕江曾梗通摄分调,此外还受到送气分调制约,从而形成了复杂的调类分化情况。主要分布方言点有修水县东港乡岭下村、永修县艾城镇艾城村、安义县黄洲镇黄洲村。各方言点分调情况是:

安义县黄洲镇黄洲村方言咸深山臻摄清入字、宕江曾梗通摄次清入字及部分浊入字读入声$_1$,宕江曾梗通摄全清入字及部分全浊入字读入声$_2$,部分浊入字读入声$_3$。

永修县艾城镇艾城村方言咸深山臻摄及曾$_文$梗$_文$摄全清入字读入声$_1$,咸深山臻摄次清入读入声$_2$,全浊入与部分次浊入读入声$_3$,宕江通摄及曾$_白$梗$_白$清入字及部分次浊入字读入声$_4$。

修水东港乡岭下村方言咸深山臻摄全清入字、部分次浊入字今读入声$_1$,咸深山臻摄次清入字今读入声$_2$,宕江曾梗通摄全清入与部分次浊入字今读入声$_3$,宕江曾梗通摄次清入与部分次浊入字今读入声$_4$,入声$_5$来自全浊入字及个别次浊入字,部分全浊入与次浊入字归入阳去调。

龙津类型的韵摄分调是清浊分调与韵摄分调相结合的,形成了咸深山臻摄清入、宕江曾梗通摄清入、浊入三分格局。黄洲方言类型更为复杂,清浊分调、韵摄分调、送气分调共同作用于入声字今读演变。

（2）韵摄分调特点

赣语韵摄分调主要发生地昌都片赣语,与客家话方言同类现象相比较,昌都片赣语韵摄分调更加复杂,具有区域性创新特点。

据已刊材料(刘纶鑫:1999),客家方言入声字分调韵摄情况较一致,即咸深山臻为一类,宕江曾梗通为一类。如南丰县琴城镇方言咸深山臻摄入声字读入声₁,塞尾[p、t],宕江曾梗通摄入声字读入声₂,塞尾[k];信丰县虎山乡、赣县韩坊乡方言咸深山臻摄清入字读阴入,塞尾[ʔ],咸深山臻摄浊入字及宕江曾梗通五摄入声字读阳入,无塞尾;安远县龙布乡方言咸深山臻摄入声字读阴入,塞尾[ʔ],宕江曾梗通入声字归阳入,无塞尾;南康县蓉江镇古咸深山臻摄清入字读阴入,宕江曾梗通摄清入字读阳入,阴阳入均无塞尾;咸深山臻摄浊入字读入去声,宕江曾梗通摄浊入字读入阴平;赣县王母渡古咸山深臻四摄清入字读阴入,宕江曾梗通五摄清入字读阳入,阴阳入均无塞尾;咸山深臻摄浊入字读入阴平,宕江曾梗通五摄浊入字读入阳去。大余南安镇古咸深山臻摄浊入字和宕江曾梗通摄入声字今读入声,无塞尾;咸深山臻摄清入字今读阴平调;安远县欣山镇古咸山深臻摄清入字归上声,浊入字归阴平,古宕江曾梗通五摄入声字今读阳去。

从上文的材料可知,客方言韵摄分调与昌都片安义龙津型相一致,韵摄分调是与清浊分调相结合的,昌都片修水东港型则与之不同,下面以修水县东港乡岭下村方言为例做详细分析。

笔者按古调类来源选取253个常用汉字,对修水县东港乡岭下村方言做声调格局调查。其中入声字的选字有59个,具体为:(全清入)恶百谷竹笔节脚色织菊吓黑;(次清入)壳塔哭七切铁缺客出曲;(次浊入)抹蜡目力聂药墨机绿落辣麦木日叶热月六肉;(全浊入)学狭镯白毒集碟侄局勺石熟舌十食实笛。从录音材料中提取基频数据后,结果显示入声调类有六类:a笔节抹机聂日热月,b七切铁缺塔出,c百谷竹色织菊落木,d力绿壳哭客曲吓黑,e腊辣叶狭集碟侄舌十食,f麦六肉药学镯白毒局石熟实笛。从时长上看,a类时长均值为171.44毫秒,b类时长均值为197.629毫秒,c类时长均值为191.314毫秒,d类时长均值为301.384毫秒,e类时长均值为184.537毫秒,f类时长均值为442.711毫秒;abce类听感上是短促调,df类听感舒缓。从调值及调形上看,a类是高短促调,b类是起头比a类低些的短促调,c类、d类是带有假声的升降调,e类读低短促调,

f 类读同阳去调。下列六类字基频曲线图：

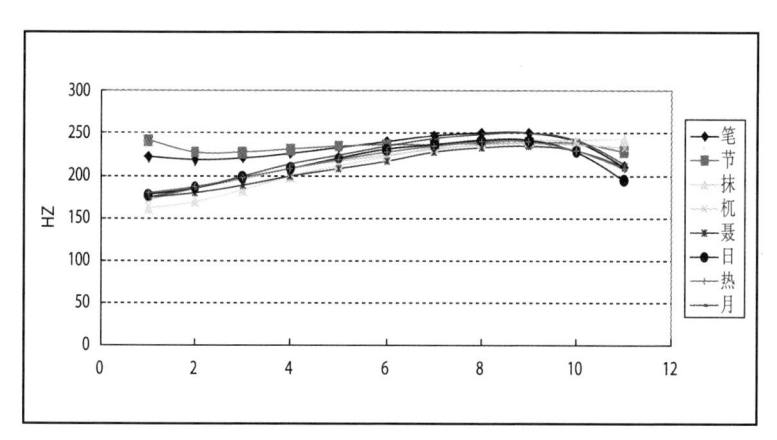

图 5-14 修水县东港乡岭下村方言入声基频曲线图（a 类）

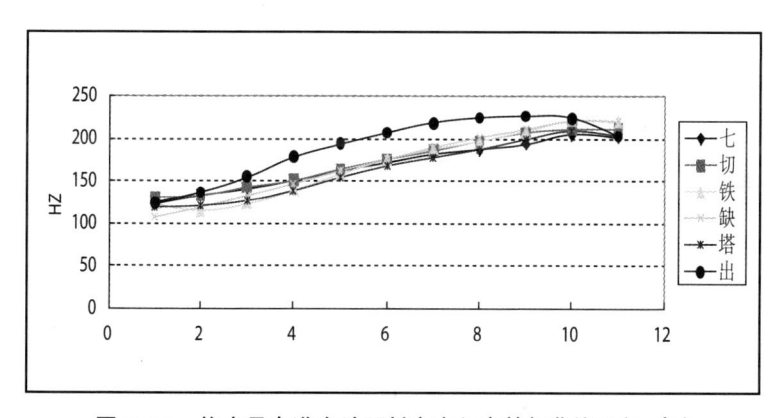

图 5-15 修水县东港乡岭下村方言入声基频曲线图（b 类）

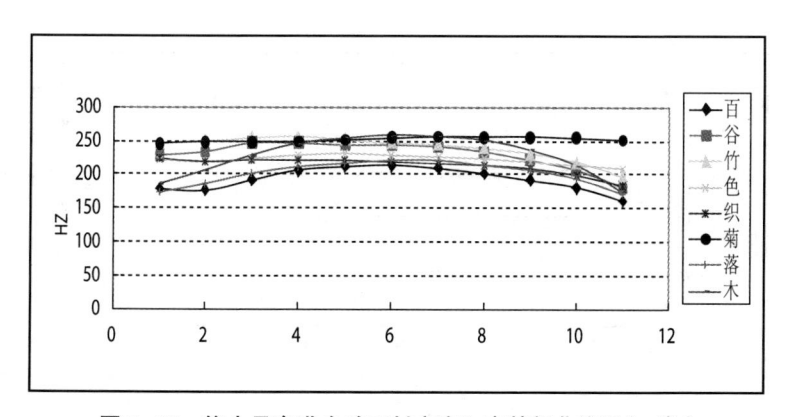

图 5-16 修水县东港乡岭下村方言入声基频曲线图（c 类）

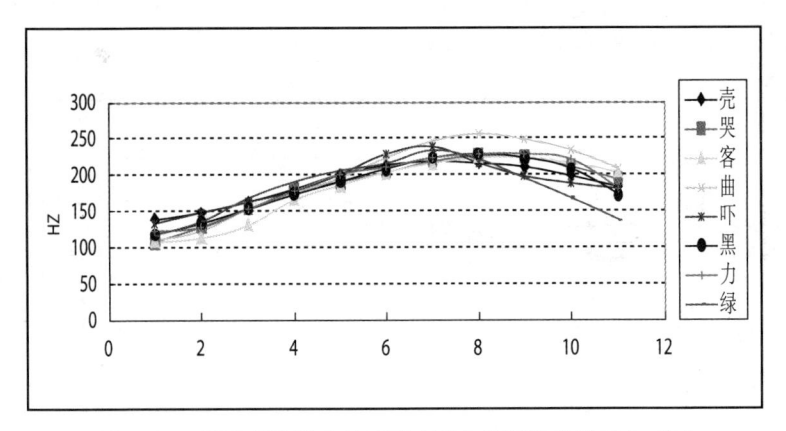

图 5-17　修水县东港乡岭下村方言入声基频曲线图（c 类）

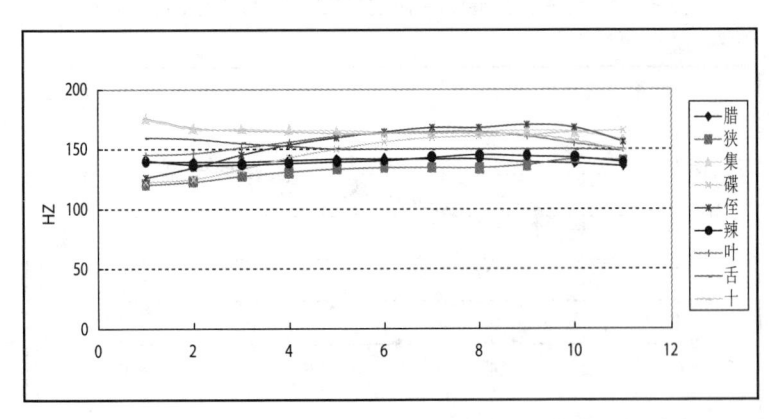

图 5-18　修水县东港乡岭下村方言入声基频曲线图（e 类）

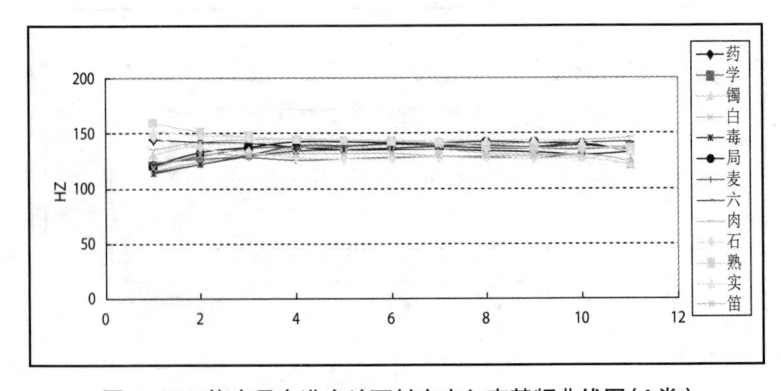

图 5-19　修水县东港乡岭下村方言入声基频曲线图（f 类）

结合上图及各类调值情况可知,修水县东港乡岭下村方言的中古入声今读格局是在声母清浊、送气及韵摄分调的共同制约下形成的,即咸深山臻摄全清入、部分次浊入读入声₁,咸深山臻摄次清入字读入声₂,宕江曾梗通摄全清入与部分次浊入字读入声₃,宕江曾梗通摄次清入与部分次浊入字读入声₄,全浊入字及个别次浊入字读入声₅,部分全浊入与次浊入字归阳去。

(二)浊入字与清入字今读合流现象

1. 次浊入字同全清入字今读合流

李如龙、张双庆(1992:193)曾指出:"次浊声母入声字有两个走向,或与清声母字同调,或与全浊声母字同调,相对而言客方言多数跟全浊走,赣方言多数跟清声母走。"孙宜志(2007:243)指出,赣语普遍存在次浊入部分随清流,从次浊入字随全浊入字的字数来看,都昌为17%,丰城为22%,吉安为24%,临川为30%,呈现出从北至南逐渐增多的趋势。

方言语音系统中若存在阴阳入对立时,只有个别次浊入随全浊入读阳入调,较一致性的例字有"落辣叶日木热腊蜡粒麦月脉六肉"。语用情况是单字音易读阴入调,在口语词中保留阳入调读法,如"月 [ɲiot]– 月光 [ɲiet̠₂ kuoŋ⁰]";老年人较稳定地读阳入,年轻人往往读阴入调。昌都片赣语次浊入字随清流的演变是以词汇扩散方式展开的。下面以武宁县石门楼镇石门村方言为例深入分析。

武宁县石门楼镇石门村次浊入字除了个别字(捺栗墨麦)单念时是阳入调外,其他均读全清入调。为了考察次浊入今读阳入调情况,笔者选取了下列97个两字组调查进行调查。

(全清平+次浊入)猪肉、冬月、三月,(次清平+次浊入)缚药、侵略、开业,(全浊平+次浊入)前日、红木,(次浊平+次浊入)娱乐、牛肉,(全清上+次浊入)狗肉、省力、小麦,(次浊上+次浊入)满月,(全浊上+次浊入)后日、静脉、尽力,(全清去+次浊入)剁肉、秘密、送药,(次清去+次浊入)退药,(全浊去+次浊入)树叶、大麦,(次浊去+次浊入)卖药、用力,(全清入+次浊入)畜牧、碧绿、腌肉动词、割肉、节目、碧绿,(次清入+次浊入)吃力、吃肉、出力、出纳,(全浊入+次浊入)毒药、薄膜、昨日、绝密,(次浊入+全清平)逆风、肉猪、肉丝、月光、辣椒,(次浊入+次清平)热天,(次浊入+全浊平)六神、落钱、月球、木材、钥匙、日头、木头、骆驼,(次浊入+

次浊平)肉麻、热人、入门、业余,(次浊入+全清上)历史、入股、肉饼、月底、木板、日子,(次浊入+次清上)肉体,(次浊入+次浊上)落雨、玉米、入伍、木偶,(次浊入+全浊上)落户、落后,(次浊入+全清去)立正、木架、六对,(次浊入+次清去)月票、麦片、六尺,(次浊入+全浊去)约会、篾匠、木匠、六袋、绿豆,(次浊入+次浊去)力量、木料,(次浊入+全清入)蜡烛、浴室、墨汁、绿色、落雪,(次浊入+次清入)立刻,(次浊入+全浊入)阅读、月食、肉食、玉石,(次浊入+次浊入)六月、腊月、日日、绿叶。

  调查结果是书面语及新兴词中次浊入已随清入字读阴入调,只是在一些常用口语词中还保留阳入读法,"猪肉、狗肉、腌肉_{动词}、割肉、吃肉、缚药、树叶、大麦、麦片、出纳、月光、辣椒、热天、日头、落雨、落雪、玉米、立正、木架、月票、腊月、蜡烛、墨汁、绿色、六尺、六月、六对"两字组中,"肉药叶麦纳月辣热日落玉立木蜡墨绿六"次浊入字读阳入,可见次浊入字随清流的演变是以词汇扩散方式展开的。

  2. 浊入字同次清入字今读合流

  浊入与次清入字今读合流是赣语昌都片都昌小片入声演变的区域性特点。这一音变现象在各地方言呈现不平衡态势,如都昌县春桥乡春桥村彭壁村方言次清入字与浊入字完全合流为阳入调;都昌部分方言仍处在合流过程中,如都昌县阳峰乡黄梅村沈家方言、都昌县阳峰乡伏牛村卢家方言部分全浊入字同次清入字合流(瞎=辖、撤=辙、脱=夺、镯=浊);修水县宁州镇、新湾乡新湾村、港口镇集镇居委会、布甲乡洪石村、黄龙乡黄龙村、大桥镇界下村、黄龙乡沙墩村、余墩乡余墩村方言,德安县丰林镇丰林村金家、紫荆村戴家、依塘村河下叶家、依塘村依塘畈方言语音系统中全清入、次清入、全浊入分立为阴入$_1$、阴入$_2$、阳入调,这些方言都存在部分全浊入字同次清入来源字一起读阴入$_2$调。

  笔者据古调类来源,选取了57个字,对都昌县阳峰乡伏牛村卢家方言做声调调查。这57个字是"恶百谷竹笔节脚色织菊瞎吓黑壳塔哭七切铁缺客出曲抹蜡目力聂药墨朹绿落辣麦木日叶热月六肉学狭镯白毒集碟绝佢局勺石熟舌十食实笛"。调查结果表明"(次清入)壳塔哭七切铁缺客出曲""(全清今读喉擦音)瞎吓黑""(全浊入A)学狭镯白毒集碟绝佢局"今读合流,"(全清入)恶百谷竹笔节脚色织菊""(次浊入A)抹蜡目力聂药墨朹绿"今读合流,"(全浊入B)勺石熟舌十食实笛""(次浊入B)落辣麦木日叶热月六肉"今读合流,三类区别明显。下图为都昌阳峰乡方言上述57个字的基频均值曲线图。

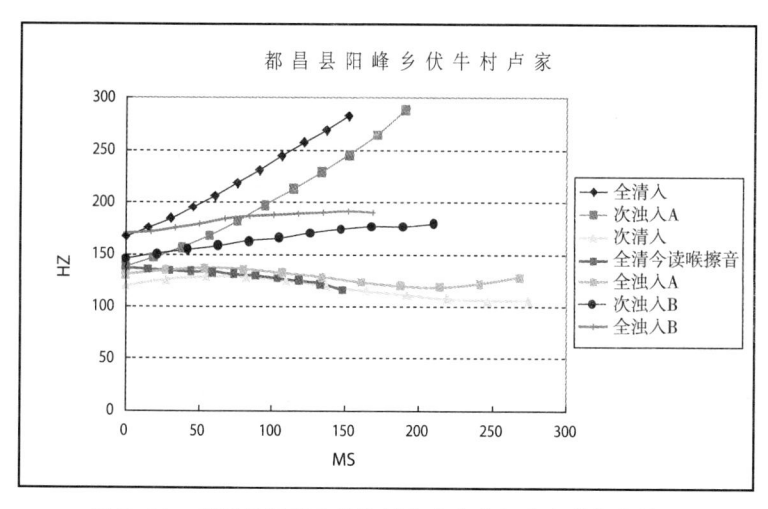

图 5-20　都昌县阳峰乡伏牛村卢家方言入声字基频曲线图

根据当地人的语感及音高基频数据,都昌县阳峰乡伏牛村卢家方言全清入字与次浊入 A 类字合流为阴入$_1$,次清入字、全清今读喉擦音声母的字与全浊入 A 类字合流为阴入$_2$,全浊入 B 类字与次浊入 B 类字合流为阳入。阳峰乡伏牛村卢家方言入声情况充分说明了都昌小片古次清入与全浊入字今读调类合流现象。

(三) 入声字舒声化发展

1. 北部方言入声字舒声化进程快于南部方言

167 个方言点中有 30 个点存在入声字今读舒声调现象,具体方言点有瑞昌西南南义镇(刘纶鑫,1999),武宁县杨洲乡杨洲村、杨洲乡森峰村、罗坪乡长水村,修水县布甲乡横山村、渣津镇长潭村、黄龙乡黄龙村、黄龙乡沙墈村、大桥镇沙湾村、大桥镇界下村、余塅乡上源村、余塅乡余塅村,都昌县大港镇小埠村、中馆镇银宝村,湖口县双钟镇(刘纶鑫,1999)、双钟镇月亮村(原三里)、马影镇走马刘三房村、文桥乡饶塘村陈凤姓村、武山镇武山村细沈祜、流泗镇红星村,星子县南康镇迎春桥社区、白鹿镇玉京村码头镇、华林镇繁荣村大屋金、温泉镇桃花源余家、苏家档乡土牛村、横塘镇联盟村墈上查家、蓼花镇胜利村东平山、蓼南乡新华村何家堡、蛟塘镇芦花塘细桥于村、蛟塘镇(陈昌仪,2005),以上分布点说明入声今读舒声调现象主要集中分布于武宁小片及都昌小片,故昌都片赣语北部入声字舒声化进程快于南部。

2. 不同声母入声字舒声化进程有差异

存在入声舒化现象的30个方言点中,瑞昌南义镇(刘纶鑫,1999)方言,武宁县杨洲乡杨洲村、杨洲乡森峰村方言全浊入今读阳去调,其他入声字仍读入声;武宁县罗坪乡长水村方言全浊入及部分次浊入今读阳去调;修水县布甲乡横山村、渣津镇长潭村、黄龙乡黄龙村、黄龙乡沙墩村、大桥镇沙湾村、大桥镇界下村、余墩乡上源村、余墩乡余墩村方言,都昌县中馆镇银宝村方言都是个别次浊入与部分全浊入字今读阳去调,其他入声字保留入声。故昌都片赣语浊入先于清入归并到舒声调。钱曾怡(1987:177—178)指出,河北东南部方言入声存在自西向东先全浊,再次浊,最后清声母逐渐转化为舒声调的过程,并指出全浊声母字在汉语声调的演变中是最为活跃的因素。可见昌都片赣语方言浊入声字演变与官话方言相一致。

昌都片都昌小片赣语存在次清化浊现象,全清入与次清入字多分调,据共时方言差异可知,次清入字先于全清入字发生舒声化演变。以星子县、湖口县方言为例,星子县方言中苏家档乡土牛村、横塘镇联盟村墈上查家方言全清入读阴入$_1$、次清入读阴入$_2$,星子县其他乡镇方言全清入及部分次浊入读阴入调,其他入声字归并到舒声调;湖口县只有近都昌县的舜德乡南湾村、城山乡大塘细石家、流芳乡青年村方言仍保留入声,湖口县其他乡镇方言全清入字今读阴去$_1$、次清入今读阴去$_2$,浊入字归阳去调。

3. 入声字舒声化演变方向

(1)全浊入字今读阳去调

昌都片赣语存在阴阳入对立的方言点,阴入多读高调,阳入与阳去调值接近,调型相似,多读低平调,据此可知昌都片赣语全浊入字是根据调值调形相似的原则归并到阳去调,在这一点上昌都片赣语同湖北大通片赣语表现一致,同邻近湖南境内的赣语多归阴平现象相异。

许多方言阳入调的塞尾弱化后,语用中阳入调与阳去调只是靠时长来区分。如下面修水县东港乡岭下村方言"坐[dzɔ²]、镯[dzɔ²]、实[sɛ²]、舌[sɛt₂]"4字的基频曲线图。

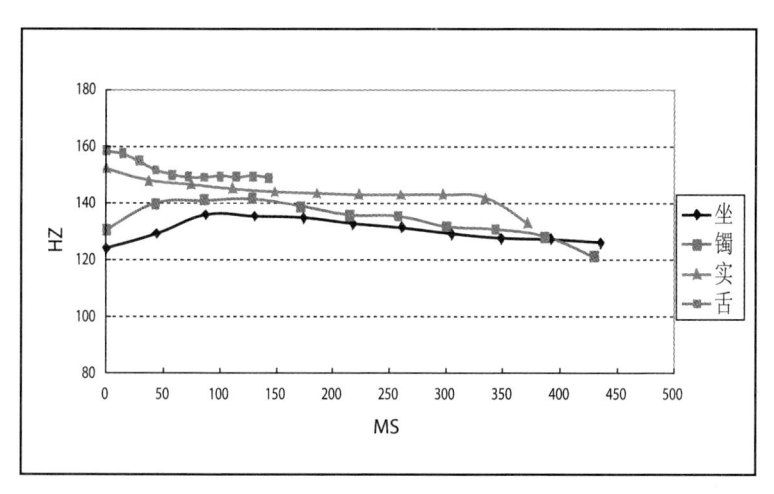

图 5-21 修水县东港乡岭下村方言"坐、镯、实、舌"基频对比图

上图 5-21 说明,修水县东港乡岭下村方言阳入调与阳去调调型、调值接近,差异点就是在时长上,"舌"字听上去比归入阳去调的"坐、镯、实"更短促。这种现象在昌都片赣语中具有普遍性。

（2）清入字同清去字今读合流

湖口、星子、都昌方言普遍存在清入字同清去合流现象。清去字与清入字又存在送气分调现象,所以清入与清去合流又有一些不同情况,都昌县大港镇小埠村方言全清入与部分浊入字归并到阴去,部分浊入字归并到阳去,次清入保留入声读法,星子县及湖口县方言则是全清入字同全清去字合流,次清入字同次清去字合流。

结　　语

　　赣语各片区语音的深入研究是赣语特点探讨的基础,赣语昌都片以往研究对象多为单点方言,语音研究缺乏全面深入、系统的探讨,本书旨在补充这一空白,为赣语研究增砖加瓦。总结全书,有以下研究成果与创新:

一、本书主要研究成果

　　全书除绪论、结语外共分四章,主要成果包括:

(一)深度挖掘昌都片赣语语音内部差异

　　第二章前十节精细地描述十县赣语的语音系统、共性特点及内部差异,再根据共时平面差异将各县方言语音进行内部划分。各县方言语音内部差异得到全面深入的挖掘,如《修水县志》(1991:564)只将修水赣语分为四种口音,即"上边声""修水声""奉乡声""泰乡声",分片依据主要是本地人语感;本书在系统调查修水 38 个方言点的基础上,提炼归纳出 13 条语音划分条件:中古全浊声母今读浊音、泥来逢洪音不混、知₃章组今读塞音、溪母今读喉擦音、通摄溪母字读清鼻音、遇摄一等及三等非知庄章组合流、蟹摄开口一二等韵母完全合流、止摄精知庄章组韵母合流、效摄开口三等知章组与流摄开口一等韵母合流、流摄开口一等见系韵母带 [i] 介音、曾宕江梗通摄韵母收 [-ŋ] 尾、鼻化韵母现象、浊上归去。按历史条件及共时平面差异相结合的原则,本书将修水赣语分为五种口音:修水口音、布甲口音、白岭口音、黄港口音、庙岭口音。

　　全书研究的基础是 182 个方言点材料,大规模的共时方言材料让本书对赣语昌都片语音内部差异及共性特点有了更加深入、全面的认识。在深入了解各县方言特点及内部差异的基础上,第二章第十一节归纳了昌都片赣语的语音共性特点,找出了昌都片赣语语音区别特征;根据地域差异,第十一节还提炼出十条语音条件:中古全浊声母今读、非组今读[ɸ]声母、泥来母逢洪音相混、精组声母拼细音发生腭化、知₂章组今读[tʂ]组声母、透定母读[l]声母、溪群母今读[h]声母、咸山宕摄三等知章组韵母为细音、深臻摄开口三等韵母合流为[in],曾梗摄字文读音韵母收[-n]尾,据此本书将昌都片赣语划分为三个小片:南昌小片、武宁小片、都昌小片。

(二)系统深入地探讨昌都片赣语语音特点

通过对昌都片十县方言语音全面深入的调查,据182个方言点材料,本书综合运用历史比较法、实验语言学方法、地理语言学方法、历史层次分析法、历史文献法等多种研究方法,归纳昌都片赣语声韵调今读音类类型,分析音类演变特点,还着重对一些有特色的语音现象的演变规律、历史层次及形成原因做深入探讨。具体体现为:

1. 分专题系统地研究昌都片赣语声韵调特点及演变规律

结合赣语已刊材料(29个方言点)及笔者调查的方言材料(153个方言点),本书选取昌都片赣语内部差异较大,或是有区域特色的语音现象进行专题讨论。

第三章详细讨论了中古声母今读特点及演变;赣北听感上的浊音并非都是语音学上"浊音",昌都片赣语声母今读送气清音、浊音存在多种变体现象,本书运用实验语音学方法分析中古全浊声母今读送气清音、浊音声学特点;结合125个方言点语料,本书梳理了泥来母逢洪音、来母逢细音、透定母、精知庄章组、见组今读类型,并对泥来母今读类型的历史层次及成因、来母逢细音今读塞音、透定母今读边音、知₂章组今读塞音、溪母今读[h]声母及今读零声母、曾梗通摄见系及非组字今读清鼻音等特色音变现象做深入探讨,结合汉语史、语用现象、历史文献研究成果探讨了音类的历史层次及音变成因。

第四章讨论了中古韵母今读特点及演变,包括遇摄韵母、蟹摄开口一二等韵母、止摄开口精知庄章组韵母、流摄韵母、中古阳声韵韵尾、入声韵尾今读特点及演变,一等字韵母今读带[i]介音现象;结合125个方言点材料,本书先梳理音类今读类型,说明分布情况,然后结合汉语语音史、历史文献成果及相关研究成果、语用现象分析音类类型的历史层次,并对一些有特点的韵母类型做重点探讨。

遇摄韵母(第四章第一节)今读格局有七种类型,类型一、类型二同唐以后的官话发展模式相一致,类型三、类型四、类型五则是昌都片赣语区域性创新发展。地理差异充分说明了昌都片赣语遇摄韵母呈现出多层次叠置现象,[ɛ]类与[iɛ]类韵母代表着中古早期鱼虞对立层,[u]、[i]、[ɿ]、[əu]、[y]、[ʮ]、[ui]韵母则代表着中古以后鱼虞相混层。

蟹摄开口一二等韵母基本上是合流的(第四章第二节),[ai]类韵母是中古蟹摄开口一二等合流之后的读法,[ɔi]类、[ei]类韵母是合流之前的层次,从各地方言[ai]、[ɔi]、[ei]类韵母例字数量来看,昌都片赣语蟹摄开口一二等韵母合流之势仍在词汇扩散阶段;蟹摄开口一二等个别字[a]韵母现象表明昌都片赣语同官话的渊源关系,[ɛ]、[an]韵母现象则说明昌都片赣语同赣语其他分片甚至邻近吴湘语存在密切关系。

止摄开口精知庄章组字韵母(第四章第三节)今读具有多样性,韵母格局类型有三类:合流型、二分型、半混型,结合各县方言地理差异及语用现象来看,韵母[ɛ]、[u]、[i]、[ɿ]应比韵母[ʅ]更早。

流摄一等与三等非庄组韵母基本上是合流的(第四章第四节),本书将昌都片赣语侯韵早期形式拟作[*əu]韵母,结合地理差异,可构拟一等韵母的音变模式有两种:1. [*əu]>[(i)ɛu]/[(i)eu]>[(i)ɛu]>[ɛɯ]>[ei]>[ɛ]; 2. [*əu]>[(i)ɛu/(i)eu]>[(i)ɛu]>(i)au];流摄三等字韵母因声母不同发生分化,本书构拟昌都片赣语流摄三等韵母的早期形式为[*iəu],结合地域差异上可推测昌都片流摄三等韵母发展存在两条演变轨迹:1. [*iəu]>[iɛu]>[ɛu]/[eu]/[ue]>[ei]>[ɛ]; 2. [*iəu]>[iɛu]>[iau]/[au]。

一等字今读韵母带[i]介音现象(第四章第五节)具体的韵摄条件是流摄开口一等、臻摄开口一等、曾摄开口一等字,主要分布于武宁县、安义县、新建县、南昌县方言;通过各地例字情况与音节内部环境的分析可知,[i]介音产生同韵母主元音[ɛ]/[e]发音特点相关。结合赣地历史文献材料,本书认为,[i]介音应是宋至元末产生的音变现象。

昌都片赣语中古阳声韵韵尾（第四章第六节）今读格局具有多样性，既有中古格局（咸深摄收 [-m] 尾，山臻摄收 [-n] 尾，宕江曾梗通摄收 [-ŋ] 尾），又有近代官话格局（咸深山臻摄收 [-n] 尾，宕江曾梗通收 [-ŋ] 尾），具体分为四类：新建长堎型、都昌阳峰型、安义龙津型、永修立新型；新建长堎型（咸深山臻摄及曾梗摄字文读音收 [-n] 尾，宕江通摄及曾梗摄字白读音收 [-ŋ] 尾）是昌都片赣语中古阳声韵韵尾发展的典型代表。

相较于赣语其他片区，昌都片赣语中古入声 [-t] 尾、[-k] 尾保存较好（第四章第七节），同时也存在一些创新性发展，如修水、都昌、星子方言中 [-l] 尾，南昌县三江镇方言入声辅音韵尾消失，主元音后增生出 [-e] 元音韵尾；从方言入声韵尾分配情况来看，本书认为昌都片赣语入声塞尾今读演变不仅与古韵摄来源相关，还同主元音、声母有一定关系。

第五章结合 167 个方言点材料，从平上去入字今读调类分合及演变角度探讨昌都片赣语中古声调今读特点。昌都片部分方言古平声清浊分调之后再按古今声母送气与否分调，分调后仍会依据调值、调形的相似性进一步发生合流音变。

清上与次浊上归上声，全浊上归去是赣语上声字今读的基本特点。本书研究表明，武宁、修水方言存在阳上调，今读阳上调应是中古阳上调的保存，武宁县方言共时差异呈现出昌都片赣语古浊上字今读发展轨迹及演变特点，联系语用现象来看，武宁方言"浊上归去"仍处在词汇扩散阶段。昌都片赣语全浊上归阴平现象应是比中古汉语全浊上归去更早的语音现象，从分布上来看，昌都片全浊上归阴平现象应是从赣东、赣中方言向北部、西部方言扩散的结果；联系地理分布及历史文化来看，都昌县西南部方言、永修县吴城镇方言、鄱阳县方言古全浊上及全浊去归阴平现象应有共同的历史渊源。

昌都片赣语普遍存在全清去与次清去送气分调现象，从去声送气分调来看，赣语与湘语在类型上接近；去声今读的区域性演变特点表现为中南部方言次清去字与清上字多合流，北部方言古次清去字与全浊去字多合流。

入声字今读演变的条件主要有声母清浊、送气与否、韵摄来源；韵摄分调与送气分调共同作用于入声字今读演变，这是昌都片区域性性创新特点；昌都片赣语次浊入字读阴入调较普遍，结合方言材料来看，次浊入字随清流的演变是以词汇扩散方式展开的；方言共时差异说明北部方言入声字舒声化进程快于南部方言；不同声母的入声字舒声化进程也有差异，浊入字先于清入字归并于舒声调，都昌小片存在次清化浊现象，次清入字先于全清入字发生舒声化演变，这也是昌都片赣语的区域创新发展。

2. 微观、宏观相结合，深入探讨昌都片赣语语音现象

在研究内容上，本书第二章着重于描写与探讨了十县方言语音特点及内部差异，在各县内部差异揭示的基础上，提炼出昌都片区域差异大、有特色的语音现象，之后在第三章至第五章做专题研究，研究思路上体现由微观向宏观的提升；在研究方法上，对着重探讨的语音问题，本书还做了进一步数据量化微观考察及重新思考，从而得出比以往更加深入的认识，提出自己的看法与观点。下文择重点简明概述：

来母逢细音今读塞音现象的探讨（第三章第三节）。本书从《方言调查字表》选取115个来母字对125个方言点进行专题调查，根据不同方言点来母逢细音读塞音声母的例字情况；本书探讨来母逢细音今读塞音声母的韵摄条件，结合地理分布来看，可以看出，昌都片赣语来母逢细音今读塞音现象呈渐失态势，且各县方言都存在地理分布不平衡的现象。

透定母今读边音现象的探讨（第三章第四节）。以往成果揭示都昌方言有透定母今读边音现象，近期调查发现德安县丰林镇方言，湖口县方言、星子县方言、永修县部分乡镇方言也有此音变现象。本书从《方言调查字表》中选取194个常用透定母字对相关方言进行专题调查，根据不同方言透定母字今读边音声母的例字情况得出结论，即一等字多读塞音声母，合口一等拼细音及四等字今读边音声母，再结合地理分布来看，昌都片赣语透定母今读边音的音变现象有两处发源地：都昌西部方言、德安中部方言。

溪群母今读零声母与[h]声母现象探讨（第三章第六节）。本书从《方言调查字表》中选取137个溪母字、84个群母字对昌都片方言进行专题调查，结合这两类现象在昌都片方言分布及例字情况，本书认为昌都片赣语溪群母今读零声母现象与溪母今读[h]声母现象是昌都片赣语声母特有的发音机制所导致的不同音变结果，是同一音变链条上的两个不同发展阶段，本书还就昌都片溪群母今读构拟了演变过程。

曾梗通摄见组及非组今读清鼻音现象探讨(第三章第七节)。本书对125个方言点清鼻音现象做了全面梳理,归纳出了昌都片赣语清鼻音现象例字范围;本书还对昌都片清鼻音分布情况、发音特点、形成原因做了深入分析;参照赣语其他片区材料及客家方言、民族语言清鼻音现象,本书认为昌都片赣语清鼻音现象并不是上古音的保存而是后起的音变现象。

中古清上与次浊上合流,全浊上归去是昌都片赣语的主流特点(第五章第二节);近期调查发现武宁县及修水县方言仍存在浊上字读阳上调现象,全面梳理阳上调例字情况,本书发现武宁方言阳上调现象同邻近的湖南赣语相近,从各乡镇方言音类演变差异及例字情况来看,昌都片赣语部分方言"浊上归去"仍处于词汇扩散式演变阶段。中古去声除清浊分调外(第五章第三节),也普遍存在按古声母的送气分调现象,通过梳理不同类型,各类型方言点数量对比,本书发现送气分调后,南昌小片方言古次清去字与古清上字今读多合并,都昌小片方言古次清去字与古浊去字今读多合并。中古入声分调后的演变趋向(第五章第四节)主要有四种:清浊入合流,次浊入随清流,次清入与浊入合流,全浊入归阳去;通过对武宁县石门楼镇方言97个两字组的调查,本书发现,次浊入字随清流的演变是以词汇扩散方式展开的。

3. 共时、历时相结合,深入分析昌都片赣语音类的历时演变

共时方言材料比较能反映语音历时演变,若能同赣地历史文献相互参证,则可以对音类类型历史层次做合理判定,构拟音变过程。本书第三章到第五章充分运用共时方言材料与赣地历史文献成果相结合的研究思路及方法,对昌都片语音历时演变做深入研究。

以中古阳声韵韵尾今读演变(第四章第六节)为例。咸深摄 [-m] 尾现象主要分布于安义方言,结合汉语史可知安义方言咸深摄 [-m] 尾现象应属中古汉语语音现象,共时方言材料说明咸深摄 [-m] 尾现象在安义县乡镇方言呈现不平衡的分布态势,结合宋元清时期江西籍诗人诗文及赣地医籍歌括用韵情况,本书认为昌都片赣语大多数方言咸深两摄韵尾 [-m]>[-n] 音变应是在元明清时期逐步完成的,安义方言至今仍处于词汇扩散音变阶段;昌都片赣语中古阳声韵韵尾今读演变较普遍的区域特点是"曾梗摄字收 [-n] 韵尾",据汉语语音发展史,曾梗摄合流应是中古以后北方方言的演变模式,结合赣语历史文献成果,本书认

为,赣语曾梗摄字[-n]韵尾现象应是宋代以后的音变现象,即赣语也曾经历曾梗摄合流的音变,之后,近代还发生[-ŋ]>[-n]的演变,即曾梗摄进一步同咸深山臻摄合流。

二、本书主要创新点

本书首次对昌都片赣语语音做全面深入、系统地研究,提出一些新思考与新观点。本书研究的创新点具体表现为:

(一)密集性田野调查为昌都片赣语研究提供第一手新材料

微观布点,密集性调查。本书为赣语研究新增153个方言点的第一手新语料,因此本书揭示许多以往未刊的方言事实,同时一些曾讨论过的问题得到更加全面、深入地探讨。方言事实的新发现给赣方言探讨提供新的视角,南昌县三江镇徐罗村方言入声塞尾消失后,入声字主元音增生元音韵尾(第四章第七节),这一现象为赣语昌都片入声塞尾演变发展途径做类型补充;武宁县、修水县方言发现阳上调现象(第五章第二节),也进一步完善昌都片浊上演变发展过程的构拟;德安县中部丰林镇方言存在透定母读边音现象(第三章第四节),全浊上及全浊去部分归阴平现象(第五章第二节),这说明赣语昌都片语音发展过程中各地方言存在平行创新;溪群母读零声母(第三章第六节)现象的主体字是群母字,湖口县城山乡大塘村等方言溪群母有喉擦音声母与零声母并存现象,由此本书认为昌都片赣语溪母今读[h]声母现象与溪群母今读零声母现象之间存在密切关系;蟹开一二等(第四章第二节)个别字白读韵母为单元音[ɛ]/[a],这说明昌都片赣语保存有较早层次,本书认为是鄱阳湖古饶州文化层,蟹摄开口二等字"迈崖涯"韵母读[an],同类"阴阳对转"现象在邻近湖南方言分布广泛,方言事实充分说明湘赣方言有密切联系。

(二)地理语言学视角下探讨赣语昌都片语音特点及历史层次

地图可以清晰呈现各类语音特征在昌都片区域的分布情况,凸显语音的区域性发展趋势,有助于语音历时演变规律的分析,地理语言学视角下考察及探讨昌都片赣语语音古今演变的特点是本书的一大特色。

结合地理分布特点及语音的共时平面差异,本书对昌都片赣语的一些音类演变规律有了比以往研究更加清晰的认识。蟹开一二等韵母今读类型有分立型、合流型,分立型主要分布在交通不便的封闭地区方言;[ei]类韵母较为集中分布于修水境内及鄱阳湖滨地区方言,以[ɛi]为起点的发展链条为[ɛi]>[ei]/[ɛi]>[ɛ]/[ẽ]/[iɛ]; [ɔi]类韵母主要分布于武宁县方言及南昌县方言,以[iɛ]为起点的发展链条为[ɔi]>[ɔe]>[œ]。遇摄韵母[ɛ]、[iɛ]属中古《切韵》时代鱼虞分韵的早期层次,中古以后鱼虞韵母有[u]、[i]、[ɿ]、[əu]、[y]、[ʮ]、[iu]、[ui],根据共时差异,韵母[u]、[i]、[ɿ]、[əu]应是昌都片赣语语音内部音变的结果,其中韵母[ɿ]按词汇扩散方式在昌都片区域方言扩展,根据各地方言语用现象,本书认为,昌都片赣语遇韵鱼虞韵在知章组声母后先合流为[u]韵母,中古以后又发生了[u]>[ɯ]>[ɿ]的音变,修水西部及西北部的乡镇方言中韵母[əu]则是晚近时期发生的高元音复音化的音变结果。

结合音类特征分布图可知,泥来母逢洪音今读类型地理分布有明显的区域性特点,不混型主要分布于鄱阳湖滨地区,半混型主要分布于旧南昌府境内,其中半混B、C型方言点多处于交界地带;透定母读边音现象具有环鄱阳湖区分布的地理特点;知₂章组今读塞音现象、曾梗通见组与非组清鼻音自成音节现象主要分布于旧南昌府区域;溪母读喉擦音[h]声母有沿水陆及鄱阳湖分布的特点;一等字带[i]介音现象地理分布特点是从昌都片西北武宁县、修水县方言往西南发展至安义县、新建县、南昌县方言,然后向东向南延伸,与赣东、赣中方言连接成一片,昌都片东北部的都昌方言、星子方言、湖口县方言、永修县方言、德安县方言则少有此现象。

音类特征地图也可呈现出一些局部区域性发展特点及演变趋向,如昌都片赣语古去声与入声字今读存在送气分调现象,分调后许多方言进一步发生了合流音变,从发展趋向来看,南昌小片与都昌小片方言区别较大,南昌小片方言次清字随清流,都昌小片方言次清字与全浊字今读多发生合流;透定母读边音现象具有环鄱阳湖区分布的地理特点,结合历史人文可知湖口方言、星子方言、吴城方言透定母今读边音与都昌方言有密切关系,结合例字来看,透定母读边音现象以鄱阳湖滨为中心源,音变现象按词汇扩散方式向外推展。

441

将地理信息、历史文化与方言材料联系起来,本书在探讨音类分布特点、语音演变规律的同时,还对一些特色语音现象历史文化渊源有了更加深入的认识,如据已刊成果可知都昌方言、永修吴城方言存在全浊上(兼顾全浊去)归阴平现象,近期调查发现,德安县丰林镇方言也存在全浊上、全浊去归阴平的现象。联系邻近方言来看,古全浊上及全浊去部分归阴平现象正是沿着鄱阳湖湖区,顺着水路交通扩散分布;再结合赣语其他方言片区情况可知,全浊上归阴平现象在江西境内是由南向北,由东向西扩散的,昌都片赣语全浊上归阴平现象应是赣东、赣中向北部、西部扩散的结果;联系地理分布及历史文化来看,都昌县西南部方言与永修吴城方言、鄱阳县方言古全浊上及全浊去归阴平现象不应是互不相关的平行创新,应有共同的历史渊源,本书认为,这个共同的历史渊源极可能同古饶州鄱阳方言有密切关系。

(三)实验语音学方法进一步拓展赣语昌片语音研究的深度

以往赣语研究多是利用历史比较法与共时语音描写法等传统方法,本书尝试运用实验语音学方法对昌都片赣语语音现象进行描写与探讨。本书第二章利用实验语音学方法制做了各县方言声调基频曲线图;昌都片赣语中古全浊声母今读主要存在"送气清音、浊音"两种类型,本书(第三章第一节)利用实验语音方法分析了全浊声母今读送气清音的"送气"特点、今读浊音的"不稳性"特点,声学数据与语图充分论证以下观点性认识:1.送气清音"送气"特征,从声学参数来看,存在弱送气,不送气变体;2."浊音"各地分布不平衡,发音极不稳定,存在"清音浊流、送气清音"变体;3.浊音声母音节带有弛声特点。

本书第五章在研究声调问题时,借助基频曲线来辅助论证,声调演变探讨更加科学、直观。清浊分调与送气分调是昌都片赣语声调演变的主导原因,中古平声(第五章第一节)按清浊分调,在已刊成果中有全清平与次清平分调的报道,近期调查发现德安县丰林镇四个方言点存在全清平与次清平分调现象,通过音高声学数据分析,本书认为昌都片都昌小片方言无论全清平与次清平是否对立,普遍存在全清平字与次清字基频差异现象,这说明昌都片赣语曾经普遍存送气分调现象。

中古入声今读(第五章第四节)演变受声母清浊、送气与否、韵摄来源等多种因素影响,本书运用实验语音学方法分析研究了修水县东港乡岭下村方言韵摄分调现象,结合赣语其他片区及客家方言韵摄分调现象,本书认为,昌都片赣语入声字韵摄分调有着不同其他方言的特点,即昌都片赣语入声字韵摄分调过程有送气分调机制的参与;通过基频数据对比,本书发现,昌都片赣语全浊入字与全浊去字今读调值与调形相近,区别在时长,据此可知昌都片赣语全浊入字舒化的走向必定是同浊去字合流;北部都昌小片方言声母存在"次清化浊"现象,通过基频数据对比可知声调演变上也存在"次清与全浊合流"现象,即次清去字与全浊去字,次清入字与全浊入字今读调类多合流。

（四）语言接触视角下思考赣语昌都片语音问题

赣语昌都片西北区域同湖南赣语、湖北大通片赣语连接,北部同长江沿岸的江淮官话接触,腹地因近现代接纳大量移民也存在多方言并存现象,故从不同方言间接触的角度去思考,必然有助于昌都片赣语语音特点深入探讨。如(第二章第二节)修水境内东南部集居大量的闽粤籍客家人,修水东部的庙岭口音、黄港口音中古全浊声母今读与次清合流为送气清音现象与客家方言接触关系密切;止摄合口三等与遇摄合三等韵母合流读 [y](第三章第一节),这是音韵学史上所说的"支微入鱼"现象,据已刊成果可知,"支微入鱼"现象多分布于江淮官话、吴语、老湘语、客家话、徽语中,赣语并不普遍,而昌都片赣语有"支微入鱼"现象的方言点主要分布在与江淮官话邻近的区域,这种分布特点显示,昌都片赣语"支微入鱼"现象同分布于九江市、九江县、瑞昌、彭泽沿长江南岸、湖口县城沿江一带黄孝片江淮官话有密切联系;止摄开口知章组字 [ɿ] 韵母(第四章第三节)主要分布于北部都昌小片及邻近江淮官话的区域,结合地理位置及历史人文来看,星子县、都昌县、湖口县方言止摄开口知章组字 [ɿ] 韵母现象应是同中古以后的官话影响有关;浊上字今读阳上调(第五章第二节)应属中古早期的语音现象,共时差异说明,武宁县、修水县方言浊上字演变仍处在词汇扩散阶段,武宁县、修水县方言浊上调现象及例字情况同与之接壤的湖南赣语相一致,从地理分布上看,昌都片西北部方言阳上调现象同邻近的湖南赣语有着密切联系。

三、本书的不足之处和有待于进一步研究的问题

赣语昌都片是赣语九大分片之一,地处江西北部,境内辖赣西北修水县、武宁县、安义县及鄱阳湖北岸的都昌县、湖口县,鄱阳湖西侧的星子县、永修县、德安县、新建县、南昌县、南昌市。从自然地理上看,昌都片西北部为交通闭塞的山区,方言中保存许多古老语言现象,东部、南部为富饶平坦的鄱阳湖平原;昌都片各县处于长江—鄱阳湖—赣江航道上,自古以来就是入赣移民的必经之地,受外来文化影响深厚;复杂的自然、历史、人文背景造就了赣语昌都片方言复杂多样,层次叠置的现状。本书旨在对赣语昌都片语音做全面、系统的研究,故以笔者浅薄学识驾驭如此复杂庞大的课题,必定有许多纰漏,甚至有"黔驴技穷"之感,本书有如下不足及仍需探讨的问题。

(一)布点仍有不合理之处

本书写作之初布点方案是各县所有乡镇,由于主客观原因,结果未能如愿,故造成有的县方言点多,有的县方言点少,地理分布广度不够理想,这必然会导致许多方言事实的疏漏,也可能造成各县方言语音内部划分上的不准确。

(二)区域性语音特点仍需深入研究

一些有价值的语音现象及音变原因没能得到完善的解释,在广度与深度上仍有拓展的空间,如近期调查发现德安县方言存在浊上归阴平现象,由于人力、时间的原因,笔者未能就此专题对德安县方言做全面系统的调查,故浊上归阴平现象具体地理分布情况,例字情况无法获得,德安县方言与都昌县、永修吴城等地方言浊上归阴平现象的联系也就无法深入讨论。

(三)一些焦点问题仍需运用新方法深入探讨

赣语昌都片的许多焦点问题仍需探讨,如中古浊声母今读、次清化浊现象、送气分调现象,利用实验语音学方法深入探讨相关声学特点必将是揭示这些问题真相的不可空缺的途径。

本书结合大量的共时材料来探讨昌都片赣语语音特点及历时演变,充分体现地理语言学视角下探讨赣语语音的研究思路;地理语言学研究的重要标志之一是多种地图的绘制,本书地图主要是语音特征分布图,不足之处是未做同言线地图分析,故地理语言学研究仍是赣语研究中急需进一步拓展的研究方向。

(四)方言比较及接触研究仍需深度开拓

赣语昌都片东部与赣语鹰弋片相连,东北部与赣语怀岳片(主要分布于安徽省)隔江相望,北部、西部与赣语大通片(分布于湖北省、湖南省境内)接壤,南部与赣语宜浏片相邻。昌都片赣语与赣语其他片区方言的深度比较是昌都片赣语深入探讨不可缺少的途径,本书就这个问题有不少论述,但仍有许多不尽如人意的地方。

近现代大量移民迁入与安置造成了昌都片局部区域赣语与其他汉语方言(客家方言、吴语、徽语、中原官话、西南官话等)的密切接触,境内有些乡镇居民语用存在复杂的双方言现象,如修水东南部的黄沙、何市、黄港、上奉及南部的征村、漫江、复原、山口等地是客家人主要集中地,本地人与客家人多持双方言,如黄港镇共有8个行政村,每个村都有本地人、客家人,安全村客家人占80%,本地人占20%,这里的本地人也说客家话。德安县车桥镇与磨溪乡是安置移民最多的两个乡镇,本地人与移民杂处,语言互相影响。语言是民俗文化的载体,会随着人口流动、居民杂处而发生变迁与演变,故要深入探讨昌都片赣语语音的特点及发展,赣语与其他汉语方言的接触研究是必不可少的研究课题,本书在讨论语音特点及演变规律时对此有所涉及,仍有不够深入的缺陷。

本书研究的难度与内容的复杂性远超当初设想,以上诸多不足也多因本人学识、能力、精力有限所致,在此记录,以备将来进一步地深入研究。

参考文献[*]

[1] 北京大学中文系语言文学系语言学教研室编:《汉语方音字汇》(第二版),文字改革出版社,1989年

[2] 曹树基:《中国移民史》(第五卷),福建人民出版社,1997年

[3] 曹志耘:《汉语方言声调演变的两种类型》,《语言研究》,1998年第1期

[4] 曹志耘:《汉语方言中的韵尾分调现象》,《中国语文》,2004年第1期

[5] 陈彭年:《宋本广韵·永禄本韵镜》,江苏教育出版社,2002年

[6] 陈昌仪:《都昌(土塘)方言的两个特点》,《方言》,1983年第4期

[7] 陈昌仪:《永修话声调的演变》,《江西大学学报》(社会科学版),1983年第2期

[8] 陈昌仪:《赣方言概要》,江西教育出版社,1991年

[9] 陈昌仪:《新建方言音系》,《抚州师专学报》,1991年第1期

[10] 陈昌仪:《江西省方言志》,方志出版社,2005年

[11] 陈忠敏:《语音层次的定义及其鉴定的方法》,《上海教育出版社》,2007年

[12] 陈秀琪:《客家话的 -i 元音增生现象》,《第十一届客家语言国际学术研讨会论文》,2014年8月

[13] 程序:《从语音特征看江西鄱阳方言的性质》,《语言应用研究》,2009年第10期

[14] 戴庆厦:《阿昌语的清鼻音》,《民族语文》,1985第2期

[15] 邓强:《〈韵会定正〉反映的元末明初江西方音》,《宁夏大学学报》(人文社会科学版),2010年第3期

---

[*] 按姓氏音序排名,若有多位作者则按第一作者姓氏音序排,同人不同成果按发表时间先后排。

[16] 丁度(宋):《集韵》,中国书店出版社,1983年

[17] 丁邦新:《论官话方言研究中的几个问题》,《"中研院历史语言研究所"集刊》(第五十八本第四分册),1987年

[18] 丁邦新:《丁邦新语言学论文集》,商务印书馆,1998年

[19] 丁邦新:《历史层次与方言研究》,上海教育出版社,2007年

[20] 冻国栋:《中国人口史》(第二卷),复旦大学出版社,2005年

[21] 杜爱英:《北宋江西诗人用韵研究》,南京大学博士论文,1998年

[22] 冯梦龙:《古今谭概》,中华书局,2007年

[23] 高本汉:《中国音韵学研究》,商务印书馆,2003年

[24] 高福生:《安义方言同音字汇》,《方言》,1988年第2期

[25] 耿军:《元代汉语音系研究》,中国对外翻译出版有限公司,2013年

[26] 顾野王(梁):《大广益会玉篇》,中华书局,1987年

[27] 何大安:《规律与方向——变迁中的音韵结构》,北京大学出版社,2004年

[28] 侯精一:《南昌话音档》,上海教育出版社,1998年

[29] 胡松柏:《赣东北方言调查研究》,江西人民出版社,2009年

[30] 黄淬伯:《慧琳〈一切经音义〉反切声类考》,《史语所集刊》,1928年

[31] 金有景:《襄垣方言效摄、蟹摄(一二等韵)字的韵母读法》,《中国语文》,1985年第2期

[32] 蒋希文:《湘赣语里中古知庄章三组声母的读音》,《语言研究》,1992年第1期

[33] 孔江平:《苗语浊送气的声学研究》,《民族语文》,1993年第1期

[34] 孔江平:《实验语音学基础教程》,北京大学出版社,2015年

[35] 李冬香:《湖南赣语语音研究》,暨南大学博士学位论文,2005年

[36] 李方桂:《上古音研究》,商务印书馆,2001年

[37] 李惠昌:《遇摄韵在唐代的演变》,《汕头大学学报》(人文科学版),1989年第4期

[38] 李晋德、黄汴:《客商一览醒迷·天下水陆路程》,山西人民出版社,1992年

[39] 李军:《从龚廷贤医籍歌括用韵看明代赣方言的若干特点》,《语言研究》,2006年第1期

[40] 李军:《元代江西文人诗文用韵所反映的入声韵演变及其分布特征》,《语言科学》,2010年第4期

[41] 李军:《江西赣方言历史文献与历史方音研究》,商务印书馆,2015年

[42] 李如龙、张双庆:《客赣方言调查报告》,厦门大学出版社,1992年

[43] 李如龙:《两种少见的声调演变模式》,《语文研究》,1992年第2期

[44] 李清桓:《〈五方元音〉音系研究》,武汉大学出版社,2008年

[45] 李新魁:《中古音》,商务印书馆,2000年

[46] 李永燧:《历史比较法与声调研究》,《民族语文》,2003年第2期

[47] 林亦:《黄庭坚诗文用韵考》,《广西大学学报》(哲学社会科学版),1991年第4期

[48] 刘纶鑫:《客赣方言比较研究》,中国社会科学出版社,1999年

[49] 刘纶鑫、田志军:《客赣方言研究的回顾与展望》,《南昌大学学报》(人社版),2003年第3期

[50] 刘泽民:《客赣方言历史层次研究》,甘肃民族出版社,2005年

[51] 龙国贻:《湖南攸县赣方言的清鼻音》,《中国语文》,2015年第6期

[52] 卢继芳:《都昌方言语音研究》,南昌大学硕士学位论文,2003年

[53] 卢继芳:《都昌阳峰方言研究》,中国社会科学出版社,2007年

[54] 卢继芳:《语言学视角下赣北文化的层次叠置现象》,《南昌大学学报》(人文社会科学版),2013年第6期

[55] 鲁国尧:《论宋词韵及其与金元词韵的比较》,《鲁国尧自选集》,大象出版社,1994年

[56] 罗常培:《唐五代西北方音》,史语所单刊甲种之十二,1933年

[57] 罗常培:《罗常培文集》(第一卷),山东教育出版社,1999年

[58] 罗常培:《〈切韵〉鱼虞的音值及其所据方音考》,商务印书馆,2004年

[59] 罗杰瑞(美):《汉语》,世界图书出版公司北京公司,2008年

[60] 罗美珍、邓晓华:《客家方言》,福建教育出版社,1995年

[61] 罗昕如:《湘语与赣语比较研究》,湖南师范大学出版社,2011年

[62] 罗昕如:《湖南方言古阴声韵、入声韵字今读鼻韵现象》,《方言》,2012年第3期

[63] 麦耘:《软腭辅音与硬腭过渡音的亲和性》,《方言》,2013 年第 3 期

[64] 梅祖麟:《现代吴语和"支脂鱼虞,共为不韵"》,《历史层次与方言研究》,上海教育出版社,2007 年

[65] 潘悟云:《汉语历史音韵学》,上海教育出版社,2000 年

[66] 潘悟云:《历史层次分析的目标与内容》,《历史层次与方言研究》,上海教育出版社,2007 年

[67] 潘悟云:《历史层次分析的若干理论问题》,《语言研究》,2010 年第 2 期

[68] 彭建国:《湘语音韵历史层次性研究》,湖南大学出版社,2010 年

[69] 钱乃荣:《当代吴语研究》,上海教育出版社,1992 年

[70] 钱曾怡、罗福腾、曹志耘:《河北省东南部三十九县市方音概况》,《方言》,1987 年第 3 期

[71] 钱曾怡:《方言研究中的几种辩证关系》,《文史哲》,2004 年第 5 期

[72] 钱曾怡:《汉语官话方言研究》,齐鲁书社,2010 年

[73] 瞿建慧:《湘语辰溆片语音研究》,陕西师范大学博士学位论文,2008 年

[74] 邵荣芬:《敦煌俗文学中的别字异文和唐五代西北方音》,《中国语文》,1963 年第 3 期

[75] 邵荣芬:《中原雅音研究》,山东人民出版社,1981 年

[76] 邵荣芬:《切韵研究》,中国社会科学出版社,1982 年

[77] 沈钟伟:《语言转换和方言底层》,《历史层次与方言研究》,上海教育出版社,2007 年

[78] 司马迁(汉):《史记》,中华书局,1982 年

[79] 栗华益:《试析汉语方言入声韵的元音尾化》,《语文研究》,2013 年第 1 期

[80] 栗华益:《试析汉语方言入声韵尾边音化》,《方言》,2013 年第 4 期

[81] 孙宜志:《江西赣方言语音研究》,语文出版社,2007 年

[82] 孙宜志:《江西永修(三角)方言的语音特点》,《浙江万里学院学报》,2006 年第 6 期

[83] 孙宜志:《江西赣方言流摄一等字的今读类型及相关音变》,《方言》,2014 年第 2 期

[84] 孙宜志、陈昌仪、徐阳春:《江西境内赣方言区述评及再分区》,《南昌大学学

报》(人社版),2001 年第 2 期

[85] 覃远雄:《桂南平话的声调及其演变》,《方言》,2004 年第 3 期

[86] 陶寰:《吴语一等韵带介音研究——以侯韵为例》,上海教育出版社,2003 年

[87] 万波:《赣语声母的历史层次研究》,商务印书馆,2009 年

[88] 万芳珍、刘纶鑫:《江西客家人入迁原由与分布》,《南昌大学学报》(社会科学版),1995 年第 2 期

[89] 万云文:《语言接触视野下的向塘(新村)方言语音研究》,江西师范大学硕士学位论文,2011 年

[90] 王彩豫、朱晓农:《监利张先村赣语的三域十声系统》,《方言》,2015 年第 2 期

[91] 王福堂:《汉语方言语音的演变和层次》,语文出版社,1999 年

[92] 王福堂:《原始闽语的清弱音化声母和相关的"第九调"》,《中国语文》,2004 年第 2 期

[93] 王辅世:《苗语简志》,民族出版社,1985 年

[94] 王洪君:《文白异读与叠置式音变》,《历史层次与方言研究》,上海教育出版社,2007 年

[95] 王洪君:《兼顾演变、推平和层次的汉语方言历史关系模型》,《方言》,2009 年第 3 期

[96] 王军虎:《晋陕甘方言的"支微入鱼"现象和唐五代西北方音》,《中国语文》,2004 年第 3 期

[97] 王力:《汉语语音史》,中国社会科学出版社,1985 年

[98] 王临惠:《汾河流域方言的语音特点及其特点》,中国社会科学出版社,2003 年

[99] 吴松弟:《中国移民史》(第三卷),福建人民出版社,1997 年

[100] 项梦冰、曹晖:《汉语方言地理学》,中国文史出版社,2005 年

[101] 肖萍:《江西吴城方言语音研究》,齐鲁书社,2008 年

[102] 肖放亮:《南昌县(塘南)方言语音系统》,《江西科技师范学院学报》,2010 年第 4 期

[103] 谢留文:《赣语古上声全浊声母字今读阴平现象》,《方言》,1998 年第 1 期

[104] 谢留文:《客家方言语音研究》,中国社会科学出版社,2003 年

[105] 谢留文:《赣语的分区》,《方言》,2006 年第 3 期

[106] 谢留文:《江西省的汉语方言》,《方言》,2008 年第 2 期

[107] 辛世彪:《东南方言声调比较研究》,上海教育出版社,2004 年

[108] 熊燕:《客赣方言语音系统的历史层次》,北京大学博士学位论文,2004 年

[109] 熊正辉:《南昌方言的声调及其演变》,《方言》,1979 年第 4 期

[110] 熊正辉:《官话区方言分 [ts]、[tʂ] 的类型》,《方言》,1990 年第 1 期

[111] 徐通锵:《历史语言学》,商务印书馆,2001 年

[112] 徐通锵:《语言论》,东北师范大学出版社,2001 年

[113] 徐越:《汉语方言中的气流分调》,《中国语文》,2013 年第 3 期

[114] 许怀林:《江西史稿》,江西高校出版社,1993 年

[115] 薛才德:《汉语方言梗摄开口二等字和宕摄开口一等字的元音及类型》,《云南民族大学学报》(哲学社会科学版),2005 年第 1 期

[116] 颜森:《高安(老屋周家)方言的语音系统》,《方言》,1981 年第 2 期

[117] 颜森:《江西方言的分区(稿)》,《方言》,1986 年第 1 期

[118] 颜森:《黎川方言词典》,江苏教育出版社,1995 年

[119] 杨耐思:《中原音韵音系》,中国社会科学出版社,1981 年

[120] 杨伯峻:《春秋左传注》,中华书局,1990 年

[121] 叶祥苓:《吴江方言声调再调查》,《方言》,1983 年第 1 期

[122] 游汝杰:《汉语方言学导论》,上海教育出版社,2000 年

[123] 袁丹:《汉语方言中的鼻尾增生现象》,《语文研究》,2014 年第 3 期

[124] 曾晓渝:《对〈中原音韵〉音系 -m 尾韵的一点认识》,《古汉语研究》,1993 年第 3 期

[125] 张光宇:《送气与调类分化》,《中南民族学院学报》(哲学社会科学版),1989 年第 4 期

[126] 张琨:《汉语方言中鼻音韵尾的消失》,《"中研院历史语言研究所"集刊》第五十四本第一分册,1983 年

[127] 张维佳:《关中方言鼻尾韵的音变模式》,《语言研究》,2001 年第 4 期

[128] 张燕芬:《现代方言中读鼻尾的古阴声韵字》,《方言》,2010 年第 3 期

[129] 赵元任:《中国方言当中爆发音的种类》,《中研院历史语言研究所集刊》第五本第四分册,1935年

[130] 赵元任等:《湖北方言调查报告》(三),商务印书馆,1948年

[131] 赵元任:《现代吴语的研究》,科学出版社,1956年

[132] 郑伟:《吴方言比较韵母研究》,商务印书馆,2013年

[133] 钟明立:《江西武宁礼溪话音系》,《方言》,2004年第4期

[134] 周赛红:《湘方言音韵比较研究》,湖南师范大学博士学位论文,2005年

[135] 周振鹤、游汝杰:《方言与中国文化》,上海人民出版社,1986年

[136] 周祖谟:《问学集》,中华书局,1966年

[137] 周祖谟:《宋代汴洛音与〈广韵〉》,《周祖谟学术论著自选集》,北京师范学院出版社,1993年

[138] 周祖谟:《齐梁陈随时期诗文韵部研究》,《周祖谟学术论著自选集》,北京师范学院出版社,1993年

[139] 周祖谟:《唐五代的北方语音》,《周祖谟学术论著自选集》,北京师范学院出版社,1993年

[140] 朱晓农:《从群母论浊声和摩擦——实验音韵学在汉语音韵学中的实验》,《语言研究》,2003年

[141] 朱晓农、寸熙:《试论清浊音变圈》,《民族语文》,2006年第3期

[142] 朱晓农:《说鼻音》,《语言研究》,2007年第3期

[143] 朱晓农:《自发新生内爆音——来自赣语、闽语、哈尼语、吴语的第一手材料》,《方言》,2009年第1期

[144] 朱晓农、徐越:《弛化——探索吴江次清分调的原因》,《中国语文》,2009年第4期

[145] 朱晓农:《语音学》,商务印书馆,2010年

[146] 朱晓农:《全浊弛声论——兼论全浊清化(消弛)低送高不送》,《语言研究》,2010年第3期

[147] 朱晓农:《音法演化——发声活动》,商务印书馆,2012年

[148] 庄初升:《论赣语中知组三等读如端组的层次》,《方言》,2007年第1期

[149] 安义县志编纂委员会:《安义县志》,南海出版社,1990年

[150] 波阳县志编纂委员会:《波阳县志》,江西人民出版社,1989年
[151] 德安县《戴氏(注礼堂)宗谱》(首册,内部发行),九江德安丰林镇戴家村,2007年
[152] 德安县《洪氏宗谱》(内部发行),九江德安丰林镇丰林村,1990年
[153] 德安县志编纂委员会:《德安县志》,上海古籍出版社,1991年
[154] 都昌县志编纂委员会:《都昌县志》,新华出版社,1992年
[155] 湖口县地名办公室:《湖口县地名志》(内部发行),1986年
[156] 湖口县志编纂委员会:《湖口县志》,江西人民出版社,1992年
[157] 南昌市志编纂委员会:《南昌市志》,方志出版社,1997年
[158] 南昌县志编纂委员会:《南昌县志》,南海出版公司,1990年
[159] 南昌县志编纂委员会:《南昌县志》,方志出版社,2006年
[160] 彭泽县志编纂委员会:《彭泽县志》,新华出版社,1992年
[161] 武宁县志编纂委员会:《武宁县志》,江西人民出版社,1990年
[162] 新建县志编纂委员会:《新建县志》,江西人民出版社,1991年
[163] 星子县志编纂委员会:《星子县志》,江西人民出版社,1990年
[164] 修水县志编纂委员会:《修水县志》,海天出版社,1991年
[165] 修水县《周氏宗谱》(内部发行),九江修水县溪口镇义坑村,2011年
[166] 永修县地名办公室:《永修县地名志》(内部发行),1985年
[167] 永修县志编纂委员会:《永修县志》,江西人民出版社,1987年

网上数据:

[168] 安义县行政区划

[DB/OL]http://www.xzqh.org/html/list/1420.html,2009-7-14/2015-12-9.

[169] 德安县行政区划

[DB/OL] http://www.tcmap.com.cn/jiangxi/deanxian.html,2015-12-8.

[170] 都昌县行政区划

[DB/OL]http://www.tcmap.com.cn/jiangxi/duchangxian.html,2015-12-8.

[171] 湖口县行政区划

[DB/OL]http://www.xzqh.org/html/show.php?contentid=10526,2010-01-26/2015-

12-9.

[172] 南昌县行政区划

[DB/OL]http://www.xzqh.org/html/show/jx/9796.html2008-12-25/2015-12-10.

[173] 武宁县行政区划

[DB/OL]http://www.xzqh.org/html/list/1437.html,2010-01-26/2015-12-8.

[174] 新建县行政区划

[DB/OL]http://www.xzqh.org/html/show/jx/9818.html,2015-08-05/2015-12-10.

[175] 星子县行政区划

[DB/OL]http://www.xzqh.org/html/show/jx/10160.htm,2010-01-26/2015-12-9.

[176] 修水县行政区划

[DB/OL]http://www.xzqh.org/html/show/jx/10623.html,2010-01-26/2015-12-8.

[177] 永修县行政区划

[DB/OL]http://www.xzqh.org/html/show/jx/10442.html,2010-10-16/2015-12-9.

附　录

附录1　昌都片赣语古今声调对照表

地点＼古今调类	平全清	平次清	平次浊	平全浊	上全清	上次清	上次浊	上全浊	去全清	去次清	去次浊	去全浊	入全清	入次清	入次浊	入全浊
武宁县宋溪镇山口村	324	32	41		41			41 22	45		22		<u>54</u>			33
武宁县泉口镇丰田村	34	32	41		41			41 11	35	214	11		<u>43</u>			22
武宁县鲁溪镇大桥村	33	31	53		232			232 212	35	225	212		<u>42</u>		22	
武宁县杨洲乡杨洲村	25	32	51		214			214 51	44	214			<u>45</u>			214
武宁县罗坪镇长水村	325	22	52		43			43 212	34			212	<u>55</u>		212 55	
武宁县石门楼白桥村	324	214	33		42 33			42 22	45		22		<u>45</u>		<u>21</u>	
武宁县罗溪乡坪源村	34	214	44		31			31 22	45		22		<u>45</u>		21	
武宁船滩镇船滩村	324	32	44		42			42 33	45		33		<u>43</u>		<u>21</u>	
武宁县城（陈）	24	211	41					22	45		22		5			1
武宁严阳石坪村	325	21	42					23		35	23		<u>53</u>		232	
武宁清江乡清江村	214	21	44		32			32 33	45	325	33		<u>45</u>		<u>22</u>	

455

续表一

地点＼古今调类	平全清	平次清	平次浊	平全浊	上全清	上次清	上次浊	上全浊	去全清	去次清	去次浊	去全浊	入全清	入次清	入次浊	入全浊
武宁东林乡东林村	324	32	44	41				22	45	214	22		43		21	
武宁礼溪镇（钟）	24	21	42		33				45		33		54		2	
修水义宁镇罗家坞	23	214	51		22				35	325	22		43			
修水宁州镇	24	214	21		33				35	325	33		42	312	42/312	
修水庙岭乡小山口	34	32	33	41					45	324	11		44			
修水太阳升坳头村	34	21	44	51					35	324	33		43		22	
修水黄坳乡塘排村	13	214	51		11				35		11		45	43	22/45	
修水黄港镇安全村	23	214	31		22				35	435	22		42			
修水何市镇大理村	33	214	31					452	35		452		43		22/43	
修水上奉镇石街村	33	313	35		31				51		31		21			
修水竹坪乡竹坪村	23	214	31		11				35	325	11		32			
修水征村乡熏衣村	23	214	41		22				35		22		21			
修水杭口镇厚家源	23	214	41		33				45		33		21			
修水马坳镇石溪村	23	214	41		33				45		33		31	212	22/31	
修水山口镇来苏村	34	214	51		33				45		33		21			
修水新湾乡新湾村	23	31	51		22				35	214	22		42	323	42/323	
修水溪口镇田仓村	23	214	51		33				25	325	33		42			
修水港口镇集镇	23	11	51		22				35	214	22		45	32	45/32	
修水布甲乡洪石村	12	21	41		11				35	214	11		45	423	45/423	
修水渣津镇长潭村	23	41	21		22				34	214	22		43	423	43/22	
修水白岭镇白岭村	22	24	42		223				35	312	223		45	323	11/45/323	

续表二

地点 \ 古今调类	平 全清	平 次清	平 次浊	平 全浊	上 全清	上 次清	上 次浊	上 全浊	去 全清	去 次清	去 次浊	去 全浊	入 全清	入 次清	入 次浊	入 全浊
修水全丰镇南源村	23	312	31	214	35	414	214		45	435	<u>22</u> <u>45</u> 435					
修水黄龙乡沙塅村	23	31	33	22	35	214	22		<u>45</u>	<u>43</u>	<u>22</u> <u>45</u> <u>43</u> 22					
修水大桥镇沙湾村	23	41	32	22	35	214	22		<u>43</u>	323	<u>22</u> <u>43</u> 323 22					
修水余塅乡余塅村	34	51	324	22	35	214	22		<u>43</u>	434	<u>22</u> <u>43</u> 434 22					
修水复原乡雅洋村	33	214	32	41	35	41			<u>45</u>							
瑞昌县南义镇（刘）	11	53	33	42	24	42			5	42						
都昌大港镇小埠村	33	244	353	212	35	212			35	<u>55</u> 212	35					
都昌中馆镇银宝	33	344	354	22	41	22			<u>45</u>	<u>21</u> 22	<u>45</u>					
都昌万户镇长岭村	33	344	354	22	31	22			<u>45</u>	22	<u>33</u> <u>45</u>	<u>11</u>				
都昌南峰镇暖湖	44	214	243	33	31	33			<u>45</u>	<u>21</u>	<u>22</u> <u>45</u>	<u>11</u>				
都昌北炎乡曹炎村	33	344	213	354	312	325	312		<u>45</u>	<u>21</u>	<u>33</u> <u>45</u>	<u>11</u>				
都昌土塘镇（陈）	33	35	351	313	15	313			<u>45</u>	<u>11</u>	<u>33</u> <u>45</u>					
都昌化民乡信和村	44	355	354	31	324	21			<u>45</u>	<u>21</u>	<u>33</u>					

续表三

地点＼古今调类	平 全清	平 次清	平 次浊	平 全浊	上 全清	上 次清	上 次浊	上 全浊	去 全清	去 次清	去 次浊	去 全浊	入 全清	入 次清	入 次浊	入 全浊
都昌阳峰乡黄梅沈家	44	344	214	352		31	324	31		<u>45</u>	<u>21</u>	<u>33</u> <u>21</u> <u>45</u>				
都昌和合乡田坂村	33	355	213	342		31	325	31		<u>45</u>	<u>22</u>	<u>33</u> <u>45</u>	<u>11</u>			
都昌周溪古塘村	33	455	212	354		21	324	21		<u>45</u>	<u>31</u>	<u>33</u> <u>45</u>	<u>11</u>			
都昌春桥乡春桥村	33	223		343		212	35	212		<u>45</u>	<u>22</u> <u>45</u>					
都昌徐埠镇山峰村	33	355		352		213 33	324	213 33		<u>45</u>	<u>31</u>	<u>33</u> <u>45</u>	<u>11</u>			
都昌左里镇周茂村	33	455	214	354		314 33	325	314 33		<u>45</u>	<u>21</u>	<u>33</u> <u>45</u>	<u>11</u>			
都昌狮山老屋于家湾	33	344		354		21	41	21		<u>45</u>	<u>33</u>	<u>22</u> <u>45</u>	<u>11</u>			
都昌镇柳树堰卢家	33	445	213	352		312 33	325	312 33		<u>45</u>	<u>22</u>	<u>33</u> <u>45</u>	<u>11</u>			
湖口双钟镇月亮村	51	323		34		224	45	214	224	45	214	224 <u>45</u>				
湖口舜德乡南湾村	42	434		354		224	35	314	224	<u>34</u>	<u>212</u>	<u>13</u> <u>34</u>				
湖口舜德乡兰新村	33	324		354		434	35	212	434	<u>34</u>	<u>312</u>	<u>32</u> <u>34</u>				
湖口马影走马刘三房	51	12		354		24	45	212	24	45	212	24				
湖口文桥均桥李家舍	51	324		354		113	35	314	113	35	314	113 35				
湖口城山大塘细石家	51	13	22	352		24	35	323	24	<u>45</u>	<u>323</u>	<u>45</u> <u>24</u>				
湖口武山镇武山村	51	434		352		24	35	313	24	35	313	24 35				
湖口流芳乡青年村	33	312		352		214	45	414	214	<u>45</u>	<u>323</u>	<u>113</u> <u>45</u>				

续表四

地点\古今调类	平 全清	平 次清	平 次浊	平 全浊	上 全清	上 次清	上 次浊	上 全浊	去 全清	去 次清	去 次浊	去 全浊	入 全清	入 次清	入 次浊	入 全浊
湖口流泗乡红星村	42		324		33		23		35	31	23		35	31	23 / 35 / 31	
星子县南康镇	33		324		352		21		45	214 / 45	21		23	214	21 / 23	
星子县白鹿镇玉京村	33		324		354		21		45	214 / 45	21		23	214	21 / 23	
星子县华林镇繁荣村	44		324		352		21		35	214	21		45	214 / 45	324	21
星子县温泉镇桃花源	33		324		354		21		35	214	21		24	214	324 / 24	21
星子县蓼花镇胜利村	33		324		354		21		35	214	21		24	214	324 / 24	21
星子县苏家档土牛村	33		324		342		21		35	214	21		45	423	324 / 45	21
星子县横塘镇联盟村	33		324		354		21		35	214	21		45	434	324 / 45	21
星子县蓼南乡新华村	33	24	324	354			21		35	214	21		45	214	324 / 45	21
星子县蛟塘镇（陈）	33		24		42		21		45	25	21		5	25	5 / 24	21
德安县蒲亭镇（刘）	44	33	42		354		12		35	24	12		5	45	232	
德安县林泉乡林泉村	22		31		24		12		315	214	12		25	33 / 25		
德安丰林丰林村戴家	44	212 / 44	31		35		212	224	314	212		45	14	22 / 45		

459

续表五

地点 \ 古今调类	平 全清	平 次清	平 次浊	平 全浊	上 全清	上 次清	上 次浊	上 全浊	去 全清	去 次清	去 次浊	去 全浊	入 全清	入 次清	入 次浊	入 全浊
德安车桥镇白水村	323	21		33			22		35	213	22		<u>45</u> <u>45</u>		<u>11</u>	
德安塘山乡新塘村	31		33	253			213		324	213			<u>44</u> <u>22</u>			
德安高塘乡罗桥村	33	31		354			22		35	324	22		<u>45</u> <u>11</u>	213	<u>45</u>	
德安河东乡后田村	44	23	314	243			22	25	213	22			<u>45</u> <u>11</u>			
德安蒲亭镇附城村	51	24	212	31			22	15	214	22			<u>45</u> <u>45</u>	324	<u>33</u>	
德安吴山乡河铺村	314	21		254			33	35		33			<u>45</u> <u>45</u>		<u>33</u>	
德安磨溪乡尖山村	213	21		324			33	15	215	33			<u>45</u> <u>45</u>		<u>33</u>	
永修江益镇（刘）	35	24	33	21			212	55	445	212			4 4 45	45		3
永修三角乡（孙）	45	35	33	242	213		13	55	34	13			5 5	35	<u>13</u>	
永修涂埠镇（陈）	45	14	33	11	212		12	55	334	12			5		1	
永修吴城镇（肖）	21		44	24	213		21	35	213	21			5 5		2	
永修三溪桥河桥村	324	41		313			214	35	435	214			<u>45</u> <u>22</u>			
永修江上乡耕源村	24	22		51			214	33	324	214			<u>33</u>（咸深山臻宕江曾梗通） <u>42</u>（宕江曾梗通部分字）			
永修梅棠镇杨岭村	324	44	32	213			315	45	435	315			<u>45</u>			
永修立新乡桥头村	34	21		41			214	44		214			<u>55</u>（咸山深臻） <u>31</u>（宕江曾梗通）		<u>22</u>	

续表六

地点\古今调类	平 全清	平 次清	平 次浊	平 全浊	上 全清	上 次清	上 次浊	上 全浊	去 全清	去 次清	去 次浊	去 全浊	入 全清	入 次清	入 次浊	入 全浊
永修虬津张公渡村	35	22	41		213	44	434	213					<u>45</u>		<u>45</u> 11	
永修艾城镇艾城村	45	21	23	212		112	33	122	112				<u>44</u> 454	14	<u>22</u>	
永修九合乡长滩村		34	33	314	323		214	35	354	214			<u>44</u> 33	42	<u>44</u> <u>42</u>	
永修滩溪镇滩溪村		34	51	33		213	44	325	213				<u>45</u> 22			
永修马口镇新丰村	51	23	214	35		42	33	324	42				<u>45</u> 22	42	<u>45</u>	
永修马口镇山丰村	51	43	325	35		32	34	214	32				<u>45</u>(咸深山臻) <u>42</u>(宕江曾梗通)		<u>22</u>	
安义龙津镇凤山村		34	42	324		22	45	315	22				<u>45</u>(咸山臻深) <u>53</u>(宕江曾梗通)		<u>11</u>	
安义新民乡新民村	33	31	323		11	35	323	11					<u>44</u>(咸山臻深) <u>54</u>(宕江曾梗通)		<u>22</u>	
安义万埠镇下庄村	51	21	324		22	33		22					<u>45</u> 45		<u>11</u>	
安义长埠镇长埠村	43	41	213		23	35	324	23					<u>45</u> 45		<u>11</u>	
安义石鼻镇果田村	53	21	324		23	34	324	23					<u>42</u> <u>42</u>		<u>22</u>	
安义黄洲镇黄洲村	44	31	324		213	34		213					<u>44</u> <u>53</u>		<u>22</u>	
安义乔东乡社坑村		34	31	324		11	33		11				<u>45</u> 22			
新建长埭镇（陈）	42	55	24	45	212	45	11	334	212	11			5 2			

续表七

古今调类 地点	平 全清	平 次清	平 次浊	平 全浊	上 全清	上 次清	上 次浊	上 全浊	去 全清	去 次清	去 次浊	去 全浊	入 全清	入 次清	入 次浊	入 全浊
新建金桥乡东和村	42	35	324	434		22	23	213	22		45	31	45 / 11			
新建联圩镇大圩村	32	453	13	214		22	34	214	22		35 / 11					
新建流湖乡对门牌头	51	214	43			22	33	323	22		45	32	45 / 11			
新建昌邑乡良坪村	32	41	324	214		22	35	214	22		45	21	45 / 11			
新建石埠镇乌城村	52	31	45	324	45	22	34	214	22		45 / 11					
新建松湖镇松湖村	25	21	214			22	34		22		55 / 11					
新建石岗镇石岗村	34	212	21	324		11	25		11		45 / 22					
新建厚田乡西门村	31…15	24	214	352		11	24	214	11		45 / 11					
新建西山镇西山村	51	214	25			11	34	324	11		45 / 22					
新建生米镇东城村	51	34	435	45	324	45	21	23	214	21	45		45 / 11 / 21			
新建乐化镇江桥村	51	45	324	435	214	21	34	214	21		55	42	55 / 11			
新建樵舍镇峰桥村	42	45	324	212		21	34	212	21		55 / 11					
南昌向塘镇新村（万）	45	44	213			21	44	213	21		5 / 2					
南昌塘南乡（肖）	42	33	24			31	11	31			5		2			
南昌富山乡霞山唐村	42	35	314	325		21	33	212	21		45 / 22					

续表八

地点\古今调类	平 全清	平 次清	平 次浊	平 全浊	上 全清	上 次清	上 次浊	上 全浊	去 全清	去 次清	去 次浊	去 全浊	入 全清	入 次清	入 次浊	入 全浊
南昌南新楼前村	51	34		324		31	23	212	31				45 / 22			
南昌三江徐罗村	215	324		42		11	31		11				22			
南昌广福北头村	33	24	213	324		21	53	21					44 / 22			
南昌幽兰南山村	51	35	324			22	31		22				55 / 11			
南昌泾口辕门村	23	35	213	243		11	51	31	11				44	21	44 / 22	
南昌塔城东游村	44	35	324	214		51	23	214	51				45		33	
	23															
南昌市（陈）	42	44	24	213		21	44	213	21				5 / 1			

附录2 调查合作人情况表

序号	姓名	地点	性别	出生年份	职业	文化	调查时间
1	刘*武	武宁宋溪镇天平村	男	1953	务农	初中	2013.7
2	张*洪	武宁宋溪镇山口村小东山	男	1967	务农	初中	2013.7
3	聂*来	武宁泉口镇丰田村下江村	男	1954	务农	小学	2013.7
4	刘*辉	武宁鲁溪镇大桥村	男	1955	务农	小学	2013.7
5	李*亮	武宁杨洲乡杨洲村	男	1940	务农	初中	2013.7
6	舒*杰	武宁杨洲乡森峰村	男	1955	务农	初中	2013.7
7	徐*洪	武宁罗坪乡长水村	男	1953	务农	小学	2013.7
8	张*华	武宁石门楼镇白桥村	男	1946	镇干部	高中	2013.7
9	周*林	武宁县罗溪乡坪源村坪源铺里	男	1957	村支书	高中	2013.7
10	陈*生	武宁船滩镇船滩村新丰街	男	1948	镇干部	高中	2013.7
11	叶*球	武宁新宁镇石坪村	男	1956	镇干部	初中	2013.7
12	徐*鹤	武宁清江乡清江村	男	1952	务农	小学	2013.7
13	吴*福	武宁东林乡东林村	男	1948	务农	初中	2013.7
14	吴*香	修水义宁镇罗家堌	女	1959	家庭主妇	小学	2012.7
15	陈*荣	修水宁州镇	男	1949	务农	初中	2012.7
16	李*榜	修水庙岭乡戴家村	男	1937	务农	小学	2012.7
17	余*志	修水庙岭乡小山口	男	1963	务农	小学	2012.7
18	高*禄	修水太阳升镇坳头村	男	1950	务农	小学	2012.7
19	张*华	修水太阳升镇农科所	男	1954	镇干部	初中	2012.7
20	熊*林	修水黄坳乡塘排村	男	1939	务农	小学	2012.7
21	朱*礼	修水黄港镇安全村	男	1952	镇干部	初中	2012.7
22	王*德	修水何市镇大里村	男	1962	镇干部	高中	2012.7
23	王*声	修水上奉镇石街村	男	1946	退休教师	高中	2012.7
24	朱*喜	修水竹坪乡竹坪村	男	1953	务农	初中	2012.7
25	张*光	修水征村乡熏衣村	男	1944	务农	高中	2012.7
26	单*	修水杭口镇厚家源	男	1962	务农	高中	2012.7
27	戴*梅	修水马坳镇石溪村	女	1965	务农	高中	2012.7
28	詹*春	修水山口镇来苏村	男	1955	务农	初中	2012.7
29	阮*水	修水新湾乡小流村	男	1968	务农	小学	2012.7

续表一

序号	姓名	地点	性别	出生年份	职业	文化	调查时间
30	邓*文	修水新湾乡新湾村	男	1956	乡干部	高中	2012.7
31	孙*光	修水溪口镇上庄围丘村	男	1951	务农	高中	2012.7
32	周*国	修水溪口镇南田村	男	1957	务农	初中	2012.7
33	周*柳	修水溪口镇田仑村	男	1942	务农	初中	2012.7
34	周*财	修水溪口镇义坑村	男	1948	务农	初中	2012.7
35	廖*望	修水港口镇界下村	男	1954	务农	初中	2012.7
36	徐*俊	修水港口镇大源村	男	1970	务农	初中	2012.7
37	阮*山	修水港口镇集镇居委会	男	1972	务农	初中	2012.7
38	杨*玉	修水布甲乡横山村	男	1947	教师	中师	2012.7
39	卢*民	修水布甲乡洪石村	男	1958	教师	中师	2012.7
40	陈*员	修水渣津镇长潭村	男	1946	务农	初中	2012.7
41	晏*山	修水白岭镇邓家咀	男	1956	务农	初中	2012.7
42	晏*文	修水白岭镇白岭村	男	1956	务农	初中	2012.7
43	戴*平	修水全丰镇南源村	男	1955	教师	高中	2012.7
44	冷*友	修水黄龙乡黄龙村金家园新村	男	1944	教师	中师	2012.7
45	卢*才	修水黄龙乡沙墩村	男	1957	教师	高中	2012.7
46	姚*俊	修水大桥镇沙湾村	男	1942	教师	初中	2012.7
47	樊*安	修水大桥镇界下村	男	1950	务农	初中	2012.7
48	吴*求	修水余墩乡上源村	男	1942	务农	初中	2012.7
49	吴*华	修水余墩乡余墩村	男	1940	务农	小学	2012.7
50	程*富	修水复原乡雅洋村	男	1957	务农	初中	2012.7
51	但*荣	都昌大港镇小埠村	男	1951	务农	小学	2012.7
52	殷*富	都昌中馆镇银宝村	男	1951	务农	初中	2002.7
53	曹*焕	都昌万户镇长岭村	男	1956	镇干部	高中	2002.7
54	程*梅	都昌南峰镇暖湖	女	1962	务农	高中	2002.7
55	曹*详	都昌北炎乡东凤曹炎村	男	1928	退休教师	高中	2002.7
56	张*庆	都昌化民乡信和村	男	1937	退休干部	中专	2002.7
57	张*荣	都昌化民乡信和村柏树张家	男	1933	退休教师	初中	2011.10
58	江*旺	都昌化民乡南源村佩坂村	男	1937	退休教师	初中	2011.10

续表二

序号	姓名	地点	性别	出生年份	职业	文化	调查时间
59	江*山	都昌化民乡官洞村上官村	男	1933	退休教师	初中	2011.10
60	张*丁	都昌化民乡莲蓬村口头张家	男	1939	退休教师	初中	2011.10
61	江*宏	都昌化民乡殿下村陶珠山	男	1939	医生	高中	2011.10
62	沈*汉	都昌阳峰乡黄梅沈家	男	1933	务农	小学	2003.7
63	卢*林	都昌阳峰乡龙山居委会卢家	男	1948	务农	初中	2013.10
64	卢*河	都昌阳峰乡龙山居委会卢家	男	1947	退休教师	中师	2013.10
65	卢*华	都昌阳峰乡龙山居委会卢家	男	1955	机关干部	高中	2013.10
66	卢*英	都昌阳峰乡龙山居委会卢家	女	1957	机关干部	高中	2013.10
67	卢*光	都昌阳峰乡龙山居委会卢家	男	1981	务农	初中	2013.10
68	卢*英	都昌阳峰乡龙山居委会卢家	男	1983	务农	大学	2013.10
69	杜*乔	都昌和合乡田坂村	男	1976	机关干部	大学	2002.7
70	曹*菊	都昌周溪镇古塘村	女	1945	机关干部	中专	2002.7
71	余*林	都昌春桥乡云山村余良山	男	1949	机关干部	中专	2002.7
72	彭*茂	都昌春桥乡春桥村彭壁村	男	1947	务农	小学	2002.7
73	袁*信	都昌徐埠镇山峰村袁鎇村	男	1930	务农	小学	2002.7
74	周*琴	都昌左里镇周茂村	女	1972	镇干部	高中	2002.7
75	于*梅	都昌狮山乡屋于家湾村	女	1967	务农	初中	2002.7
76	卢*佑	都昌都昌镇柳树堰卢家	男	1937	退休教师	初中	2002.7
77	崔*发	湖口双钟镇月亮村	男	1949	村支书	初中	2013.7
78	沈*建	湖口舜德乡南湾村沈素上村	男	1956	乡干部	高中	2013.7
79	徐*生	湖口舜德乡兰新村	男	1962	务农	高中	2013.7
80	刘*文	湖口马影镇走马刘三房村	男	1950	务农	初中	2013.7
81	陈*林	湖口文桥乡均桥李家舍	男	1948	村支书	初中	2013.7
82	石*峰	湖口城山镇大塘村细石家	男	1941	务农	初中	2013.7
83	沈*新	湖口武山镇武山村细沈祐	男	1948	务农	初中	2013.7
84	曹*荷	湖口流芳乡青年村曹府台	男	1953	村支书	初中	2013.7
85	刘*峰	湖口流泗乡红星村	男	1961	务农	高中	2013.7
86	胡*桃	星子南康镇迎春桥社区	男	1964	自由职业	初中	2013.6
87	张*镇	星子白鹿镇玉京村码头镇	男	1946	务农	初中	2013.6

续表三

序号	姓名	地点	性别	出生年份	职业	文化	调查时间
88	金*滚	星子华林镇繁荣村大屋金	男	1956	镇干部	高中	2013.6
89	余*河	星子温泉镇桃花源余家	男	1956	务农	小学	2013.6
90	陈*洋	星子县蓼花镇胜利村东平山	男	1954	务农	初中	2013.6
91	陈*海	星子苏家档乡土牛村	男	1947	务农	初中	2013.6
92	查*清	星子横塘镇联盟村墈上查家	男	1945	务农	初中	2013.6
93	左*宏	星子蓼南乡新华村何家堡	男	1942	务农	高中	2013.6
94	左*明	星子蓼南乡新华村何家堡	男	1985	学生	大学	2004.5
95	于*	星子蛟塘镇芦花塘细桥于村	男	1958	务农	初中	2013.6
96	刘*钦	德安林泉乡林泉村摆下刘村	男	1944	教师	中专	2012.4
97	戴*仁	德安丰林镇丰林村戴家	男	1947	务农	初中	2012.4
98	杨*林	德安丰林镇丰林村金家	男	1947	务农	初中	2012.4
99	袁*国	德安丰林镇紫荆村咀上袁家	男	1964	务农	初中	2012.4
100	戴*木	德安丰林镇紫荆村戴家	男	1959	务农	初中	2012.4
101	叶*辉	德安丰林镇依塘村河下叶家	男	1961	务农	初中	2012.4
102	桂*爱	德安丰林镇依塘村依塘畈	男	1953	务农	初中	2012.4
103	胡*江	德安丰林镇乌石村木梓林胡家	男	1974	村长	高中	2012.4
104	徐*菊	德安丰林镇乌石村乌石门	女	1951	务农	小学	2012.4
105	郑*生	德安丰林镇乌石村乌石门	男	1969	镇干部	高中	2012.4
106	刘*钦	德安丰林镇黄桶村黄桶铺	男	1955	务农	初中	2012.4
107	詹*火	德安丰林镇黄桶村新屋詹家	男	1950	务农	初中	2012.4
108	熊*忠	德安丰林镇横桶村上屋熊家	男	1962	村支书	初中	2012.4
109	邓*金	德安丰林镇大畈村新屋邓家	男	1965	务农	初中	2012.4
110	孙*森	德安丰林镇大畈村孙万铭家	男	1944	务农	小学	2012.4
111	王*桂	德安丰林镇桥头村潘师畈王家	男	1962	务农	高中	2012.4
112	张*焱	德安丰林镇桥头村潘师畈王家	女	1954	务农	小学	2012.4
113	孙*金	德安丰林镇桥头村桥上孙家	男	1963	务农	高中	2012.4
114	王*生	德安丰林镇畈上王村良种杨	男	1964	镇干部	大专	2012.4
115	袁*财	德安丰林镇畈上王村埠下袁家	男	1950	务农	小学	2012.4
116	王*林	德安丰林镇畈上王村畈上王家	男	1966	务农	初中	2012.4

续表四

序号	姓名	地点	性别	出生年份	职业	文化	调查时间
117	邹*信	德安车桥镇白水村上屋夏家	男	1951	务农	初中	2012.4
118	刘*红	德安车桥镇长庆村小白水	男	1954	务农	小学	2011.11
119	钟*华	德安塘山乡新塘村	男	1947	务农	初中	2011.11
120	王*火	德安高塘乡罗桥村畈上王家	男	1952	镇干部	高中	2011.11
121	汪*金	德安河东乡后田村石门汪家	男	1955	务农	初中	2011.11
122	李*	德安蒲亭镇附城村	男	1950	务农	初中	2011.11
123	杨*焱	德安吴山乡河铺村东坑杨家	男	1954	务农	小学	2011.11
124	付*辉	德安磨溪乡尖山村王家畈	男	1953	务农	初中	2011.11
125	陈*森	永修三溪桥镇河桥村	男	1952	务农	初中	2011.11
126	陈*辉	永修江上乡耕源村	男	1943	务农	初中	2012.8
127	吴*松	永修梅棠镇杨岭村	男	1944	退休教师	高中	2012.8
128	袁*花	永修立新乡桥头村	女	1963	务农	高中	2012.8
129	陈*华	永修虬津镇张公渡村	男	1956	务农	初中	2012.8
130	戴*俊	永修艾城镇艾城村艾城街	男	1951	务农	初中	2012.8
131	淦*青	永修九合乡长滩村	男	1946	务农	初中	2012.8
132	蔡*宣	永修滩溪镇滩溪村	男	1932	务农	小学	2012.8
133	胡*银	永修马口镇新丰村	男	1952	务农	小学	2012.8
134	杨*球	永修马口镇山丰村	男	1950	务农	初中	2012.8
135	彭*禄	安义龙津镇凤山村	男	1941	退休教师	高中	2014.1
136	邓*付	安义新民乡新民村	男	1945	乡干部	小学	2014.1
137	胡*国	安义万埠镇下庄村	男	1951	务农	初中	2014.1
138	龚*文	安义长埠镇长埠村	男	1947	务农	初中	2014.1
139	杨*荣	安义石鼻镇果田村	男	1951	务农	高中	2014.1
140	黄*庚	安义黄洲镇黄洲村	男	1948	务农	初中	2014.1
141	刘*意	安义乔乐乡社坑村	男	1959	务农	初中	2014.1
142	陈*府	新建金桥乡东和村	男	1950	教师	高中	2012.12
143	夏*坦	新建联圩镇大圩村	男	1959	教师	高中	2012.12
144	丁*火	新建流湖乡对门牌头	男	1958	务农	初中	2013.5
145	陶*长	新建昌邑乡良坪村坪上	男	1955	乡干部	高中	2013.5

续表五

序号	姓名	地 点	性别	出生年份	职业	文化	调查时间
146	程*弟	新建石埠镇乌城村程家新基	男	1947	务农	中专	2013.5
147	李*春	新建松湖镇松湖村丁李中心村	男	1958	务农	初中	2013.5
148	余*生	新建石岗镇石岗村	男	1955	务农	小学	2013.5
149	谭*呆	新建厚田乡西门村上头村	男	1945	务农	高中	2013.5
150	陈*发	新建西山镇西山村猴溪陈村	男	1949	镇干部	初中	2013.5
151	李*保	新建生米镇东城村南岸村	男	1952	务农	小学	2013.5
152	魏*功	新建樵舍镇峰桥村	男	1953	务农	高中	2013.5
153	裘*高	新建乐化镇江桥村	男	1947	务农	初中	2013.5
154	唐*保	南昌富山乡霞山唐村	男	1953	务农	初中	2013.5
155	刘*里	南昌南新乡楼前村二房自然村	男	1951	务农	初中	2013.5
156	吴*沅	南昌三江镇徐罗村吴黄村	男	1958	镇干部	初中	2013.5
157	熊*保	南昌广福镇北头村熊李村	男	1951	务农	初中	2013.5
158	涂*印	南昌幽兰镇厚田村涂家	男	1949	务农	小学	2013.5
159	李*炎	南昌幽兰镇南山村旧居村李家	男	1941	务农	初中	2013.5
160	樊*生	南昌泾口乡辕门村	男	1950	教师	大专	2013.5
161	刘*凤	南昌塔城乡东游村	女	1954	家庭主妇	小学	2013.5

后　　记

"子在川上曰：逝者如斯夫！"曾以为三年足以让我漫不经心地完成研究，倏忽之间，五载已逝！即将付梓，此刻却是千言万语、难述衷肠！

1995年，我仍是新闻系大二学生，憧憬着日后能成为具有"无冕之王"之称的新闻工作者。一晚被告知，获邀参加一个重要座谈会，记得当时地点设在南昌大学（东湖校区）人文学院中文系的会议室。当晚会议室坐满来自各地的学生，我见到了刘纶鑫与陈昌仪两位先生，这天的座谈会让我了解了"方言学"专业，知道了"方言"是语言的"活化石"。就这样，我不知不觉地走上了方言研究的道路。

《赣语昌都片方言语音研究》是我从事方言学研究以来的一次专业总结。五年来，为了尽可能地详细了解赣语昌都片方言语音特点，我利用几乎所有的假期及空闲走遍了赣西北的山山水水。站在巍峨的幕阜山下，立于烟波浩渺的鄱阳湖畔，丰富多彩的方言特点和民俗文化，时时让我感动；每一次的新发现，让我体会到无比精神愉悦及文化传承的价值感。在这五年里，为了调查研究，我不能顾及管理家庭、照顾儿子，许多事务交给爱人；爱人和7岁的儿子还常常陪我去调查方言，在此我要特别地感谢他们，没有他们的支持与陪伴，我无法实现自己的目标。

本课题研究的过程中，我曾得到过许多前辈与友人的帮助。感谢我的博士学位导师罗昕如先生谆谆教诲与指导；感谢湖南师范大学鲍厚星先生、陈晖先生、丁加勇先生，他们时时激励我要执着于自己的研究；感谢我的硕士学位导师刘纶鑫先生对我的鼓励和关心，每次见面时，他都会询问课题情况，还叮嘱我的爱人要多多支持我；写作过程中，同事李军教授不吝赐教，赠予新作《江西赣方

后　记

言历史文献与历史方音研究》,在此特别感谢他！我还要感谢南京师范大学宋益丹和中国社会科学院民族语言研究所的龙国贻,他们给了我极大的帮助。

为了扩展见识,我陆续地参加一些学习班和交流学术活动,也结识了许多前辈及朋友,同他们的交往都让我受益匪浅。2013年北京声调类型学会议期间,朱晓农先生手把手教会我如何进行声调归一化处理,2014年语音珠海学习班上有幸再次受到朱老师的教诲,在此特别感谢朱老师。

为了完成调查,课题研究得到161位发音合作人的大力支持,繁重的发音任务让我时时不忍与内疚；朋友李君利用休息时间为本书绘制地图,在此衷心地感谢他们。更多感激难以言表,就让它们化作我的祝福吧,祝福我的恩师、亲友们永远安康、幸福！

卢继芳

2016年10月于南昌